Lammel
Heizkostenverordnung

Heizkostenverordnung

Verordnung über die verbrauchsabhängige
Abrechnung der Heiz- und Warmwasserkosten
(Verordnung über Heizkostenabrechnung –
HeizkostenV)

mit WärmeLV, FFVAV und CO2KostAufG-E

Kommentar

von

Prof. Dr. Siegbert Lammel

5., neu bearbeitete Auflage 2022

Zitiervorschlag:
Lammel HeizkV § 9a Rn. 1

www.beck.de

ISBN 978 3 406 77587 1

© 2022 Verlag C.H.Beck oHG
Wilhelmstraße 9, 80801 München
Druck und Bindung: Beltz Grafische Bertriebe GmbH
Am Fliegerhorst 8, 99947 Bad Langensalza
Satz: Meta Systems Publishing & Printservices GmbH, Wustermark
Umschlaggestaltung: Druckerei C.H.Beck, Nördlingen

chbeck.de/nachhaltig
Gedruckt auf säurefreiem, alterungsbeständigem Papier
(hergestellt aus chlorfrei gebleichtem Zellstoff)

Vorwort zur fünften Auflage

Von den beiden ursprünglichen Zielsetzungen der HeizkV – Einsparung von Energie und Schonung der Umwelt – durch Kenntlichmachung der Verbrauchskosten für jeden Nutzer einer Sammelheizung ist der Umweltgesichtspunkt bei der Ausarbeitung der Novelle vom Dezember 2021 (bzw. der diese Novelle initiierenden EU-Richtlinie EED) immer mehr in den Vordergrund gerückt; die Sparappelle angesichts der Engpässe bei der Gasversorgung spielten damals noch keine Rolle, werden aber für die Anwendung der novellierten HeizkV an Bedeutung gewinnen.

Ein Element ist jedoch wieder neu aufgetaucht, das der „Gerechtigkeit". Deren Berücksichtigung wurde damals angesichts des technischen Charakters des Normengefüges ausdrücklich verneint, heute von interessengeleiteten politischen Erwägungen aber in den Vordergrund gestellt. Eine Folge ist nicht nur die auf den Weg gebrachte CO_2-Preisverteilung, sondern auch der Gedanke einer Teil-Warmmiete.

Zu beiden Einflüssen wird in der Neuauflage ebenso Stellung genommen wie zu den neuen Regelungen der Fernablesbarkeit, der Informationspflichten und des erweiterten Kürzungsrechts.

Grundlegend bleibt aber weiterhin die Zielsetzung, auch die HeizkV dogmatisch und methodisch als Teil des allgemeinen Zivilrechts zu behandeln. Denn nur die Beachtung der allgemein anerkannten Methodik der Rechtsanwendung vermeidet nicht vorhersehbare dezisionistische Einzelfallentscheidungen und dient damit der Rechtssicherheit.

Frankfurt am Main, im Juni 2022   Siegbert Lammel

Inhaltsverzeichnis

Vorwort zur fünften Auflage V
Abkürzungs- und Literaturverzeichnis XI

1. Verordnung über die verbrauchsabhängige Abrechnung der Heiz- und Warmwasserkosten (Verordnung über Heizkostenabrechnung – HeizkostenV)

Vor § 1 1
§ 1   Anwendungsbereich 4
§ 2   Vorrang vor rechtsgeschäftlichen Bestimmungen 40
§ 3   Anwendung auf das Wohnungseigentum 54
§ 4   Pflicht zur Verbrauchserfassung 71
§ 5   Ausstattung zur Verbrauchserfassung 89
§ 6   Pflicht zur verbrauchsabhängigen Kostenverteilung 122
Anhang 1 zu § 6. Muster zu den Energiebedarfs und Energieverbrauchsausweisen 154
Anhang 2 zu § 6. Abrechnungshilfe 155
Anhang 3 zu § 6. Einzelabrechnung 165
§ 6a Abrechnungs- und Verbrauchsinformationen; Informationen in der Abrechnung 168
§ 6b Zulässigkeit und Umfang der Verarbeitung von Daten 176
§ 7   Verteilung der Kosten der Versorgung mit Wärme 178
Anhang zu § 7. Heizkostenabrechnung nach VDI 2077, Beiblatt Rohrwärme, Bilanzverfahren 217
§ 8   Verteilung der Kosten der Versorgung mit Warmwasser 219
§ 9   Verteilung der Kosten der Versorgung mit Wärme und Warmwasser bei verbundenen Anlagen 228
§ 9a Kostenverteilung in Sonderfällen 242
§ 9b Kostenaufteilung bei Nutzerwechsel 260
§ 10 Überschreitung der Höchstsätze 278
§ 11 Ausnahmen 282
§ 12 Kürzungsrecht, Übergangsregelungen 303
§ 13 Berlin-Klausel 316
§ 14 Inkrafttreten 316

2. Verordnung über die Umstellung auf gewerbliche Wärmelieferung für Mietwohnraum (Wärmelieferverordnung – WärmeLV)

Abschnitt 1. Allgemeine Vorschriften

§ 1   Gegenstand der Verordnung 317

Abschnitt 2. Wärmeliefervertrag

§ 2   Inhalt des Wärmeliefervertrages 318
§ 3   Preisänderungsklauseln 325
§ 4   Form des Wärmeliefervertrages 330
§ 5   Auskunftsanspruch 330

Inhaltsverzeichnis

§ 6	Verhältnis zur Verordnung über Allgemeine Bedingungen für die Versorgung mit Fernwärme	331
§ 7	Abweichende Vereinbarungen	332

Abschnitt 3. Umstellung der Wärmeversorgung für Mietwohnraum

§ 8	Kostenvergleich vor Umstellung auf Wärmelieferung	333
§ 9	Ermittlung der Betriebskosten der Eigenversorgung	334
§ 10	Ermittlung der Kosten der Wärmelieferung	336
§ 11	Umstellungsankündigung des Vermieters	340
§ 12	Abweichende Vereinbarungen	344

Abschnitt 4. Schlussvorschriften

§ 13	Inkrafttreten	345

3. Verordnung über die Verbrauchserfassung und Abrechnung bei der Versorgung mit Fernwärme oder Fernkälte (Fernwärme- oder Fernkälte-Verbrauchserfassungs- und -Abrechnungsverordnung – FFVAV)

§ 1	Anwendungsbereich	347
§ 2	Begriffsbestimmungen	349
§ 3	Messung des Verbrauchs von Fernwärme- und Fernkälte	350
§ 4	Abrechnung, Abrechnungsinformationen, Verbrauchsinformationen	352
§ 5	Inhalt und Transparenz der Abrechnungen	354

4. Entwurf eines Gesetzes zur Aufteilung der Kohlendioxidkosten(Kohlendioxidkostenaufteilungsgesetz – CO2KostAufG-E)

Abschnitt 1. Allgemeine Vorschriften

§ 1	Zweck des Gesetzes	357
§ 2	Anwendungsbereich	358

Abschnitt 2. Informationspflicht bei der Lieferung von Brennstoffen oder Wärme

§ 3	Informationspflicht bei der Lieferung von Brennstoffen oder Wärme	359
§ 4	Maßgeblicher Zertifikatepreis	361

Abschnitt 3. Berechnung und Aufteilung der Kohlendioxidkosten

§ 5	Aufteilung der Kohlendioxidkosten bei Wohngebäuden	362
§ 6	Begrenzung der Umlagefähigkeit; Erstattungsanspruch bei Wohngebäuden	364
§ 7	Aufteilung der Kohlendioxidkosten und Erstattungsanspruch bei Nichtwohngebäuden	366
§ 8	Abrechnung des auf den Mieter entfallenden Anteils an den Kohlendioxidkosten	367

Abschnitt 4. Begleitregelungen

§ 9	Beschränkungen bei energetischen Verbesserungen	368

Inhaltsverzeichnis

§ 10 Einsatz von klimaneutralen Ersatzbrennstoffen 369

Abschnitt 5. Evaluierung
§ 11 Erfahrungsbericht 370

Abschnitt 6. Übergangs- und Schlussvorschriften
§ 12 Übergangsregelungen 371
§ 13 Inkrafttreten 371

Sachregister 373

Abkürzungs- und Literaturverzeichnis

Die in diesem Werk zitierte Literatur wird idR abgekürzt zitiert. Im **ZITIERPORTAL** des Verlags C.H.BECK – zitierportal.beck.de – finden Sie ein vollständiges Verzeichnis der verwendeten Werkabkürzungen, ebenso wie ein vollständiges Abkürzungsverzeichnis und weitere redaktionelle Hinweise des Verlags.

Adunka	Messtechnische Grundlagen der Heizkostenverteilung, 1987
AG	Amtsgericht
AMVOB	Altbaumietenverordnung Berlin
ASEW	Wärme-Direkt-Service, 2. Auflage 1998
AVBFernwärmeV	Verordnung über Allgemeine Bedingungen für die Versorgung mit Fernwärme
Bärmann	Wohnungseigentumsgesetz 15. Auflage 2022
Bärmann/Seuss	Praxis des Wohnungseigentums, 7. Auflage 2017
BBauBl	Bundesbaublatt
BDSG	Bundesdatenschutzgesetz
Bendel	Auslegung und Betrieb von Heizsystemen für Wohngebäude bei teilweise eingeschränkter Beheizung, 1989
BetrKV	Betriebskostenverordnung (Verordnung über die Aufstellung von Betriebskosten)
BGB	Bürgerliches Gesetzbuch
BGH	Bundesgerichtshof
Bielefeld	Die Anwendung der Heizkostenverordnung im Bereich des Wohnungseigentums unter besonderer Berücksichtigung der Problematik bei vermieteten Eigentumswohnungen, PiG 18 (1985) 173
Bielefeld	Der Wohnungseigentümer, 9. Auflage 2011
Bielefeld	Das Wohnungseigentum in der aktuellen Rechtsprechung, JHI-Dokumentation 1989
Blank/Börstinghaus	Miete, 5. Auflage 2020
BlGBW	Blätter für Grundstücks-, Bau- und Wohnungsrecht
Blümmel/Becker	Heizung und Heizkosten-Abrechnung, Berlin 1982
BMVBS	Bundesministerium für Verkehr, Bau und Stadtentwicklung
BMWI	Bundesministerium für Wirtschaft
Börstinghaus/Eisenschmid Modernisierungs-HdB	Modernisierungshandbuch, 2014
Böttcher/Memmert	Verbrauchsabhängige Wärmekostenabrechnung, Kommentar zur Heizkostenverordnung und zu DIN Normen, 1. Auflage 1981
BR-Drs.	Bundesrats-Drucksache
Brintzinger	HeizkostenV, in: Fischer-Dieskau/Pergande, Wohnungsbaurecht, Erg.-Lfg. 1985
Bub/Treier MietR-HdB	Handbuch der Wohn- und Geschäftsraummiete, 5. Auflage 2019
Bundesministerium für Wirtschaft	Verbrauchsabhängige Abrechnung 1989
II.BV	Zweite Berechnungsverordnung
Cramer MietR	Mietrecht 2019
CuR	Contracting und Recht

XI

Abkürzungs- und Literaturverzeichnis

Deckert	Die Eigentumswohnung 1983 ff.
DNotZ	Deutsche Notarzeitschrift
DWE	Der Wohnungseigentümer
DWW	Deutsche Wohnungswirtschaft
EDL-G	Gesetz über Energiedienstleistungen und andere Energieeffizienzmaßnahmen vom 12.11.2010
EED	Energieeffizienz-Richtlinie
EinhZeitG	Einheiten- und Zeit-Gesetz
EnEG	Energieeinsparungsgesetz
EnEV	Energieeinsparverordnung
EnWG	Energiewirtschaftsgesetz
Freywald	Heizkostenabrechnung – Leicht gemacht, 5. Auflage 1996
FWW	Die Freie Wohnungswirtschaft
GE	(Berliner) Grundeigentum
GGW	Gesamtverband Gemeinnütziger Wohnungsunternehmen
GGW	Die verbrauchsabhängige Heizkostenabrechnung. Eine kritische Zwischenbilanz, Materialien 3 (1982)
GGW	5 Jahre Heizkostenverordnung, Erfahrungen, Probleme, Lösungen, Materialien 16 (1986)
GGW	Die neue Heizkostenverordnung mit Kommentierung, Materialien 24 (1989)
Glaser	Die Sammelheizung, 8. Auflage 1983
Gramlich	Mietrecht 12. Auflage 2013
GVW	Gesetz zur dauerhaften sozialen Verbesserung der Wohnungssituation im Land Berlin
GWW	Gemeinnütziges Wohnungswesen
Harz/Riecke/Schmid FA-MietR	Handbuch des Fachanwalts Miet- und Wohnungseigentumsrecht 7. Auflage 2020
Handbuch	s. Kreuzberg/Wien
HeizAnlVO	Heizungsanlagen-Verordnung
HeizkV	Heizkosten-Verordnung
Hermann/Recknagel/Schmidt-Saltzer	Kommentar zu den Allgemeinen Versorgungsbedingungen für Elektrizität, Gas, Fernwärme und Wasser, I/II, 1984
HKA	Die Heizkostenabrechnung
HLH	Lüftung/Klima/Heizung/Sanitär/Gebäudetechnik, Organ der VDI-Gesellschaft Technische Gebäudeausrüstung
IWU	Institut Wohnen und Umwelt GmbH, Darmstadt
IWU	Der Einfluss des Gebäudestandards und des Nutzerverhaltens auf die Heizkosten – Konsequenzen für die verbrauchsabhängige Abrechnung, Viterra Energy Services 2003
JHI	Josef-Humar-Institut
JurBüro	Juristisches Büro
KG	Kammergericht
Kinne	Heizung und Heizkostenabrechnung 1991
Kohlenbach	Kommentar zur Heizkostenverordnung, in: Schubart/Kohlenbach, Soziales Mietrecht, B.4 Erg.Lfg. Juli 2003
Kreuzberg/Wien	Handbuch der Heizkostenabrechnung, 9. Auflage 2018
Lammel	HeizkV, Heizkostenverordnung, 4. Auflage 2015

Abkürzungs- und Literaturverzeichnis

Lammel AnwK Wohnraummietr	Anwaltkommentar Wohnraummietrecht, 3. Auflage 2007
Langenberg/Zehelein BetrKostR	Betriebskosten- und Heizkostenrecht, 10. Auflage 2022
Langenberg/Zehelein Schönheitsreparaturen	Schönheitsreparaturen, Instandsetzung und Rückbau, 6. Auflage 2021
Leisner	Ist die Regelung des Kürzungsrecht des Mieters in § 12 Heizkostenverordnung rechtsgültig? Rechtsgutachten 1984
LG	Landgericht
Lützenkirchen MietR	Mietrecht, Kommentar, 3. Auflage 2021
MDR	Monatsschrift für Deutsches Recht
MessEG	Mess- und Eichgesetz
MessEV	Mess- und Eichverordnung (Verordnung über das Inverkehrbringen und die Bereitstellung von Messgeräten auf dem Markt sowie über ihre Verwendung und Eichung)
Metschies	Die Heizkostenabrechnung nach Verbrauch, NWB 1986, 3167
Metz	Die Heizkostenabrechnung in: Haus und Grundbesitz in Recht und Praxis, Hrsg. Schönhofer/Reinisch, 1988
MHG	Gesetz zur Regelung der Miethöhe
MietRB	Der Mietrechtsberater
ModMag	Modernisierungs-Magazin
Mrozinski	Reizthema Heizkosten (1–5), Sonderdruck einer Artikelserie aus dem Heizungs-Journal 1988/89
MsbG	Messstellenbetriebsgesetz
Müller, H.	Praktische Fragen des Wohnungseigentums 3. Auflage 1999
Niedenführ/Schulze	Handbuch und Kommentar zum Wohnungseigentumsgesetz, 6. Auflage 2002
NJW	Neue Juristische Wochenschrift
NJW-RR	Neue Juristische Wochenschrift Rechtsprechungs-Report Zivilrecht
NMV	Neubaumietenverordnung (Verordnung über die Ermittlung der zulässigen Miete für preisgebundene Wohnungen)
NWB	Neue Wirtschaftsbriefe
NZM	Neue Zeitschrift für Miet- und Wohnungsrecht
OLG	Oberlandesgericht
Peruzzo	Heizkostenabrechnung nach Verbrauch, Kommentar, 7. Auflage 2015
Peters	Handbuch zur Wärmekostenabrechnung, 13. Auflage 2007/2008
Pfeifer	Offene Fragen und Risiken der Heizkostenverordnung, Taschenbuch für Hauseigentümer 1986, 25
Pfeifer	Mieterhöhung nach dem Einbau elektronischer Heizkostenverteiler, Taschenbuch für Hauseigentümer 1988, 54
Pfeifer	Die neue Heizkostenverordnung, 3. Auflage 1994
Pfeifer	Das neue Mietrecht, 3. Auflage 2004
Philipp	Betriebskostentrennung bei verbundenen Anlagen nach Heizkostenverordnung, Taschenbuch für den Wohnungswirt 1987, 207
Philipp	Sonderfälle bei der verbrauchsabhängigen Heizkostenabrechnung, Taschenbuch für den Wohnungswirt 1989, 144
PiG	Partner im Gespräch
PTB	Physikalisch-Technische Bundesanstalt
Rodenberg/Sobota	Die Nebenkosten im Wohnungsmietrecht, 7. Auflage 1997

Abkürzungs- und Literaturverzeichnis

Röll/Sauren	Handbuch für Wohnungseigentümer und Verwalter, 8. Auflage 2002
Schmid Mietnebenkosten-HdB	Handbuch der Mietnebenkosten, 17. Auflage 2020
Schmid/Harz FA-MietR	Fachanwaltskommentar Mietrecht, 6. Auflage 2020
Schmidt-Futterer	Mietrecht, 15. Auflage 2022
Schulz, W.	Anwendungsprobleme zur Heizkostenverordnung, 1987
v. Seldeneck	Betriebskosten im Mietrecht 1999
SMGW	Smart-Meter-Gateway
Staudinger MietR	Mietrecht 1, Mietrecht 2, 2018
Sternel	Heizkosten und Heizkostenabrechnung, PiG 23 (1986) 55
Sternel MietR	Mietrecht, 3. Auflage 1988
Wall	Betriebs- und Heizkostenkommentar, 5. Auflage 2020
WBVG	Wohn- und Betreuungsvertrags-Gesetz
Weitnauer	WEG, 8. Auflage 1995
WEZ	Wohnungseigentümer-Zeitung
WoBindG	Wohnungsbindungsgesetz (Gesetz zur Sicherung der Zweckbestimmung von Sozialwohnungen)
WoFlV	Wohnflächenverordnung (Verordnung über die Berechnung der Wohnfläche)
WuM	Wohnungswirtschaft und Mietrecht
Zehelein	COVID-19, Miete in Zeiten von Corona, 2. Auflage 2021
ZfgWBay	Zeitschrift für gemeinnütziges Wohnungswesen in Bayern
ZMR	Zeitschrift für Miet- und Raumrecht
Zöllner	Forschungsbericht Anwendung von Heizkostenverteilern 1983
ZWE	Zeitschrift für Wohnungseigentumsrecht

1. Verordnung über die verbrauchsabhängige Abrechnung der Heiz- und Warmwasserkosten (Verordnung über Heizkostenabrechnung – HeizkostenV)

in der Fassung der Bekanntmachung vom 5. Oktober 2009 (BGBl. I S. 3250)
FNA 754-4-4
zuletzt geändert durch Art. 1 ÄndVO v. 24.11.2021 (BGBl. I S. 2009)

Vor § 1

Literatur: (Für die Literatur zu den vorangegangenen Fassungen der HeizkV s. die Angaben Vor § 1 der Vorauflagen).

Hinz, Klimafreundliche Wärmeversorgung, PiG 111 (2022); Lammel, Die novellierte Heizkostenverordnung – ein (weiterer) Schritt zur Energieeinsparung, ZMR 2022, 1; Pfeifer, Die neue Heizkostenverordnung – Teil 1, GE 2022, 133; Teil 2, GE 2022, 286; Teil 3, GE 2022, 561; Wall, Heizkostenverordnungs-Novelle 2021, NZM 2022, 73; Zehelein, Der Referentenentwurf der Bundesregierung zur Änderung der Heizkostenverordnung – Ziele, Inhalt und Defizite maßgeblicher Neuregelungen aus rechtlicher Sicht, ZMR 2021, 541.

Am Anfang stand die Ölkrise 1974. Sie machte sogar der Politik die Notwendigkeit klar, dass es mit dem wachsenden Verbrauch importierten Erdöls so nicht weitergehen könne. Resultate dieser Erkenntnis waren zunächst das Energieeinsparungsgesetz von 1976, auf dessen Grundlage zunächst die Wärmeschutzverordnung 1977 und die Heizungsanlageverordnung 1978 erlassen worden sind. Für die damalige Regierung war Zweck des mit dem EnEG eingeleiteten Regelungsbündels der „wesentliche Beitrag zur Erleichterung der energiepolitischen Probleme" durch rationale und sparsame Energieverwendung (WoBauR/Brintzinger/Pergande HeizkostenV Einleitung S. 3). Im Hintergrund stand demgegenüber der Umweltschutz; er wurde erst am Ende der programmatischen Ausführungen erwähnt: „Rationelle Energieverwendung ist zugleich geeignet, das Spannungsverhältnis zwischen energiewirtschaftlichen Notwendigkeiten und Erfordernissen des Umweltschutzes zu verringern." (WoBauR/Brintzinger/Pergande HeizkostenV Einleitung S. 3). Diese auf die technische Seite des Ölverbrauchs gerichteten Maßnahmen erschienen jedoch nicht als ausreichend. Die personale Seite, das Nutzerverhalten, sollte einbezogen werden. 1

1980 wurde § 3a EnEG als Ermächtigungsgrundlage geschaffen, um auch in das Nutzerverhalten beim Heizenergieverbrauch eingreifen zu können. Im Vordergrund stand aber die ökonomisch-politisch Erwägung, die Abhängigkeit vom Ölimport und damit Versorgungsrisiken zu reduzieren. So lautet die Eingangsbegründung für die erste Abänderung des EnEG: 2

Die energiepolitischen Abhängigkeiten der Bundesrepublik sind in letzter Zeit in besonderem Maße deutlich geworden. Die Bundesregierung wirkt dem durch verstärkte Energieeinsparungsmaßnahmen entgegen. Das Bundeskabinett hat am 16. Mai 1979 entsprechende Beschlüsse gefasst. Der Verringerung des Energiebedarfs für die Gebäudeheizung, der mit 40 v. H. am gesamten Endenergiebedarf der Bundesrepublik beteiligt ist, kommt dabei besondere Bedeutung zu. Da der Ölanteil bei der Gebäudeheizung über 50 v. H. beträgt, kann hier auch ein wichtiger Beitrag zur Verringerung unserer Ölabhängigkeit geleistet werden. Über die bisherigen Regelungen hinaus sind daher folgende gesetzlichen Maßnahmen im Bereich Gebäudeheizung erforderlich.

a) Die Einführung der verbrauchsabhängigen Abrechnung von Heizkosten für nicht preisgebundene Mietwohnungen, Eigentumswohnungen und gewerblich genutzte Räume mit mehreren Wirtschaftseinheiten.

(BT-Drs. 8/3348).

Dementsprechend wurde die Einführung einer verbrauchsabhängigen Heizkostenabrechnung wie folgt begründet:

Die Verordnung verfolgt das Ziel, den Energieverbrauch im Bereich der Gebäudeheizung weiter zu vermindern und hierdurch zugleich zur Verringerung unserer Ölabhängigkeit beizutragen.

Auf die Gebäudeheizung entfallen 40 % des gesamten Endenergieverbrauchs. Der Ölanteil liegt dabei über 50 %.

Durch die verbrauchsabhängige Abrechnung der Heiz- und Warmwasserkosten läßt sich, bedingt durch eine damit verbundene Änderung im Verbrauchsverhalten, ein beachtliches Maß an Energieeinsparung erzielen. Aufgrund eines vom Bundesminister für Wirtschaft eingeholten Gutachtens wird in dem Gebäudebereich der einer verbrauchsabhängigen Abrechnung der Heiz- und Warmwasserkosten zugänglich ist, mit einem Einsparpotential von etwa 15 % gerechnet.

(BR-Drs. 632/80, 1). Nur ganz am Schluss der allgemeinen Begründung wird erwähnt, dass die Verringerung des Energieverbrauch auch einen positiven Beitrag zur Verringerung der Umweltbelastung erwarten lasse (BR-Drs. 632/80, 16). Und so trat 1981 die Erstfassung der HeizkV in Kraft. Gesetzestechnisch knüpfte man an die vorgängigen Regelungen im Mietpreisrecht (NMV) an, soweit dort nicht preisrechtliche Besonderheiten durchgriffen (Kreuzberg, Handbuch der Heizkostenabrechnung, 1. A. 1988, S. 4), sowohl was die Trennung der Heizkosten vom Mietpreis anbetrifft als auch hinsichtlich der verteilungsfähigen Berechnung dieser Kosten.

3 1983 erfolgte die erste Änderung, mit der der Geltungsbereich auch auf die der NMV unterworfenen Wohnungen erstreckt wurde. Zum Zweck der HeizkV wurde nichts mehr gesagt.

4 Die nächste große Änderung erfolgte 1989 mit der „technokratischen" Begründung:

Die Änderung der HeizkostenV zielt darauf ab, die Rechtsgrundlagen für die verbrauchsabhängige Heiz- und Warmwasserkostenabrechnung aufgrund der praktischen Erfahrungen zu ergänzen und zu verbessern sowie eine der technischen Entwicklung Rechnung tragende Harmonisierung für den Bereich der verschiedenen Arten der Lieferung von Wärme und Warmwasser zu erreichen.

(BR-Drs. 494/88, 1). In der allgemeinen Begründung der Änderung heißt es dazu im Wesentlichen, dass sich die Regelungen bewährt hätten und einen wesentlichen Beitrag zur Energieeinsparung liefern würden (BR-Drs. 494/88, 19); weiter wurde auf den Zweck der Verordnung nicht mehr eingegangen.

5 Dies änderte sich erst mit der Novelle 2009. Ihr wird als Zielsetzung vorangestellt:

„Angesichts der weltweit steigenden Nachfrage nach Energie, knapper werdender Ressourcen und der Herausforderungen des Klimawandels müssen alle Mög-

Vor § 1 HeizkV

lichkeiten genutzt werden, um den Verbrauch fossiler Brennstoffe zu verringern. Hierzu sind die Anreize für ein sparsames Nutzerverhalten bei der Energieverwendung zur Beheizung von Räumen und zur Bereitung von Warmwasser zu stärken".
(BR-Drs. 570/08, 1). Die politische Zielrichtung hatte sich aber wesentlich geändert, Energieeinsparung diente nicht vorrangig dem Schutz natürlicher Ressourcen, sondern jetzt trat der Klimaschutz ganz wesentlich in den Vordergrund: „Außerdem sollen im Rahmen der Maßnahmen des „Integrierten Energie- und Klimaschutzpakets", das die Bundesregierung zum Schutz der Umwelt beschlossen hat, weitere Potentiale zur Minderung der CO_2-Emissionen im Gebäudebereich genutzt werden. So soll durch eine Erhöhung des verbrauchsabhängigen Anteils bei der Abrechnung der Heizkosten die Motivation der Nutzer zur Energieeinsparung gestärkt werden und durch eine Ausnahme von der Verbrauchserfassungspflicht (s. § 11 Abs. 1 Nr. 1a) ein Anreiz zur Erreichung des sog. Passivhausstandards beim Bau bzw. bei der Sanierung von Mehrfamilienhäusern gesetzt werden" (BR-Drs. 570/08, 7). Die „Klimakanzlerin" wollte einen Erfolg an der Klimafront und in die Fülle von Maßnahmen der sog. Meseberger Beschlüsse wurde (unter Nr. 11 von 29) auch die Novellierung der HeizkV eingebettet, eigentlich auf der Grundlage sachfremder Erwägungen. Im Vordergrund sämtlicher Maßnahmen stand jetzt ausdrücklich der Klimaschutz.

Denn nunmehr muss die Frage nach der Konformität der Novelle mit der Ermächtigungsnorm in § 3a EnEG gestellt werden: Diese Norm stellt allein auf Energieeinsparung ab, nicht aber – auf den damals noch nicht als so gefährlich erkannten – Klimawandel. Selbst wenn dieser letzte Zweck inzident von § 3a EnEG mit umfasst sein sollte, hat diese Norm jedoch konkrete Vorstellungen über die Erreichung der mit ihr zu verfolgenden Zwecke. Und diesen Vorstellungen ist die Novelle nur unter Verrenkungen gerecht geworden. In sie scheinen teilweise mehr verbandspolitische Einflüsse als sachgerechte Überlegungen eingegangen zu sein. **6**

Mit dem Mietrechtsänderungsgesetz 2013, das im Zeichen der weiteren Energieeinsparung durch Modernisierung des Wohnungsbestandes stand, reagierte der Gesetzgeber auch auf die Entscheidung des BGH vom Jahre 2007 (NJW 2007, 3060), mit der die Umstellung auf Wärmelieferung im laufenden Mietverhältnis weitgehend erleichtert worden war. Die Neuregelung in § 556c BGB sollte einerseits die modernisierenden Wirkungen des Contracting nicht behindern, andererseits aber auch den Mieter nicht doppelt belasten. Diesen Spagat soll die erforderliche Kostenneutralität bei der Umstellung auf Wärmelieferung überbrücken. **7**

Die Vorgaben der EU-Gebäuderichtlinie (2010/31 EU) veranlassten die Zusammenfassung der bisher bestehende drei Gesetzeswerke auf dem Gebiet des Energiesparrechts (EnEG, EnEV, EEWärmeG) zu einem Gesetz (Gebäudeenergiegesetz GEG), in dem nunmehr auch in § 6 GEG die Rechtsgrundlage für die HeizkV enthalten ist und in § 6a GEG die Grundlage für die Verordnung über die Verbrauchserfassung und Abrechnung bei der Versorgung mit Fernwärme oder Fernkälte (FFVAV). § 6 GEG enthält gegenüber § 3a EnEG Erweiterungen, insbesondere im Hinblick auf die Interoperabilität (→ HeizkV § 5 Rn. 73 f.), dem zwingenden Gebrauch fernablesbarer Erfassungsgeräte sowie der Pflicht, den Nutzern eine monatliche Erfassungsmitteilung zu machen. Die Novelle zur HeizkV Dezember 2021 setzt die europarechtlichen Vorgaben, die sich im Einzelnen aus der Richtlinie EU 2018/2002 (der Energieeffizienzrichtlinie EED) ergeben, um. Hierbei ergeben sich wiederum Differenzen in der Zielrichtung von **8**

HeizkV § 1 Anwendungsbereich

Ermächtigungsnorm und EED. Die Begründung des GEG stellt auf die Verbesserung der Energieeffizienz der Gebäude ab; daraus wird die Verwirklichung der energie-und klimapolitischen Ziele abgeleitet (BT-Drs. 19/16716, 1). In der EED wird hingegen prononciert auf den Klimaschutz abgestellt (Richtlinie (EU) 2018/2002, Erwägungsgrund 1, ABl. L 328/210). Beide Ziele sollen aber durch das Nutzerverhalten erreicht werden, wobei der Gedankengang folgendermaßen verläuft: Einbau von Messgeräten ⇒ Fernablesung ⇒ SmartMeterGateway (SMGW) ⇒ monatliche Information des Nutzers ⇒ Reduzierung des Energieverbrauchs. Diese Ableitung ist sowohl aus psychologischen als auch technischen Gründen zweifelhaft. Psychologisch: es ist nicht zu erwarten, dass der Nutzer das vorgeschriebene und vorhandene Thermostatventil nach jeder Mitteilung neu justiert, sondern die Einstellung einmal vornimmt, um die für ihn passende Wärme zu erreichen. Witterungsbedingte Temperaturschwankungen werden durch den Thermostat ausgeglichen. Technisch: die dauernde Veränderung der Wärmezufuhr per Thermostateinstellung (insbesondere das beim sog. smart home propagierte Herunterdrehen beim berufsbedingten Verlassen der Wohnung und das digitale Hochdrehen vor Rückkehr in die Wohnung) ist kontraproduktiv, da der Wärmeverlust während der Abwesenheit durch eine erhöhte Energiezufuhr ausgeglichen werden muss; diese Zufuhr ist im Vergleich zum Dauerbetrieb auf gleichbleibender Einstellung höher, führt also zu einem Mehrverbrauch anstatt einer Energieeinsparung.

§ 1 Anwendungsbereich

(1) **Diese Verordnung gilt für die Verteilung der Kosten**
1. **des Betriebs zentraler Heizungsanlagen und zentraler Warmwasserversorgungsanlagen,**
2. **der eigenständig gewerblichen Lieferung von Wärme und Warmwasser, auch aus Anlagen nach Nummer 1 (Wärmelieferung, Warmwasserlieferung),**

durch den Gebäudeeigentümer auf die Nutzer der mit Wärme oder Warmwasser versorgten Räume.

(2) **Dem Gebäudeeigentümer stehen gleich**
1. **der zur Nutzungsüberlassung in eigenem Namen und für eigene Rechnung Berechtigte,**
2. **derjenige, dem der Betrieb von Anlagen im Sinne des § 1 Absatz 1 Nummer 1 in der Weise übertragen worden ist, dass er dafür ein Entgelt vom Nutzer zu fordern berechtigt ist,**
3. **beim Wohnungseigentum die Gemeinschaft der Wohnungseigentümer im Verhältnis zum Wohnungseigentümer, bei Vermietung einer oder mehrerer Eigentumswohnungen der Wohnungseigentümer im Verhältnis zum Mieter.**

(3) **Diese Verordnung gilt auch für die Verteilung der Kosten der Wärmelieferung und Warmwasserlieferung an die Nutzer der mit Wärme oder Warmwasser versorgten Räume, soweit der Lieferer unmittelbar mit den Nutzern abrechnet und dabei nicht den für den einzelnen Nutzer gemessenen Verbrauch, sondern die Anteile der Nutzer am Gesamtverbrauch zugrunde legt; in diesen Fällen gelten die Rechte und Pflichten des Gebäudeeigentümers aus dieser Verordnung für den Lieferer.**

A. Ziele der Heizkostenverordnung　　　　　　　　　　**§ 1 HeizkV**

(4) Diese Verordnung gilt auch für Mietverhältnisse über preisgebundenen Wohnraum, soweit für diesen nichts anderes bestimmt ist.

Übersicht

	Rn.
A. Ziele der Heizkostenverordnung	1
B. Sachlicher Geltungsbereich	4
I. Zentrale Anlagen	5
II. Wärmelieferung	9
1. Anlagen nach § 1 Abs. 1 Nr. 2	11
2. Übertragung von Anlagen (Wärmecontracting; zur Neuregelung in § 556c BGB → Rn. 55–180)	14
C. Persönlicher Anwendungsbereich	26
I. Gebäudeeigentümer	26
II. Ihm gleichgestellte Personen	27
1. Zur Überlassung befugte Personen	27
2. Betreiber der zentralen Versorgungsanlage	33
3. Wohnungseigentümer	35
4. Wärmelieferanten	40
III. Nutzer	45
D. Räume	47
E. Preisgebundener Wohnraum	48
F. Kosten der Wärmelieferung als Betriebskosten, § 556c BGB	55
I. Zweck der Regelung	55
1. Wärmelieferung als Mittel der Energieeinsparung	57
2. Unterschiedliche Rechtsgrundlagen	59
3. Rechtsentwicklung	60
II. Durchführung der Umstellung	63
1. Anwendungsbereich	64
2. Voraussetzungen	67
a) Technische Bedingungen	68
b) Wirtschaftliche Bedingungen	73
3. Umstellungsankündigung, § 556c Abs. 2	79
III. Verordnungsermächtigung	84
IV. Abweichende Vereinbarungen	88

A. Ziele der Heizkostenverordnung

Die HeizkV verfolgt das Ziel, Heizenergie dadurch einzusparen, dass dem 1
jeweiligen Verbraucher mit der Abrechnung nicht nur sein Energieverbrauch,
sondern auch die von seinem Verbrauch verursachten Kosten vor Augen geführt
werden. Diese individuelle Verbrauchs-Kosten-Beziehung soll es dem einzelnen
Verbraucher in die Hand geben, seinen Verbrauch individuell zu gestalten, so dass
er für sich Kosten sparen kann und für die Volkswirtschaft Energie. Die Verbrauchs-Kosten-Beziehung ist bei Einzelofenheizung dem Nutzer von Räumen
unmittelbar bekannt, da er selbst für die Zufuhr von Heizenergie sorgen muss.
Bei **zentraler Beheizung** geht dieser unmittelbare Eindruck verloren und soll
durch die Heizkostenabrechnung wieder hergestellt werden. Mittelbar kommt
diesem Spareffekt auch eine umweltpolitische Wirkung zu; denn je weniger Primärenergie verbraucht wird, desto weniger wird die Umwelt durch den Ausstoß

HeizkV § 1 Anwendungsbereich

von Schadstoffen belastet (BMWI Verbrauchsabhängige Abrechnung S. 4; BMVBS CO_2-Gebäudereport 2007).

2 Entgegen einer insbesondere bei Nutzern wärmebelieferter Räume weit verbreiteten Auffassung dient die HeizkV **nicht** dazu, die angefallenen Kosten unter einer Mehrheit von Nutzern **gerecht zu verteilen** (Kreuzberg/Wien Heizkostenabrechnung-HdB/von Brunn S. 176); sie kann lediglich im Einzelfall diese Auswirkungen haben. Die HeizkV verfolgt ein gesamtwirtschaftliches, kein individualwirtschaftliches Ziel (Kreuzberg, Handbuch, 1. A. 1988, S. 1). Die Verteilungsgerechtigkeit herbeizuführen ist weiterhin Aufgabe des Nutzungsvertrages oder des § 556a BGB, sofern keine entsprechende vertragliche Regelung besteht.

3 Die HeizkV knüpft allein an die Bereitstellung von Heizenergie und Warmwasser an. Für ihre Anwendung kommt es nicht auf die rechtliche Einordnung der zwischen dem Gebäudeeigentümer und den Nutzern bestehenden vertraglichen Beziehungen (zu den Einzelheiten → Rn. 46) an. Die Nutzung der mit Heizung und Warmwasser belieferten Räume kann daher auf einem Mietvertrag, Pachtvertrag oder Leihvertrag beruhen, aber auch auf dinglichen Rechtsbeziehungen, wie Nießbrauch oder beschränkten persönlichen Dienstbarkeiten, insbesondere einem dinglichen Wohnrecht; schließlich werden auch Wohnungseigentumsanlagen von ihr erfasst. Ferner spielt der Zweck der Überlassung für die Anwendung der HeizkV keine Rolle; eine Verteilung der Heizkosten hat sowohl bei einer Nutzung als **Wohnraum** wie zu **gewerblichen Zwecken** zu erfolgen. **Ob** Heizkosten zu tragen sind, muss sich aus den jeweiligen Nutzungsverträgen ergeben; **wie** sie auf die Nutzer zu verteilen sind, regelt die HeizkV.

B. Sachlicher Geltungsbereich

4 § 1 regelt den **sachlichen und personellen Anwendungsbereich** der HeizkV. Ihr liegt die Vorstellung zugrunde, dass die Kosten für die Lieferung von Wärme und Warmwasser zunächst vom Gebäudeeigentümer (=im Regelfall ein Vermieter) aufgewendet und danach im Wege der Umlage auf die einzelnen wärmeverbrauchenden Nutzer (=im Regelfall Mieter) verteilt werden, so dass im Endergebnis nur die Nutzer mit den Kosten belastet werden, während sie beim Gebäudeeigentümer, sofern er nicht zum Kreis der Nutzer gehört, lediglich durchlaufende Posten darstellen. Absatz 1 beinhaltet daher als wesentliches Tatbestandsmerkmal den primären Kostenanfall beim Gebäudeeigentümer. Der Kostenanfall kann dadurch entstehen, dass der Gebäudeeigentümer die Heizungsanlage selbst betreibt (§ 1 Abs. 1 Nr. 1) oder dass die Wärme bzw. das Warmwasser an ihn von dritter Seite zur Weitergabe an seine Nutzer geliefert wird (§ 1 Abs. 1 Nr. 2). In Absatz 2 werden solche Personen dem Gebäudeeigentümer gleichgestellt, die bestimmte Funktionen des Eigentümers in Bezug auf die Versorgung mit Wärme/Warmwasser wahrnehmen. Absatz 3 schließlich klammert den Gebäudeeigentümer völlig aus der Kette Wärmelieferant – Nutzer aus und unterwirft unter bestimmten Voraussetzungen auch die Direktverträge zwischen Lieferant und Nutzer der HeizkV.

I. Zentrale Anlagen

5 Sachlich knüpft die HeizkV zunächst (§ 1 Abs. 1 Nr. 1) an den Betrieb zentraler Heizungsanlagen und zentraler Warmwasserversorgungsanlagen an. Diese Begriffe werden in der HeizkV nicht näher erläutert; ihr Inhalt wird auch von der Begrün-

B. Sachlicher Geltungsbereich **§ 1 HeizkV**

dung als bekannt vorausgesetzt. Das **sachlich wesentliche Kriterium** ist aber nicht in der „zentralen" Versorgung zu sehen, sondern in der „**gemeinschaftlichen**", wie es in der Ermächtigungsgrundlage der VO, § 6 Abs. 1 Nr. 1 GEG, heißt (Begr. zur HeizkV 1980, BR-Drs. 632/80, 17). Denn eine Verteilung von Heizkosten setzt voraus, dass mehrere Nutzer von einer Anlage aus mit Wärme und Warmwasser versorgt werden. Um eine **zentrale Anlage** im Sinn der HeizkV handelt es sich daher, wenn sie von einer Stelle mehrere Nutzer versorgt. Sie kann im Haus selbst liegen, wie die Zentralheizungsanlagen bei kleineren Gebäuden, entweder im Keller oder auf dem Dachboden. Die Anlage kann aber auch in einem getrennten Gebäude untergebracht sein, wenn sie einen ganzen Gebäudekomplex versorgen soll (sog. **Blockheizwerk**) (Sternel PiG 23 (1986), 59; OLG Köln ZMR 1991, 141). Gemeinschaftlich, also mehr als zentral, sind solche Versorgungseinheiten, die mehrere Nutzer stockwerksweise versorgen; auch diese Anlagen sind jedoch zentrale Anlagen im Sinne der HeizkV.

Nicht mehr unter den Anwendungsbereich der HeizkV fallen hingegen **Einzelanlagen**, die jeden Gebäudenutzer getrennt von den anderen Nutzern versorgen; hierunter sind zu verstehen Einzelöfen (betrieben mit Kohle, Öl, Gas oder Strom) wie auch Etagenheizungen für die einzelne Nutzereinheit. Nicht zu den zentralen Anlagen im Sinne der HeizkV gehören ferner die zentralen Brennstoffversorgungsanlagen (AG Schwäbisch Hall WuM 1997, 118) sowie Nachtstromheizungen (aA LG Berlin GE 2020, 56, mablAnm Lammel jurisPR-MietR 25/2019 Anm. 4). Sie versorgen die Nutzer nicht mit Wärme oder Warmwasser, sondern mit der zur Erzeugung von Wärme/Warmwasser notwendigen Energie. Die Wärmeerzeugung erfolgt in diesem Fall individuell durch den einzelnen Raumnutzer. Bei der zentralen Anlage im Sinne der HeizkV wird hingegen Wärme/Warmwasser in einer gemeinschaftlichen Heizung erzeugt. 6

Für die HeizkV spielt es grundsätzlich keine Rolle, mit welcher **Energiequelle** (Öl, Gas, Strom, Kohle, Koks, Holzpellets) die zentrale Anlage betrieben wird. Auch Solaranlagen, Wärmepumpen, Anlagen zur Wärmerückgewinnung, zur Nutzung von Abwärme wie zur Kraft-Wärme-Kopplung fallen hierunter, können allerdings nach § 11 Abs. 1 Nr. 3 vom Anwendungsbereich der §§ 3–7 ausgenommen werden (→ HeizkV § 11 Rn. 52–57). Schließlich ist auch das Trägermedium für die Wärme (Heißwasser, Dampf) ohne Bedeutung für die Anwendung der HeizkV. 7

Die Anlage kann vom Gebäudeeigentümer selbst oder von dazu bestellten Personen in seinem Auftrag (so die Konstellation bei OLG Düsseldorf DWW 2019, 270), für seine Rechnung und/oder in seinem Namen betrieben werden (BGH WuM 2009, 115). Dann findet § 1 Abs. 1 Nr. 1 unmittelbar Anwendung. Der Betrieb kann aber auch einem Dritten (zB im Wege der Verpachtung) übertragen werden (LG Frankfurt (Oder) WuM 1999, 403). Rechnet der Betreiber die Wärmelieferung weiterhin mit dem Gebäudeeigentümer ab, so findet § 1 Abs. 1 Nr. 2 Anwendung (→ Rn. 9–25); rechnet er hingegen direkt mit den Nutzern ab, kommt § 1 Abs. 2 Nr. 2 (→ Rn. 40–44) zum Zuge. 8

II. Wärmelieferung

Die Versorgung mit Wärme/Warmwasser nach Nr. 2 unterscheidet sich in zweierlei Hinsicht von den in Nr. 1 geregelten Zentralheizungsanlagen: zum einen erfolgt sie nicht mehr seitens des Nutzungsgebers auf Grund des Nutzungsvertrages, sondern auf der Grundlage eines selbständigen Liefervertrages; zum anderen 9 erweitert sich der **Kostenumfang** ganz erheblich. Während bei einer Zentralheizung die umlegbaren Kosten auf die in den §§ 7, 8 aufgezählten begrenzt sind, wird bei der Wärmelieferung zwar „nur" ein Kaufpreis geschuldet; dieser beinhaltet aber außer den in den §§ 7, 8 enthaltenen Kosten (= Arbeitspreis) auch noch einen sog. Grundpreis, in den kalkulatorisch Rücklagen, Finanzierungskosten, Pachtzinsen, Gewinnanteile, Steuerbelastung uä einbezogen sind.

10 Unter diesem Gesichtspunkt des Kostenumfanges ist rechtlich bei der Wärmelieferung nach dem Zeitpunkt des Vertragsschlusses zu differenzieren. Unproblematisch sind diejenigen Fälle, in denen ein Nutzer bei Abschluss des Nutzungsvertrages bereits ein durch Wärmelieferung versorgtes Objekt vorfindet (→ Rn. 16). Hier liegt entweder ein klassisches Fernheizwerk vor oder ein für den konkreten Baukomplex erstelltes Nahheizwerk (sog. Eigentümer-Modell im Wärme-Direkt-Service). Unter wettbewerblichen Gesichtspunkten darf ein Großvermieter allerdings den Mieter bei Abschluss des Mietvertrages weder zum Bezug von Nah- oder Fernwärme verpflichten (OLG Schleswig NJWE-WettbR 2000, 25; AG Erfurt WuM 2000, 259; AG Winsen WuM 2012, 603; der Mieter könnte zB Elektroheizungen aufstellen; für eine erschwerende Kündigungsklausel im Kaufvertrag über eine Eigentumswohnung LG Bremen WuM 2010, 47), noch sich im Vertrag mit dem Wärmelieferanten ein Zustimmungsrecht zu dessen künftigen Preiserhöhungen vorbehalten (BGH NJW 2001, 2541). Strittig sind hingegen die Fälle, in denen die Wärmeversorgung zunächst vom Nutzungsgeber vorgenommen wird und er während des laufenden Nutzungsvertrages die Heizungsanlage an Dritte verpachtet, verleast/vermietet oder übereignet (→ Rn. 18–24).

11 **1. Anlagen nach § 1 Abs. 1 Nr. 2.** Nach § 1 Abs. 1 Nr. 2 sind die Kosten der **eigenständigen gewerblichen Lieferung von Wärme/Warmwasser** nach der HeizkV abzurechnen. Diese Ziffer ist 1989 geändert worden. Der vorherige Wortlaut („Kosten der Lieferung von Fernwärme und Fernwarmwasser") hatte Abgrenzungsschwierigkeiten zwischen den echten Fernwärmeanlagen und solchen Anlagen hervorgerufen, die zumeist in einem besonderen Gebäude untergebracht waren und von dort einen größeren Gebäudekomplex versorgten. Kompliziert wurde die Rechtslage zusätzlich, da diese räumlich getrennten Anlagen rechtlich von einer vom Gebäudeeigentümer verschiedenen Rechtspersönlichkeit betrieben wurden. Der Verordnungsgeber von 1981 hatte allerdings „Fernwärme" als Oberbegriff verstanden und auch Unternehmen darin einbezogen, „die es übernommen haben, die Heizungsanlage des Gebäudeeigentümers für diesen im eignen Namen und auf eigene Rechnung zu betreiben" (BR-Drs. 632/80, 17).

12 Im Tatsächlichen stellten sich die Verhältnisse wie folgt dar: Der Ersteller einer zumeist größeren Wohnsiedlung errichtete zugleich ein auf deren Bedarf ausgerichtetes Heizkraftwerk. Dieses verpachtete er an eine gesonderte Betreiberfirma. Gleichzeitig wurden die Mieter der Wohnsiedlung in den Mietverträgen verpflichtet, mit dem Betreiber des Heizwerkes Wärmelieferungsverträge (unter der Bezeichnung Direkt- oder Nahversorgungsverträge) zu schließen (so im Falle OLG Hamburg DWW 1987, 222); zwischen Heizwerkbetreiber und Wärmeempfänger konnte zusätzlich eine Vertreibergesellschaft eingeschaltet sein (so im Fall LG Wuppertal WuM 1988, 368); schließlich konnte auch der im selben Haus liegende Heizungsanlage verpachtet sein (OLG Stuttgart WuM 1984, 310). Da einerseits (bei den sog. **Blockheizwerken)** keine dem einzelnen Gebäude zuzuordnende Heizungsanlage mehr vorhanden war, andererseits ein Wärmelieferungsvertrag zwischen Heizwerkbetreiber und einzelnem Nutzer abgeschlossen

B. Sachlicher Geltungsbereich **§ 1 HeizkV**

worden ist, wurde die Meinung vertreten, dass für die Abrechnung der Heizkosten allein dieser Vertrag maßgebend sei und nicht die HeizkV (so insbesondere OLG Köln DWW 1985, 180; Kreuzberg ZMR 1988, 84). Die Baugeschichte solcher Anlagen macht hingegen deutlich, dass die mit der Herstellung und/oder Lieferung der Wärme betrauten, vom Gebäudeeigentümer verschiedenen Dritten die Wärmelieferung anstelle des Eigentümers vornahmen (BGH WuM 1986, 214; NJW 1990, 1181). Denn es ist **wärmetechnisch kein sachlicher Grund** dafür ersichtlich, dass der **Gebäudeeigentümer die Anlage nicht selbst betreibt**. Die Neufassung der HeizkV in § 1 Abs. 1 Nr. 2 hat diese Abgrenzungsschwierigkeiten insoweit beseitigt, als es um die verbrauchsabhängige Kostenverteilung geht (KG WuM 2010, 42). Denn entweder findet die HeizkV nach § 1 Abs. 1 Nr. 1 Anwendung, wenn der Liefervertrag mit dem Gebäudeeigentümer geschlossen worden ist, oder nach § 1 Abs. 3, wenn zwischen Wärmelieferungsunternehmen und Nutzer direkte vertragliche Beziehungen bestehen. Der Gebäudeeigentümer ist in jedem Fall zur Kostenverteilung nach der HeizkV verpflichtet, sofern der Liefervertrag mit ihm geschlossen worden ist, mag die Lieferung aus einem echten Fernheizwerk oder einer übertragenen Anlage erfolgen (HKA 1989, 22).

Schließlich enthält § 1 Abs. 1 Nr. 2 noch als Tatbestandsmerkmal die **eigenständige gewerbliche Lieferung.** Eine gewerbliche Lieferung von Wärme liegt in solchen Fällen vor, in denen der Lieferant die Wärmelieferung auf Dauer zur Gewinnerzielung betreibt; das wird der Fall sein, wenn er mindestens noch an einen von ihm verschiedenen Nutzer Wärme/Warmwasser liefert und nicht Gebäudeeigentümer im Sinne der HeizkV ist. Eigenständig ist die Lieferung, wenn sie nicht Nebenpflicht des Nutzungsvertrages ist, sondern auf davon getrennten vertraglichen Beziehungen beruht (v.Brunn BBauBl 1989, 63). 13

2. Übertragung von Anlagen (Wärmecontracting; zur Neuregelung in § 556c BGB → Rn. 55–180).

Literatur: (zur früheren Literatur s. 2. Auflage, → HeizkV Vor Rn. 14) Beyer, Wärmecontracting – Was sagt der Bundesgerichtshof dazu, GE 2006, 826?; ders., AGB-Kontrolle, Äquivalenzprinzip und Wärmeversorgung in der Wohnraummiete, NZM 2008, 12; Eisenschmid, Contracting als Instrument des Klimaschutzes, WuM 2008, 264; Hack, Mieter- statt Klimaschutz beim Contracting? NJW 2005, 2039; Intveen, Umstellung auf Wärmecontracting im laufenden Mietverhältnis, MietRB 2007, 105; Körber/Suchfort, Zur Umlagefähigkeit der Kosten der Wärmelieferung im Mietrecht. Eine kritische Würdigung bisheriger Gesetzesinitiativen, CuR 2009, 131; Kramer, Wärme-Contracting in preisgebundenen Wohnraummietverhältnissen, ZMR 2007, 508; Langenberg, Zur Umlage der Wärmelieferungskosten beim Nahwärme-Contracting, WuM 2004, 375; Luckey, Die Umlegbarkeit von Heizkosten nach Umstellung von Eigen- auf Fremdversorgung, GE 2006, 492; Lützenkirchen, Änderung der Beheizungsart der Mietwohnung im Lichte von Verbotsnormen, NZM 2008, 160; Milger, Die Umlage von Kosten der Wärmelieferung unter besonderer Berücksichtigung des Wirtschaftlichkeitsgebots, NZM 2008, 1; Pfeifer, Wärme-Contracting – Merkposten für eine Mietvertragsklausel, MietRB 2008, 152; Quint, Wärme-Contracting – Ein Beitrag für den Klimaschutz, GE 2007, 577; Schach, Contracting: Übersicht zur Rechtsprechung des BGH, GE 2007, 575; Schmid, Die Kosten der Wärmelieferung im Lichte der neueren BGH-Rechtsprechung, ZMR 2008, 25.

Zur neueren Literatur → HeizkV Vor Rn. 1.

Nach der Mietrechtsänderung 2013 ist streng zu unterscheiden zwischen Altfällen, in denen vor dem Inkrafttreten der Neuregelung für das Contracting am 14

HeizkV § 1 Anwendungsbereich

1.7.2013 die Umstellung erfolgt ist, und den durch die Neuregelung in § 556c BGB eröffneten Möglichkeiten, die erst nach dem 1.7.2013 zur Anwendung kommen. Hervorzuheben ist bereits an dieser Stelle (zu den Einzelheiten → Rn. 55 ff.), dass die alte Rechtslage (= **Zustimmungsmodell**) nach dem Stichtag 1.7.2013 nicht auf Neufälle angewendet werden darf. Hinsichtlich der Beurteilung der vor dem 1.7.2013 erfolgten Umstellungen ist es wegen der erheblichen Auswirkungen einer Übertragung von Heizungsanlagen auf die den Endnutzer treffenden Kosten (→ Rn. 9) notwendig, in Bezug auf die vertraglichen Vereinbarungen zwischen Gebäudeeigentümer und Nutzer auch zukünftig zwischen reiner Fernwärmelieferung und übertragenen Versorgungsanlagen, die bei Abschluss des Nutzungsvertrages noch vom Gebäudeeigentümer betrieben worden sind, zu unterscheiden. Die Unterscheidung ist nach dem dem § 2 Abs. 2 S. 3 II.BV entlehnten Begriff der Wirtschaftseinheit zu treffen. Maßgebend ist daher für das Vorliegen **„echter"** **Fernwärmeversorgung,** dass Heiz- und Wohnanlage nicht im Eigentum derselben Person stehen, kein örtlicher Zusammenhang zwischen beiden Bauten besteht (darauf verzichteten BayObLG NJW-RR 1989, 843; BGH WuM 1990, 33) und für beide Anlagen kein einheitlicher Finanzierungsplan gegeben war; die Investitionen für die Errichtung der Anlage zur Erzeugung von Wärme/Warmwasser müssen vom Energieversorger erbracht werden (BGH WuM 2012, 115 mAnm Schach GE 2012, 3139).

15 Demgegenüber wurden die „ausgegliederten" bzw. „übertragenen" Anlagen einheitlich mit den Gebäuden geplant und finanziert (OLG Bremen WuM 1989, 323), standen zumindest in der **Errichtungsphase** im einheitlichen Eigentum des Bauherrn und im örtlichen Zusammenhang mit den zu beliefernden Räumen.

16 Bei dieser Sachlage ergibt sich keine Änderung für die vertraglichen Beziehungen, wenn die Versorgung bei **Abschluss des Mietvertrages** bereits durch ein Fernwärmeunternehmen erfolgt ist (LG Berlin GE 2006, 57). Der Mieter mietet das Objekt in dem vorliegenden Zustand; Einschränkungen der vorvertraglichen Gestaltungsfreiheit des Vermieters sind nicht anzuerkennen (aA vor allem Derleder WuM 2000, 3; NZM 2003, 737; undeutlich insoweit BGH WuM 2007, 445). Denn es bleibt dem Nutzungsgeber überlassen, wie er sein Nutzungsobjekt am Markt anbietet (zu den Einschränkungen → Rn. 10) und es bleibt dem Nutzer freigestellt, dieses Angebot anzunehmen oder nicht (LG Berlin ZMR 2013, 189). Gegenüber dieser bereits bei Vertragsschluss vorliegenden Grundentscheidung kann der Mieter jedenfalls nicht nachträglich einwenden, die Versorgung in der Form von Wärmelieferung verstoße gegen das **Wirtschaftlichkeitsgebot** (BGH WuM 2007, 393; Milger NZM 2008, 1 (8); zum Einfluss des Wirtschaftlichkeitsgebots bei der Wahl der Anbieter → HeizkV § 7 Rn. 75). Von einer grundsätzlichen (unabhängig vom konkreten Nutzungsvertrag) Verpflichtung des Nutzungsgebers, für die Wärmeversorgung des Nutzungsobjekts zu sorgen, kann nicht ausgegangen werden; auch zB bei Strom obliegt dem jeweiligen Nutzer die entsprechende Eigenversorgung. Ist also eine Wärmelieferung bei Vertragsschluss vorhanden, muss das Versorgungsunternehmen jetzt gemäß § 1 Abs. 3 nach der HeizkV abrechnen.

17 Hat aber der Gebäudeeigentümer im Nutzungsvertrag bislang die Lieferung von Wärme/Warmwasser mit übernommen, sind in dem vereinbarten (Miet-) Preis die Kosten für die Versorgungsanlage (Instandhaltungsrücklage, Abschreibung, Finanzierungskosten) kalkulatorisch enthalten (Tiefenbacher NZM 2000, 163; Beyer NZM 2008, 12 (13)), insoweit handelt es sich um eine **Teil-Bruttomiete**. Überträgt er nunmehr den Betrieb der Anlage an einen Dritten, erhält

B. Sachlicher Geltungsbereich **§ 1 HeizkV**

aber weiterhin das in der Höhe unveränderte Nutzungsentgelt, erbringt der Nutzer eine Leistung, der keine Gegenleistung des Vertragspartners aus dem Raumüberlassungsvertrag gegenübersteht. Darüber hinaus muss der Nutzer für eine und dieselbe Leistung nach der Übertragung **doppelt zahlen:** einmal in der Form des unveränderten Nutzungsentgeltes, zum anderen an den Wärmelieferanten, in dessen Wärmepreis ua dieselben preisgestaltenden Elemente hinsichtlich der Versorgungsanlage enthalten sind wie beim ursprünglichen Nutzungsentgelt (Beyer NZM 2008, 12 (13) re. Sp.).

Entscheidend für die Zulässigkeit einer derartigen Ausgliederung der Versorgungsanlage und deren Übernahme durch einen Drittbetreiber sind die zwischen Gebäudeeigentümer und Nutzer getroffenen **vertraglichen Vereinbarungen** (BGH WuM 2005, 387 mAnm Derleder; BGH GE 2006, 908; WuM 2006, 256 mAnm Lammel WuM 2006, 558; BGH WuM 2007, 445). Enthält der Vertrag diesbezüglich keine Ermächtigung des Vermieters zur Ausgliederung der Wärmeversorgung, hat diese ohne konkrete Zustimmung des Nutzers zu unterbleiben. 18

Demgegenüber vertrat der BGH die Auffassung, dass die erforderliche Zustimmung des Nutzers in dem formularvertraglichen pauschalen Verweis des jeweiligen Mietvertrages auf die Anlage 3 zu § 27 II. BV („neben der Miete sind die Betriebskosten, erläutert durch Anlage 3 zu § 27 II.BV, zu tragen") zu sehen ist, sofern in der Fassung der Anlage 3 auch die Umlegung der Kosten der Fernwärmelieferung vorgesehen ist (BGH NJW 2007, 3060 mAnm Derckx NJW 2007, 3061; bestätigt durch BGH GE 2008, 730; krit. dazu Arzt/Fitzner CuR 2007, 84; Eisenschmid MietPrax-AK § 2 Nr. 4 BetrKV Nr. 9; Lammel juris-PR/MietR 22/2007 Anm. 1; Beyer NZM 2008, 12; Blank NZM 2008, 745 (747); zustimmend Lützenkirchen WuM 2008, 186 (191); Lützenkirchen NZM 2008, 160; Schmid ZMR 2008, 25). Dies müsste auch gelten, wenn pauschal auf die BetrKV, auf die HeizkV oder konkreter auf § 7 im jeweiligen Nutzungsvertrag Bezug genommen wird. Diese Rechtsprechung des BGH hatte zur Folge, dass hinsichtlich der Überwälzbarkeit der Wärmelieferungskosten eine Dreiteilung der Mietverträge stattfindet: solche ab 1.3.1989 (ab diesem Zeitpunkt waren nach der Änderung der Anlage 3 zu § 27 II.BV Kosten der eigenständigen Wärmelieferung umlegbar); solche ab 1.5.1984 bis 1.3.1989 (hier gestattete die Kostenaufzählung in Anlage 3 zu § 27 II.BV „nur" die Umlage von Kosten der Fernwärme, worunter wohl nicht die im Wege des Contracting ausgegliederten Heizungen fallen); und schließlich solche vor dem 1.5.1984 (hier waren in der Anlage 3 weder Kosten der Wärmelieferung noch der Fernwärme enthalten). Trotz dieser Dreiteilung könnte die Auffassung des BGH über die Umlegbarkeit der Wärmelieferungskosten dann auch bei Altverträgen durchgreifen, wenn in dem pauschalen Verweis auf die Anlage 3 zu § 27 II.BV (ohne eine Aufzählung der einzelnen Kostenarten) eine dynamische Verweisung auf deren jeweiligen Inhalt zu sehen ist. 19

Der **Meinung des BGH** ist aber **nicht zu folgen:** Die BetrKV stellt keine Ermächtigung zur Umlage der Betriebskosten im frei finanzierten Wohnungsbau dar, sondern ist entsprechend ihrer Herkunft aus dem öffentlichen Mietpreisrecht eine Beschränkung des Rechts des Vermieters, Betriebskosten auf die Mieter umzulegen. An diesem rechtsbeschränkenden Charakter ändert auch der formularmäßige Hinweis im Mietvertrag über die vom Mieter zu tragenden Betriebskosten nichts. Aus der Formulierung des § 556 Abs. 1 S. 1 BGB ist ferner zu entnehmen, dass zwischen den Mietvertragsparteien eine gesonderte Vereinbarung über die Tragung von Betriebskosten zu treffen ist (Langenberg/Zehelein BetrKostR B Rn. 1, 2). Die Aufzählung in § 2 BetrKV gibt dem Nutzungsüberlasser ein 20

11

Wahlrecht hinsichtlich seiner Pflicht zur Wärmeversorgung. Nach Ausübung der Wahl = Wärmelieferung durch eine zentrale Hausanlage, ist er daran gebunden, § 263 Abs. 2 BGB (ähnlich Pfeifer HeizkV § 1 3b (b); Pfeifer in Wärme-Direkt-Service, 2. A., S. 50 ff.; aA zB von Seldeneck Betriebskosten Rn. 2825). Es kann also nicht davon ausgegangen werden, dass nur eine Pflicht zum Leistungserfolg (= Wärmeversorgung), nicht aber zur Leistungsart (Zentralheizung oder Wärmelieferung) besteht. Schließlich widerspricht die Annahme des BGH dem **Transparenzgebot** des § 307 Abs. 1 S. 2 BGB; denn aus dem bloßen Verweis kann der Mieter nicht entnehmen, dass dem Vermieter damit das Recht auf einseitige Umgestaltung der Wärmeversorgung eingeräumt wird (so vor allem Beyer NZM 2008, 12 (14)). Schließlich verstößt die formularmäßige Umstellungsbefugnis auch gegen § 558 Abs. 6 BGB, da mit der Umstellung inzident die Miete erhöht wird, weil der Mieter bestimmte Kosten nunmehr doppelt zu tragen hat (aA Lützenkirchen NZM 2008, 160).

21 Ein einseitiges **Leistungsbestimmungsrecht** für den zukünftigen Ablauf des Dauerschuldverhältnisses „Miete" nach § 315 BGB ist in der vertraglich vorbehaltenen Berechtigung zur Änderung der Betriebskostenumlage nicht zu sehen. Denn die Leistungsbestimmung ist getroffen worden; die Annahme eines ständigen Abänderungsrechtes verstößt gegen § 308 Nr. 4 BGB infolge der bereits dargestellten Doppelzahlung seitens des Raumnutzers (→ Rn. 17). Das gleiche gilt für die Annahme eines im Wege einer ergänzenden Vertragsauslegung vereinbarten einseitigen Leistungsbestimmungsrechts (hierfür insbesondere Derleder WuM 2000, 3; NZM 2003, 737). Dem steht ebenfalls die Schranke des § 308 Nr. 4 BGB entgegen. Eine solche „Vertragsergänzung" analog der Geschäftsgrundlagenlehre übersieht, dass der Wechsel von Zentralheizung auf Wärmelieferung nicht auf außerhalb der Vertragsbeziehungen liegenden Umständen beruht, sondern auf der Willensentscheidung eines Vertragspartners; in dieser Situation greifen aber auch die Grundsätze der Geschäftsgrundlagenlehre nicht ein.

22 Das sog. **Modernisierungsargument** greift ebenfalls nicht durch: ob der Übergang von der Zentralheizung auf Wärmelieferung als solcher das Tatbestandsmerkmal „Einsparung von Energie" in § 554 Abs. 2 BGB erfüllt, wird zwar häufig behauptet (Langefeld-Wirth ZMR 1997, 166; Knerr in Wärme-Direkt-Service, 119; Quint GE 2007, 577; Derleder NZM 2001, 172 in der Begründung seines Vorschlags für eine Öffnungsklausel zugunsten des **Wärmecontracting),** aber nie konkretisiert, was wohl angesichts der häufig wechselnden Auffassungen über den Nutzen von zentralen oder dezentralen Wärmeversorgungsanlagen auch kaum zu erwarten ist (die Beispielrechnung bei Heß WuM 1998, 453; kritisch auch Wild MM 2003, 233). Eine notwendige Modernisierung der vorhandenen Zentralheizungsanlage berechtigt schon vom Ansatz her nicht zum Wechsel der Versorgungsart; der Objektaustausch rechtfertigt nur eine objektbezogene Vertragsänderung, aber keine bezüglich des Leistungserbringers. Insoweit kann ein Gegenschluss aus dem vormaligen § 14 MHG gezogen werden, der für Mietverträge auf dem Gebiet der ehemaligen DDR ausdrücklich die einseitige Auferlegung neuer Betriebskosten vorgesehen hat (BGH NJW 2003, 2900), was nicht erforderlich gewesen wäre, wenn sich bereits aus dem Modernisierungsrecht eine solche Befugnis ergeben hätte (auch Pfeifer Neues MietR S. 63). Etwas anderes mag gelten, wenn die Fernwärme selbst energiesparend erzeugt wird (so für die Kraft-Wärme-Kopplung BGH NZM 2008, 883).

23 Den Parteien stand nach der **hier vertretenen Auffassung** die Möglichkeit einer entsprechenden **individualvertraglichen Vereinbarung** für den konkre-

B. Sachlicher Geltungsbereich
§ 1 HeizkV

ten Einzelfall offen. Stimmt der Nutzer einer Änderung des Vertrages hinsichtlich der Versorgung mit Wärme/Warmwasser und der Neugestaltung der Kosten zu, ohne eine Herabsetzung des ursprünglichen Nutzungsentgelts zu vereinbaren, bleibt er daran gebunden. Ein Irrtum über die wirtschaftlichen Auswirkungen der Vertragsänderung stellt lediglich einen nicht zur Anfechtung berechtigenden Motivirrtum dar. Den Gebäudeeigentümer trifft auch keine Schadensersatzpflicht wegen etwa unterlassener Aufklärung über die Auswirkungen; denn er ist über seine Preiskalkulation nicht aufklärungspflichtig. Eine Aufklärung hat nur hinsichtlich des Umfangs der nunmehr nach der Ausgliederung umlegbaren Kosten zu erfolgen. Die Vertragsänderung musste schließlich auch ausdrücklich erfolgen. In der (auch langjährigen) Zahlung der in die Heizkostenabrechnung eingestellten Wärmelieferungskosten liegt keine (auch keine konkludente bzw. stillschweigende) Zustimmung des Mieters zur Änderung des ursprünglichen Mietvertrages. Dem Mieter fehlt insoweit bei der Zahlung das für eine Vertragsänderung notwendige Erklärungsbewusstsein; er will mit der Zahlung lediglich seine (vermeintliche) Schuld tilgen, aber nicht erst die Rechtsgrundlage für die Forderung des Vermieters schaffen (AG Berlin-Wedding MM 2010, 183; AG Dortmund NZM 2012, 762; die diesem Ergebnis möglicherweise entgegenstehende Entscheidung BGH NZM 2004, 418 ist durch die Entscheidung BGH NZM 2008, 81 überholt worden; s. auch Schmidt-Futterer/Langenberg, 14. A. BGB § 556 Rn. 56–61).

Für Mietverhältnisse über **Wohnraum** ist § 558 BGB zu beachten. Stimmt ein **24** Mieter der Vertragsänderung und damit sowohl der Leistungseinschränkung als auch der Änderung der Mietstruktur zu, muss eine Herabsetzung des Mietzinses erfolgen. Denn die Leistungseinschränkung bei gleichbleibendem Mietzins stellt in wirtschaftlicher Hinsicht eine Mieterhöhung dar (Ropertz/Wüstefeld NJW 1989, 2366; Eisenschmid HKA 1989, 47).

Ähnlich ist die Rechtslage im **preisgebundenen Wohnungsmietrecht.** Hier **25** gilt nach § 5 Abs. 1 NMV der Grundsatz der Pflicht zur Herabsetzung der Miete nach Verringerung der Aufwendungen. In Verfolgung dieses Grundsatzes bestimmt § 5 Abs. 3 nF NMV, dass sich bei einer Übertragung der Versorgungsanlage auf einen Drittbetreiber die Gesamtkosten, Finanzierungsmittel und laufenden Aufwendungen um den auf die Versorgungsanlage entfallenden Anteil verringern (LG Hamburg WuM 1994, 195; LG Frankfurt (Oder) ZMR 2011, 125). Mit der sich daraus ergebenden Verringerung der Durchschnittsmiete und der Einzelmieten soll eine Doppelbelastung der Mieter vermieden werden, wenn die auf die Versorgungsanlage entfallenden Kosten bereits in die Wirtschaftlichkeitsberechnung eingegangen waren (BR-Drs. 494/88, 34). Im einzelnen sind die **Gesamtkosten** um den für die zentrale Versorgungsanlage aufgewendeten Betrag zu verringern (Kramer ZMR 2007, 508). Daraus ergibt sich auch eine Kürzung der Finanzierungsmittel auf den herabgesetzten Betrag der Gesamtkosten im Finanzierungsplan. Weiterhin entfallen die Kapitalkosten für diese zu streichenden Finanzierungsmittel; und schließlich ist die allgemeine Abschreibung nach § 25 Abs. 1 II.BV von den verringerten Gesamtkosten zu berechnen sowie die besondere Abschreibung für die Versorgungsanlage zu streichen. Auch in die **Instandhaltungspauschale** darf kein Betrag für die zentrale Versorgung eingestellt werden (so Eisenschmid HKA 1989, 47). Nach § 5 Abs. 3 S. 2 NMV erfolgt die Berechnung des Anteils für die Versorgungsanlage nach den §§ 33–36 II.BV. Daraus folgt, dass nur die Kosten des an den Drittbetreiber übertragenen Teils der Anlage (also nicht die in das Gebäude eingebrachten Leitungen und Heizkörper) in die Berechnung eingehen (Philipp ZfgWBay 1989, 76), dass aber auch im Falle der Verpachtung der Pachtzins in die Berechnung einzustellen ist, §§ 36 Abs. 3, 31 II.BV. Was im preisgebundenen Wohnraum kraft Gesetzes eintritt, kann im preisfreien Wohnraum nur im Wege der Vereinbarung erreicht werden. Eine auch nur **entsprechende Anwendung** dieser auf völlig anderen Prinzipien beruhenden Regeln ist nicht möglich. Allerdings kann der Vermieter die infolge der Abänderung im preisfreien Mietrecht eintretende Äquivalenzänderung dadurch vermeiden, dass er die Miete nach Übertragung der Wärmeversorgung auf einen Wärmelieferanten neu berechnet (LG Osnabrück WuM 2003, 325).

C. Persönlicher Anwendungsbereich

I. Gebäudeeigentümer

26 Der **persönliche Anwendungsbereich** wird durch zwei Personengruppen gekennzeichnet, den Gebäudeeigentümer und ihm gleichgestellte Personen sowie die Nutzer (zu ihnen → Rn. 45, 46). Nach § 1 Abs. 1 ist der Gebäudeeigentümer zur verbrauchsabhängigen Kostenverteilung verpflichtet. Der **Eigentümer** ist deshalb der Primärverpflichtete aus der HeizkV, da er als Inhaber der alleinigen Sachherrschaft die Räume des Gebäudes einer Fremdnutzung zuführen kann, die einer Wärmebelieferung bedürfen. Ferner ist er derjenige, der die benötigte Wärme/das Warmwasser bereitstellt, sei es durch Betrieb einer Zentralheizungsanlage, sei es durch Abschluss eines Wärmelieferungsvertrages. Die bestehenden Pflichten des Gebäudeeigentümers können außerhalb der HeizkV übergehen auf Zwangsverwalter und Insolvenzverwalter, die laufende Verträge zu erfüllen haben, wozu auch die **Abrechnungspflicht** nach der HeizkV gehört (AG Neukölln GE 1989, 947). Unter Gebäude ist nicht nur das einzelne Haus zu verstehen, sondern auch eine Wirtschaftseinheit von mehreren Häusern, sofern diese von einer gemeinsamen Heizungsanlage Wärme/Warmwasser beziehen (Schmid GE 1990, 403). Die Gebäudemehrheit stellt eine Abrechnungseinheit dar, wenn sie einem Eigentümer gehört und eine getrennte Abrechnung rein tatsächlich unmöglich ist (BGH NZM 2010, 781 mAnm Lammel WuM 2011, 82; BGH WuM 2011, 159; NZM 2012, 96; LG Frankfurt a. M. ZMR 2010, 853). Gehören die mehreren Gebäude verschiedenen Eigentümern, stellt jedes Gebäude für sich eine Abrechnungseinheit dar. Jeder Eigentümer ist somit zur Verteilung der ihm in Rechnung gestellten Kosten an die jeweiligen Nutzer verpflichtet. Das gleiche gilt, wenn für jedes einzelne Gebäude eine Übergabestelle für Fernwärme oder eine getrennte Zentralheizungsanlage vorhanden ist.

II. Ihm gleichgestellte Personen

27 **1. Zur Überlassung befugte Personen.** Dem Gebäudeeigentümer werden in § 1 Abs. 2 **drei Personengruppen** gleichgestellt, die eine oder mehrere Funktionen des Eigentümers im Rahmen der HeizkV ausüben. Eine Ergänzung für das Verhältnis zwischen diesen Berechtigten und den eigentlichen Raumnutzern war deshalb erforderlich, weil in diesen Fällen zwischen dem Gebäudeeigentümer und dem Raumnutzer keinerlei Rechtsbeziehungen bestehen, die die Verteilung der Heizkosten im Einzelfall regeln könnten. Grundsätzlich besteht die Verteilungspflicht nach der HeizkV nur gegenüber berechtigten Nutzern, anderen gegenüber gibt es nicht die nach dem Gesetzeswortlaut erforderliche „Befugnis" zur Überlassung (aA Schmid Rn. 6036, der Fall der wirksamen, aber unberechtig-

C. Persönlicher Anwendungsbereich **§ 1 HeizkV**

ten Untervermietung gehört nicht in diesen Zusammenhang; denn es liegen zwei berechtigende Nutzungsverträge vor: zwischen Gebäudeeigentümer und Untervermieter, und zwischen diesem und dem Untermieter; Kinne § 1 Rn. 8). Außerdem ist hier zu berücksichtigen, dass die unberechtigten Nutzer mangels vertraglicher Nutzungsgrundlage auch keinen Anspruch auf Einhaltung der HeizkV haben.

Die **Nutzungsfunktion des Eigentümers** steht in § 1 Abs. 2 Nr. 1 im Vordergrund. Dem verpflichteten Eigentümer ist danach derjenige gleichgestellt, der die zu heizenden Räume im eigenen Namen und für eigene Rechnung zur Nutzung überlassen darf. Zu den Berechtigten iSd § 1 Abs. 2 Nr. 1 gehören zum einen **Inhaber dinglicher Rechte.** Der Nießbraucher ist gem. § 1030 BGB zur Vermietung des belasteten Grundstücks berechtigt; er ist also als Verpflichteter aus der HeizkV gegenüber den weiteren Nutzern anzusehen. Entgegen der überwiegenden Meinung (Brintzinger § 1 Anm. 6; Böttcher-Memmert § 1 HeizkV zu Absatz 2, 23; Freywald Rn. 12; Schubart/Kohlenbach/Bohndick HeizkV § 1 Anm. 4) gehört der Inhaber eines dinglichen Wohnrechts nach § 1093 BGB nicht ohne weiteres zu dem in Nr. 1 genannten Personenkreis, da er zur ausschließlichen Selbstnutzung der Wohnung, nicht aber zur Weitergabe berechtigt ist. Der Wohnrechtsinhaber ist nur dann nach der HeizkV Verpflichteter, wenn ihm die Nutzungsüberlassung bei Einräumung des Wohnrechts ausdrücklich gestattet worden ist, § 1092 Abs. 1 S. 2 BGB. Das gleiche gilt für den Nutzungsberechtigten auf Grund einer beschränkt persönlichen Dienstbarkeit, §§ 1018, 1090, 1092 BGB. Der Inhaber eines Dauerwohnrechts oder eines Dauernutzungsrechts iSd § 31 WEG ist hingegen zur Nutzungsüberlassung berechtigt, § 37 WEG, so dass er Adressat der HeizkV ist. 28

Neben diesen dinglich Berechtigten können auch **schuldrechtlich Berechtigte** der HeizkV unterfallen. Dazu gehören der sog. gewerbliche Zwischenvermieter, insbesondere im Bauherrenmodell, aber auch sonstige Mieter/Pächter, die Untermiet-/Pacht-Verhältnisse begründen dürfen. Im Verhältnis zum Gebäudeeigentümer muss zusätzlich eine besondere Berechtigung zur Untervermietung gegeben sein; diese ist nicht schon aus der Stellung als Mieter herzuleiten, § 540 Abs. 1 S. 1 BGB. Es ist zweifelhaft, ob auch Hausverwaltungen unter den Personenkreis der Nr. 1 fallen (so Brintzinger § 1 Anm. 6; Lefèvre S. 23; Schubart/Kohlenbach/Bohndick § 1 Anm. 4). Im Regelfall schließen diese die Mietverträge nicht im eigenen Namen ab, sondern unter Benutzung einer **(General-)Vollmacht** im Namen des Gebäudeeigentümers; auch handeln sie jedenfalls nicht für eigene Rechnung. Zwar mag der Verwaltervertrag zwischen Gebäudeeigentümer und Hausverwaltung die Abrechnungspflichten der Verwaltung übertragen. Diese rechnet jedoch nicht auf Grund einer eigenen gesetzlichen Verpflichtung ab, sondern auf Grund der vertraglich übernommenen gesetzlichen Verpflichtung des Eigentümers. Schließt die Verwaltung hingegen den Nutzungsvertrag im eigenen Namen ab, ist sie die aus der HeizkV Verpflichtete. 29

Zu beachten bleibt die **gestaffelte Zuständigkeit für die Kosten-Verteilung** nach der HeizkV. Im Verhältnis zwischen Gebäudeeigentümer und den nach § 1 Abs. 2 Nr. 1 Berechtigten bleibt der Eigentümer zur Verteilung der Heizkosten verpflichtet, sofern sich nicht aus dem Inhalt des Nutzungsverhältnisses ergibt, dass der Berechtigte völlig in die Stellung des Eigentümers eingetreten ist und ihn damit aus seinem (Rechts- und) Pflichtenkreis verdrängt. Ob im Verhältnis des Gebäudeeigentümers und des dinglich Nutzungsberechtigten eine Kostenverteilung nach der HeizkV stattfinden muss, beantwortet die Ausgestaltung der tatsäch- 30 lichen Verhältnisse. Nicht maßgebend hierfür ist die jeweilige gesetzliche Regelung über die Lastentragung. Denn diese bestimmt lediglich den letztlich Belasteten (LG Duisburg DWW 1989, 135), ohne darüber Auskunft zu geben, wie die Berechnung der Lasten im Einzelfall erfolgen soll. Vertragliche Regelungen über die Verteilung der Lasten in der **Bestellungsurkunde** des dinglichen Rechts schließen wegen des Anspruchs der HeizkV auf Vorrang vor vertraglichen Regelungen in § 2 die Notwendigkeit der Überprüfung ihrer Übereinstimmung mit der HeizkV nicht aus. Im Regelfall wird bei den Wohnrechten eine Abrechnung in Betracht kommen, da der Gebäudeeigentümer nicht völlig aus seiner Position hinsichtlich des Gebäudes verdrängt wird (BGH WuM 2007, 672 zu den allgemeinen Betriebskosten; auch BGH NZM 2012, 313; LG Marburg GE 2009, 1047). Einen Anhaltspunkt für diese gestaffelte Verteilungspflicht bietet § 1 Abs. 2 Nr. 3, wonach beim Wohnungseigentum eine Verteilung sowohl im Verhältnis der Eigentümergemeinschaft zu dem einzelnen Wohnungseigentümer wie auch im Verhältnis von Wohnungseigentümer zu einem Mieter der Eigentumswohnung stattfinden muss (→ Rn. 35, 36).

31   Beim **Nießbrauch** ist hingegen darauf abzustellen, inwieweit der Nießbraucher bezüglich der Versorgung mit Wärme/Warmwasser in die Position des Gebäudeeigentümers einrückt. Ist ein Grundstück mit zentralbeheiztem Miethaus insgesamt nießbrauchsbelastet, so wird der Nießbraucher auch die Wärmeversorgung der Mietwohnungen übernehmen (entsprechend § 1041 BGB). Für eine **Verteilungspflicht** des Gebäudeeigentümers dem Nießbraucher gegenüber ist kein Raum mehr. Das gleiche gilt, wenn der Nießbraucher mit einem Wärmeversorgungsunternehmen einen entsprechenden Vertrag schließt. Bleibt der den Nießbrauch bestellende Gebäudeeigentümer Vertragspartner des Wärmelieferungsvertrages, entfällt seine Verteilungspflicht deshalb, weil mit dem Nießbraucher des gesamten Mietshauses nur ein Nutzer vorhanden ist, demgegenüber keine Verteilung, sondern nur eine Kostenweitergabe stattfinden kann (→ Rn. 45). Ist Wohnungseigentum mit einem Nießbrauch belastet, so gleicht dieser inhaltlich den Wohnrechten mit der Folge, dass der Wohnungseigentümer nach § 1 Abs. 2 Nr. 3 zur heizkostenmäßigen Verteilung verpflichtet bleibt.

32   Bei dem **schuldrechtlich Berechtigten** führt die Gleichstellung mit dem Gebäudeeigentümer aber in keinem Fall dazu, dass dieser aus seiner Verteilungspflicht nach der HeizkV entlassen wird. Er muss weiterhin die Wärme/Warmwasserkosten gegenüber den Hauptmietern/Pächtern abrechnen, sofern er dies auf Grund seiner Beziehungen zu den Wärmelieferanten kann oder weil er selbst die Wärmeversorgung vornimmt, also für ihn einer der Fälle des § 1 Abs. 1 gegeben ist. Rückt hingegen der schuldrechtlich zur Nutzungsüberlassung Berechtigte in die Eigentümerstellung nach § 1 Abs. 1 ein, schließt er also den Vertrag über die gewerbliche Lieferung von Wärme (was insbesondere beim gewerblichen Zwischenvermieter im Bauherrenmodell der Fall sein wird), oder betreibt er selbst die zentrale Heizungsanlage (was beim Mieter eines gesamten Hauses gegeben sein mag), ist der Gebäudeeigentümer entpflichtet. Eine gestaffelte Abrechnungspflicht bleibt bei der Untervermietung einer Eigentumswohnung bestehen; sie läuft von der Eigentümergemeinschaft zum einzelnen Eigentümer, von diesem zum Hauptmieter, der wiederum dem Untermieter gegenüber verpflichtet ist. In diesem Fall kommt es auf eine Mehrheit der Letzt-Nutzer als Kriterium der Verteilungspflicht (→ Rn. 45) nicht an. Es genügt die tatsächliche Mehrheit auf der vorangegangenen Stufe „Eigentümergemeinschaft" (→ Rn. 38).

C. Persönlicher Anwendungsbereich **§ 1 HeizkV**

2. Betreiber der zentralen Versorgungsanlage. Auf die **Funktion des** 33 **Gebäudeeigentümers als Wärmelieferant** stellt § 1 Abs. 2 Nr. 2 ab. Hier wird dem Eigentümer derjenige gleichgestellt, dem der **Betrieb** zentraler Heizungsanlagen und zentraler Warmwasserversorgungsanlagen in der Weise **übertragen** worden ist, dass er dafür ein Entgelt vom Nutzer zu fordern berechtigt ist. Der Anwendungsbereich der Gleichstellung in Nr. 2 betrifft solche Anlagen, die von Dritten anstelle des Eigentümers betrieben werden (Lefèvre, S. 26) und bei denen unmittelbar mit den Nutzern abgerechnet wird (BR-Drs. 632/80, 19). Praktisch erfasst werden hier sowohl die verpachtete Einzelanlage wie die ausgegliederten Anlagen, die aber infolge ihrer Zuordnung zu bestimmten Gebäuden, mit denen sie eine Wirtschaftseinheit bilden, noch eine zentrale Heizungsanlage darstellen. Absatz 2 Nr. 2 stellt daher die notwendige Ergänzung zu § 1 Abs. 1 Nr. 2 dar. Der wesentliche Unterschied beider Ziffern ist darin zu sehen, dass es sich bei dem Betreiber einer zentralen Heizungsanlage nach § 1 Abs. 1 Nr. 2 um einen eigenständig gewerblich Tätigen handeln muss, der mit dem Gebäudeeigentümer abrechnet, während der Betreiber nach § 1 Abs. 2 Nr. 2 in Erfüllung der **nutzungsvertraglichen Nebenpflicht** des Gebäudeeigentümers handelt (Kreuzberg/Wien Heizkostenabrechnung-HdB/Hack S. 201 Fall 4) und direkt mit dem Nutzer abrechnet. Die Kosten der Wärmelieferung durch übertragene Heizwerke sind stets nach der HeizkV zu verteilen (Sternel PiG 23 (1986), 60), unabhängig von der Rechtsform der Übertragung. Wird die Zuständigkeit des Gebäudeeigentümers für die Versorgung mit Wärme/Warmwasser völlig auf einen Drittbetreiber übertragen (durch Verpachtung oder Übereignung), findet § 1 Abs. 1 Nr. 2 Anwendung, gegebenenfalls § 1 Abs. 3. Bleibt die Zuständigkeit bei dem Gebäudeeigentümer und erfolgt der Betrieb in seinem Auftrag, muss der Beauftragte nach § 1 Abs. 2 Nr. 2 die Kosten entsprechend der HeizkV verteilen. Erforderlich ist in diesem Fall aber der **Abschluss eines Liefervertrages** zwischen (beauftragtem) Betreiber und dem Raumnutzer. Denn der Betreiber muss nach der Formulierung des Absatz 2 Nr. 2 „ein Entgelt vom Nutzer zu fordern berechtigt" sein. Ein solches Forderungsrecht kann sich nur aus einem schuldrechtlichen Vertrag zwischen Wärmelieferant und Nutzer ergeben. Die Beauftragung allein durch den Gebäudeeigentümer lässt ein solches Forderungsrecht gegenüber dem Nutzer nicht entstehen.

Abzulehnen und durch die Neufassung der HeizkV überholt ist die Auffas- 34 sung (Lefèvre, S. 25; Schröder JurBüro 1981, 818), dass die AVBFernwärmeV auch für die Kostenverteilung (nicht für die sonstigen dortigen Regelungen wie Vertragsgestaltung, Messpflichten, etc, s. Kreuzberg/Wien Heizkostenabrechnung-HdB/Hack S. 169) stets anzuwenden ist, wenn die Heizungsanlage durch einen vom **Gebäudeeigentümer rechtlich verschiedenen Dritten** betrieben wird. Danach würde jede verpachtete Heizungsanlage (innerhalb oder außerhalb eines Gebäudes) aus dem Anwendungsbereich der HeizkV herausfallen, wenn mit den Nutzern selbständige Wärmelieferungsverträge abgeschlossen werden. Dies widerspricht der Vorstellung des Gesetzgebers, wie sie in § 1 Abs. 2 Nr. 2 zum Ausdruck gekommen ist (Pfeifer DWW 1985, 75 (76)). Ausgangspunkt ist auch hier die Verpflichtung zur Bereitstellung von Wärme/Warmwasser im Nutzungsvertrag (zumeist einem Mietvertrag), die der Vermieter nach den gängigen Vertragsmustern übernimmt. Dieser Pflicht kann er dadurch nachkommen, dass er die zentrale Heizungsanlage selbst betreibt. Er kann die Pflicht aber auch dadurch erfüllen, dass er dem Nutzer die Möglichkeit aufzeigt, mit einem selbständigen Unternehmen, das eine zentrale Heizungsanlage für das Gebäude betreibt, einen Wärmelieferungsvertrag zu schließen. Der Dritte ist in diesem Fall Erfüllungsgehilfe des Gebäudeeigentümers bei der Erfüllung der Wärmelieferungspflicht. Die sich konsequenterweise daraus ergebende Anwendung der HeizkV auf die Verteilung des Wärmeverbrauchs, wie sie sich jetzt auch aus § 1 Abs. 3 ergibt, kommt der Zielsetzung der VO deswegen entgegen, weil der Verbrauch für das gesamte Gebäude auf die einzelnen Nutzer verteilt und nicht der Verbrauch für jeden einzelnen Nutzer gemessen und in Rechnung gestellt wird.

35   3. **Wohnungseigentümer.** Auf die **Funktion des Rechtsträgers** in Bezug auf ein Gebäude stellt § 1 Abs. 2 Nr. 3 ab. Danach gilt die HeizkV auch bei Wohnungseigentum und zwar in zweifacher Richtung. Zunächst ist die **Gemeinschaft der Wohnungseigentümer** im Verhältnis zum einzelnen Wohnungseigentümer dem Gebäudeeigentümer hinsichtlich der ihn treffenden Pflichten aus der HeizkV gleichgestellt. Die Gemeinschaft ist verpflichtet, die Kosten für Wärme und Warmwasser auf die einzelnen Eigentümer nach der HeizkV zu verteilen. Das Verhältnis der Vorschriften des WEG und der HeizkV wird in § 3 nochmals angesprochen, ebenso die rechtliche Durchführung der sich aus der VO ergebenden Verpflichtungen (im Einzelnen → HeizkV § 3 Rn. 13–43).

36   Des Weiteren hat der **einzelne Wohnungseigentümer** gegenüber einem Mieter seiner Wohnung die Pflicht zur verbrauchsabhängigen Abrechnung. Dogmatisch ist dies gerechtfertigt, da rechtlich Grundstückseigentümer und Wohnungseigentümer gleichstehen. Praktisch würde es an sich genügen, wenn die Wärmekosten gegenüber dem vermietenden Wohnungseigentümer gemäß der HeizkV verteilt würden. Der Zweck der HeizkV fordert aber, dass auch auf das Verhalten des Endverbrauchers „Mieter" Einfluss genommen wird. Obwohl der Eigentümer einer vermieteten Eigentumswohnung keine Verteilung vorzunehmen, sondern nur die ihm gegenüber verteilten Kosten der Wärme/des Warmwassers an seinen Mieter weiterzugeben brauchte, ist es ihm dennoch verwehrt, mit seinem Mieter eine Pauschalmiete zu vereinbaren, in der dieser Kostenfaktor bereits enthalten ist (→ HeizkV § 2 Rn. 15–17).

37   Der Wohnungseigentümer ist infolge seiner gesetzlichen Gleichstellung mit dem Grundstückseigentümer nicht gezwungen, den von der Eigentümergemeinschaft im Verhältnis zu den einzelnen Wohnungseigentümern beschlossenen **Verteilungsschlüssel** (betreffend das Verhältnis von Grundpreis und Verbrauchspreis, → HeizkV § 7 Rn. 1, 4) auch gegenüber seinem Mieter anzuwenden. Er kann als selbständiger Eigentümer mit seinem Mieter auch einen anderen Verteilungsmaßstab mietvertraglich vereinbaren, darf aber nur die nach der HeizkV bzw. dem Mietvertrag als umlegungsfähig vereinbarten Kosten in die Verteilung aufnehmen (AG Berlin-Tiergarten WuM 1989, 86). Dies wird allerdings nicht praktikabel sein; Rügen des Mieters bei Einsichtnahme in die Abrechnungsunterlagen sind damit vorprogrammiert. Wenn die Eigentümergemeinschaft einen Verteilungsmaßstab auch für das Verhältnis zu Mietern der Eigentumswohnungen bindend beschließt, ist der Gleichklang zwischen den verschiedenen Abrechnungsebenen hergestellt.

38   Die Nr. 3 des § 1 Abs. 2 gilt nach ihrem ausdrücklichen Wortlaut selbst dann, wenn der Wohnungseigentümer **nur eine Wohnung vermietet.** In diesem Fall ist zwar nur ein Nutzer vorhanden (zum Begriff des Nutzers → Rn. 45, 46), so dass entsprechend dem Wortlaut des § 1 Abs. 1 keine Kostenverteilung unter

C. Persönlicher Anwendungsbereich § 1 HeizkV

mehreren Nutzern möglich ist; von Verteilung lässt sich nur sprechen, wenn mindestens zwei Nutzer vorhanden sind, bei einem Nutzer hat dieser alle Kosten der genutzten Räume zu tragen. Insoweit berücksichtigt die HeizkV mit ihrer Formulierung die besonderen Verhältnisse in einer Wohnungseigentumsanlage, in der rein tatsächlich eine Vielzahl von Nutzern vorhanden ist. Mit der Verteilung nach der HeizkV soll auf das Verbrauchsverhalten jedes Nutzers eingewirkt werden, unabhängig von seinem rechtlichen Status als Wohnungseigentümer oder als Wohnungsmieter.

Nr. 3 spricht zwar nur von Wohnungseigentümern; nach § 1 Abs. 3, 6 WEG steht diesen das **Teileigentum** über **Räume, die nicht Wohnzwecken** dienen, gleich, so dass auch der Wärmeverbrauch für diese Räume nach der HeizkV zu verteilen ist (BR-Drs. 632/80, 19). Dazu gehören vor allem gewerblich genutzte Räume, wie Läden, Büros, Lagerräume, Praxisräume für freiberuflich Tätige. 39

4. Wärmelieferanten. § 1 Abs. 3 zieht die Konsequenzen aus der Neufassung des § 1 Abs. 1 Nr. 2 (Erweiterung des Anwendungsbereichs der HeizkV auf gewerbliche Wärmelieferung allgemein, → Rn. 11, 12) sowie aus der Streichung des Satzes 2 von § 6 Abs. 1 aF (Ausklammerung der Fernwärmelieferung aus der Verteilung nach der HeizkV). Damit ist eine umfassende Anwendung der HeizkV auf den Verbrauch von Wärme/Warmwasser gewährleistet. Während § 1 Abs. 1 davon ausgeht, dass dem Gebäudeeigentümer die Kosten der Wärmelieferung insgesamt in Rechnung gestellt werden und er diesen Betrag auf seine Nutzer verteilt, ferner § 1 Abs. 2 dem Gebäudeeigentümer diejenigen Personen gleichstellt, die in bestimmte Funktionen des Eigentümers eingerückt sind, geht § 1 Abs. 3 allein von der Lieferung von Wärme/Warmwasser aus und erfasst die **Direktabrechnungen zwischen Wärmelieferant und Nutzer.** Diese Regelung wurde geschaffen, um hier eine Abrechnung ausschließlich nach Verbrauch zu vermeiden. Denn bei einer ausschließlich verbrauchsabhängigen Abrechnung können lagebedingte Vor-/Nachteile (Räume einer innenliegenden Wohnung mit geringer Außenwandfläche verbrauchen weniger verbrauchen als Räume mit zahlreichen Außenwänden) nicht berücksichtigt werden. Das soll dadurch abgemildert werden, dass die Kostenverteilung teilweise nach Verbrauch, teilweise nach verbrauchsunabhängigen Kriterien, wie den Raummaßen, vorgenommen wird (BR-Drs. 494/88, 22). Angesichts der nach § 10 eröffneten grundsätzlichen Befugnis, durch rechtsgeschäftliche Regelung weiterhin zu 100 % nach Verbrauch abzurechnen (Jenißen ZMR 1982, 228; Einzelheiten → HeizkV § 10 Rn. 3–14), ist das allerdings kein zwingendes Argument gegen die Neuregelung in Abs. 3; außerdem ist der im Entwurf 2008 zu § 7 Abs. 1 S. 1 vorgesehene Ausgleich von Lagenachteilen nicht in die endgültige Neufassung der HeizkV aufgenommen worden. 40

Unter § 1 Abs. 3 fallen die **Fernwärmeunternehmen,** die nach § 18 Abs. 7 nF AVBFernwärmeV ausdrücklich zur Beachtung der HeizkV verpflichtet sind. § 18 AVBFernwärmeV mit seiner Regelung der Abrechnung bildet den unmittelbaren Berührungspunkt zwischen HeizkV und AVBFernwärmeV. Darin werden Messverfahren zur Ermittlung des Verbrauchs behandelt. Neben der grundsätzlich gebotenen (Einzel-)Wärmemessung und des Ersatzverfahrens mittels Messung der Wassermenge ist als Hilfsverfahren eine Verteilung der Heizkosten nur gestattet, wenn: „die gelieferte Wärmemenge 1. an einem Hausanschluss, von dem aus mehrere Kunden versorgt werden, oder 2. an einer sonstigen verbrauchsnah gelegenen Stelle für einzelne Gebäudegruppen, die vor dem 1. April 1980 an das 41

HeizkV § 1 Anwendungsbereich

Versorgungsnetz angeschlossen worden sind, festgestellt wird". An die Stelle der bei der AVBFernwärmeV üblichen Abrechnung nach Einzelverbrauch tritt in den genannten Fällen lediglich eine Einzelverteilung des Gesamtverbrauchs. Dieser wird an der Übergabestelle entweder nach der Wärmemenge oder der Wassermenge zum eingeschränkten Anwendungsbereich dieser Erfassungsmethode für die Zukunft → HeizkV § 12 Rn. 48–50 ermittelt; die Verteilung auf die einzelnen Kunden erfolgt jetzt nach der HeizkV.

42 Im Anschluss daran enthält Abs. 3 die **zwei wesentlichen Voraussetzungen** für die Anwendung der HeizkV. Zunächst muss der **Lieferer direkt mit dem Nutzer abrechnen**; die Abrechnung mit dem Gebäudeeigentümer fällt unter Absatz 1. Des Weiteren dürfen der Abrechnung nicht der beim einzelnen Nutzer gemessene Verbrauch, sondern seine **Anteile am Gesamtverbrauch** zugrunde gelegt werden. Die Messung erfolgt also nicht bei der Nutzereinheit, sondern bei der Gebäudeeinheit. Wird der Verbrauch ausschließlich beim Nutzer gemessen und die Abrechnung auf Grund dieser Messung erstellt, bleibt für die Anwendung der HeizkV kein Raum. Zum einen gibt es in diesem Fall nichts zu verteilen, da kein Gesamtverbrauch gemessen wird (Schubart/Kohlenbach/Bohndick § 1 Anm. 3 [B.4 S. 18, 19]). Zum anderen wird der Zweck der Energieeinsparung, Verbrauchsdrosselung durch Kenntlichmachung des Verbrauchs und seiner Kosten, voll erreicht; denn der einzelne Nutzer kann sein Verbrauchsverhalten kontrollieren und regulieren, ohne dass ihn das Verbraucherverhalten anderer Nutzer im selben Gebäude beeinflusst.

43 Die Neufassung beeinträchtigt die Wärmelieferanten nicht in ihrer Preisbildung, sondern zwingt sie zu einem **zusätzlichen Rechenschritt**, der Kostenverteilung (BR-Drs. 494/88, 23). Das bedeutet, dass die umfassendere Preisgestaltung dieser Unternehmen mit in die Verteilungsordnung der HeizkV einbezogen wird. Der Wärmepreis des Fernwärmeunternehmens enthält neben den normalen Betriebskosten die Gewinnspanne, Reparaturkosten, Investitionsrücklagen, Abschreibungen, Zinsen, Pachten, Kosten der Verwaltung, und eine Höhe richtet sich nach marktwirtschaftlichen Gesichtspunkten. Grundlage ist der **Wärmekaufvertrag**, in dem die Geltung der AVBFernwärmeV sowie Preisänderungsklauseln vereinbart sind. Die Überwälzung dieser Gesamtpreise auf die Nutzer ist aber keine Folge der Einbeziehung dieser Unternehmen in den Geltungsbereich der HeizkV; die Preisgestaltung war vorher genauso umfangreich und wurde zB bei der indirekten Abrechnung über den Gebäudeeigentümer bereits nach der alten Fassung der HeizkV auf die Nutzer verteilt.

44 Trifft das Merkmal „Wärmelieferant" im Sinne des Absatz 3 zu und erfüllt dessen Abrechnungsweise die aufgeführten Tatbestandsmerkmale, gelten für ihn die **Rechte und Pflichten des Gebäudeeigentümers.** Zu einer Kollision der Rechtszuständigkeiten kann es bei der Pflicht zur Ausstattung der Räume mit Geräten zur Verbrauchserfassung nach § 4 Abs. 2 kommen. Der Lieferer hat nämlich weder ein eigenes Zutrittsrecht zum Gebäude noch ein Recht zur Installation von Geräten; er würde insoweit in das Eigentum des Gebäudeeigentümers eingreifen. Allerdings wird man aus dessen Pflicht zur Verbrauchserfassung aus § 4 die Pflicht entnehmen müssen, die Anbringung der Erfassungsgeräte durch die Wärmelieferanten zu dulden.

III. Nutzer

45 Die VO betrifft im persönlichen Anwendungsbereich ferner Nutzer. Mit diesem nicht näher erläuterten Begriff sollen alle diejenigen Nutzungsverhältnisse

erfasst werden, bei denen eine verbrauchsabhängige Verteilung der Wärme-/ Warmwasserkosten möglich ist. Damit fallen solche Nutzungsverhältnisse aus dem Anwendungsbereich, bei denen mangels Nutzermehrheit keine Verteilung stattfinden kann; ausgenommen ist die vermietete Eigentumswohnung (→ Rn. 38). Es müssen stets mehrere Nutzer von der gemeinschaftlichen Heizungsanlage versorgt werden. Diese Mehrheit ist nicht schon gegeben, wenn mehrere Personen die mit Wärme/Warmwasser versorgten Räume nutzen. **Die Nutzermehrheit** wird vielmehr auf die Raumeinheit bezogen. Nicht zu den Nutzern im Sinne der HeizkV gehört daher der Nutzer eines Einfamilienhauses (dazu Hinterseer-Zbib AnwZert MietR 23/2019 Anm. 2); dagegen sind die Kosten einer für ein Doppelhaus gemeinschaftlichen Zentralheizungsanlage nach der HeizkV zu verteilen, da hier mehr als ein Nutzer vorhanden ist (aA AG Berlin-Schöneberg GE 1986, 863). Ebenso führt die Vermietung der in einem Einfamilienhaus gelegenen Einliegerwohnung zu einer Verteilungspflicht des Mieters des gesamten Hauses, da er selbst neben dem „Untermieter" Nutzer ist. Es besteht aber in diesem Fall gemäß § 2 die Möglichkeit, eine abweichende Vereinbarung zu treffen (→ HeizkV § 2 Rn. 42, 45).

Auf Grund welches Rechtsverhältnisses der Nutzer die Räume innehat, ist für **46** die Anwendung der HeizkV unerheblich. Das zur **Nutzung berechtigende Rechtsverhältnis** wird im Regelfall ein Mietvertrag (Hauptmietvertrag oder Untermietvertrag) über eine Wohnung, einen (zu den Ausnahmen → HeizkV § 11 Rn. 37, 38) oder mehrere Räume sein, aber auch Pachtvertrag und die dinglichen Rechte, wie Nießbrauch, Wohnrecht, Dauerwohnrecht, Wohnungserbbaurecht, Wohnungseigentum können der berechtigten Nutzung zugrunde liegen. Nutzer ist ebenso der einzelne Genosse bei Wohnungsbaugenossenschaften. Schließlich kann der Gebäudeeigentümer selbst Nutzer im Sinne der HeizkV sein, wenn er wärmebelieferte Räume nutzt. Unerheblich ist ferner der private oder berufliche Zweck der Nutzung. Wird nach beendetem Rechtsverhältnis der Gebrauch der Räume fortgesetzt, wirkt das bisherige Vertragsverhältnis insofern nach, als bis zur endgültigen Räumung die vertraglich übernommene Verpflichtung zur Ausstattung mit Wärme weiterbesteht und damit auch die **Abrechnungspflicht** nach der HeizkV. Voraussetzung ist aber stets, dass der Nutzer einmal berechtigter Nutzer war; gegenüber einem von vornherein unberechtigtem Nutzer besteht keine Verteilungspflicht nach der HeizkV, da diese sich von der vertraglich übernommenen Verpflichtung des Nutzungsgewährenden zur Bereitstellung der Räume mit Wärme/Warmwasser ableitet (aA Brintzinger § 1 Anm. 8; Schmid Rn. 6026; Kinne § 1 Rn. 8); die Zahlungspflicht des unberechtigten Nutzers ergibt sich aus § 546a Abs. 2 in Verbindung mit § 812 BGB. Aus praktischen Gründen zum Nachweis der Bereicherung wird aber eine Heizkostenabrechnung erfolgen können (der Gebäudeeigentümer darf, muss aber nicht die HeizkV zugrunde legen).

D. Räume

Räume im Sinne der HeizkV sind solche, die bestimmungsgemäß mit **Wärme/** **47** **Warmwasser** versorgt werden, unabhängig von der Nutzungsart und dem Nutzungsrecht. Ausnahmen können für Gemeinschaftsräume bestehen (→ HeizkV § 4 Rn. 52–55); ferner nach § 11 auf Grund besonderer sachlicher Umstände (→ HeizkV § 11 Rn. 8–66).

HeizkV § 1 Anwendungsbereich

E. Preisgebundener Wohnraum

48 In § 1 Abs. 4 wird der Anwendungsbereich der HeizkV auf **Mietverhältnisse über preisgebundenen Wohnraum** erweitert. Zu den preisgebundenen Wohnungen gehören öffentlich geförderte Sozialwohnungen, steuerbegünstigte und frei finanzierte Wohnungen, die mit Wohnungsfürsorgemitteln des Bundes und der Länder gefördert worden sind, Wohnungen, die gem. § 88 II. WoBauG mit Aufwendungsdarlehen des Bundes im sog. Regionalprogramm gefördert worden sind, die nach § 46 Abs. 5 S. 3 und § 58 StBauFG mit Sanierungs- oder Entwicklungsförderungsmitteln geförderten steuerbegünstigten Wohnungen. Da im Saarland die Mietpreisbindungsvorschriften nicht gelten (zu den Einzelheiten Brintzinger Einführung Rn. 3.5), findet die HeizkV uneingeschränkt auf alle Raumnutzungsverhältnisse Anwendung. Für Berlin → HeizkV § 13 Rn. 2.

49 Bereits vor Erlass der HeizkV enthielt die NMV, § 22 aF, eine Regelung über die **verbrauchsabhängige Verteilung** von Wärme-/Warmwasserkosten, so dass die HeizkV zunächst nicht für preisgebundenen Wohnraum galt. Eine Harmonisierung der bis dahin inhaltlich unterschiedlichen Regelungen erfolgte mit der Neufassung der HeizkV 1984; diese Harmonisierung ist 1989 durch eine entsprechende Abänderung von § 22 Abs. 1 NMV weitergeführt worden. Diese Bestimmung verweist nunmehr für die Umlegung der Kosten des Betriebes zentraler Heizungs- und Warmwasserversorgungsanlagen und der Kosten der eigenständig gewerblichen Lieferung von Wärme und Warmwasser, auch aus zentralen Heizungs- und Warmwasserversorgungsanlagen, auf die HeizkV.

50 Für die **in § 11 enthaltenen Ausnahmen** der verbrauchsabhängigen Verteilung nach den §§ 3–7 enthält § 22 Abs. 2 Nr. 1 NMV die Berechtigung, die Kosten der Versorgung mit Wärme generell nach der Wohnfläche oder dem umbauten Raum, oder speziell nach der Wohnfläche oder dem umbauten Raum der beheizten Räume zu verteilen. Wenn nicht besondere Umstände vorliegen, ist der nach § 315 BGB überprüfbare, dem Vermieter eingeräumte Spielraum dahin begrenzt, dass nur die beheizbaren Räume zugrunde gelegt werden dürfen. Da nach § 4 Nr. 4 WoFlV zB auch ein Balkon bis zur Hälfte seiner Fläche auf die Wohnfläche angerechnet werden kann, ist die Verteilung der Wärmekosten allein nach Wohnfläche in solchen Fällen grob unbillig, in denen Flächen einbezogen werden, die auf Grund ihrer Gestaltung nicht – auch nicht mittelbar – mit Wärme versorgt werden auch nicht bestimmungsgemäß erwärmt werden sollen (neben den bereits genannten Balkonen Speisekammern, Abstellräume).

51 Für **Warmwasser** enthält § 22 Abs. 2 Nr. 2 NMV für die **Ausnahmefälle des § 11** die Befugnis der Umlage nach Wohnfläche oder in anderer Weise ohne Erfassung. Die Umlage der Warmwasserkosten nach Wohnfläche vereinfacht zwar die Abrechnung und ist im Regelfall auch unter dem Gesichtspunkt des § 315 BGB zulässig (OLG Hamm WuM 1983, 315). Da der Maßstab in keiner Weise auf den tatsächlichen Verbrauch Rücksicht nimmt, der vor allem durch die Zahl der ständig in der Wohnung lebenden Personen bestimmt wird, kann im Einzelfall ein personenbezogener Umlageschlüssel sachgerechter sein. Voraussetzung ist, dass der Vermieter nicht vor unlösbare Probleme der Überwachung gestellt wird (dazu Hanke ZfgWBay 1984, 178). In einer überschaubaren Mieteinheit kann im Mietvertrag die Zahl der einziehenden Personen aufgenommen und die Aufnahme weiterer Personen anmeldepflichtig gemacht werden; die vorübergehende Aufnahme von Gästen ist nicht abrechnungsrelevant. Etwas anderes gilt in einem Vielfamilienhaus, in dem die Kontrollaufwendungen in keinem Verhältnis zu dem

Ermittlungsergebnis des Verbrauchs an Warmwasser stehen; hier muss aus praktischen Gründen auf die Verteilung nach Wohnfläche zurückgegriffen werden, da diese ein Indiz für die Nutzungsintensität darstellt.

Eine **weitere Ausnahme** von der Anwendung der HeizkV ergibt sich aus § 22 Abs. 2 S. 3 NMV. Danach bleiben Genehmigungen nach den §§ 22 Abs. 5, 23 Abs. 5 NMV in der Fassung bis 1984 weiter bestehen. Nach den genannten Vorschriften konnte die Bewilligungsstelle unter Abweichung von der grundsätzlichen verbrauchsabhängigen Verteilung die Umlegung nach der Wohnfläche/dem umbauten Raum für solche Gebäude zulassen, die überwiegend mit Wärme aus Anlagen zur Rückgewinnung von Wärme oder aus Wärmepumpen und Solaranlagen versorgt werden oder mit Fernwärme aus Anlagen der Kraft-Wärme-Kopplung oder zur Verwertung von Abwärme, sofern keine Erfassung des Wärmeverbrauchs des Gebäudes stattfindet. Sachlich stimmt diese Regelung mit der Ausnahmevorschrift des § 11 Abs. 1 Nr. 3 überein. Allerdings enthalten die Vorschriften der NMV schon den konkreten Umlegungsmaßstab, während § 11 generell eine Ausnahmegenehmigung ermöglicht, ohne einen solchen abweichenden Maßstab zu nennen. 52

Schließlich enthält § 22 Abs. 3 NMV eine **Ausnahme** von § 9 für **verbundene Anlagen** (zum Begriff → HeizkV § 9 Rn. 1). Für Wohnungen, die vor dem 1.1.1981 bezugsfertig geworden sind und bei denen die Kosten für die Versorgung am 30.4.1984 aus verbundenen Anlagen unaufgeteilt umgelegt worden sind, bleibt diese Umlageart weiterhin zulässig. 53

Durch die Verweisung auf die HeizkV in den Mietpreisvorschriften ist die HeizkV selbst partiell für diesen Bereich zu Mietpreisrecht geworden (Stöver WuM 1984, 263) mit der Folge, dass Verstöße gegen sie bußgeldbewehrt sind, §§ 25 Abs. 1, 26 Abs. 1 Nr. 4, Abs. 2 WoBindG. Außerdem kann der Mieter nach § 8 WoBindG überhöhte Umlagen und Abrechnungssalden zurückfordern. 54

F. Kosten der Wärmelieferung als Betriebskosten, § 556c BGB

(1) ¹Hat der Mieter die Betriebskosten für Wärme oder Warmwasser zu tragen und stellt der Vermieter die Versorgung von der Eigenversorgung auf die eigenständig gewerbliche Lieferung durch einen Wärmelieferanten (Wärmelieferung) um, so hat der Mieter die Kosten der Wärmelieferung als Betriebskosten zu tragen, wenn
1. die Wärme mit verbesserter Effizienz entweder aus einem vom Wärmelieferanten errichteten neuen Anlage oder aus einem Wärmenetz geliefert wird und
2. die Kosten der Wärmelieferung die Betriebskosten für die bisherige Eigenversorgung mit Wärme oder Warmwasser nicht übersteigen.

²Beträgt der Jahresnutzungsgrad der bestehenden Anlage vor der Umstellung mindestens 80 Prozent, kann sich der Wärmelieferant anstelle der Maßnahmen nach Nummer 1 auf die Verbesserung der Betriebsführung der Anlage beschränken.

(2) Der Vermieter hat die Umstellung spätestens drei Monate zuvor in Textform anzukündigen (Umstellungsankündigung).

HeizkV § 1 Anwendungsbereich

(3) ¹Die Bundesregierung wird ermächtigt, durch Rechtsverordnung ohne Zustimmung des Bundesrates Vorschriften für Wärmeliefervertäge, die bei einer Umstellung nach Absatz 1 geschlossen werden, sowie für die Anforderungen nach den Absätzen 1 und 2 zu erlassen. ²Hierbei sind die Belange von Vermietern, Mietern und Wärmelieferanten angemessen zu berücksichtigen.

(4) Eine zum Nachteil des Mieters abweichende Vereinbarung ist unwirksam.

Literatur: Beyer, Contracting in der Wohn- und Gewerberaummiete, CuR 2012, 48; ders., Der neue Rechtsrahmen für die gewerbliche Wärmelieferung, CuR 2014, 4; Braunwarth, Einsatz von Blockheizkraftwerken: Die Grundlagen der Investitionsentscheidung, GE 2011, 597; Coß, Contracting: Die Krux mit den Förderprogrammen, CuR 2019, 119; Eisenschmid, Die Neuregelung des Contracting, WuM 2013, 393; Grüner, Contracting – Was ändert sich durch das Mietrechtsänderungsgesetz? NZM 2013, H.7,V; Hainz, Kostenneutralität gemäß WärmeLV: Kernprobleme und Lösungsansätze, CuR 2013, 99; Heine, BGH konkretisiert Vorgaben für Preisanpassungsklauseln in Fernwärmelieferungsverträgen, CuR 2011, 59; Heix, Offene Fragen der Betriebskostenabrechnung nach einer Umstellung auf Wärmelieferung, WuM 2014, 511; Heix, Betriebskostenabrechnung nach einer Umstellung auf Wärmecontracting, WuM 2015, 565; Heix, Bruttowarmmiete und Heizkostenabrechnung, WuM 2015, 59; Herlitz, Contracting nach dem Mietrechtsänderungsgesetz, DWW 2013, 47; Hinz, Die Umstellung auf Wärmecontracting, WuM 2014, 55; Klemm, Neue Vorgaben aus Brüssel: Die Energieeffizienzrichtlinie der Europäischen Union, CuR 2012, 148; ders., Der neue Rechtsrahmen für die gewerbliche Wärmelieferung. Fragen und Antworten zur Wärmelieferverordnung, CuR 2014, 152; Krafczyck, Faktische Wärmelieferungsverträge: Keine Basis einer Rechtsnachfolge, CuR 2014, 19; Kunze/Schramm, Die energetische Gebäudesanierung, GE 2014, 558; Kruse, Wärmelieferung (Contracting) in der notariellen Praxis, RNotZ 2011, 65; Lammel, Der Kostenvergleich gemäß §§ 8–10 WärmeLV. Inhalt, Durchführung, Verantwortlichkeit, Fehlerfolgen, ZMR 2014, 517; Lippert, Preisanpassungsklauseln im Recht der gewerblichen Wärmelieferung, CuR 2010, 56; Lützenkirchen, Wärmecontracting. Kommentar zur Wärmelieferverordnung, 2014; Markert, Das Preisanpassungsrecht der Strom- und Gasversorger nach dem EuGH-Urt. v. 2.4.2020 – C-765/18 -, Stadtwerke Neuwied, ZMR 2020, 614; Merkel/Ahrens, Dürfen Immobilieneigentümer Kosten der gewerblichen Wärmelieferung auf Mieter umlegen? GE 2013, 1567; Niesse, Rechtsfragen des Wärmecontracting im Mietverhältnis. Zugleich zur Wärmelieferverordnung vom 7.6.2013, NZM 2013, 529; Pfeifer, Die Umstellungsankündigung des Vermieters nach § 556c Abs. 2 BGB und der WärmeLV. Gesetzliche Anforderungen und Tipps für die Praxis, MietRB 2013, 308=CuR 2013, 108; Pfeifer, Die Umstellungsankündigung des Vermieters nach § 556c Abs. 2 BGB – Anforderungen und Risiken, DWW 2014, 15; Reymann, Wärme-Contracting beim Wohnungskauf vom Bauträger, DNotZ 2015, 883; Schmid, Neuregelung des Übergangs zur Wärmelieferung, ZMR 2013, 776; ders., Übergang zum Wärme-Contracting bei vermieteten Eigentumswohnungen, CuR 2013, 64; Simons, Energetische Sanierung: Einsparpotentiale geringer als gedacht, GE 2013, 639; Stieper, Moderne Beleuchtungstechnik und Eigentum, CuR 2013, 4; Thomale, Anforderungen an Preisanpassungsklauseln in Wärmelieferungsverträgen, CuR 2011, 64; Wall, Die Berechnung des Kostenvergleichs bei der Umstellung auf Contracting nach §§ 8 bis 10 WärmeLV, WuM 2014, 68; Zehelein, Energie-Effizienz-Management in Zeiten geänderten Mietrechts: Anlagenoptimierung und die Umlagefähigkeit entsprechender Vermieterkosten, NZM 2014, 649; Ziaja, Umlage der Contracting-Kosten: Ein Dauerbrenner! CuR 2013, 3.

I. Zweck der Regelung

55 Die mit dem **Mietrechtsänderungsgesetz 2013** in das BGB aufgenommene Vorschrift, die sowohl für Wohn- als auch für Gewerberaummietverhältnisse gilt

F. Kosten der Wärmelieferung als Betriebskosten, § 556c BGB **§ 1 HeizkV**

(§ 578 Abs. 2 S. 2 BGB nimmt lediglich Abs. 4 von der Geltung für Gewerberaummietverhältnisse aus), verfolgt mehrere Zwecke: Vorrangig soll sie – wie die gesamte HeizkV – der Einsparung von Energie dienen (dazu → Rn. 57, 58). Dieses Einsparungspotential sieht die Politik eher durch die Beteiligung von Contractoren als durch den Eigenbetrieb von Heizungsanlagen gewährleistet. Unter dieser Prämisse folgte der Gesetzgeber dem Wunsch der Contracting-Wirtschaft nach Rechtssicherheit, die auf Grund der wechselhaften **BGH-Rechtsprechung** nicht mehr gegeben war (dazu → Rn. 59). Letztlich sollte – wiederum als Folge der BGH-Rechtsprechung – eine einheitliche Rechtsgrundlage für die Umstellung von Eigenbetrieb auf Wärmelieferung geschaffen werden (dazu → Rn. 59). Die Vorschrift befasst sich aber **nur** mit der sich daraus ergebenden Kostenüberwälzung auf den Mieter. Sie regelt hingegen nicht die Umstellung als solche. Diese unterliegt den Parteivereinbarungen zwischen Contractor und Vermieter, soweit nicht für die Rechtsfolgen die AVBFernwärmeV eingreift.

Der BGB-Gesetzgeber hat sich jeder ausdrücklichen **Begriffsbestimmung** 56 des Contracting enthalten. Aus den aufgeführten Tatbestandsmerkmalen ergibt sich allerdings, dass sich die Neuregelung auf **Dienstleistungs-Contracting-Formen** beschränkt, wie Wärmelieferung aus einer vom Contractor erstellten neuen Heizungsanlage, auf Wärmelieferung aus einem Wärmenetz und auf die Betriebsführung einer vorhandenen Anlage; nicht erfasst wird das sog. Energieeinspar-Contracting, das auch Maßnahmen zur Optimierung der Gebäudesubstanz beinhaltet. Damit lehnt sich der Gesetzgeber inhaltlich an die Definition in DIN 8930-5, Ziff. 3.1 (vom November 2003) an, wonach unter Contracting die „zeitlich und räumlich abgegrenzte Übertragung von Aufgaben der Energiebereitstellung und Energielieferung auf einen Dritten, der im eigenen Namen und auf eigene Rechnung handelt," verstanden wird. Die DIN unterteilt diesen Oberbegriff Contracting dann in weitere Teilbegriffe wie Energieliefer-Contracting (Ziff. 3.4), Einspar-Contracting (Ziff. 3.5), Finanzierungs-Contracting (Ziff. 3.6) und Anlagenmanagement (Ziff. 3.7). Umfassender ist hingegen die Begriffsbestimmung der **Richtlinie 2012/27/EU** zur Energieeffizienz, die in Art. 2 Nr. 7 nicht nur die Tätigkeit des Energiedienstleisters beschreibt, sondern auch das Ziel der Energieeinsparung in die Begriffsbestimmung mit einbezieht: „Energiedienstleistung [bezeichnet] den physischen Nutzeffekt, den Nutzwert oder die Vorteile, die aus einer Kombination von Energie mit energieeffizienter Technologie oder mit Maßnahmen gewonnen werden, die die erforderlichen Betriebs-, Instandhaltungs- und Kontrollaktivitäten zur Erbringung der Dienstleistung beinhalten können; sie wird auf der Grundlage eines Vertrags erbracht und führt unter normalen Umständen erwiesenermaßen zu überprüfbaren und mess- oder schätzbaren Energieeffizienzverbesserungen oder Primärenergieeinsparungen". Ähnlich präzisiert das vom Bauministerium in Auftrag gegebene Gutachten (Contracting im Mietwohnungsbau, BMVBS, Forschungen, Heft 141, 2009): „Energie-Contracting ist ein integriertes Energiedienstleistungsprodukt, um die Energie- und Kosteneffizienz von Gebäuden oder Produktionsbetrieben langfristig zu verbessern. Ein externer Energiedienstleister **(Contractor)** erbringt ein modulares Maßnahmenpaket (aus den Komponenten Planung, Bau, Betrieb & Instandsetzung, Optimierung, Brennstoffbeschaffung, (Co-)Finanzierung, Nutzermotivation). Der Contractor übernimmt technisch-wirtschaftliche Risiken und gibt Garantien für die Kosten und Ergebnisse der Energiedienstleistung über die gesamte Vertragslaufzeit von typischerweise 15 Jahren in der Wohnungswirtschaft". Hierin wird nicht nur die Tätigkeit des Contractors umschrieben, sondern auch auf seine Einstandspflicht für die energieeffizienten Ergebnisse hingewiesen., was für die AGB-rechtliche Bewertung der einzelnen Verträge von Bedeutung sein kann. Aus den Tatbestandsmerkmalen in § 556c Abs. 1 S. 1 Nr. 1 ergibt sich aber, dass der Gesetzgeber von einem weiten Contracting-Begriff ausgeht, der sich nicht nur auf die sog. Nahwärme erstreckt (so wohl von Seldeneck/Wichert/Fallak Gewerbemiete Baustein 71 Rn. 3 im Anschluss an Beyer CuR 2012, 49), sondern auf alle Formen der eigenständigen gewerblichen Wärmelieferung.

57 **1. Wärmelieferung als Mittel der Energieeinsparung.** Die unmittelbaren politischen Vorgaben für eine gesetzliche Regelung des Contracting waren einmal im 10-Punkte-Sofort-Programm zum Energiekonzept vom 28.9.2010 enthalten. In Punkt 8 heißt es dort unter der Überschrift „Wärmeliefer-Contracting im Mietrecht": „Die Möglichkeiten des Energie-Contracting werden erweitert, damit vor allem auch im Mietwohnungsbereich bestehende Einsparpotentiale effizient realisiert werden können…". Die darin enthaltenen beiden Merkmale – Mietwohnungsbereich und Energie-Einsparung durch Effizienzsteigerung – begründeten schließlich auch die entsprechende Regelung im Regierungsentwurf (BT-Drs. 17/10485, 14). Die Neuregelung sollte zur **Effizienzsteigerung** durch **Modernisierung** der Wärmeerzeugungsanlagen führen; der Contractor sollte an die Stelle des zögernden Gebäudeeigentümers treten. Denn der Vermieter würde wirtschaftlich gesehen keinen Anreiz für die hierfür erforderlichen Investitionen finden, weil die Betriebskosten einer auch unwirtschaftlich arbeitenden Heizungsanlage vom Mieter getragen würden, den Vermieter also nicht belasten (und der Mieter keinen Anspruch auf Modernisierung einer unwirtschaftlich arbeitenden Anlage hat, BGH NZM 2014, 163).

58 Diese optimistischen Erwartungen werden durch das eigene Gutachten (Contracting im Mietwohnungsbau, BMVBS, Forschungen, Heft 141, 2009) nicht in diesem Umfang bestätigt. Danach wird zwar Energieeinsparung erwartet. Diese resultiert aber nicht direkt aus der Einschaltung eines Contractors, sondern aus der Modernisierung der Heizungsanlage. Altanlagen erfahren auch durch Einschaltung eines Contrators keine Einsparung. Ob für die Modernisierung einer Heizungsanlage ein Contractor benötigt wird, ist vor allem eine wirtschaftlich zu beantwortende Frage. Contracting ist selbst aus der Sicht der Contracting-Wirtschaft nur ab einem **größeren Wohnungsbestand** ökonomisch sinnvoll einsetzbar, so dass nahezu 2/3 des Mietwohnungsbestandes aus diesem Wirtschaftsfeld herausfallen. Für den **Restmietwohnungsbestand** ergibt sich so gut wie kein Kostenvorteil für Contracting im Vergleich zur Eigenregie, zumal auch für die Vorbereitung des Einsatzes eines Contractingunternehmens beim Gebäudeeigentümer erhebliche Transaktionskosten (zB für eine sinnvolle Ausschreibung zur Einholung von Vergleichsangeboten, was für die Einhaltung des Wirtschaftlichkeitsgebots bei Modernisierungen von Bedeutung sein kann) anfallen, die den **Kostenvergleich** belasten. Hinzu kommt gerade bei Großvermietern, dass diese eigene Fachabteilungen unterhalten, die die Heizungsanlagen modernisieren und entsprechend unterhalten können. Die Einschaltung eines Contractors hat daher vor allem bei der Verwendung von innovativen Technologien wie KWK und Erneuerbare Energien Bedeutung infolge des bei diesen Unternehmen vorhandenen Expertenwissens und des damit verbundenen Marktvorsprungs. Der mehr auf dem psychologischen Gebiet liegende Faktor des bei einer Modernisierung zögerlichen Vermieters wird letztlich durch die ökonomischen Überlegungen und auch durch das neue Gebot der Kostenneutralität (→ Rn. 77, 78) ausgeschaltet.

F. Kosten der Wärmelieferung als Betriebskosten, § 556c BGB   **§ 1 HeizkV**

Schließlich ist der Gebäudeeigentümer nach § 10 Abs. 1 S. 2, 3 EnEV 2014 auch ohne Hinzuziehung eines Contractors zum Austausch alter Heizungsanlagen (Einbau vor 1.1.1985 bis 2015, Einbau nach 1.1.1985 nach Ablauf einer 30jährigen Betriebszeit) verpflichtet.

2. Unterschiedliche Rechtsgrundlagen. Bis zur Neuregelung im § 556c 59 BGB konnte der Wechsel vom **Eigenbetrieb** der Heizungsanlage zum Contracting während des laufenden Mietverhältnisses mit entsprechender Kostenbelastung des Mieters anhand drei unterschiedlicher Regelungen beurteilt werden (bzw. vier bei Einbeziehung der Neuen Bundesländer nach 1989). Zwar hatte der BGH zunächst geurteilt, dass die Übertragung der Heizungsanlage während des bestehenden Mietverhältnisses der Zustimmung des Mieters bedürfe, wenn hierfür keine ausdrückliche Regelung im Mietvertrag enthalten sei und dem Mieter durch die Übertragung zusätzliche Kosten auferlegt würden (so ausdrücklich BGH NJW 2005, 1776; WuM 2006, 256; 2007, 445). Jedoch begann der BGH seit 2006 von dieser eigentlich deutlichen Aussage dadurch abzurücken, dass er für die Befugnis zur Übertragung den mietvertraglichen Verweis auf die Anlage 3 zur II. BV als Rechtsgrundlage heranzog (zuerst BGH NJW 2006, 2185), mithin darin die von ihm geforderte mietvertragliche Vereinbarung sah. Enthielt diese Anlage 3 bei Abschluss des Mietvertrages die **Umlagefähigkeit von Wärmelieferungskosten,** dann entnahm der BGH daraus auch die Befugnis des Vermieters zur Umstellung auf Wärmelieferung; die von ihm geforderte Zustimmung des Mieters lag gleichsam mit dem Verweis auf die entsprechende Fassung der Anlage 3 im Mietvertrag vor (so BGH NJW 2007, 3060; WuM 2011, 219; zur Kritik an dieser Herleitung → Rn. 20–24; da es sich bei den verweisenden Mietverträgen um Formularverträge handelte, verstieß diese Auslegung gegen § 308 Nr. 4 BGB, wonach ein Änderungsvorbehalt regelmäßig unwirksam ist). Das hatte zur Folge, dass bei einem Mietvertragsschluss vor 1984 mit entsprechendem Verweis auf die Anlage 3 zu § 27 II. BV der Wechsel auf Fremdbezug unzulässig war, weil in der Altfassung weder Fern- noch sog. Nahwärme als Kostenfaktoren enthalten waren. Bei Vertragsschluss zwischen 1984 und 1989 durfte nur auf reine Fernwärme umgestellt werden (worunter Contracting nicht zu verstehen war); nach 1989 auch auf Wärmelieferung, denn ab diesem Datum war eine entsprechende Formulierung in Konkordanz mit § 7 Abs. 4 in Nr. 4c der Anlage 3 enthalten (ebenso wie ab 2004 in § 2 Nr. 4c BetrKV). Für die Neuen Bundesländer enthielt § 14 MHG die Befugnis des Vermieters, durch einseitige Erklärung Betriebskosten auf die Mieter umzulegen, mithin auch – ohne ausdrückliche oder konkludente Zustimmung – auf Wärmelieferung mit entsprechender Kostenumlage zu wechseln (BGH NZM 2007, 38). Diese Unklarheiten in den Rechtsgrundlagen sollten mit § 556c BGB beseitigt werden.

3. Rechtsentwicklung. Während das sog. Initiator-Papier für eine Miet- 60 rechtsänderung vom Herbst 2010 noch keine Regelung für die Umstellung auf Wärmelieferung bei Bestandsmietverträgen vorgesehen hatte, fand sich seit dem I. Referentenentwurf vom 11.5.2011 eine entsprechende Vorschrift. Dieser Entwurf enthielt zwei Grundgedanken: die **Effizienzsteigerung** durch den Übergang von der Eigenversorgung auf gewerbliche Wärmelieferung sowie die **Kostenneutralität** für den Mieter (ebenso II. Referentenentwurf vom 25.10.2011; gleichlautend der sog. offizielle Referentenentwurf unter dem 17.11.2011). Im Kabinettsentwurf vom 23.5.2012 (BR-Drs. 313/12) war das Tatbestandsmerkmal „Effizienzsteigerung" für die Zulässigkeit der einseitig durchgeführten Umstellung auf Wärmelieferung zwar entfallen, jedoch hat der Rechtsausschuss des Bundestages in seiner Beschlussempfehlung vom 12.12.2012 (BT-Drs. 17/11894, wohl auf Grund der Anhörung der Sachverständigen, s. Stellungnahme Arzt, S. 5) dieses Kriterium wieder in den Gesetzesvorschlag eingefügt, wie es schließlich auch Gesetz geworden ist.

61 Umstritten war vor allem die **Kostenneutralität**; diese beinhaltet die Forderung, dass die Heizkosten für den Nutzer im Zeitpunkt der Umstellung durch die Wärmelieferung nicht höher sein dürfen als vorher durch die Eigenversorgung (→ Rn. 77, 78). Dieses Erfordernis beruhte auf der Erwägung, dass durch die Umstellung von der Eigenversorgung durch den Gebäudeeigentümer auf Wärmelieferung durch einen Contractor der Gebäudeeigentümer zwar entlastet, der Nutzer aber doppelt belastet wird. Denn nach § 7 Abs. 2 dürfen nur die in dieser Vorschrift aufgeführten Kosten als Heizungskosten auf die Nutzer umgelegt werden; die Investitionskosten/Abschreibungen für die Heizungsanlage gehören ebenso wenig dazu wie die für eine Instandsetzung. Diese Kosten sind kalkulatorisch in der Miete enthalten. Wenn die Umstellung erfolgt, bleiben dem Gebäudeeigentümer diese Leistungen des Nutzers im frei finanzierten Wohnungsbau erhalten; der Nutzer erbringt mithin eine (Teil-)Leistung, für die er nunmehr keine Gegenleistung mehr erhält. Wirtschaftlich gesehen liegt damit eine funktionelle Mieterhöhung vor. Der Contractor hingegen ist nach § 7 Abs. 3 berechtigt, einen **Wärmepreis** zu verlangen, in dem Instandhaltungs-/Instandsetzungs-Kosten, Abschreibungen sowie Gewinnanteile enthalten sind. Dieser Wärmepreis wird dann auf die Nutzer umgelegt mit der Folge, dass diese nunmehr die kalkulatorischen Kosten doppelt zahlen: einmal über die in ursprünglicher Höhe weiter zu zahlende Miete, zum anderen mit den anteiligen Heizkosten auf der Grundlage des Wärmepreises bei der Wärmelieferung. In gedanklicher Anlehnung an die Regelung für preisgebundenen Wohnraum in § 5 Abs. 3, 1 NMV, wonach die Miete für den Fall einer solchen Ausgliederung der Heizungsanlage um die darauf entfallenden Investitionskosten, Finanzierungsmittel und laufenden Aufwendungen abzusenken ist (ebenso bei **Mieterhöhungsverlangen** im preisfreien Wohnraum, AG Flensburg WuM 2015, 507+508 mAnm Börstinghaus jurisPR-MietR 24/2015, Anm. 1), wurde die Kostenneutralität als Tatbestandsmerkmal der Umstellung auf Wärmelieferung eingeführt. Dabei enthält § 556c Abs. 1 S. 1 Nr. 2 den Grundsatz, während die rechnerisch-technischen Einzelheiten in §§ 8–10 WärmelieferV enthalten sind. Diese Trennung folgte der bereits in § 556 durchgeführten Trennung zwischen rechtlichem Grundsatz und technischer Einzelheit in der BetrKV.

62 Insbesondere gegen dieses Erfordernis der Kostenneutralität haben sich die mit Wärmelieferung befassten Verbände gewendet. Zunächst schlugen sie vor, es bei der Rechtslage nach der BGH-Entscheidung von 2006 (NJW 2006, 2185 → Rn. 59) zu belassen, wobei sie durchaus erkannt hatten, dass die Neuregelung gerade darauf zielt, diese Rechtslage zu verändern (Verbändestellungnahme vom 19.4.2012; ebenso die Stellungnahme der Bundesarbeitsgemeinschaft Immobilienwirtschaft Deutschland vor dem BT-Rechtsausschuss). Dann wiesen sie darauf hin, dass ihrer Meinung nach die Neuregelung die von der Politik gewünschte Modernisierung und **Effizienzsteigerung** der Zentralheizungen nicht erreicht werden könne (so die Gemeinsame Stellungnahme vom 14.6.2012: deren Fazit lautet: „Die in dem § 556c BGB vorgesehene Neuregelung behindert nachhaltig den Übergang zur effizienten gewerblichen Wärmelieferung **(Contracting und Fernwärme).** Der § 556c BGB sollte daher entweder die aktuelle Rechtsprechung des Bundesgerichtshofes aufgreifen oder aber in Gänze entfallen."). Auch gegen den Inhalt der WärmelieferV wandten sich die Verbände mit dem Argument, …„dass sämtliche Investitionen in die effiziente neue Heiztechnik aus Einsparungen bei den Brennstoffkosten erwirtschaftet werden müssen. Bei keiner anderen Gebäudemodernisierungsmaßnahme gibt es diese Anforderung als Voraussetzung für die Umlage der Modernisierungskosten auf die Mieter. … Der verfehlte Ansatz für den Kostenvergleich wird ausdrücklich abgelehnt." (Gemeinsame Stellungnahme vom 15.3.2013). In Verfolgung dieser Kritik wurde vorgeschlagen, dass jedenfalls der Mieter mit einem prozentualen Anteil zu beteiligen wäre, der aus der verbesserten Energieeffizienz der neuen Anlage und damit aus seiner **Heizkostenersparnis** errechnet werden könnte (etwa 10 %). Da aber auch der Deutsche Mieterbund mit der vorgeschlagenen Regelung deshalb nicht einverstanden war, weil er nur die Bestandsmieten, nicht aber Neuvermietungen erfasste (Stellungnahme vor dem BT-Rechtsausschuss), kann davon ausgegangen werden, dass die Regelung insgesamt ausgewogen ist. Der Gesetzgeber hat letztendlich die kritischen Vorschläge nicht aufgenommen, auch nicht die in der Sachverständigenanhörung vor dem BT-Rechtsausschuss erörterte Möglichkeit einer Übernahme der Regelung des § 5 NMV, was allerdings zu einem Systembruch geführt hätte. Denn diese Regelung ist auf die Kostenmiete bei mietpreisgebundenen Wohnungen zugeschnitten; die Übertragung auf den frei finanzierten Mietwohnungsbau wäre systemwidrig, da hier keine öffentlichen Mittel zur Verfügung gestellt werden, deren Verwendung einer Kontrolle hätte unterliegen müssen.

II. Durchführung der Umstellung

Für die Umstellung sind zwei **Rechtsgrundlagen** maßgebend. § 556c BGB enthält die grundsätzlichen Bestimmungen, während die Einzelheiten in der auf der Ermächtigung in § 556c Abs. 3 beruhenden Wärmelieferverordnung enthalten sind. Der Gesetzgeber wollte durch diesen gesetzestechnischen Kunstgriff die BGB-Vorschrift von detaillierten Regelungen entlasten, die zwar als notwendig erachtet wurden, aber das BGB als solches überfrachtet hätten. Die Normen dienen allerdings **nur** dazu, die durch die Umstellung anfallenden Kosten der Wärmelieferung auf den Mieter **ohne dessen** Zustimmung umzulegen; sie ersetzen mithin die ansonsten erforderliche privatautonome Vereinbarung über eine Vertragsänderung (aA Lützenkirchen MietR BGB § 556c Rn. 40, 44, der weiterhin eine Zustimmung des Mieters fordert, was aber den Intentionen des Gesetzebers zuwiderläuft, so Hinz WuM 2014, 55 (57) re. Sp.; anders jetzt auch Lützenkirchen MietR BGB § 556c Rn. 46). Auf die Normen kann hingegen nicht die technische Umstellung von der Eigenversorgung auf die Wärmelieferung gestützt werden; hierfür sind – soweit überhaupt erforderlich – die §§ 555b–555d BGB maßgebend.

1. Anwendungsbereich. Nach dem Wortlaut der Norm ist das Bestehen eines **Mietvertrages** erforderlich; denn § 556c Abs. 1 S. 1 Hs. 1 spricht von Mieter und Vermieter. Sie betrifft also nur Bestandsmietverhältnisse, nicht aber Neuvermietungen. Hierfür besteht auch keine Veranlassung; denn der Mietaspirant genießt noch keinen auf Vertrag gegründeten Bestandsschutz, in den eingegriffen werden kann (aA wohl Lützenkirchen MietR BGB § 556c Rn. 17; anders jetzt BGB § 556c Rn. 41). Auch ein unberechtigter vertragsloser Nutzer fällt nicht in den Anwendungsbereich der Norm. Allerdings ist die Anwendung nicht nur auf

HeizkV § 1 Anwendungsbereich

„Mietverträge" begrenzt; denn § 581 Abs. 2 BGB verweist für den (Raum-)Pachtvertrag auf die entsprechende Anwendung der Vorschriften über den Mietvertrag, so dass auch derartige **Pachtverträge** unter § 556c zu subsumieren sind. Aus der systematischen Stellung der Norm im Untertitel betreffend Mietverträge über Wohnraum ergibt sich ferner, dass der Gesetzgeber vor allem **Wohnraummietverträge** mit dieser Vorschrift erfassen wollte. Über § 578 Abs. 2 S. 2 BGB wird der Anwendungsbereich (auch der WärmelieferV) auch auf **Gewerberaummietverhältnisse** – damit auch auf Mischmietverhältnisse – ausgedehnt (WoBauR/Heix § 556c Anm. 3.6 [S. 14]), allerdings ausdrücklich ohne das Verbot abweichender Vereinbarungen; bei Mischmietverhältnissen ist für die Geltung dieses Verbots auf den überwiegenden Charakter (Wohn- oder Gewerbe-Raum) des Mietverhältnisses abzustellen. Eine analoge Anwendung der Vorschrift auf solche dinglichen Nutzungsverhältnisse, wie sie § 1 Abs. 2 zugrunde liegen (→ Rn. 27–32), ist nicht zulässig, da es sich bei § 556c um eine strikt auszulegende Eingriffsnorm (in die Entscheidungsfreiheit der jeweiligen Nutzer bezüglich einer Abänderung des ursprünglichen Vertrages) handelt. Letztlich findet die Norm auch keine Anwendung auf **Sozialmietwohnungsverhältnisse;** denn hierfür gilt mit § 5 NMV für die Reduzierung der Miete eine Sondernorm (WoBauR/Heix § 556c Anm. 3.4 [S. 11]; krit. Eisenschmid WuM 2013, 393 (395)). Insbesondere lässt sich die Anwendbarkeit auf Sozialmietverhältnisse nicht mit § 11 Abs. 3 S. 2 II.BV begründen, wonach Erneuerungen keine die Gesamtkosten erhöhende baulichen Änderungen darstellen. Zum einen werden davon Modernisierungen ausgenommen. Zum anderen geht es bei der Kostenrelevanz des Wärmecontracting nicht primär um die Erhöhungen, sondern um die der Miete bereits enthaltenen Investitionskosten und diese alten Kosten werden über § 5 NMV herausgerechnet, so dass insoweit eine Kostensenkung (= Kostenneutralität) für den Sozialmieter erreicht wird. Keine Anwendung findet die Vorschrift schließlich auf **Wohnungseigentümergemeinschaften**; denn die Wohnungseigentümer sind untereinander nicht durch Mietverhältnisse verbunden. Ist aber nur eine Eigentumswohnung vermietet und soll während des Bestandes dieses Mietverhältnisses eine Umstellung auf Wärmelieferung erfolgen, müssen die Voraussetzungen des § 556c BGB eingehalten werden. Hierfür ist der vermietende Wohnungseigentümer verantwortlich. Dieser hat gegen die Eigentümergemeinschaft einen Anspruch auf Einhaltung der Vorschrift bei der Umstellung; denn nur die Befolgung von Rechtsnormen entspricht der ordnungsgemäßen Verwaltung (ähnlich wie hier Lützenkirchen Wärmecontracting § 2 Rn. 21, 22; WoBauR/Heix § 556c Anm. 3.5.2 [S. 12]; undeutlich insoweit FA-MietR/Schmid, 4. A. 2014, § 556c Rn. 8–10).

65 Ferner setzt die Vorschrift voraus, dass der Vermieter bislang die **Versorgung** mit **Wärme/Warmwasser** im Eigenbetrieb der Heizungsanlage vorgenommen hat. Damit fallen alle Beheizungsarten aus dem Anwendungsbereich heraus, die der jeweilige Nutzer selbst vorgenommen hat, von der Etagenheizung bis zum Einzelofen. Eine Änderung dieser mieterseitigen Selbstversorgung erfordert die Erfüllung der Tatbestandsmerkmale der Modernisierung, §§ 555b–555d BGB. Wird in dem Zusammenhang Contracting eingeführt, dürfen die Wärmekosten (= Wärmepreis nach § 7 Abs. 3) ohne Erfüllung der weiteren Tatbestandsmerkmale des § 556c BGB (Kostenneutralität, Effizienzsteigerung) auf die Mieter umgelegt werden, insoweit im Mietvertrag auf diese Kostenposition als umlagefähig verwiesen wird, wenn auch nur durch **pauschale Inbezugnahme** der BetrKV; eine ergänzungsbedürftige Lücke im Vertrag ist nicht vorhanden. Das

F. Kosten der Wärmelieferung als Betriebskosten, § 556c BGB § 1 HeizkV

Verbot abweichender Vereinbarungen in § 556c Abs. 4 BGB greift nur ein, wenn die Norm insgesamt anwendbar ist; eine Verselbständigung des Verbots dahingehend, dass es auf alle Fälle der Umstellung auf Wärmelieferung anzuwenden ist, widerspricht dem inneren Zusammenhang des Gesetzes. Im Falle des vermieterseitigen Eigenbetriebs rechtfertigt § 556c **allein** die Auferlegung der Betriebskosten aus der Umstellung auf Wärmelieferung; der Vermieter wird hingegen nicht aus seiner vertraglichen **Verpflichtung zur Wärmeversorgung** entlassen; ebenso wenig kann er den Mieter darauf verweisen, einen eigenen Vertrag mit dem nunmehrigen Wärmelieferanten zu schließen.

Schließlich setzt § 556c noch voraus, dass der **Mieter** vertraglich verpflichtet 66
ist, die **Betriebskosten** für Heizung/Warmwasser zu **tragen.** Das ergibt sich aus dem Wortlaut „zu tragen hat", der eine Verpflichtung impliziert und nicht nur ein ökonomisches Faktum. Die Verpflichtung kann sich aus einer Einzelaufzählung der zu tragenden Betriebskosten ergeben (einschließlich der Heiz- und Warmwasserkosten), sowie aus einem pauschalen Verweis auf die BetrKV oder die HeizkV, womit die darin enthaltenen Kosten insgesamt in die Pflichten aus dem Mietvertrag inkorporiert werden. Unerheblich ist es, ob die Betriebskosten als Vorauszahlung oder als Pauschale zu zahlen sind (Lützenkirchen Wärmecontracting § 11 Rn. 25; Eisenschmid WuM 2013, 393 (395) li. Sp.; WoBauR/Heix § 556c Anm. 3.3.2 [S. 11]; aA Schmid CuR 2011, 52 (55)); denn auch eine Pauschale darf nach § 560 BGB erhöht werden. Aus der Formulierung „Betriebskosten" ist ferner zu schließen, dass diese getrennt von der Miete angefordert werden. Daraus wird dann entnommen, dass die Norm nicht auf **Inklusivmieten** (= Bruttowarmmiete) anwendbar ist. Hier muss angesichts der Vorrangregelung in § 2 differenziert werden: Unterfällt der Mietvertrag der HeizkV und damit auch deren Vorrang vor rechtsgeschäftlichen Regelungen, sind die vertraglichen Vereinbarungen über die Inklusivmiete bezüglich der Heiz- und Warmwasserkosten nicht anzuwenden (→ HeizkV § 2 Rn. 13, 16, 17). Das bedeutet für § 556c, dass für seine Anwendung die Warmmiete aufzulösen ist (dazu → HeizkV § 2 Rn. 18–25) und für die Umstellung auf Wärmelieferung mit Auferlegung der Kosten aus dem Wärmepreis die Tatbestandsvoraussetzungen dieser Norm zu erfüllen sind. Unterfällt der Mietvertrag mit der Bruttowarmmiete hingegen wegen Vorliegens eines Ausnahmetatbestandes nach § 11 nicht der HeizkV, findet mangels separater Betriebskostenregelung auch § 556c keine Anwendung (Eisenschmid WuM 2013, 393 (396); Lützenkirchen Wärmecontracting § 11 Rn. 26).

2. Voraussetzungen. Die Betriebskosten aus der Wärmelieferung (= Wärme- 67
preis) dürfen nach einer Umstellung von der Eigenversorgung auf Wärmelieferung nur bei **Erfüllung zweier Gruppen** von Bedingungen auf den Mieter überwälzt werden: einer mehr **technischen** (neue Anlage, Anschluss an Wärmenetz) und einer mehr **wirtschaftlichen** (Energieeffizienz, Kostenneutralität). Mit der Übernahme der Definition für „Wärmelieferung" aus § 1 Abs. 1 Nr. 2 (= eigenständige gewerbliche Lieferung von Wärme) wird verdeutlicht, dass sämtliche Formen der Wärmelieferung (Fernwärme, Nahwärme, Quartierlösungen) darunterfallen. Außerdem ergibt sich daraus eine rechtliche und wirtschaftliche Trennung von Vermieter und (neuem) Versorger, so dass ein Outsourcing der Wärmeversorgung auf einen mit dem Vermieter wirtschaftlich verbundenen Dritten für die Erfüllung des Tatbestandsmerkmals „eigenständig" nicht ausreicht.

a) Technische Bedingungen. Die Drittversorgung kann aus einer **neuen** 68
Heizungsanlage im Mietobjekt erfolgen. Bereits der Sprachgebrauch legt nahe,

dass die modernisierende Verbesserung der Altanlage nicht zu einer neuen Anlage führt (Schmid ZMR 2013, 776 (779) li. Sp.). Der über § 6 WärmeLV hergestellte systematische Zusammenhang mit der AVBFernwärmeV verlangt ebenfalls eine mit entsprechenden Investitionen verbundene Neuanlage (die Entscheidung BGH WuM 2012, 115 ist daher durchaus entsprechend heranzuziehen, aA wohl Hinz WuM 2014, 55 (61) li. Sp.). Letztlich ergibt sich auch aus § 10 EnEV 2014, § 72 GEG, dass die alten Heizkessel nicht mehr betrieben werden dürfen, dh sie müssen gegen neue ausgetauscht werden; für die neuen Heizkessel ist die Anlage 4a EnEV 2014 zu beachten, wonach das Produkt aus Erzeugeraufwandszahl und Primärenergiefaktor nicht größer als 1,30 sein darf. Insgesamt scheiden für die Erfüllung dieses Tatbestandsmerkmals die Möglichkeiten einer Modernisierung (so Abramenko, Das neue Mietrecht in der anwaltlichen Praxis, § 4 Rn. 7) oder die Abstellung auf die **Verkehrsanschauung** (so Hinz WuM 2014, 55 (61) li. Sp.) aus. Denn bei dem Begriff „neue Anlage" handelt es sich um einen gesetzlich vorgegebenen technischen Begriff, der nach allgemeinen Auslegungskriterien zu konkretisieren ist. Die neue Anlage kann im Gebäude selbst errichtet werden oder als außerhalb liegendes **Blockheizwerk;** sie kann mit fossilen wie auch regenerativen Brennstoffen betrieben werden. Es kann sich damit um die herkömmlichen Gas- oder Ölzentralheizungen handeln, aber auch um KWK-Anlagen, Pelletheizungen, verbundene Solaranlagen, Geothermie-Anlagen, Biomasse-Anlagen (die Aufzählung in § 2 Abs. 1 EEWärmeG).

69 An die Stelle einer „neuen" Anlage kann auch der Anschluss an ein **vorhandenes** Wärmenetz treten. Hierfür ist nicht auf den Begriff „Fernwärme" abzustellen. Denn die allgemein Formulierung „Wärmenetz" in Verbindung mit der Definition der Wärmelieferung lässt jede Form der externen Lieferung von Wärme hierunter fallen. In Abgrenzung zum Tatbestand der „neuen Anlage" ist es hier nicht erforderlich, dass eine neue Heizungsanlage erstellt wird und dass diese im Zusammenhang mit dem bisher versorgten Gebäude (entweder im Gebäude oder in unmittelbarer Nähe bei einer zu versorgenden Wirtschaftseinheit) steht. Die externe Wärmeerzeugungsanlage muss aber bereits vorhanden sein; es kann sich bei ihr dann um sämtliche Formen der eigenständigen gewerblichen Wärmeversorgung handeln (klassische Fernwärme, Blockheizkraftwerke, Quartierslösungen). Die Betreiber dieser Anlagen sind aus wirtschaftlichen Gründen bestrebt, ihren Abnehmerkreis zu erweitern. Ökologische und ökonomische Vorteile aus dem Anschluss ergeben sich deshalb, weil nur eine Anlage betrieben wird (CO_2-Ausstoß wird vermindert; der Ausnutzungsgrad der eingesetzten Energie ist höher; moderne Formen der Beheizung wie Biogasanlagen sind rentabler).

70 Auf eine Neuinstallation (Neuanlage, Wärmenetzanschluss) kann verzichtet werden, wenn die vorhandene Anlage bereits dem Ziel der Energieeffizienz nahekommt. Eine Kosten-Nutzen-Analyse ergibt in diesem Fall, dass dem **Gebot der Wirtschaftlichkeit,** das auch hier zu beachten ist, nur durch Beibehaltung der vorhandenen Anlage Rechnung getragen werden kann. Voraussetzung ist aber, dass die vorhandene Anlage einen Jahresnutzungsgrad von 80 % aufweist. Unter diesem Jahresnutzungsgrad ist weder der Normnutzungsgrad zu verstehen, der unter optimalen Rahmenbedingungen vom Herstellerwerk festgelegt wird, noch der Kesselnutzungsgrad. Vielmehr ist der Wirkungsgrad der konkreten Heizungsanlage während eines Betriebsjahres zu bestimmen. Hierfür kann die Berechnung nach VDI 2067 „Wirtschaftlichkeit gebäudetechnischer Anlagen" herangezogen werden. Der **Jahresnutzungsgrad** (in %) ergibt sich aus der Multiplikation des Kesselwirkungsgrades (in %) mit der Brennerlaufzeit (Stunden pro Jahr); dieses

F. Kosten der Wärmelieferung als Betriebskosten, § 556c BGB **§ 1 HeizkV**

Produkt wird geteilt durch das Produkt aus (1+ relativer Bereitschaftswärmeverluste) x Einschaltdauer der Heizungsanlage (Stunden pro Jahr). Der Kesselwirkungsgrad ergibt sich aus dem Verhältnis von zugeführter Brennstoffmenge zur abgegebenen Heizleistung (um diese zu ermitteln, ist an sich ein Wärmezähler erforderlich); die Bereitschaftswärmeverluste können ebenfalls errechnet werden aus Brennstoffmenge und erzielter Wärmemenge; sie können aber auch aus den Angaben des Kesselherstellers übernommen werden.

Sind diese technischen Voraussetzungen erfüllt, hat nach dem Gesetzeswortlaut 71
der Wärmelieferant ein Wahlrecht, ob er die Umstrukturierungsmaßnahmen nach Nr. 1 ergreifen oder ob er sich auf eine Verbesserung der Betriebsführung der bestehenden Anlage – also auf das sog. **Betriebsführungscontracting** – beschränken will. Maßgebend für die Entscheidung ist die mögliche Steigerung der Energieeffizienz – wobei es auf das absolute Endergebnis und nicht auf die einzelnen Steigerungsraten ankommt –, und die zukünftige Wirtschaftlichkeit der Anlage. **Inhaltlich** hat sich die Betriebsführung zumindest an den ursprünglich in § 9 HeizanlV enthaltenen Pflichten zu orientieren: Die **Bedienung** (§ 59 GEG verlangt lediglich eine sachgerechte Bedienung) hat durch fachkundige oder zumindest eingewiesene Personen zu erfolgen. Sie umfasst die Funktionskontrolle und die Vornahme von Schalt- und Stellvorgängen (insbesondere An- und Abstellen, Überprüfen und ggf. Anpassen der Sollwerteinstellungen von Temperatur, Einstellen von Zeitprogrammen) an den zentralen regelungstechnischen Einrichtungen. Die **Wartung (s. § 60 Abs. 2 GEG)** der Anlage erstreckt sich auf die Einstellung der Brenner, Überprüfung der zentralen steuerungs- und regelungstechnischen Einrichtungen, sowie die Reinigung der Kesselheizflächen. Die **Instandhaltung** der Anlagen hat schließlich mindestens die Aufrechterhaltung des technisch einwandfreien Betriebszustandes, der eine weitestgehende Nutzung der eingesetzten Energie gestattet, zu leisten (Zehelein NZM 2014, 649 (655)).

Sachenrechtlich müssen sowohl die neu errichtete Anlage als auch die zum 72
Zwecke der Betriebsführung bestehende Anlage in das Eigentum des Wärmelieferanten übergehen; anderenfalls liegt keine Wärmelieferung mit dem Ziel, einen Wärmepreis in Rechnung zu stellen, vor (str., s. Zehelein NZM 2014, 649 (661)). Bei der neu eingebauten Anlage handelt es sich um Scheinbestandteil des Grundstücks nach § 95 BGB, da die Anlage auf Grund des Wärmeliefervertrages nur zu einem vorübergehenden Zweck, nämlich für die Dauer des Liefervertrages, eingebaut worden ist. Auch die betriebsgeführte vorhandene Anlage wird aus diesem Grunde nur zu einem Scheinbestandteil des Grundstücks; die Eigentumsübertragung erfolgt nur für die Dauer des Vertrages.

b) Wirtschaftliche Bedingungen. Alle Contracting-Maßnahmen (Neuan- 73
lage, Anschluss an Wärmenetz, Betriebsführung) müssen zu einer **Effizienzverbesserung** führen. Weder in § 556c BGB noch in § 555b BGB wird näher ausgeführt, was unter „verbesserter **Energieeffizienz**" bzw. Energieeinsparung zu verstehen ist (Börstinghaus/Eisenschmid Modernisierungs-HdB/Eisenschmid, Kap. 3 Rn. 24–27). Jedenfalls ist aber ein Vergleich vom gegenwärtigen Zustand mit dem zukünftigen Zustand erforderlich, um die Verbesserung feststellen zu können. Hierbei reichen **Vermutungen** dahingehend, dass eine neue Heizungsanlage oder der Anschluss an ein Fernwärmenetz zu einer Verbesserung führen werden (so zB unter Hinweis auf die Begründung MietRÄndG, BT-Drs. 17/10485, 23; Lützenkirchen MietR BGB § 556c Rn. 34; Beuermann, Das neue Mietrecht, § 556c Rn. 11) **nicht** aus. Die gegenteilige Meinung übersieht, dass

33

HeizkV § 1 *Anwendungsbereich*

diese in der Begründung zum Gesetzesentwurf enthaltene Vermutung durch die Änderung im Rechtsausschuss dahingehend, dass als gesetzliches Tatbestandsmerkmal die „verbesserte Energieeffizienz" eingeführt worden war (BT-Drs. 17/11894, 32), überholt ist (ebenso Eisenschmid WuM 2013, 393 (397); FA-MietR/Schmid BGB § 556c Rn. 31). Außerdem verlangt § 11 Abs. 2 Nr. 2 WärmeLV zwingend die Angabe der Effizienzverbesserung in der Umstellungsankündigung des Vermieters (→ WärmeLV § 11 Rn. 7), so dass es mit einer schlichten Vermutung nicht getan ist.

74 Gegenüberzustellen sind der **gegenwärtige Endenergieverbrauch** dem **zukünftigen Endenergieverbrauch** nach der Umstellung. Zwar wird im Wortlaut des § 556c BGB im Gegensatz zu § 555b BGB nicht ausdrücklich auf die Einsparung von Endenergie hingewiesen, sondern nur auf die Lieferung von Wärme mit verbesserter Effizienz (auf diesen Unterschied stellt insbesondere Hinz WuM 2014, 555 (563) ab). **Heizungstechnisch** gesehen wird die zu nutzende Wärme (= Nutzenergie) durch den Verbrauch von Endenergie hergestellt. Die Effizienzsteigerung kann einmal darin liegen, dass dieselbe Menge an Endenergie zu einer höheren Menge an Nutzenergie führt; zum anderen darin, dass dieselbe Menge von Nutzenergie durch eine geringere Menge an Endenergie hergestellt wird. Die erste Variante der Effizienzsteigerung wird angesichts der Auslegung der vorhandenen heizungstechnischen Anlagen (Rohre, Heizkörper, Pumpen, Thermostatventile) auf eine bestimmte Temperatur beim Wärmedurchfluss keine Verbesserung in der Nutzung bringen, so dass nur die zweite Variante mit der Reduzierung des Endenergieverbrauchs zur Anwendung kommen wird. Der **gegenwärtige Endenergieverbrauch** ist in entsprechender Anwendung des § 9 Abs. 1 WärmeLV auf ein Jahr festzustellen; er kann anhand der gelieferten Energieträger gemessen und unter Zuhilfenahme der Tabelle in § 9 in die verbrauchte Endenergiemenge umgerechnet werden. Der **zukünftige Endenergieverbrauch** kann anhand des Kesselnutzungsgrades der neuen Anlage errechnet werden, da im Zeitpunkt des Einbaues Kesselnutzungsgrad und Jahresnutzungsgrad identisch sein werden. Denn unter dem Kesselnutzungsgrad versteht man das Verhältnis aus der in einem bestimmten Zeitraum in Form von Brennstoff zugeführten Energiemenge und der vom Kessel an das nachgeschaltete Heizungsnetz bzw. an den Warmwasserspeicher abgegebenen Nutzenergie. Die Angabe des Kessel-Nutzungsgrades berücksichtigt im Gegensatz zur Kessel-Wirkungsgradangabe auch die im Betrieb anfallenden Bereitschaftswärmeverluste des Kessels, die beispielsweise durch die Abgabe von **Strahlungswärme** an den Aufstellraum während des Brennerstillstands erfolgen. Zu beachten bleibt, dass bei Wirkungs- und Nutzungsgradangaben stets anzugeben ist, ob diese sich auf den Heizwert H_i (früher H_u) des eingesetzten Brennstoffes oder auf den Brennwert H_s (früher H_o) beziehen. Um die Wirkungs- und Nutzungsgrade von Kesseln, die mit verschiedenen Brennstoffen betrieben werden, vergleichen zu können, eignen sich lediglich brennwertbezogene Angaben, da nur diese die gesamte im Brennstoff enthaltene Energie nennen. Die theoretisch erreichbaren Wirkungs- und Nutzungsgrade liegen bei Öl-Brennwertkesseln bei 100 %, wenn mit H_s, und 106 %, wenn mit H_i berechnet wurde. Bei Gas-Brennwertkesseln werden maximal 100 % mit H_s und maximal 111 % mit H_i berechnet erreicht.

75 Für den **Maßstab der Effizienzverbesserung** ist zwischen Neuanlagen/Lieferung aus Wärmenetz und dem **Betriebsführungscontracting** zu differenzieren. Für letzteres geht der Gesetzgeber in § 556c Abs. 1 S. 2 BGB von einem Basiswert in Höhe von 80 %, bezogen auf den Jahresnutzungsgrad der bestehenden

F. Kosten der Wärmelieferung als Betriebskosten, § 556c BGB **§ 1 HeizkV**

Anlage, aus. Erst wenn dieser Basiswert vorliegt (zur Berechnung bei bestehenden Anlagen → Rn. 74), darf von einer Neuanlage bzw. Lieferung aus einem Wärmenetz abgesehen werden. Ob die aus dem dann zulässigen Betriebsführungscontracting entstehenden Kosten auf den Nutzer umgelegt werden dürfen, hängt aber zusätzlich davon ab, dass diese Form des Contracting zu einer Effizienzsteigerung der Anlage führt. Mangels anderweitiger Werte sind für die Bemessung der Effizienzsteigerung die Energieeinsparrichtwerte nach § 3 Abs. 1 S. 2 EDL-G maßgebend. Denn das Contracting unterfällt nach der Definition in § 2 Nr. 5 EDL-G diesem Gesetz, weil es sich um einen Energiedienstleister handelt, dh eine natürliche oder juristische Person, die Energiedienstleistungen oder andere Energieeffizienzmaßnahmen für Endkunden erbringt oder durchführt und dabei in gewissem Umfang finanzielle Risiken trägt. Nach Nr. 6 stellt die Energiedienstleistung eine Tätigkeit dar, die auf der Grundlage eines Vertrags erbracht wird und in der Regel zu überprüfbaren und mess- oder schätzbaren Energieeffizienzverbesserungen oder Primärenergieeinsparungen sowie zu einem physikalischen Nutzeffekt, einem Nutzwert oder zu Vorteilen als Ergebnis der Kombination von Energie mit energieeffizienter Technologie oder mit Maßnahmen wie beispielsweise Betriebs-, Instandhaltungs- und Kontrollaktivitäten führt. Nach Nr. 8 sind Energieeffizienzmaßnahmen alle Maßnahmen, die in der Regel zu überprüfbaren und der Höhe nach mess- oder schätzbaren Energieeffizienzverbesserungen führen. Diese Tatbestandsmerkmale zwingen zusammengenommen dazu, dass bei der Effizienzverbesserung durch Betriebsführungscontracting die Richtwerte eingehalten werden müssen. Diese **Richtwerte** ihrerseits ergeben sich für den Zeitraum 2008 bis 2016 aus der EDL-Rl und betragen derzeit 9 % des jährlichen Durchschnittsverbrauchs im Zeitraum 2001 bis 2005. In der Richtlinie 2012/27/EU zur Energieeffizienz sind in den Anhängen IV und V die Verfahren aufgeführt, mit deren Hilfe eine Prognose der Effizienzverbesserung erstellt werden kann. Während Anhang IV eine dem § 9 Abs. 3 S. 2 entsprechende Tabelle über den Energiegehalt bestimmter Brennstoffe für den Endverbrauch enthält, befasst sich Anhang V mit den Methoden zur Berechnung der Energieeinsparung. Danach kommen für die Effizienzverbesserung in § 556c Abs. 1 S. 1 Nr. 1 nur zwei Methoden in Betracht, entweder nach Nr. 1a Anhang V Annahmen über Einsparungen, die auf den Ergebnissen früherer **unabhängig kontrollierter** Energieverbesserungen in ähnlichen Anlagen beruhen; oder nach Nr. 1c Anhang V geschätzte Einsparungen, wofür technische Abschätzungen verwendet werden. Die Zulässigkeit solcher **Schätzungen** hängt von mehreren Voraussetzungen ab. Unter Berücksichtigung des Grundsatzes der Wirtschaftlichkeit muss die Ermittlung belastbarer gemesser Daten entweder schwierig oder unverhältnismäßig teuer sein. Des Weiteren bedarf es für die Durchführung der Schätzung national festgelegter Methoden und Referenzwerte. Und schließlich dürfen die Schätzungen nur von qualifizierten oder beauftragten Experten durchgeführt werden, die unabhängig von den beteiligten Parteien sind. Es reicht also weder aus, dass die Herstellerfirma einer neuen Anlage eine bestimmte Effizienzsteigerung benennt, noch dass dies von dem beteiligten Contractor dargetan wird.

Für den Einbau einer **neuen Anlage** ist eine Effizienzsteigerung auf mindestens 80 % erforderlich. Denn der Verordnungsgeber geht selbst davon aus, dass unterhalb dieses Wertes stets eine Neuanlage erforderlich ist. Auch hier ist ein Nachweis der Effizienzsteigerung erforderlich (aA Klemm CuR 2013, 153 zu Frage 2; Hinz WuM 2014, 23). Denn dieses Tatbestandsmerkmal ist gegenüber dem ursprünglichen Regierungsentwurf, der auf ein ausdrückliches derartiges Merkmal verzich-

76

tet hatte (BT-Drs. 17/10485, 23 li. Sp.), vom Bundesrat als zwingendes Merkmal eingefügt worden, wobei dieser auch davon ausging, dass die Erfüllung darzulegen ist (wenn auch „unschwer", BT-Drs. 17/11894, 23). Für den Nachweis wird es aber genügen, die Effizienz der Neuanlage anhand der Herstellerinformationen, die vor Inbetriebnahme noch mit den anfänglichen Betriebsergebnissen übereinstimmen werden, nachzuweisen.

77 Letztlich ist zwingend die sog. **Kostenneutralität** (deren Einzelheiten in der WärmeLV vorgeschrieben sind, → WärmeLV § 8 Rn. 1 ff.) einzuhalten. Dieses stark umstrittene Merkmal ist aber betriebswirtschaftlich durchaus nachvollziehbar. Die Altanlagen, die bestimmungsgemäß mittels Contracting modernisiert werden sollen, sind hinsichtlich der Energieausbeute ineffizient und benötigen daher viel Energie, um die erforderliche Wärme herzustellen; entsprechend hoch sind auch die Kosten für den Energieverbrauch. Nach Einbau einer notwendigerweise modernen Anlage wird weniger Energie verbraucht, damit fallen auch weniger Kosten an. Dieser Einspareffekt ist umso größer, je älter die Bestandsanlage ist. Beim Kostenvergleich werden aber die Alt-Kosten mit dem **Neu-Wärmepreis** verglichen, dh die Kostenersparnis infolge der effizienteren Anlage verbleibt dem Contractor und zwar auf die Dauer der Vertragslaufzeit. Aus diesem Gewinn muss er auch seine Investitionen finanzieren. Ohne die Kostenneutralität müsste der Nutzer über den Wärmepreis auch diese Investitionskosten anteilig mit tragen, ohne dass ihm die Kostenersparnis durch Effizienzsteigerung zugutekommen würde. Die Weitergabe dieser Ersparnis an die Nutzer hinge vom Marktgeschehen ab, das die Kalkulation des Wärmepreises mit beeinflusst.

78 Der Grundsatz der Kostenneutralität gilt nur für den **Zeitpunkt** der **Umstellung.** Der Contractor ist nicht gehindert, während der Laufzeit des mit dem Gebäudeeigentümer geschlossenen Wärmelieferungsvertrages den Wärmepreis anhand der in diesen Verträgen regelmäßig enthaltenen Preisänderungsklauseln erhöhend zu ändern. Für die Änderung ist § 3 WärmeLV iVm § 24 Abs. 4 S. 1 und 2 AVBFernwärmeV maßgebend (Einzelheiten → WärmeLV § 3 Rn. 1 ff.). Der Gewinn aus der Spanne zwischen Alt-Anlage und Neu-Anlage bleibt ihm aber erhalten, weil die Preiserhöhung abstrakt, dh unabhängig vom anlagebedingten Verbrauch, durchgeführt werden kann.

79 **3. Umstellungsankündigung, § 556c Abs. 2.** Mit der **Umstellungsankündigung** werden dem Nutzer **zwei Veränderungen** mitgeteilt: Zum einen der Wechsel von der Eigenversorgung durch den Vermieter zur Fremdversorgung (was aber den Vermieter nicht aus seiner mietvertraglichen Pflicht entlässt, für die Versorgung der Mietobjekte mit Wärme und Warmwasser einzustehen; außerdem gibt die Umstellung dem Vermieter nicht das Recht, vom Nutzer zu verlangen, einen eigenständigen Vertrag mit dem künftigen Drittbetreiber der Heizungsanlage abzuschließen [Beuermann, Das neue Mietrecht, § 556c Rn. 9]). Hierin liegt eine Änderung des bisherigen Mietvertrages hinsichtlich der Pflichten des Vermieters, die nicht ohne Erfüllung der gesetzlich aufgeführten Tatbestandsmerkmale erfolgen darf. Die Mitteilung soll daher dem Mieter die Überprüfung der rechtlichen Voraussetzungen für die Umstellung ermöglichen. Zum anderen wird durch die Umstellung der Inhalt der Heizkostenabrechnung verändert. An die Stelle der abschließend enumerativ in § 7 Abs. 2 aufgezählten umlegbaren Heizkosten tritt nunmehr der Wärmepreis. Aus diesen materiellrechtlichen Wirkungen ergibt sich, dass es sich bei der Ankündigung nicht um eine schlichte rechtsgeschäftsähnliche Erklärung handelt (so FA-MietR/Schmid BGB § 556c Rn. 37), sondern um eine Willenserklärung (Lützenkirchen MietR BGB § 556c Rn. 50).

F. Kosten der Wärmelieferung als Betriebskosten, § 556c BGB **§ 1 HeizkV**

Die Ankündigung hat drei Monate vor dem Umstellungstermin zu erfolgen. 80
Damit ist der exakte Termin gemeint (Abramenko, Das neue Mietrecht in der
anwaltlichen Praxis, § 4 Rn. 24) und nicht ein Umstellungszeitraum (so aber Beyer
CuR 2014, 4 (15)). Unter § 556c ist nur die Umstellung als solche zu subsumieren;
die entsprechenden vorbereitenden Arbeiten (Austausch der Heizungsanlage) sind
unter die Modernisierungsvorschriften, §§ 555b BGB ff. einzuordnen. Im Gegensatz zu § 555c Abs. 1 S. 2 Nr. 2 BGB enthält § 556c Abs. 2 gerade eine Einschränkung der Ankündigung hinsichtlich ihrer zeitlichen Konkretisierung, so dass sich
eine Erst-Recht-Argumentation verbietet. Angesichts der für die Abrechnung sich
aus der Umstellung ergebenden Folgen (→ Rn. 79) muss der exakte Termin
feststehen. Außerdem lassen sich die drei Monate nur von einem fixen Termin
rückwärts rechnen (Lützenkirchen MietR BGB § 556c Rn. 52).

Als **Absender** der Ankündigung ist der Vermieter genannt. Infolge des ver- 81
tragsändernden Charakters der Umstellung muss die entsprechende Erklärung
vom Vertragspartner ausgehen (bei einer Vermietermehrheit von allen, was auch
durch eine offenkundige Vertretung erfolgen kann). Angesichts des umfangreichen
detailliert-technischen Inhalts wird die Ankündigung im Regelfall vom Contractor formuliert werden müssen als Nebenpflicht aus dem Wärmeliefervertrag. Falls
der Contractor auch die Ankündigung versendet, muss er offen legen, dass dies
in Vertretung des Vermieters erfolgt. **Empfänger** ist jeder einzelne Mieter (bzw.
die Mietermehrheit) im betroffenen Objekt; eine allgemeine Ankündigung im
Treppenhaus reicht hierfür nicht aus. Die Ankündigung muss schließlich den
Empfängern auch **zugehen**, wofür der Vermieter beweispflichtig ist.

Für die **Form** der Ankündigung lässt § 556c Abs. 2 die Textform gemäß § 126b 82
BGB genügen. Das umfasst zwar auch die Zusendung per E-Mail, was aber nur
zulässig ist, wenn die Mieter durch Mitteilung ihrer E-Mail-Adresse zu erkennen
gegeben haben, dass sie auch auf diesem Wege mit dem Vermieter kommunizieren
wollen. Darüber hinaus ist der Nachweis des Zugangs bei einer E-Mail nur schwer
zu erbringen (z.B. durch Anforderung eines Lesebestätigung).

Inhalt der Ankündigung und die Rechtsfolgen einer unterbliebenen bzw. feh- 83
lerhaften Ankündigung sind in § 11 WärmeLV geregelt (→ WärmeLV § 11
Rn. 1 ff.).

III. Verordnungsermächtigung

Analog zu den Regelungen in der Betriebskostenverordnung und der Heizkos- 84
tenverordnung hat der Gesetzgeber die rechtstechnische Möglichkeit gewählt,
Einzelheiten in eine besondere Verordnung auszulagern. Das BGB soll daher
entsprechend seiner ursprünglichen abstrakten Regelungsnatur nur die Grundsätze
enthalten, während die Details durch eine besondere Verordnung vorgegeben
werden.

Entsprechend den Vorgaben in **Art. 80 Abs. 1 S. 2 GG** (Inhalt, Zweck und 85
Ausmaß der erteilten Ermächtigung müssen im ermächtigenden Gesetz bestimmt
werden) darf die Verordnung sich mit Vorschriften über Wärmelieferverträge
befassen, soweit sie für die Umstellung relevant sind. Ferner darf sie Regelungen
über die Anforderungen nach den Absätzen 1 und 2 enthalten. Im Gegensatz zu
diesem weiten Umfang der Ermächtigung enthält die auf ihr beruhende WärmeLV
lediglich Regelungen zum Kostenvergleich und zum Inhalt der Umstellungsankündigung; über die sonstigen Voraussetzungen – insbesondere die Effizienzsteigerung – verhält sich die Verordnung nicht.

86 **Zweifelhaft** ist, ob die Ermächtigung auch die Strafvorschrift in § 11 Abs. 3 WärmeLV mit umfasst, worin die Folgen einer fehlerhaften oder nicht erfolgten Umstellungsankündigung niedergelegt sind. An sich gehören solche Rechtsfolgenregelungen hinsichtlich der Nichterfüllung gesetzlicher Vorgaben direkt in das Gesetz und nicht in eine das Gesetz ergänzende oder ausfüllende Rechtsverordnung.

87 Die Ermächtigung **verstößt** gegen Art. 80 Abs. 1 S. 2 GG, soweit sie in Abs. 3 S. 2 fordert, die Belange von Vermietern, Mietern und Wärmelieferanten angemessen zu berücksichtigen. Denn die Erfüllung dieses Merkmals ist nicht vorhersehbar. Nach der ständigen Rechtsprechung des BVerfG liegt ein Verstoß gegen die Kriterien des Art. 80 Abs. 1 S. 2 GG dann vor, wenn nicht mehr vorausgesehen werden kann – und zwar auch nicht aus dem Gesamtzusammenhang der Ermächtigungsnorm –, mit welchem konkreten Inhalt die aufgrund der Ermächtigung ergehende Verordnung erlassen werden darf (Maunz/Dürig GG Art. 80 Rn. 33). Angesichts der gegensätzlichen Auffassungen darüber, wer in welcher Weise und in welchem Umfang insbesondere durch das Gebot der Kostenneutralität bevorzugt oder benachteiligt wird, kann von einer Erfüllung des verfassungsrechtlichen Gebots der Bestimmtheit der Ermächtigung nicht mehr gesprochen werden.

IV. Abweichende Vereinbarungen

88 Um zu verhindern, dass die nachteiligen Folgen der Umstellung auf Contracting (→ Rn. 9) durch Vereinbarungen herbeigeführt werden, hat die Norm zugunsten der Mieter **zwingenden Charakter**. Dabei ist davon auszugehen, dass die Regelungen insgesamt für den Mieter vorteilhaft sind, so dass jede Abweichung von ihnen zu einer Benachteiligung führt. Insbesondere kann die Abweichung nicht damit gerechtfertigt werden, dass dem Mieter als Kompensation ein wirtschaftlicher Vorteil gewährt wird (entsprechend der Beurteilung von AGB nach § 307 BGB, MüKoBGB/Wurmnest § 307 Rn. 38; Grüneberg/Grüneberg § 308 Rn. 18; aA FA-MietR/Schmid BGB § 556c Rn. 46; Lützenkirchen MietR BGB § 556c Rn. 19). Das bedeutet, dass sämtliche materiellen (Effizienzverbesserung, Kostenneutralität) und formellen Tatbestandsmerkmale (Ankündigungsfrist) vereinbarungsfest sind (Lützenkirchen MietR BGB § 556c Rn. 18, 19). Die Unzulässigkeit abweichender Vereinbarungen betrifft sowohl Vereinbarungen zwischen Vermieter und Mieter, als auch zwischen Contractor und Mieter oder zwischen Vermieter und Contractor, soweit dadurch der Mieter benachteiligt wird. Ebenso gilt das für Formularvereinbarungen wie für Individualvereinbarungen; sog. **gütliche Einigungen** sind gleichfalls ausgeschlossen (bedauernd insoweit Abramenko § 4 Rn. 37; aA FA-MietR/Schmid § 556c Rn. 46), da angesichts der komplexen und komplizierten Materie für den Nicht-Fachmann die wirtschaftlichen und rechtlichen Folgen solcher „Einigungen" kaum durchschaubar sind. Das Verbot abweichender nachteiliger Vereinbarungen ist den anderen gleichlautenden Vorschriften im Wohnraummietrecht nachgebildet, bei denen ihre Erstreckung Individualvereinbarungen und Formularverträge unbestritten ist (Bub/Treier MietR-HdB/Kraemer/Ehlert/Schindler Kap. III. Rn. 3270); eine nur abstrakt-generelle Wirkung wird damit ausgeschlossen (aA Lützenkirchen MietR § 565c Rn. 16a).

89 Das Verbot nachteiliger Vereinbarungen trifft **alle bestehenden Mietverträge,** sowohl die, die vor dem Inkrafttreten der Neuregelung solche Regelungen beinhalteten, als auch solche ohne contractingrelevante Bestimmungen. Maßgebend

F. Kosten der Wärmelieferung als Betriebskosten, § 556c BGB **§ 1 HeizkV**

ist allein, dass nach dem Inkrafttreten auf Wärmelieferung umgestellt werden soll. Nicht betroffen sind Mietverträge, bei denen bereits eine Umstellung auf Wärmelieferung vor Inkrafttreten erfolgt ist. Ebenfalls nicht betroffen sind Neuverträge (aA Lützenkirchen MietR § 556c Rn. 17). Sowohl bei dem einen als auch dem anderen Fall kann der Mieter mangels bestehenden Mietvertrags keinen Bestandsschutz genießen; er muss den Vertrag wie vorgelegt abschließen oder auf den Vertragsschluss verzichten.

Das Verbot gilt nicht für **Gewerberaummietverträge**, § 578 Abs. 2 S. 2 BGB. Hier geht der Gesetzgeber davon aus, dass der Gewerberaummieter infolge seiner Geschäftstätigkeit erfahren genug ist, um die Vor- und Nachteile einer Umstellung auf Wärmelieferung abschätzen zu können. 90

Sinngemäß fallen unter das Verbot abweichender nachteiliger Vereinbarungen auch **Umgehungsvereinbarungen**. Die Anwendung des § 555f Nr. 3 BGB, der Vereinbarungen zwischen Vermieter und Mieter aus Anlass von Erhaltungs- und Modernisierungsmaßnahmen auch über die zukünftige Miethöhe zulässt, scheidet deshalb aus, weil § 556c insoweit als Spezialnorm der allgemeinen Norm vorgeht (nach dem methodischen Grundsatz „lex specialis derogat legi generali"; anders Beyer CuR 2014, 10, aber ohne methodische Begründung). Denn die Umstellung auf Wärmelieferung stellt einen speziellen Ausschnitt aus dem allgemeinen Bereich der Modernisierungsmaßnahmen dar. Die aufeinander bezogenen Einzelregelungen der Norm würden durch Vereinbarungen ihren strukturellen Zusammenhang verlieren. Außerdem lässt § 555f BGB kein Abweichen von zwingenden bzw. halbzwingenden (nur zugunsten des Mieters) Vorschriften zu (Börstinghaus/Eisenschmid Modernisierungs-HdB/Eisenschmid, Kap. 6 Rn. 1; ähnlich Staudinger/Emmerich Mietrecht 1 (2018) § 555f Rn. 3 mit Bezug auf § 536 Abs. 4). 91

Nur formal stellt die **Hintereinander-Vereinbarung** von Betriebsführungs-Contracting und Wärmelieferung keine Umgehung dar, weil nur die erstmalige Umstellung auf Contracting im laufenden Mietverhältnis von § 556c erfasst wird, nicht aber die Folgeverträge. Das würde dazu führen, dass zunächst ein „kostenneutraler" Vertrag geschlossen wird mit kurzer – zweijähriger – Laufzeit, um anschließend einen langfristigen, nicht mehr dem Gebot der Kostenneutralität unterfallenden Vertrag abzuschließen (so Beyer CuR 2014, 11). Diese formaljuristische Betrachtungsweise scheitert an den technischen Bedingungen für die Umstellung. Das Betriebsführungscontracting darf nur auf einem hohen Ausnutzungsstand von 80 % eingeführt werden und muss zusätzlich zu einer Energieeinsparung führen. Wenn es bereits nach zwei Jahren wieder aufgegeben werden soll, spricht alles dafür, dass die technischen Voraussetzungen für seine Einführung nicht erfüllt worden sind, so dass es von vornherein unzulässig gewesen ist mit der Folge, dass die Umstellung auf langfristige Wärmelieferung die Erst-Umstellung im Sinne des Gesetzes darstellt und dementsprechend kostenneutral erfolgen muss. Sollten aber die qualifizierten Voraussetzungen für das Betriebsführungscontracting vorgelegen haben, widerspricht eine Umstellung auf Wärmelieferung (mit der dazu gehörenden Installation einer neuen Heizanlage) den ökonomisch-ökologischen Rahmenbedingungen. Denn infolge des durch die Betriebsführung notwendigerweise erreichten hohen Standards bringt die Errichtung einer neuen Heizungsanlage keine wesentliche Verbesserung mehr, so dass die Umstellung auf Wärmelieferung jedenfalls gegen das Wirtschaftlichkeitsgebot verstößt (Hinz WuM 2014, 55 (65)). 92

Letztlich ist auch das Modell einer **Eigenbeteiligung** des Vermieters an den Investitionskosten des Contractors, um dadurch den Wärmepreis zu senken und 93 damit die Kostenneutralität zu erreichen (wiederum Beyer CuR 2014, 10), umgehungsverdächtig. Denn der Vermieter wird bestrebt sein, seinen Anteil als Modernisierungskosten auf die Miete aufzuschlagen, womit im Endergebnis der Mieter wieder die Kosten der Umstellung zu tragen hätte: einmal über den Wärmepreis, zum anderen über die Miete, was zu einer höheren Belastung als vor der Umstellung auf Wärmelieferung führt (anders Klemm CuR 2013, 157). Unzulässig ist es in diesem Zusammenhang, den kalkulierten Eigenanteil des Vermieters mit einer zeitlichen Befristung zu versehen, nach deren Ablauf er wegfällt, was zu einer Erhöhung des Wärmepreises führen würde (so sogar Beyer CuR 2014, 10).

§ 2 Vorrang vor rechtsgeschäftlichen Bestimmungen

Außer bei Gebäuden mit nicht mehr als zwei Wohnungen, von denen eine der Vermieter selbst bewohnt, gehen die Vorschriften dieser Verordnung rechtsgeschäftlichen Bestimmungen vor.

Übersicht

	Rn.
A. Zweck der Regelung	1
B. Rechtsgrundlagen	4
C. Reichweite	7
I. Verbotsgesetz oder Kollisionsnorm	7
II. Entgegenstehende Regelungen	15
1. Inklusivmiete	15
2. Nebenkostenpauschale	26
3. Heizkostenpauschale	28
4. Umlagenschlüssel	29
III. Anpassung	31
IV. Umfang	33
V. Sonstige Regelungen	40
D. Ausnahmen	42

A. Zweck der Regelung

1   Die meisten **Nutzungsverträge** über Räume enthalten Regelungen über die **Zurverfügungstellung von Wärme/Warmwasser** durch den Nutzungsgeber und über die Tragung der hierfür anfallenden Kosten. Ausnahmen bilden lediglich Verträge über die Nutzung solcher Räume, die vom Nutzer mit Wärme versorgt werden, sei es durch Einzelöfen, Elektronachtspeicheröfen, Etagenheizungen oder durch Direktverträge mit Fernwärmeunternehmen, die ohne Übergabestation direkt an den Nutzer liefern und direkt mit ihm abrechnen. In der überwiegenden Zahl der Nutzungsverträge findet sich hingegen eine rechtsgeschäftliche Regelung der mit der Wärmeversorgung zusammenhängenden Fragen. Deshalb war es erforderlich, das **Verhältnis** von **HeizkV** und **vertraglichen Bestimmungen** zu regeln. Das Privatrecht, insbesondere auch das hier weitgehend einschlägige Mietrecht, wird zwar vom Grundsatz des Vorranges der Privatautonomie oder gesetzlichen Regelungen beherrscht. Ausnahmen gelten in den Fällen, in denen eine Vertragspartei besonders schutzbedürftig ist, oder in denen ein öffentliches Interesse an einer bestimmten Rechtsfolge besteht.

B. Rechtsgrundlagen **§ 2 HeizkV**

In diese Systematik reiht sich § 2 ein. Er bestimmt zur Durchsetzung des 2
öffentlichen Interesses an der Einsparung von Energie (→ HeizkV § 1 Rn. 1)
den **Vorrang der HeizkV** vor rechtsgeschäftlichen Bestimmungen. Zwar
bleibt das Verbraucherverhalten weiterhin ohne direkte hoheitliche Reglementierung (es erfolgt also keine Abschaltung von Strom, Gas oder Zuteilung von
Öl), indirekt wird aber über die Kosten auf das Verhalten beim Verbrauch von
Energie Einfluss genommen. Diese Einflussnahme soll nicht durch vertragliche
Vereinbarungen zwischen Nutzungsgeber und Nutzendem ausgeschlossen werden.

Der durch § 2 angeordnete **Vorrang des Gesetzes** vor rechtsgeschäftlichen 3
Bestimmungen betrifft vertragliche Regelungen über die Verteilung von Kosten
für Wärme/Warmwasser in allen Vertragsarten, die zwischen Nutzungsüberlassendem und Nutzendem abgeschlossen werden können, unabhängig davon, ob es
sich um Individual- oder um Formularverträge handelt. Der Wortlaut des § 2 legt
zwar eine Begrenzung auf Mietverträge nahe. Aber auch in anderen Überlassungsverträgen können Regelungen über die Verteilung der Heizkosten enthalten sein.
Es werden daher von dem Vorrang der HeizkV alle Vertragstypen erfasst, auf
die der Nutzer sein Nutzungsrecht zurückführt (→ HeizkV § 1 Rn. 46), mithin
schuldrechtliche Verträge, wie Miete und Pacht, aber auch alle dinglichen Verträge, wie Nießbrauch, Wohnrecht, Dauerwohnrecht, Wohnungserbbaurecht und
Wohnungseigentum.

B. Rechtsgrundlagen

Die Rechtsgrundlagen für diesen Eingriff in die Privatautonomie wie auch 4
(für das Wohnungseigentum) in die Regelungen des WEG finden sich in den
§§ 6, 6a GEG, der die europarechtlichen Vorgaben der Energieeffizienz-Richtlinie (Art. 9 Abs. 3 UAbs. 3 2012/27/EU) zutreffend umsetzt (kritisch dazu
Zehelein NZM 2020, 857, aber den Gestaltungsspielraum in den Richtlinien
[EuGH NZM 2020, 888 Rn. 88, 91] übersehend). § 6 Abs. 1 GEG enthält die
grundsätzliche **Ermächtigung zum Erlass der HeizkV:** „Die Bundesregierung wird ermächtigt, durch Rechtsverordnung mit Zustimmung des Bundesrates vorzuschreiben, dass 1. der Energieverbrauch der Benutzer von heizungs-,
kühl- oder raumlufttechnischen oder der Versorgung mit Warmwasser dienenden gemeinschaftlichen Anlagen oder Einrichtungen erfasst wird, 2. die
Betriebskosten dieser Anlagen oder Einrichtungen so auf die Benutzer zu verteilen sind, dass dem Energieverbrauch der Benutzer Rechnung getragen
wird."

Das **Verhältnis zwischen den Regelungen** der nach § 6 GEG zu erlassenden 5
Verordnung und den rechtsgeschäftlichen Bestimmungen oder den Vorschriften
des WEG wird in § 6 Abs. 2 GEG angesprochen: „In der Rechtsverordnung nach
Absatz 1 können die Erfassung und Kostenverteilung abweichend von Vereinbarungen der Benutzer und von Vorschriften des Wohnungseigentumsgesetzes geregelt und es kann näher bestimmt werden, wie diese Regelung sich auf die Rechtsverhältnisse zwischen den Beteiligten auswirken." Der sprachlich verunglückte
und grammatikalisch falsche Satz beinhaltet sachlich dreierlei: Einmal das Recht
des Verordnungsgebers, abweichend von privatautonomen Regelungen Vorschriften zu erlassen (wobei entgegen dem Wortlaut Vereinbarungen zwischen Nutzungsüberlasser und Nutzer gemeint sein müssen, da Vereinbarungen zwischen

HeizkV § 2 Vorrang vor rechtsgeschäftlichen Bestimmungen

den Benutzern keinen Einfluss auf die Heizkostenverteilung haben können); zum zweiten die Befugnis zu Abweichungen von Regelungen des WEG und schließlich zum dritten das Recht zur Bestimmung der Rangfolge unter den verschiedenen Vorschriften.

6   Von dieser **Ermächtigung** hat der Verordnungsgeber in § 2 für rechtsgeschäftliche Vereinbarungen unter den Beteiligten Gebrauch gemacht, während § 3 den Vorrang der HeizkV vor Bestimmungen des WEG enthält, obwohl es sich bei den Teilungserklärungen der Grundstückseigentümer, Vereinbarungen und Beschlüssen der Wohnungseigentümergemeinschaft dogmatisch ebenfalls um rechtsgeschäftliche Erklärungen handelt.

C. Reichweite

I. Verbotsgesetz oder Kollisionsnorm

7   Gesetzestechnisch kann der Satz über das Vorgehen von Vorschriften der HeizkV vor rechtsgeschäftlichen Bestimmungen zweierlei bedeuten. Zum einen kann darin lediglich eine Regelung für den **Kollisionsfall** zwischen Verordnungsrecht und Vertragsrecht gesehen werden (so Peruzzo Heizkostenabrechnung Rn. 50; Pfeifer HeizkV § 2 Anm. 1; Sternel PiG 23 (1986), 62). Zum anderen kann er aber auch bedeuten, dass entgegenstehende Regelungen im Vertrag endgültig ihre **Wirksamkeit** verlieren (so Brintzinger § 2 Anm. 3; Schubart/Kohlenbach/Bohndick § 2 Anm. 2; Kreuzberg/Wien Heizkostenabrechnungs-HdB/Pfeifer S. 17; Langenberg/Zehelein BetrKV K Rn. 8 (S. 554 für Abdingbarkeitsverbot; das setzt aber die Festlegung der Rechtsnatur des Vorrangs voraus); RE OLG Hamm WuM 1986, 267, die Frage war dort aber nicht entscheidungserheblich, weil entgegen dem Vertrag eine Abrechnung nach der HeizkV erfolgt ist).

8   Dieser Frage kommt nicht nur theoretische Bedeutung zu. Ihre Beantwortung wird relevant, wenn die HeizkV wegen Wegfalls ihrer Zielsetzung **(Energieeinsparung)** aufgehoben werden sollte; wenn die Räume aus dem Anwendungsbereich der HeizkV wieder herausfallen, zB bei einem Zweifamilienhaus, in dessen eine Wohnung nach Ablauf eines Mietvertrages der Gebäudeeigentümer einzieht (→ Rn. 42); wenn Neuregelungen über den Verteilungsmaßstab sowie den Umfang der verteilungsfähigen Kosten getroffen worden sind; oder bei Erteilung einer **Ausnahmegenehmigung** nach § 11 Abs. 1, Nr. 5 (→ § 11 Rn. 60–65). Ferner spielt sie eine Rolle für die Richtigkeit des Grundbuchs, wenn Teilungserklärungen eingetragen werden und in ihnen Bestimmungen über die Heizkostenverteilung enthalten sind, die der HeizkV widersprechen (Demmer MDR 1981, 531).

9   Nach der ersten Meinung (→ Rn. 7) würden nach Wegfall der HeizkV oder deren Unanwendbarkeit die vorhandenen vertraglichen Regelungen über die Heizkostenverteilung eingreifen. Nach der zweiten Meinung (→ Rn. 7) müsste erst eine rechtsgeschäftliche Vereinbarung getroffen werden, deren Inhalt zwar bei neu abzuschließenden Raumnutzungsverträgen durch den Nutzungsgeber vorgegeben werden kann, bei bestehenden Verträgen aber das **Einverständnis** des Partners erfordert und erfahrungsgemäß zu Streitigkeiten unter den Parteien führen kann.

10   Diese Frage ist nicht danach zu beantworten, dass die eine oder die andere Lösung nicht alle Fälle erfassen kann (so Brintzinger § 2 Anm. 3), sondern nach

C. Reichweite   § 2 HeizkV

den für die Annahme eines Verbotsgesetzes im Rahmen des § 134 BGB entwickelten Kriterien. Daraus ergibt sich, dass es sich bei der HeizkV nicht um ein Verbotsgesetz iSd § 134 BGB handelt mit der Folge einer absoluten Nichtigkeit entgegenstehender Vereinbarungen (aA ohne jede dogmatische Vertiefung OLG Schleswig WuM 1986, 330), sondern vielmehr lediglich um eine **Kollisionsnorm,** die im Einzelfall das Verhältnis von Verordnung und Rechtsgeschäft zugunsten der Verordnung regelt und bei deren Wegfall das rechtsgeschäftlich Vereinbarte gelten lässt.

Das Indiz für das Vorliegen eines **Verbotsgesetzes,** die Strafbarkeit eines Verstoßes gegen das Gesetz, fehlt. Die HeizkV selbst ist nicht bußgeldbewehrt; sie enthält keinerlei Vorschriften darüber, dass Verstöße gegen ihre Bestimmungen eine Ordnungswidrigkeit darstellen. Ein solcher ausdrücklicher Hinweis wäre nach der Ermächtigungsnorm für Ordnungswidrigkeiten in § 8 Abs. 1 EnEG, § 108 GEG erforderlich gewesen. Außerdem erstreckt sich diese Ermächtigungsnorm nicht auf die HeizkV, da deren Ermächtigungsnormen, die §§ 6, 6a GEG, nicht in § 108 GEG enthalten sind. Schließlich enthält auch die Heizungsanlagen-Verordnung keine Bußgeldvorschrift, die die Anbringung von Geräten zur Verbrauchserfassung erzwingt. 11

Grundsätzlich bleibt es bei dem **Vorrang der Privatautonomie** (so auch Brintzinger § 2 Anm. 4; von Seldeneck Betriebskosten Rn. 1117; aA wohl AG Berlin-Schöneberg/LG Berlin MM 2001, 200, wobei die Frage auch dort nicht entscheidungserheblich war, weil sich der Mieter auf die Abrechnungspflicht nach der HeizkV berufen hatte). Die bisher überwiegende Meinung ging ferner dahin, dass die Durchsetzung der Einzelregelungen der HeizkV allein in die Hände der Beteiligten gelegt werde (Beuermann GE 2003, 918). Seien sich die Parteien des Nutzungsvertrages über eine abweichende Gestaltung der Verteilung von Heiz- und Warmwasserkosten einig, sei diese Vereinbarung so lange maßgebend, bis sich der Nutzer auf die anderslautenden Regelungen der HeizkV beruft (AG Bad Berleburg DWW 1989, 143; LG Berlin MM 1994, 279; ZMR 1999, 556; LG Hamburg WuM 1995, 12; AG Friedberg WuM 1997, 439; LG Chemnitz GE 2003, 959; ebenso Staudinger/Artz, Mietrecht 1, 2018, Anh. B zu § 556c Rn. 24). 12

Diese Meinung (HeizkV 2. A. § 2 Rn. 11) wird **nicht länger aufrechterhalten.** Vielmehr stehen privatautonome Vereinbarungen und Regelungen der HeizkV zunächst wirksam nebeneinander. Im Einzelfall ist jedoch zu prüfen, ob die Vertragsregelung mit einer Vorschrift der HeizkV kollidiert, die HeizkV also einen identischen Regelungsgehalt hat. In diesem Fall geht – entsprechend dem Wortlaut – die Norm vor. Sie verdrängt die Vertragsregelung insoweit, als sie dem Normgehalt widerspricht, lässt gerade diese also unanwendbar werden (so BGH NJW-RR 2006, 1305 Rn. 13; Anm. Ludley DWW 2006, 418; Anm. Thomma WuM 2006, 658; Anm. Schmidt ZMR 2007, 15; Anm. Schmitt HKA 2009, 1; BGH WuM 2009, 115 Rn. 11). Dafür sprechen auch die Gesetzesmaterialien zur Ermächtigungsnorm für die HeizkV im EnEG. In diesen heißt es, dass die (damals geplante) HeizkV sowohl auf bestehende als auch auf **zukünftige Mietverhältnisse** Anwendung findet und dass in der HeizkV verbindliche Regelungen enthalten sein sollen, die von den vertraglichen Regelungen abweichen (BT-Drs. 8/3348 zur Änderung des EnEG, S. 5 Begründung; der Wirtschaftsausschuss spricht von „rechtsgestaltenden Anordnungen" im Hinblick auf bestehende vertragliche Regelungen, BT-Drs. 8/3924, 7). Daraus wird zu schließen sein, dass der Gesetzgeber die Regelungen der HeizkV als gegenüber vorhandenen vertraglichen 13

Regelungen unmittelbar vorgehend und verbindlich ansehen wollte. Erst wenn die verdrängende Norm ihrerseits entfallen sollte, entfaltet die Vertragsregelung erneut ihre Wirksamkeit.

14 Der Einordnung als Kollisionsnorm und nicht als Verbotsnorm steht nicht entgegen, dass für preisgebundenen Wohnraum, der den **Regelungen der NMV** unterliegt, der Verstoß gegen die HeizkV zumindest teilweise bußgeldbewehrt ist (→ HeizkV § 1 Rn. 54). Diese Strafvorschriften treffen nur **Mietpreisüberhöhungen,** nicht aber den Verstoß gegen die HeizkV als solche. Denn nach § 26 Abs. 1 Nr. 4 WoBindG ist die Forderung etc von höherem Entgelt als nach den §§ 8, 9 WoBindG zulässig, bußgeldbewehrt, wobei zu diesem Entgelt nach § 8a Abs. 7 WoBindG auch die Umlagen für Heizung und Warmwasser gehören. Infolge der Inkorporierung der HeizkV in das Mietpreisrecht über § 22 NMV stellt mithin die Forderung zu hoher Umlagen eine Ordnungswidrigkeit dar, wenn sich ergibt, dass bei **ordnungsgemäßer Anwendung** der HeizkV geringere Umlagen zu zahlen gewesen wären (Brintzinger § 2 Anm. 4, 7). Nicht mehr als Ordnungswidrigkeit zu werten ist hingegen die zu geringe Forderung von Umlagen, selbst wenn sie auf einer verordnungswidrigen Abrechnung beruht; ebenfalls keine Ordnungswidrigkeit stellen Verstöße gegen die Ermittlung des Verbrauchs und dessen Abrechnung entgegen den Vorschriften der HeizkV dar, sofern sich daraus keine höhere Nachforderung ergibt als bei Anwendung der HeizkV-Vorschriften. Diese nur partiell wirkende Strafvorschrift führt nicht dazu, dass die Vorschriften der HeizkV zu einem Verbotsgesetz werden.

II. Entgegenstehende Regelungen

15 1. **Inklusivmiete.** Der **Vorrang** der HeizkV wirkt sich besonders in denjenigen Fällen aus, in denen im Nutzungsvertrag eine sog. **Warmmiete** vereinbart worden ist oder neben der Kaltmiete eine Pauschale für die Nebenkosten einschließlich Heizung und Warmwasser. Einen Sonderfall der Umgehung der HeizkV stellt die Vereinbarung dar, dass die Mieter die Heizölbeschaffung selbständig organisieren und unter sich abrechnen. Damit wird die Pflicht des Gebäudeeigentümers ausgehebelt und die Möglichkeit der Energieeinsparung durch Kenntlichmachung des Verbrauchs mittels Abrechnung ausgeschlossen (aA LG Mönchengladbach ZMR 2013, 805; dem LG zustimmend, aber in sich unklar bzgl. der Abrechnungspflicht Lützenkirchen HeizkV § 2 Rn. 12).

16 Bei der **Warm- oder Inklusivmiete** – hierbei muss es sich nicht um eine Miete iSd § 535 BGB handeln, sondern hierunter sind alle Entgelte für Nutzungen auf vertraglicher Basis zu verstehen – zahlt der Nutzungsberechtigte monatlich einen festen Betrag, mit dem sowohl die Nutzung der überlassenen Räume wie auch die Inanspruchnahme sämtlicher Nebenleistungen, sofern sie dem Nutzungsüberlassenden vom Leistungsträger in Rechnung gestellt werden, enthalten sind. Das Risiko einer Fehlkalkulation hinsichtlich der Höhe solcher Nebenkosten trägt der Nutzungsüberlassende (selten der Nutzer, da er sein Verbrauchsverhalten nicht zügeln wird). Er kann es nur nachträglich durch eine Erhöhung der Gesamtmiete nach § 558 BGB auffangen (OLG Stuttgart WuM 1983, 285; OLG Hamm WuM 1983, 312; Schmidt-Futterer/Börstinghaus BGB § 558a Rn. 55, 56). Diese Inklusivmiete ist in ihrer Höhe unabhängig vom tatsächlichen Verbrauch von Heizung/Warmwasser durch den jeweiligen Nutzer. Solche Mieten sind oftmals noch in sog. **Altverträgen** enthalten, die sich besonders in Altbauwohnungen erhalten haben; daneben findet sich die Warmmiete bei der Vermietung von Appartements, in denen der häufige Nutzerwechsel eine verbrauchsabhängige Abrechnung übermäßig erschwert (Blümmel/Becker S. 175). System- und zweckwidrig wäre auch die Einführung einer sog. **Teil-Warmmiete,** bei der ein normierter Teil der Heizkosten der Grund-Netto-Miete als fester, unabänderlicher Bestandteil zugeschlagen würde, während der andere Teil als verbrauchsabhängig beim Mieter verbliebe (GE 2022, 11). Systemwidrig, weil bei allen **Mietpreisregulierungen** seit Beginn des 20. Jahrhunderts die Heizkosten aus der Mietregulierung ausgenommen und dem Mieter zugeschlagen worden sind. Zweckwidrig, weil durch ein sparsames Heizen der Mieteranteil zwar sinken könnte, der Warmmietenanteil hingegen unverändert bliebe. Außerdem besteht die Gefahr, dass die Nutzer – mangels vollständiger Verbrauchsbelastung – vom Energiesparen absehen (Zweifelnd am Nutzen einer derartigen Regelung auch Klinks, Teilwarmmietenmodelle im Wohnungsmietrecht als geeignetes Anreizinstrument zum Klimaschutz? November 2021).

Die Pauschale lässt aber den Nutzer nicht im einzelnen erkennen, welche Kosten er durch den Verbrauch von Wärme/Warmwasser zu tragen hat. Deshalb läuft eine derartige Entgeltvereinbarung der Zielsetzung der HeizkV zuwider. Hinsichtlich der in dem **Pauschalentgelt** enthaltenen Anteile für Wärme/Warmwasser gehen daher die Regelungen der HeizkV den vertraglichen Vereinbarungen vor (BayObLG NJW-RR 1988, 1293; BGH NJW-RR 2006, 1305, zu dieser Entscheidung: Ludley DWW 2006, 418; Schmidt ZMR 2007, 15; Thomma WuM 2006, 658). 17

Die Verträge müssen **teilweise** den Bestimmungen der HeizkV **angepasst** werden. **Anpassungsberechtigt** ist allein der Nutzungsüberlassende (unabhängig davon, wer die Anpassung verlangt); es ist also keine Vereinbarung der Parteien über eine neue Gestaltung des Nutzungsvertrages erforderlich (Schmid DWW 1982, 226). Das entspricht den Regelungen der HeizkV, die dem Nutzungsüberlassenden ein Gestaltungsrecht zubilligt (zB § 6 Abs. 4), dem Nutzenden hingegen allenfalls ein Widerspruchsrecht einräumt (zB § 4 Abs. 2 S. 2). Allerdings darf eine einseitig vorgenommene Anpassung nur so weit gehen, wie es der Zweck der HeizkV erfordert, also Erfassung des Verbrauchs und Verteilung der Kosten (zur Kostenneutralität der HeizkV → Rn. 34). Dies erfordert bei der Pauschalmiete ein Herausrechnen des Heizkostenanteils (AG Berlin-Wedding MM 2009, 263). **Unzulässig** ist dagegen eine verbrauchsabhängige Abrechnung zusätzlich zur unveränderten Pauschalmiete, da hierdurch der Mieter diese Betriebskosten doppelt entrichten müsste: einmal mit dem entsprechenden Anteil in der Inklusivmiete, zum anderen nach der der HeizkV entsprechenden Abrechnung (Schmid DWW 1982, 228). 18

Für das **Herausrechnen des Heizkostenanteils** einer Inklusivmiete bieten sich verschiedene Modelle und Berechnungszeitpunkte an. Zum einen kann der in der Pauschale kalkulatorisch enthaltene Heizkostenanteil herausgerechnet werden; zum anderen besteht aber auch die rechnerische Möglichkeit, die ortsübliche Miete herauszurechnen und auf diese Weise zu einer Aufspaltung von Kaltmiete und Vorauszahlung auf Nebenkosten einschließlich der Heizkosten zu gelangen (Blümmel/Becker, 174). Die Ergebnisse sind je nach Berechnungszeitpunkt sehr unterschiedlich: entweder liegt eine sehr geringe (Netto-)Miete vor oder ein sehr geringer Heizkostenanteil, was in keinem Fall den wirtschaftlichen Tatsachen entspricht. 19

Hinsichtlich des **Berechnungszeitpunktes** kann auf den **Zeitpunkt des Vertragsschlusses** abgestellt und der kalkulatorisch der Inklusivmiete zugrunde 20 gelegte Heizkostenanteil herausgerechnet werden (Sternel Mietrecht III 390; Börstinghaus MietPrax-AK § 558a Nr. 9 [S. 60]). Nachteilig wirkt sich hierbei ein Wechsel beim Vermieter aus; der neue Vermieter kennt unter Umständen die Basiskalkulation nicht mehr. Diese kann auch durch die lange Vertragsdauer in Vergessenheit geraten sein. Der Vorteil dieses Zeitpunkts liegt darin, dass das bei Vertragsschluss maßgebliche Verhältnis zwischen Grundmiete und Nebenkosten auch für die nach der HeizkV auszugliedernden Heizkosten aufrechterhalten wird; damit wird dem Willen der Parteien über die Verteilung der Lasten am ehesten Rechnung getragen. Entgegen Blümmel/Becker (S. 179) kann es nicht zu einer **unzulässigen Mieterhöhung** kommen, da nicht auf die absoluten Zahlen abgestellt wird, sondern auf die Relation von (Kalt-)Miete und den in der Nebenkostenpauschale enthaltenen Heizkosten.

21   Als **weiterer Zeitpunkt** bietet sich die **letzte Heizperiode** vor der Anwendung der HeizkV an. Die gesamten Heizkosten müssten hierbei fiktiv nach der HeizkV auf die Mieter verteilt werden, wobei mangels Verbrauchserfassung dieser Verbrauch nach dem durchschnittlichen Wärmeverbrauch einer ähnlichen Wohnung geschätzt oder nach einem nicht verbrauchsabhängigen Schlüssel errechnet werden müsste. Schließlich wäre dieser errechnete Anteil von der Pauschalmiete abzuziehen, wodurch sich die Miete ohne Heizkostenanteil errechnet (Eisenschmid WuM 1981, 98). Bei langdauernden Nutzungsverträgen würde das angesichts gestiegener Energiepreise dazu führen, dass die Grundmiete rechnerisch sehr niedrig wäre; den Hauptanteil an der vom Nutzer gezahlten Inklusivmiete würden die Heizkosten darstellen (LG Kiel WuM 1987, 361). Der Vermieter würde also bei dieser Berechnungsweise benachteiligt, da er für die R**aumüberlassung** einen sinkenden Mietzins erhielte (Pfeifer DWW 1984, 30).

22   Angesichts dieser Verschiebung des Verhältnisses zwischen Entgelt für die Raumüberlassung und Entgelt für die Heizkosten ist also grundsätzlich auf den **Zeitpunkt des Vertragsschlusses** abzustellen (aA Flatow NZM 2021, 865; diese Umgestaltung des Mietzinses ist nicht vergleichbar mit der Problematik der Erhöhung einer Bruttomiete, bei der ein anderer Zeitpunkt maßgebend ist, Schmidt-Futterer/Börstinghaus BGB § 558a Rn. 59). Die Ermittlung des in der Miete enthaltenen Heizkostenanteils ist auf den damaligen Zeitpunkt fiktiv für das gesamte Gebäude nach der HeizkV vorzunehmen und dann mangels Verbrauchsmessung nach einem vom Vermieter gemäß § 315 BGB zu wählenden Schlüssel auf die einzelnen Wohnungen zu verteilen (Schmid DWW 1982, 228). Ist das mangels entsprechender Unterlagen nicht mehr möglich, sind die üblichen Kosten zugrunde zulegen (Pfeifer DWW 1984, 32), wobei statistische Durchschnittswerte über die jährlichen Kosten der Raumheizung herangezogen werden können (so Sternel PiG 23 (1986), 63). Ein solcher statistischer Wert kann jetzt auch aus – soweit vorhanden – kommunalen Heizspiegeln abgelesen werden (positiv zum Heizspiegel Hengstenberg/Julius WuM 1998, 71; kritisch Pfeifer GE 1999, 468).

23   Ist der **Mietzins** in seiner Pauschalform insgesamt seit Vertragsschluss **geändert** worden, ist auf den Zeitpunkt des Wirksamwerdens dieser Änderung abzustellen, da davon auszugehen ist, dass bei der Abänderung die Relation von Grundmiete und Nebenkosten neu festgesetzt worden ist. Das gleiche gilt, wenn nur der Nebenkostenteil nach dem damaligen § 4 Abs. 2 MHG erhöht worden ist (wobei zweifelhaft war, ob eine solche Abänderung ohne entsprechenden Vorbehalt im Mietvertrag bei einer Inklusivmiete überhaupt zulässig war; diese Streitfrage hat sich durch die Neuregelung in den §§ 558, 560 BGB erledigt, Schmidt-Futterer/ Lehmann-Richter BGB § 560 Rn. 4, 9). Bei der Erhöhung nach dem alten § 4

C. Reichweite **§ 2 HeizkV**

Abs. 2 MHG handelte es sich um ein einseitiges Gestaltungsrecht des Vermieters. Löste er die **Pauschalmiete** entsprechend der HeizkV auf, ist er für die Relation zwischen Nettomiete und Heizkostenanteil an den sich aus der Erhöhung ergebenden Zahlenwerten festzuhalten. Für die Anpassung des Grundmietenanteils war er auf die Erhöhungsmöglichkeit nach § 2 MHG angewiesen. Jetzt gilt für die Erhöhung einer Pauschalmiete nur noch § 558 BGB.

Infolge der notwendigen **Herausrechnung des Heizkostenanteils** aus der Pauschalmiete wird die Zahlung des Nutzers auf gespalten in eine **Teil-Inklusivmiete** (nämlich Grundmiete zuzüglich Nebenkostenanteilen ohne Heizung) und eine **Vorauszahlung** auf die Heiz- und Warmwasserkosten. Denn der herausgerechnete Teil wandelt sich in eine Vorauszahlung um, über die entsprechend der HeizkV abgerechnet werden muss. Die einzelnen Rechenschritte, die zur **Trennung in Teil-Inklusivmiete und Heizkostenanteil** führen, sind vom Vermieter nachvollziehbar darzulegen (AG Berlin-Wedding MM 2009, 263). Solange es daran fehlt, kann er seinen evtl. Nachzahlungsanspruch aus der Heizkostenabrechnung nicht durchsetzen. Durch die Trennung kann es zu einer Mehrbelastung des Nutzers kommen; die ursprünglich im Nutzungsvertrag vorhandene Risikoverteilung kehrt sich infolge der Anwendung des § 2 um. 24

Wenig sinnvoll erscheint es, die Aufspaltung durch **Ermittlung der ortsüblichen (Kalt-)Miete bei** Vertragsschluss vorzunehmen. Zum einen muss nicht unbedingt davon ausgegangen werden, dass der Vermieter die ortsübliche Miete in seine Kalkulation einbezogen hatte, während es näher liegt, dass er die durch die Mieter verursachten verbrauchsabhängigen Nebenkosten auf diese überwälzen wollte. Zum anderen lässt sich die ortsübliche Vergleichsmiete für die Vergangenheit nur sehr schwer unter Zuhilfenahme von Sachverständigengutachten ermitteln. 25

2. Nebenkostenpauschale. Vergleichbar ist die Situation bei Vorliegen einer **Kaltmiete mit Nebenkostenpauschale.** Die Pauschalzahlung deckt alle anfallenden Nebenkosten ab; über sie wird nicht periodisch abgerechnet. Das Risiko einer Fehlkalkulation ist hier aber auf Vermieter und Mieter gleichmäßig verteilt: sind die tatsächlichen Nebenkosten höher als die Pauschale, trägt der Vermieter den Verlust (wobei ihm bei entsprechendem vertraglichen Vorbehalt die Möglichkeit zur Erhöhung der Pauschale nach § 560 Abs. 1 BGB verbleibt, Schmidt-Futterer/Lehmann-Richter, BGB § 560 Rn. 10)); sind die tatsächlichen Kosten geringer, kann der Mieter keine Rückzahlung verlangen; der Vermieter ist aber verpflichtet, die Pauschale herabzusetzen (Schmidt-Futterer/Lehmann-Richter, BGB § 560 Rn. 38–43; Lammel AnwK WohnraummietR BGB § 560 Rn. 27–31). Eine Feststellung des Verbrauchs im einzelnen und eine entsprechende Kostenverteilung findet also nicht statt. Auch dies ist nach § 2 zu ändern und eine verbrauchsabhängige Abrechnung vorzunehmen (OLG Hamm NJWRR 1987, 8). Das gilt sowohl für Verträge mit Nebenkostenpauschalen, die vor Inkrafttreten der HeizkV geschlossen worden sind, wie auch für entsprechende Verträge nach Erlass der HeizkV, deren Geltung also nicht rechtsgeschäftlich abbedungen werden kann (OLG Schleswig WuM 1986, 330). 26

Der in der Nebenkostenpauschale enthaltene **Anteil für Heizung/Warmwasser ist herauszurechnen** und danach als Vorauszahlung zu behandeln. Das geschieht dadurch, dass die Pauschale im Verhältnis der tatsächlichen Heizungskosten zu den tatsächlichen sonstigen Betriebskosten aufgeteilt wird (LG Heidelberg WuM 2011, 217; Rechenbeispiel bei Schulz, S. 18). Auch in diesem Fall kommt 27

HeizkV § 2 Vorrang vor rechtsgeschäftlichen Bestimmungen

es zu einer einseitigen Risikoverlagerung zu Lasten des Nutzers, da er nunmehr verbrauchsabhängig anfallende Mehrkosten auf jeden Fall zu tragen hat, während eine Überzahlung der restlichen Pauschale für die übrigen Nebenkosten an sich bestimmungsgemäß nicht zurückzuzahlen wäre (Schulz, S. 19). Diese vertraglich vorgesehene Risikoverteilung wird aber durch den Eingriff der HeizkV gestört, so dass eine Anpassung der Restpauschale an die um die Heiz- und Warmwasserkosten geminderten Betriebskosten nach den Grundsätzen über die Veränderung der Geschäftsgrundlage, § 313 BGB, vorzunehmen ist. Auf diese Abänderung hat der Nutzer einen Anspruch, § 313 Abs. 1 BGB. Berechnungszeitpunkt für den Heizkostenanteil in der Nebenkostenpauschale ist der Vertragsschluss (Schmidt-Futterer/Blank Wohnraumschutzgesetze, 6. A. C 283a); im Falle einer nachfolgenden Erhöhung der Pauschale dieser Zeitpunkt.

28 **3. Heizkostenpauschale.** Ohne Berechnung des Heizkostenanteils kann bei jenen Vertragsgestaltungen vorgegangen werden, in denen bereits eine Heizkostenpauschale vereinbart ist. Diese **Pauschale wird** unter Geltung der HeizkV zur **Vorauszahlung,** über die abzurechnen ist (AG Hamburg WuM 1986, 119; Schulz, S. 18). Fehlkalkulationen bei der Festsetzung der vormaligen Pauschale, die zunächst vom Vermieter zu tragen waren, werden durch die Anwendung der HeizkV nunmehr auf den Mieter übergewälzt. Er muss den sich aus der Abrechnung evtl. ergebenden Nachzahlungsbetrag zahlen und kann nicht darauf vertrauen, dass die Vorauszahlung die anfallenden Kosten decken wird (OLG Stuttgart NJW 1982, 2506).

29 **4. Umlagenschlüssel.** Auch Verträge, in denen bereits Vorauszahlungen für Nebenkosten, insbesondere auf Heiz- und Warmwasserkosten, vereinbart sind, bedürfen einer **Anpassung,** wenn der vereinbarte oder gem. § 315 BGB vom Vermieter einseitig festgesetzte **Verteilungsmaßstab nicht der HeizkV** entspricht. Als nicht der HeizkV entsprechende Umlagenschlüssel sind anzusehen die ausschließliche Verteilung nach einem Flächen- oder Raummaßstab; nach den Personen, die in der Nutzereinheit leben; nach der Zahl der Heizkörper oder der Heizrippen, nach der Größe der Heizkörper; nach dem Verhältnis der Mieten eines Hauses; nach einem prozentualen Anteil, zu zahlen jeweils auf die Brennstofflieferung.

30 Ebenfalls anpassungsbedürftig sind solche Verträge, die zwar bereits beim Verteilungsschlüssel zwischen verbrauchsabhängigen und verbrauchsunabhängigen Teilen unterscheiden, im konkreten Fall aber nicht den von der HeizkV vorgegebenen Schlüsseln, §§ 7, 8, entsprechen, also insbesondere weniger als 50 % der Kosten für Heizung/Warmwasser nach Verbrauch verteilen. In allen diesen Fällen ist **ein Umlegungsmaßstab** zu wählen, der die Heiz- und Warmwasserkosten mindestens zu 50 % nach Verbrauch verteilt; nach § 10 ist auch die Verteilung zu 100 % nach Verbrauch möglich.

III. Anpassung

31 Die genannten, der HeizkV widersprechenden vertraglichen Bestimmungen werden zwar von der HeizkV verdrängt (→ Rn. 12, 13), aber sie bedürfen der **Anpassung an die HeizkV.** Diese Anpassung kann durch eine neuerliche vertragliche Vereinbarung zwischen Nutzungsgeber und Nutzendem herbeigeführt werden. Gleichberechtigt daneben (und nicht subsidiär, wie Sternel Mietrecht III, 390 meint) steht aber das **einseitige Gestaltungsrecht** des Nut-

C. Reichweite § 2 HeizkV

zungsgebers. Das wirkt sich insbesondere dort aus, wo ihm von der HeizkV nicht bestimmte Vorgaben gemacht werden, sondern wo ihm mit einer Bandbreite von Entscheidungsmöglichkeiten ein Ermessen eingeräumt worden ist. Einen solchen Spielraum gewähren insbesondere die §§ 7 Abs. 1, 8 Abs. 1 für den Verteilungsmaßstab. Entsprechend den Regelungen in § 6 Abs. 4 S. 3, § 556a Abs. 2 S. 2 BGB kann eine derartige Anpassung nicht für die Vergangenheit, sondern nur für den nächst beginnenden Abrechnungszeitraum vorgenommen werden (AG Erfurt WuM 2007, 130 mAnm Lammel WuM 2007, 439; LG Potsdam WuM 2015, 550; OLG Hamburg ZMR 2017, 884 m. Anm. Lammel). Eine rückwirkende Abrechnung entsprechend der HeizkV ist mangels Erfassungsgeräten nicht möglich; die Abrechnung nach einem verbrauchsunabhängigen Maßstab (mit der Folge des Kürzungsrechts nach § 12 Abs. 1, so Dittrich jurisPR-MietR 21/2006 Anm. 2; Kunze MietRB 2006, 285) würde der Regelung in § 9a Abs. 2 entsprechen, wobei allerdings die Anwendung des Kürzungsrechts auf den dort genannten Fall streitig ist (→ HeizkV § 9a Rn. 59). Außerdem würde diese Abrechnung auch nicht dem Zweck der HeizkV entsprechen; für die Vergangenheit ist damit ihre Anwendung naturgesetzlich ausgeschlossen (aA LG Heidelberg WuM 2011, 217 (218) mkritAnm Lammel jurisPR-MietR 11/2011 Anm. 2). Die Geltendmachung entsprechender Rechte des Nutzers, sei es auf Abrechnung oder Rückzahlung (fiktiver) Vorauszahlungen, verstößt gegen den aus § 242 BGB abzuleitenden Grundsatz des „venire contra factum proprium" (so auch Börstinghaus in MietPrax-AK § 558a Nr. 9 [S. 60]; AG Erfurt WuM 2007, 130 mAnm Lammel WuM 2007, 439); denn beide Parteien des Nutzungsvertrages haben die der HeizkV **widersprechende Vereinbarung** getroffen und (zumeist jahrelang unbeanstandet) praktiziert (dies ignoriert Flatow NZM 2021, 865/867, wenn sie eine rückwirkende Geltendmachung der Abrechnung befürwortet; außerdem geht es nicht um Vertrauensschutz, sondern um Energieeinsparung, die naturgesetzlich nicht rückwirkend vorgenommen werden kann).

Bei der **Festlegung des Maßstabes** ist in den genannten Fällen der Pauschalen darauf zu achten, dass die neue Regelung der bisherigen in ihren Auswirkungen möglichst nahekommt. Das bedeutet bei Vorliegen von Pauschalen, bei denen es auf den Verbrauch im Einzelfall bisher nicht angekommen ist, dass der geringstmögliche Satz für den nunmehr zu wählenden verbrauchsabhängigen Kostenteil anzunehmen ist, konkret lediglich 50 %. Das mag zwar den Intentionen der HeizkV zur Energieeinsparung nicht völlig entsprechen. Die von der HeizkV aber selbst **eingeräumte Bandbreite** zeigt, dass auch der Satz von 50 % verbrauchsabhängiger Anteile noch ihrer Zielsetzung folgt. Denn die einseitige Umwandlung einer Pauschale in eine Vorauszahlung durch den Vermieter unterliegt der Kontrolle nach § 315 BGB (LG Frankfurt a. M. 9.7.1985 – 2/11 S 148/85, unveröffl.;Schulz, S. 13). Die Ausübung des Ermessens hat sich also an den bisherigen vertraglichen Regelungen zu orientieren, um die mit der Umstellung von der Pauschale auf eine verbrauchsabhängige Kostenverteilung möglicherweise verbundene Mehrbelastung des Nutzers in Grenzen zu halten (LG Potsdam WuM 2015, 550; zur Wahl des Verteilungsmaßstabes im Einzelnen → HeizkV § 7 Rn. 10–17). 32

IV. Umfang

Die Anordnung eines Vorranges der HeizkV vor rechtsgeschäftlichen Vereinbarungen in § 2 reicht nur soweit, wie die Abänderung der vertraglichen Regelung 33 erforderlich ist, um die gesetzgeberischen Zwecke der HeizkV zu erreichen (Brintzinger § 2 Anm. 5; Rodenberg, S. 68/69). Das ist insbesondere in den Fällen bedeutsam, in denen eine **Diskrepanz** zwischen dem **Umfang der Heizkosten,** die der Nutzer nach dem Vertrag zu tragen hat, und der Inhaltsbestimmung von Heizkosten in den §§ 7 Abs. 2, 8 Abs. 2 besteht. In den älteren Verträgen, in denen eine Warmmiete oder eine Heizkostenpauschale vereinbart ist, findet sich keinerlei vertragliche Bestimmung darüber, welche einzelnen für ein Mietshaus anfallenden Kosten unter den Begriff der Heizkosten zu zählen sind; hierfür bestand infolge der Pauschalregelung keine Veranlassung. Aber auch in neueren Verträgen kann es vorkommen, dass der Umfang der Heizkosten im Vertrag enger gefasst ist als in der HeizkV.

34   Diese Problematik ist zugunsten des **Vorranges der vertraglichen Regelung** zu lösen, soweit sie einen geringer umzulegenden Kostenumfang beinhaltet (AG München ZMR 1985, 389; Schmidt-Futterer/Lehmann-Richter BGB § 556 Rn. 55 für das allgemeine Betriebskostenrecht; Schubart/Kohlenbach/Bohndick § 2 Anm. 4; aA Gather FWW 1986, 140; Pfeifer HeizkV § 2 Anm. 4). Die Begründung zur HeizkV ging davon aus, dass durch die Einführung der verbrauchsabhängigen Kostenverteilung allenfalls Mehrkosten durch die Ausstattung der Räume mit Heizkostenverteilern und deren Ablesung, Abrechnung und Wartung entstehen können, die aber durch die Ersparnis infolge rationelleren Energieeinsatzes aufgefangen würden (BR-Drs. 632/80, 15). Daraus ist zu schließen, dass die HeizkV darüber hinaus kostenneutral wirken sollte (Freywald Rn. 45; anders jetzt → Rn. 45).

35   Des weiteren ist grundsätzlich von der Regelung des BGB auszugehen, wonach der Vermieter die **Lasten der Mietsache** zu tragen hat, § 535 Abs. 1 S. 3 BGB, der Mieter nur den Mietzins zu zahlen braucht, § 535 Abs. 2 BGB (Emmerich PiG 23 (1986), 93). Daraus ergibt sich, dass den Vermieter alle Belastungen der Mietsache treffen (wenn auch die Nebenkosten nicht unter den Begriff der Lasten iSd § 535 Abs. 1 S. 3 BGB fallen) und er vom Mieter nach den Vorstellungen des BGB nur ein alle Leistungen umfassendes Entgelt erhält. Es ist also keineswegs richtig, dass der Vermieter nach der „hiesigen Gesellschafts- und Wirtschaftsstruktur" im Regelfall nicht die Nebenkosten der Wohnung trägt (so OLG Stuttgart NJW 1983, 2330). Das Gesetz geht selbst von einem anderen Modell aus (LG Frankfurt a. M. 9.5.1989 – 2/11 S 542/88, unveröffl.). Nur wenn die Parteien etwas anderes vereinbaren, geht diese rechtsgeschäftliche Regelung dem dispositiven Gesetzesrecht vor. Gibt es hingegen keine Parteivereinbarung, gilt das Gesetz (Schmidt-Futterer/Lehmann-Richter BGB § 556 Rn. 2).

36   Bei dem **Widerspruch** zwischen **vertraglichen Pauschalregelungen** und dem **Kostenbegriff** der HeizkV handelt es sich dem gemäss nicht um eine Frage der Kollision zwischen rechtsgeschäftlicher Bestimmung und HeizkV, sondern zwischen BGB und HeizkV. Da die Rechtsgrundlage der HeizkV, das EnEG bzw. GEG, keine Ermächtigung zur Abänderung des BGB enthält, bleiben dessen Vorschriften von der Kostentragungsregelung der HeizkV unberührt. Die HeizkV führt nur zu einer **Verteilung der Kosten,** nicht aber zu einer **Verlagerung.** Zu einer Verlagerung darf es daher nur bei den reinen Verbrauchskosten kommen. Denn insoweit soll der Verbraucher von Energie durch die Belastung mit Kosten zu einem sparsamen Verbrauch angeregt werden. Die übrigen Kosten müssen dagegen mangels abweichender vertraglicher Vereinbarung weiterhin entsprechend der gesetzlichen Regelung beim Nutzungsüberlassenden verbleiben.

Hierdurch wird kein unzumutbarer Aufwand (so Schmid DWW 1982, 227) 37
für die **Berechnung ausscheidbarer** und **nicht ausscheidbarer Kosten** bei
einer Pauschalregelung verlangt. Zunächst ist der Heizkostenanteil iSd § 7 Abs. 2
aus der Pauschalregelung herauszurechnen (→ Rn. 27; AG Nürnberg WuM
1982, 248; Sternel PiG 26 (1986), 63 (64)). Dann ist der Anteil aufzuspalten in
die verbrauchsabhängigen und die verbrauchsunabhängigen Kosten, was anhand
der üblichen formalisierten Abrechnungen leicht möglich ist, da die einzelnen
Kostenbeträge darin aufgeführt werden. Der verbrauchsunabhängige Anteil (dazu
gehören vor allem sämtliche Bedienungs-, Wartungs- und Ablesekosten) ist nun
nicht insgesamt mit zu verteilen (so Schulz, 16; Sternel PiG 26 (1986), 64; Eisenschmid WuM 1981, 98), sondern wieder dem Mietzins als Pauschale zuzuschlagen.
Bei der Verteilung nach der HeizkV würden nämlich diese Kosten entsprechend
dem Verbrauch berechnet, obwohl sie nicht vom Verbrauch beeinflusst werden;
sie müssen daher in dem Risikobereich des Vermieters verbleiben, dh in der
bisherigen Pauschalmiete (AG Köln WuM 1986, 321).

Ähnlich ist bei der Vereinbarung einer Pauschale nur für Heizkosten zu verfahren. Ist im Vertrag der **Begriff der „Heizkosten"** nicht näher bestimmt, auch 38
nicht durch pauschale Verweisung auf die (frühere Anlage 3 zu § 27 II.BV, jetzt)
BetrKV (was nach BayObLG NJW 1984, 1761 ausreicht, um den dortigen Katalog, der § 7 Abs. 2 entspricht, zu inkorporieren) oder konkret auf § 7, ist durch
Auslegung zu ermitteln, was unter diesem Begriff zu verstehen ist. Nach **herkömmlichem Sprachverständnis** fallen lediglich die Kosten für den verbrauchten Brennstoff und den Betriebsstrom darunter (Lefèvre, S. 144; Gramlich BGB
§ 556 Anm. 4). Die HeizkV hat insoweit keine Änderung gebracht. Sie enthält
insbesondere in § 7 Abs. 2 **keine Legaldefinition** des Begriffs „Heizkosten" (aA
Freywald Rn. 109), sondern lediglich eine Aufzählung dessen, was der Nutzungsüberlassende bei entsprechender vertraglicher Vereinbarung auf den Nutzenden
verteilen darf (aber nicht muss). Die ursprünglich dem Mietpreisrecht angehörende Aufzählung hatte dort den Zweck, die preisrechtlich zulässigen Grenzen
des Mietzinses zu bestimmen. Diesem Zweck dient die HeizkV nicht.

Dem Zweck der HeizkV wird genügt, wenn die unmittelbar verbrauchsbezogenen Kosten verteilt werden. Das bedeutet für die vertraglich **vereinbarte Heiz-** 39
kostenpauschale ohne vertragliche Definition der Heizkosten, dass die Pauschale
ebenfalls aufgespalten werden muss in einen nach dem Verbrauch zu verteilenden
Anteil und einen weiterhin pauschal geltenden Teil für die sonstigen bei der
Versorgung mit Wärme/Warmwasser anfallenden Kosten. In diesem Rahmen neu
anfallende Kosten dürfen ebenfalls nur dann in die Pauschale im Wege ihrer
Erhöhung einbezogen werden, wenn dies im Vertrag ausdrücklich vereinbart worden ist (ähnlich AG Clausthal-Zellerfeld DWW 1989, 228). Die Erweiterung des
Katalogs in § 7 Abs. 2 führt also nicht automatisch zu einem entsprechenden
Kostenansatz beim Nutzer.

V. Sonstige Regelungen

Unberührt von § 2 bleiben die **sonstigen vertraglichen Regelungen,** die 40
sich mit Leistungsmodalitäten im Rahmen der Heizkosten befassen. So wird die
Frage, ob und in welcher Höhe Vorauszahlungen zu leisten sind, von der HeizkV
nicht beantwortet. Sie regelt sich allein nach dem jeweiligen Vertrag. Insbesondere ergibt sich aus § 556 Abs. 2 BGB keine Verpflichtung zu Vorauszahlungen,
sondern nur die Berechtigung des Vermieters, neben der Miete bei entsprechen-

der Vereinbarung Vorauszahlungen zu verlangen (von Seldeneck Betriebskosten Rn. 3901). Die Höhe der **Vorauszahlungen** richtet sich ebenfalls nach dem Vertrag; dem Vermieter ist die Nachforderung bei der Abrechnung nicht verwehrt, selbst wenn erheblich zu geringe Vorauszahlungen verlangt worden sind (OLG Stuttgart NJW 1982, 2506; inzwischen str. geworden, s. Schmidt-Futterer/Lehmann-Richter BGB § 556 Rn. 113; Staudinger/Artz, Mietrecht 1, 2018, BGB § 556 Rn. 74–75 einerseits; Lammel AnwK WohnraummietR BGB § 556 Rn. 126 andererseits; jetzt auch BGH NJW 2004, 1102; BGH NJW 2004, 2674).

41 Haben die Parteien bestimmte **Modalitäten der Vorauszahlung** vereinbart, etwa einen bestimmten Prozentsatz der Kosten der Brennstofflieferung jeweils zu zahlen, verbleibt es bei dieser Regelung, wobei die Zahlungen als Vorauszahlung zu behandeln sind (AG Frankfurt a. M. WuM 1987, 230). Ebenfalls unberührt bleibt der vertragliche **Abrechnungsturnus** (aA AG Charlottenburg GE 1986, 1073). Hierfür enthält die HeizkV keinerlei die Vertragsbestimmung verdrängende Regelung. Im übrigen verliert der Vermieter bei Überschreiten der **vertraglichen Abrechnungsfrist** nicht seine mögliche Nachzahlungsforderung; der Mieter ist lediglich nach Fristablauf berechtigt, bis zur Erteilung einer ordnungsgemäßen Abrechnung seine Vorauszahlungen zurückzuhalten. Die **gesetzliche Abrechnungsfrist** in § 556 Abs. 3 S. 2 BGB stellt hingegen eine Ausschlussfrist dar, § 556 Abs. 3 S. 3 BGB.

D. Ausnahmen

42 Die der HeizkV widersprechenden vertraglichen Regelungen über die Verteilung der Heizkosten bleiben in Kraft oder es kann in Zukunft eine der HeizkV widersprechende Vereinbarung getroffen werden, wenn es sich um ein Gebäude mit nicht mehr als **zwei Wohnungen** handelt, von denen eine der Vermieter selbst bewohnt. Der Wortlaut der Norm knüpft ersichtlich an § 564b Abs. 4 aF (jetzt § 573a Abs. 1) BGB an, ohne die unterschiedlichen Normzwecke zu berücksichtigen (Schopp ZMR 1986, 302). Während bei § 573a Abs. 1 BGB ein **Sonderkündigungsrecht** wegen des engen Zusammenlebens der Vertragsparteien gewährt wird (Schmidt-Futter/Blank/Börstinghaus BGB § 573a Rn. 1), beruht die Ausnahmeregelung in § 2 darauf, dass sowohl Mieter als auch Vermieter um Energieeinsparung bemüht sein werden, was infolge des räumlich nahen Miteinanders leichter zu kontrollieren und wegen der vertraglichen Beziehungen durchzusetzen ist (Peruzzo Heizkostenabrechnung Rn. 52; Freywald Rn. 10). Von dieser Zwecksetzung her ist die Vorschrift zu interpretieren.

43 Die **Ausnahme** gilt entgegen ihrem Wortlaut nicht nur für Mietverhältnisse, sondern für **sämtliche Nutzungsverhältnisse** schuldrechtlicher oder dinglicher Art, sofern nur die Grundkonstellation, dass lediglich Nutzungsgeber und Nutzer Räume in einem Gebäude innehaben, vorliegt (Pfeifer Taschenbuch 1986, 27). Der Nutzungsgeber muss nicht Gebäudeeigentümer sein; notwendig ist nur, dass der einzige Nutzer sein Nutzungsrecht von ihm ableitet. Es kann sich daher um diejenigen Personen handeln, die nach § 1 Abs. 2 Nr. 1 dem Gebäudeeigentümer gleichgestellt sind (→ HeizkV § 1 Rn. 27–32; Brintzinger § 2 Anm. 7), so dass die Ausnahmevorschrift zB im Verhältnis zwischen dem einzigen Hauptmieter eines Gebäudes und dem Untermieter eingreift.

D. Ausnahmen § 2 HeizkV

Ferner ist die Ausnahmeregelung **nicht auf Wohnungen beschränkt.** Denn 44
die HeizkV findet unabhängig von der Nutzungsart Anwendung, so dass auch
hier auf die Nutzungseinheit abzustellen ist. Die Ausnahmeregelung gilt also
sowohl bei zwei Wohnungen, als auch bei zwei Gewerberäumen oder einer Wohnung und einem Gewerberaum, wenn jeweils nur Nutzungsgeber und Nutzer das
Gebäude nutzen. Sind hingegen in einem Gebäude mehr als zwei Nutzungseinheiten (zB zwei Wohnungen und Gewerberaum) vorhanden, so trifft die Ausnahmeregelung nicht mehr zu, selbst wenn neben dem Nutzungsgeber lediglich ein
weiterer Nutzer vorhanden ist (Sternel PiG 23 (1986), 63). Die Mehrzahl von
Nutzungseinheiten erschwert die soziale Kontrolle; außerdem dürfte die zahlenmäßige Begrenzung weiterer Nutzungseinheiten nicht mehr nachvollziehbar sein
(dies sieht auch Pfeifer Taschenbuch 1986, 26).

Auf den Zweck der sozialen Kontrolle zwischen Nutzungsgeber und Nutzen- 45
dem ist auch bei Vorliegen von Eigentumswohnungen abzustellen. Besteht ein
Zweifamilienhaus aus **2 Eigentumswohnungen,** die von verschiedenen
Eigentümern bewohnt werden, ist die Ausnahme ihrem Sinn nach ebenfalls gegeben (Peruzzo Heizkostenabrechnung Rn. 54; Pfeifer § 2 Anm. 5.b.; undeutlich
Freywald Rn. 10). Denn es sind lediglich zwei Nutzungseinheiten und über die
Teilungserklärung bzw. Gemeinschaftsordnung nur zwei Nutzer miteinander verbunden. Das gleiche gilt, wenn beide E**igentumswohnungen** einem Eigentümer
gehören und eine davon vermietet wird. Die Ausnahmebestimmung findet jedoch
keine Anwendung, wenn von den beiden Eigentumswohnungen verschiedener
Eigentümer entweder nur die eine oder beide vermietet werden, da hier die von
der HeizkV vorausgesetzte Zwei-Nutzer-Beziehung um eine dritte vertragliche
Ebene ergänzt wird (OLG Düsseldorf ZMR 2004, 694 (696); OLG München
ZMR 2007, 1001). Denn die soziale Kontrolle über den Energieverbrauch kann
berechtigterweise nur zwischen den unmittelbar rechtsgeschäftlich Verbundenen
ausgeübt werden; von einem Dritten braucht sich der Nutzer nicht auf sparsamen
Umgang mit Wärme/Warmwasser hinweisen zu lassen.

Die Ausnahmebestimmung findet keine Anwendung, wenn die in § 2 behan- 46
delte **Grundsituation verändert** wird. Zieht der Nutzungsgeber aus dem
Gebäude aus und vermietet die bisher von ihm genutzte Wohnung, hat er nunmehr gegenüber beiden Nutzern die Heizkosten nach der HeizkV zu verteilen
(LG Hamburg HKA 2001, 16). Umgekehrt kann das Gebäude mit zwei Nutzungseinheiten aus dem Anwendungsbereich der HeizkV wieder herausfallen,
wenn der Nutzungsgeber eine Nutzungseinheit nachträglich selbst bezieht. Allerdings bleibt in diesem Fall die HeizkV solange anwendbar, wie nicht mit dem
Nutzer der anderen Räume eine die bisherige Praxis abändernde Vereinbarung
getroffen worden ist (FA-MietR HeizkV § 2 Rn. 19). Bei einer derartigen Fallgestaltung kann aber auch die ursprüngliche Vereinbarung wieder aufleben, wenn
sie zwar der HeizkV widersprochen hat, aber von ihr nur während ihrer Geltungsdauer überlagert worden ist (→ Rn. 8, 13).

Schließlich beeinflussen auch **bauliche Veränderungen** den Anwendungsbe- 47
reich der HeizkV. Wird aus einem Gebäude mit zB drei Nutzungseinheiten durch
Zusammenlegung ein solches mit nur zwei Einheiten, von denen eine der Nutzungsgeber innehat, trifft die Ausnahmeregelung wieder zu. Dem Nutzer ist
anders als im Wohnraummietrecht bei der nachträglichen Herbeiführung der Tatbestandsmerkmale des § 573a Abs. 1 BGB (OLG Hamburg NJW 1983, 182)
insoweit kein absoluter Bestandsschutz zuzubilligen, da der Energiesparzweck im
Zwei-Personen-Verhältnis ohne die HeizkV erreicht werden kann. Ein **relativer**

Bestandsschutz ist insoweit gegeben, als der Vertrag, der hinsichtlich der Verteilung der Heizkosten in seinen Formulierungen auf die HeizkV abstellt, nicht automatisch verändert wird (ausgenommen die nur von den Bestimmungen der HeizkV überlagerten **Altverträge**), sondern dass jetzt lediglich der Weg für die Vertragsparteien frei ist, von der HeizkV abweichende Bestimmungen zu treffen. Ein einseitiges Bestimmungsrecht für den Nutzungsgeber besteht hier nicht. Umgekehrt wächst das Gebäude in den Geltungsbereich der HeizkV hinein, wenn es nachträglich um mindestens eine Nutzungseinheit erweitert wird (aA Pfeifer Taschenbuch 1986, 26). Auch hier gibt es keinen Vertrauensschutz in den Bestand der ursprünglichen Verteilungsweise; das öffentliche Interesse an Einsparung von Energie geht insoweit vor.

48 Ist danach ein **Ausnahmetatbestand** erfüllt, sind weiterhin die **Vereinbarung** sowohl einer Pauschalmiete wie auch einer Nebenkostenpauschale erlaubt ohne verbrauchsabhängige Einzelverteilung, sowie verbrauchsunabhängige Verteilungsmaßstäbe. Ist eine Nebenkostenvorauszahlung vereinbart, ohne dass ausdrücklich eine Bestimmung über den Umlagemaßstab getroffen worden ist, kann nicht von einer subsidiären Geltung der HeizkV ausgegangen werden. Maßgebend ist vielmehr das Leistungsbestimmungsrecht des Vermieters nach § 556a BGB (für Wohnraum) bzw. § 315 BGB (für sonstige Nutzungsverhältnisse). Lediglich zur Überprüfung des dem Bestimmenden eingeräumten Ermessens kann die Verteilungsregelung der HeizkV mit herangezogen werden; der Ermessensgebrauch ist aber nicht unbedingt fehlerhaft, wenn er den Maßstab zB des § 7 nicht einhält. Die Feststellung eines groben Ermessensfehlers hängt von den konkreten Umständen des Einzelfalles ab.

49 Ist **keine Regelung** getroffen worden über die Verteilung der Heizkosten, bleibt die HeizkV auch in den genannten Ausnahmefällen als subsidiäre Verteilungsmöglichkeit anwendbar.

§ 3 Anwendung auf das Wohnungseigentum

[1]Die Vorschriften dieser Verordnung sind auf Wohnungseigentum anzuwenden unabhängig davon, ob durch Vereinbarung oder Beschluss der Wohnungseigentümer abweichende Bestimmungen über die Verteilung der Kosten der Versorgung mit Wärme und Warmwasser getroffen worden sind. [2]Auf die Anbringung und Auswahl der Ausstattung nach den §§ 4 und 5 sowie auf die Verteilung der Kosten und die sonstigen Entscheidungen des Gebäudeeigentümers nach den §§ 6 bis 9b und 11 sind die Regelungen entsprechend anzuwenden, die für die Verwaltung des gemeinschaftlichen Eigentums im Wohnungseigentumsgesetz enthalten oder durch Vereinbarung der Wohnungseigentümer getroffen worden sind. [3]Die Kosten für die Anbringung der Ausstattung sind entsprechend den dort vorgesehenen Regelungen über die Tragung der Verwaltungskosten zu verteilen.

Literatur: (Lit. vor 2010 s. Vorauflage) Armbrüster, Vereinbarte Öffnungsklauseln in der Gemeinschaftsordnung, ZWE 2013, 242; Becker, Die neue Heizkostenverordnung – Konsequenzen für das Wohnungseigentum, ZWE 2010, 302; ders., Änderung der Verteilung der Betriebskosten durch Mehrheitsbeschluss – § 16 III WEG, ZWE 2012, 393; Beyer, Die vermietete Eigentumswohnung – Die Ableitung der Betriebskostenabrechnung aus der Jahresabrechnung, ZMR 2013, 933; Briesemeister, Änderung des Kostenverteilungsschlüssels durch Mehrheitsbeschluss und dessen Erzwingung, GE 2011, 32; Drasdo, Die Abrechnung der

A. Grundlagen **§ 3 HeizkV**

Heizkosten im Wohnungseigentum, NZM 2010, 681; Emmerich, Disharmonie WEG und Mietrecht – Unterschiedliche Abrechnungsschlüssel, ZWE 2012, 245; Häublein, Modernisierung und Harmonisierung von Mietrecht und Wohnungseigentumsgesetz (z. B. Verteilungsschlüssel), GE 2013, 1324; Jennißen/Kümmel/Schmidt, Einzel- und Gesamtabrechnung in der Wohnungseigentümergemeinschaft – Zugleich Stellungnahme zu BGH V ZR 251/10 – , ZMR 2012, 758; Lang, Besonderheiten im Übergangsjahr bei Umsetzung der BGH-Vorgaben zur richtigen Abrechnung der Heizkosten – Zugleich Anmerkung zu Wilhelmy, ZMR 2013, 246, ZMR 2013, 861; Lehmann-Richter, Das BGH-Heizkörper-Urteil: Kritik und Konsequenzen, ZWE 2013, 69; Moosheimer, Die Änderung von Kostenverteilungsschlüsseln in der Rechtsprechung vom Inkrafttreten der Novelle bis heute und deren Verwertung: §§ 16 Abs. 3 und 4, 21 Abs. 7 sowie § 10 Abs. 2 Satz 3 WEG, ZMR 2011, 597; Schlüter, Gehören Thermostatventile in WEG, ZMR 2011, 935; ders., Konsequenzen aus der BGH-Heizkosten-Entscheidung, ZMR 2012, 681 = ZWE 2012, 354; Schmid, Zum Verhältnis von Heizkostenverordnung und Wohnungseigentumsgesetz, CuR 2010, 147; ders., Änderung des Kostenverteilungsmaßstabes nach § 16 Abs. 3 WEG, MietRB 2010, 61; ders., Verteilungsmaßstab für Betriebskosten im Wohnungseigentum, ZWE 2014, 248; Spielbauer, Heizkosten in der Jahresabrechnung, ZWE 2013, 237; Suilmann, Blockheizkraftwerk und Gestaltung der Teilungserklärung, ZWE 2014, 302; Wilhelmy, Praktische Darstellung der Heizkosten in der Jahresabrechnung, ZMR 2013, 246.

Übersicht

	Rn.
A. Grundlagen	1
I. Regelungsgehalt	1
II. Betroffene	3
III. Vorrang der HeizkV	4
B. Verfahren zur Anpassung	7
I. Anspruch auf ordnungsmäßige Verwaltung	7
II. Grundsatzentscheidung und Einzelmaßnahme	10
III. Abstimmungsmehrheiten	13
1. Grundsatzentscheidung: Kostenverteilung gemäß der HeizkV	13
2. Verbrauchsabhängiger Schlüssel in Teilungserklärung	15
3. Sonderfall § 10 HeizkV	16
IV. Verfahrensvorschriften	20
V. Berechnung der Mehrheiten	22
C. Folgeentscheidungen	23
I. Umfang	23
II. Ausstattung mit Erfassungsgeräten	25
III. Auferlegung der Anschaffungskosten	35
IV. Festlegung des Verteilungsschlüssels	40
D. Auswirkungen auf die Notariatspraxis	45
E. Besonderheiten bei vermieteten Eigentumswohnungen	50

A. Grundlagen

I. Regelungsgehalt

§ 3 enthält die auf das Wohnungseigentum bezogene Ergänzung zur Vorschrift **1** des § 2, wonach die HeizkV rechtsgeschäftlichen Vereinbarungen vorgeht. Dieser **Vorrang** gilt grundsätzlich auch für Regelungen über die Heizkostenverteilung im Rahmen des **Wohnungseigentums,** die ebenfalls rechtsgeschäftliche Vereinbarungen isd § 2 sind (Bielefeld PiG 18 (1985), 180). § 3 S. 1 wiederholt insoweit lediglich den Grundsatz des § 2 (FA-MietR HeizkV § 3 Rn. 3). § 3 verweist allerdings **nur** für das Verfahren auf die Regelungen des WEG; die materiellen Voraussetzungen für die die Heizkosten betreffenden Beschlüsse sind aus den jeweiligen Bestimmungen der HeizkV zu entnehmen.

2   Notwendig war eine Sondervorschrift für das Wohnungseigentum aber wegen der besonderen Verfahrensvorschriften, nach denen Vereinbarungen getroffen oder Beschlüsse der Wohnungseigentümer gefasst werden. § 3 S. 2 und S. 3 **koordinieren** daher die materiellen Regelungen der HeizkV mit den formellen Vorschriften des WEG. Die Ermächtigungsgrundlage für den im Einzelfall notwendigen Eingriff in Regelungen des WEG findet sich in § 6 Abs. 2 GEG (→ HeizkV § 2 Rn. 4–6), wo ausdrücklich die Befugnis des Verordnungsgebers erwähnt ist, von Bestimmungen des WEG abweichende Regelungen zu treffen. Es handelt sich insoweit um eine gesetzesändernde Verordnung, die auf Grund der ausdrücklichen gesetzlichen Ermächtigung verfassungsrechtlich zulässig ist (Maunz/Dürig/Herzog GG Art. 80 Rn. 8; Zimmermann DNotZ 1981, 538; Demmer MDR 1981, 531; Blümmel/Becker, S. 108; zweifelnd Schmid BlGBW 1981, 105).

II. Betroffene

3   Nach § 1 Abs. 2 Nr. 3 (→ HeizkV § 1 Rn. 35) steht im Rahmen der HeizkV die **Gemeinschaft der Wohnungseigentümer** dem Gebäudeeigentümer gleich. Wo die HeizkV vom Gebäudeeigentümer spricht, ist im Fall des Wohnungseigentums die Eigentümergemeinschaft gemeint. Sie hat alle die den einzelnen Gebäudeeigentümer treffenden Pflichten aus der HeizkV zu erfüllen. **Nutzer** im Sinne der HeizkV ist bei Vorliegen von Wohnungseigentum im Verhältnis zur Eigentümergemeinschaft der einzelne Wohnungseigentümer unabhängig davon, ob er die Wohnung tatsächlich nutzt oder sie einem Dritten vertraglich zur Nutzung überlassen hat. Aus dieser Trennung zwischen (rechtsfähiger) Gemeinschaft und einzelnem Wohnungseigentümer ergibt sich, dass z.B. die Wärmelieferung aus einem der Gemeinschaft gehörenden Blockheizkraftwerk an die einzelnen **Miteigentümer** umsatzsteuerpflichtig ist (EuGH ZWE 2021, 86; die Umsatzsteuerbefreiung nach § 4 Nr. 13 UStG widerspricht danach europarechtlichen Vorgaben; die Meinung von Drasdo ZWE 2020, 35 ist insoweit überholt). Die Annahme eines Liefer-Verhältnisses (dazu Generalanwalt Bobek, NZM 2020, 872/874 Rn. 33 ff.) zwischen der WEG und den Mitgliedern, aus denen die WEG besteht, erscheint doch sehr formalistisch. Zwischen **Wohnungseigentümergemeinschaft** und einem (Dritt-)Nutzer bestehen keine sich aus der HeizkV ergebenden Beziehungen. Die HeizkV findet aber auf das Verhältnis des einzelnen Wohnungseigentümers zu dem vertraglichen Nutzer ebenfalls Anwendung nach § 1 Abs. 2 Nr. 3 (→ HeizkV § 1 Rn. 36–38). Zwar wird in § 3 nur von Wohnungseigentum gesprochen. Da nach § 1 Abs. 6, § 30 Abs. 2 WEG die Vorschriften des WEG über das Wohnungseigentum für Teileigentum, Wohnungserbbaurecht und Teilerbbaurecht entsprechend gelten, ist davon auszugehen, dass in § 3 Wohnungseigentum nur als Oberbegriff gemeint ist und diese Vorschrift auch die Kostenverteilung bei den anderen Formen des Wohnungseigentums erfassen soll (Demmer MDR 1981, 530).

A. Grundlagen § 3 HeizkV

III. Vorrang der HeizkV

Von der HeizkV abweichende Vereinbarungen oder Beschlüsse der Woh- 4
nungseigentümergemeinschaft sind **nicht** wegen Verstoßes gegen die HeizkV
nichtig (BGH NZM 2018, 991 mAnm Zehelein NZM 2018, 993; Demmer
MDR 1981, 531; undeutlich insoweit Brintzinger § 3 Anm. 1). Zwar spricht
der Wortlaut des Satzes 1 von § 3 eher für eine zwingende Geltung der HeizkV
gegenüber den Vereinbarungen bzw. Beschlüssen der Wohnungseigentümer
über die Verteilung der Heizkosten als bei rechtsgeschäftlichen Vereinbarungen
nach § 2. Während es dort nur heißt, dass die Vorschriften der HeizkV rechtsgeschäftlichen Bestimmungen vorgehen, sollen sie hier unabhängig von Vereinbarungen Anwendung finden. Das wird teilweise dahingehend interpretiert, dass
eine der HeizkV entgegenstehende Regelung in Teilungserklärung oder
Gemeinschaftsordnung nichtig ist (so Bielefeld, 127; s. auch LG Lübeck ZMR
2011, 747). Es bedürfe daher keiner **Entscheidung der Wohnungseigentümergemeinschaft** im Einzelfall mehr, um eine Verteilung der Heizkosten entsprechend der HeizkV durchzuführen, sondern der Verwalter der Wohnungseigentumsanlage müsse völlig unabhängig von der Beschlusslage bzw. der
Regelung in der Gemeinschaftsordnung die Verteilung der Heiz- und Warmwasserkosten nach der HeizkV vornehmen.

Die abweichende Meinung verwechselt den **zwingenden Charakter** eines 5
Gesetzes mit seiner Einordnung als Verbotsgesetz. Zwingendes Recht schließt
zwar die Privatautonomie auf diesem Gebiet aus; es führt aber nicht denknotwendigerweise dazu, dass dennoch entgegenstehende Vereinbarungen nichtig
sind (MüKoBGB/Armbrüster § 134 Rn. 63). Letzteres kann nur nach dem
jeweiligen Zweck der Norm entschieden werden. Gesetzessystematisch kann
zwischen § 2 und § 3 kein wesentlicher Unterschied bestehen. Beide Normen
sind darauf gerichtet, in den notwendigerweise bis zum Erlass der HeizkV rechtsgeschäftlich geregelten Fällen der Kostenverteilung die **Kollisionsfrage** zwischen HeizkV und rechtsgeschäftlicher Regelung zu klären. Hierfür genügt der
Vorrang der HeizkV vor den Vereinbarungen; zur Durchsetzung der HeizkV ist
es aber nicht erforderlich, **entgegenstehende Vereinbarungen** für nichtig zu
erklären (BayObLG NZM 1999, 908; OLG Karlsruhe WuM 2001, 458 (460);
OLG Köln ZMR 2005, 77). Dem steht die Entscheidung des BGH vom
17.2.2012 (ZMR 2012, 372) nicht entgegen. Danach ist zwar stets von einem
Vorrang der HeizkV auszugehen. Zu unterscheiden ist nach dem „ob" – auf
dieser Ebene gilt die HeizkV unmittelbar –, und nach dem „wie" – hier bedarf es
ausführlicher Beschlüsse/Vereinbarungen (Casser/Schultheis ZMR 2012, 375).
Jedoch bedarf es je nach Fallgestaltung für deren Anwendung eines entsprechenden Beschlusses (LG Stuttgart ZMR 2018, 867 mAnm Greiner ZMR 2018,
822): enthalten weder Teilungserklärung noch Vereinbarungen über die Kostenverteilung eine Regelung über die Heizkosten, findet die HeizkV als Grundsatz
unmittelbar Anwendung. Sind hingegen Regelungen über die Heizkostenverteilung vorhanden, die **nicht** der HeizkV entsprechen, muss ein entsprechender
Beschluss über deren Anwendung gefasst werden, um die formale Existenz der
entgegenstehenden Regelung zu beseitigen (FA-MietR/Riecke WEG Anh.
§ 16 Rn. 88). Es entspricht im übrigen hM im WEG-Recht, dass der HeizkV
entgegenstehende Beschlüsse nicht nichtig, sondern nur anfechtbar sind (FA-MietR HeizkV § 3 Rn. 4; Lützenkirchen HeizkV § 3 Rn. 12). Rechtsordnung
und Rechtspraxis müssen also erst durch entsprechende Maßnahmen zur Über-

einstimmung gebracht werden. Ohne ausführende Beschlüsse/Vereinbarungen bliebe der postulierte Grundsatz der unmittelbaren Geltung der HeizkV eine **rein formale Deklaration** ohne direkte Auswirkungen; denn bei der HeizkV handelt es sich nicht um eine selbstexekutierende Rechtsnorm. Daran ändern auch die sonstigen phantasievollen Bezeichnungen (wie Abdingbarkeitsverbot, Einschränkung der Gestaltungsmacht, MüKoBGB/Scheller WEG § 16 Rn. 72) nichts, die im übrigen in die Methodik der Gesetzesauslegung nicht einzupassen sind.

6 Schließlich würde die weitgehende **Befugnis des Verwalters,** die Jahresabrechnung bzw. den Wirtschaftsplan in Abweichung von Vereinbarungen bzw. Beschlüssen allein auf Grund der HeizkV zu erstellen, seiner insoweit gebundenen Stellung widersprechen (Teitge Privates Eigentum 1989, 11; so auch BGH ZMR 2012, 372). Der Verwalter hat zunächst den von der Wohnungseigentümergemeinschaft vereinbarten oder beschlossenen **Verteilungsschlüssel** anzuwenden (BayObLG NJW-RR 1986, 1076; AG Berlin-Charlottenburg ZWE 2014, 175). Die HeizkV wird für die Wohnungseigentumsanlage erst im Einzelfall für die Verteilung maßgebend, wenn die Eigentümergemeinschaft einen entsprechenden Beschluss gefasst oder eine entsprechende Vereinbarung getroffen hat (BayObLG WuM 1988, 332); diese Rechtsmaßnahmen sind für die Ausfüllung der Einzelnormen der grundsätzlich geltenden HeizkV notwendig (LG München I ZMR 2012, 394). Beschlüsse bedürfen der fristgebundenen Anfechtung, §§ 23 Abs. 4, 45 WEG; Vereinbarungen einer entsprechenden anpassenden Abänderung, sofern sie mit der HeizkV in Widerspruch stehen.

B. Verfahren zur Anpassung

I. Anspruch auf ordnungsmäßige Verwaltung

7 **Abweichende Regelungen** für die Wohnungseigentümergemeinschaft bleiben zunächst maßgebend. Eine Änderung (durch Beschluss) kann zB dadurch veranlasst werden, dass ein Miteigentümer als Nutzer nach der HeizkV gem. § 4 Abs. 3 gegenüber der Eigentümergemeinschaft die Erfüllung der Pflicht zur Verbrauchserfassung verlangt (KG GE 1989, 779). Der einzelne Wohnungseigentümer hat nach § 18 Abs. 2 WEG einen Anspruch auf eine **ordnungsmäßige Verwaltung** des Wohnungseigentums. Zu einer solchen gehört auch die Einhaltung der Vorschriften der HeizkV (Deckert Gruppe 5, S. 62w; BGH NJW 2003, 3472; Schmid ZMR 2007, 844; BGH ZMR 2012, 373). Diesen Anspruch muss er gegen die Eigentümergemeinschaft geltend machen und verlangen, dass die Heiz- und Warmwasserkosten nach den Bestimmungen der HeizkV erfasst und verteilt werden.

8 Verfahrenstechnisch (Abramenko Das neue WEG § 3 Rn. 36) hat er einen entsprechenden **Antrag** zunächst gegenüber dem **Verwalter** auf Aufnahme des Punktes in die Tagesordnung einer einzuberufenden Eigentümerversammlung zu stellen. Weigert sich der Verwalter, diese Frage auf die Tagesordnung zu setzen – die Aufnahme ist für die Gültigkeit eines zu fassenden Beschlusses nach § 23 Abs. 2 WEG erforderlich –, kann er eine gerichtliche Entscheidung hierüber herbeiführen, § 43 Abs. 1 Nr. 2 WEG (Niedenführ/Schulze III HeizkV Rn. 23).

9 Lehnt die Eigentümerversammlung den Antrag auf Anwendung der HeizkV ab, steht dem Antragsteller die Möglichkeit offen, das Gericht nach § 44 Abs. 1

B. Verfahren zur Anpassung **§ 3 HeizkV**

WEG anzurufen. Der Richter kann dann eine der HeizkV entsprechende Entscheidung über die Verteilung der Kosten erlassen. Zu einem derartigen Verfahren wird sich der einzelne Wohnungseigentümer veranlasst sehen, wenn er seine Wohnung vermietet hat und der Mieter seinerseits auf einer Kostenverteilung nach der HeizkV besteht. Diesem Anspruch kann der Mieter dadurch Nachdruck verleihen, dass er von seinem **Kürzungsrecht** (dazu → HeizkV § 12 Rn. 31) nach § 12 Abs. 1 S. 1 Gebrauch macht. Ein derartiges Kürzungsrecht steht dem vermietenden Wohnungseigentümer im Verhältnis zur Eigentümergemeinschaft nicht zu, so dass er gegenüber der Gemeinschaft auf die Einhaltung der HeizkV drängen wird, um nicht bei der Vermietung Verluste zu erleiden. Denn er muss gegenüber der Gemeinschaft die auf seine Wohnung entfallenden Heizungs- und Warmwasserkosten voll tragen, erhält sie aber von seinem Mieter nur um einen 15 %Betrag gekürzt wieder.

II. Grundsatzentscheidung und Einzelmaßnahme

Für das **Verfahren zur Anpassung** der Rechtslage an die HeizkV ist zu unterscheiden zwischen der Einführung einer verbrauchsabhängigen Abrechnung als Grundsatz und den sich daraus ergebenden Einzelmaßnahmen. Für letztere verweist § 3 S. 2 auf die Regelungen des WEG, auf Vereinbarungen und Beschlüsse der Wohnungseigentümer über die Verwaltung des gemeinschaftlichen Eigentums. Allerdings ist die HeizkV in diesem Punkt nicht dem reformierten WEG 2007 angepasst worden. Denn nach § 16 Abs. 2 WEG bedarf es hinsichtlich der Verteilung der Betriebskosten (wozu definitionsgemäß auch die aus solchen Einzelmaßnahmen resultierenden Kosten gehören) keiner Vereinbarung, sondern es genügt ein (Mehrheits-)Beschluss. 10

An **Einzelentscheidungen** stehen für die Eigentümergemeinschaft an: die Auswahl der Geräte zur Verbrauchserfassung, ihre Anschaffung und Anbringung nach §§ 4, 5; Verteilung der Kosten für die Anschaffung und Anbringung dieser Geräte; Festlegung des Verteilungsschlüssels mit den Maßstäben für die **verbrauchsabhängigen und verbrauchsunabhängigen Teile** nach §§ 6–8 sowie deren evtl. spätere Abänderung; Vorerfassung und Verteilung nach §§ 5, 6; Verteilung bei verbundenen Anlagen nach § 9; Anwendung eines über 70 % hinausgehenden verbrauchsabhängigen Maßstabes nach § 10; Anwendung der Ausnahmeregelungen sowie Anträge auf Ausnahmegenehmigung nach § 11. Der Aufzählung der einzelnen Paragraphen der HeizkV in § 3 S. 2 kommt dabei keine abschließende Bedeutung zu. Sie erklärt sich zum einen aus der Gesetzgebungsgeschichte, die bei jeder Abänderung einen weiteren Paragraphen in § 3 hinzufügte, ohne die Vorschrift redaktionell anzupassen. Zum anderen kommt in der Aufzählung eine überflüssige Belehrung des Gesetzgebers zum Ausdruck: worauf sonst als auf Entscheidungen in den §§ 4–11 sollen sich Beschlüsse der Wohnungseigentümer beziehen. 11

Nicht erwähnt in § 3 S. 2 ist § 10, wonach **rechtsgeschäftliche Bestimmungen** unberührt bleiben, die einen über 70 % hinausgehenden verbrauchsabhängigen Anteil bei der Kostenverteilung vorsehen. Es kann nicht davon ausgegangen werden, dass mit dieser Unterlassung die Anwendbarkeit des § 10 bei Wohnungseigentum ausgeschlossen werden sollte (Becker ZWE 2008, 217 (223)). Hierfür gibt es keinen sachlichen Grund. Insbesondere bei kleineren Wohnungseigentumsanlagen kann es sinnvoll sein, zu 100 % nach Verbrauch abzurechnen. Für die Anwendbarkeit des § 10 spricht auch die Begründung zur HeizkV, in der im Rahmen einer Aufzählung der Fragen, über die die Wohnungseigentümer zu 12 entscheiden haben, die Überschreitung der Höchstsätze nach § 10 ausdrücklich erwähnt ist (BR-Drs. 632/80, 22). Das für eine Regelung nach § 10 erforderliche Stimmenquorum (Einstimmigkeit oder Mehrheitsbeschluss) ist kein Sonderproblem dieser Vorschrift, sondern ist im Einklang mit den allgemeinen Regeln des WEG für Beschlüsse und Vereinbarungen zu entscheiden (→ Rn. 16).

III. Abstimmungsmehrheiten

13 1. **Grundsatzentscheidung: Kostenverteilung gemäß der HeizkV.** Durch die **Neuregelung** in § 16 Abs. 2 WEG hat sich eine Fülle von Fragen (dazu HeizkV 2. Auflage, → HeizkV § 3 Rn. 13–31) über die Mehrheitsverhältnisse bei Entscheidungen der Wohnungseigentümer im Zusammenhang mit der HeizkV erledigt. Im Anschluss an die Entscheidung des BGH zur Verteilung der Wasserkosten (BGH NJW 2003, 3476) lässt § 16 Abs. 2 WEG für die Einführung einer verbrauchsabhängigen Kostenverteilung – was auf die HeizkV zutrifft – **Mehrheitsentscheidungen** zu. Das gilt zunächst unmittelbar für den Fall, dass die Teilungserklärung (oder eine andere Vereinbarung) noch keine Regelung für die Kostenverteilung getroffen hat (Becker ZWE 2008, 217 (223)). Das gilt aber auch dann, wenn in der Teilungserklärung eine Regelung über die Kostenverteilung enthalten ist, die nicht der HeizkV entspricht. Die Wohnungseigentümer können jetzt durch Mehrheitsbeschluss die Abrechnung nach der HeizkV einführen (Schmid ZMR 2007, 845; BGH NZM 2010, 707; aA AG Hamburg ZMR 2009, 320).

14 Angesichts der Anordnung eines Vorranges der HeizkV gegenüber Vereinbarungen oder Beschlüssen der Wohnungseigentümer dürfen diese keinen (Mehrheits-)Beschluss dahingehend fassen, durch den ein völlig **verbrauchsunabhängiger Verteilungsmaßstab** eingeführt (oder beibehalten) wird. Dieser Beschluss ist allerdings nicht nichtig, sondern nur anfechtbar, da die HeizkV kein Verbotsgesetz darstellt (BayObLG WuM 1986, 27; AG Duisburg DWE 1989, 35; BayObLG WuM 1988, 332; aA Bielefeld, 153; Becker ZWE 2008, 224; Schmid GE 2007, 1096; Lützenkirchen HeizkV § 3 Rn. 2).

15 2. **Verbrauchsabhängiger Schlüssel in Teilungserklärung.** Enthält die **Gemeinschaftsordnung** bereits einen **verbrauchsabhängigen Verteilungsmaßstab,** werden nicht mehr die Grundentscheidung – Verteilung nach der HeizkV oder nicht – angesprochen, sondern die in § 3 S. 2 erwähnten Folgeentscheidungen. Die Änderung des durch die Teilungserklärung vorgegebenen Verteilungsschlüssels, etwa einer vorhandenen 70:30 Verteilung (verbrauchsabhängig zu verbrauchsunabhängig) in eine solche von 50:50, ist jetzt jedoch ebenfalls durch **Mehrheitsbeschluss** möglich (Schmid ZMR 2007, 845; AG Berlin-Wedding ZMR 2020, 708; für den umgekehrten Fall AG Berlin-Tempelhof GE 2008, 1271), § 16 Abs. 2 WEG. Die HeizkV-relevanten Beschlüsse müssen **ausdrücklich** gefasst werden; sie dürfen nicht mit der Beschlussfassung über die Jahresabrechnung gleichsam inzident erfolgen (LG Itzehoe ZMR 2014, 909; AG Aachen ZMR 2014, 923; LG Stuttgart ZMR 2018, 867). Davon unabhängig sind aber sowohl die zu einer Abänderung eines vorliegenden Verteilungsmaßstabes berechtigenden Tatbestandsmerkmale des § 6 Abs. 4 wie auch „**sachliche Gründe**" für die Abänderung eines an sich rechtmäßigen Verteilungsschlüssels zu prüfen (LG München I ZMR 2010, 66; LG Düsseldorf ZMR 2010, 60). Liegen diese Voraussetzungen nicht vor, darf der Verteilungsmaßstab auch nicht im Wege der Vereinbarung abgeändert werden (aA Schmid ZMR 2007, 845); denn auch eine Vereinbarung muss sich an den vorgegebenen Rahmen der HeizkV halten.

B. Verfahren zur Anpassung   § 3 HeizkV

3. Sonderfall § 10 HeizkV. Einen Sonderfall stellt die Regelung nach § 10   16
deshalb dar, weil sie in der Verweisung des § 3 S. 2 nicht enthalten ist. Für die
Einführung einer Verteilungsregelung entsprechend § 10 gelten jedoch ebenfalls
die allgemeinen sich aus der Systematik des WEG ergebenden Formalien (Kinne C
Rn. 197 [S. 195]). § 10 verweist ausdrücklich auf außerhalb der HeizkV getroffene
Vereinbarungen; deren Abänderung bedarf der für sie geltenden Mehrheiten. Das
Erfordernis der Einstimmigkeit gilt für eine Abänderung der Gemeinschaftsordnung (mit bereits verbrauchsabhängiger Kostenverteilung) zur Einführung
einer 100 %igen verbrauchsabhängigen Verteilung nach § 10. Wird dagegen eine
verbrauchsabhängige Kostenverteilung erstmals eingeführt unter Abänderung entweder der gesetzlichen Regelung des § 16 Abs. 2 WEG oder eines verbrauchsunabhängigen Verteilungsmaßstabes in der Gemeinschaftsordnung, gilt der Grundsatz der **Mehrheitsentscheidung** (aA Becker ZWE 2008, 223, der stets die
Mehrheitsentscheidung zulassen will). Denn § 16 Abs. 2 WEG erfasst seinem
Wortlaut und Grundgedanken nach die Einführung der verbrauchsabhängigen
Kostenverteilung, nicht unbedingt auch deren Abänderung außerhalb des Rah-
mens der HeizkV (BT-Drs. 16/887, 22, 23).

Die **gegenteilige Meinung,** die auf eine Regelung entsprechend § 10 stets   17
das Prinzip der Einstimmigkeit anwenden will (Brintzinger § 3 Anm. 3, 7; Pfeifer
HeizkV § 3 Anm. 4; Schmid ZMR 2007, 845 (846); OLG Düsseldorf NJW 1986,
386; Jennißen/Jennißen WEG § 16 Rn. 88; Lützenkirchen HeizkV § 3 Rn. 13),
differenziert nicht nach der erstmaligen Einführung einer verbrauchsabhängigen
Abrechnung und der Abänderung der in der Gemeinschaftsordnung bereits **vorhandenen verbrauchsabhängigen Abrechnung.** Seinem Regelungsgehalt
nach erstreckt sich § 10 auf beide Fälle; er lässt es zu, dass sowohl eine über den
70 %-Rahmen des § 7 Abs. 1 für verbrauchsabhängige Verteilung hinausgehende
rechtsgeschäftliche Regelung beibehalten als auch eine solche Regelung erst in
Zukunft getroffen wird (→ HeizkV § 10 Rn. 7).

Liegt bereits ein **verbrauchsabhängiger Verteilungsschlüssel** in der **Gemein-**   18
schaftsordnung vor, bedarf dessen Abänderung auf eine 100 %ige Verteilung nach
§ 10 einer Vereinbarung (BeckOK WEG-Bartholome § 16 Rn. 59). Soll ein in der
Gemeinschaftsordnung festgelegter **verbrauchsunabhängiger Verteilungsschlüssel** erstmals der HeizkV angepasst werden, wozu auch die Möglichkeit des
§ 10 gehört, ist ein Mehrheitsbeschluss zulässig, § 16 Abs. 2 WEG. Mit Mehrheitsbeschluss kann die 100 %-Verteilung nach Verbrauch auch wieder in eine andere
verordnungskonforme Verteilungsquote geändert werden (BGH NZM 2010, 707
mAnm Lammel WuM 2010, 734). Bei allen Änderungen ist aber zu beachten, dass
neben den Verfahrensvorschriften des WEG auch die Voraussetzungen des § 6
Abs. 4 eingehalten werden müssen; daraus ergibt sich, dass eine Änderung für die
laufende Abrechnungsperiode oder gar eine rückwirkende Änderung unzulässig ist
(BGH NZM 2010, 622 mAnm Lammel WuM 2010, 735; Dt. Ständ. Schiedsgericht
ZMR 2013, 843; aA LG Hamburg ZMR 2013, 465)

Hierfür spricht auch die **Entstehungsgeschichte** der Verweisung in § 3 S. 2.   19
In der ursprünglichen Fassung des Entwurfs der HeizkV verwies § 3 S. 2 noch auf
die §§ 9–11. Der Bundesrat hielt die Einbeziehung des § 10 aber für unrichtig, da
dieser bestehende rechtsgeschäftliche Vereinbarungen unberührt lassen sollte, eine
Abänderung bestehender Vereinbarungen im Wohnungseigentumsrecht aber der
Zustimmung aller Eigentümer bedürfe (BR-Drs. 632/80, Beschluss, Anlage 1). § 3
S. 2 verweise aber auf die bei Verwaltungsmaßnahmen zulässigen Mehrheitsentschei-
dungen. Damit ist aber nicht die Neueinführung der verbrauchsabhängigen Abrech-

nung nach § 10 betroffen, die sich dem Grunde nach an § 3 S. 1 orientiert; aus den Beratungen im Laufe des Gesetzgebungsverfahrens ergibt sich vielmehr, dass damals nur an die mögliche Abänderung eines **bereits vorhandenen verbrauchsabhängigen Verteilungsschlüssels** gedacht worden ist. Auch die ausdrückliche Aufnahme der §§ 7 und 8 in § 3 S. 2 schließt den Regelungsbereich des § 10 nicht aus (so aber OLG Düsseldorf NJW 1986, 386); der Rahmen der §§ 7 und 8 wird insoweit durch den § 10 erweitert.

IV. Verfahrensvorschriften

20   Verfahrensvorschriften in den Teilungserklärungen, soweit sie sich auch auf die Einführung einer verbrauchsabhängigen Kostenverteilung beziehen, sind jetzt durch § 16 Abs. 2 S. 2 WEG obsolet geworden. Denn diese Regelung enthält den Grundsatz der Mehrheitsentscheidung.

21   Die **Abänderung** eines durch Beschluss festgelegten Verteilungsmaßstabes ebenfalls durch Mehrheitsbeschluss bedarf eines sachlichen Grundes (anders BGH ZMR 2021, 136 mablAnm Lammel, jurisPR-MietR 3/2021, Anm. 3; der BGH vermengt hier Verfahrensfragen mit den materiellen Voraussetzungen für eine Änderung), und der einzelne Wohnungseigentümer darf durch die Neuregelung gegenüber dem bisherigen Zustand nicht unbillig benachteiligt werden (so BGH NJW 1985, 2832). Die **Änderung** eines verbrauchsabhängigen Verteilungsschlüssels im Wege einer Mehrheitsentscheidung wird in solchen Fällen möglich sein, in denen zB **Maßnahmen der Energieeinsparung** (Wärmedämmung der Wände, Einbau von isolierverglasten Fenstern) den Verbrauch bereits durch objektive Umstände beeinflussen, an die der Verteilungsschlüssel angepasst werden soll; eine Abänderung wird auch in Betracht kommen, wenn sich der Umfang der Versorgung durch Herausnahme einzelner Räume aus der Wärmeversorgung ändert (OLG Hamburg WEZ 1987, 217).

V. Berechnung der Mehrheiten

22   Für die Berechnung der erforderlichen Mehrheiten spricht § 25 Abs. 1 WEG von „Stimmenmehrheit". Damit ist das **Kopfteilprinzip** des § 25 Abs. 2 WEG gemeint, wonach in der Eigentümerversammlung jeder Wohnungseigentümer nur eine Stimme hat. Diese Regelung ist nicht abdingbar; es können keine Vereinbarungen über eine qualifizierte Mehrheit getroffen werden (Becker ZWE 2008, 224). Dies gilt auch für eine abweichende Bewertung der einzelnen Stimmen (Objekts- oder Wertprinzip; Abramenko Das neue WEG § 3 Rn. 43; aA FA-MietR/Elzer § 16 Rn. 77). Eine Meistbegünstigung dergestalt, dass die erforderliche Stimmenzahl entweder nach dem Kopfteilprinzip oder nach der vereinbarten Stimmkraft erreicht sein muss (so Becker ZWE 2008, 224), ist wegen der darin liegenden Unklarheiten über die Erzielung der notwendigen Mehrheit abzulehnen.

C. Folgeentscheidungen

I. Umfang

23   Die in § 3 S. 2 aufgezählten Folgeentscheidungen, die nach der Einführung der HeizkV zu treffen sind, unterliegen wegen des Verweises auf die Vorschriften des WEG über die Verwaltung des gemeinschaftlichen Eigentums gem. § 23 Abs. 1,

C. Folgeentscheidungen **§ 3 HeizkV**

§ 25 Abs. 1 WEG der **Mehrheitsentscheidung,** sofern in der Gemeinschaftsordnung kein anderes Quorum enthalten ist. Sinnvollerweise werden die anfallenden Entscheidungen nach den §§ 4–9 wegen ihres inneren Zusammenhanges in einem Beschluss getroffen.

Obwohl in § 3 S. 2 pauschal für das Wohnungseigentum auch auf die §§ 9a 24 und 9b verwiesen wird, erscheint es angesichts des Wortlauts dieser Vorschriften zweifelhaft, ob hier überhaupt Raum für eine Entscheidung der Eigentümergemeinschaft ist. Denn die beiden Vorschriften enthalten für die Sonderfälle des Geräteausfalles und des Nutzerwechsels zwar rechtlich einen, aber praktisch keinen **Entscheidungsspielraum,** sondern ordnen an, wie in diesen Fällen zu verfahren ist. Eine Auswahl unter den Ersatzverfahren ist entweder vorab nicht möglich (→ HeizkV § 9a Rn. 27) oder unterliegt Zweifeln hinsichtlich ihrer Sachgerechtigkeit (→ Rn. 28). Die Eigentümergemeinschaft hat hier von Gesetzes wegen eine vorgegebene Verteilung vorzunehmen; für einen nachträglichen Beschluss der Wohnungseigentümer ist nur Raum bei § 9a (OLG Hamburg WuM 2001, 460). Mit der Verweisung auf § 9b beantwortet sich auch die Frage nach der Kostentragung bei Eigentümerwechsel. § 9b ordnet eine Zwischenablesung bzw. Zwischenverteilung an. Diese hat der Verwalter zu veranlassen, sobald er Kenntnis von dem Eigentümerwechsel (=Eintragung im Wohnungsgrundbuch) erlangt hat (Jennißen/Jennißen WEG § 16 Rn. 97, 98). Unterbleibt eine entsprechende Mitteilung, ist die Verteilung rechnerisch nach § 9b Abs. 2 vorzunehmen.

II. Ausstattung mit Erfassungsgeräten

Durch **Mehrheitsbeschluss** ist zunächst gem. §§ 4 und 5 über die Ausstattung 25 der Räume mit Geräten zur Verbrauchserfassung zu entscheiden (Abramenko Das neue WEG § 3 Rn. 24; Tank MietRB 2009, 119). Ob diese Maßnahme über eine ordnungsgemäße Instandhaltung hinausgeht und damit keiner Mehrheitsentscheidung zugänglich wäre, § 23 Abs. 4 WEG (so Schade/Schubart/Wienicke WEG § 16 Anm. 6, 54a; aA LG Hamburg ZMR 2011, 495), erscheint im Hinblick auf die heute übliche, zumindest teilweise **verbrauchsbezogene Abrechnung** der Wärmekosten zweifelhaft, bedarf aber wegen der Verweisung in § 3 S. 2 auf die wohnungseigentumsrechtlichen Regelungen über die Verwaltung des gemeinschaftlichen Eigentums keiner Entscheidung. Sind keine **Verbrauchserfassungsgeräte** angebracht, sind die Kosten nach dem Verteilungsschlüssel in der Teilungserklärung, hilfsweise nach § 16 Abs. 2 S. 1 WEG zu verteilen (LG Itzehoe ZMR 2011, 236).

Angesichts der unterschiedlichen Gerätearten und der mit ihnen verbundenen 26 Anschaffungs- und Folgekosten (zu den Einzelheiten → § 5 Rn. 8–61) ist vor einer Erstausstattung der Wohnungen mit Erfassungsgeräten eine **umfassende Information** der Wohnungseigentümer über die Vor- und Nachteile durch den Verwalter erforderlich. Er wird zur Vorbereitung eines Beschlusses nach §§ 4, 5 über die unterschiedlichen Methoden der Verbrauchserfassung, ihre Vor- und Nachteile, die Kosten der Wärmeerfassung, die Vertragsgestaltungen der Wärmemessfirmen zu informieren haben, um den Wohnungseigentümern einen sachgerechten Beschluss zu ermöglichen (Metz Gruppe 11, 165).

§ 4 Abs. 2 S. 2 sieht für die **Anmietung** oder eine andere Form der Beschaffung 27 durch Gebrauchsüberlassung der Geräte ein besonderes **Mitteilungsverfahren** des Gebäudeeigentümers gegenüber dem Nutzer vor (zu den Einzelheiten → § 4 Rn. 13–15). Das ist für das Wohnungseigentum wenig sinnvoll. Zwar verweist

§ 3 S. 2 vollinhaltlich auch auf § 4, jedoch sind die Verfahrensvorschriften des § 4 mit denen der §§ 18, 23, 25 WEG zu koordinieren. Hat die Wohnungseigentümergemeinschaft mit Mehrheit den Beschluss gefasst, Erfassungsgeräte anzumieten, ist für eine gesonderte Mitteilung dieser Absicht an die Nutzer kein Raum. Denn Nutzer und Gebäudeeigentümer sind in dieser Beziehung personenidentisch; die Mitteilung über die Absicht einer Anmietung erfolgte in der Einladung zur **Eigentümerversammlung,** die notwendigerweise diesen Tagesordnungspunkt enthalten musste. Der in § 4 vorgesehene Widerspruch der Nutzermehrheit gegen die Anmietung würde die Verfahrensordnung des WEG außer Kraft setzen, wonach bestimmte Formalien einzuhalten sind, um einen Mehrheitsbeschluss wieder aufzuheben. Das nach WEG einzuhaltende Beschlussverfahren verdrängt insoweit das Widerspruchsrecht nach § 4 (Schmid GE 1984, 893; Jennißen/Jennißen WEG § 16 Rn. 85).

28 Im Rahmen der vor der Anschaffung der Geräte zu erteilenden Information wird sich auch die Frage stellen, ob im Hinblick auf die Gestaltung der Heizungsinstallationen die Ausnahmeregelung des § 11 Abs. 1 Nr. 1b eingreift (→ HeizkV § 11 Rn. 17–40). Zwar kann bei Vorliegen der Voraussetzungen dieser Ausnahmevorschrift von der Anwendung der HeizkV abgesehen werden. Dennoch bedarf der Beschluss, der unter Bezugnahme auf diese Vorschrift auf die Anwendung der HeizkV verzichtet, nicht der Einstimmigkeit, sondern der Verzicht kann durch **Mehrheitsbeschluss** ausgesprochen werden (AG Duisburg DWE 1989, 35; OLG Düsseldorf WEZ 1988, 458; OLG Düsseldorf DWE 1989, 29). Denn insoweit handelt es sich infolge der Verweisung für § 11 in § 3 S. 2 auf die wohnungseigentumsrechtlichen Vorschriften über die Verwaltung um eine Mehrheitsbeschlüssen unterliegende Verwaltungsmaßnahme. Bei dieser Entscheidung findet aber keine Abwägung der Vor- und Nachteile nach den Vorschriften des WEG statt, insbesondere nicht nach § 20 Abs. 3 WEG (aA AG Kerpen NJW-RR 1986, 241). Die **Kosten-Nutzen-Analyse** für den Einbau von Erfassungsgeräten hat zunächst der Gesetzgeber zugunsten des Einbaus entschieden; eine Abwägung im Einzelfall hat danach nur im Rahmen des § 11 Abs. 1 Nr. 1b zu erfolgen (Lützenkirchen HeizkV § 3 Rn. 16).

29 Es ist generell davon auszugehen, dass es sich bei der Befolgung der Vorschriften der HeizkV um eine **Maßnahme der ordnungsgemäßen Verwaltung** handelt. Haben sich die Wohnungseigentümer mit Mehrheit zur Anschaffung einer bestimmten Geräteart entschlossen, sind alle Wohnungseigentümer, auch die überstimmten, zur Duldung des Einbaus der Geräte verpflichtet, § 14 Abs. 1 Nr. 1, 2 WEG (Deckert Gruppe 5 S. 62x; LG München I ZMR 2019, 445). Die angeschafften Geräte zur Verbrauchserfassung stellen **gemeinschaftliches Eigentum** dar (Blümmel/Becker, 113; Bielefeld JHI-Dokumentation, 23; Bielefeld NZM 1998, 249; OLG Hamm ZMR 2001, 839). Zwar stehen die einzelnen Heizkörper, an denen die Geräte angebracht werden, im Sondereigentum der Wohnungseigentümer (BGH NZM 2011, 750). Die Erfassungsgeräte sind aber nicht als wesentliche Bestandteile der Heizkörper anzusehen, sondern dienen der Gemeinschaft zur **ordnungsgemäßen Verteilung der angefallenen Heiz- und Warmwasserkosten** (Bielefeld, 137). Sie können daher nach § 5 Abs. 2 WEG nicht als Sondereigentum der einzelnen Wohnungseigentümer stehen (aA Jennißen WuM 1988, 7; anders auch möglicherweise BGH ZMR 2011, 971 (973), der nebenbei die Erfassungsgeräte bei der eigentumsrechtlichen Zuordnung erwähnt, ohne deren auf das gemeinschaftliche Eigentum bezogene notwendige Funktion zu beachten).

C. Folgeentscheidungen **§ 3 HeizkV**

Der gleiche Rechtsgedanke, die Wahrung der Einheitlichkeit einer Heizungs- 30
anlage, liegt einem Mehrheitsbeschluss zugrunde, der die **Demontage** von im
Sondereigentum stehender **Heizkörper untersagt** (BayObLG WuM 1986, 26).
Ein derartiger in das Sondereigentum eingreifender Beschluss ist nach § 14 Abs. 1
Nr. 1 WEG gerechtfertigt; hiernach können die Wohnungseigentümer auch
bezüglich des Sondereigentums über einen ordnungsgemäßen Gebrauch beschließen. Die Entfernung einzelner Heizkörper gehört aber nicht mehr zum ordnungsgemäßen Gebrauch (OLG Hamburg ZMR 1999, 502), da die Heizungsanlage
auf eine bestimmte Wärmeabnahme durch eine konkrete Zahl von Heizkörpern
dimensioniert ist. Die Entfernung von Heizkörpern verursacht infolge der danach
gegebenen rechnerischen Überdimensionierung der Anlage bei den übrigen Wohnungseigentümern erhöhte Kosten (s. auch AG Hamburg Privates Eigentum 1989,
12 Ls.). Die eine Beschlusskompetenz der Eigentümergemeinschaft für die im
Sondereigentum stehenden Heizkörper verneinende Entscheidung (BGH ZMR
2011, 971) befasst sich nur mit dem beschlossenen Austausch der Heizkörper. Sie
ist auf die beschlossene Untersagung der Demontage nicht übertragbar, weil
dadurch die Funktionsfähigkeit der gesamten Heizungsanlage beeinträchtigt wird.
Beim erneuernden Austausch kann hingegen die **neue Heizungsanlage** entsprechend dem Umfang der benötigten Wärme geringer dimensioniert werden, was
bei der Altanlage nachträglich nicht mehr möglich ist (aA LG Bautzen ZMR
2012, 802).

Ergibt sich durch die fortschreitende Technik bei der Wärmeerfassung die Mög- 31
lichkeit, ein **anderes Erfassungssystem** zu wählen, also von der Erstausstattung
abzuweichen, bestimmen sich die Formalien hierfür nicht mehr nach der HeizkV,
da sich deren Regelungsgehalt mit der erstmaligen Ausstattung mit Erfassungsgeräten erschöpft. Die geplante Neuerung ist nach den §§ 19 Abs. 1 Nr. 2, 20 Abs. 1
WEG zu beurteilen (BayObLG WEZ 1988, 59). Zwar kann eine Modernisierung
zur **ordnungsgemäßen Instandhaltung** gehören; erforderlich ist aber gerade
bei den Erfassungsgeräten eine genaue Gegenüberstellung von Kosten und Nutzen
(Bielefeld, 135), wobei unter Nutzen in diesem Zusammenhang die Zielsetzung
der HeizkV, Einsparung von Energie, zu beachten ist. Solange die vorhandenen
Erfassungsgeräte noch den gesetzlichen Vorschriften entsprechen, besteht jedenfalls für den einzelnen Wohnungseigentümer nur unter besonderen Voraussetzungen (→ Rn. 41) ein Anspruch auf Ersetzung durch ein anderes System (BayObLG
WuM 2003, 519).

Schließlich ergibt sich für die Eigentümergemeinschaft noch die Notwendig- 32
keit, über die **Ausstattung mit Thermostatventilen** zu beschließen (dazu LG
Landshut ZMR 2009, 145). Die Verpflichtung zur Anbringung solcher Ventile
ergibt sich aus (bisher) § 7 Abs. 2 S. 1 HeizAnlV (bzw. seit 1.2.2002) aus § 14
Abs. 2 EnEV, jetzt § 63 GEG, und gilt auch für Wohnungseigentumsanlagen (Bielefeld DWE 1988, 44). Der einzelne Wohnungseigentümer hat auch hier die
Möglichkeit, nach § 18 Abs. 2 WEG den Einbau solcher Thermostatventile zu
verlangen (AG Heidelberg DWE 1989, 72).

Für das einzuhaltende **Verfahren** kann mangels eigener Regelung in der Heiz- 33
AnlV/EnEV auf § 3 S. 2 und 3 zurückgegriffen werden. Die Situation ist insofern
vergleichbar, als es in beiden Fällen um die technische Ausführung gesetzlicher
Vorgaben im Einzelfall geht. Das bedeutet, dass über die Ausstattung mit Thermostatventilen durch **Mehrheitsbeschluss** entschieden werden kann, sofern die
Gemeinschaftsordnung keine andere Mehrheit verlangt. Wirksam ist auch ein
Mehrheitsbeschluss, nach dem die Absperrventile an den einzelnen Heizkörpern

überprüft und neu verplombt werden sollen, § 18 Abs. 2 Nr. 2 WEG (BayObLG WuM 1988, 94).

34 Die Thermostatventile haben ebenfalls eine **gemeinschaftsbezogene Funktion;** sie dienen der Einsparung von Energie. Es ist erforderlich, dass sie an allen Heizkörpern angebracht werden und von dem gleichen Fabrikat und Typ sind. Nur in der Anpassung an die Heizungsanlage können sie ihren Zweck voll erfüllen (AG Heidelberg DWE 1989, 73). Wegen dieser gemeinschaftsbezogenen Funktion sind die Thermostatventile dem gemeinschaftlichen Eigentum zuzuordnen (Bielefeld DWE 1988, 45; OLG München NJW-RR 2008, 1182; LG Landshut ZMR 2009, 145; Wanderer ZMR 2015, 438); nur auf diesem Wege wird gewährleistet, dass der technische Gleichklang der Geräte in allen Wohnungen erhalten bleibt. Diesen funktionalen Gesichtspunkt vernachlässigt der BGH in seiner entgegenstehenden Entscheidung (ZMR 2011, 971 (973)) zugunsten einer eigentumsrechtlichen Zuordnung ganz.

III. Auferlegung der Anschaffungskosten

35 Nach § 3 S. 3 sind die durch den Geräteeinbau entstehenden Kosten nach den wohnungseigentumsrechtlichen Vorschriften über die **Tragung der Verwaltungskosten** zu verteilen. S. 3 erwähnt zwar nur die Kosten der Anbringung; nach demselben Maßstab sind aber auch die Kosten der Anschaffung zu verteilen, da die Anbringung der Geräte ihre Anschaffung voraussetzt. Eine generalisierende Kostenverteilung ist deshalb erforderlich, weil die anfallenden Kosten nicht zuverlässig den jeweiligen Wohnungen zugeordnet werden können (BR-Drs. 632/80, 23). Ist in der Gemeinschaftsordnung oder vorangegangenem Beschluss nichts anderes festgelegt, werden die Kosten entsprechend § 16 Abs. 2 WEG nach dem Verhältnis der Eigentumsanteile verteilt (BärmannPick/Merle WEG § 16 Rn. 128). Es ist aber auch zulässig, für den Einzelfall eine Sonderregelung hinsichtlich der Verteilung der Kosten zu treffen (BayObLG DNotZ 1985, 429 (437)).

36 Zweifelhaft erscheint es, ob hiervon unter Rückgriff auf § 242 BGB eine **Ausnahme** in solchen Fällen gemacht werden kann, in denen der Anteilsschlüssel zu Ungerechtigkeiten führt; etwa wenn große Gewerberäume in einer Eigentumsanlage mit wenigen Heizkörpern nach dem Tausendstelanteil, der sich nach der Fläche richtet, mit den Kosten für die Erfassungsgeräte belastet werden (so das Beispiel bei Brintzinger § 3 Anm. 4). Eine derartige Abweichung ist bei der vom Gesetz vorgesehenen Formalisierung der Kostenverteilung systemwidrig (Röll/Sauren Handbuch Rn. 82; H.Müller Rn. 317; BGH NJW 1984, 2576). § 3 S. 2 eröffnet insoweit keinen neuen Entscheidungsspielraum, sondern verweist ausnahmslos auf das Wohnungseigentumsrecht. Allerdings bleibt es der Eigentümergemeinschaft unbenommen, durch Beschluss eine Verteilung der Kosten für die Anschaffung der **Verbrauchserfassungsgeräte** vorzunehmen, die von dem allgemeinen Verteilungsschlüssel abweicht, § 16 Abs. 2 S. 2.

37 Ist in der Gemeinschaftsordnung für einzelne Arten von Verwaltungskosten ein unterschiedlicher Schlüssel vereinbart, sind die Kosten für die Anschaffung und Anbringung der Erfassungsgeräte analog der Kostenart zu verteilen, die den Anschaffungskosten am nächsten kommt, etwa nach dem Schlüssel für **Instandsetzungs- oder Instandhaltungskosten** (Schmid BlGBW 1981, 107; Demmer MDR 1981, 533). Daraus folgt, dass auch die Reparatur bzw. der Ersatz defekter Geräte zu den Aufgaben ordnungsgemäßer Verwaltung gehört.

C. Folgeentscheidungen **§ 3 HeizkV**

Eine **Abweichung** vom allgemeinen **Verteilungsschlüssel** ergibt sich aus der 38
Anwendung des § 21 Abs. 1 WEG. § 21 WEG trifft zwar nicht die allgemeine
Ausstattung mit Verbrauchserfassungsgeräten; er greift aber ein, wenn ein Wohnungseigentümer die Heizung in seiner Wohnung derart verändert, dass das auf
eine einheitliche Nutzung ausgelegte Heizungskonzept der gesamten Eigentumsanlage gestört wird (zB Einbau einer Fußbodenheizung in einer Anlage, die auf
Radiatorenheizung ausgelegt ist). Muss die Verbrauchserfassung der Gesamtanlage
jetzt verändert werden, fallen die dabei entstehenden Kosten dem einzelnen Wohnungseigentümer zur Last, sofern die übrigen Voraussetzungen des § 21 Abs. 1
WEG vorliegen (OLG Karlsruhe WuM 1987, 97).

Für die Kosten der Anmietung von Verbrauchserfassungsgeräten enthält § 3 39
zwar keine ausdrückliche Regelung. Da § 3 S. 3 aber die Kosten der Anbringung
solcher Geräte erfasst, § 4 unter Anbringung aber auch die Anmietung, nicht nur
den Erwerb zu Eigentum versteht, unterfallen die Mietzinsen für diese Geräte
ebenfalls den gesetzlichen oder vertraglichen Regelungen über die Tragung der
Verwaltungskosten (für die Verteilung bei einer Option zwischen Kauf oder
Leasing s. KG DWE 1989, 143). Eine Verteilung der Mietkosten nach den §§ 7,
8 wäre zwar nach der dort enthaltenen Aufzählung der zu den Heizkosten gehörenden Kosten möglich (Schmid GE 1984, 894). Jedoch erfassen die §§ 7, 8
lediglich die **Kostenverteilung** zwischen Gebäudeeigentümer und Nutzer, während § 3 S. 3 die Kostenverteilung unter der Wohnungseigentümergemeinschaft
als Gebäudeeigentümer beinhaltet. Systematisch gehören die Mietkosten daher zu
den Verwaltungskosten und nicht zu den Heizkosten.

IV. Festlegung des Verteilungsschlüssels

Als weitere bedeutsame Entscheidung ist von der Eigentümergemeinschaft der 40
Schlüssel für die verbrauchsabhängige Kostenverteilung zu beschließen. Zu den
erforderlichen Mehrheiten → Rn. 13, 15; zu den Einzelheiten → HeizkV § 7
Rn. 5–30. Grundsätzlich ist eine Aufspaltung der Kosten nach Grundkosten und
Verbrauchskosten vorzunehmen.

Im Rahmen der §§ 6–8 ergeben sich für das Wohnungseigentum folgende 41
Besonderheiten: Zunächst ist davon auszugehen, dass § 6 Abs. 4 keinerlei Regelung enthält für das erforderliche Stimmenquorum zur **Abänderung** eines einmal
beschlossenen Verteilungsschlüssels. § 6 Abs. 4 S. 2 gibt nur die Befugnis, eine
Abänderung vorzunehmen; wie diese Abänderung zustande kommen muss,
bestimmt sich nach § 3 S. 2 in Verbindung mit den Regelungen der Gemeinschaftsordnung bzw. dem WEG (OLG Zweibrücken ZMR 1986, 65; aA Bub
PiG 17 (1984), 168 f.). Ein **Anspruch** auf **Abänderung** des einmal vereinbarten/
beschlossenen Verteilungsschlüssels ist jetzt nur nach § 10 Abs. 2 WEG gegeben
(BGH ZMR 2010, 778), wenn dessen Beibehaltung zu grob unbilligen Ergebnissen führt und allgemein nach den Grundsätzen von Treu und Glauben nicht mehr
hinnehmbar ist (OLG Hamm ZMR 2008, 156; zum alten Recht, das insoweit
kodifiziert worden ist: Armbrüster GE 2001, 267; OLG Hamm ZMR 2003, 286;
OLG Köln ZMR 2002, 153; BayObLG WuM 2001, 565;572; OLG Frankfurt
a. M. NZM 2001, 140). Allein die **rechnerische Mehrbelastung** durch die
Verteilung anhand des vorhandenen Schlüssels reicht nicht aus, sofern sich diese
unterhalb der Grenze von 50 % hält (OLG Zweibrücken NJW-RR 1999, 886);
zu berücksichtigen ist aber selbst dann noch die sich für die anderen Miteigentümer durch die Abänderung ergebende Mehrbelastung (OLG Zweibrücken ZMR

1999, 585; BGH ZMR 2011, 485; es gilt das Willkürverbot: AG Nürnberg ZWE 2014, 35; LG Berlin ZMR 2014, 570; zum **Sonderproblem des Verteilungsschlüssels** bei Rohrwärmeabgabe AG Berlin-Lichtenberg ZMR 2012, 145, dazu Wall jurisPR-MietR 4/2012 Anm. 2; AG Aachen ZMR 2014, 923). Im Regelfall ausgeschlossen ist ein solcher Anspruch, wenn der anspruchstellende Wohnungseigentümer die Unbilligkeit der Ergebnisse selbst verursacht hat (OLG Düsseldorf NZM 1999, 81; ZMR 1998, 651).

42 § 7 Abs. 1 S. 2 enthält eine **Aufzählung der Maßstäbe,** nach denen die Verteilung der Grundkosten zu erfolgen hat. Hier kann sich eine Diskrepanz zu in der Gemeinschaftsordnung vorhandenen Regelung ergeben, wenn dort zwar schon teilweise nach Verbrauch verteilt wird, für die Grundkosten aber ein nicht in der HeizkV vorgesehener Schlüssel gewählt worden ist, etwa nach Tausendstelanteilen. Es ist davon auszugehen, dass dieser verbrauchsunabhängige Schlüssel für die Grundkosten beibehalten werden darf (aA Zimmermann DNotZ 1981, 543). Voraussetzung ist allerdings, dass er dem Sinne nach den in § 7 Abs. 1 S. 2 aufgezählten Maßstäben entspricht (BayObLG ZMR 2003, 277). Dies wird der Fall sein, wenn es sich um einen nach **objektiven Kriterien** gewählten, durch äußere Einflüsse unveränderlich feststehenden Maßstab handelt, wie es bei dem Verhältnis nach Wohnungseigentumsanteilen der Fall ist. Schließlich muss der anzuwendende Schlüssel für alle Wohnungseigentümer einheitlich sein; es ist unzulässig, für einzelne Wohnungen unterschiedliche Verteilungsschlüssel zu vereinbaren. Das widerspricht dem Grundsatz einer einheitlichen Kostenabrechnung (KG BlGBW 1985, 141).

43 Ist ein wirksamer Beschluss über die Verteilung der Kosten für Heizung und Warmwasser nach der HeizkV getroffen worden, kann ein einzelner Wohnungseigentümer seine Einbeziehung in die Kostenverteilung nicht mit der Begründung bestreiten, er habe alle Heizkörper dauernd abgesperrt (BayObLG WuM 1988, 334). Hierin kommt der Grundsatz einer **Lastenverteilung** nach der objektiven Nutzungsmöglichkeit und nicht nach der tatsächlichen Inanspruchnahme zum Ausdruck (H.Müller Rn. 317).

44 Das Sonderproblem, die Divergenz zwischen wohnungseigentumsrechtlicher **Jahresabrechnung** und verbrauchsabhängiger **Heizkostenabrechnung** (BGH ZMR 2012, 372) ist autonom nach dem Heizkostenrecht zu entscheiden. Deshalb sind auch im Wohnungseigentumsrecht die Heizkosten ausschließlich nach Verbrauch in die Abrechnung einzustellen. Diese Heizkostenabrechnung stellt dann im Verhältnis zur Gesamtabrechnung eine Einzelabrechnung dar (auch nur diese ist bei Verstößen gegen die HeizkV anfechtbar, OLG München WuM 2012, 573), die nicht identisch mit der Darstellung in der Gesamtabrechnung sein muss und auch nicht sein kann, weil in der Gesamtabrechnung sämtliche Einnahmen aufgeführt werden unabhängig davon, ob diesen entsprechende Ausgaben gegenüber stehen. Wie dieser mögliche Überhang in der Jahresabrechnung behandelt werden soll, ist kein Problem der Heizkostenabrechnung (dazu Jennißen ZMR 2012, 758; Wilhelmy ZMR 2013, 246; Lang ZMR 2013, 861, die beiden letzteren jeweils mit Darstellungsbeispielen; Casser ZWE 2018, 117/119; s. auch LG München I WuM 2011, 652; AG Bremen ZMR 2014, 316; LG Frankfurt/M ZWE 2020, 476).

D. Auswirkungen auf die Notariatspraxis

45 Die HeizkV hat im Zusammenhang mit ihrer Anwendung auf das Wohnungseigentum auch Auswirkungen auf die notarielle Praxis und die Gestaltung des

D. Auswirkungen auf die Notariatspraxis **§ 3 HeizkV**

Grundbuchs. Der Notar hat bei der Abfassung und Protokollierung einer **Teilungserklärung** mit Gemeinschaftsordnung darauf hinzuwirken, dass auch die Verteilung der Kosten für Heizung und Warmwasser den geltenden Bestimmungen entspricht. Hierbei kann er sich nicht unbesehen an den Formularbüchern orientieren, da diese häufig die HeizkV nicht zur Kenntnis nehmen. Er muss also die Beteiligten auf die Auswirkungen einer Anwendung der HeizkV hinweisen.

Auf den protokollierenden Notar können erhebliche Probleme zukommen, wenn der Verteilungsschlüssel bereits bei der Begründung von Wohnungseigentum im einzelnen festgelegt werden soll, da sich seine **Beratungspflicht** auf eine sinnvolle Auswahl des Schlüssels im Rahmen der §§ 7, 8 (→ HeizkV § 7 Rn. 10–17) oder nach § 10 erstreckt. Allerdings wird er auch die Möglichkeit aufzeigen dürfen, eine nicht der HeizkV entsprechende Vereinbarung zu treffen. Dies ist jedoch mit einer Haftungsgefahr für ihn verbunden; denn er hat bei seiner Beratung den sichersten und vor allem den der Rechtslage entsprechenden Weg vorzuschlagen. **46**

Wird die Verteilung in der Gemeinschaftsordnung nicht entsprechend der HeizkV geregelt und verlangt nachträglich ein Wohnungseigentümer die Anpassung an die HeizkV, könnten zumindest die damit verbundenen Kosten im Wege des Amtshaftungsanspruchs nach § 19 BNotO beim Notar geltend gemacht werden; ein weiterer Schadensersatzanspruch könnte sich daraus ergeben, dass der die Abänderung verlangende Wohnungseigentümer nach der HeizkV einen geringeren Anteil an den Kosten zu tragen hätte als nach dem in der **Gemeinschaftsordnung** enthaltenen Schlüssel (BayObLG GE 1997, 1407 zu einem Schadensersatzanspruch gegenüber den Miteigentümern). Bestehen die Beteiligten ausdrücklich auf einer nicht der HeizkV entsprechenden Kostenverteilung, wird dieser Wille vom Notar zwar zu befolgen, aber auch hinreichend deutlich zu dokumentieren sein. **47**

Die Gemeinschaftsordnung bedarf, um gegen **Sondernachfolger** eines Wohnungseigentümers zu wirken, der Eintragung in das Grundbuch, § 10 Abs. 3 WEG. Ist in der eingetragenen Gemeinschaftsordnung ein der HeizkV widersprechender Verteilungsschlüssel enthalten, wird das Grundbuch nicht automatisch unrichtig, da dieser Schlüssel nicht nichtig, sondern lediglich der möglichen Aufhebung unter Anpassung an die HeizkV unterliegt (→ Rn. 4–7). Hat die Eigentümergemeinschaft einen entsprechenden Abänderungsbeschluss zur Einführung der HeizkV gefasst oder eine Vereinbarung zur Abänderung eines vorhandenen verbrauchsabhängigen Schlüssels getroffen, ist nunmehr die vorhandene Eintragung im Grundbuch unrichtig und bedarf der Berichtigung durch Eintragung der abgeänderten Fassung der Gemeinschaftsordnung (Hügel/ElzerNeues WEGR/Hügel § 5 Rn. 44, 45; aA Becker ZWE 2008, 225). **48**

Wird in einer nach Inkrafttreten der HeizkV abgefassten Teilungserklärung mit Gemeinschaftsordnung ein Verteilungsschlüssel vereinbart, der nicht der HeizkV entspricht, oder die Geltung der HeizkV ausdrücklich ausgeschlossen, ist das Grundbuchamt nicht befugt, den E**intragungsantrag** wegen eines Eintragungshindernisses nach § 18 GBO zurückzuweisen, weil das Grundbuch durch die Eintragung nicht unrichtig würde (aA Brintzinger § 3 Anm. 1; Lützenkirchen HeizkV § 3 Rn. 4). Die Vereinbarung hat solange Bestand, wie nicht ein Wohnungseigentümer ihre an die HeizkV anpassende Abänderung verlangt (AG Berlin-Charlottenburg ZWE 2014, 175). Bis dahin ist die beantragte Eintragung in das Wohnungsgrundbuch zutreffend. Das Grundbuchamt muss also die Eintragung vornehmen. **49**

E. Besonderheiten bei vermieteten Eigentumswohnungen

50 Nach § 13 Abs. 1 WEG steht dem Wohnungseigentümer das Recht zur Vermietung der Wohnung zu. Allerdings ergeben sich häufig Koordinationsschwierigkeiten zwischen Eigentümergemeinschaft und Mietern. Zwar bestehen zwischen der Gemeinschaft und dem einzelnen Mieter keine rechtlichen Verbindungen, dennoch wirken die Entscheidungen der Gemeinschaft auch auf das einzelne Mietverhältnis zwischen Wohnungseigentümer und Mieter ein. Um hier eine **Konkordanz** der Rechtsbeziehungen zu erreichen, findet sich in den Mietverträgen über Eigentumswohnungen die Klausel, dass Mehrheitsbeschlüsse der Eigentümergemeinschaft nach **Abschluss des Mietvertrages** für den Mieter verbindlich seien und dem Vertrag vorgingen (insbesondere hinsichtlich der Jahresabrechnungen). Die Bedenken, die gegen die Wirksamkeit solcher Klauseln aus den §§ 305b, 305c, 307, 308 Nr. 4 BGB hergeleitet werden (Sternel MietR I 329, 335; Sternel MietR III 313 unter Hinweis auf die entsprechenden Regeln des vormaligen AGBG; Riecke ZMR 2001, 78; LG Hamburg ZMR 2009, 288 mAnmRiecke), lassen sich vermeiden durch entsprechende Gestaltung der Verträge, worin ausdrücklich auf die Eigenschaft der Mieträume als Eigentumswohnung mit den entsprechenden gemeinschaftsbezogenen Konsequenzen verwiesen werden sollte (Weitnauer WEG Anh. § 13 Rn. 5; H.Müller Rn. 228; DWE 1987, 14; von Seldeneck Betriebskosten Rn. 3345; Abramenko ZMR 1999, 676; Schmid GE 2007, 1095; zweifelnd insoweit Kinne § 3 Rn. 36 [S. 103]). Fehlt eine Einbeziehung des Wohnungseigentumsrechts in den Mietvertrag – entweder durch eine entsprechende salvatorische Änderungsklausel oder durch die Übernahme der wohnungseigentumsrechtlichen Verteilungsregeln –, bleibt nur die Lösung des Einzelfalles.

51 Relativ unproblematisch ist zunächst der Fall, dass ein Mieter die **Verteilung** der Heiz- und Warmwasserkosten nach der HeizkV **verlangt,** während die Eigentümergemeinschaft eine solche nicht vornimmt (AG Düsseldorf WuM 1988, 171). Hier besteht für den vermietenden Wohnungseigentümer die Möglichkeit, letztlich mit Hilfe des Gerichts die Kostenverteilung nach der HeizkV auch im Verhältnis der Eigentümergemeinschaft zu den einzelnen Eigentümern durchzusetzen (→ Rn. 7–9).

52 Schwieriger ist dagegen die Lage für den einzelnen Eigentümer, wenn die Gemeinschaft eine **Anmietung der Verbrauchserfassungsgeräte** nach § 4 Abs. 2 S. 2 beschließt, der Mieter einer solchen Maßnahme seines Vermieters aber gemäß § 4 Abs. 2 S. 2 Hs. 2 widerspricht. Der Mieter einer Eigentumswohnung stellt stets die nach § 4 erforderliche Mehrheit der Widersprechenden dar, da er der einzige Nutzer gegenüber dem Wohnungseigentümer ist, der bei der Vermietung der Eigentumswohnung jeweils der einzige Gebäudeeigentümer im Sinne der HeizkV ist. Auf ein derartiges Zwei-Personen-Verhältnis ist das Widerspruchsrecht des § 4 ersichtlich nicht zugeschnitten. Der Wohnungseigentümer ist einerseits an den Beschluss der Eigentümergemeinschaft gebunden, kann ihm andererseits gegen den Widerspruch seines Mieters nicht Folge leisten.

53 Hier stehen sich nicht Eigentum und Mietvertrag gegenüber, sondern zwei sich aus schuldrechtlichen Beziehungen ergebende gesetzliche Verpflichtungen, von denen nach ihrem Inhalt keiner Vorrang vor der anderen gebührt (aA Brintzinger § 4 Anm. 4, 7, der von einem Vorrang des Verhältnisses zwischen Eigentümergemeinschaft und Wohnungseigentümer ausgeht; Schmid Mietnebenkosten-HdB Rn. 6146, 6147). Deshalb sind die allgemeinen Regeln des Leistungsstörungsrechts heranzuziehen mit der Folge, dass die Durchsetzung des Eigentümer-

Pflicht zur Verbrauchserfassung **§ 4 HeizkV**

beschlusses bezüglich der Anmietung der Erfassungsgeräte dem vermietenden Eigentümer subjektiv unmöglich ist und in letzter Konsequenz am Widerspruch des möglicherweise einzigen Mieters für die vermietete Wohnung scheitert. Der Ankauf der **Erfassungsgeräte** nach entsprechendem Beschluss bleibt möglich, so dass die Erfassung nach der HeizkV durch den widersprechenden einzelnen Mieter nicht verhindert werden kann.

Der Gesetzgeber hat mit dem **Widerspruchsrecht der Mietermehrheit** den 54 Mietern bewusst eine starke Stellung eingeräumt; diese gilt auch im Rahmen des Wohnungseigentumsrechts. Es ist daher weder zulässig, den Begriff der Mehrheit der Nutzer bei einer Eigentumswohnungsanlage auf sämtliche Mieter der Anlage auszudehnen (so Jennißen HKA 1987, 38; Jennißen HKA 1991, 7; Kinne § 3 Rn. 39 [S. 104]) noch Mieter und selbstnutzende Eigentümer zur Berechnung der Mehrheit zusammenzuzählen. Denn das Wohnungseigentum ist als selbständiges Recht ausgestaltet, und die verschiedenen Rechtsebenen können nicht miteinander verknüpft werden, da hierdurch Rechte aus dem Eigentum und solche aus schuldrechtlichen Beziehungen inhaltlich gleichgestellt würden. Die **Einheitlichkeit der Verbrauchserfassung** erfordert auch nicht unbedingt ein einheitliches Anschaffungsverfahren der Erfassungsgeräte, Kauf und Anmietung können durchaus nebeneinander bestehen (KG DWE 1989, 143).

Eine weitere **Diskrepanz** kann sich bei den **Verteilungsschlüsseln** ergeben. 55 Werden diese von der Eigentümergemeinschaft neu festgesetzt oder geändert, wirkt sich das ebenfalls nicht unmittelbar auf den vertraglich vereinbarten Schlüssel für die Mietwohnung aus. Dem Wohnungseigentümer steht hier zunächst die Abänderungsmöglichkeit nach § 6 Abs. 4 offen. Nach der Neufassung des § 6 Abs. 4 Nr. 3 wäre ein Fall, der unter die neue zur Abänderung berechtigende **Generalklausel** fällt (die Neufassung des § 556a Abs. 3 BGB greift für die HeizkV nicht ein, sie enthält in § 7 Abs. 1 S. 5 eine dem vorgehende Sonderregelung). Anderenfalls muss der Vermieter nach dem ursprünglich mit dem Mieter vereinbarten Schlüssel abrechnen. Das ist nicht mit großen Schwierigkeiten verbunden. Der vermietende Wohnungseigentümer braucht lediglich die ihm übermittelten Kosten nach dem mietvertraglichen Schlüssel neu zu berechnen (Maciejewski MM 2001, 51 (52)). Hierbei muss er aber darauf achten, dass er durch die angewendeten unterschiedlichen Schlüssel (Eigentümergemeinschaft – Wohnungseigentümer und Wohnungseigentümer – Mieter) nicht höhere Beträge von seinem Mieter erhält, als er selbst zu zahlen hat. Abschließend ist auch hier darauf hinzuweisen, dass der vermietende Wohnungseigentümer seinem Mieter nur die Nebenkosten berechnen darf, deren Umlage vertraglich vereinbart ist; die Weitergabe der Verwalterabrechnung genügt nicht den Erfordernissen einer ordnungsgemäßen Nebenkostenabrechnung (Riecke WuM 2003, 311). Wird eine Mietwohnung in eine Eigentumswohnung umgewandelt, ändert sich an der Anwendung der HeizkV nichts.

§ 4 Pflicht zur Verbrauchserfassung

(1) **Der Gebäudeeigentümer hat den anteiligen Verbrauch der Nutzer an Wärme und Warmwasser zu erfassen.**

(2) ¹**Er hat dazu die Räume mit Ausstattungen zur Verbrauchserfassung zu versehen; die Nutzer haben dies zu dulden.** ²**Will der Gebäudeeigentümer die Ausstattung zur Verbrauchserfassung mieten oder durch eine andere Art der Gebrauchsüberlassung beschaffen, so hat er dies den Nutzern**

HeizkV § 4   Pflicht zur Verbrauchserfassung

vorher unter Angabe der dadurch entstehenden Kosten mitzuteilen; die Maßnahme ist unzulässig, wenn die Mehrheit der Nutzer innerhalb eines Monats nach Zugang der Mitteilung widerspricht. ³Die Wahl der Ausstattung bleibt im Rahmen des § 5 dem Gebäudeeigentümer überlassen.

(3) ¹Gemeinschaftlich genutzte Räume sind von der Pflicht zur Verbrauchserfassung ausgenommen. ²Dies gilt nicht für Gemeinschaftsräume mit nutzungsbedingt hohem Wärme- oder Warmwasserverbrauch, wie Schwimmbäder oder Saunen.

(4) **Der Nutzer ist berechtigt, vom Gebäudeeigentümer die Erfüllung dieser Verpflichtungen zu verlangen.**

Übersicht

                                                                                                   Rn.

	Rn.
A. Verpflichtete	1
I. Persönlich Verpflichtete	1
II. Ersatzpersonen	2
B. Ausstattung mit Erfassungsgeräten	4
I. Ausstattungspflichtige Räume	4
II. Einfluss der Nutzer auf die Geräteauswahl	8
1. Geräte-Kauf	8
2. Anmietung der Geräte	11
a) Beteiligungsverfahren	13
b) Folgen des Widerspruchs	21
III. Duldungspflicht der Nutzer	24
1. Umfang	24
2. Durchsetzung	27
IV. Kostentragung	30
1. Geräte-Miete	30
2. Gerätekauf	34
a) Bei freifinanziertem Wohnraum	35
b) Bei preisgebundenem Wohnraum	39
c) Übrige Nutzungsverhältnisse	43
3. Ersatz von Geräten	44
a) Reparaturen	44
b) Geräte-Austausch	47
C. Gemeinschaftsräume	51
I. Gemeinschaftlich genutzte Räume	52
II. Gemeinschaftsräume	56
D. Ansprüche des Nutzers	57

A. Verpflichtete

I. Persönlich Verpflichtete

1   In § 4 Abs. 1 ist eine der **grundlegenden Verpflichtungen** des Gebäudeeigentümers enthalten, die ihn nach der HeizkV treffen, nämlich die Erfassung des Verbrauchs von Wärme und Warmwasser. Ohne diese Pflicht liefe die zweite Aufgabe, die Verteilung der Kosten nach § 6, ins Leere. Der Begriff des Gebäudeeigentümers bestimmt sich inhaltlich nach den in § 1 genannten Bestimmungen (→ HeizkV § 1 Rn. 26–44), so dass im Einzelfall auch der Wärmelieferant zur Verbrauchserfassung verpflichtet ist (→ HeizkV § 1 Rn. 40–44). Die Pflichten des verordnungsrechtlichen Gebäudeeigentümers kollidieren mit dem Eigentumsrecht des materiellrechtlichen Gebäudeeigentümers, wenn er in sein Eigentum bei der Anbringung der Geräte zur Verbrauchserfassung eingreifen muss. In diesem Fall ist von folgenden sich aus der HeizkV ergebenden und nebeneinander bestehenden Pflichten auszugehen: Die Pflichten aus der HeizkV treffen den materiellen Eigentümer, soweit er sie tatsächlich erfüllen kann. Hat er die Wärmelieferung einem **Dritten übertragen** und schließt dieser direkt mit dem Nutzer einen Liefervertrag, so hat der Lieferant den Verbrauch zu erfassen und die Kosten zu verteilen, da er derjenige ist, der den unmittelbaren Zugriff zu den entsprechenden Einrichtungen hat. Die Pflicht des materiellen Gebäudeeigentümers reduziert sich in diesem Fall auf eine Pflicht zur Duldung der Anbringung entsprechender Erfassungsgeräte.

II. Ersatzpersonen

Der Gebäudeeigentümer muss die Pflichten aus der HeizkV nicht persönlich erfüllen. Er kann sich hierzu **Hilfspersonen** bedienen, die entweder **unselbständig** sind, wie Hausmeister oder sonstige Angestellte, oder **selbständig,** wie Wärmedienste. Bei derartigen Unternehmen bestehen vertragliche Beziehungen, einzuordnen als Werkvertrag, nur zum Gebäudeeigentümer und nicht zum Nutzer. Ein vertragliches Fehlverhalten dieser Dienste, etwa fehlerhaftes Ablesen der Erfassungsgeräte, ist daher nur im jeweiligen Vertragsverhältnis zu rügen. Der Nutzer hat die Rüge gegenüber dem Gebäudeeigentümer zu erheben; dieser kann mangelhafte Erfüllung des Werkvertrages gegenüber dem Wärmedienstunternehmen geltend machen. Der Gebäudeeigentümer kann nicht den Nutzer mit seinen Einwendungen an die Wärmemessfirma verweisen (so aber Pfeifer Taschenbuch 1986, 34). 2

Die den Eigentümer aus § 4 treffenden Pflichten sind entsprechend der Zwecksetzung der HeizkV **öffentlichrechtlicher Natur.** Der jeweilige Nutzer ist insofern Begünstigter dieser Pflichten, als er nach § 4 Abs. 1 vom Gebäudeeigentümer deren Erfüllung verlangen kann. In dieser Beziehung sind die Wärmeunternehmen Erfüllungsgehilfen des Gebäudeeigentümers (HKA 1987, 21), der nach § 278 BGB für ihr Fehlverhalten haftet (Schopp ZMR 1986, 302). Das bezieht sich einmal auf vertragliches Fehlverhalten, wie fehlerhafte Montage der Erfassungsgeräte oder falsches Ablesen sowie falsche Berechnung des Verbrauchs, aber auch auf fahrlässig deliktisches Verhalten, wie etwa Beschädigung von Einrichtungsgegenständen durch die Monteure der Wärmemessfirmen. Nicht unter die Einstandspflicht des Gebäudeeigentümers nach § 278 BGB einzuordnen sind vorsätzlich unerlaubte Handlungen der Erfüllungsgehilfen, die sie bei Gelegenheit der **Erfüllungshandlung** begehen, wie etwa Diebstähle aus den Räumen oder Körperverletzungen (MüKoBGB/Hanau § 278 Rn. 32; weitergehend MüKoBGB/Grundmann § 278 Rn. 47). Hier kann allenfalls eine Haftung nach § 831 BGB eingreifen. 3

B. Ausstattung mit Erfassungsgeräten

I. Ausstattungspflichtige Räume

Zur Erfassung des anteiligen Wärmeverbrauchs der Nutzer gehört nach § 4 Abs. 2 Hs. 1 die Ausstattung der Räume mit **Geräten zur Verbrauchserfassung.** Das gilt nur dann nicht, wenn der Bestandsschutz nach § 12 Abs. 2 (→ HeizkV 4

§ 12 Rn. 36–50) oder eine der Ausnahmeregelungen des § 11 (→ HeizkV § 11 Rn. 8–66) eingreifen (BGH WuM 2003, 699). Diese Pflicht bezieht sich auf die Nutzereinheit, in der Wärme/Warmwasser verbraucht wird, wenn ein Wärmezähler an den in die einzelne Einheit führenden Leitungsstrang angebracht werden kann oder soll. Denn diese Geräte erfassen jeden Verbrauch, der nach ihrer Anschlußstelle erfolgt. Eine solche **zentrale Erfassung** wird sich daher nur dort empfehlen, wo in jede Nutzereinheit ein von den übrigen Leitungen getrennter Strang für Wärme und Warmwasser führt. Sind hingegen die Leitungen so angeordnet, dass sie stockwerksweise jeweils das gleiche Zimmer versorgen, muss eine **Einzelerfassung** erfolgen.

5   Da durch die marktgängigen Geräte die **Wärmeabgabe** und **nicht** der **Wärmeempfang** dargestellt wird, sind in der Nutzereinheit nicht alle vorhandenen Räume mit Erfassungsgeräten auszustatten, sondern nur diejenigen, in denen eine regelgerechte Wärmeabgabe erfolgt. Deshalb fallen Räume ohne Heizkörper aus der Ausstattungspflicht heraus, selbst wenn sie mittelbar ausreichend beheizt werden, entweder infolge ihrer Lage innerhalb einer Wohnung oder in der Nähe wärmeführender Leitungen. Das bedeutet aber nicht, dass diese Räume wegen ihrer Nutzung lediglich der Abwärme aus der Kostenverteilung herausfallen und etwa bei Berechnung des qm-Schlüssels unberücksichtigt bleiben (AG Leverkusen WuM 1987, 32). Nicht mit Erfassungsgeräten zu versehen sind solche Heizkörper, die technisch nicht mit adäquaten Messgeräten ausgestattet werden können, wie zB Konvektoren bei Wannenheizungen im Bad (AG Köln HKA 1988, 12; 1989, 1).

6   **Nebenräume,** die außerhalb der Nutzereinheit liegen, aber ausschließlich von einem Nutzer gebraucht werden, sind ebenfalls mit Erfassungsgeräten auszustatten, wenn sie direkt über die zentrale Heizungsanlage mit Wärme versorgt werden. Hierzu gehören mit Heizkörpern ausgestattete Garagen (LG Köln WuM 1985, 371; auch wenn der Heizkörper abgesperrt ist, AG Tettnang WuM 1989, 193), Kellerräume, Hobbyräume, Mansardenzimmer. Loggien, Wintergärten etc werden in die Nutzereinheit eingegliedert sein und unterliegen bereits deshalb der Ausstattungspflicht.

7   Die **Ausstattungspflicht** erschöpft sich nicht in der **Anbringung der Erfassungsgeräte.** Dazu gehört ferner die **Ermittlung des anteiligen Verbrauchs** durch Messen, Ablesen und sogar Berechnen der Verbrauchswerte (so Brintzinger § 4 Anm. 1). Zu der Erfassungspflicht bei Gemeinschaftsräumen ist 1989 eine Neuregelung in § 4 Abs. 3 getroffen worden (→ Rn. 51–56).

II. Einfluss der Nutzer auf die Geräteauswahl

8   **1. Geräte-Kauf.** Der Gebäudeeigentümer kann die Erfassungsgeräte im Rahmen des § 5 Abs. 1 frei auswählen, § 4 Abs. 2 S. 3. Er muss also generell **geeignete Geräte** auswählen, die speziell zu dem **vorhandenen Heizungssystem** passen (zu den Einzelheiten → § 5 Rn. 25, 26, 44). Zumindest innerhalb eines Nutzungssystems bei zB gemischt genutzten Gebäuden sind einheitliche Geräte nach Fabrikat, Typ, Skalen und Anzeige zu verwenden (Pfeifer HeizkV § 4 Anm. 4 Fn. 13). Dem einzelnen Nutzer steht insoweit kein Mitspracherecht zu. Trotz der auf ihn zukommenden Kostenlast für die Anschaffung der Erfassungsgeräte (→ Rn. 34–43) ist ihm keine Einflussmöglichkeit auf die Auswahl zuzubilligen. Die 1984 erfolgte Neufassung des § 4 Abs. 2 S. 2 über das **Mitspracherecht** der Nutzer bei **Anmietung der Erfassungsgeräte** lässt den Schluss zu, dass für die

B. Ausstattung mit Erfassungsgeräten § 4 HeizkV

sonstigen Wahlmöglichkeiten unter den Geräten kein derartiges Mitbestimmungsrecht gegeben ist. Es hätte nahegelegen, bei der Gesetzesänderung ein generelles Mitspracherecht einzuführen, da eine mögliche Berücksichtigung der Interessen der Nutzer bei der Auswahl der Erfassungsgeräte lediglich unter dem **Gesichtspunkt der Kosten** gesehen wurde (BR-Drs. 632/80, 24).

Die **Auswahl** setzt einen derart **komplexen Entscheidungsprozeß** voraus, 9 dessen Einzelheiten von dem einzelnen Nutzer, der im Regelfall nur seine Nutzereinheit vor Augen hat, nicht berücksichtigt werden. Denn die Geräte weisen ganz erhebliche Preisunterschiede auf, sowohl was ihre Anschaffung als auch mögliche Folgekosten anbelangt (→ HeizkV § 5 Rn. 63, 64). Außerdem sind die Einbau-, Wartungs- und Austauschkosten sehr unterschiedlich. Schließlich weisen die Geräte Fehlerquellen auf, die ebenfalls im Verhältnis zu den Kosten zu sehen sind. Letztlich kann die Auswahl unter den Geräten durch die vorhandene Zentralheizungsart, die in den Räumen vorhandene Heizung sowie durch die Leitungsführung und die Heizkörper eingeschränkt sein. Die Charakterisierung des Gebäudeeigentümers als Treuhänder des Nutzers im Rahmen des Nebenkostenrechts (Sternel PiG 23 (1986), 65) führt zu keinem anderen Ergebnis: die Interessen der Nutzer werden dahin gehen, bei der Wahl der Erfassungsgeräte das möglichst billige Gerät anzuschaffen, bei der Verteilung hingegen die möglichst genaue individuelle Verbrauchsanzeige zu wählen (Sternel PiG 23 (1986), 63). Diese widerstreitenden Ansprüche sind nicht miteinander zu vereinbaren. Das schließt nicht aus, dass der Gebäudeeigentümer vor **Auswahl der Erfassungsgeräte** die Nutzer konsultiert (so Peruzzo Heizkostenabrechnung Rn. 70), was aber technisch nur bei kleineren Gebäuden mit einer überschaubaren Nutzerzahl durchführbar erscheint.

Das Gesetz selbst sieht für Wohnraummietverhältnisse in § 555c Abs. 1 S. 2 10 Nr. 3 BGB lediglich vor, dass dem Mieter vor **Durchführung einer baulichen Maßnahme** zur Einsparung von Energie ua deren Kosten und die sich daraus ergebende mögliche Mieterhöhung mitgeteilt werden soll. Nach § 559b Abs. 2 S. 2 BGB führt die Unterlassung dieser Kosten-Mitteilung nicht zur Unzulässigkeit der Maßnahmen (sofern der Mieter sie trotzdem duldet, wozu er aber nicht verpflichtet ist, Schmidt-Futterer/Eisenschmid BGB 555c Rn. 66), sondern lediglich zur Hinausschiebung des Zeitpunktes der Mieterhöhung. Die **Grenze** für die **Auswahlbefugnis** des Gebäudeeigentümers bestimmt daher nicht das billige Ermessen des § 315 BGB (so Sternel PiG 23 (1986), 65), sondern der **Ermessensmissbrauch** (Brintzinger § 4 Anm. 4, 4); bei dieser Grenzziehung ist auch das Eigentumsrecht des Gebäudeeigentümers zu berücksichtigen. Wann die Grenze zum Missbrauch überschritten sein wird, lässt sich angesichts der in § 5 enthaltenen Voraussetzungen für die Anbringung der Erfassungsgeräte nicht abstrakt bestimmen (so auch Brintzinger § 4 Anm. 4, 4). Kosten, die aus Maßnahmen entstehen, die diese Grenze überschreiten, sind allerdings nicht nach § 559 Abs. 1 BGB im Wege der Modernisierungsmieterhöhung auf die Mieter abwälzbar (BGH WuM 2009, 124; ebenso bei überhöhter Miete für Erfassungsgeräte (LG Köln NZM 2005, 453). Nicht die Frage des Missbrauchs, sondern die der **Duldungspflicht** des Nutzers stellt sich bei Vorliegen eines Ausnahmetatbestandes nach § 11 (→ HeizkV § 11 Rn. 8, 9).

2. Anmietung der Geräte. Nur in einem einzigen Fall billigt der Gesetzgeber 11 dem Nutzer ein **Mitspracherecht** im Rahmen der Anschaffung der Erfassungsgeräte zu. Das aber auch **nicht** in Bezug auf das zu verwendende **technische**

System, sondern in Bezug auf die Art und Weise der Anschaffung. Nach § 4 Abs. 2 S. 2 hat der Nutzer eine Einflussmöglichkeit darauf, ob die Erfassungsgeräte gekauft oder gemietet oder auf sonstige Weise der Gebrauchsüberlassung erworben werden. Der **Kauf** steht im **freien Ermessen** des Gebäudeeigentümers, für die Miete etc bedarf er des **fehlenden Widerspruchs** der Nutzer.

12 Bei dieser Regelung ging der Gesetzgeber davon aus, dass einerseits die Anmietung von Erfassungsgeräten, insbesondere in der Form des Leasing (wird zumeist aus steuerlichen Gründen gewählt), den Wechsel zu technisch ausgereifteren Geräten erleichtert, andererseits die Miete zu erheblich **höheren Kosten** führt, die nach § 7 Abs. 2 in die zu verteilenden Heizkosten eingehen (BR-Drs. 483/83, 33). Diese Argumentation ist in sich nicht schlüssig, da beim Erwerb der Erfassungsgeräte zu Eigentum die auf den Nutzer zukommenden Kosten kein Mitspracherecht begründen. Sie ist angesichts der Regelung in §§ 555d Abs. 2 S. 2; 559 Abs. 4 S. 2 Nr. 1 BGB systemwidrig, da dort bei Verbesserungsmaßnahmen zur Herstellung des üblichen Standards die auf den Mieter zukommenden Kosten keine Rolle spielen (kritisch auch Brintzinger § 4 Anm. 4, 5). Darüber hinaus führen die **Leasingraten** beim Finanzierungsleasing zu einer steuerlichen Entlastung des Gebäudeeigentümers, so dass aus einer vollen Belastung der Nutzer mit diesen Raten eine doppelte Besserstellung des Eigentümers folgen kann. Zumindest muss verlangt werden, dass er bei der Einrechnung der Ratenhöhe in die Heizkosten einen erzielten Steuervorteil weitergibt.

13 **a) Beteiligungsverfahren.** Das **Mitbestimmungsverfahren der Nutzer** wird durch eine Mitteilung des Gebäudeeigentümers über die geplante Anmietung der Erfassungsgeräte und die dadurch entstehenden Kosten eingeleitet. Die Mitteilung muss also vor Abschluss des Gebrauchsüberlassungsvertrages für die Geräte erfolgen. Nach Vertragsschluss über die Anmietung/Leasing der Geräte und schon gar nicht nach deren Anbringung kann die Anhörung der Nutzer nicht mehr nachgeholt werden, da den Nutzern die Entscheidungsmöglichkeit genommen worden ist (aA Schmid GE 1984, 891; Schmid Mietnebenkosten-HdB Rn. 6141). Für die **Mitteilung** ist zwar keine besondere Form vorgeschrieben; zweckmäßig ist jedoch aus Beweissicherungsgründen die Einhaltung der Schriftform. Die Mitteilung muss dem Nutzer zugehen, so dass ein Aushang im Treppenhaus nicht ausreicht (AG Rüdesheim WuM 2007, 265; Peruzzo Heizkostenabrechnung Rn. 88) Die Mitteilung braucht nach dem Gesetzeswortlaut nur die Tatsache der Anmietung der Geräte und die dadurch entstehenden Kosten zu beinhalten. Dies ist jedoch für eine sinnvolle Entscheidungsfindung der Nutzer zu wenig (Stöver WuM 1984, 263; Jennißen HKA 1991, 6). Denn mit diesen beiden Tatsachen kann ein Nutzer, der die HeizkV nicht näher kennt und sich nicht ständig einer Rechts- oder Mieterberatung bedient, nichts anfangen; der **Zweck der Mitteilung** wird ihm nicht offenbart.

14 Deshalb ist es **erforderlich,** dass die Mitteilung **folgende Elemente** enthält (Peruzzo Heizkostenabrechnung Rn. 89; aA AG Hamburg WuM 1994, 695; AG Warendorf WuM 2002, 339; Lefèvre HKA 1997, 29; anders auch Lützenkirchen HeizkV § 4 Rn. 46; FA-MietR/Schmid HeizkV § 4 Rn. 15): Zunächst die gewählte **Geräteart;** denn von ihr kann es abhängen, ob der Abschluss eines Miet-/Leasing-Vertrages wirtschaftlich sinnvoll erscheint. Weiter ist die gewählte **Art der Gebrauchsüberlassung** anzuführen; hieraus lassen sich einmal die Kosten, zum anderen auch eventuelle Vorteile für den Gebäudeeigentümer feststellen. Als Kosten sind die monatlichen Mietzins-/Leasingraten mitzuteilen sowie die

B. Ausstattung mit Erfassungsgeräten § 4 HeizkV

Laufzeit des Vertrages. Da der Gebäudeeigentümer den Kostenanfall nur für diesen Zeitraum übersehen kann, braucht er nicht hypothetische Kosten der Zukunft mitzuteilen. Daraus ist aber andererseits zu folgern, dass die Mitteilungspflicht nicht mit der erstmaligen Anmietung der Erfassungsgeräte erschöpft ist, sondern dass sie jedes Mal wiederauflebt, wenn eine **kostenträchtige Änderung** des Gebrauchsüberlassungsvertrages vorgenommen werden soll, so zB Verlängerung des Vertrages mit Anpassung der Raten, Austausch des Miet-/Leasinggegenstandes, Umwandlung des Vertragstyps (Peruzzo Heizkostenabrechnung Rn. 91; MieWo/Schmid § 4 Rn. 18a; aA Schmid Mietnebenkosten-HdB Rn. 6136; MüKoBGB/Zehelein HeizkV § 4 Rn. 6).

Um die Nutzer zu einer sachgerechten Entscheidung zu befähigen, muss eine **15** **Gegenüberstellung** zwischen **Anschaffungskosten** und **Mietkosten** erfolgen (Schmid GE 1984, 890, anders MüKoBGB/Zehelein HeizkV § 4 Rn. 6; Kinne § 4 Rn. 50); denn eine Entscheidung kann nur dort getroffen werden, wo eine Wahl unter Alternativen eröffnet wird. Unter diesem Gesichtspunkt erscheint es auch erforderlich, die den einzelnen Nutzer treffenden Kosten mitzuteilen und es nicht bei der Angabe der Gesamtkosten zu belassen (Gramlich HeizkV § 4 Anm. 4). Die **Gegenüberstellung der Kosten** muss nicht unbedingt eine höhere Belastung der Nutzer bei Anmietung der Geräte ausweisen (Brintzinger § 4 Anm. 4, 6); eine höhere Belastung durch die Mietraten kann darüber hinaus im Einzelfall ausgeglichen werden durch die innovatorischen Vorteile der Gerätemiete sowie die Anzeigegenauigkeit der ausgewählten Geräte. Auf diese Punkte wird der Gebäudeeigentümer sinnvollerweise ebenfalls hinweisen (Weil Privates Eigentum 2012, 6).

Die so umfassend gestaltete Mitteilung gibt den Nutzern nach der HeizkV **16** allerdings **keine Zustimmungsbefugnis,** sondern lediglich ein **Widerspruchsrecht.** Auf dieses Recht sind die Nutzer in der Mitteilung hinzuweisen. Zwar enthält der Wortlaut des § 4 Abs. 2 kein derartiges Erfordernis. Jedoch ergibt sich aus der Gesetzesbegründung, dass eine Anmietung nicht gegen den erklärten Willen der Nutzermehrheit erfolgen soll (BR-Drs. 483/83, 33). Um eine solche Willenserklärung zu ermöglichen, muss den Empfängern der Mitteilung erst verdeutlicht werden, welche Rechte mit der Mitteilung für sie verknüpft sind (Jennißen HKA 1987, 38; HKA 1991, 7). Eine solche Hinweispflicht auf das Widerspruchsrecht ist zumindest dem Wohnraummietrecht systemimmanent; zB soll der kündigende Vermieter nach § 568 Abs. 2 BGB den Mieter auf sein Widerspruchsrecht nach §§ 574–574b BGB und die hierfür geltenden Fristen hinweisen. Die Mitteilung über die Geräteanmietung nach § 4 soll also einen Hinweis auf das den Nutzern zustehende Widerspruchsrecht enthalten sowie die Frist, innerhalb der zu widersprechen ist (Lefèvre, S. 40; MüKoBGB/Voelskow HeizkV § 4 Rn. 6; aA Kinne § 4 Rn. 51; Freywald Rn. 70; Kreuzberg/Wien Heizkostenabrechnung-HdB/von Brunn/Alter Kap. 3.3.5 [S. 219]; Schmid Mietnebenkosten-HdB Rn. 6138).

Der **Widerspruch** muss innerhalb eines Monats nach Zugang der Mitteilung **17** erklärt werden. Der **Zugang** bestimmt sich nach den §§ 130–132 BGB. Die Mitteilung ist zugegangen, wenn sie so in den Empfangsbereich des Adressaten gelangt ist, dass dieser von ihr nach den gewöhnlichen Umständen Kenntnis nehmen kann. Die Einlegung der Mitteilung in die jeweiligen Briefkästen reicht daher für ihren Zugang aus; die Aufgabe zur Post, auch wenn diese durch Einschreiben erfolgt, beweist hingegen nicht den Zugang. Ein Aushang in Allgemeinräumen (zB Hausflur) reicht ebenfalls nicht aus (AG Neuss WuM 1995, 46).

In zweifelhaften Fällen ist entweder die **Zustellung** nach § 132 BGB oder die Versendung durch **Einschreiben mit Rückschein** zu wählen. Die Monatsfrist berechnet sich nach den §§ 187 Abs. 1, 188, 193 BGB. Die Frist läuft aber für jeden Nutzer gesondert, so dass nicht von einem einheitlichen Fristende ausgegangen werden kann.

18 Die Frist ist eine **Ausschlussfrist** (Kreuzberg/Wien Heizkostenabrechnung-HdB/von Brunn/Alter S. 219); ein nach Ablauf der Frist eingegangener Widerspruch ist daher unbeachtlich. Wird in der Mitteilung nicht auf das Widerspruchsrecht und den Fristenlauf hingewiesen (→ Rn. 16), kann der Widerspruch noch bis zur Anbringung der (Miet-/Leasing-) Geräte erklärt werden (analog § 574b Abs. 2 S. 2 BGB). Das bedeutet ferner, dass die Nutzer vor Ablauf einer später beginnenden Frist nicht zur Duldung der Maßnahme verpflichtet sind.

19 Allerdings ist die Wirkung des Widerspruchs davon abhängig, dass die **Mehrheit der Nutzer** widerspricht. Unter Nutzer sind nicht die Personen zu verstehen, die in den beheizbaren Räumen die Wärme tatsächlich empfangen; als Nutzer sind auch nicht die jeweiligen Partner des Nutzungsvertrages (zB Mietermehrheit) zu sehen, da eine Mehrheit der Vertragspartner die Höhe der zu tragenden Kosten nicht beeinflusst. Für die Berechnung der Mehrheit ist vielmehr von der einzelnen **Nutzungseinheit** auszugehen, die vertraglich zur Verfügung gestellt worden ist (Schmid GE 1984, 892; Kreuzberg/Wien Heizkostenabrechnung-HdB/von Brunn/Alter S. 219). Ist für eine Nutzungseinheit der Nutzungsvertrag mit mehreren Vertragspartnern abgeschlossen worden, müssen sie (intern) alle widersprechen; nach außen gilt der Widerspruch aber nur für die jeweilige Nutzungseinheit. Die Mehrheit berechnet sich allein nach dem Zahlenverhältnis der widersprechenden zu den nicht widersprechenden „Nutzungseinheiten", unabhängig von deren Größe. Die Unterlassung des Widerspruchs darf andererseits nicht von **sachfremden Erwägungen** abhängig gemacht werden (wie etwa Widerstand gegen bestimmte Arten der Erfassungsgeräte [LG Hamburg WuM 1990, 33; 1992, 245]; Auswahl des Anbringungsortes; Abänderung des Verteilungsschlüssels).

20 Ergibt sich nach Ablauf der Monatsfrist keine Mehrheit der Widersprechenden, so dürfen die gemieteten/geleasten Erfassungsgeräte in allen Einheiten angebracht werden, auch bei den widersprechenden Nutzern (HKA 1988, 9). Die Anbringung gemieteter Geräte ist auch bei einem **Nutzerwechsel** gegenüber dem Nachfolger zulässig; dieser braucht an dem einmal abgeschlossenen Verfahren nicht nachträglich beteiligt zu werden.

21 **b) Folgen des Widerspruchs.** Hat die Mehrheit der Nutzer der **Anmietung von Erfassungsgeräten** widersprochen, ist „die Maßnahme" unzulässig. Unter dem Begriff der Maßnahme ist nicht nur die Verteilung der Mietkosten für die Geräte nach § 7 Abs. 2 zu verstehen, so dass der Gebäudeeigentümer die Geräte trotz des Widerspruchs anmieten dürfte, sofern er nur die Kosten selber trüge (so aber Schmid GE 1984, 892; Lefèvre, S. 40; Jennißen HKA 1987, 37); unter Maßnahme ist vielmehr die Anmietung der Geräte zu verstehen (Brintzinger § 4 Anm. 4, 6; Peruzzo Heizkostenabrechnung Rn. 90; Kinne § 4 Rn. 56). Bei einem Widerspruch bleibt nur die Möglichkeit des Erwerbs zu Eigentum.

22 Das **Widerspruchsrecht** ist im systematischen Zusammenhang mit der **Duldungspflicht** der Nutzer zu sehen. Sind die Voraussetzungen für die Duldung nicht gegeben, wozu bei Anmietung der mehrheitliche Widerspruch gehört, ist der Nutzer nicht verpflichtet, die Maßnahme in der geplanten Art und Weise zu

B. Ausstattung mit Erfassungsgeräten § 4 HeizkV

dulden. Auch im Rahmen der Modernisierungsduldung des § 555d BGB wird eine Maßnahme nicht bereits dadurch zulässig, dass der Vermieter den Mieter von der möglichen Kostenüberwälzung ausnimmt, sondern es müssen die übrigen Voraussetzungen für eine Duldung vorliegen. Die Anordnung der Unzulässigkeit der Maßnahme in § 4 Abs. 2 S. 2 stellt sich als Schutzbestimmung für den Nutzer dar. Angesichts der häufigen Unübersichtlichkeit der Heizkostenabrechnungen, der Undurchschaubarkeit der in sie eingestellten Einzelbeträge soll vermieden werden, dass trotz des Widerspruchs der Nutzermehrheit die Mietkosten in die Heizkosten eingehen. Deshalb dürfen auch bei unterlassener Mitteilung die Miet-/Leasing-Kosten für das trotzdem angebrachte Erfassungsgerät **nicht** in die **Heizkostenabrechnung** eingehen (LG Berlin MM 2000, 278; AG Tecklenburg WuM 1999, 365).

Andererseits ist zu berücksichtigen, dass den Nutzern nach der Gesetzesbegründung das Widerspruchsrecht nur in Bezug auf die mögliche Kostenbelastung eingeräumt worden ist. Der **Widerspruch** ist daher **unbeachtlich,** wenn er auf Gründe gestützt wird, die diesem Gesetzeszweck zuwiderlaufen, etwa Einwände gegen die Geräteauswahl oder die Art der Anbringung (→ Rn. 19). Ebenfalls unbeachtlich ist ein Widerspruch, wenn die Nutzer vorher ihren Verzicht auf Erhebung des Widerspruchs von sachfremden Erwägungen abhängig gemacht haben, zB einer Neufestlegung des Verteilungsschlüssels. Die Durchsetzung des Rechts des Gebäudeeigentümers auch auf Anmietung der Erfassungsgeräte wird letztlich durch einen Duldungsprozess zu erfolgen haben. Zur Berechnung und Verteilung der Kosten → Rn. 30–33. 23

III. Duldungspflicht der Nutzer

1. Umfang. Den Nutzer trifft nach § 4 Abs. 2 S. 1 Hs. 2 die Pflicht, die **Anbringung der Ausstattungen** zur Verbrauchserfassung zu **dulden,** unabhängig von der Art der bezogenen Wärme (LG Düsseldorf WuM 1986, 266). Die Duldungspflicht musste in der HeizkV ausdrücklich normiert werden, da §§ 555b/555d BGB hierfür nicht genügen (LG Berlin GE 1986, 751 mAnm Blümmel S. 753). Denn die Anbringung der Erfassungsgeräte stellt weder eine Verbesserung der Mieträume dar, noch führt sie als solche zur Energieeinsparung; die Einsparung soll sich erst aus dem Verhalten des Nutzers ergeben, dem die Erfassungsgeräte seinen Verbrauch vor Augen führen und ihn so zur Einsparung veranlassen sollen. Darüber hinaus macht § 555d Abs. 2 BGB die Einwirkung des Vermieters auf die Mieträume von einer **Interessenabwägung im Einzelfall** abhängig, die für den Energiebereich der Gesetzgeber mit der HeizkV bereits vorgenommen hat (Lützenkirchen HeizkV § 4 Rn. 21). Die **Duldungspflicht** erstreckt sich auch auf die Ergänzung der vorhandenen Geräte durch ein weiteres, dessen Anbringung für die ordnungsgemäße Erfassung sich als notwendig erwiesen hat (BGH WuM 2010, 427). Erfolgt die Einführung der Verbrauchserfassung jedoch im Rahmen einer grundlegenden Umgestaltung der Heizung, die als solche § 555b BGB unterfällt, wird die Duldungspflicht der Anbringung der Erfassungsgeräte von den Duldungsvoraussetzungen des Gesamtvorhabens mit umfasst. 24

Allerdings ist § 4 Abs. 2 S. 1 Hs. 2 zu eng gefasst. Die **Duldung** des Nutzers erstreckt sich nicht nur auf die **Anbringung** der Erfassungsgeräte, sondern auf alle damit im Zusammenhang stehenden **Maßnahmen.** Dazu gehört im Vorbereitungsstadium die **Besichtigung** der Räume durch Mitarbeiter des beauftragten Wärmemessdienstes oder eines sonstigen Handwerkers, der die Geräte anbringen 25 soll. Die Anbringung selbst umfasst sämtliche für das ausgewählte Erfassungssystem erforderlichen Arbeiten. Hierzu gehört unter Umständen das Aufstemmen von Wänden (bei Verlegung unter Putz), das Unterbrechen und Neuverlegen von Leitungen. Es kann systembedingt notwendig sein, die Geräte am Heizkörper, am Vor- und Rücklauf sowie auch an der Wand zur Temperaturerfassung der Räume anzubringen. Auch die systembedingt erforderliche Verlegung elektrischer Leitungen ist zu dulden.

26 Nach erfolgter Anbringung der Geräte hat der Nutzer weiter zu **dulden,** dass die Geräte mindestens einmal im Jahr **abgelesen** werden (AG Sonthofen ZWE 2019, 13 betr. den Wohnungseigentümer). Hierzu ist erforderlich, dass die Mitarbeiter des vom Gebäudeeigentümer regelmäßig mit der Kostenverteilung beauftragten Wärmeunternehmens die Räume betreten und die entsprechenden Feststellungen treffen. Diese Pflicht der Nutzer korrespondiert mit der Pflicht des Gebäudeeigentümers bzw. der von ihm Beauftragten, den/oder die Termine zum Ablesen der Geräte rechtzeitig anzukündigen (AG Münster WuM 1987, 230; Einzelheiten → HeizkV § 6 Rn. 9–15). Diese Pflichten werden sich durch die Anbringung fernablesbarer Geräte (→ HeizkV § 5 Rn. 62) mit der Zeit erledigen.

27 **2. Durchsetzung.** Die HeizkV enthält keine Vorschriften, wie der **Duldungsanspruch** im Einzelfall **verwirklicht** werden kann. Deshalb sind die Bestimmungen des § 554 Abs. 3 BGB entsprechend heranzuziehen, die sich mit dem Verfahren bei der Durchsetzung des Duldungsanspruchs befassen. Der Gebäudeeigentümer hat analog § 555c BGB dem Nutzer schriftlich Art, Umfang, Beginn und Dauer der geplanten Maßnahme mitzuteilen. Auch die in § 555c Abs. 1 S. 1 BGB enthaltene Dreimonatsfrist für diese Mitteilung wird der Gebäudeeigentümer schon im eigenen Interesse wahren, um die Anwesenheit der Nutzer sicherzustellen und die Arbeiten der Handwerker möglichst zügig durchführen zu lassen (Kinne § 4 Rn. 61 in der Form einer bloßen Empfehlung; Kreuzberg/Wien Heizkostenabrechnung-HdB/von Brunn/Alter S. 222 hält 1 bis 2 Woche(n) für ausreichend). Dieser Formalien bedarf es allerdings nicht, wenn die Einwirkung auf die genutzten Räume nur **unerheblich** ist; hier bleibt nur die Ankündigung der Maßnahme, um die Anwesenheit des Nutzers sicherzustellen. Das wird bei der Anbringung von Erfassungsgeräten der Fall sein, wenn weder ein Eingriff in die Bausubstanz noch in die Leitungsführung erforderlich ist.

28 Werden hingegen **größere Eingriffe** notwendig, stehen dem Nutzer gegenüber dem Gebäudeeigentümer die sich aus dem vertraglichen Nutzungsverhältnis ergebenden Rechte zu, insbesondere **Wiederherstellung** des ordnungsgemäßen Zustandes der Räume; außerdem ist an Aufwendungsersatzansprüche analog §§ 555d Abs. 6/555a Abs. 3 BGB zu denken (dazu Schmidt-Futterer/Eisenschmid BGB § 555d Rn. 79). Ein Mieter der Räume kann unter Umständen während der Dauer der Arbeiten die Miete mindern; auch können sich für ihn Schadensersatzansprüche ergeben.

29 **Verweigert** ein Nutzer die Durchführung der erforderlichen Arbeiten zur Anbringung der Erfassungsgeräte, muss der Gebäudeeigentümer **Klage auf Duldung** erheben. Im Rahmen eines solchen Prozesses kann auch die Frage des Missbrauches bei der Auswahl der Erfassungsgeräte überprüft werden; allerdings hat der Nutzer den Beweis für den Ermessensmissbrauch zu führen. Den Missbrauch des Widerspruchsrechts nach § 4 Abs. 2 S. 2 (→ Rn. 19, 23) hat dagegen der Gebäudeeigentümer zu beweisen, der die Erfassungsgeräte anmieten oder leasen will. Ein der Duldungsklage stattgebendes Urteil ist durch Verhängung von

B. Ausstattung mit Erfassungsgeräten **§ 4 HeizkV**

Zwangsgeld oder Zwangshaft nach § 888 ZPO zu vollstrecken, da es sich bei der Duldung um eine unvertretbare Handlung des Nutzers handelt, die nicht durch andere vorgenommen werden kann.

IV. Kostentragung

1. Geräte-Miete. Die Kosten für die Ausstattung der Räume mit Erfassungsgeräten hat zunächst der **Gebäudeeigentümer als Vertragspartner** des jeweiligen Lieferers zu tragen. Die HeizkV enthält für die Überwälzung dieser Kosten auf die Nutzer (für das Wohnungseigentum → HeizkV § 3 Rn. 35–39) nur eine Regelung für den Fall der Anmietung der Geräte. Die **Mietzinsen** oder Leasingraten gehen nach § 7 Abs. 2 in die verteilungsfähigen Kosten des Betriebs der zentralen Heizungsanlage ein. Da hier jedoch davon ausgegangen wird, dass auch unter der Geltung der HeizkV nur solche Nebenkosten auf die Nutzer verteilt werden dürfen, deren **Umlage vertraglich** vereinbart ist (OLG Düsseldorf ZMR 1984, 20; Kinne § 4 Rn. 57; → HeizkV § 2 Rn. 33–39), muss für die Einstellung der Mietzinsen in die Abrechnung eine vertragliche Grundlage vorliegen. Wenn die älteren (Miet-)Vertragsformulare die entsprechende Kostenart nicht vorgesehen haben, reicht es für die Verteilungsfähigkeit aus, dass eine inhaltlich auf die (vormalige) Anlage 3 zu § 27 II. BV (jetzt BetrKV) verweisende **Mehrbelastungsabrede** im Vertrag enthalten ist, der bei Neueinführung oder Neuentstehung von Kosten zu deren Umlage berechtigt (Langenberg/Zehelein BetrKostR C Rn. 21; nach Ansicht des BGH NJW 2007, 3060; GE 2008, 730 reicht allein die Bezugnahme auf die Anlage 3, wenn in ihr bereits die umzulegenden Kosten als umlegungsfähig enthalten sind, einer zusätzlichen Vereinbarung zur Tragung dieser Kosten durch den Mieter bedürfe es dann nicht mehr; dazu → HeizkV § 1 Rn. 19, 20). 30

Für die Zulässigkeit der **Verteilung der Gerätemietkosten ohne** vertragliche Grundlage (so MüKoBGB/Voelskow § 4 Rn. 8) kann nicht angeführt werden, dass der Gebäudeeigentümer bei der Kalkulation der Nutzungsentschädigung diese Kosten noch nicht hat berücksichtigen können (so Freywald Rn. 109). Das trifft zwar bei Altverträgen zu; der Gebäudeeigentümer ist jedoch nicht zur Anmietung der Geräte mit entsprechenden Kostenfolgen verpflichtet. Aus dem fehlenden Widerspruch der Nutzer gegenüber der Mitteilung über die geplante Anmietung der Erfassungsgeräte kann nicht konkludent auf die Zustimmung zur Umlage der Mietkosten geschlossen werden; insoweit bleibt es bei der Regel, dass Schweigen keine Zustimmung bedeutet (so auch Freywald Rn. 74; anders jetzt → Rn. 70). 31

Ist eine vertragliche Grundlage für die Einstellung der Gerätemiete in die Kostenverteilung gegeben, so ist bei Einhaltung des Verfahrens nach § 4 Abs. 2 S. 2 (AG Coesfeld DWW 1987, 238) die **gesamte Miete für** alle im Gebäude angebrachten **Geräte** in die Heizkostenabrechnung einzustellen (HKA 1988, 9) und nicht eine Aufschlüsselung der Kosten für jede Nutzereinheit vorzunehmen. Denn § 7 Abs. 2 enthält insoweit eine Aufzählung der Gesamtkosten, die erst durch Anwendung des Schlüssels nach § 7 Abs. 1 auf die einzelnen Nutzer verteilt werden sollen. Bei verbundenen Anlagen nach § 9 gehören die Mietkosten zu den einheitlich entstandenen Kosten und sind entsprechend aufzuteilen (Einzelheiten → HeizkV § 9 Rn. 5–7). Die rechnerisch mögliche Trennung der Mietkosten nach den Kosten für die Anmietung der Erfassungsgeräte für die Wärmeverbrauchserfassung und für die Warmwassererfassung führte zu einer weiteren Unübersicht- 32 lichkeit der Abrechnungen, ohne dem Ziel der Energieeinsparung zu dienen (so HKA 1988, 10; 1989, 15; aA AG Hamburg HKA 1989, 12).

33   Eine **Kombination von Miete und Kauf** kann sich bei Leasingverträgen über Erfassungsgeräte ergeben. Die Raten für die feste Laufzeit des Leasingvertrages können nach § 7 Abs. 2 bei entsprechender vertraglicher Regelung in die Heizkosten einbezogen werden. Ist dem Gebäudeeigentümer im Leasingvertrag nach Vertragsende die Möglichkeit eingeräumt worden, die Geräte zum Zeitwert zu erwerben, kann der Kaufpreis nach den folgenden Ausführungen (→ Rn. 34–43) anteilig auf die Miete aufgeschlagen werden. In diesem Fall des Ankaufs sind jedoch die **Raten** aus der jährlichen Heizkostenabrechnung **herauszunehmen.** Bei öffentlich gefördertem Wohnraum stellen die Mietzinsen/Leasingraten gemäß § 2 Nr. 4a BetrKV (früher der Anl. 3 zu § 27 II.BV) Betriebskosten dar, die nach §§ 20 Abs. 4, 4 Abs. 1, 7, 22 NMV 1970 auf die Mieter umgelegt werden dürfen.

34   **2. Gerätekauf.** Im übrigen enthält die HeizkV **keine Regelung** für die Überwälzung der **Gerätekosten** (mit Ausnahme einer formellen Verweisung für das Wohnungseigentum, → HeizkV § 3 Rn. 35). Das hielt man für überflüssig, da in (damals § 3 Abs. 1 MHG, jetzt) § 559 Abs. 1 BGB eine angemessene Regelung getroffen sei (BR-Drs. 632/80, 25). Hierbei wurde aber übersehen, dass die HeizkV nicht nur für Mietverhältnisse über freifinanzierten Wohnraum – dem Geltungsbereich des (früheren MHG, jetzt) § 559 BGB gilt –, sondern auch für preisgebundenen Wohnraum, Gewerberäume und dingliche Nutzungsverhältnisse. Entsprechend unterschiedlich muss die Überwälzung der Anschaffungskosten gesehen werden.

35   **a) Bei freifinanziertem Wohnraum.** Liegt den Beziehungen zwischen Gebäudeeigentümer und Nutzer ein Mietvertrag über freifinanzierten Wohnraum zugrunde, können 8 % der Anschaffungskosten für die erstmalige Ausstattung der Räume mit Erfassungsgeräten nach § 559 Abs. 1 BGB auf die Miete aufgeschlagen werden. Bei der Ausstattung mit Erfassungsgeräten nach der HeizkV ist zwar nicht das Tatbestandsmerkmal „bauliche Maßnahme zur nachhaltigen Einsparung von Heizenergie" erfüllt (Freywald Rn. 67; aA Brintzinger § 4 Anm. 5, 8), da nicht die Baumaßnahme zur Energieeinsparung führt (wie etwa **Wärmedämmung),** sondern erst die Folgerungen, die der einzelne Nutzer aus der Verbrauchsanzeige zieht. Aber § 559 Abs. 1 BGB ist deshalb anwendbar, weil der Vermieter bauliche Änderungen durchführt auf Grund von Umständen, die er nicht zu vertreten hat (Staudinger/Emmerich BGB 555b Rn. 38; Lammel AnwK WohnraummietR BGB § 559 Rn. 29).

36   Im Gegensatz zur Verteilung der Mietkosten sind beim Gerätekauf nur die auf die **jeweilige Wohnung entfallenden Kosten** anteilig zur Miete hinzuzurechnen; es ist also eine wohnungsabhängige Kostenaufstellung je nach Zahl der einzubringenden Geräte zu fertigen. § 559 Abs. 3 BGB, der die Aufteilung der Kosten von Baumaßnahmen für mehrere Wohnungen behandelt, kommt nicht in Betracht, da hierunter eine Gesamtmaßnahme zu verstehen ist (Staudinger/Emmerich BGB § 559 Rn. 26), durch die mehrere Wohnungen betroffen werden, nicht aber gleichzeitig durchgeführte Einzelmaßnahmen. Werden alle Nutzungseinheiten in einem Gebäude sinnvollerweise gleichzeitig mit gekauften Erfassungsgeräten ausgestattet, lässt sich der Kaufpreis für jedes Gerät ermitteln und der **Nutzereinheit** zuordnen; die Arbeitskosten für die Installation ist entsprechend der auf eine Nutzereinheit entfallenden Gerätezahl zu bestimmen. Von diesen Kosten dürfen 8 % auf die Jahresmiete aufgeschlagen werden.

B. Ausstattung mit Erfassungsgeräten § 4 HeizkV

Bemessungsgrundlage für die **Mieterhöhung** ist die letzte Monatsmiete vor 37
der baulichen Änderung, multipliziert mit zwölf (Staudinger/Emmerich BGB
§ 559 Rn. 15; Lammel AnwK WohnraummietR BGB § 559 Rn. 38; Schmidt-
Futterer/Börstinghaus BGB § 559 Rn. 82). Die erhöhte Miete darf auch weiter
gefordert werden, wenn die Kosten der Geräteanschaffung durch den Erhöhungsbetrag längst gedeckt sind. Die Grenze für die Mieterhöhung bildet letztlich nur
§ 5 WiStG. Der Verstoß gegen diese Norm führt nicht zur Nichtigkeit der gesamten **Mieterhöhung,** sondern lediglich des Teils, der die **Wesentlichkeitsgrenze**
des § 5 WiStG überschreitet (BGH NJW 1984, 722).

Im Rahmen der Kostenüberwälzung nach § 559 kann das **Gebot der Wirt-** 38
schaftlichkeit keine wesentliche Rolle spielen (Staudinger/Emmerich BGB
§ 559 Rn. 24, 25; entgegen OLG Karlsruhe WuM 1985, 17; krit. dazu schon
Lammel AnwK WohnraummietR BGB § 559 Rn. 11). Dieses Gebot unterliegt
keinem festen Maßstab und hat seinen eigentlichen Anwendungsbereich bei den
freiwilligen Baumaßnahmen, nicht aber bei den behördlich gebotenen (aber jetzt
BGH WuM 2009, 124 einschränkend bzgl. unnötiger, unzweckmäßiger Baumaßnahmen). Darüber hinaus lässt es sich bei der Auswahl der Erfassungsgeräte nicht
anwenden, da die **Wirtschaftlichkeit** einer Maßnahme daran gemessen wird,
wie sich das Verhältnis von Einsparung an Heizenergie zu der **Mietzinserhöhung**
darstellt (OLG Karlsruhe WuM 1985, 17; LG Berlin GE 1987, 521). Die Anbringung des Messgerätes selbst führt unabhängig vom gewählten System unmittelbar
zu keiner Energieeinsparung, so dass diese Berechnung der Kosten-Nutzen-Relation nicht durchgeführt werden kann (aA AG Hamburg WuM 1994, 695).

b) Bei preisgebundenem Wohnraum. Handelt es sich bei den auszustatten- 39
den Räumen um preisgebundenen Wohnraum, richtet sich die Erhöhung der
Kostenmiete durch die Kosten für die Anschaffung der Erfassungsgeräte nach den
§§ 8, 8a, 8b WoBindG in Verbindung mit § 6 NMV, der die Grundnorm für eine
Erhöhung der Kostenmiete auf Grund **baulicher Veränderungen** darstellt, §§ 16
Abs. 5, 17 Abs. 5 NMV 1970. Da es sich bei der Anbringung der Erfassungsgeräte
um bauliche Änderungen auf Grund von Umständen handelt, die der Gebäudeeigentümer nicht zu vertreten hat, zu denen er vielmehr durch die HeizkV gezwungen wird, darf er nach § 6 Abs. 1 S. 1 NMV 1970 eine neue Wirtschaftlichkeitsberechnung oder nach § 9 NMV 1970 eine Zusatzberechnung zu der bisherigen
Wirtschaftlichkeitsberechnung gemäß § 39a Abs. 1, 3 II.BV aufstellen (Schulz
S. 8). In diese Berechnung der **Gesamtkosten** können die Kosten der Ausstattung
mit Erfassungsgeräten nach § 11 Abs. 5 Nr. 1 II.BV einbezogen werden sowie
gemäß § 23 Abs. 6 II.BV die für diese Kosten aufgewendeten Kapitalkosten. Auf
diesem Wege erhöht sich durch Neuberechnung die zulässige Kostenmiete, die
nach § 10 WoBindG gegenüber dem Mieter schriftlich geltend zu machen ist.

Eine Einbeziehung der **Abschreibungen** für die gekauften Geräte in die Wirt- 40
schaftlichkeitsberechnung und damit letztlich in die Kostenmiete scheitert daran,
dass sie in § 25 Abs. 3 II.BV nicht aufgeführt sind und in die Wirtschaftlichkeitsberechnung nur die in der II.BV aufgezählten Positionen eingestellt werden dürfen.
Eine erweiternde Auslegung (so Brintzinger § 4 Anm. 5, 9) ist unzulässig.

Die Sondervorschriften zur Mietpreisbindung in Berlin (AMVOB, GVW) sind 41
inzwischen außer Kraft getreten, so dass das allgemeine Recht gilt.

Schließlich gilt noch eine Sonderregelung für öffentlich geförderten oder steu- 42
erbegünstigten Wohnraum im Saarland. § 29a SaarlWoBauG (aufrechterhalten
durch § 49 Abs. 1 Nr. 1a WoFG)), der dem ursprünglichen § 6 MHG entspricht,

schließt die Anwendung des § 559 BGB ausdrücklich aus, lässt aber eine Mieterhöhung bis zur Deckung der laufenden Aufwendungen zu. Unter laufende Aufwendungen gehören gemäß § 18 Abs. 1 II.BV **Kapitalkosten und Bewirtschaftungskosten,** so dass eine direkte Einstellung des Gerätekaufpreises in die Kostenmiete hier nicht möglich ist, da eine Mieterhöhung nach baulichen Änderungen nicht vorgesehen ist (Brintzinger § 4 Anm. 5, S. 10). Nach dem Kauf der Erfassungsgeräte dürfen lediglich die für den Kaufpreis aufgewendeten Kapitalkosten gemäß § 23 Abs. 6 II.BV für eine Mieterhöhung nach § 29a SaarlWoBauG verwendet werden; der Mietzins für die Geräte kann hingegen über die §§ 29a SaarlWoBauG, 18 Abs. 1, 24 Abs. 1 Nr. 3, 27, und § 2 Nr. 4a BetrKV in die Miete einbezogen werden.

43 c) **Übrige Nutzungsverhältnisse.** Für die übrigen Nutzungsverhältnisse liegen keine gesetzlichen Regelungen vor, die eine Überwälzung der Kosten auf den Nutzer ermöglichen. Deshalb kommt es auf die jeweilige vertragliche Vereinbarung der Parteien an, ob Gebäudeeigentümer oder Nutzer die Kosten zu tragen haben. Da bei diesen Verhältnissen aber keine gesetzlichen Hürden für eine Mieterhöhung bestehen, kann der Gebäudeeigentümer den Einbau der Erfassungsgeräte zum Anlass einer Erhöhung der Nutzungsentschädigung nehmen, sofern diese nicht vertraglich ausgeschlossen ist (Freywald Rn. 69; für einen Anspruch auf Vertragsänderung Fritz GewerberaummietR Rn. 135).

44 **3. Ersatz von Geräten. a) Reparaturen.** Ist eine Ausstattung zur Verbrauchserfassung vorhanden, ist die Duldungs- und Kostentragungspflicht des Nutzers nach der HeizkV erschöpft. Die **Kostentragung** für Reparaturen, Änderungen, Ersatz oder Austausch der Geräte richtet sich nach den allgemeinen Bestimmungen des BGB oder der vertraglichen Einzelregelung. Grundsätzlich trägt der **Gebäudeeigentümer** die Kosten für Reparaturen an den Geräten, die durch Verschleiß erforderlich werden (für Mietvertrag §§ 535 Abs. 1 S. 2, 538 BGB). Deutet das Schadensbild auf eine Beschädigung durch den Nutzer hin, so trifft ihn die Ersatzpflicht nach den §§ 280 Abs. 1, 823 Abs. 1 BGB mit dem ihm obliegenden Entlastungsbeweis nach § 280 Abs. 1 S. 2 BGB. Eine generelle formularmäßige Überwälzung der Kosten für Kleinreparaturen ist im Wohnraummietrecht unzulässig (OLG München WuM 1989, 130; BGH WuM 1989, 324).

45 Weist das angebrachte **Erfassungsgerät Mängel** auf, fällt der erforderliche Austausch noch unter die Duldungspflicht des Nutzers nach § 4 Abs. 2 S. 1 Hs. 2, da die Erstausstattung der Räume aufrechterhalten werden soll. Daraus entstehende zusätzliche Kosten hat im Verhältnis zum Nutzer der Gebäudeeigentümer zu tragen, unbeschadet der Möglichkeit des Regresses beim Lieferanten; der Gebäudeeigentümer hat für solche Fälle in die Nutzungsentschädigung eine Instandhaltungskostenpauschale einzurechnen (so für den preisgebundenen Wohnungsbau § 28 II.BV).

46 Ist das Erstgerät infolge **Verschleißes** unbrauchbar geworden, so richtet sich die Duldung der Anbringung des Ersatzgerätes und die Kostentragung nach denselben Regeln wie bei der Erstausstattung; denn die Erneuerung stellt lediglich die Erfüllung der Pflicht zur Ausstattung der Räume dar, die infolge Wegfalls des vorhandenen Gerätes nicht mehr mit Erfassungsgeräten versehen sind. Im Fall der fortgesetzten Anmietung der Geräte ergibt sich die Notwendigkeit der Durchführung des Anhörungsverfahrens der Nutzer nur, wenn eine Steigerung der Mietraten für das Gerät eintritt.

B. Ausstattung mit Erfassungsgeräten § 4 **HeizkV**

b) **Geräte-Austausch.** Nicht mehr von den Regelungen der HeizkV erfasst 47
wird der Fall, dass ein **funktionsfähiges System** gegen ein **moderneres** ausgetauscht werden soll (etwa Verdunster gegen elektronische Kostenverteiler, aA AG Düsseldorf DWW 2008, 98). Hier sind zwei Fälle zu unterscheiden. Der Austausch kann infolge einer Änderung der Heizungsanlage notwendig sein. Die Duldungspflicht der Umgestaltung der Heizungsanlage richtet sich nach § 555b Nr. 1, 2 BGB und umfasst auch den Austausch der Erfassungsgeräte. Der Nutzer wird zur Duldung beider Maßnahmen verpflichtet sein, wenn die Modernisierung der Heizung zu einer **Energieeinsparung** führt (und die Ausschlussmerkmale des § 555d Abs. 1 BGB nicht gegeben sind). Führt die Maßnahme zu einer nachhaltigen Einsparung von Energie, kann die Miete um die Modernisierungskosten einschließlich der neuerlichen Kosten für die Erfassungsgeräte nach § 559 BGB erhöht werden; es handelt sich insoweit um eine Gesamtmaßnahme, die für die **Kostenüberwälzung** nicht aufgespalten werden kann (Pfeifer Taschenbuch 1988, 72). Jedoch ist zu beachten, dass keine kumulierende Mieterhöhung eintritt; die auf die Miete umgelegten Erwerbskosten für das alte Gerät sind von der neuerlichen Mieterhöhung nach § 559 BGB von der bisher gezahlten Miete abzuziehen (Kohlenbach § 4 Anm. 2 [Fassung Juli 2000; in der Fassung Juli 2003 nicht mehr enthalten]; Kreuzberg/Wien Heizkostenabrechnung-HdB/von Brunn/Alter S. 220). Sollen die Erfassungsgeräte erstmals angemietet werden, ist das Anhörungsverfahren der Nutzer zu beachten (→ Rn. 13–20); wurden bereits die alten Geräte gemietet, ist das Anhörungsverfahren nur bei einer Mieterhöhung für die neuen Geräte durchzuführen.

Anders ist dagegen der Fall zu beurteilen, dass vorhandene Erfassungsgeräte 48
ohne Änderung der Versorgungsanlage für Heizung/Warmwasser gegen modernere Geräte ausgetauscht und käuflich erworben werden sollen. Hier ist zu trennen zwischen Duldungspflicht und Kostenüberwälzung. Die HeizkV ist für die Duldungspflicht nicht anwendbar, da ihre Zielsetzung durch die vorhandenen Geräte erfüllt wird (HKA 1988, 23; LG Hamburg WuM 2009, 124; aA AG Berlin-Lichtenberg GE 2007, 1054; GE 2010, 1351). Der BGH (WuM 2011, 625; dazu Lammel jurisPR-MietR 3/2012 Anm. 2; im Anschluss an BGH AG Hamburg-St.Georg ZMR 2015, 388) sieht allerdings in der sich aus § 4 Abs. 2 ergebenden Duldungspflicht eine Dauerverpflichtung bzw. ein andauerndes Recht zur Ausstattung (so insbesondere die Vorinstanz LG Heidelberg WuM 2011, 14), ohne zu berücksichtigen, dass jede Pflicht mit ihrer Erfüllung erlischt. Die technische Annahme, die funkbasierten Ablesegeräte würden eine **verbesserte Verbrauchserfassung** ermöglichen (BGH WuM 2011, 625 Rn. 20), geht an der technischen Wirklichkeit vorbei: auch diese Geräte sind nur Verteiler und keine Messgeräte. Die **Duldungspflicht** könnte jedoch aus § 555b Nr. 5 BGB hergeleitet werden; die modernen Geräte würden zu einer Verbesserung der Mieträume infolge ihrer verbesserten Anzeige (digitale Ziffern an Stelle der „Striche" bei den Verdunstungsgeräten) des Energieverbrauchs führen und den Wohnwert deshalb verbessern, weil die Nutzer bei der (Fern-)Ablesung nicht mehr anwesend sein müssten (so AG Frankfurt a. M. NZM 2006, 537; LG Berlin GE 2010, 1745). Ist das schon zweifelhaft, scheitert eine Kostenüberwälzung auf den Mieter jedenfalls an den strengeren Voraussetzungen des § 559 Abs. 1 BGB (Brintzinger § 4 Anm. 5 S. 10; LG Kassel NZM 2006, 818). Es kann nicht davon ausgegangen werden, dass die genauere Verbrauchsanzeige zu einer **nachhaltigen Energieeinsparung** führt (so aber Pfeifer Taschenbuch 1988, 73; Pfeifer. HeizkV § 4 Anm. 4b; BeckOK MietR/Pfeifer HeizkV § 4 Rn. 55), auch nicht mittelbar über das Ver-

brancherverhalten. Es ist lebensfremd zu glauben, der Nutzer würde ständig die Heizung nach abgelesenem Verbrauch regulieren, bis er das optimale Mittel zwischen geringstem Verbrauch und noch erträglichem Wohnkomfort erreicht hat. Die Regulierung erfolgt im Regelfall während der Heizperiode nur einmal anhand der Thermostatventile. Auch die **nachhaltige Gebrauchswerterhöhung** durch moderne Geräte ist nicht gegeben; die im § 4 ModEnG enthaltenen Beispielsfälle sprechen dagegen (Schmidt-Futterer/Eisenschmid BGB 555b Rn. 144 für Wärmezähler; AG Berlin-Schöneberg MM 2010, 182 mAnm Lammel WuM 2010, 623). Allerdings ist eine Änderung der Rechtslage insoweit eingetreten, als die Novelle 2021 eine Verpflichtung zur Anbringung fernablesbarer und an ein SMGW anschließbarer Geräte vorschreibt (dazu → HeizkV § 5 Rn. 62 f., 68 f.).

49 Lag der Nutzung der alten Geräte hingegen ein **Mietvertrag** zwischen Gebäudeeigentümer und Wärmemessdienst zugrunde, ist der Austausch unproblematisch, wenn er zu keinen höheren Belastungen über die umlegungsfähigen Mietkosten beim Nutzer führt (LG Hamburg WuM 2009, 124). Drohen höhere Mietraten, ist das in § 4 Abs. 2 vorgesehene Anhörungsverfahren durchzuführen (→ Rn. 13–20).

50 Für **preisgebundenen Wohnraum** gelten die Ausführungen entsprechend, da für eine zulässige Erhöhung der Kostenmiete allein auf Grund modernisierender baulicher Änderungen nach § 6 Abs. 1 NMV 1970 iVm § 11 Abs. 6 II.BV eine nachhaltige Verbesserung des Wohnwerts bzw. der Einsparung von Energie gefordert wird.

C. Gemeinschaftsräume

51 § 4 Abs. 3 entscheidet jetzt die bislang umstrittene Frage, ob auch die sog. gemeinschaftlich genutzten Räume (Musterbeispiel ist das mit Heizkörpern versehene Treppenhaus) mit Erfassungsgeräten ausgestattet werden müssen (dafür zB OLG Hamburg DWW 1987, 225; Pfeifer Taschenbuch 1986, 36). **Auszugliedern** aus dem Anwendungsbereich des § 4 Abs. 3 sind solche mit Heizkörpern versehenen Räume, die üblicherweise selten benutzt werden, wie Party- und Hobbyräume, die aber **ausschließlich** durch Vertrag einer **Nutzereinheit** zugeordnet sind. Sie sind nach § 4 Abs. 2 mit Erfassungsgeräten auszustatten; die Verteilung erfolgt lediglich auf den jeweiligen Nutzer.

I. Gemeinschaftlich genutzte Räume

52 Unter § 4 Abs. 3 fallen nur zwei Raum-Gruppen: gemeinschaftlich genutzte Räume und Gemeinschaftsräume. Bei den **gemeinschaftlich genutzten Räumen** handelt es sich um solche, deren Nutzung notwendigerweise mit der Nutzung der eigentlichen (Miet-)Räume verbunden ist, so Flur, Treppenhaus, Keller. Diese Räume sind von der Pflicht zur Verbrauchserfassung ausgenommen. Maßgebend war hierfür die Überlegung, dass die auf solche Räume entfallenden **Verbrauchsanteile verhältnismäßig** gering sind, etwa 2–3 % des Gesamtverbrauchs eines Gebäudes, und dass der Verbrauch dem einzelnen Nutzer individuell weder zugeordnet noch von ihm beeinflusst werden kann (BR-Drs. 494/88, 24). Dem steht Art. 9b Abs. 3 lit. b EED nicht entgegen. Denn die Richtlinie verlangt für den Wärmeverbrauch in Treppenhäusern keine verbrauchsabhängige Abrechnung,

sondern lediglich Leitlinien für die Zuordnung des Verbrauchs, was mit der Einbindung in den Gesamtverbrauch geschehen ist.

Die Energiekosten für diese Räume fließen in den **Gesamtverbrauch des** 53 **Gebäudes** ein und werden entsprechend dem geltenden Verteilungsschlüssel auf die einzelnen Nutzereinheiten verteilt (HKA 1989, 14). Das führt dazu, dass der einzelne Nutzer, der in seinen Räumen entweder viel verbraucht oder eine große Fläche innehat, auch mit entsprechend höheren Anteilen an dem Verbrauch für die gemeinschaftlich genutzten Räume belastet wird, unabhängig von seiner Nutzungsintensität. Eine danach mögliche ungleiche Belastung ist aber im Interesse einer kostensparenden Pauschalierung hinzunehmen (Pfeifer HeizkV § 4 Anm. 7b), zumal der höhere Einzelverbrauch bzw. die größere Nutzfläche zumindest ein Indiz für eine entsprechend intensivere Nutzung der gemeinschaftlichen Räume darstellt.

Nach der Begründung der Neufassung des § 4 soll es zwar möglich sein, eine 54 rechtsgeschäftliche Vereinbarung über die gesonderte Verbrauchserfassung dieser Räume zu treffen (BR-Drs. 494/88, 24). Das ist einerseits angesichts der Bestimmung des § 2 fraglich, wonach die Vorschriften der HeizkV rechtsgeschäftlichen Bestimmungen vorgehen; davon sind an sich auch die Ausnahmeregelungen der HeizkV betroffen, die auf einer sachgebundenen Interessenabwägung beruhen. Andererseits entstehen Zweifel, welchen Inhalt die rechtsgeschäftliche Vereinbarung haben darf; ob sie in der Wahl des Verteilungsschlüssels völlig frei oder an die HeizkV gebunden ist. Da § 2 dahingehend auszulegen ist, dass bei einer verbrauchsabhängigen Kostenverteilung diese nach den Vorschriften der HeizkV insgesamt vorzunehmen ist (→ HeizkV § 2 Rn. 17), bleibt für eine rechtsgeschäftliche Regelung nach § 4 Abs. 3 nur die **Auswahl des Verteilungsschlüssels** im Rahmen des § 7 bzw. des § 10.

Von den **Gesamtkosten** für ein Gebäude sind daher zunächst bei vereinbarter 55 Verbrauchserfassung der **gemeinschaftlich genutzten Räume** die für diese Räume nach der HeizkV errechneten Kosten **abzuziehen.** Diese gesondert ermittelten Kosten müssen dann auf die einzelnen Nutzer verteilt werden, aber ebenfalls nach den Maßstäben der HeizkV (Schmid BlGBW 1984, 202 für die Rechtslage vor der Gesetzesänderung). Eine Verteilung auf die einzelnen Nutzer nach einem verbrauchsunabhängigen Maßstab (so etwa Pfeifer HeizkV § 4 Anm. 7b; Kinne § 4 Rn. 67) widerspräche den Intentionen der HeizkV, durch Anzeige des Verbrauchs zur Energieeinsparung anzuhalten.

II. Gemeinschaftsräume

§ 4 Abs. 3 S. 2 unterwirft dagegen **Gemeinschaftsräume** der **Erfassungs-** 56 **pflicht.** Hierbei handelt es sich um solche Räume, die einer Sondernutzung unterliegen und entsprechend ihrer Zweckbestimmung einen **hohen Energieverbrauch** haben. Als Beispiele zählt § 4 Abs. 3 S. 2 Schwimmbad und Sauna auf. Hinzugerechnet werden sollten aber auch solche Räume, die zwar nicht dauernd beheizt zu werden pflegen, die aber bei ihrer zeitweiligen Nutzung Heizenergie in erheblichem Umfang verbrauchen, etwa Wäschetrockenräume, Party-, Hobby-, Tischtennisräume, die der Nutzergemeinschaft insgesamt und nicht nur einem Nutzer zur Verfügung stehen. Gerade bei diesen Gemeinschaftsräumen trifft der Gesetzeszweck, Verbrauchskontrolle als Anreiz für sparsames Verbrauchsverhalten (BR-Drs. 494/88, 25), besonders zu, da anderenfalls die jeweils wechselnden Nutzer ihr Verbrauchsverhalten auf die Nutzergemeinschaft

HeizkV § 4 Pflicht zur Verbrauchserfassung

insgesamt abschieben könnten. Nicht praktikabel ist der Vorschlag, die Pflicht zur Anbringung von Erfassungsgeräten vom Verhältnis des Verbrauchs in den Gemeinschaftsräumen zum Gesamtverbrauch abhängig zu machen (Ropertz/ Wüstefeld NJW 1989, 2367), da diese Berechnung eine Erfassung voraussetzt, deren Pflicht sich erst aus der Berechnung ergeben soll. Eine nachträgliche Änderung der Erfassungspflicht infolge steigenden Energieverbrauchs (so Pfeifer HeizkV § 4 Anm. 7d) erübrigt sich deshalb, weil diese potentiell energieträchtigen Gemeinschaftsräume von vornherein auszustatten sind. Die Verteilung der Kosten für diese gesondert erfassten Gemeinschaftsräume erfolgt nach § 6 Abs. 3 (→ HeizkV § 6 Rn. 84; HKA 1991, 21).

D. Ansprüche des Nutzers

57 Schließlich gibt § 4 Abs. 4 dem Nutzer die Möglichkeit, vom Gebäudeeigentümer die **Erfüllung seiner Pflichten** aus der HeizkV zu **verlangen.** Zwar bezieht sich dieser Anspruch seinem Wortlaut und seiner systematischen Stellung nach nur auf die in § 4 enthaltenen Pflichten, also Ausstattung der Räume und Erfassung des Verbrauchs. Eine notwendige Folge dieser Erfassungspflicht ist aber auch die Verteilung des erfassten Verbrauchs nach den §§ 6–9, so dass auch die in diesen Vorschriften enthaltenen Pflichten des Gebäudeeigentümers vom Anspruch des § 4 Abs. 4 erfasst werden.

58 Der Anspruch ist im Wege der **Leistungsklage** vor den Zivilgerichten geltend zu machen; ausschließlich zuständig ist bei Wohnraum erstinstanzlich gemäß § 29a ZPO das Amtsgericht des belegenen Wohnraums, da es sich insoweit um eine Streitigkeit zur Erfüllung des Mietvertrages handelt; bei sonstigen Nutzungsverhältnissen ist je nach Streitwert (abgesehen vom persönlichen Gerichtsstand nach § 12 ZPO) das Amtsgericht oder Landgericht am Erfüllungsort zuständig, § 29 ZPO; dh ebenfalls am Ort des Gebäudes, da hier die Pflicht zur Erfassung und Verteilung zu erfüllen ist. Vollstreckt wird ein obsiegendes rechtskräftiges Urteil im Wege der Ersatzvornahme nach § 887 ZPO.

59 Bei einer **Mehrheit von Nutzern** ist nicht erforderlich, dass alle Nutzer gemeinsam den Anspruch nach § 4 Abs. 4 geltend machen. Es genügt, wenn ein **einzelner Nutzer** vom Gebäudeeigentümer die Erfassung des Wärme- und Warmwasserverbrauchs und die Verteilung der angefallenen Kosten nach der HeizkV **verlangt.** Dann muss der Gebäudeeigentümer in allen Nutzungseinheiten Erfassungsgeräte anbringen und die Kosten nach dem gemessenen Verbrauch verteilen; andererseits sind alle Nutzer zur Duldung dieser Maßnahmen verpflichtet, auch wenn sie den Anspruch nach § 4 Abs. 4 nicht zu erheben gedachten.

60 Ferner hat der vertragliche Nutzer einer **Eigentumswohnung** gegen den Wohnungseigentümer den Anspruch nach § 4 Abs. 4 unabhängig davon, ob sich die Eigentümergemeinschaft selbst schon über die Befolgung der Vorschriften der HeizkV schlüssig geworden ist (AG Düsseldorf WuM 1988, 171).

61 Der einzelne Nutzer ist zur Durchsetzung seines Anspruchs nicht nur auf eine Klage angewiesen. § 12 Abs. 1 S. 1 gibt ihm daneben das Recht, den nach einer Abrechnung (zB nach einem völlig verbrauchsunabhängigen Schlüssel) auf ihn entfallenden **Kostenanteil** um 15 % zu **kürzen** (AG St. Blasien NZM 2003, 394; zu den Einzelheiten → HeizkV § 12 Rn. 7–35).

§ 5 Ausstattung zur Verbrauchserfassung

(1) ¹Zur Erfassung des anteiligen Wärmeverbrauchs sind Wärmezähler oder Heizkostenverteiler, zur Erfassung des anteiligen Warmwasserverbrauchs Warmwasserzähler zu verwenden. ²Soweit nicht eichrechtliche Bestimmungen zur Anwendung kommen, dürfen nur solche Ausstattungen zur Verbrauchserfassung verwendet werden, hinsichtlich derer sachverständige Stellen bestätigt haben, dass sie den anerkannten Regeln der Technik entsprechen oder dass ihre Eignung auf andere Weise nachgewiesen wurde. ³Als sachverständige Stellen gelten nur solche Stellen, deren Eignung die nach Landesrecht zuständige Behörde im Benehmen mit der Physikalisch-Technischen Bundesanstalt bestätigt hat. ⁴Die Ausstattungen müssen für das jeweilige Heizsystem geeignet sein und so angebracht werden, dass ihre technisch einwandfreie Funktion gewährleistet ist.

(2) ¹Ausstattungen zur Verbrauchserfassung nach Absatz 1 Satz 1 und nach § 9 Absatz 2 Satz 1, die nach dem 1. Dezember 2021 installiert werden, müssen fernablesbar sein und dabei den Datenschutz und die Datensicherheit nach dem Stand der Technik gewährleisten. ²Fernablesbar ist eine Ausstattung zur Verbrauchserfassung, wenn sie ohne Zugang zu einzelnen Nutzeinheiten abgelesen werden kann. ³Ab dem 1. Dezember 2022 dürfen nur noch solche fernablesbaren Ausstattungen installiert werden, die sicher an ein Smart-Meter-Gateway nach § 2 Satz 1 Nummer 19 des Messstellenbetriebsgesetzes vom 29. August 2016 (BGBl. I S. 2034), das zuletzt durch Artikel 10 des Gesetzes vom 16. Juli 2021 (BGBl. I S. 3026) geändert worden ist, unter Beachtung der in Schutzprofilen und Technischen Richtlinien des Bundesamtes für Sicherheit in der Informationstechnik niedergelegten Stands der Technik nach dem Messstellenbetriebsgesetz angebunden werden können. ⁴Die Sätze 1 bis 3 sind nicht anzuwenden, wenn ein einzelner Zähler oder Heizkostenverteiler ersetzt oder ergänzt wird, der Teil eines Gesamtsystems ist und die anderen Zähler oder Heizkostenverteiler dieses Gesamtsystems zum Zeitpunkt des Ersatzes oder der Ergänzung nicht fernablesbar sind.

(3) ¹Nicht fernablesbare Ausstattungen zur Verbrauchserfassung, die bis zum 1. Dezember 2021 oder nach Maßgabe des Absatzes 2 Satz 4 nach dem 1. Dezember 2021 installiert wurden, müssen bis zum 31. Dezember 2026 die Anforderungen nach den Absätzen 2 und 5 durch Nachrüstung oder Austausch erfüllen. ²Satz 1 ist nicht anzuwenden, wenn dies im Einzelfall wegen besonderer Umstände technisch nicht möglich ist oder durch einen unangemessenen Aufwand oder in sonstiger Weise zu einer unbilligen Härte führen würde.

(4) Fernablesbare Ausstattungen zur Verbrauchserfassung, die bis zum 1. Dezember 2022 installiert wurden, müssen nach dem 31. Dezember 2031 die Anforderungen nach Absatz 2 Satz 3 und Absatz 5 durch Nachrüstung oder Austausch erfüllen.

(5) ¹Ab dem 1. Dezember 2022 dürfen nur noch solche fernauslesbaren Ausstattungen zur Verbrauchserfassung installiert werden, die einschließlich ihrer Schnittstellen mit den Ausstattungen gleicher Art anderer Hersteller interoperabel sind und dabei den Stand der Technik einhalten. ²Die Interoperabilität ist in der Weise zu gewährleisten, dass im Fall der

Übernahme der Ablesung durch eine andere Person diese die Ausstattungen zur Verbrauchserfassung selbst fernablesen kann. ³Das Schlüsselmaterial der fernablesbaren Ausstattungen zur Verbrauchserfassung ist dem Gebäudeeigentümer kostenfrei zur Verfügung zu stellen.

(6) ¹Die Einhaltung des Stands der Technik nach den Absätzen 2 und 5 wird vermutet, soweit Schutzprofile und technische Richtlinien eingehalten werden, die vom Bundesamt für Sicherheit in der Informationstechnik bekannt gemacht worden sind, oder wenn die Ausstattung zur Verbrauchserfassung mit einem Smart-Meter-Gateway nach § 2 Satz 1 Nummer 19 des Messstellenbetriebsgesetzes verbunden ist und die nach dem Messstellenbetriebsgesetz geltenden Schutzprofile und technischen Richtlinien eingehalten werden. ²Wenn der Gebäudeeigentümer von der Möglichkeit des § 6 Absatz 1 des Messstellenbetriebsgesetzes für die Sparte Heizwärme Gebrauch gemacht hat, sind fernablesbare Ausstattungen zur Verbrauchserfassung nach den Absätzen 2 und 3 an vorhandene Smart- Meter-Gateways nach § 2 Satz 1 Nummer 19 des Messstellenbetriebsgesetzes anzubinden.

(7) ¹Wird der Verbrauch der von einer Anlage im Sinne des § 1 Absatz 1 versorgten Nutzer nicht mit gleichen Ausstattungen erfasst, so sind zunächst durch Vorerfassung vom Gesamtverbrauch die Anteile der Gruppen von Nutzern zu erfassen, deren Verbrauch mit gleichen Ausstattungen erfasst wird. ²Der Gebäudeeigentümer kann auch bei unterschiedlichen Nutzungs- oder Gebäudearten oder aus anderen sachgerechten Gründen eine Vorerfassung nach Nutzergruppen durchführen.

(8) ¹Die Bundesregierung evaluiert die Auswirkungen der Regelungen auf Mieter in den Absätzen 2, 5 und 6 drei Jahre nach dem 1. Dezember 2021, insbesondere im Hinblick auf zusätzliche Betriebskosten durch fernablesbare Ausstattungen und den Nutzen dieser Ausstattungen für Mieter. ²Der Evaluationsbericht wird spätestens am 31. August 2025 veröffentlicht.

Literatur zur Novelle 2021: Fritsch/Okon, Die Umsetzung der neuen Heizkostenverordnung in der Praxis, ZMR 2022, 169; Lammel, Die novellierte Heizkostenverordnung – ein (weiterer) Schritt zur Energieeinsparung? ZMR 2022, 1; Pfeifer, Die neue Heizkostenverordnung – Teil 1, GE 2022, 133; Teil 2, GE 2022, 286; Wall, Heizkostenverordnungs-Novelle 2021, NZM 2022, 73; Zehelein, Der Referentenentwurf der Bundesregierung zur Änderung der Heizkostenverordnung. Ziele, Inhalt und Defizite maßgeblicher Neuregelungen aus rechtlicher Sicht, ZMR 2022, 541.

Übersicht

	Rn.
A. Regelungsgehalt	1
B. Erfassungssysteme	3
I. Grundzüge	3
II. Erfassung des Wärmeverbrauchs	7
1. Heizkostenverteiler	7a
a) Verdunstungsgeräte	7a
b) Elektronische Heizkostenverteiler	39
2. Wärmezähler	50

A. Regelungsgehalt §5 HeizkV

	Rn.
a) Funktion	50
b) Fehlerquellen	53
III. Erfassung des Warmwasserverbrauchs	55
1. Geräte-Arten	55
2. Eichpflicht	58
C. Fernablesbarkeit	62
I. Rechtliche Grundlagen	63
II. Sachliche Ausführung	64
III. Smart-Meter-Gateway (SMGW)	68
IV. Interoperabilität	73
V. Fristen und Ausnahmen	76
VI. Evaluierung	83
D. Auswahl der Geräte	84
E. Vertrag mit Messdienstfirma	88
F. Öffentlichrechtliche Bedingungen für Geräte	91
I. Eichpflicht	91
II. Bestätigung durch sachverständige Stellen	93
1. Sachverständige Stellen	93
2. Verweis auf anerkannte Regeln der Technik	97
3. Eignungsnachweis auf andere Weise	99
G. Vorerfassung	100
I. Unterschiedliche Geräteausstattung	100
II. Sonstige Fälle	102
Anhang: Verzeichnis der deutschen Eichbehörden	107

A. Regelungsgehalt

§ 5 ist die **technische Grundnorm** der HeizkV. Sie bestimmt, welche **1** Erfassungssysteme verwendet werden dürfen/müssen, welche verwaltungstechnischen Voraussetzungen die einzelnen Geräte erfüllen müssen, welche Stellen für die Zulassung der Geräte im einzelnen zuständig sind und schließlich die Eignung und Anbringung der Geräte im Einzelfall. Systematisch eher zu § 6 gehörend, regelt Abs. 7 die Vorerfassung bei Nutzung unterschiedlicher Geräte. § 5 ist stets im direkten Zusammenhang mit den sich aus § 4 ergebenden Rechten und Pflichten zu sehen. § 5 verdeutlicht im einzelnen die in § 4 Abs. 1 enthaltene **Ausstattungspflicht** des Gebäudeeigentümers (dazu → HeizkV § 4 Rn. 4–50).

Andererseits konkretisiert § 5 auch den sich aus § 4 Abs. 4 (dazu → HeizkV **2** § 4 Rn. 57–61) ergebenden **Anspruch des Nutzers** auf Erfüllung der Ausstattungspflicht. Gerade dieser Anspruch umfasst die Erfüllung sämtlicher technischer Voraussetzungen, die für jedes Gerätesystem im unterschiedlichen Umfang zum zweckentsprechenden Einsatz erforderlich sind. Das bedeutet, dass der Nutzer über § 4 Abs. 4 die Geeignetheit und die Funktionsfähigkeit des vom Gebäudeeigentümer ausgewählten und angebrachten Erfassungsgerätes kontrollieren und über das **Kürzungsrecht** nach § 12 Abs. 1 beeinflussen kann. Angesichts dieser weitgehenden Rechte des Nutzers muss auf die strikte Einhaltung der in § 5 enthaltenen verwaltungstechnischen Verfahrensabläufe geachtet werden, sofern nicht (vorübergehend noch) der Bestandsschutz für Altausstattungen nach § 12 Abs. 2 eingreift.

Heizk V § 5 Ausstattung zur Verbrauchserfassung

B. Erfassungssysteme

I. Grundzüge

3 § 5 Abs. 1 S. 1 zählt die **Systeme** auf, die als Erfassungsgeräte geeignet angesehen werden. Für Warmwasser sind jetzt nur noch Warmwasserzähler zulässig; die eingebauten sog. **Warmwasserkostenverteiler** genossen seit 1987 lediglich Bestandsschutz, der zum 31.12.2013 abgelaufen war (BR-Drs. 643/21, 14).

4 Aus der Bezugnahme auf **technische Regelwerke,** also insbesondere die DIN – sowohl in der nationalen als auch der europäischen Fassung –, lässt sich für die Erfassung des anteiligen Wärmeverbrauchs schließen, dass insoweit die Aufzählung der Systeme in § 5 abschließend ist. Die begrenzte Zahl der zugelassenen Systeme für die Erfassung des Wärmeverbrauchs entsprach der DIN 4713, Ausgabe 1980, auf die § 5 aF verwiesen hatte. Dieser Verweis war zwar mit der Änderung der HeizkV 1984 entfallen. Damit sollte aber nicht die Möglichkeit gegeben werden, andere Erfassungssysteme zu benutzen. Die Verweisung auf DIN 4713 wurde lediglich deshalb aus dem Wortlaut des § 5 gestrichen, um die HeizkV nicht bei jeder Änderung der DIN ebenfalls ändern zu müssen (BR-Drs. 483/83, 34), die angesichts der schnell fortschreitenden Entwicklung der Technik auf dem Gebiet der Erfassungsgeräte häufiger erwartet wurde. Man ging also bei der Änderung des § 5 davon aus, dass die HeizkV hinter dem Stand der DIN zurückbleiben könnte; die HeizkV sollte aber nicht hinsichtlich der verwendbaren Systeme von Erfassungsgeräten der technischen Entwicklung voranschreiten. Seit November 1994/April 1995 ist die entsprechende DIN durch zwei **europäische Normen** ersetzt worden, EN 834 für elektronische Heizkostenverteiler und EN 835 für Heizkostenverteiler nach dem Verdunstungsprinzip (Kreuzberg/Wien Heizkostenabrechnung.-HdB/Mügge, Kap. 4 (S. 267 ff.).

5 Auch die vorletzte Änderung des § 5 im Jahre 1989, mit der Warmwasserkostenverteiler als System aus dem Anwendungsbereich der HeizkV entfernt wurden, zeigt das grundsätzliche Verhältnis von technischen Normen und HeizkV hinsichtlich der zulässigen Systeme von Erfassungsgeräten. Maßgebend ist nicht mehr die Aufzählung der Systeme in den einschlägigen Normen, sondern die in der HeizkV, und diese ist für Systeme zur Erfassung des Wärmeverbrauchs der Heizung abschließend (aA Brintzinger § 5 Anm. 2, 5; dort auch eine Beschreibung anderer Erfassungssysteme nach dem metrostatischen Verfahren, dem Raumtemperaturverfahren oder durch volumetrische Erfassung der Heizwassermenge). Auch die Novelle 2021 hat an diesem **dualen Erfassungssystem** (Verteiler oder Messgerät) nichts grundsätzliches geändert; es sind – lediglich – zusätzliche Anforderungen (Fernablesbarkeit, Anschlussfähigkeit an SMGW, Interoperabilität) an die systemgerechten Geräte hinzugekommen

6 Allerdings könnte die Begrenzung auf bestimmte Gerätesysteme gegen europäisches Gemeinschaftsrecht verstoßen, insbesondere gegen Art. 30 EWGV, der Beschränkungen des freien Warenverkehrs verbietet. Denn durch die abschließende Aufzählung verwendbarer Erfassungsgeräte könnte zB die Anwendung des in Frankreich entwickelten **metrostatischen Verfahrens,** das durch besondere Thermostatventile verwirklicht wird (Metz HuG Gruppe 11, 153), verhindert werden, ohne dass dies durch anwendungsspezifische Gründe gerechtfertigt wäre (darin könnte ein Verstoß gegen Art. 1der RL Nr. 66/683/EWG vom 7.11.1966, ABl. 1966 S. 3748, liegen). Diese Bedenken sind durch die Schaffung der europäischen Normen für Heizkostenverteiler nur zum Teil ausgeräumt worden, da die

B. Erfassungssysteme § 5 HeizkV

grundsätzliche Zulassung von Geräten immer noch unterschiedlich geregelt ist (Sperber DWW 1995, 161 (167)).

II. Erfassung des Wärmeverbrauchs

Für die Erfassung des anteiligen Wärmeverbrauchs lässt die HeizkV Geräte nach dem System der **Wärmezähler** oder der **Heizkostenverteiler** zu. Während es sich bei den Wärmezählern um echte Messgeräte handelt, sind die **Heizkostenverteiler** nur **Hilfsgeräte** zur Feststellung des anteiligen Verbrauchs eines Nutzers am Gesamtverbrauch des jeweiligen Gebäudes; sie messen insbesondere nicht die verbrauchte Wärmemenge in gesetzlichen Maßeinheiten. Beim Vergleich der Geräte ist diese unterschiedliche Arbeitsweise zu beachten; auch die Kritik hinsichtlich der Genauigkeit der Erfassung muss systembedingte Unterschiede berücksichtigen. Das zum Bonmot gewordene Verdikt des LG Hamburg (NJW 1984, 1563), Verdunster würden modernen **Meßmethoden** hinterherhinken wie Sonnenuhren den Quarzuhren, ist daher nicht nur historisch und sachlich, sondern auch logisch falsch, weil unvergleichbare Systeme miteinander in Bezug gesetzt werden. Die Heizkostenverteiler ihrerseits arbeiten nach zwei unterschiedlichen Verfahren: entweder nach dem Verdunstungsprinzip oder als elektronische Verteiler. 7

1. Heizkostenverteiler. a) Verdunstungsgeräte. Zwar sind die Verdunstungsgeräte technisch bedingt nicht fernablesbar. Dennoch dürfen sie nach § 5 Abs. 3 S. 2 weiterverwendet werden, wenn dies technisch bedingt ist. Eine solche technische Bedingung liegt bei der Erfassung von Rohrwärme vor (→ HeizkV § 7 Rn. 31–55). 7a

aa) Anbringung. Die **Verdunstungsgeräte,** auch (fälschlich) Messröhrchen, Heizröhrchen genannt, sind die bekanntesten und wohl noch am häufigsten verwendeten Erfassungsgeräte (zu den – insbesondere technischen – Einzelheiten Kreuzberg/Wien Heizkostenabrechnung-HdB/Hampel/Faulhaber, Kap. 7 (S. 417 ff.)). Sie arbeiten nach dem **Prinzip,** dass eine bestimmte Flüssigkeit unter Einfluss von Wärme in einer bestimmten Zeit um bestimmte Volumenanteile verdunstet. Das jeweilige Gerät zeigt also an, dass die in ihm vorhandene Flüssigkeit unter Einwirkung der Wärme des Heizkörpers in dem Zeitraum zwischen zwei Ableseterminen um die angezeigte Zahl von Einheiten auf einer Skala abgenommen hat. 8

Das **Verdunstungsgerät** besteht aus einer Befestigungsvorrichtung (Gehäuseunterteil), der Glasampulle mit der Messflüssigkeit, der Abdeckung (Gehäuseoberteil) mit Mess-Skala und Verplombungen. Diese Verplombungen sollen verhindern, dass das Flüssigkeitsröhrchen unbemerkt aus dem Gerät entnommen und erst kurz vor dem Ablesetermin wieder eingesetzt wird, um auf diese Weise einen geringeren Verbrauch vorzuspiegeln. Eine solche Manipulation ist strafrechtlich als Betrug zu werten (LG Stuttgart HKA 1987, 10), zivilrechtlich ist sie als schwere Störung des Vertragsverhältnisses zu sehen, die zur sofortigen Auflösung des dem Nutzungsverhältnis zugrundeliegenden Vertrages berechtigt, § 543 Abs. 1 BGB, wobei eine Abmahnung nach § 543 Abs. 3 wegen des bereits eingetretenen Verletzungserfolges bei Entdeckung der Manipulation sinnwidrig ist. Bei dem Verdunstungsgerät sind einige **technische Faktoren** zu berücksichtigen, um die Verlässlichkeit der Anzeige zu gewährleisten. 9

Das **Gehäuseunterteil,** mit dem das Gerät an dem Heizkörper befestigt wird, muss nicht nur aus gut wärmeleitfähigem Material hergestellt sein, sondern auch 10

HeizkV § 5 Ausstattung zur Verbrauchserfassung

so befestigt werden, dass eine optimale Wärmeleitung gewährleistet ist. Es müssen also auch bei Verschraubungen sämtliche Schrauben angezogen werden und nicht nur (bei mehr als einer vorhandenen) eine. Das Ankleben an den Heizkörper ist nach EN 835 Ziff. 6.3 nur zulässig, wenn die thermische Ankopplung nicht beeinträchtigt wird, also zB eine zu dicke Klebeschicht verwendet wird, die die Wärmeleitfähigkeit beeinflusst. Außerdem muss ein **manipulationssicherer Sitz** dadurch garantiert werden, dass die Klebung nur durch Beschädigung zu lösen ist. Diese Anbringungsform sollte daher nur dort gewählt werden, wo sie technisch unvermeidbar erscheint, zB bei Plattenheizkörpern. Da ein in gleicher Weise fehlerhafter Auftrag der Klebeschicht nicht zu verwirklichen ist, gleicht sich der Fehler auch nicht dadurch aus, dass er überall im erfassten Gebäude auftritt.

11 Der für das Verdunstungsgerät **optimale Befestigungsort** ist vom vorhandenen Heizkörpersystem abhängig. Hier kann unterschieden werden in **Heizkörper,** die die Wärme überwiegend durch **Strahlung** abgeben und solche, die Wärme durch **Konvektion** liefern. Zur ersten Gruppe gehören die Gliederheizkörper aus Guss oder Stahl, die Rohrheizkörper mit oder ohne Verkleidung, die einlagigen oder mehrlagigen Plattenheizkörper mit oder ohne Konvektionsheizfläche. Die zweite Gruppe wird gebildet aus den Konvektoren, die als Unterflurkonvektoren, Badewannenkonvektoren etc ausgebildet sein können, wobei zu beachten ist, dass einige Konvektorenarten nicht mit Verdunstern ausgestattet werden dürfen (Kreuzberg/Wien Heizkostenabrechnung-HdB/Hampel/Faulhaber S. 418). Bei den Gliederheizkörpern, den Plattenheizkörpern und bei Befestigung am Konvektorkernrohr werden die Verdunstungsgeräte direkt mit der Heizwasserführung verbunden; bei allen anderen Heizkörperarten erfolgt die Wärmeleitung auf den Verdunster nur mittelbar; sie werden dort an den Lüftungsschlitzen der Platten oder zwischen den Konvektorlamellen mittels Bügel befestigt.

12 Bei den **Strahlungsheizkörpern** mit oben geführtem Heizwasservorlauf ist die optimale Montagehöhe entsprechend EN 835 in 75 % der Bauhöhe des Heizkörpers und zwar unabhängig von einer etwaigen Überdimensionierung des Heizkörpers (Zöllner S. 17/21), sofern sie entsprechend § 14 Abs. 2 EnEV (für Neubauten § 63 GEG) mit Thermostatventilen ausgestattet sind; ist nur die Möglichkeit des An- und Abschaltens des Heizkörpers vorhanden, hat die Montagehöhe keinen signifikanten Einfluss auf die **Anzeigegenauigkeit** der Verdunster (Zöllner S. 16). Wird der Verdunster tiefer angesetzt, erfolgt wegen der nach unten im Heizkörper abnehmenden Temperatur keine oder nur eine geringe Anzeige der Verdunstung in Abhängigkeit zur Wärmeabgabe, während die unabhängig von der Heizkörperwärme erfolgende sog. Kaltverdunstung und damit die Fehlerhaftigkeit der Anzeige überproportional zunimmt (Zöllner S. 18). Die optimale Befestigung in Bezug auf die Länge liegt in der Mitte des Baukörpers; bei überlangen Heizkörpern sind zwei Verdunster anzubringen, jeweils in der Mitte einer Heizkörperhälfte.

13 Bei **Konvektoren** werden die Verdunster auf oder zwischen den Lamellen auf dem Kernrohr angebracht, bei einlagigen Konvektoren liegt der optimale Montageort zwischen 80 % und 90 % der berippten Heizkörperbaulänge; aus Gründen des Gleichklangs mit den anderen Heizkörpertypen ist auch eine Anbringung bei 75 % sinnvoll (Zöllner S. 19). Bei zwei und mehrreihigen Konvektoren ist der Anbringungsort nach der gedachten einreihigen gestreckten Länge zu berechnen und befindet sich auf dem zuerst von Heizwasser durchflossenen Konvektorteil (Zöllner S. 19).

B. Erfassungssysteme § 5 HeizkV

Wird der **Vorlauf** beim Heizkörper **unten** eingeführt, erwärmt er sich infolge 14
physikalischer Gesetzmäßigkeit gleichmäßiger, so dass ein optimaler Befestigungsort für den Verdunster zur Herbeiführung der größten Anzeigegenauigkeit nicht feststellbar ist (Zöllner S. 32).

Die **fehlerhafte Montage** führt aber nicht dazu, dass die Ausstattung nicht 15
(mehr) den anerkannten Regeln der Technik entspricht (so aber LG Berlin WuM 1987, 32). Denn diese Regeln betreffen nur das Erfassungssystem als solches, unabhängig von seiner Verwendung im Einzelfall. Die Anwendung im Einzelfall ist eine Frage der ordnungsgemäßen Erfassung (AG Jülich WuM 1987, 397) und im Fehlerfalle über das Kürzungsrecht des § 12 Abs. 1 zu korrigieren (LG Hamburg WuM 1988, 310; weitergehend hält LG Berlin DWW 1995, 53 die gesamte Abrechnung für nicht fällig).

bb) Messampulle. Das zweite wesentliche Element des Verdunstungsgerätes 16
ist die **Glasampulle mit der Messflüssigkeit.** Die Ampulle muss justiert im Gehäuse gelagert sein. Sie muss je Heizungsanlage, deren Wärmekosten zu verteilen sind, gleichgestaltet sein, denselben Querschnitt und dieselbe Länge haben. Die Ampulle ist oben offen, um die Verdunstung der Flüssigkeit zu ermöglichen. Besonders gestaltet sind lediglich die Verdunstungsgeräte nach dem Kapillarsystem; sie sind extrem dünn und länger als die herkömmlichen Ampullen, so dass eine größere Auflösung erreicht wird; wegen der Adhäsionskraft der Flüssigkeit läuft auch bei waagerechter Anbringung die Flüssigkeit nicht aus (ZfgWBay 1987, 287). Die Montageart muss aber in der Abrechnungseinheit gleich sein, entweder horizontal oder vertikal.

Die **Messflüssigkeit** wird so ausgewählt, dass sie auf Grund ihrer physikalischen 17
Eigenschaften bei einer Veränderung der Wärmeabgabe des Heizkörpers eine Änderung der Verdunstungsgeschwindigkeit aufweist (technisch-physikalische Einzelheiten bei Kreuzberg/Wien Heizkostenabrechnung-HdB/Hampel/Faulhaber S. 427 ff.); außerdem dürfen die Verdunstungsdämpfe nicht gesundheitsschädlich sein (LG Hamburg WuM 1990, 33). Diese Voraussetzungen werden von den verwendeten technisch reinen Flüssigkeiten (überwiegend Methylbenzoat) erfüllt (Sperber HKA 1997, 25). Die Verdunstung dieser Flüssigkeit erfolgt nicht linear, sondern kurvenförmig: die Verdunstungsmenge ist abhängig sowohl von der Flüssigkeitstemperatur als auch von der Höhe der Flüssigkeitssäule in der Ampulle. Je tiefer die Flüssigkeit sinkt, desto langsamer wird auch die Verdunstungsgeschwindigkeit.

Infolge dieser **ungleichmäßigen Verdunstung,** die abhängig ist vom Heiz- 18
wärmeverbrauch, vom Temperaturverlauf während einer Heizperiode, von der Regulierung der Vorlauftemperatur und von der individuellen Regulierung über die Thermostatventile, sind auch die **Strichzahlen** unterschiedlicher Heizperioden **nicht** miteinander **vergleichbar** (Böttcher/Memmert, S. 50). Die mangelnde Vergleichbarkeit resultiert ferner daraus, dass der Verlauf der jeweiligen Heizkörperkennlinie, dh der mittleren Temperatur des Heizkörpers während einer Heizperiode, und die Verdunstungskurve nicht übereinstimmen (Kreuzberg/Wien Heizkostenabrechnung–HdB/Hampel/Faulhaber S. 438). Vielmehr zeigt die Verdunstungsflüssigkeit bei niedriger Temperatur eine in Bezug auf die Wärmeabgabe des Heizkörpers zu geringe Verdunstung, bei hoher Temperatur hingegen eine zu hohe an. Ein Ausgleich über die Heizperiode zum Idealzustand ist für den einzelnen Heizkörper kaum zu erwarten; der Ausgleich erfolgt dadurch, dass alle Nutzer einer Heizungsanlage gleichmäßig von diesem Phänomen betroffen sind

(Philipp ZfgWBay 1987, 492). Zu den sich hieraus beim Nutzerwechsel ergebenden Problemen → HeizkV § 9b Rn. 35–38.

19 Schließlich wird die Anzeige noch durch die sog. **Kaltverdunstung** der Messflüssigkeit beeinflusst. Darunter ist die Verdunstung zu verstehen, die bei abgeschaltetem Heizkörper allein auf Grund der Raumtemperatur erfolgt. Um diese Kaltverdunstung möglichst gering zu halten, ist eine Messflüssigkeit auszuwählen, bei der das Verhältnis zwischen Warm- und Kaltverdunstung möglichst groß ist, dh die bei Wärmeabgabe des Heizkörpers schneller verdunstet als allein auf Grund der Raumtemperatur bei abgeschaltetem Heizkörper. Diese Eigenschaft der **Kaltverdunstung** der Flüssigkeit lässt sich nicht völlig unterdrücken. Ihr muss dadurch Rechnung getragen werden, dass die Ampulle über den Skalennullpunkt hinaus mit der sog. Kaltverdunstungsvorgabe gefüllt wird (Kreuzberg/Wien Heizkostenabrechnung-HdB/Hampel/Faulhaber S. 440; Peters S. 175–179; die Menge wird ebenfalls von der EN 835 vorgegeben; bei einer „Überfüllung" handelt es sich daher nicht mehr um eine ordnungsgemäße Erfassung, aA AG Berlin-Köpenick GE 2007, 1327). Um diese Vorgabe für jede Heizperiode zu erhalten und die Verdunstungsgeschwindigkeit im oberen Skalenbereich zu halten, ist es erforderlich, die Messampullen nach Ablauf jeder Heizperiode auszutauschen.

20 Die **Kontrolle** des erforderlichen **Austausches** wird durch unterschiedliche Färbung der Messflüssigkeit ermöglicht. Sinnvollerweise wird die verbrauchte Messampulle (verschlossen und innerhalb der Verplombung des Gehäuses) beim Nutzer bis zum nächsten Ablesetermin aufbewahrt, um auf diese Weise in Zweifelsfällen den Verbrauch nachweisen zu können. Ist die Aufbewahrung beim Nutzer auf Grund der technischen Vorgaben des Ampullengehäuses nicht möglich, sollte die ausgetauschte alte Ampulle beim Messdienst aufbewahrt werden, um im Falle eines Rechtsstreites zur Verfügung zu stehen.

21 cc) **Anzeigeskala.** Schließlich gehört zum vollständigen Verdunstungsgerät noch die Anzeigeskala (die technische Ausdrucksweise spricht von Skale). Sie muss in ihrer Länge der Ampullenhöhe entsprechen und kann als Einheitsskala oder als Produktskala ausgestaltet sein. Die **Einheitsskala** ist für einen sog. Basisheizkörper, eine angenommene Raumlufttemperatur von 20 °C und die sog. Basisleistung des Heizkörpers berechnet. Da aber eine Vielzahl unterschiedlicher Heizkörper verwendet wird, muss der von der Einheitsskala abgelesene Wert mit Hilfe der für jeden Heizkörper zu ermittelnden Bewertungsfaktoren (Peters S. 135 ff.) umgerechnet werden, um den korrekten Verbrauch festzustellen (Peters S. 156; LG Berlin GE 2008, 673; 2011, 1021; weitergehend AG Berlin-Neukölln GE 2007, 990).

22 Bei der **Produktskala** sind die heizkörpertypischen Bewertungsfaktoren bereits in die Skala eingearbeitet. Die Bewertungsfaktoren geben an, wie weit der tatsächlich vorhandene Heizkörper vom Basisheizkörper abweicht. Der wesentlichste Faktor ist hierbei der sog. C-Wert, der den Wärmekontakt zwischen Heizwasser und Messflüssigkeit darstellt, der angesichts der verschiedenen Heizkörpertypen und unterschiedlichen Befestigungsarten der Verdunstungsgeräte (→ Rn. 11–14) jeweils unterschiedlich ist (Theobald ZfgWBay 1987, 319). Daneben gehören zu den Bewertungsfaktoren der Wärmeleistung des Heizkörpers (Theobald HKA 1986, 13), die Abweichung von der angenommenen Raumlufttemperatur bei sondergenutzten Räumen wie Garagen, die mit Heizkörpern ausgestattet sind. Aus diesen einzelnen Bewertungsfaktoren wird ein **Gesamtbewertungsfaktor** gebildet und entsprechend der sich daraus ergebenden Abweichung vom Basis-

B. Erfassungssysteme § 5 HeizkV

heizkörper die Skala an den vorhandenen Heizkörper angepasst (Kreuzberg/Wien Heizkostenabrechnung-HdB/Hampel/Faulhaber S. 425).

Für die **Ablesung des Flüssigkeitsstandes** der Ampulle anhand der Skala 23 können infolge des flüssigkeitsbedingten Zustandes **drei Messpunkte** in Betracht kommen: am Rande der Ampulle, wo infolge der Adhäsion der Flüssigkeit der Spiegel am höchsten ist; in der Mitte der Ampulle, wo der Flüssigkeitsspiegel am niedrigsten ist und schließlich in der Mitte zwischen Rand und Ampullenmitte (Peters S. 168 f.). Welche Ablesungsbasis genommen wird, ist nicht technisch zwingend vorgegeben. Es ist aber erforderlich, dass bei allen an eine Heizungsanlage angeschlossenen Nutzern **derselbe Basiswert** genommen wird, da sich sonst der zu ermittelnde Verhältniswert unter den Nutzern verschiebt (Böttcher/Memmert S. 49). Ferner ist die Ablesung in **Augenhöhe** vorzunehmen; eine schräge Blickrichtung kann ebenfalls zur ungenauen Ablesung der Striche an der Skala führen (HKA 1986, 9). Schließlich sollten die Verdunster in der warmen Jahreszeit bei abgeschalteter Heizung abgelesen werden. Während der Heizperiode ist die Messflüssigkeit selbst ebenfalls erwärmt und deshalb im Volumen ausgedehnt, so dass infolge dieser Ausdehnung ein geringerer Verdunstungsgrad und damit Verbrauch angezeigt wird als tatsächlich erfolgt ist (Pfeifer Taschenbuch 1988, 60; Mrozinski GWW 1989, 268). Die Geräte für eine Heizeinheit sind letztlich möglichst nach Ablauf eines einheitlichen Zeitraumes abzulesen. Beim Ablesen während der Heizperiode sollten die Ablesezeiten möglichst eng beieinander liegen (AG Nordhorn WuM 2003, 326; AG Köln WuM 2000, 213); beim Ablesen in der heizfreien Zeit können die Termine mehr gestreckt werden.

Der Ableser hat die erfassten Werte in ein **Protokoll** einzutragen. Daneben 24 müssen enthalten sein die Farben der neuen und der ausgetauschten Ampullen, bei der Einheitsskala der für jeden Heizkörper geltende Bewertungsfaktor des Heizkostenverteilers, bei der Produktskala die Skalennummer (Schuster MM 2003, 183).

dd) Einsatzgrenzen. Die Verdunstungsgeräte sind systembedingt **nicht** bei 25 **allen Heizungsarten** und **Heizkörpern** einsatzfähig. Bei der Prüfung ihres Anwendungsbereiches ist stets zu berücksichtigen, dass die Verdunster auf theoretisch gleichmäßige und unmittelbare Wärmebeeinflussung durch den Heizkörper reagieren. Wo diese Voraussetzungen nicht gegeben sind, ist eine der Wärmeabgabe entsprechende Anzeige nicht zu erwarten, und die darauf gründende Kostenverteilung wird notwendigerweise fehlerhaft. Verdunstungsgeräte sind nicht einsetzbar (DIN EN 835, 3) bei Fußbodenheizungen, Deckenstrahlungsheizungen, klappengesteuerten Heizkörpern, Heizkörpern mit Gebläse, Badewannenkonvektoren, Warmlufterzeugern, dampfbetriebenen Heizkörpern (AG Berlin-Neukölln GE 1999, 579) und bei **horizontalen** Einrohrheizungen, die über den Bereich einer Nutzereinheit hinaus reichen (Böttcher/Memmert S. 37, im Gegensatz zu Einrohrheizungen, die nicht über den Bereich einer Nutzungseinheit hinaus verwendet werden, BayObLG NJW-RR 1993, 663). Bei den **vertikalen** Einrohrheizungen ist zu unterscheiden zwischen der grundsätzlichen Eignung der Verdunster und der elektronischen Heizkostenverteiler (Gemeinsame Empfehlung des GdW Bundesverband deutscher Wohnungsunternehmen, der Arbeitsgemeinschaft Heiz- und Wasserkostenverteilung eV und der Fachvereinigung Heizkostenverteiler Wärmekostenabrechnungen eV vom Dezember 2005). und dem Umfang der erfassten Wärme; insbesondere der von den Rohren selbst abgegebene Wärme. Während die Verdunster auch bei vertikalen Rohren angewendet werden (Kreuzberg/Wien Heizkostenabrechnung-HdB/Mügge S. 275) und auch die sog. Rohrwärme erfassen (Kreuzberg/Wien Heizkostenabrechnung-HdB/Hampel/Faulhaber S. 462), bleibt letztere bei den elektronischen Erfassungsgeräten unberücksichtigt, was die Heizkostenabrechnung fehlerhaft machen kann (LG Gera WuM 2007, 511; AG München ZWE 2009, 94; LG Mühlhausen WuM 2009, 234 mAnm Wall WuM 2009, 221; dazu jetzt → HeizkV § 7 Rn. 31–55).

26 Für **Niedertemperaturheizungen,** die mit einer Vorlauftemperatur unter 65 °C arbeiten, sind die herkömmlichen Verdunstungs-Heizkostenverteiler (nach DIN EN 835: **Klasse A**) nicht einsetzbar. Denn unterhalb dieser Temperaturgrenze nimmt die fehlerhafte Anzeige der Verdunster überproportional infolge einer Verdunstung auf Grund der Raumtemperatur zu, so dass die sog. Kaltverdunstung nahezu gleich groß sein kann wie die Nutzungsverdunstung (Zöllner/Römer HKA 1987, 35). Diese Verdunster sind also nur für Anlagen der mittleren Auslegung 90/70 °C sinnvoll einsetzbar. Über 90 °C kann es zu Totalverdunstungen kommen. Die im Niedertemperaturbereich einsetzbaren Verdunster der **Klasse B** müssen besondere Eigenschaften aufweisen, wie hohe Anzeigegeschwindigkeit, höheres Anzeigeverhältnis und eine höhere Kaltverdunstungsvorgabe (Kreuzberg/Wien Heizkostenabrechnung-HdB/Mügge S. 274; Kreuzberg/Wien Heizkostenabrechnung-HdB/Hampel/Faulhaber S. 439).

27 ee) **Anwendungsfehler.** Im Zusammenhang mit diesen systembedingten Einsatzgrenzen der Verdunstungsgeräte sind auch typische, aber vermeidbare Anwendungsfehler zu sehen. Hierzu gehört einmal der sog. **Wärmestau.** Dieser tritt auf, wenn die von dem Heizkörper abströmende Wärme nicht ungehindert an die Umgebungsluft abgegeben werden kann, etwa weil der Heizkörper mit **Verkleidungen** versehen ist oder von langen Vorhängen verdeckt wird (HKA 1991, 29). Dieser Stau führt dazu, dass zur Erwärmung des Raumes mehr Heizenergie aufgewendet werden muss, um die Wärmeabsorption durch das den Stau verursachende Werkstück zu überwinden. Außerdem steigt infolge des Wärmestaus die Temperatur der Messflüssigkeit, so dass diese mehr verdunstet als durch die Wärmeabgabe des Heizkörpers gerechtfertigt wäre (Kreuzberg/Wien Heizkostenabrechnung-HdB/Hampel/Faulhaber S. 455). Auf diese Zusammenhänge sollte ein Nutzer der beheizten Räume vom Nutzungsgeber **hingewiesen** werden, damit dieser sein Einrichtungsverhalten danach gestalten kann (LG Berlin GE 1989, 39; AG Aschersleben/Staßfurt ZMR 2005, 714). Hat hingegen der Nutzungsgeber die Heizkörper mit Verkleidungen versehen, muss er zusätzlich zu dem erwähnten Hinweis auch die Entfernung der Verkleidungen anbieten; eine ohne diese Voraussetzungen erstellte Heizkostenabrechnung ist fehlerhaft, da sie (auch) auf Verbrauch beruht, den der Nutzer nicht verursacht hat, dessen Anteil an der Gesamtnutzung aber nicht berechnet werden kann (AG Hamburg WuM 1988, 405; AG Hamburg WuM 1989, 310; LG Magdeburg ZMR 2006, 289).

28 Zu den systembedingten Anwendungsmängeln gehört auch die Anfälligkeit der Verdunstungsgeräte für **Manipulationsversuche.** Solche stellen zwar eine strafbare Handlung dar, werden jedoch wohl wegen der äußerlichen „Primitivität" der Geräte immer wieder unternommen. Die versuchte Verhinderung der Verdunstung durch Umwickeln der Geräte mit feuchten oder kalten Lappen, mit Folien oÄ, erzielt jedoch das gegenteilige Ergebnis: der dadurch erzeugte Wärmestau führt zu einer höheren, statt der erhofften niedrigeren Verdunstung (Peters S. 184). Die Entfernung der Ampulle bzw. des gesamten (angeklebten) Gerätes

B. Erfassungssysteme **§ 5 HeizkV**

müsste bei ordnungsgemäßer Plombierung bzw. Anbringung zu verhindern sein; vermeidbare Fehler in der Bedienung sind nicht dem Erfassungssystem als solchem anzulasten (LG Koblenz DWW 1985, 156).

Für die Behauptung, die gesamte Heizkostenabrechnung sei deswegen fehlerhaft, weil andere Nutzer die Anzeige der Verdunster manipuliert hätten, ist der jeweilige Nutzer, der diese Behauptung aufstellt, **beweispflichtig** (LG Mainz WuM 1983, 210); den Manipulationsvorwurf gegenüber dem einzelnen Nutzer muss hingegen der abrechnende Gebäudeeigentümer beweisen. 29

Die sog. **Kaltverdunstung** ist ebenfalls im System der Verdunster angelegt und kann nicht unterdrückt werden. Die Messflüssigkeit reagiert auf eine erhöhte Temperatur, gleichgültig ob diese vom Heizkörper, von einem offenen Kamin, einem Heizlüfter oder von der auf den Verdunster scheinenden Sonne herrührt. Auf Grund der wärmeleitenden Anbringung an dem Heizkörper reagiert die Messflüssigkeit primär auf die Wärmeabgabe durch den Heizkörper; der Einfluss durch die anderen, über die normale Raumtemperatur hinausgehenden Faktoren muss durch spezielle Kaltverdunstungsvorgaben korrigiert werden. 30

Die Raumnutzer sind auf diese Zusammenhänge **hinzuweisen.** Stellen sie trotz eines derartigen Hinweises und anderweitiger Stellmöglichkeiten ein wärmeabgebendes Gerät so auf, dass es die Anzeige der Messflüssigkeit beeinflusst, verstößt es gegen den Grundsatz des eigenen widersprüchlichen Verhaltens, wenn sie sich auf eine sich daraus ergebende Fehlanzeige berufen (anders AG Köln WuM 1984, 87). Die Grund-Kaltverdunstung bei abgestellten Heizkörpern (zB im Schlafzimmer) führt nicht unbedingt zu einer unberechtigten Belastung des jeweiligen Nutzers, da auch diese Räume Heizwärme von den umgebenden beheizten Räumen erhalten (LG Berlin GE 2000, 539; LG Berlin GE 1989, 39). 31

Verbraucherbedingtes Fehlverhalten, das auf Grund des Verdunstungssystems zu einer fehlerhaften Anzeige führt, liegt vor, wenn die Heizkörper beim Verlassen der Wohnung abgestellt und beim Betreten wieder angestellt werden. Die infolge der Auskühlung erhöhte Wärmeabgabe des Heizkörpers führt zu einer starken Erwärmung der Messflüssigkeit und damit auch zu einer höheren Verdunstung als wenn die Heizkörper gleichmäßig in Betrieb geblieben wären (Sternel PiG 23 (1986), 58). 32

Insgesamt hält sich die **systembedingte Fehlerquote** bei einwandfreier Anwendung der Verdunstungsgeräte bei **maximal** 10 % der Kostenbelastung (Kreuzberg/Wien Heizkostenabrechnung-HdB/Hampel/Faulhaber S. 453–455) und weicht damit nicht wesentlich von den Verkehrsfehlergrenzen der eichpflichtigen Wärmezähler (dazu → Rn. 54) ab. Bei sachgerechter Verwendung stellen die Verdunster weiterhin ein brauchbares Hilfsmittel dar, um die Wärmekosten verbrauchsabhängig zu verteilen (Schopp ZMR 1986, 5; BGH WuM 1986, 216; BVerfG WuM 1986, 267; OLG Schleswig WuM 1986, 346; Peters S. 167). 33

ff) Anpassungsprobleme. Gerade bei den Verdunstern taucht das Problem der Anpassung der Ausstattung mit Erfassungsgeräten infolge Änderung der zunächst vorhandenen Einsatzbedingungen auf (dazu die Kontroverse zwischen Mieterbund und Arbeitsgemeinschaft Heizkostenverteilung in Mieter-Zeitung Mai 1989, S. 5 einerseits und HKA 1989, 19 andererseits). Änderungen können sich daraus ergeben, dass die Heizungsanlage insgesamt **modernisiert** und auf Niedertemperatur umgestellt wird. Die Umgestaltung kann sich aber auch darauf beschränken, nunmehr gemäß der EnEV/GEG Thermostatventile an jedem Heizkörper anzubringen. Schließlich können Veränderungen an der Bausubstanz selbst 34

HeizkV § 5 — Ausstattung zur Verbrauchserfassung

Einfluss auf das Anzeigeverhalten der Verdunster haben, wenn Wärmedämm-Maßnahmen ergriffen werden und die unverändert gebliebenen Heizkörper nunmehr überdimensioniert sind. Diese Veränderungen der baulichen Umweltbedingungen für die Verdunstungsgeräte zwingen aus technisch-systematischen Gründen zu einer Anpassung der Erfassungsgeräte an die veränderte Situation (Mrozinski GWW 1989, 268; Lefèvre HKA 2007, 1).

35 Ist nach der **Umstellung der Heizungsanlage** eine Vorlauftemperatur über 65 °C nicht mehr gegeben, stellen die Verdunster – jedenfalls der Klasse A – nicht mehr die für das Heizsystem geeignete Ausstattung nach § 5 Abs. 1 S. 4 dar (HKA 1988, 6; Lefèvre HKA 2002, 10); der Gebäudeeigentümer muss daher für die Anbringung einer anderen geeigneten Ausstattung sorgen (Wärmezähler oder elektronische Heizkostenverteiler, bzw. Verdunster der Klasse B). Die Kosten stellen nach § 559 BGB umlegbare **Kosten der Gesamtmodernisierung** dar. Gegenüber dieser technisch begründeten Pflicht zur Änderung der Erfassungsgeräte kann sich der Gebäudeeigentümer nicht auf den Bestandsschutz nach § 12 Abs. 2 Nr. 2 berufen (undeutlich insoweit Pfeifer DWW 1989, 192). Denn der Bestandsschutz erfasst nur das vorhandene Erfassungssystem als solches, nicht aber dessen Eignung im konkreten Einzelfall (Haas HKA 1988, 3; Lefèvre HKA 2002, 10).

36 Werden lediglich **Thermostatventile** an die alten Heizkörper bei unveränderter Heizungsanlage angebracht, verlagert sich der Bereich der mittleren Heizkörperoberflächentemperatur nach oben (bei oben liegendem Vorlaufeinfluss). Verbleibt das Verdunstungsgerät, wie bei den alten Heizkörpern durchweg üblich, auf einer **Montagehöhe** von 50 % der Heizkörperbauhöhe, erfasst es nicht mehr die mittlere Heizkörpertemperatur und zeigt zu wenig Verdunstungsstriche an (Philipp ZfgWBay 1987, 493). Das bedeutet aber nicht, dass die Nutzer auch weniger an Kosten zu tragen hat. Die zu niedrige Strichanzahl führt dazu, dass der Kostenanteil pro Strich zu hoch wird und dadurch die Verteilgenauigkeit beeinträchtigt sowie mögliche Ablesefehler überbewertet werden (Mrozinski Sonderdruck S. 4). Deshalb ist es erforderlich, die Verdunstungsgeräte durch Veränderung ihrer Montagehöhe dem veränderten Heizverhalten des Heizkörpers anzupassen, wobei allerdings die Fortgeltung der Bewertungsfaktoren (dazu → Rn. 21, 22) für die Verbrauchsverteilung zu überprüfen ist (Philipp ZfgWBay 1987, 493).

37 In diesem Fall bleibt das System des **Verdunstungsgeräts** als solches (wenn keine weiteren Änderungen erforderlich sind) nach Einbau der Thermostatventile weiterhin **verwendbar** (zu den Einzelheiten → § 12 Rn. 37, 39), so dass ein Umsteigen auf ein anderes Erfassungssystem allein wegen des Einbaus von Thermostatventilen nicht erforderlich ist (Pfeifer DWW 1989, 194). Die Kosten für die Höhermontage der Verdunster stehen im Zusammenhang mit der durch die Anbringung von Thermostatventilen erfolgten Modernisierung und können nach § 559 BGB (bzw. nach den Vorschriften des Mietpreisrechts, → HeizkV § 4 Rn. 39–42) auf die Nutzer verteilt werden.

38 Schließlich beeinflussen nachträgliche **Wärmedämm-Maßnahmen** die Heizleistung und damit auch das Anzeigeverhalten der Verdunster, da die alten Heizkörper im Regelfall jetzt überdimensioniert sind (Zöllner S. 20). Die Anpassung erfolgt hier durch Absenkung der zentralen Vorlaufregelung und Höhermontage der Verdunster auf die optimale Position von 75 % der Baukörperhöhe des Heizkörpers (Zöllner S. 21); das System der Verbrauchserfassung durch **Verdunster** bleibt auch in diesem Fall **anwendbar,** sofern die Auslegungsvorlauftemperatur von 70 °C nicht unterschritten wird (HKA 1988, 5).

b) Elektronische Heizkostenverteiler. aa) Funktion. Ebenfalls zur Gruppe 39
der Heizkostenverteiler gehören die elektronischen Heizkostenverteiler; sie stellen
keine Messgeräte im Sinne des Eichgesetzes dar (AG Berlin-Pankow-Weißensee
GE 2014, 1143); für sie gilt DIN EN 834: 2013. Der jeweils angezeigte Verbrauchswert ist lediglich ein Relativwert, bezogen auf die Summe der Verbrauchswerte der **Abrechnungseinheit/Nutzergruppe** (so EN 834 Ziff. 4). Diese
Geräte basieren auf einer Messung der Differenz zwischen Oberflächentemperatur
des Heizkörpers und Raumtemperatur, sog. Heizkörper-Übertemperatur. Die
Anzeige des gemessenen Wertes erfolgt ziffernmäßig, entweder auf einem Rollenzählwerk oder in einer Flüssigkristall-Anzeige. Diese Werte können bei entsprechender Verkabelung bzw. Vorhandensein von Funksystemen zentral für das
gesamte Gebäude erfasst werden, so dass die Ablesung nutzerunabhängig erfolgen
kann (sog. Fernablesung, dazu jetzt → Rn. 64 f. zum Gebot der Wirtschaftlichkeit
in diesem Zusammenhang → HeizkV § 7 Rn. 76); im übrigen erfolgt die Anzeige
dezentral für jeden Heizkörper. Für Funktionsstörungen bei der funkbasierten
Zählerablesung muss der Nutzer entsprechend den allgemeinen Darlegungs- und
Beweislastregeln zunächst erhebliche Anhaltspunkte liefern (LG Karlsruhe NZM
2014, 388), bevor der Gebäudeeigentümer die **Richtigkeit der Ablesewerte**
beweisen muss (AG Berlin-Charlottenburg GE 2013, 1523). Die elektronischen
Heizkostenverteiler können als Einfühlergerät, Zweifühlergerät oder als Dreifühlergerät arbeiten (EN 834 Ziff. 4).

Beim **Einfühlergerät** wird lediglich die mittlere Heizkörperoberflächentempe- 40
ratur erfasst; die Raumtemperatur wird als konstant mit 20 °C angenommen. Diese
Geräte entsprechen – abgesehen von dem Messverfahren, einer anderen Kennlinie
und der Ziffernanzeige –, den Verdunstungsgeräten und sind entsprechend
beschränkt einsetzbar (Pfeifer Taschenbuch 1988, 65). Lediglich die Anzeigeverschiebung durch Wärmestau kann infolge besserer Ankoppelung des Wärmefühlers
am Heizkörper vermieden werden (Kreuzberg/Wien Heizkostenabrechnung-HdB/Braun/Schmid/Tritschler S. 471).

Bei den **Zweifühlergeräten** wird die Oberflächentemperatur des Heizkörpers 41
gemessen und zusätzlich die Raumtemperatur erfasst. Das geschieht nicht auf
direktem Wege mittels einem Raumthermometer, sondern indirekt an der Frontseite des Erfassungsgerätes. Angezeigt wird aber kein physikalischer Wärmewert,
sondern lediglich der anteilige Verbrauch. Die indirekte Messung der Raumwärme stellte die Schwachstelle dieser Geräte dar, da bei Wärmestau eine höhere
Raumtemperatur erfasst und damit eine geringere Differenz berechnet wird als
tatsächlich vorliegt. Die neueren Geräte vermeiden diese mögliche Fehlanzeige,
indem sie bei Erreichen einer höheren Temperatur, etwa 25 °C, automatisch auf
den Betrieb als **Einfühlergerät** umschalten (Kreuzberg/Wien Heizkostenabrechnung-HdB/Braun/Schmid/Tritschler S. 473) oder eine Temperatur rechnerisch
zugrunde legen, die dem Unterschied zwischen Heizkörpertemperatur und
Raumtemperatur unter normalen Bedingungen entspricht (Mrozinski Sonderdruck S. 6).

Das **Dreifühlergerät** schließlich erfasst die Temperatur von Vorlauf und Rück- 42
lauf des Heizkörpers sowie die Raumtemperatur. Aus diesen Komponenten
errechnet es den Anteilswert für den Verbrauch. Die Heizkörperfühler werden
auf die Vorlauf- bzw. Rücklaufrohre aufgeklemmt; die Raumtemperatur wird
durch einen eigenen Raumfühler erfasst (Kreuzberg/Wien Heizkostenabrechnung-HdB/Braun/Schmid/Tritschler S. 475).

43 Generell benötigen diese Verteilergeräte wie die Verdunstungsgeräte dieselben **Bewertungsfaktoren,** um sie auf den jeweiligen Heizkörpertyp und die Raumsituation einzustellen (→ Rn. 21, 22; Kreuzberg/Wien Heizkostenabrechnung-HdB/Braun/Schmid/Tritschler S. 466). Da die Wärmefühler abhängig von ihrer Montage die Oberflächenwärme messen, wird der C-Wert auf die Heizwassertemperatur rechnerisch korrigiert und ihre Kennlinie an die Kennlinie des Heizkörpers angepasst (zur Überprüfung AG Hamburg-Barmbek ZMR 2011, 293). Am Ende der Heizperiode liegt aber nicht der jeweilige konkrete Verbrauch, sondern lediglich eine **Messzahl** zur Feststellung des **Verhältnisses** von **Einzelverbrauch** zum **Gesamtverbrauch** vor.

44 **bb) Einsatzgrenzen.** Die elektronischen Heizkostenverteiler sind ebenfalls **nicht universell einsetzbar.** Sie sind nicht anwendbar bei mit Dampf betriebenen Heizungsanlagen und bei Heizsystemen, bei denen der Nutzer den Verbrauch nicht beeinflussen kann (Böttcher/Memmert, S. 58). Das Einfühlergerät ist nicht verwendbar bei einer Vorlauftemperatur unter 55 °C, für das Mehrfühlergerät gilt eine Einsatzgrenze von 35 °C. Die Verwendbarkeit für Fußbodenheizungen, Deckenstrahlungsheizungen, klappengesteuerte Heizkörper und Warmlufterzeuger muss jeweils individuell für jedes Gerät nachgewiesen werden (EN 834 Ziff. 1 spricht von in der Regel nicht anwendbar).

45 **cc) Anwendungsfehler.** Diese Geräte können ähnlich wie die Verdunster typische Anwendungsfehler aufweisen. Die Befestigung der Fühler an dem Heizkörper muss so erfolgen, dass die beste Wärmeleitung gewährleistet ist. Die optimale **Montagehöhe** beim Einfühlergerät liegt entsprechend seiner Vergleichbarkeit mit den Verdunstern bei 75 % der Baukörperhöhe in der Mitte des Heizkörpers (bei Heizkörpern mit üblichen Anschlüssen). Bei den Zweifühlergeräten in Kompaktform, bei denen Wärmefühler und Raumfühler in einem Gehäuse dergestalt angeordnet sind, dass auf der Rückseite der Wärmefühler für den Heizkörper angebracht ist und das Raumwärme über die Frontplatte erfasst wird, wäre a sich unter den 90/70 °C Voraussetzungen eine Anbringung in einer Baukörperhöhe von 55 % ausreichend (Zöllner S. 25). Da aber bei den modernen Geräten für den Fall des Wärmestaus eine Umschaltung auf Einfühlerbetrieb erfolgt, müssen auch dessen Montagevoraussetzungen erfüllt sein, also eine Montagehöhe von 75 % (Kreuzberg/Wien Heizkostenabrechnung-HdB/Braun/Schmid/Tritschler S. 502; so jetzt EN 834 (2017) Ziff. 7.3)). Das gleiche gilt für die Zweifühlergeräte in getrennter Bauweise. Die Montagehöhe ist an sich unabhängig vom Heizsystem. Allerdings erhöht sich bei Niedertemperaturheizungen die Fehlerquote beim Umschalten auf Einfühlerbetrieb wegen Wärmestaus (Zöllner S. 25). Grundsätzlich ist nach EN 834 Ziff. 7.3 der Befestigungsort der Sensoren so festzulegen, dass das Heizmedium 20 % bis 34 % der gesamten wärmetechnisch wirksamen Heizfläche passiert hat; das ist im Regelfall die 75 %-Marke. Angesichts der Vielzahl unterschiedlicher Heizkörperformen heißt es aber auch völlig abstrakt, als Befestigungsort müssen solche Stellen auf der Heizfläche gewählt werden, an denen sich für eine möglichst großen Betriebsbereich als Ergebnis für den Messzeitraum ein hinreichender Zusammenhang zwischen Anzeigewert des Heizkostenverteilers und Wärmeabgabe des Heizkörpers ergibt. Diese für eine technische Norm erstaunlich unpräzise Aussage ist juristisch unbrauchbar mit der Folge, dass ihre Einhaltung bzw. ein Verstoß gegen sie nicht justiziabel ist; zumal weiter vorgeschrieben wird, dass die vom Hersteller des

B. Erfassungssysteme **§ 5 HeizkV**

Heizkörpers festgelegte Befestigungshöhe mit einer Toleranz von +/- 10 mm eingehalten werden muss.

Für diese Geräte gelten ebenfalls **Fehlergrenzen,** dh die Ist-Anzeige weicht von der Soll-Anzeige ab. Der Betrag der relativen Anzeigeabweichung ist abhängig von der Heizkörpermitteltemperatur und der Heizkapazität und liegt zwischen 3 % und 12 %; der Anzeigefehler darf sich während der Einsatzzeit nicht mehr als verdoppeln (EN 834 Ziff. 6.12). Im normalen Betrieb ab 40 °C Mitteltemperatur darf also maximal ein Anzeigefehler zwischen 3 % und 6 % auftreten (EN 834 (2017) Ziff. 6.11; Riebere-Murer HKA 1988, 21). 46

Schließlich gibt es auch bei diesen Geräten ein Anzeigeverhalten, das der sog. Kaltverdunstung bei den Verdunstern entspricht, das sich auch durch eine sog. **Messwertunterdrückung,** dh des Messbeginns erst ab Erreichen einer bestimmten Heizkörperoberflächentemperatur, nicht völlig ausschließen lässt (Kreuzberg/Wien Heizkostenabrechnung-HdB/Braun/Schmidt/Schmid S. 481); nach EN 834 (2017) Ziff. 6.3 müssen jetzt Einfühlergeräte ab einer bestimmten Heizkörperoberflächentemperatur zu zählen beginnen, eine Messwertunterdrückung wäre danach nicht mehr zulässig. Allerdings ist es nach EN834 (2017) Ziff. 6.20 jetzt zulässig, außerhalb der vertraglich festgelegten Betriebszeiten (dh vor allem in den Sommermonaten) die Zählfunktion komplett zu unterdrücken. Die Geräte mit Flüssigkristallanzeige sind insoweit **manipulationssicher,** als ein Eingriff in den Erfassungsablauf sichtbar wird; Demontage zur Verhinderung der Erfassung ist nicht auszuschließen, wird allerdings an der Verletzung der Befestigungsplomben sichtbar werden. 47

Infolge ihrer Abhängigkeit von einer Stromquelle benötigen die Geräte eine **Batterie,** die die Heizkörpertemperaturen aushalten und über eine Heizperiode mit einem zusätzlichen Sicherheitszeitraum Strom abgeben muss. Der Einsatz von Mikrochips bei diesen Geräten wirkt sich nicht auf die Primärfunktion der Wärmeerfassung aus, sondern lediglich auf Sekundärfunktionen wie zB Selbstüberwachung der Funktionsfähigkeit. 48

Der **Vorteil** dieser elektronischen Verteilergeräte gegenüber den Verdunstern liegt darin, dass die **Ablesung** wegen der Ziffernanzeige auch dem Laien möglich ist (die Abrechnung über die Heizkosten muss daher nicht unbedingt über einen Wärmemessdienst erfolgen; die Anbringung der Geräte erfordert hingegen den Fachmann); die sog. **Auflösung** ist größer, dh der Kostenfaktor pro angezeigter Zahl ist geringer und damit genauer zuzuordnen; die Werte verschiedener Heizperioden sind eher vergleichbar (Philipp ZfgWBay 1985, 599). Allerdings liegen bislang nur ältere kritische Erfahrungen mit diesen Geräten im Praxisbetrieb vor (Jonas GWW 1984, 627; Meyer GWW 1985, 101; Meyer. in GGW, Materialien 16, 37; Schopp ZMR 1986, 302), die angesichts fortschreitender technischer Entwicklungen überholt sein mögen (die Messtechnikunternehmen befürworten deren Einsatz: Peters, [Minol] S. 95 ff.; Techem-ABC S. 43; Krüger HKA 2013, 33). Die mittels elektronischer Heizkostenverteiler erfolgende Speicherung der Verbrauchsdaten und deren Ablesung durch Funkabfrage verstoßen nicht gegen das informationelle Selbstbestimmungsrecht des Nutzers und damit gegen seinen **Datenschutz** (VGH München NZM 2022, 476). Die Verbrauchsdaten stellen zwar Angaben über die persönlichen Verhältnisse des Nutzers iSd § 3 Abs. 1 BDSG, Art. 4 Nr. 1 DSGVO dar, weil sich aus ihnen dessen Nutzungsverhalten ablesen lassen könnte (aA Pfeifer MietRB 2014, 212 (213)). Jedoch ist der Gebäudeeigentümer berechtigt (und damit in seinem Auftrag das Ableseunternehmen), diese Daten zu erheben und zu speichern, weil es für die Durchführung des 49

103

HeizkV § 5 Ausstattung zur Verbrauchserfassung

Mietverhältnisses einschließlich der Heizkostenverteilung erforderlich ist, § 28 Abs. 1 Nr. 1 BDSG, Art. 6 Abs. 1 lit. b/c DSGVO (AG Dortmund ZWE 2014, 99; aA wohl Brink ZWE 2014, 75; LG Dortmund 28.10.2014 – 9 S 1/14, WuM 2015, 115- unter Abänderung des Urteils des AG Dortmund). Allerdings ist durch Ausgestaltung des Ablesevertrages sicher zu stellen, dass die Datenerhebung umfangmäßig auf den Zweck – Erstellung einer Heizkostenabrechnung – begrenzt wird, so dass die Anfertigung von Nutzungsprofilen vermieden wird (Brink ZWE 2014, 75 (76) unter Nr. 5; unter datenschutzrechtlichen Gesichtspunkten dürfte die Zulässigkeit des angestrebten „smart metering" zumindest zweifelhaft sein, Wilkes WuM 2010, 615 (616); für diesen Bereich hat die EU-Kommission Empfehlungen im Hinblick auf den Datenschutz veröffentlicht, 2012/148/EU, ABl. 2012 L 73, 9). Die Neuregelung der Ermächtigungsgrundlage enthält in § 6 Abs. 4 GEG genaue Vorgaben für die Einhaltung des Datenschutzes; allerdings in § 5 Abs. 2 S. 1 HeizkV nur plakativ umgesetzt worden (die Begründung verweist generell auf die Art. 24, 25, 32 DSGV, BR-Drs. 643/21, S. 14, die aber die Verantwortlichkeiten regeln, nicht die Zulässigkeit der Datenverarbeitung). Zum Einsichtsrecht in Abrechnungen von Mitnutzern des Gebäudes, → HeizkV § 6 Rn. 62.

50 2. **Wärmezähler. a) Funktion.** Für **alle Heizungsarten einsetzbar** sind allein die Wärmezähler. Sie ermitteln keine Vergleichswerte des Einzelverbrauchs zum Gesamtverbrauch, sondern sie ermitteln den **Verbrauch der physikalischen Größe „Wärme".** Diese Geräte messen die Temperatur von Vorlauf und Rücklauf sowie das Volumen des durch den Heizkörper strömenden Wassers. Ein zusätzliches Rechenwerk verknüpft die Werte miteinander und zeigt schließlich den Wärmeverbrauch an. Da die Geräte aus wirtschaftlichen Gründen nicht für die Messung der Wärmeabgabe des einzelnen Heizkörpers verwendet werden, erfolgt die Anbringung eines Gerätes für jede Nutzereinheit. Das schließt ihre Anwendung in solchen älteren Anlagen aus, in denen die Heizungsrohre nicht für jede Nutzereinheit einen abgeschlossenen Kreislauf bilden, sondern in denen vertikale Steigstränge die jeweils gleichen Heizkörper verschiedener Nutzer miteinander verbinden. **Wärmezähler** werden dort **eingesetzt,** wo eine große Zahl von Heizkörpern pro Nutzereinheit vorhanden ist (Gewerberäume); bei Fußbodenheizungen; ferner in der Schnittstelle (Übergabestation) zwischen Fernwärmeleitung und Gebäude, und bei der Vorerfassung nach § 5 Abs. 7. Schließlich bestimmt jetzt § 9 Abs. 2 S. 1 für verbundene Anlagen, dass ab dem 1.1.2014 die auf die zentrale Warmwasserversorgungsanlage entfallende Wärmemenge durch Wärmezähler zu **messen** ist (Einzelheiten → HeizkV § 9 Rn. 13, 16).

51 Die Geräte – maßgebend für sie ist DIN EN 1434, ein umfangreiches Regelwerk von 150 Seiten –, können als mechanische oder als elektrische Wärmezähler ausgebildet sein. Der Unterschied zwischen beiden Arten besteht lediglich darin, dass die mechanischen Geräte die Antriebsenergie für die Rechenwerke der Wasserströmung entnehmen, während die elektrischen Geräte durch Strom angetrieben werden. Der Aufbau der Geräte ist aber jeweils identisch (zu den technisch-physikalischen Einzelheiten Kreuzberg/Wien Heizkostenabrechnung-HdB/Rose/Adunka S. 293 ff.). Das Volumen des durchströmenden Heizwassers wird durch ein Flügelrad oder moderner magnetisch-induktiv bzw. über Ultraschall im Volumenmessteil gemessen; dieser Teil muss im Rücklauf eingebaut sein. Die Temperatur von Vor- und Rücklauf wird durch unmittelbar in das Heizwasser reichende Fühler gemessen (Lange HKA 1988, 43). Im Rechenwerk schließlich

B. Erfassungssysteme **§ 5 HeizkV**

kann durch Bestückung mit Mikroprozessoren die Messgenauigkeit verbessert werden (Böttcher/Memmert S. 66). Da die Geräte eine **Ziffernanzeige** besitzen, kann hier ebenfalls die Ablesung durch einen Laien erfolgen; ebenso die Abrechnung, da der gemessene Wert direkt den von dem Nutzer verursachten Verbrauch darstellt. Bei der Lieferung von **Fernwärme** an den einzelnen Nutzer direkt ergeben sich daraus anhand des Wärmepreises unmittelbar die ihn treffenden Gesamtkosten. Bei der **Wärmelieferung** aus Hausanlagen bedarf es immer noch einer Verteilung der Gesamtkosten auf den Gesamtverbrauch aller Nutzer und danach einer Einzelverteilung nach den gemessenen Verbrauchswerten.

Als Messgerät unterliegen Wärmezähler der **Eichpflicht.** Diese beträgt 6 Jahre 52 (§ 34 Abs. 1 Nr. 1 MessEV iVm Anlage 7 Ziff. 5.5.2). Zur Verwendung ungeeichter Geräte bzw. solcher mit abgelaufener Eichfrist → Rn. 58.

b) **Fehlerquellen.** Zwar sind die Wärmezähler die genauesten und sichersten 53 Wärmeerfassungsgeräte. Sie können nicht unerkannt manipuliert werden. Jedoch weisen auch sie **systembedingte Fehler** auf. Dazu gehört die Störung der Flügelräder im Volumenmessteil durch Verschmutzungen des Wassers. Abhilfe schaffen Filter oder die neuen Techniken mit magnetisch-induktiven oder Ultraschall-Durchflussgebern oder einer elektrischen Abtastung der Flügelraddrehung. Einbaubedingte Fehler (Lange HKA 1988, 42) sind nicht auf das besondere System zurückzuführen, sondern auf die fehlerhafte Vertragsausführung durch die Handwerker. Beim **Einbau** ist die **Technische Richtlinie K8 (3/2018) und K9, Fassung 12/14,** der Physikalisch-Technischen Bundesanstalt zu beachten; sie konkretisiert die allgemein gehaltenen Bedingungen für die Inbetriebnahme von Messgeräten in § 23 Abs. 1 Nr. 2 MessEV „Wer ein Messgerät verwendet…, muss es so aufstellen, anschließen, handhaben und warten, dass die Richtigkeit der Messung und die zuverlässige Ablesung der Anzeige gewährleistet sind…" (ähnlich der Vorläufer in § 7j Abs. 1 EichO iVm Anlage 22 Ziff. 2.1 und 2.2). Diese Bedingungen sollen an sich vom Gebäudeeigentümer erfüllt werden; wenn er einen Messdienst zum Einbau einschaltet, muss dieser sich danach richten, ansonsten haftet er für die Fehler, das gleiche gilt beim Neubau für Architekten, Bauleiter und gegebenenfalls Installateure. Diese Richtlinie K9 befasst sich einmal mit den Vorbereitungshandlungen für die Inbetriebnahme, wie Planung und Erstellung der Einbaustellen für die drei Elemente des Wärmezählers (Durchfluss-Sensor, Temperaturfühlerpaare, Rechenwerk) und die Auswahl der Geräte mit ihren notwendigen Teilen. Zum anderen finden sich Regelungen für die eigentliche Inbetriebnahme mit den Daten für die Mess-Stelle und die Messgeräte. Schließlich sollte über Einbau und Inbetriebnahme entsprechend einem vorgegebenen Muster ein Protokoll angefertigt werden. Mit diesem Protokoll kann dann der Gebäudeeigentümer möglichen Einwänden der Nutzer über Fehlfunktionen des Wärmezählers begegnen (Pfeifer GE 2013, 462 (464); auch AG Berlin-Köpenick GE 2012, 759). K8 regelt die Eintauchtiefe der Meßfühler.

Schließlich weisen auch die Wärmezähler **Messungenauigkeiten** auf, die sys- 54 tembedingt darauf beruhen, dass Wärme nur sehr schwer zu messen ist. Um genaue Werte zu liefern, muss die Temperaturdifferenz zwischen Vorlauf und Rücklauf möglichst groß sein; darauf ist bei der Einstellung der Heizungsanlage (insbesondere einer Niedertemperaturanlage) zu achten. Deshalb hängt die **Eichfehlergrenze** jeweils von der Temperaturdifferenz ab; sie darf für einen Kompaktwärmezähler, der nach Eichung und während des Gebrauchs wie ein Gerät ohne abtrennbare Einzelteile behandelt wird, bei bis zu 10 °C Unterschied 8 % betragen, bis zu 20 °C 7 % und bei Differenzen darüber nur noch 5 %. Für die kombinierten Wärmezähler gelten für jedes Einzelteil (Volumenmess-Stelle, Temperaturfühler, Rechenwerk) gesonderte Werte. Diese Werte betreffen aber nur die Eichung, also die behördliche Kontrolle der Geräte und die Entscheidung über ihre Zulassung. Die **Verkehrsfehlergrenzen,** also die zulässige Abweichung der Anzeige vom wahren Wert der thermischen Energie im Praxisbetrieb, betragen das Doppelte (Philipp ZfgWBay 1985, 600; Kreuzberg/Wien Heizkostenabrechnung-HdB/Rose/Adunka S. 320 f.).

III. Erfassung des Warmwasserverbrauchs

55   1. **Geräte-Arten.** Infolge der Streichung der Öffnungsklausel für Warmwasserkostenverteiler in § 5 Abs. 1 S. 1 dürfen solche Geräte nicht mehr eingebaut werden; der Bestandsschutz für Altgeräte ist längst abgelaufen. Daher dürfen für die Kostenverteilung beim Warmwasser nur noch Zähler verwendet werden.

56   Dem System Wärmezähler entsprechen die **Warmwasserzähler.** Bei ihnen wird allerdings nur der Durchfluss erwärmten Wassers gemessen, nicht die Wassertemperatur. Sie sind als mechanische Flügelradzähler ausgebildet; der fließende Warmwasserstrom treibt das Flügelrad an, das über ein Getriebe mit der Anzeige verbunden ist. Auch diese Geräte dürfen eine Eichfehlergrenze abhängig von der Durchflussmenge zwischen 3 % (große Menge) und 5 % (geringe Menge) aufweisen; die Verkehrsfehlergrenzen betragen wieder das Doppelte (Kreuzberg/Wien Heizkostenabrechnung-HdB/Rose/Adunka S. 320).

57   **Warmwasserzähler,** die außer dem Wasservolumen auch die verbrauchte **thermische Energie** messen, entsprechen im Prinzip den Wärmezählern (Kreuzberg/Wien Heizkostenabrechnung-HdB/Rose/Adunka S. 318). Um eine Fehlerquote aus ihrer Abhängigkeit von einem gleichmäßigen Erwärmungsgrad des Wassers – der in den herkömmlich verwendeten Warmwasserversorgungseinheiten nicht gegeben ist (zB durch ausgekühltes stehendes Wasser) – zu vermeiden, wird der Einbau von Zirkulationsleitungen empfohlen (Kreuzberg/Wien Heizkostenabrechnung-HdB 4.A./Stuck S. 224). Die durch die bislang vorhandenen Warmwasserzähler auch als warmes Wasser gezählten kalten Volumenanteile des stehenden Wassers wirken sich bei der Kostenverteilung nur geringfügig aus (Schulz HKA 1988, 8).

58   2. **Eichpflicht.** Die Zähler-Geräte sind eichpflichtig. **Abrechnungen** auf Grund ungeeichter Geräte sind **fehlerhaft** (Lefèvre HKA 1997, 21; BayObLG WuM 2005, 479); da eine ordnungsgemäße Nachholung der Erfassung nicht möglich ist, ist die Abrechnung in analoger Anwendung des § 12 Abs. 1 um 15 % zu kürzen (LG Frankfurt a. M. HKA 1988, 15; Schmid DWW 2008, 243). Die zur Messung von Wasserverbrauch ergangene Entscheidung des BGH (WuM 2011, 21; krit. dazu auch Schmitt/Krüger HKA 2010, 33 (34)) ist auf die Heizkostenabrechnung nicht übertragbar. Nach § 5 sind nur geeichte oder sonst geeignete Geräte verwendbar. Dies setzt die Eichung zwingend voraus; ist diese nicht (mehr) vorhanden, liegt kein geeignetes Erfassungsgerät mehr vor mit dem Ergebnis, dass keine Erfassung des Verbrauchs erfolgt ist (Lammel WuM 2015, 531 ff.). Die Kostenverteilung ist dann nach dem qm-Schlüssel vorzunehmen. Im übrigen ist nach § 33 MessEG die Verwendung von Messwerten nur zulässig, wenn sie von ordnungsgemäßen Messgeräten stammen; dh Werte von ungeeichten Geräten dürfen im geschäftlichen Verkehr, wozu auch die Heizkostenabrechnung gehört, nicht verwendet werden (OVG Münster NZM 2016, 773 m.Anm. Lammel WuM

B. Erfassungssysteme **§ 5 HeizkV**

2016, 611). Nach der HeizkV ist ein anderer als in § 5 vorgesehener Verbrauchsnachweis nicht zulässig (aA AG Halle ZMR 2013, 811; OLG München ZMR 2011, 406; LG Limburg ZMR 2019, 27 m.Anm. Lammel WuM 2019, 73). Die Ausnahmevorschrift in § 25 Nr. 7 MessEV greift nur für die Informationspflicht nach § 6a Abs. 2 Nr. 1 HeizkV; außerdem ersetzt sie nicht die Erfüllung der Eichpflicht vorhandener eichfähiger und eichpflichtiger Geräte. Die Unterscheidung zwischen öffentlich-rechtlichem Verbot und zivilrechtlichen Beweisregeln (so Zehelein NZM 2017, 794) verstößt gegen die Einheit der Rechtsordnung, beachtet nicht § 134 BGB und übersieht, dass mangels rechtlich zulässigem Beweisobjekt keine Beweiserhebung über die Messergebnisse durchgeführt werden darf (der Hinweis von Heix, WoBauR HeizkV § 5 Anm. 5.5 auf die drohende Gefahr eines Bußgeldverfahrens in Verbindung mit der Meinung, die Werte könnten trotzdem für die Abrechnung verwendet werden, ist zumindest erstaunlich). Die Messgeräte müssen nach **sechs Jahren** nachgeeicht werden; eine Verlängerung der Frist ist möglich, wenn die Messrichtigkeit der Geräte vor Ablauf der Gültigkeitsdauer durch eine Stichprobenprüfung nachgewiesen worden ist (LME Berlin GE 2003, 313). Die Einhaltung dieser Fristen lässt sich vom Nutzer anhand der auf den Eichplomben oder Eichmarken an den Geräten angebrachten Jahreszahlen überprüfen. Nach § 37 Abs. 1 MessEG beginnt die Eichfrist mit dem Inverkehrbringen des Messgerätes.

Die **Nacheichung** ist nicht am Einbauort der Geräte möglich (Sommer ZfgWBay 1987, 68), vielmehr müssen sie ausgebaut werden (Lange ZfgWBay 1985, 295). Dabei werden die Geräte generalüberholt, dh insbesondere von Ablagerungen gereinigt und neu justiert (Schilling FWW 1985, 248). Für die Zwischenzeit kann ein **Ersatzgerät** eingebaut werden. Dieses wird nach Durchführung der Nacheichung des Altgerätes gegen das alte Gerät wieder ausgetauscht. Die hierfür anfallenden Kosten (Eichgebühren, Aus- und Einbau) stellen Kosten der Verwendung einer Ausstattung zur Verbrauchserfassung dar und können bei entsprechender vertraglicher Regelung nach § 7 Abs. 2 auf die Nutzer verteilt werden (§ 2 Nr. 2/4a BetrKV). Häufig verbleibt jedoch das Ersatzgerät, bei dem es sich um ein generalüberholtes oder neues Gerät handeln kann, in der Anlage des Gebäudeeigentümers, um den Aufwand für den zweimaligen Aus- und Einbau zu vermeiden (Schilling FWW 1985, 248). 59

Ist die Höhe der **Kosten für das Ersatzgerät** identisch mit den **fiktiven Aus-, Einbau- und Eichkosten,** sind sie nach § 7 Abs. 2 verteilbar, da sie insoweit nur eine andere Form der Verwendungskosten für Erfassungsgeräte darstellen (LG Berlin GE 1992, 385). Sind diese Kosten dagegen höher, ist daraus zu schließen, dass der Austausch nicht nur zur Erfüllung der Eichpflicht erfolgt ist, sondern auch zB wegen Geräteverschleißes. Die Kostentragung folgt denselben Regeln wie bei der Erstausstattung (→ HeizkV § 4 Rn. 47–50). Bei der eichgesetzlich bedingten Neuausstattung müsste aber der in der Miete noch enthaltene Anteil für die Erstausstattung herausgerechnet werden, um nach jeweils sechs Jahren Eichgültigkeit eine doppelte Belastung der Nutzer sowohl für die (nunmehr entfernte) Erstausstattung als auch für die Neuausstattung zu vermeiden. 60

An sich sind die Kosten in die Abrechnung einzustellen, die im Abrechnungszeitraum entstanden sind. Das würde für im Zusammenhang mit der Nacheichung stehenden Aufwendungen bedeuten, dass ausschließlich die Nutzer des Jahres, in dem die Kosten angefallen sind, diese zu tragen hätten. Sachgerechter scheint es, die Kosten auf die Eichdauer zu verteilen, da der Nutzer die Eichkosten nicht in einem Abrechnungszeitraum, sondern entsprechend der Laufzeit der 61

Eichgültigkeit „verbraucht" (Schilling FWW 1985, 249; **aA** LG Berlin GE 1992, 385, das aber übersieht, dass auch bei den Betriebskosten Nutzeffekt und Kostenbelastung einander entsprechen müssen; aA jetzt auch **BGH** WuM 2010, 33 unter Hinweis auf seine Entscheidung zu den Elektrorevisionskosten, BGH WuM 2008, 719). Der gleiche Effekt wird durch den Abschluss von Eichservice-Verträgen erzielt, deren Kosten jährlich anfallen und entsprechend in die Abrechnungen nach der HeizkV eingestellt werden (Sommer ZfgWBay 1987, 69).

C. Fernablesbarkeit

62 Die generell weiterhin zulässigen Erfassungsgeräte (Heizkostenverteiler bzw. Wärmemengenzähler) unterliegen nach der Novelle 2021 einer zusätzlichen Bedingung, sie müssen fernablesbar (→ Rn. 64 f.) und im Endergebnis smartmeter-fähig (→ Rn. 68 f.) sein, so dass die Heizkostenverteiler nach dem Verdunstungsprinzip grundsätzlich nicht mehr verwendet werden dürfen, es sei denn, ein technischer oder wirtschaftlicher Ausnahmefall (→ Rn. 79, 80, 82) greift ein.

I. Rechtliche Grundlagen

63 Während die Ursprungsfassung der HeizkV von rein nationalen Erwägungen getragen war, stehen jetzt EU-Regelungen im Vordergrund. Die gemeinsame Energiepolitik soll zur Energieeffizienz und zu Energieeinsparung führen. In Ausfüllung dieses Postulats wurden zwei Richtlinien erlassen, die allgemeinere Forderungen enthaltende Richtlinie 2012/27 und die jetzt durch die Novelle umgesetzte Richtlinie EU 2018/2002 (EED, Art. 9 bis 10a), die detaillierte Vorgaben für die Erfassung des Verbrauchs und die Information der Nutzer enthält. Diese Details haben Eingang gefunden in die neue Ermächtigungsgrundlage für die HeizkV, § 6 GEG. Und die Novelle 2021 sah sich nur als Erfüllung der EU-Vorgaben (BR-Drs. 643/21 unter A. Problem und Ziel) ohne eigenen Entscheidungsspielraum.

II. Sachliche Ausführung

64 Zunächst müssen neu zu installierende Geräte **fernablesbar** sein (zur zeitlichen Staffelung → Rn. 76 f. Die hierfür gebotene Legaldefinition in Abs. 2 S. 2 ist jedoch zu eng. Es kommt nicht allein darauf an, dass die jeweilige Nutzeinheit nicht mehr betreten werden muss, sondern dass die Ablesung der erfassten Werte aus der Distanz möglich sein muss. Die EED fordert dementsprechend, dass sowohl die Wohnungen als auch die jeweiligen Gebäude nicht mehr zum Zweck der Ablesung betreten werden müssen (EED Erwägungsgrund 33 letzter Satz).

65 Technisch werden die einzelnen Daten der Heizkörper der einzelnen Wohnungen in einem **Datensammler** im Gebäude zusammengefasst und von dort ausgelesen. Wie distanziert die Ablesung sein darf, bleibt technisch offen; zulässig ist daher auch die Ablesung durch **walk-by oder drive-by,** d.h. der Ableser geht oder fährt an den Gebäuden vorbei, um die dort gespeicherten Daten abzulesen. Angesichts des Zusammenhangs der Fernablesbarkeit mit der im Endergebnis monatlichen Information des Einzelnutzers stellen diese beiden Verfahren keine praxisnahe Möglichkeit zum Fernablesen dar, da ein monatliches Vorbeigehen bzw.-fahren unwirtschaftlich ist (ModMag 1/2022, 7; Ganske/Schoppe HKA 2021, 41). Deswegen wird auch der Zugriff auf die gesammelten Daten durch

C. Fernablesbarkeit　　　　　　　　　　　　　　　　　　　**§ 5 HeizkV**

direkte Funkübertragung in die Abrechnungsfirma oder durch Auslagerung in der Cloud erfolgen; auf letztere Stelle kann dann direkt zur Auswertung der erfassten Daten zugegriffen werden.

Da die Daten nunmehr einen Distanz-Weg zurücklegen müssen, unterliegen 66 sie der Gefahr des Zugriffs durch Unbefugte. Deshalb legt die Neuregelung in § 5 gesteigerten Wert auf den **Datenschutz.** Zu unterscheiden sind hierbei zwei unterschiedliche Eingriffsrichtungen: zum einen die Befugnis zur Datensammlung zwecks Erstellung einer Heizkostenabrechnung, dies wird durch § 6b geregelt (→ HeizkV § 6b Rn. 1 ff.). Zum anderen ist die technische Sicherheit der Datenerhebung/-verarbeitung/-sammlung zu gewährleisten (nach Art. 32 DSGVO). Verhindert werden soll damit die missbräuchliche Verwendung der erfassten Daten, die zu einer Schädigung der von der Datenerfassung betroffenen Personen führen könnte (Erwägungsgrund 75 zu Art. 24 DSGVO; BR-Drs. 643/21 S. 14). Verpflichteter ist sowohl nach dem Wortlaut der DSGVO (Art. 24) als auch den Vorstellungen des Novellen-Gesetzgebers (BR-Drs. 643/21 S. 14) der sog. Verantwortlicher im Sinne des Datenschutzrechts. Das ist für den Bereich der Heizkostenabrechnung zu eng gefasst. Denn „Verantwortlicher" i.S.d. Datenschutzrechts ist nach Art. 4 Nr. 7 DSGVO die Person, die über die Zwecke und Mittel der Verarbeitung von personenbezogenen Daten entscheidet; das ist der Gebäudeeigentümer, dem die Pflichten aus der HeizkV obliegen. Fachlich geeignet für die Sicherheit der Daten ist hingegen der sog. Auftragsverarbeiter i.S.d. Art. 4 Nr. 8 DSGVO, also das Messdienstunternehmen. Damit dieses Unternehmen in den Pflichtenkreis des verantwortlichen Gebäudeeigentümers einbezogen wird, ist der Abschluss eines Vertrags erforderlich, der die Datenschutzpflichten im Einzelnen beinhaltet (Art. 28 DSGVO).

Die (einfachen) fernablesbaren Erfassungsgeräte sollen dem **Stand der Technik** 67 entsprechen. Maßgebend hierfür sind bei Messgeräten die Eichung und bei den Verteilungsgeräten die Bestätigung durch anerkannte sachverständige Stellen. Die Vermutungswirkung des § 5 Abs. 6 S. 1 1. HS hilft für diesen Gerätetyp nicht weiter, weil die Schutzprofile und Richtlinien der BSI den Anschluss an ein SMGW voraussetzen.

III. Smart-Meter-Gateway (SMGW)

Die fernablesbaren Funk-Erfassungsgeräte haben einen technisch bedingten 68 Nachteil, ihre Sendungsreichweite ist begrenzt. Um die Digitalisierung der Heizkostenabrechnung nicht gleichsam auf halbem Wege stehen zu lassen, ist vorgesehen, dass die neuen Geräte an ein SMGW **anschließbar** sein müssen. Über dieses Gerät erfolgt dann die drahtlose Kommunikation zwischen Funk-Erfassung und Abrechnungsunternehmen (sowie mit den Energielieferanten). Da die EED lediglich die **Pflicht zur Fernablesbarkeit** enthält, die inhaltliche Umsetzung aber nicht vorgibt, sondern den nationalen Gesetzgebern überlässt, sofern nur die Ablesungseinheiten nicht mehr betreten werden müssen, stellt der Verordnungsgeber die Anbindbarkeit an ein SMGW als eine Möglichkeit der Fernablesbarkeit dar (BR-Drs. 623/21, 14). Deshalb bleibt die Verwendung des SMGW den jeweiligen Gebäudeeigentümerin in Absprache mit dem Messdienstunternehmen freigestellt. Es muss lediglich die zwingende **Möglichkeit der Anbindung** an ein SMGW (auf welche technische Art auch immer, MüKoBGB/Zehelein HeizkV § 5 Rn. 7) vorhanden sein. Jedoch werden die Messdienstleister auf einen Anschluss an das SMGW dringen, da ansonsten die monatliche Informationspflicht nach § 6a wirtschaftlich nicht zu erfüllen ist. Ob die Verwendung des SMGW-Verfahrens kostenneutral sein wird (so die Begründung BR-Drs. 623/21, 12; Pfeifer GE 2022, 135 unter V.3.) erscheint fraglich, da nicht sichergestellt ist, dass die Unternehmen die eingesparten Kosten für die In-Haus-Ablesung an die Kunden weitergeben.

69 Für die **Sicherheit** der Anbindung an ein SMGW verweisen § 5 Abs. 2 S. 3, Abs. 6 S. 1 HeizkV vollinhaltlich auf das MsbG. Das bedeutet nur, dass ein SMGW der inhaltlichen Beschreibung des § 2 Nr. 19 MsbG entsprechen muss: (1) es muss sich um eine Kommunikationseinheit innerhalb eines intelligenten Messsystems handeln; (2) es muss moderne Messeinrichtungen in ein Kommunikationsnetz einbinden; (3) Datenschutz, Datensicherheit, Interoperabilität müssen gewährleistet sein; (4) die Anforderungen der Schutzprofile und technischen Richtlinien (die im einzelnen in § 22 MsbG aufgezählt sind) müssen beachtet werden; (5) es muss über Funktionen zur Erfassung, Verarbeitung und Versendung von Daten verfügen. Das in den Tatbestandsmerkmalen erwähnte „intelligente Messsystem" ist nach § 2 Nr. 7 MsbG ist eine über das SMGW in ein Kommunikationsnetz eingebundene moderne Messeinrichtung, die (unter Beachtung des Datenschutzes) den tatsächlichen Energieverbrauch und die tatsächliche Nutzungszeit widerspiegelt. Allerdings stellen diese Merkmale angesichts des in ihnen enthaltenen Zirkelschlusses (SMGW verweist auf intelligente Messsysteme, diese wiederum auf SMGW) keine zwingende Definition dar, sondern lediglich eine inhaltliche Deskription.

70 Von wesentlicher Bedeutung ist hingegen die Einhaltung der **Schutzprofile und Technischen Richtlinien;** wenn diese nicht eingehalten sind, dürfen die Geräte nicht verwendet werden. Denn nach § 22 Abs. 1 MsbG müssen die SMGW den dort im einzelnen aufgeführten Stand der Technik einhalten. Die Erfüllung des Erfordernisses wird nach § 22 Abs. 2 S. 1 MsbG vermutet, wenn bestimmte, in der Anlage des MsbG aufgeführte Schutzprofile und Technische Richtlinien des BSI eingehalten werden; das BSI seinerseits zertifiziert die technikkonformen Geräte. Zwar hat das OVG Münster im März 2021 (EnWZ 2021, 327) Zertifizierungen durch das BSI als rechtswidrig aufgehoben. Jedoch ist als Reaktion darauf nicht nur das MsbG mit der Neueinführung eines Bestandsschutzes in § 19 Abs. 6 geändert worden, sondern auch die für die Zertifizierung der SMGW maßgebende technische Richtlinie TR 03109 geändert und durch TR 03109-1 ergänzt worden, so dass die gerügten Fehler bei der Bewertung der Interoperabilität nicht mehr bestehen. Entsprechend sind danach wiederum inzwischen drei SMGW zertifiziert worden. Zwar sind die Geräte zunächst für den Stromverbrauch gedacht; nach Auffassung des BSI sind sie aber auch für die Verbrauchsmitteilungen der Wärme geeignet.

71 Mit der Zertifizierung wird auch die Einhaltung des **Datenschutzes** bestätigt, § 22 Abs. 2 S. 1 MsbG. Für die Heizkostenabrechnung ist insbesondere die Datenverarbeitung zu Erfüllung von Verträgen mit dem jeweiligen Anschlussnutzer (das ist der Endverbraucher = Mieter im Regelfall, § 2 Nr. 3 MsbG) von Bedeutung. Für den sicheren Betrieb des SMGW ist ein SMGW-Administrator erforderlich, § 51 MsbG (im Regelfall das Messdienstunternehmen). Die Datenkommunikation hat verschlüsselt zu erfolgen, § 52 Abs. 1 MsbG; die personenbezogenen Daten (hierzu gehören auch die Messwerte) sind zu anonymisieren, § 52 Abs. 3 MsbG, was allerdings nur für den Transport der Daten vom SMGW zum Messdienstunternehmen gelten kann; zur Erstellung der Heizkostenabrechnung müssen die Messdaten wieder den einzelnen Nutzern zugeordnet werden.

C. Fernablesbarkeit **§ 5 HeizkV**

Zwingend ist der Anschluss des fernablesbaren Erfassungsgeräts an ein SMGW 72
dann, wenn ein solches bereits vorhanden ist, § 5 Abs. 6 S. 2. Mit dieser **„Bündelung"** sollen Synergieeffekte generiert werden (BR-Drs. 643/21, S. 17). Vorausgesetzt wird die Erfüllung der Tatbestandsmerkmale des § 6 Abs. 1 MsbG, aus
dem deutlich wird, dass das MsbG auf Stromlieferung zugeschnitten ist. § 6 MsbG
geht zunächst von zwei Beteiligten aus, dem Anschlussnutzer (= Mieter) und dem
Anschlussnehmer (= Gebäudeeigentümer). Ferner ergibt sich aus § 5 MsbG, dass
zunächst eine Verbindung über die Messdienstleistung zwischen Anschlussnutzer
und grundzuständigen Messstellenbetreiber (d.i. Energiedienstleister, § 2 Nr. 4
MsbG) besteht; das entspricht der gängigen Praxis beim Strombezug, bei der der
einzelne Mieter einen Vertrag mit dem Stromlieferanten schließt und entsprechend eine direkte Einzel-Abrechnung erfolgt. Um dies auf ein Dreiecks-Verhält-
nis Mieter – Grundeigentümer – Energielieferant umzupolen, muss der Anschluss-
nehmer/Gebäudeeigentümer einen Energielieferanten als Messstellenbetreiber
nach § 6 Abs. 1 MsbG auswählen; dies kann aber auch der bisherige Lieferant/
Messstellenbetreiber sein. Voraussetzung ist ein Angebot, mindestens einen weiteren Messstellenbetrieb (z.B. für Heizwärme) einzurichten und bei der nunmehrigen Bündelung Kostenneutralität für den Nutzer (=Mieter) zu wahren. Allerdings
hat jetzt das SMGW drei Werte zu verarbeiten und weiterzuleiten: die Messwerte
der einzelnen **Verbrauchserfassungsgeräte** und die **Liefermesswerte** sowohl
vom Strom als auch von Gas. Ferner sind im ungünstigsten Fall drei Empfänger
von Messwerten zu berücksichtigen, das Abrechnungsunternehmen für die Heizkostenabrechnung und die möglichen jeweils unterschiedlichen Energielieferanten
für Strom und Gas. Die weiteren Vorgaben in den Absätzen 3 bis 5 des § 6 MsbG
sind auf eine Stromlieferung zugeschnitten und verkomplizieren die Anwendung/
den Anschluss an SMGW, so dass der Gebäudeeigentümer auf seine Befugnis nach
§ 6 Abs. 1 MsbG verzichten und zwei SMGW verwenden wird, eines für die
Energielieferung und eines für die Heizkostenabrechnung. Jedenfalls für die Heizkostenabrechnung ist die Regelung in Abs. 6 S. 2 nicht praktikabel, zumal der
Informationsanspruch nach § 6 Abs. 5 MsbG Anschlussnutzer (= Mieter)
weder ein Recht auf Annahme eines Bündelangebots noch auf einen Wechsel der
Anbieter nach Annahme eines Bündelangebots gibt (Theobald/Kühling/Reck
MsbG § 6 Rn. 47–49). Damit erweist sich die Regelung des § 6 MsbG als auf ein
Zwei-Personen-Verhältnis (Gebäudeeigentümer – Energielieferant) zugeschnit-
ten.

IV. Interoperabilität

Die Notwendigkeit der Regelung nach § 5 Abs. 5 ergibt sich aus der Praxis 73
der Messdienstunternehmen mit dem Gebäudeeigentümer zwei Verträge abzuschließen: den eigentlichen Abrechnungsvertrag und einen Mietvertrag über die
Erfassungsgeräte. Die Laufzeiten der Verträge sind unterschiedlich: der Ablese-
vertrag als Werkvertrag darf nach § 309 Nr. 9 lit. a BGB nur für zwei Jahre abgeschlossen werden, die **Mietvertragsdauer** entspricht hingegen der Dauer der Eichfris-
ten von 6 Jahren. Der Wechsel des Gebäudeeigentümers nach Auslaufen des
Ablesevertrages zu einem anderen Messdienstanbieter wurde dadurch erschwert,
dass der mögliche neue Vertragspartner die auf Grund des laufenden Mietvertrages
vorhandenen Erfassungsgeräte mangels technischen Zugangs nicht nutzen konnte
und der ursprüngliche Vertragspartner sich weigerte, das hierfür erforderliche
Datenmaterial weiterzugeben. An sich wäre das Problem durch Auslegung des

Mietvertrages zu lösen gewesen – der Vermieter hat dem Mieter alle notwendigen Instrumente für die bestimmungsgemäße Nutzung (= Fernablesung) des Mietobjekts zur Verfügung zu stellen (Lammel jurisPR-MietR 14/2019 Anm. 3). Die von den Messdienstunternehmen erzielte und dann als **Musterentscheidung** ständig vorgelegte Rechtsprechung (insbesondere LG Frankfurt a.M. 3.5.2019 – 2-16 S 163/18 – juris) sah dies jedoch anders und verneinte eine Herausgabepflicht.

74 Dadurch wurde der Wettbewerb unter den Messdienstunternehmen eingeschränkt und das am Markt herrschende Oligopol der großen Unternehmen verfestigt (Bundeskartellamt, Sektoruntersuchung Submetering, Darstellung und Analyse der Wettbewerbsverhältnisse bei Ablesediensten für Heiz- und Wasserkosten, Mai 2017). Damit war der Kernbereich des EU-Rechts (Wettbewerbsförderung) berührt und die EED enthielt in Art. 11a Abs. 3 die Anregung, den Wettbewerb durch Verwendung interoperabler Erfassungsgeräte zu fördern.

75 Nach dem Wortlaut der Norm kann die **Interoperabilität,** d.h. Fernablesung durch einen neuen Vertragspartner, auf zwei Wegen herbeigeführt werden. Zunächst kann es die technische Ausstattung zulassen, dass Geräte anderer Hersteller abgelesen werden können, § 5 Abs. 5 S. 1. Wenn der Zugriff verschlüsselt ist, muss dieser „Schlüssel" **(Zugangscode)** an den neuen Vertragspartner übergeben werden. Sind die eingebauten Geräte (noch) nicht in diesem Sinne mit den Geräten des neuen Messdienstleisters technisch-konstruktionsbedingt kompatibel, müssen alle Instrumente herausgegeben werden, um die Fernablesbarkeit durch den neuen Vertragspartner sicher zu stellen. Welche Mittel dies sind, kann angesichts der technischen Unterschiede nicht gesetzlich festgelegt werden; maßgebend ist der normierte Erfolg (krit. MüKoBGB/Zehelein HeizkV § 5 Rn. 13). Gläubiger und Schuldner dieser Ansprüche/Pflichten sind die Vertragspartner des Mietvertrages/oder Kaufvertrages über die Erfassungsgeräte, also Gebäudeeigentümer einerseits, Messdienstunternehmen andererseits (das sieht Zehelein in: MüKoBGB/Zehelein HeizkV § 5 Rn. 13 wohl anders); ist von diesem Unternehmen ein „Geräte-Vermieter" oder „Verkäufer" zwischengeschaltet, ist dieser Schuldner der Pflichten aus § 5.

V. Fristen und Ausnahmen

76 Die Umsetzung der neuen Pflichten ist zeitlich gestreckt; zudem sind Ausnahmen vorgesehen, bei deren Vorliegen von den Neuerungen abgesehen werden darf. Die Fristen sind abhängig vom jeweiligen technischen Status der vorhandenen Geräte, wobei unterschieden wird zwischen nicht fernablesbaren Geräten, nur fernablesbaren Geräten ohne SMGW-Anbindungsmöglichkeit und fehlender Interoperabilität.

77 Für die Einführung „einfacher" fernablesbarer Erfassungsgeräte galt als Stichtag der **1. Dezember 2021** (das Datum des Inkrafttretens der HeizkV-Novelle). Ab diesem Datum dürfen nur noch fernablesbare Erfassungsgeräte (Zähler oder Verteiler) **eingebaut** (d.h. neu installiert, aber – zunächst noch nicht – ausgetauscht) werden.

78 Ab dem **1. Dezember 2022** dürfen nur noch fernablesbare Geräte **eingebaut** werden, die an ein **SMGW** angebunden werden **können** und die die Bedingungen der Interoperabilität erfüllen.

79 Für beide Termine besteht eine **Ausnahme,** § 5 Abs. 1 S. 4: Diese besonderen technischen Vorgaben an neue Geräte (→ Rn. 77, 78) brauchen nicht erfüllt zu

C. Fernablesbarkeit **§ 5 HeizkV**

werden, wenn lediglich ein einzelnes Gerät ausgetauscht oder ergänzt werden muss, die anderen Geräte hingegen weiterhin ordnungsgemäß funktionieren, jedoch noch nicht fernablesbar sind (bzw. sein müssen). Damit soll verhindert werden, dass ein vorhandenes Gerätesystem entweder vorfristig ausgetauscht werden muss oder das Zusammenspiel der Geräte gestört wird.

An diese Ausnahme (→ Rn. 79) knüpft eine weitere **Frist** an, § 5 Abs. 3 S. 1: 80
die Verwendung vorhandener, aber nicht fernablesbarer Erfassungsgeräte ist nur bis zum **31. Dezember 2026** zulässig. Bis zu diesem Zeitpunkt müssen alle Alt-Erfassungsgeräte (die bei Inkrafttreten der Novelle am 1. Dezember 2021 vorhanden waren) oder die dem Systembestandsschutz (→ Rn. 79) unterlagen, fernablesbar, SMGW anbindbar und interoperabel sein.

Letzte Frist ist der **31. Dezember 2031**, § 5 Abs. 4. Bis zu diesem Datum 81
genießen die bis zum 31. Dezember 2022 eingebauten fernablesbaren Erfassungsgeräte Bestandsschutz, danach müssen sie sowohl SMGW-anbindungsfähig als auch interoperabel sein. Die Frist orientiert sich an der üblichen Betriebsdauer solcher Geräte (BR-Drs. 643/21, 15), wobei aber die kürzere Eichdauer für Messgeräte übersehen wurde. Auch ist es ungenau, wenn in der Begründung (BR-Drs. 643/21, 15) davon gesprochen wird, dass erst nach diesem Termin umgerüstet werden solle. Ab 1. Januar 2032 müssen die Geräte umgerüstet oder umgetauscht worden sein, damit sie sowohl fernablesbar, SMGW-anbindungsfähig und interoperabel sind.

Eine **allgemein gültige Ausnahmeregelung** ist in § 5 Abs. 3 S. 2 versteckt. 82
Auf die Umrüstung zu fernablesbaren Geräten kann verzichtet werden, wenn ihr unüberwindbare **technische Hindernisse** entgegenstehen. Dies soll der Fall sein, wenn die Funkwellen die Wände des Gebäudes nicht durchdringen können oder eine Kabelverlegung an der Wandarmierung scheitert (BR-Drs. 643/21, 15). Zu den technischen Fragen gehört auch, ob die vorgesehenen Geräte für die Heizungsanlage geeignet sind bzw. ob überhaupt geeignete Geräte vorhanden sind. Dies ist insbesondere von Bedeutung beim Vorliegen des Rohrwärmeproblems, das – außer den Berechnungen durch VDI 2077 – durch den Einsatz von Verdunstungsgeräten gelöst werden kann, die danach weiter benutzt werden könnten (aA Pfeifer GE 2022, 135 unter VII). Die in der Begründung aufgeführten Beispiele sind demgegenüber nur ein Ausdruck des allgemein geltenden Erfordernisses der Wirtschaftlichkeit der vorgeschriebenen Maßnahmen. Nach der EED, Erwägungsgrund 30, ist für die Einhaltung des **Grundsatzes der Wirtschaftlichkeit** maßgebend, „ob die damit verbundenen Kosten im Vergleich zu den potenziellen Energieeinsparungen verhältnismäßig sind." Dies ist ein vorgegebener genereller ökonomischer Gesichtspunkt, der unabhängig von den individuellen schutzwürdigen Interessen der Eigentümer und der Informationsinteressen der Endverbraucher (so aber die Begründung BR-Drs. 643/21, 15) zu berücksichtigen ist. Die Kosten für die Umrüstung sind daher den potenziellen Energieeinsparungen, die nicht durch die neuen Erfassungsgeräte herbeigeführt werden, sondern durch die häufigeren Informationen der Nutzer, die dadurch zur Energieeinsparung angeregt werden sollen.

VI. Evaluierung

Diese unterschiedlichen Betrachtungsweisen (→ Rn. 82) werden auch beim 83
Inhalt der vorgeschriebenen Evaluierung, § 5 Abs. 8, sichtbar. Der Regierungsentwurf wollte evaluieren, ob die Kosten der Bereitstellung von Verbrauchsinformationen gesenkt und Verbraucherinformation verbessert worden sind (BR-Drs. 643/21, 5, 13). Der Bundesrat hingegen stellte auf die Kostenneutralität ab, die er

bezweifelte (BR-Drs. 643/21 (B), 2). Beide Kriterien verfehlen den Zweck der Regelung, nämlich zur Energieeinsparung beizutragen. Evaluiert werden müsste also, ob durch Fernablesung, SMGW-Anbindung und monatliche Information der Nutzer eine Einsparung der verbrauchten Energie (darauf stellt auch RL 2012/27/EU, Erwägungsgrund 13 ab, die neben der EED weitergilt) herbeigeführt worden ist (was zu bezweifeln ist, Lammel ZMR 2022, 1(8) unter C.). Letztlich führt eine Evaluierung vor Ablauf der Umrüstfristen nicht zu validen Ergebnissen.

D. Auswahl der Geräte

84   Grundsätzlich ist der Gebäudeeigentümer in der **Wahl der Erstausstattung** zur Verbrauchserfassung innerhalb der normativen und technischen Vorgaben frei (→ § 4 Rn. 8, 9). Die einzuhaltende Grenze der **Wirtschaftlichkeit** gilt ihrem Wortlaut nach nur für die den Gebäudeeigentümer treffenden Pflichten; nach § 6 Abs. 3 GEG kann dieser sich auf Antrag bei einer unbilligen Härte von den energiesparenden Geräteeinbau befreien lassen. Die HeizkV hat dieses antragserfordernis nicht übernommen, was auch nicht den Effizienzvorgaben der EED entsprechen würde. Der jeweilige Nutzer kann nur mittelbar gegen eine Kostenumlage zB über § 559 BGB (auch § 556 Abs. 3 S. 1 BGB) geltend machen, dass es sich bei der unwirtschaftlichen Ausstattung um eine solche handelt, die der Vermieter nicht „auf Grund von Umständen, die er nicht zu vertreten hat," (→ HeizkV § 4 Rn. 35, 38) eingebaut hat.

85   Für die Feststellung der **Wirtschaftlichkeit** des Erfassungsgerätes sind die für dieses gewählte Gerät anfallenden Gesamtkosten den durch die Verbrauchserfassung mittels dieses Gerätes zu erwartenden Energieeinsparungsbeträgen gegenüberzustellen. Zu den Kosten der Verbrauchserfassung gehören zunächst die Kosten für den Erwerb des Gerätes einschließlich Montage; hier ist bei den Mengenzählgeräten auch die angemessene (Volumen-)Größe zu berücksichtigen (BGH NZM 2010, 558 für Wasserzähler). Die **Kosten der Montage** hängen von der Leitungsführung und der Art und Weise der Anbringung (Aufputz-, Unterputz-Gerät) ab. Der nachträgliche Einbau von Warmwasserzählern kann eine zusätzliche Montage entsprechender Rohre erforderlich machen, um die einzelnen Wohnungen getrennt erfassen zu können. Ob der hierfür erforderliche Aufwand durch die erzielbare Energieeinsparung zu rechtfertigen ist, erscheint zweifelhaft (→ HeizkV § 11 Rn. 26–34). Bei Neubauten, die der HeizkV unterfallen, muss der Einbau derartiger Warmwasserzähler von vornherein vorgesehen werden, so dass sich die Montagekosten in Grenzen halten.

86   Neben den reinen Erwerbskosten sind aber noch die **Folgekosten** zu berücksichtigen. Bei den Verdunstern muss für die Kostenverteilung ein **externer Wärmemessdienst** herangezogen werden; bei den elektronischen Geräten sowie den Wärmemengenzählern könnten Ablesung und Abrechnung durch den Gebäudeeigentümer selbst vorgenommen werden. Allerdings ist bei den elektronischen Geräten zusätzlich eine Funktionsprüfung sowie der Batteriewechsel erforderlich (zur Umlage dieser Kosten AG Berlin-Charlottenburg MM 1991, 163). Im Rahmen der Kostengegenüberstellung sind auch die Fehlerquoten der einzelnen Erfassungssysteme zu berücksichtigen, da sich diese betriebswirtschaftlich als Kostenbelastung des einzelnen Nutzers niederschlagen können. Aus dem gleichen Grund sind auch die Vertragsbedingungen der die Geräte zur Verfügung stellenden Fir-

E. Vertrag mit Messdienstfirma §5 HeizkV

men (zB Gewährleistung) und der Ablesefirmen zu bewerten (dazu → Rn. 88–90).

Dem ist der Betrag aus der Energieeinsparung gegenüberzustellen, berechnet 87 auf die Nutzungsdauer des gesamten Gebäudes. Der ursprüngliche Gesetzgeber ging von einer **jährlichen Einsparungsquote** von 15 % des auf das gesamte Gebäude entfallenden Energiebedarfs aus (BR-Drs. 632/80, 37; auch die Aufstellung Kreuzberg/Wien Heizkostenabrechnung-HdB/Franke/Pawellek/Wien S. 676). Diese Berechnung ist konkret für jedes Gebäude aufzustellen, um die **Auswahl des Erfassungsgerätes** wirtschaftlich zu legitimieren. Allerdings ist hierbei nur eine pauschale Wertung möglich; es kommt also nicht darauf an, das Gerät auszuwählen, bei dem der größte Überschuss von Energieeinsparung gegenüber den Kosten erzielt wird. Insgesamt dürfte von einem Anteil zwischen 5 % (Verdunster) und 13 % (Wärmezähler) der Abrechnungskosten an den Heizkosten auszugehen sein (Kreuzberg/Wien Heizkostenabrechnung-HdB/Wien S. 591); generell wird die Wirtschaftlichkeit der Heizkostenabrechnung bejaht (Felsmann, Auswirkungen der verbrauchsabhängigen Abrechnung in Abhängigkeit von der energetischen Gebäudequalität, 2013, S. 54), wobei allerdings nicht zwischen einzelnen Erfassungsgeräten differenziert wird.

E. Vertrag mit Messdienstfirma

Die Abrechnungsfirmen bieten unterschiedliche Verträge an: Einen Kauf- oder 88 Miet-Vertrag über Erfassungsgeräte, wobei die Mietzeit vom Kunden festgelegt werden darf. Ob dies als individualvertragliche Vereinbarung gewertet werden kann, erscheint angesichts der formularmäßigen Ausgestaltung zweifelhaft; jedenfalls verstößt eine vom Vermieter festgelegte **Mietvertragsdauer** von 10 Jahren mit einem Verbraucher gegen § 307 BGB (BGH WuM 2008, 139; OLG Frankfurt a. M. NZM 2005, 477; zur Bindung an einen Messdienstleister s. auch AG München ZMR 2012, 739; OLG Stuttgart WuM 2021, 231 Rn. 102). Ferner wird ein Wartungsvertrag für die veräußerten bzw. vermieteten Geräte angeboten; jedenfalls bei Miete obliegt dem Vermieter eigentlich die Instandhaltung der Geräte. Schließlich gibt es noch Abrechnungsverträge, die (sinnvollerweise?) gekoppelt sind mit Kauf- oder Mietvertrag sowie Wartungsvertrag, so dass die Laufzeit des Wartungsvertrages auch für den Abrechnungsvertrag gilt. Die Abrechnungsverträge mit den Wärmemessfirmen sind als **Geschäftsbesorgungsverträge mit Werkvertragscharakter** zu qualifizieren, auch wenn sich die Unternehmen zu einer Dienstleistung in ihren Vertragsformularen verpflichten. Denn kennzeichnend für den Vertrag ist nicht die Tätigkeit als solche, sondern die Erstellung der Abrechnung, mithin das durch die Tätigkeit herbeizuführende Ergebnis (LG Hamburg NJW-RR 1988, 1294).

Die Verträge werden weitgehend von den Allgemeinen Vertragsbedingungen der 89 Unternehmen geprägt (Hannig PiG 13 (1983), 192), die entsprechend nach den gesetzlichen AGB-Regelungen zu bewerten sind. So setzt zB ein Wartungsvertrag voraus, dass die vertragsgegenständlichen Geräte überhaupt einer Wartung bedürfen (AG Osnabrück ZWE 2014, 100). Unter AGB-rechtlichen Gesichtspunkten rufen zwei Vertragsklauseln Bedenken hervor: Ein Ausschluss von Ansprüchen auf Schadensersatz wegen Abrechnungsmängeln verstößt gegen § 307 Abs. 2 Nr. 2 BGB; der wesentliche Zweck eines Abrechnungsvertrages besteht gerade in der Erstellung einer ordnungsgemäßen Abrechnung (AG Krefeld ZMR 2013, 48). Eine **Scha-**

densersatzpflicht kann insbesondere daraus entstehen, dass der Messdienst die Abrechnung nicht innerhalb der gesetzlichen Abrechnungsfrist erstellt (AG Wuppertal NZM 2010, 901). Die **Haftungsbegrenzung** auf vertragstypische Schäden aus der Verletzung von dieser Kardinalpflicht entlastet das Unternehmen nicht, weil aus Abrechnungsmängeln typischerweise in Geld bemessbare Schäden entstehen. Ebenfalls gegen § 307 BGB (als versteckter Preisanpassungsklausel) verstoßen formularmäßige Entgeltvereinbarungen, wonach sich die Höhe der zu zahlenden Vergütung nach der jeweils gültigen Preisliste richtet (AG Idstein ZMR 2013, 640; MüKoBGB/Wurmnest § 309 Nr. 1 Rn. 14, 15, 16); diese pauschale Preisänderungsmöglichkeit lässt jede Koppelung an die Vertragsdauer vermissen.

90   Die **Beendigungsregelung** beim Gerätemietvertrag mit fester Laufzeit, der vorzeitig auf Wunsch des Kunden aufgelöst wird, differenziert nicht zwischen Leasing- (mit Amortisationsberechnung für die Raten) und Mietvertrag als solchem und auch nicht zwischen den Gründen, die zur Auflösung geführt haben, wenn die Restmiete insgesamt geltend gemacht wird. Das dürfte zB bei berechtigter fristloser Kündigung seitens des Gerätemieters nicht zulässig sein. Die **Forthaftungsklausel** des Vertragspartners im Falle des Eigentumswechsels am mit den gemieteten Erfassungsgeräten ausgestatteten Gebäude ist zwar von der Rechtsprechung unter Hinweis auf das den Mieter treffende Verwendungsrisiko nach § 537 BGB gebilligt worden (AG Dortmund, AG Saarlouis; AG Mülheim; AG Nidda DWW 1999, 383 (384)). Unberücksichtigt blieb aber in diesen Entscheidungen die Anrechnungspflicht des Vermieters sowie die nicht mehr vorhandene Möglichkeit, dem Mieter den Gebrauch der Geräte zu gewähren. Jedenfalls wenn der Nach-Eigentümer in den Gerätemietvertrag eingetreten ist (AG Buchen DWW 1999, 327), wird der Vor-Eigentümer und ursprüngliche Mietvertragspartner nach § 537 Abs. 2 BGB von der Mietzahlungspflicht befreit. Ob eine Entkoppelung von Miet-, Wartungs- und Abrechnungsvertrag dergestalt zulässig ist, dass der Mietvertrag unabhängig von der Beendigung zB des Abrechnungsvertrages fortdauern soll (so zB AG Saarlouis DWW 1999, 384; AG Weilburg HKA 2001, 35) muss unter dem Gesichtspunkt der Geschäftsgrundlage bezweifelt werden, weil der Gerätemieter = Gebäudeeigentümer jedenfalls bei Verdunstungsgeräten auf den Wärmemessdienst angewiesen ist (AG Gießen NJW-RR 1996, 49, bestätigt durch LG Gießen NJW-RR 1996, 630).

F. Öffentlichrechtliche Bedingungen für Geräte

I. Eichpflicht

91   An die Stelle der Eichordnung sind 2015 das MessEG und die MessEV getreten Die danach erfolgende neue Verwendung von Wärmezählern, die als Messgeräte unter das neue Recht fallen, muss die neuen Voraussetzungen erfüllen. Das Gerät muss die wesentlichen Bedingungen der Verordnung (§ 6 MessEG; § 8 mit Anlage 3 MessEV) erfüllen. Die Erfüllung ist durch eine Konformitätsbewertung und eine diese beinhaltende **Konformitätserklärung** nachzuweisen. Danach muss das Messgerät die entsprechenden Kennzeichnungen und Aufschriften tragen (§§ 13–16 MessEV). Pflichten bezüglich des Einsatzes der Messgeräte legt das MessEG dem „Verwender" auf, nach § 3 Nr. 22 MessEG derjenige, ein Messgerät zur Bestimmung von Messwerten im geschäftlichen Verkehr betreibt oder bereithält. Wird das Messgerät vom Ableseunternehmen vermietet und dann anhand

der dort gefundenen Werte die Abrechnung erstellt, ist das Ableseunternehmen Verwender i.S. des MessEG (BVerwG Urteil vom 10.12.2020 – 8 C 26.20, BeckRS 2020, 45662). Der Verwender darf nur gesetzeskonforme Messgeräte verwenden (§ 31 MessEG); die Verwendung neuer oder erneuerter Geräte hat er anzuzeigen unter Angabe der das Gerät konkretisierenden Merkmale (§ 32 MessEG). Ferner darf er Messwerte nur verwenden, wenn sie vom gesetzeskonformen Gerät stammen (§ 33 MessEG); insbesondere darf das Gerät nicht ungeeicht verwendet werden (§ 31 Abs. 2 Nr. 3 MessEG). Wird zur Ermittlung der Heizkosten ein **Wärmemessdienst** eingeschaltet, ist zwar dieser Verwender der Messgeräte, der Gebäudeeigentümer (= Vermieter) als vertraglicher Urheber der Heizkostenabrechnung bleibt aber Verwender der Messergebnisse, so dass ihn weiterhin die Pflichten aus § 33 MessEG treffen. Nach § 6 MessEG müssen die Erfassungsgeräte außer den technischen auch noch bestimmte gesetzliche oder behördliche Voraussetzungen erfüllen, bevor sie zulässigerweise im Rahmen der HeizkV angewendet werden dürfen. Gesetzliche Voraussetzungen sind jetzt in den § 6 MessEG in Verbindung mit §§ 8, 9 MessEV-E und der Richtlinie 2014/32/EU enthalten,. Danach müssen Messgeräte zur Bestimmung der thermischen Energie und der Durchfluss-Stärke von Flüssigkeiten geeicht sein, wenn sie im geschäftlichen Verkehr Verwendung finden. Messgeräte, die im Rahmen der HeizkV Anwendung finden, dienen der Verwendung im geschäftlichen Verkehr, da ihre Messergebnisse die Grundlage für die verbrauchsabhängige Kostenverteilung darstellen. Während die **Eichung** von den staatlichen Eichämtern durchgeführt wird, kann die Beglaubigung durch staatlich anerkannte Prüfstellen bei den Herstellerbetrieben der Geräte erteilt werden; rechtlich sind beide Akte gleichwertig.

Eichfähig und -pflichtig sind im Rahmen der HeizkV die Wärmezähler und 92 die Warmwasserzähler. Die sich im Gebrauch befindlichen Geräte müssten inzwischen alle geeicht sein, da die in der Verordnung über die **Eichpflicht** von Messgeräten enthaltenen Fristen abgelaufen sind (für Kaltwasser ab 1.1.1979; für Warmwasser ab 1.1.1981 mit einer Nachvollziehungsfrist für ältere Geräte bis 31.12.1985; für Wärmemessgeräte ab 1.7.1980 mit einer Nachvollziehungsfrist für ältere Geräte bis zum 30.6.1985). Das Jahr der letzten Eichung ist in die **Bleiplombe** eingeprägt und somit auch vom jeweiligen Nutzer feststellbar. Nach der Verordnung über die Gültigkeit der Eichung beträgt die Gültigkeitsdauer für Kaltwassermessgeräte und für Warmwasser- und für Wärme-Messgeräte jeweils 6 Jahre. Werden diese Zeiträume überschritten, erlischt die Eichgültigkeit, und die dennoch weiter verwendeten Erfassungsgeräte stellen keine geeigneten Geräte im Rahmen der HeizkV dar, so dass die auf ihrer Grundlage erstellten Abrechnungen nach § 12 Abs. 1 um 15 % zu kürzen sind (→ Rn. 58). Die Verwendung nicht geeichter Geräte ist eine mit Bußgeld bedrohte Ordnungswidrigkeit.

II. Bestätigung durch sachverständige Stellen

1. Sachverständige Stellen. Für alle Geräte, die keiner Eichpflicht unterlie- 93 gen, ist eine Bestätigung einer sachverständigen Stelle erforderlich. Die behördliche Zuständigkeit hierfür ist in der HeizkV gestaffelt. Zunächst muss die nach Landesrecht zuständige Stelle im Benehmen mit der Physikalisch-Technischen Bundesanstalt bestätigen, dass die von der HeizkV so genannte sachverständige Stelle (Kreuzberg/Wien Heizkostenabrechnung-HdB/Mügge S. 279) die erforderliche Eignung besitzt:

HeizkV § 5   Ausstattung zur Verbrauchserfassung

Prüfstelle	Adresse	Bundesland	Kennzeichen
Institut für Gebäudeenergetik Universität Stuttgart	Pfaffenwaldring 35 70569 Stuttgart Tel.: 0711/685-62061 E-Mail: info@ige.uni-stuttgart.de	Baden-Württemberg	A1
Wärmetechnisches Institut Steinbeis-Transferzentrum Hochschule Mannheim	Paul-Wittsack-Straße 11 0 68163 Mannheim Tel.: 0621/292-6520 E-Mail: info@wti.mannheim.de	Baden-Württemberg	A2
WTP Wärmetechnische Prüfgesellschaft mbH	Röblingstr. 150 12105 Berlin Tel.: 030/6169 43-0 E-Mail: mailbox@WTP-Berlin.de	Berlin	C3

Das Verfahren hierzu ist in den Richtlinien vom 3.7.1985 (PTB-Mitteilungen 95, 5/85, 342) geregelt. Insbesondere die Einschaltung der Physikalisch-Technischen Bundesanstalt soll gewährleisten, dass nur solche Stellen mit der Prüfung von Erfassungsgeräten für den Einsatz im Rahmen der HeizkV befasst werden, die auch die entsprechende fachliche Kompetenz besitzen (BR-Drs. 483/83, 34). Durch das **Mitspracherecht** der PTB als einer bundesunmittelbaren nicht rechtsfähigen Anstalt des öffentlichen Rechts soll ferner eine möglichst gleiche Praxis in den einzelnen Ländern erzielt werden (Brintzinger § 5 Anm. 7, 24).

94   Die auf diesem Wege bestimmte zuständige Stelle darf schließlich die Bestätigung erteilen, dass das jeweilige Erfassungsgerät den anerkannten Regeln der Technik entspricht oder dass dessen Eignung auf andere Weise nachgewiesen ist. Die sachverständigen Stellen werden durch einen **Prüfstellenausschuss „Heizkostenverteiler"** beraten, dem je ein Vertreter der sachverständigen Stellen, des Deutschen Instituts für Normung, der Deutschen Gesellschaft für Warenkennzeichnung, der zuständigen Landesbehörden, des Arbeitsausschusses „Verbrauchsabhängige Heizkostenermittlung" und der Physikalisch-Technischen Bundesanstalt angehört.

95   Der HeizkV selbst ist weder zu entnehmen, welche Stelle nach **Landesrecht** zuständig ist, noch welche Stelle im Einzelfall als sachverständig im Sinne der HeizkV bestätigt worden ist; eine Regelung, die unbedingt zur Verwaltungsvereinfachung und zur Klarheit der Behördenzuständigkeiten beiträgt (in der Tendenz ebenso Brintzinger § 5 Anm. 7, 26; von Heix, § 5 Anm. 6 nicht übernommen). Für die Bestätigung sachverständiger Stellen sind **zuständig:** in Baden-Württemberg Regierungspräsidium Tübingen; in Bayern das Bayerische Landesamt für Maße und Gewichte (§ 5 VO zum Vollzug wirtschaftsrechtlicher Vorschriften vom 2.1.2000, GVBl. 2); in Berlin das Landesamt für Mess- und Eichwesen (Bekanntmachung des Senators für Wirtschaft und Verkehr vom 3.7.1984, ABl. 977); in Brandenburg das Landesamt für Mess- und Eichwesen (§ 1 VO über Zuständigkeiten nach der VO über Heizkostenabrechnung vom 16.3.1996, GVBl. II/1996, 246); in Bremen liegt keine Regelung vor, die allgemeine Zuständigkeit liegt beim Senator für das Bauwesen; in Hamburg die Behörde für Wirtschaft und Arbeit (Abschnitt 3 Abs. 1 EnergieeinsparungsG DurchführungsAO vom 15.10.2002, Amtliche Anzeigen 4401); in Hessen die Hessische Eichdirektion

F. Öffentlichrechtliche Bedingungen für Geräte **§ 5 HeizkV**

(§ 1 Abs. 1 VO vom 11.7.1985, GVBl. I 119); in Mecklenburg-Vorpommern Eichdirektion Nord (HeizkostZustVO MV § 1); in Niedersachsen liegt keine Regelung vor, allgemein zuständig ist das Ministerium für Umwelt, Energie, Bauen und Klimaschutz; in Nordrhein-Westfalen der Landesbetrieb Mess- und Eichwesen; in Rheinland-Pfalz die Eichdirektion (§ 2 EnergieZustV, vom 8.8.1995, GVBl. RP 331); im Saarland Landesamt für Umwelt und Arbeitsschutz; in Sachsen einheitlicher Ansprechpartner Amt-24; in Sachsen-Anhalt liegt keine spezialgesetzliche Regelung vor; in Schleswig-Holstein Eichdirektion Nord; in Thüringen liegt keine Regelung vor. Soweit in den **neuen Bundesländern** keine landeseigene sachverständige Stelle eine Bestätigung über die Eignung der Geräte erteilt hat, können nach dem Einigungsvertrag auch Ausstattungen zur Verbrauchserfassung verwendet werden, die von sachverständigen Stellen in den alten Bundesländern zugelassen worden sind. (Im **Anhang** findet sich ein Hinweis auf die Ermittlung der **Landes-Eichbehörden** im Internet).

Die Schwierigkeit der Kompetenzerfassung sollte dadurch gemildert werden, dass der Verordnungsgeber von der Beibehaltung des bewährten DIN-Zulassungsverfahrens ausging (BR-Drs. 483/83, 34). Zwischenzeitlich ist der Anerkennungsausschuss DIN 4713 beim DIN-Normenausschuss Heizung und Lüftung für die Bestätigung der Eignung der Geräte aufgelöst worden. An seine Stelle ist der oben (→ Rn. 94) erwähnte Prüfstellenausschuss getreten, der aber nur beratende bzw. empfehlende Funktionen hat. Die ältere Fassung des § 5 sah darüber hinaus noch vor, dass die zugelassenen Geräte bekannt gemacht werden müssen. Die letzte zusammenfassende Veröffentlichung erfolgte im Bundesanzeiger vom 17.7.1984, S. 7329. Sie enthält 25 zugelassene Verdunstungsgeräte, 10 zugelassene elektronische Verteiler, 19 Wärmezähler sowie deren im einzelnen zugelassene Teilgeräte, wie Rechenwerk, hydraulischer Geber und Temperaturfühler. Es ist davon auszugehen, dass die aufgezählten Geräte noch die Zulassung besitzen. Eine weitere Zusammenstellung zugelassener Verteilungsgeräte ist 1989 von dem GGW veröffentlicht worden (Anhang 1. Auflage). Über neue Bestätigungen von Geräten wird in den Mitteilungen der Physikalisch-Technischen Bundesanstalt berichtet. 96

2. Verweis auf anerkannte Regeln der Technik. Die Bestätigung durch die sachverständigen Stellen darf nur erteilt werden, wenn das zur Prüfung stehende Erfassungsgerät den anerkannten Regeln der Technik entspricht (oder dessen Eignung auf andere Weise nachgewiesen wurde). Ist diese Bestätigung erteilt worden, ist davon auszugehen, dass die Geräte den technischen Voraussetzungen entsprechen; der Nutzer kann deren generelle Eignung nicht mehr in Zweifel ziehen. Eine anerkannte Regel der Technik liegt vor, wenn sie sich nach wissenschaftlicher Erkenntnis als richtig und unanfechtbar dargestellt und in den Kreisen der für die Anwendung der Regel in Betracht kommenden Techniker allgemein durchgesetzt hat (so MüKoBGB/Busche § 633 Rn. 18); es muss sich also gleichsam um Gewohnheitsrecht im technischen Bereich handeln. Niedergelegt sind die anerkannten Regeln der Technik in den Regelwerken, die sich daher als kodifizierte technische Regeln ausweisen; in Betracht kommen für die HeizkV insbesondere die DIN-Normen. 97

Für die verbrauchsabhängige Wärmekostenabrechnung ist teilweise noch die 1989 überarbeitete **DIN** 4713 maßgebend. Die Normenreihe DIN 4713 bestand aus fünf Teilen, die sich mit der verbrauchsabhängigen Wärmekostenabrechnung befassen. Die Teile 1 (Allgemeines, Begriffe), 4 (Wärmezähler und Warmwasserzähler) sowie 5 (Betriebskostenverteilung und Abrechnung) stammten noch aus 98

119

dem Jahr 1980. 1989 sind die Teile 2 über Heizkostenverteiler nach dem Verdunstungsprinzip und 3 über Heizkostenverteiler mit elektrischer Messgrößenerfassung neu herausgegeben worden; in beide Teile ist die DIN 4714, die sich mit dem technischen Aufbau der Geräte befasst hat, aufgegangen. Nunmehr gelten aber **europäische Normen** für die Heizkostenverteiler: DIN EN 834 vom Dezember 2013 für elektronische Heizkostenverteiler und DIN EN 835 vom April 1995 für Heizkostenverteiler nach dem Verdunstungsprinzip; für Wärmezähler gibt es die Norm DIN EN 1434 vom April 1997. Definitionsgemäß stellen die anerkannten Regeln der Technik geringere Anforderungen an die Geräte als der Stand der Technik. Für die Zwecke der Heizkostenverteilung ist dies aber ausreichend; es erscheint nicht erforderlich, die jeweils neuesten Geräte zur Wärmekostenerfassung zu benutzen (aA Brintzinger § 5 Anm. 6, 17; unscharf insoweit Heix § 5 Anm. 6.2).

99   **3. Eignungsnachweis auf andere Weise.** Eine **Bestätigung** durch die sachverständige Stelle ist auch zu **erteilen,** wenn die Eignung des Erfassungsgerätes auf andere Weise (als durch Eichung oder Entsprechung der anerkannten Regeln der Technik) nachgewiesen worden ist. Diese durch die Änderung 1984 eingeführte Möglichkeit sollte für technische Neuentwicklungen gelten (BR-Drs. 483/83, 34). Wie der entsprechende Nachweis zu führen ist, ergibt sich weder aus dem Gesetzestext noch aus der Begründung (Brintzinger § 5 Anm. 6.4., 21). Diese Experimentierklausel dürfte in der HeizkV fehl am Platze sein. Es geht hier nicht um die Anwendung von Geräten, die dem jeweils neuesten Stand der Wissenschaft und Technik entsprechen, sondern um die Ausstattung mit solchen Geräten, die den Zweck der HeizkV, Energieeinsparung durch Verbrauchserfassung, erfüllen (Heix § 5 Anm. 6.3 verweist auf neuere Entwicklungen). Die Erprobung neuer Geräte sollte nicht auf Kosten von Gebäudeeigentümer und Nutzer erfolgen.

G. Vorerfassung

I. Unterschiedliche Geräteausstattung

100   Die ordnungsgemäße Verteilung der Kosten auf Grund der Daten der Erfassungsgeräte beruht technisch darauf, dass die **gelieferten Werte vergleichbar** sind; das können sie nur sein, wenn bei allen Nutzereinheiten **dasselbe Erfassungssystem** installiert ist. Die Werte aus unterschiedlichen Systeme lassen sich nicht einheitlich verarbeiten (HKA 1987, 25). Die HeizkV geht daher in ihren Regelungen vom Normalfall aus, dass die Werte aller von einer zentralen Heizungsanlage versorgten Nutzer von den gleichen Erfassungsgeräten gemessen werden.

101   Da aber in einem Gebäude bei einzelnen Nutzern unterschiedliche Heizsysteme vorhanden sein können, für die nicht alle Erfassungssysteme anwendbar sind (zB Fußbodenheizung (dazu AG Hamburg-St.Georg ZMR 2020, 537 mAnm Lammel jurisPR-MietR 17/2020 Anm. 8; Lammel, jurisPR-MietR 16/2021 Anm. 4) und Rippenheizkörper), müssen **unterschiedliche Geräte** installiert werden (Lefèvre HKA 1996, 29). Um dennoch zu einer für das gesamte Gebäude vergleichbaren Erfassung zu kommen, schreibt § 5 Abs. 7 S. 1 eine sog. **Vorerfassung** vor. Für den Fall des Vorliegens unterschiedlicher Erfassungssysteme (nur darauf kommt es an, nicht auf unterschiedliche Geräte, zB Verdunster verschiede-

F. Vorerfassung **§ 5 HeizkV**

ner Hersteller) bei den Nutzern ist der Gebäudeeigentümer gezwungen, eine Vorerfassung durchzuführen. Unterlässt er das, hat er keine ordnungsgemäße Abrechnung erstellt; sie unterliegt dem Kürzungsrecht nach § 12 Abs. 1.

II. Sonstige Fälle

Daneben kann der Gebäudeeigentümer gemäß § 5 Abs. 7 S. 2 in besonderen Fällen eine Vorerfassung nach **Nutzergruppen** durchführen. Dieses Ermessen ist ihm nach der HeizkV in zwei Fällen eingeräumt: einmal bei unterschiedlichen Nutzungs- oder Gebäudearten, zum anderen generalklauselartig bei Vorliegen anderer sachgerechter Gründe. 102

Unterschiedliche Nutzungs- oder Gebäudearten liegen zB vor, wenn von einer zentralen Heizungsanlage Wohnungen, Läden, Produktionsstätten, Lagerhallen und Freizeiteinrichtungen versorgt werden, wie es bei einem Hochhaus der Fall sein kann (BR-Drs. 483/83, 35). Jede dieser Nutzergruppen hat nutzungsbedingt einen unterschiedlichen Wärmebedarf. Deshalb erscheint es sinnvoll, die jeweiligen Gruppen getrennt zu erfassen. Unterschiedliche Gebäudearten liegen zB vor, wenn von einem Blockheizwerk Hochhäuser, Einfamilienhäuser und Ladenzeilen gemeinschaftlich versorgt werden (Kohlenbach § 5 Anm. 7; Lefèvre HKA 1996, 30). 103

Die **Auslegung der Generalklausel** ist an diesen Beispielen auszurichten. Sie ist deshalb erfüllt, wenn auf Grund objektiver Umstände ein unterschiedliches Verbrauchsergebnis bei den einzelnen Nutzern vorliegen wird (Pfeifer HeizkV § 5 Anm. 5). Das kann zB gegeben sein, wenn Teile eines Gebäudes mit unterschiedlicher Temperatur versorgt werden, etwa die Nord- und Südseite auf Grund getrennter Einstellung bei einer Zonentemperaturregelung; oder das Vorliegen von **Ein- und Zweirohrsystemen** innerhalb eines Gebäudes (Lange HKA 1988, 42). Schließlich kann sich eine Vorerfassung auch in den Fällen anbieten, in denen die von einem zentralen Heizwerk belieferten Gebäude von diesem unterschiedlich weit entfernt sind und deshalb Leitungsverluste in unterschiedlicher Höhe auftreten können (BR-Drs. 483/83, 35; krit. dazu Brintzinger § 5 Anm. 11, 31; Heix § 5 Anm. 12.8 bevorzugt eine abstrakt-generelle Einschätzung). 104

In den Fällen des § 5 Abs. 7 S. 2 steht es im **Ermessen des Gebäudeeigentümers**, ob er eine Vorerfassung durchführen will. Er kann dazu von den Nutzern nicht gezwungen werden (BGH WuM 2011, 159 Rn. 11); eine **ohne Vorerfassung** erstellte Heizkostenabrechnung ist **nicht** aus diesem Grunde **fehlerhaft** (LG Berlin GE 1989, 679). Allerdings wird im Mietrecht die Auffassung vertreten, dass bei gemischt genutzten Gebäuden eine getrennte Erfassung der verbrauchsabhängigen Nutzungen erforderlich ist (Sternel MietR III 358), so dass sich unter diesem Gesichtspunkt auch in den Ermessensfällen eine Vorerfassung anbietet (von Seldeneck Betriebskosten Rn. 3201, 3202; **anders** aber **BGH** NJW 2006, 1419: nur unter besonderen Umständen erforderlich; BGH WuM 2006, 284). 105

Technisch ist für eine ordnungsgemäße Vorerfassung erforderlich, dass der **Gesamtverbrauch** jeder Nutzereinheit **getrennt gemessen** wird. Diese getrennte Messung für jede Nutzereinheit ist auch notwendig, wenn nur zwei unterschiedliche Nutzergruppen zu erfassen sind. Hier genügt es nicht, dass nur eine Gruppe gemessen wird, während der Wert für die andere Gruppe aus der Differenz von Gesamtverbrauch und gemessenem Wert ermittelt wird (Lange HKA 1990, 2; BGH WuM 2008, 556; ähnlich wohl der Fall AG Gelsenkirchen WuM 2008, 726; **anders** aber **BGH** WuM 2010, 35 für Wasserkosten). Das 106 widerspricht den Anforderungen des § 5 Abs. 7, der ausdrücklich von einer getrennten Erfassung der einzelnen Nutzergruppen spricht; Erfassung setzt aber den Einsatz entsprechender Geräte voraus (HKA 1987, 26; Lefèvre HKA 1996, 30). Für die Vorerfassung ist nach dem derzeitigen technischen Standard der Einsatz von Wärmezählern erforderlich. Zwar ist diese Notwendigkeit, die in § 5 1981 noch enthalten war, bei der Neufassung 1984 gestrichen worden. Da aber derzeit die Vorerfassung nur durch Messgeräte möglich ist und solche Geräte nur in der Form der Wärmemesser auf dem Markt sind, ist nur der Einsatz dieser Geräte geeignet, eine ordnungsgemäße Vorerfassung zu gewährleisten. Die Neufassung des § 5 Abs. 7 lässt lediglich die Möglichkeit offen, bei Entwicklung neuer Geräte nach anderen Meßsystemen auch diese zur Vorerfassung einzusetzen (HKA 1987, 26; Lefèvre HKA 1996, 30). Die Verteilung der Kosten im Falle der Vorerfassung erfolgt nach § 6 Abs. 2 (→ HeizkV § 6 Rn. 79–83). Im Falle des Verstoßes gegen diese Vorgaben der „doppelten" Erfassung bei der Vorerfassung steht dem Nutzer nach § 12 Abs. 1 ein Kürzungsrecht seiner auf der Differenzberechnung beruhenden Heizkostenabrechnung zu (BGH WuM 2016, 174 mAnm. Zehelein WuM 2016, 176; Lammel NZM 2016, 748).

Anhang: Verzeichnis der deutschen Eichbehörden

107 Das Verzeichnis der deutschen Eichbehörden ist abrufbar unter: „www.eichamt.de"

§ 6 Pflicht zur verbrauchsabhängigen Kostenverteilung

(1) ¹Der Gebäudeeigentümer hat die Kosten der Versorgung mit Wärme und Warmwasser auf der Grundlage der Verbrauchserfassung nach Maßgabe der §§ 7 bis 9 auf die einzelnen Nutzer zu verteilen. ²Das Ergebnis der Ablesung soll dem Nutzer in der Regel innerhalb eines Monats mitgeteilt werden. ³Eine gesonderte Mitteilung ist nicht erforderlich, wenn das Ableseergebnis über einen längeren Zeitraum in den Räumen des Nutzers gespeichert ist und von diesem selbst abgerufen werden kann. ⁴Einer gesonderten Mitteilung des Warmwasserverbrauchs bedarf es auch dann nicht, wenn in der Nutzeinheit ein Warmwasserzähler eingebaut ist.

(2) ¹In den Fällen des § 5 Absatz 7 sind die Kosten zunächst mindestens zu 50 vom Hundert nach dem Verhältnis der erfassten Anteile am Gesamtverbrauch auf die Nutzergruppen aufzuteilen. ²Werden die Kosten nicht vollständig nach dem Verhältnis der erfassten Anteile am Gesamtverbrauch aufgeteilt, sind
1. die übrigen Kosten der Versorgung mit Wärme nach der Wohn- oder Nutzfläche oder nach dem umbauten Raum auf die einzelnen Nutzergruppen zu verteilen; es kann auch die Wohn- oder Nutzfläche oder der umbaute Raum der beheizten Räume zugrunde gelegt werden,
2. die übrigen Kosten der Versorgung mit Warmwasser nach der Wohn- oder Nutzfläche auf die einzelnen Nutzergruppen zu verteilen.

³Die Kostenanteile der Nutzergruppen sind dann nach Absatz 1 auf die einzelnen Nutzer zu verteilen.

(3) ¹In den Fällen des § 4 Abs. 3 Satz 2 sind die Kosten nach dem Verhältnis der erfassten Anteile am Gesamtverbrauch auf die Gemeinschafts-

räume und die übrigen Räume aufzuteilen. ²Die Verteilung der auf die Gemeinschaftsräume entfallenden anteiligen Kosten richtet sich nach rechtsgeschäftlichen Bestimmungen.

(4) ¹Die Wahl der Abrechnungsmaßstäbe nach Absatz 2 sowie nach den § 7 Absatz 1 Satz 1, §§ 8 und 9 bleibt dem Gebäudeeigentümer überlassen. ²Er kann diese für künftige Abrechnungszeiträume durch Erklärung gegenüber den Nutzern ändern
1. bei der Einführung einer Vorerfassung nach Nutzergruppen,
2. nach Durchführung von baulichen Maßnahmen, die nachhaltig Einsparungen von Heizenergie bewirken oder
3. aus anderen sachgerechten Gründen nach deren erstmaliger Bestimmung.

³Die Festlegung und die Änderung der Abrechnungsmaßstäbe sind nur mit Wirkung zum Beginn eines Abrechnungszeitraumes zulässig.

Literatur: Kinne, Pflicht zur Mitteilung des Ableseergebnisses, GE 2009, 692; Pfeifer, Künftig Datenschutz für Heizkosten?, MietRB 2014, 212; Schmid, Zählerablesungen in Miet- und Eigentumswohnungen, MietRB 2011, 158; ders., Die Verbrauchserfassung im Gewerberaummietverhältnis, CuR 2013, 158.

Übersicht

	Rn.
A. Regelungsgehalt	1
B. Durchführung der Verbrauchserfassung	3
I. Technische Dokumentation	3
II. Ablesen der Erfassungsgeräte	8
1. Zweck	8
2. Ankündigung	9
3. Duldung	16
4. Protokoll	19
5. Mitteilung des Ableseergebnisses	20
C. Erstellung der Abrechnung	35
I. Rechtsgrundlage	35
II. Vorauszahlungen	36
III. Inhalt (s. Muster Anhang 3)	43
IV. Einzelverteilung	49
V. Zeiträume	51
1. Abrechnungsperiode	51
2. Abrechnungsfrist	53
a) Dauer	53
b) Folgen der Fristversäumung	54
D. Zahlungspflicht	58
I. Prüfung der Abrechnung	58
II. Einwendungen	66
1. Bauliche Umstände	66
2. Abrechnungsmängel	75
E. Vorerfassung	79
F. Gemeinschaftsräume	84
G. Wahl des Verteilungsmaßstabes	88
I. Ermessensentscheidung	88
II. Abänderungen	92

HeizkV § 6   Pflicht zur verbrauchsabhängigen Kostenverteilung

	Rn.
1. Nach Einführung der Vorerfassung	94
2. Wegen baulicher Maßnahmen	95
3. Aus anderen sachgerechten Gründen	97
4. Durchführung	98

A. Regelungsgehalt

1   Nach § 6 Abs. 1 treffen den **Gebäudeeigentümer** oder die ihm nach § 1 gleichgestellten Personen (dazu → HeizkV § 1 Rn. 27–44) die **Pflicht zur Verteilung** der Kosten auf der Grundlage des erfassten Verbrauchs. Verbrauchserfassung und Kostenverteilung sind notwendig, um die Zielsetzung der HeizkV – Energieeinsparung durch Verbrauchssenkung – zu erfüllen. Die HeizkV enthält außer diesen grundsätzlichen Pflichten seit 2009 (dazu Vorbemerkung → HeizkV Vor § 1) die inhaltliche Pflicht, das erfasste Ergebnis den Nutzern mitzuteilen und seit 2021 umfangreiche Informationspflichten in § 6a. Wie der Gebäudeeigentümer im übrigen seine Pflichten im Einzelfall erfüllt, muss sich – abgesehen von der Regelung der Verteilungsmaßstäbe in den §§ 7–9 –, aus den vertraglichen Beziehungen zu den Nutzern, hilfsweise aus (miet-)gesetzlichen Bestimmungen ergeben; der Verordnungsgeber hat bewusst von Einzelregelungen dieser Bereiche unter dem Gesichtspunkt der Entbürokratisierung abgesehen.

2   Die **Verteilung der Kosten** wird in den seltensten Fällen vom Gebäudeeigentümer selbst vorgenommen, im Regelfall nimmt er die Hilfe eines sog. **Messdienstes** in Anspruch (zu der Vertragsgestaltung → HeizkV § 5 Rn. 88–90). Die ordnungsgemäße Durchführung des Abrechnungsvertrages wirkt auf die Beziehungen zwischen Gebäudeeigentümer und Nutzer ein, obwohl der jeweilige Nutzer nicht Vertragspartner der Messfirma ist (AG Duisburg-Hamborn WuM 1988, 172). Andererseits sind auch die vertraglichen Vorgaben, die in dem zur Nutzung berechtigenden Vertrag (zumeist wird es sich um einen Mietvertrag handeln) enthalten sind, für die Verteilung durch die Messfirma bedeutsam. Für eine ordnungsgemäße Abrechnung sind daher beide Vertragswerke zu berücksichtigen.

B. Durchführung der Verbrauchserfassung

I. Technische Dokumentation

3   Die zutreffende Erfassung als Voraussetzung der ordnungsgemäßen Verteilung setzt zunächst die Erfüllung der technischen Bedingungen des § 5 voraus (dazu → HeizkV § 5 Rn. 7–75). Hierzu gehört ua die Erstellung einer **technischen Dokumentation.** Diese umfasst für jede Nutzeinheit die Zahl und Bewertung der vorhandenen (mit Messvorrichtungen versehenen) Heizkörper (Wien HKA 2019, 17), die Zahl und Art der angebrachten Erfassungsgeräte sowie die vom jeweiligen Heizkörper abhängige Skalenart. Daneben enthält sie die Verteilungsschlüssel für Heiz- und Warmwasserkosten sowie die Brennstoffart. Die Dokumentation ist einmal Voraussetzung für die korrekte Auswahl und Anbringung der Erfassungsgeräte; sie wird daher für die gesamte vom Abrechnungsvertrag erfasste Liegenschaft erstellt. Darüber hinaus ist sie aber auch für den einzelnen Nutzer von Bedeutung. Zwar mag er mangels entsprechenden Verständnisses mit den technischen Angaben nicht viel anfangen können. Im Streitfall über eine

B. Durchführung der Verbrauchserfassung § 6 HeizkV

Heizkostenabrechnung erleichtert sie ihm aber mit Hilfe eines **Sachverständigen** die Überprüfung der Abrechnung dahingehend, ob sie auf korrekten technischen Grunddaten beruht. Deshalb ist auch dem einzelnen Nutzer eine derartige Dokumentation über seine Nutzungseinheit zu überreichen, zumindest im Streitfall hat er einen Anspruch auf Einsichtnahme (Kreuzberg/Wien Heizkostenabrechnung-HdB/Franke/Pawellek S. 688 f.; aA AG Hamburg WuM 1987, 162). Sie stellt insoweit lediglich einen Einzelausschnitt aus der Gesamtdokumentation dar.

Nach den „Richtlinien zur Durchführung der verbrauchsabhängigen Heiz- und Warmwasserkostenabrechnung" der Arbeitsgemeinschaft Heiz- und Wasserkostenverteilung eV und der Fachvereinigung Heizkostenverteiler Wärmekostenabrechnungen eV (Fassung März 2011, HKA 2011, Nr. 7/8/9 Sonderdruck; dazu Sperber HKA 2011, 25) müssen folgende Daten in der technischen Information enthalten sein: 4

Abrechnungseinheit –
- Anschriften: Abrechnungseinheit/Eigentümer/Verwalter
- Versorgungsart: Hauszentrale/Fernwärme
- Brennstoffart(en): Brennstoff, Heizwert
- Heizungsanlage: Verteilungssystem, Heizmedium, Temperaturauslegung, Versorgungsumfang
- Warmwasseranlage: Versorgungsumfang
- Verbundene Anlagen: Verfahren Kostentrennung evtl. mit Warmwasser- Temperatur

Umlagemaßstab
- Größe und Art des Umlagemaßstabes für die Abrechnung der Grundkosten (zB 50 %)

Nutzergruppe
- Bezeichnung der Nutzergruppe
- Kostenaufteilung: Unterverteilung
- Erfassungsgeräte: Art(en), Anzahl

Nutzeinheit
- Name des Nutzers
- Identifizierung der Nutzeinheit (zB Lage oder Nutzernummer oder Wohnungsnummer)
- Raumbezeichnung (Kurzbezeichnung eines Raumes/Raumart)

Räume mit abweichender Temperaturauslegung
- Erfassungsgeräte: Art(en), Anzahl
- Kostenaufteilung: Hauptverteilung (Vorverteilung), Anzahl der Nutzergruppen

Heizkörper
- Daten der erfassten Heizkörper: Heizkörperart (nach DIN) oder Abmessungen, Skalen-Nr. oder Gesamtbewertungsfaktor, Raumbezeichnung oder Nummer des Erfassungsgerätes
- Normwärmeleistung: je Heizkörper nach DIN EN 834/835 (falls nicht ermittelbar, nach Herstellerangaben)
- Weitere Erfassungsgeräte: Art, Anzahl

5 **Fehler in der Dokumentation** können vor allem auf einer falschen Bewertung der Heizkörper beruhen. Sie sind nicht dem Nutzer anzulasten, auch wenn er in der überlassenen Aufstellung aufgefordert wird, die in ihr enthaltenen Angaben sorgfältig zu überprüfen. Eine derartige Überprüfungspflicht kann nicht als Nebenpflicht aus dem Nutzungsvertrag hergeleitet werden. Denn für den Zustand der von ihm zur Verfügung gestellten Gegenstände, wozu auch die Heizkörper gehören, ist der Nutzungsgeber als ursprünglicher Gewahrsamsinhaber verantwortlich. Diese Verantwortlichkeit gilt aber nur im Verhältnis Nutzungsgeber – Nutzender.

6 Im Verhältnis Nutzungsgeber zum Messdienstunternehmen trifft die Verantwortlichkeit für eine **fehlerhafte Erfassung** der technischen Grundlagen zur ordnungsgemäßen Verbrauchserfassung das insoweit allein sachverständige Unternehmen. Der Gebäudeeigentümer bedient sich gerade eines solchen Unternehmens, um die ihn überfordernden technischen Voraussetzungen für eine der HeizkV entsprechende Erfassung und Verteilung zu erfüllen. Das Unternehmen kann sich von seiner Verantwortung nicht dadurch frei zeichnen, dass es dem Gebäudeeigentümer ebenfalls eine **Prüfungspflicht** auferlegt; diese kann er mangels entsprechenden technischen Sachverstandes nicht erfüllen. Deshalb trifft allein das Messdienstunternehmen die Pflicht, die erforderlichen technischen Daten für eine ordnungsgemäße Erfassung und Verteilung aufzunehmen.

7 Im öffentlich-rechtlichen Bereich besteht für neu zu errichtende Gebäude die Pflicht, einen **Energiebedarfsausweis** zu erstellen. Nach der vormaligen WärmeschutzVO, § 12, bestand diese Pflicht für nach dem 31.12.1994 errichtete oder wesentlich geänderte Gebäude. Diese Verpflichtung ist nach dem Außerkrafttreten dieser VO jetzt in §§ 79–88 GEG enthalten (dazu Schaefer HKA 2021, 17). § 80 Abs. 4 GEG enthält für Eigentümer von Wohngebäuden die Verpflichtung, den potenziellen Mietern auf Verlangen einen Energieausweis zugänglich zu machen. Die Bekanntmachung der Muster von Energieausweisen nach dem Gebäudeenergiegesetz vom 8.10.2020 gemäß § 85 Abs. 6 GEG (Banz AT v. 3.12.2020 B1) enthält die entsprechenden Muster der Energieausweise.

II. Ablesen der Erfassungsgeräte

8 **1. Zweck.** Die Verteilung der Kosten setzt nach der Anbringung der Erfassungsgeräte deren **periodische Ablesung** voraus. Sofern noch keine zentralen Zähler angebracht worden sind und/oder Geräte mit Funkablesung/Fernablesung vorhanden sind, erfordert die Ablesung, dass der Gebäudeeigentümer bzw. der Ableser des von ihm beauftragten Wärmemessdienstes die jeweils genutzten Räume betritt, um von jedem einzelnen Erfassungsgerät die Werte abzulesen. Das mag in einer kleinen Wohneinheit mit intakter Nachbarschaft unproblematisch sein, da der Informationsfluss und die Nachbarschaftshilfe noch vorhanden sind. In großen Wohneinheiten setzt dagegen die Ablesung die Einhaltung eines **formalen Vorbereitungsverfahrens** voraus, um zu korrekten und verwertbaren Ergebnissen zu kommen (Schmid MietRB 2011, 158). Denn das Prinzip der Verbrauchserfassung durch Heizkostenverteiler beruht darauf, dass die Werte jedes einzelnen Heizkörpers abgelesen und in Beziehung zum Gesamtverbrauch gesetzt werden. Der Ausfall mehrerer Werte infolge unterlassener Ablesung beeinträchtigt die Kostenverteilung für das gesamte Anwesen. Der **Einsatz fiktiver Werte** (dazu → HeizkV § 9a Rn. 25–49) führt daher nicht nur zu einer möglichen Benachteiligung des Nutzers, bei dem nicht abgelesen werden konnte, sondern über eine Verschiebung der Verhältniswerte auch zu möglicherweise unzutreffenden Kosten-

B. Durchführung der Verbrauchserfassung **§ 6 HeizkV**

verteilungen bei den übrigen Nutzern. Das kann dazu führen, dass diese Nutzer ihre Nachzahlungsbeträge um 15 % kürzen, § 12 Abs. 1. Der Gebäudeeigentümer ist entsprechend berechtigt, diesen Kürzungsbetrag bei dem Nutzer im Wege des Schadensersatzes geltend zu machen, der die Ablesung der sich in seinen Räumen befindlichen Erfassungsgeräte schuldhaft verhindert hat.

2. Ankündigung. (Die folgenden Ausführungen gelten nur für die Übergangszeit bis zur endgültigen Einführung fernablesbarer, SMGW-anbindbarer Erfassungsgeräte)

Eine Verletzung der Pflicht des Nutzers, den Zugang zu den Erfassungsgeräten 9 zu gewähren, wird allerdings nur vorliegen, wenn der Nutzer rechtzeitig von dem Ablesetermin informiert worden ist. Die **Arbeitsgemeinschaft Heiz- und Wasserkostenverteilung** hat über das bei der Ablesung einzuhaltende Verfahren Richtlinien verfasst (HKA 2011 Nr. 7/8/9 Sonderdruck; Sperber HKA 2003, 1). Diese sind zwar nicht bindend, können aber bei der Feststellung der sich aus dem Wärmemessvertrag ergebenden Pflichten zur Auslegung mit herangezogen werden. Die pauschale Vertragspflicht des Wärmemessvertrages wird durch die Richtlinien konkretisiert. Daraus ergeben sich auch im Verhältnis von Gebäudeeigentümer und Nutzer die tatbestandlichen Voraussetzungen für einen Verstoß des Nutzers gegen seine Duldungspflichten.

Der für die **Ankündigung des Ablesetermins** erforderliche Zeitraum sollte 10 nicht abstrakt festgelegt werden; er hängt von der Bewohnerstruktur eines Gebäudes ab (überwiegend aus dem Berufsleben ausgeschiedene oder noch berufstätige Personen) und auch von der Jahreszeit (Urlaubszeit). Der Mindestzeitraum zwischen Ankündigung und Ablesung kann bei 14 Tagen angesetzt werden (die Richtlinien, → Rn. 9, gehen von mindestens 10 Tagen aus; Pfeifer HeizkV § 6 Anm. 2 von 1 bis zwei Wochen, ebenso Kreuzberg/Wien Heizkostenabrechnung-HdB/von Brunn/Alter S. 222); der Höchstzeitraum bei 4 Wochen (Schmid BlGBW 1983, 181). Die Ankündigung muss den **Wochentag** sowie die **Tageszeit,** zu denen abgelesen werden soll, enthalten; abhängig von der Größe des Objekts wird die Angabe eines Zeitraumes genügen.

Nach den erwähnten Richtlinien (→ Rn. 9) muss die Ankündigung ferner 11 einen Hinweis auf die **Kontrollmöglichkeiten der Ableseergebnisse** durch den Nutzer enthalten wie eigene vorherige Ablesung, auf den Vergleich der eigenen mit den vom Wärmedienst ermittelten Daten und auf den Versuch der Klärung etwaiger Differenzen an Ort und Stelle. Außerdem muss die Ankündigung darauf verweisen, dass (bei Verdunstern) die Ampulle mit der Messflüssigkeit ausgetauscht werden muss unter Angabe der neuen Kontrollfarbe; welche der drei bei den Verdunstern möglichen Ableseart (dazu → HeizkV § 5 Rn. 23) gewählt wird; dass (bei elektronischen Verteilern) die Batterie erneuert werden muss. Schließlich hat die Ankündigung noch den **Namen des Ablesers** sowie Namen, Anschrift und Telefonnummer der **Ablesefirma** zu enthalten. Aus diesen inhaltlichen Voraussetzungen ergibt sich, dass die **Ankündigung schriftlich** erfolgen soll, schon um Beweisschwierigkeiten zu vermeiden.

Für die **Bekanntgabe der Ankündigung** an die Nutzer sind verschiedene 12 Formen denkbar: Zusendung durch die Post, Einzelmitteilung in den Briefkasten, Einzelaushang an der Wohnungstür, Generalaushang im Treppenhaus oder einer sonst allgemein zugänglichen und benutzten Stelle (zB im Aufzug; generell krit. zum Aushang Schmid WuM 2012, 486). Es ist Aufgabe des Versenders der Bekanntmachung dafür zu sorgen, dass diese dem Adressaten zugeht; grundsätzlich

HeizkV § 6   Pflicht zur verbrauchsabhängigen Kostenverteilung

hat sich ein Nutzer nicht für Mitteilungen des Gebäudeeigentümers ständig bereit zu halten. Deshalb fällt das Risiko der Ortsabwesenheit in den Bereich des Versenders, nicht in den des potenziellen Empfängers (aA AG Langenfeld ZMR 2011, 907 mkritAnm Schmid, ZMR 2011, 908). Welche der Formen gewählt wird, hängt von der Größe des Gebäudes und der Struktur der Bewohner ab. Werden Aushänge regelmäßig abgerissen, wird die individuelle Form der Mitteilung gewählt werden müssen, wobei im Regelfall deren Einwurf im Briefkasten genügen dürfte. Ist die Briefkastenanlage nicht in Ordnung und zeigt das Haus auch sonst Verwahrlosungserscheinungen, wird eine **individuelle Zustellungsform** in der Wohnung notwendig sein, etwa mittels Durchschiebens unter der Wohnungstür. Nur im Extremfall ist auf ein förmliches Zugangsverfahren zurückzugreifen; hierfür bietet sich das Einschreiben mit Rückschein an. Wird der Nutzer beim ersten Ablesetermin nicht angetroffen, ist ihm durch individuelle Mitteilung ein zweiter Termin zu benennen, der mindestens 14 Tage (Kreuzberg/Wien Heizkostenabrechnung-HdB/von Brunn/Alter S. 223; die von den Richtlinien, Rn. 9, angesetzten 10 Tage dürften je nach Saison zu kurz sein) nach dem ersten Termin liegen sollte. Um Schwierigkeiten bei berufstätigen Bewohnern zu vermeiden, sollte die Terminstunde auch den Nachmittag nach dem üblichen Arbeitsende umfassen (so auch die Richtlinien, → Rn. 9).

13   Die betriebswirtschaftlich für die **zweite Ablesung** anfallenden **Kosten** dürften in der allgemeinen Gebührenkalkulation der Wärmemessdienste mit enthalten sein, da (abhängig von der Größe des Objekts) kaum davon ausgegangen werden kann, dass alle Nutzer beim ersten Ablesedurchgang angetroffen werden. Das führt dazu, dass letztlich die Gesamtheit der Nutzer über die Kostenumlage nach § 7 Abs. 2 auch diese Mehrkosten trägt (Schmid BlGBW 1983, 182; Kinne GE 2006, 1025). Bei großen Objekten fallen diese Mehrkosten nicht ins Gewicht; in der Belastung aller Nutzer liegt hier keine Unbilligkeit, da jeder einmal beim ersten Ablesetermin abwesend sein kann.

14   Bei kleineren Objekten lässt sich hingegen die **Nichteinhaltung** eines ordnungsgemäß angekündigten **Ablesetermins** eher als individuelles **Verschulden** zuordnen. Denn hat der einzelne Nutzer die Möglichkeit, entweder auf seine Abwesenheit von vornherein aufmerksam zu machen und dadurch Veranlassung zur Verschiebung des Termins zu geben (AG Hamburg WuM 1996, 348), oder aber für eine Vertretung durch einen vertrauenswürdigen Nachbarn zu sorgen (LG Berlin GE 1989, 39). Unzulässig ist allerdings die generelle (unabhängig von Objekt, Jahreszeit) Vereinbarung nur eines Ablesetermins verbunden mit dem Angebot, einen kostenpflichtigen Individualtermin zu vereinbaren (LG München I WuM 2001, 190). Ist dem abwesenden Nutzer unter Umständen ein **Schuldvorwurf** zu machen, hat er die zunächst dem Gebäudeeigentümer in Rechnung gestellten zusätzlichen Kosten für eine gesonderte Ablesung bei ihm im Wege des Schadensersatzes wegen Verletzung mietvertraglicher Nebenpflichten zu zahlen.

15   Kommt der Gebäudeeigentümer seinen **Ankündigungspflichten** insgesamt **nicht nach,** verstößt ein den Zutritt verweigernder Nutzer nicht gegen seine Pflicht, Zutritt zu gewähren. Beschränkt sich der Inhalt der Ankündigung auf den **minimalen Inhalt,** wie Tag der Ablesung mit Angabe des Zeitraumes sowie der Firma, ist trotz des Fehlens der weiteren Angaben eine Zutrittsverweigerung nicht gerechtfertigt. Durch die Unterlassung insbesondere des Hinweises auf die neue Farbe der Messflüssigkeit, den notwendigen Austausch der Batterie oder die verschiedenen Ablesemöglichkeiten der Messflüssigkeit ist dem einzelnen Nutzer aber die **Kontrollmöglichkeit** für eine ordnungsgemäße Ablesung genommen, so dass

B. Durchführung der Verbrauchserfassung   § 6 HeizkV

die volle Beweislast hierfür den Gebäudeeigentümer bei einem Rechtsstreit über die Heizkostenabrechnung trifft.

3. Duldung. Die Pflicht, die Ablesung zu dulden, ergibt sich aus **§ 4 Abs. 2 S. 1** 16 **Hs. 2** Denn die dort angesprochene Pflicht zur Duldung der Anbringung der Erfassungsgeräte umfasst auch die Pflicht, den bestimmungsgemäßen Gebrauch dieser Geräte zu dulden. Hierzu gehört vor allem die Ablesung, aber auch der zwischenzeitliche Austausch oder eine Funktionskontrolle. Oftmals ist das Recht des Gebäudeeigentümers, die Wohnung des Nutzers zu betreten oder durch Beauftragte betreten zu lassen, in dem jeweiligen Nutzungsvertrag enthalten.

Verweigert ein Nutzer grundsätzlich den **Zugang** zu den genutzten Räumen, 17 so stehen dem Gebäudeeigentümer zwei gerichtliche Möglichkeiten offen, um zu einer ordnungsgemäßen Ablesung der Verbrauchswerte zu gelangen. Er kann seinen Anspruch auf Zugang mittels Erhebung einer **Duldungsklage** durchsetzen. Allerdings dauert das normale Klageverfahren auf Duldung zu lange; es erweist sich damit für den konkreten Ableseturnus als nicht praktikabel. Für die Zukunft bietet sich eine **Feststellungsklage** an; ihr Nachteil liegt darin, dass sie nur zur Feststellung der Pflicht des Nutzers führt, Zugang zu gewähren, diesen Zugang selbst aber nicht eröffnet. Die Duldungsklage für die Zukunft scheitert im Regelfall an § 259 ZPO, da bei einmaliger Zutrittsverweigerung nicht davon ausgegangen werden kann, dass auch in Zukunft die Leistung – Gewährung des Zutritts zu den genutzten Räumen zum Zwecke der Ablesung der Erfassungsgeräte – verweigert wird. Die **Besorgnis** der **zukünftigen Nichterfüllung** könnte allerdings prozessverwertbar dadurch nachgewiesen werden, dass der Nutzer, der den Zugang einmal grundlos verweigert hat, sich weigert, eine **strafbewehrte Duldungserklärung** für die Zukunft abzugeben. Vollstreckt werden müsste ein erlangtes rechtskräftiges Duldungsurteil nach § 888 ZPO durch Festsetzung eines zuvor angedrohten Zwangsgeldes.

Schneller zum Ziel kommt der Gebäudeeigentümer mit dem Antrag auf Erlass 18 einer **einstweiligen Verfügung** nach § 935 ZPO (LG Köln WuM 1985, 294; 1989, 87). Der Verfügungsgrund liegt erst nach dem ausdrücklich verweigerten Zutritt beim ersten Ablesetermin vor (das übersieht Pfeifer Taschenbuch 1986, 40); die Nichtöffnung wegen Abwesenheit stellt hingegen noch keine Rechtsgefährdung dar. Jedoch kann aus der Abwesenheit auch beim zweiten Ablesetermin, ohne hierfür eine schlüssige Erklärung zu geben, durchaus auf die Zutrittsverweigerung geschlossen werden. Mit der einstweiligen Verfügung auf Gewährung des Zutritts beim zweiten Ablesetermin wird zwar nicht unmittelbar der Zugang zu den Erfassungsgeräten erreicht, die erneute Verweigerung führt aber zur Verhängung von Zwangsgeld. Die Kosten für einen danach anberaumten Sondertermin zur Ablesung sind beim jeweiligen Nutzer zu erheben.

4. Protokoll. Über die Ablesung der Werte wird ein Protokoll gefertigt. Bei 19 numerischer Anzeige, wie bei den elektronischen Heizkostenverteilern oder den Wärmezählern, wird die Festlegung des abgelesenen Wertes keine Schwierigkeiten machen (auch LG Berlin NZM 2011, 583). Bei den Verdunstungsgeräten bedarf dies eines genauen Hinsehens (→ HeizkV § 5 Rn. 23). Deshalb sollte dem Nutzer in der Terminsankündigung auch empfohlen werden, eine **eigene Kontrollablesung** vorzunehmen. Denn ihm wird das vom Ableser gefertigte Protokoll (mit Durchschrift) zur **Unterschrift** vorgelegt (sofern ein solches noch gefertigt wird, was aber sinnvoll ist, → Rn. 20). Unterschreibt er ohne (schriftlichen) Vorbehalt (ist auf dem Papier kein Raum für einen Vorbehalt, sollte die Unterschrift verweigert werden), hat er ein **Beweisanzeichen** gegen sich selbst dafür geschaffen (LG Itzehoe MietRB 2011, 73 mablAnm Lammel WuM 2011, 413), dass die protokollierten Werte auch dem Flüssigkeitspegel bei der Ablesung entsprochen haben (OLG Köln DWW 1985, 180 (181); LG Frankfurt a. M. Privates Eigentum 1988, 615; 2003, 85; zur Zurechnung bei einer Unterschrift durch einen fremdsprachigen Dritten KG GE 2008, 122). Der eine falsche Ablesung rügende Nutzer muss also beweisen, dass andere Werte statt der in die Abrechnung eingesetzten vorgelegen haben (LG Hannover ZMR 1989, 97; KG DWW 2010, 264). Hierfür genügt nicht die Vorlage der eigenen Kontrollwerte (aA LG Hannover WuM 1984, 230); denn der Nutzer ist insoweit nicht unparteiisch, während der Ableser eines Wärmemessdienstes als unbeteiligter Dritter zwischen Gebäudeeigentümer und Nutzer steht. Allerdings kann sich diese Darlegungs- und Beweislast dann wieder umkehren zu Lasten des Gebäudeeigentümers, wenn die protokollierten Werte außerhalb jeder Plausibilität und den für die Abrechnungseinheit üblichen Heizkosten liegen (AG Lüdenscheid WuM 2011, 161). Die eigenen Kontrollwerte dienen dazu, an Ort und Stelle die Differenzen mit dem Ableser zu klären.

20   **5. Mitteilung des Ableseergebnisses.** Seit 2009 besteht zusätzlich die Verpflichtung, dem Nutzer das Ableseergebnis mitzuteilen; für die seit 2021 geltenden weiteren Informationspflichten bei Vorhandensein eines fernablesbaren Erfassungsgerätes, → HeizkV § 6a Rn. 1 ff. Der Verordnungsgeber sah sich 2009 zu dieser Regelung **veranlasst,** weil die Ablesefirmen mehr und mehr dazu übergangen seien, keine Protokolle über die Ablesung auszuhändigen (Schumacher WuM 2005, 509; Paschke WuM 2010, 14 (18)), also den eigenen Richtlinien (und Interessen) zuwiderhandelten (→ Rn. 19; in der Neufassung 2011 ist die Erstellung eines Protokolls nicht mehr erwähnt). Praktisch relevant kann dies allerdings nur bei den Verdunstungsgeräten werden; die anderen Geräte haben eine numerische Anzeige, so dass der Nutzer – sofern noch eine örtliche Ablesung stattfindet und keine Funkablesung – die Werte selbst (mit-)ablesen und sich notieren kann. Der Verordnungsgeber geht dabei von einem Bestand an Verdunstungsgeräten von noch 45 % aus. Mit der Neuregelung sollen zwei **Zwecke** verfolgt werden: zum einen soll Streit über die Ablesewerte vermieden werden, der daraus entstehen könnte, dass der Nutzer die Werte erst Monate nach der Ablesung mit der Heizkostenabrechnung erhält (BR-Drs. 570/08, 11). Zum anderen liegt der Neuregelung die Auffassung zugrunde, dass der Nutzer bei zeitnaher Mitteilung der Verbrauchswerte sein Nutzungsverhalten entsprechend (wunschgemäß energieeinsparend) verändert (BR-Drs. 570/08, 11). Das dürfte aus technischen und tatsächlichen Gründen ein Trugschluss sein: bei den von den Verdunstern abgelesenen Werten handelt es sich nicht um „gemessene" Verbrauchswerte, sondern um relative Vergleichszahlen, anhand derer der gemessene **Gesamtverbrauch eines Objekts** verteilt werden kann; die Einzelnen sagen daher für sich genommen nichts über das Verbrauchsverhalten aus. Zum anderen wird kein vernünftiger Nutzer ständig an seinem Thermostatventil am Heizkörper herumdrehen, um das optimale Verhältnis von Behaglichkeit und Verbrauch zu erzielen. Des weiteren führt diese Handhabung im Endergebnis zu einem erhöhten Verbrauch, weil sich der Heizkörper nicht auf eine konstante Wärmeabgabe einstellen kann (kritisch zu dieser Begründung auch Schmid ZMR 2009, 174).

21   **Verpflichtet** zur Mitteilung der Verbrauchswerte ist an sich der Nutzungsgeber, weil nur er in einer vertraglichen Sonderbeziehung zum Nutzer steht. Er bedient sich aber zur Erfüllung dieser Pflicht der Messdienste (→ Rn. 2), für die er mithin als seine Erfüllungsgehilfen bei Fehlverhalten haftet.

B. Durchführung der Verbrauchserfassung § 6 HeizkV

Der neue S. 2 enthält zwar keine **Formvorschrift;** der Verordnungsgeber sah 22
in der Begründung eine „geeignete Form" vor (BR-Drs. 570/08, 11). Diese
Eignung ist am Zweck der Regelung zu messen, letztendlich Klarheit über die
Ablesewerte zu schaffen und Streit über diese zu vermeiden. Deshalb bedarf die
Mitteilung einer Verkörperung, damit der Nutzer eine jederzeit verfügbare Unterlage hat, mit der er schließlich auch die in die Heizkostenabrechnung eingeflossenen Werte überprüfen kann (so auch Wall WuM 2009, 3; Pfeifer GE 2009, 157
Ziff. 1.2.1, 1.2.2; Kinne GE 2009, 692; Info DWW 2009, 38; aA Schmid ZMR
2009, 174: mündliche Mitteilung reicht aus). In welcher Art die Mitteilung „verkörpert" wird, steht dem Absender an sich frei; jedoch können die modernen
Kommunikationsmittel **(„Textform")** nur dann genutzt werden, wenn der Empfänger bekanntermaßen solche Empfangsgeräte bereithält und mit ihnen am
Geschäftsverkehr teilnehmen will, so dass diese Möglichkeiten im Regelfall für
Geschäftsraumnutzer in Betracht kommen.

Zum **Inhalt** der Mitteilung gehören alle Werte, die in der jeweiligen Nutzungs- 23
einheit des Adressaten abgelesen worden sind; dh jeder einzelne Wert des Heizkörpers ist anzugeben. Es reicht nicht aus, den Sammelwert für die gesamte Einheit
mitzuteilen. Denn daraus kann der Nutzer weder auf sein Verbrauchsverhalten
(so die Begründung) schließen noch einen Vergleich zu Vorjahreswerten anstellen.

Empfänger der Mitteilung hat der Nutzer des Objekts zu sein, dessen Werte 24
abgelesen worden sind und der schließlich mit den Heizkosten belastet wird. Es reicht
daher nicht aus, dass die Ablesewerte an den Nutzungsgeber (Vermieter) und/oder
bei Eigentumswohnungen an den Verwalter versandt werden (Pfeifer GE 2009, 157
Ziff. 1.2.5). Der Empfänger (= Nutzer) hat andererseits einen **Anspruch** auf Übersendung der Ablesewerte, aber nur gegen seinen Vertragspartner, den Nutzungsgeber
(= Vermieter). Denn die „Sollvorschrift" stellt ein Gebotsgesetz dar, das zu befolgen
ist (Kinne GE 2009, 694; aA Schmid ZMR 2009, 174).

Die Mitteilung soll innerhalb einer **Frist** von einem Monat erfolgen. Der 25
Fristenlauf beginnt mit der Ablesung; die Frist wird nur eingehalten, wenn die
Mitteilung innerhalb dieses Monats dem Nutzer zugeht, also so in seinen Machtbereich gelangt, dass er davon Kenntnis nehmen kann (Pfeifer GE 2009, 157
Ziff. 1.2.3). Das kann dergestalt erfolgen, dass bereits bei der Ablesung ein Protokoll erstellt wird, dessen Durchschlag der Nutzer erhält, oder ein Ausdruck aus
dem Ablesegerät übergeben wird (Kinne GE 2009, 692). Ansonsten sind alle
verkörperten Zusendungen möglich (→ Rn. 22). Die Frist ist „in der Regel"
einzuhalten; dh an sich immer, nur in Ausnahmefällen kann sie sich verlängern.
In der Begründung heißt es dazu: „Eine Überschreitung des vorgesehenen Mitteilungszeitraumes ist nur in Ausnahmefällen zulässig, wenn z. B. bei größeren
Abrechnungseinheiten Einzelergebnisse nicht früher verfügbar sind" (BR-Drs. 570/08, 11; so auch Kinne GE 2009, 694). Das ist in sich nicht schlüssig,
weil die Einzelergebnisse der Nutzungseinheit mitzuteilen sind und nicht die
Ergebnisse der gesamten Abrechnungseinheit. Der Ausnahmefall wird daher angesichts der digitalisierten Erfassung und Verarbeitung nur bei erheblichen technischen Störungen anzunehmen sein.

Weder die unbegründete Fristüberschreitung noch die Nichterfüllung der Mit- 26
teilungspflicht insgesamt sind **strafbewehrt** (Wall WuM 2009, 4; Schmid ZMR
2009, 174). Das Kürzungsrecht nach § 12 Abs. 1 greift nicht ein, wenn die endgültige Abrechnung auf ordnungsgemäß erfassten Daten beruht. Denn die Unterlassung der Mitteilung ändert per se nichts daran, dass die Daten ordnungsgemäß
erfasst worden sein können (Kinne GE 2009, 694; aA Pfeifer GE 2009, 158

Ziff. 1.2.7 und 1.2.8). Eine **Sanktion** wäre allenfalls in einer Umkehr der Beweislast zu Lasten des Gebäudeeigentümers zu sehen, wenn die Beteiligten jeweils unterschiedliche Verbrauchswerte vorlegen (so auch Schmid ZMR 2009, 174). Hierbei ist allerdings nicht zu übersehen, dass der Gebäudeeigentümer bereits nach den allgemeinen Regeln zur Beweislastverteilung als Anspruchssteller für die Begründetheit seines Anspruchs (auf Nachzahlung aus einer Heizkostenabrechnung) darlegungs- und beweisbelastet ist. Praktisch wird diese Umkehr nur dann, wenn sich der Nutzer einen höheren Rückzahlungsbetrag ausgerechnet hat als sich nach den Zahlen des Gebäudeeigentümers ergibt.

27 Die Erstellung und Übersendung der Mitteilung verursacht **Kosten,** die vom Verordnungsgeber mit rund 1,30 EUR/Mitteilung geschätzt worden sind, dh 0,85 EUR Porto (jetzt bei Postversand) und 0,40 EUR Arbeitsaufwand. Ob diese Schätzungen zutreffen, kann dahingestellt bleiben. Jedenfalls hat der Nutzer die für die Mitteilung anfallenden Kosten im Rahmen der Heizkostenabrechnung als Kosten der Berechnung und Aufteilung nach § 7 Abs. 2 zu tragen (ebenso Pfeifer GE 2009, 158 Ziff. 1.2.10, dessen Kostenansätze aber überhöht erscheinen).

28 **Ausnahmen** von der Mitteilungspflicht der Ablesewerte von Heizkostenverteilern hängen von vier Voraussetzungen ab: (1) der Speicherung des Ableseergebnisses; (2) über einen längeren Zeitraum; (3) in den Räumen des Nutzers; (4) und letztlich dessen Möglichkeit, die Ergebnisse selbst abzurufen.

29 (1) Nach dem Wortsinn bedeutet **Speicherung** die Ablage von Daten in einem Speichermedium, nicht aber die Offenlegung der Daten für einen jederzeitigen Zugriff. Deshalb kann diese Voraussetzung nur bei den elektronischen Heizkostenverteilern vorliegen; denn in ihnen wird nur auf einer Platine das Ableseergebnis festgehalten (davon geht ersichtlich auch der Verordnungsgeber aus, BR-Drs. 570/08, 11). Keine Speicherung in diesem Sinne stellt die Aufbewahrung der vorjährigen Messampullen bei den Verdunstungsgeräten dar (Wall WuM 2009, 4; aA Pfeifer GE 2009, 157 Ziff. 1.2.6.2; Kinne GE 2009, 695). Allerdings ist es unerheblich, dass es sich bei den Ableseergebnissen der **Verdunster** „nur" um Verhältniswerte handelt; das gleiche gilt auch für die elektronischen Heizkostenverteiler, weil sie keine Wärmemengezähler sind, unabhängig von ihrer kalibrierten Basisempfindlichkeit (so aber Wall WuM 2009, 4 Fn. 8).

30 (2) Der erforderliche längere **Zeitraum** ist am Zweck der Regelung zu bemessen; der Nutzer soll die Abrechnungswerte mit den Ablesewerten vergleichen können. Da die **Abrechnungsfrist** nach § 556 Abs. 3 S. 2 BGB ein Jahr beträgt, beginnend mit dem Ende des Abrechnungszeitraums, muss die Speicherung ebenfalls mindestens 1 Jahr betragen. Das reicht aber nur bei den elektronisch per Funk abzulesenden Heizkostenverteilern aus, die taggenau (also zB am letzten Tag des Abrechnungszeitraumes) abgelesen werden können. Bei die durch einen Ableser abzulesenden Geräten in der jeweiligen Nutzungseinheit muss die Speicherung mindestens 1 Jahr zuzüglich des Zeitraumes zwischen Ablesung und Ende des Abrechnungszeitraumes betragen. Es reicht also nicht aus, wenn die Werte von einer Ablesung bis zur nächsten gespeichert werden (so wohl Pfeifer GE 2009, 157 Ziff. 1.2.6.4).

31 (3) Die Speicherung muss in den **Räumen des Nutzers** erfolgen, damit er jederzeit auf die Werte zugreifen kann. Deshalb reicht es nicht aus, wenn die Werte im Haus zentral gespeichert werden (so auch Pfeifer GE 2009, 157 Ziff. 1.2.6.3; Kinne GE 2009, 695), selbst wenn der Nutzer dort Zutritt haben sollte. Es besteht ein psychologischer Unterschied zwischen der Ablesemöglichkeit in den eigenen Räumen und in Räumen außerhalb der eigenen Sphäre. An diesem Tatbestandsmerkmal scheitert das Vorliegen der Ausnahmeregelung bei einer Zwi-

schenablesung infolge **Nutzerwechsels** und bei Beendigung des Mietverhältnisses und **Auszug** des Mieters, da diese Nutzer keinen Zugriff mehr auf die gespeicherten Daten haben (Kinne GE 2009, 693).

(4) Letztlich müssen die Werte vom Nutzer **selbst abrufbar** sein. Je nach Gerät 32 setzt diese Möglichkeit ein gewisses technisches Verständnis voraus. Das von der Arbeitsgemeinschaft Heiz- und Wasserkostenverteilung angekündigte Informationsmerkblatt (BR-Drs. 570/08, Begründung S. 11: „Informationsflyer") dürfte wohl kaum ausreichen angesichts der Verschiedenartigkeit der Geräte (so auch Wall WuM 2009, 4). Es müsste in jeder Nutzungseinheit für jeden Gerätetyp an diesem eine Bedienungsanleitung bezüglich des Abrufs der gespeicherten Werte hängen. Nur so wird sichergestellt, dass auch dem technisch unbedarften Nutzer die Informationsmöglichkeit eröffnet wird.

Sind diese Voraussetzungen ($\rightarrow$ Rn. 29–32) erfüllt, **entfällt die Pflicht zur** 33 **Mitteilung** des Ableseergebnisses hinsichtlich der (elektronischen) Heizkostenverteiler. Damit wird allerdings vordergründig nur das eine Ziel der Neuregelung verwirklicht, die Vermeidung von Streit über die erfassten Werte. Die Anpassung des aktuellen Verbrauchs an die Ablesewerte ist aber (weiterhin) in das Belieben des Nutzers gestellt; auch hier dürfte die Praxis dahin gehen, dass die Nutzer nicht regelmäßig auf die Verbrauchswerte schauen. Nicht berücksichtigt hat die Neuregelung (in ungebremster Technikgläubigkeit) die Möglichkeit, dass die gespeicherten Werte im Gerät selbst verloren gegangen sind und der Nutzer deshalb keine Möglichkeit der Nachprüfbarkeit hat (AG Zittau DWW 2004, 194; dazu Lammel PiG 73 (2006), 90; BGH WuM 2005, 776). Nach dem Grundsatz „Ohne Belege keine Zahlungspflicht" entfällt die Möglichkeit für den Nutzungsgeber (= Vermieter), einen Nachzahlungssaldo geltend zu machen; denn eine Überprüfung der eingestellten Werte ist in diesem Fall nicht mehr möglich.

Auf dem anderen gesetzgeberischen Motiv, der eigenen Verbrauchskontrolle, 34 beruht hingegen die **Ausnahmeregelung** für **Warmwasserzähler.** Hierauf stellte der Bundesrat in seinem die ursprüngliche Verordnungsvorlage abändernden Beschluss ausdrücklich ab (BR-Drs. 570/08 Beschl., Anlage 1). Ob hierbei der Paradigmenwechsel bewusst geworden ist, erscheint zweifelhaft. Denn der Nutzer kann angesichts der Ausstattung der **Warmwasserzähler mit Rollenzählwerken** nach Erhalt der Heizkostenabrechnung die Werte nicht mehr vergleichen, da das Zählwerk weitergelaufen und keine Speicherung der Werte erfolgt ist (so auch Wall WuM 2009, 4). Dem Nutzer bleibt daher nur die Möglichkeit, bei der Ablesung selbst sich die aktuellen Werte zu notieren. Diese Maßnahme ist nicht streitvermeidend, da die Eigennotierung keinen gesteigerten Beweiswert hat. Sie dient lediglich der Arbeitserleichterung des Ablesers. Mit dem Verzicht auf ein vom Nutzer unterschriebenes Ableseprotokoll, das hier sinnvoll wäre, werden die Ablesefirmen ihrer Pflicht zur Wahrnehmung der Interessen des Nutzungsgebers ($\rightarrow$ Rn. 19, 20) nicht gerecht.

C. Erstellung der Abrechnung

(zum Verfahrensablauf s. Muster Anhang 2)

I. Rechtsgrundlage

Kernstück der den Gebäudeeigentümer nach § 6 Abs. 1 treffenden Pflicht 35 ist die Erstellung der Heizkostenabrechnung. Da die HeizkV selbst über die

Ausgestaltung der Abrechnung keine Vorschriften enthält, kann insoweit auf die **Rechnungslegungspflichten** des BGB, §§ 259, 261, zurückgegriffen werden, sofern keine diese Materie regelnden Vertragsbestimmungen vorliegen. Der Rückgriff auf § 259 BGB ist umso mehr gerechtfertigt, als es sich bei der Abrechnung über die Kosten für Wärme und Warmwasser bei der üblichen Gestaltung der (Miet-)Verträge um eine **Rechenschaftspflicht** über eine mit Einnahmen und Ausgaben verbundene Verwaltung handelt. Der Gebäudeeigentümer stellt die Versorgung mit Wärme und Warmwasser nicht uneigennützig zur Verfügung, sondern er macht dies auf Grund einer vertraglichen Verpflichtung. Ferner erfolgt diese Versorgung überwiegend nicht im Wege der Vorleistung durch den Gebäudeeigentümer, sondern der jeweilige Nutzer erbringt auf die insgesamt anfallenden Kosten im Regelfall eine monatliche Vorauszahlung. Der Gebäudeeigentümer verwaltet insoweit fremde Gelder, über die ordnungsgemäß abzurechnen ist.

II. Vorauszahlungen

36 Die **Leistung von Vorauszahlungen** auf die im Verlauf des Jahres anfallenden Heizungskosten muss **vertraglich vereinbart** werden. Eine Zahlungspflicht ergibt sich nicht aus dem Gesetz, insbesondere für das Wohnraummietrecht nicht aus § 556 Abs. 2 BGB. Nach dieser Vorschrift ist der Vermieter lediglich berechtigt, Vorauszahlungen auf die dort bestimmten, durch Verweis auf § 2 BetrKV (früher Anlage 3 zu § 27 II.BV) umgrenzten Betriebskosten zu vereinbaren. Maßgeblich für eine Zahlungspflicht des Mieters bleibt aber die Parteivereinbarung. Die Vorschusspflicht steht allenfalls im Gegenseitigkeitsverhältnis zur Abrechnungspflicht, nicht aber zur Funktionsfähigkeit der Heizungsanlage. Deshalb hat der Nutzer nur im ersten Fall ein Zurückbehaltungsrecht, nicht aber im zweiten Fall (aA KG ZMR 2011, 279). Ist eine **Vorauszahlungspflicht** im Nutzungsvertrag nicht enthalten, lediglich die Pflicht zur Zahlung der anteiligen Heizkosten, entfällt die Rechnungslegungspflicht des Gebäudeeigentümers nur für die (nicht) erhaltenen Zahlungen; der übrige Inhalt der Abrechnung bleibt gleich. Er muss in diesem Fall eine spezifizierte Aufstellung seiner Aufwendungen fertigen und die Kosten nach einem der HeizkV entsprechenden Schlüssel auf die Nutzer verteilen.

37 Die anfängliche **Höhe der Vorauszahlungen** auf die Heizkosten richtet sich ebenfalls nach der vertraglichen Vereinbarung. Weder die HeizkV noch § 556 Abs. 2 S. 2 BGB sagen etwas darüber aus, wie hoch konkret die Vorauszahlungen sein müssen. § 556 Abs. 2 S. 2 BGB enthält insoweit nur eine Obergrenze, die nicht überschritten werden darf. Die Festlegung einer Untergrenze fehlt.

38 Betriebswirtschaftlich gesehen geht die **zu niedrige Vereinbarung** von Vorauszahlungen zunächst zu Lasten des Gebäudeeigentümers, der für die laufend im Jahr anfallenden Kosten in Vorlage treten muss; für ihn ergibt sich zumindest ein Zinsverlust. Es entspricht daher seinem eigenen Interesse, wenn er die Vorauszahlungen in einer Höhe vereinbart, die erfahrungsgemäß dem Jahresaufwand entspricht. In Mietverträgen geschieht das oftmals mit der Klausel, dass monatliche Vorauszahlungen in Höhe von 1/12 des letztjährigen Gesamtaufwandes für die genutzten Räume vereinbart werden. Durch die Festlegung einer Vorauszahlungshöhe ist der Gebäudeeigentümer hinsichtlich seines Zahlungsanspruchs in der Endabrechnung nicht gebunden. Der Gesamtaufwand kann also die Summe der Vorauszahlungen erheblich überschreiten, ohne dass dies einer **Nachforderung** entgegenstehen würde (OLG Stuttgart NJW 1982, 2506; Schwab DWW 1983, 68).

C. Erstellung der Abrechnung **§ 6 HeizkV**

Allerdings kann sich aus den Umständen des Einzelfalles eine Schadensersatz- 39
pflicht des Gebäudeeigentümers aus culpa in contrahendo ergeben, wenn er bei
den Vertragsverhandlungen auf Nachfrage bewusst eine gemessen am Jahresaufwand zu niedrige Vorauszahlung nennt, um zu einem Vertragsschluss über die
Räume zu kommen (Emmerich PiG 23 (1986), 96; dazu BGH NJW 2004,
1102; Langenberg/Zehelein BetrKostR H Rn. 243 ff.). In diesem Fall ist der
Gebäudeeigentümer zum Ersatz des Vertrauensschadens verpflichtet. Dieser liegt
aber nicht darin, dass nunmehr keine oder nur innerhalb bestimmter Toleranzgrenzen (LG Frankfurt a. M. WuM 1979, 24; AG Eschweiler WuM 1980, 233; AG
Lübeck WuM 1980, 234 (250)) liegende Nachzahlungen auf den die Vorauszahlungen übersteigenden Gesamtaufwand zu leisten wären (so Langenberg/Zehelein
BetrKV H Rn. 251). Denn nach der Differenzmethode des Schadensersatzrechts
hat der Nutzer **keinen berechenbaren Schaden** erlitten (Sternel ZfgWBay
1988, 507; aA LG Arnsberg NJW-RR 1988, 397; AG Rendsburg NJW-RR 1988,
398); er muss auf Grund der Endabrechnung den von ihm konkret **verursachten
Verbrauch bezahlen,** so dass sich Leistung und Gegenleistung durchaus entsprechen. Der Schaden durch Verletzung einer Aufklärungspflicht besteht nur darin,
dass ohne die Pflichtverletzung möglicherweise kein Nutzungsvertrag geschlossen
worden wäre, so dass einzig dessen Auflösung in Betracht kommt (MüKoBGB/
Zehelein § 556 Rn. 39; LG Frankfurt a. M. ZMR 1979, 112; sehr str., Überblick
bei Langenberg/Zehelein BetrKostR H Rn. 247–252; die Vertrauenstäuschung
stellt für sich aber noch keinen Schaden dar, auch insoweit ist die Übereinstimmung mit dem allgemeinen Schadensrecht herzustellen und sind die Vermögenspositionen gegenüberzustellen; geschädigt ist wirtschaftlich durch die zu niedrigen
Vorauszahlungen zunächst der Vermieter).

Ergibt sich nach der Endabrechnung, dass die Vorauszahlungsquote zu gering 40
bemessen war, hat der Gebäudeeigentümer nunmehr die einseitige Möglichkeit
zur Erhöhung der **monatlichen Vorauszahlungen** nach § 560 Abs. 4 BGB. Die
Erhöhung setzt eine ordnungsgemäße Abrechnung voraus, muss anhand dieser
Abrechnung erläutert werden und wird sich umfangmäßig an dem Nachzahlungsbetrag ausrichten, dh dieser ist für die monatliche Vorauszahlungsrate durch 12
zu teilen; der sich daraus ergebende monatliche Erhöhungsbetrag ist dann mit der
nach dem Zugang der Erhöhungserklärung nächst fälligen Zahlung (Staudinger/
Artz BGB § 560 Rn. 53) zu entrichten. Die Fälligkeit der Vorauszahlungen richtet
sich nach den vertraglichen Vereinbarungen; sie wird üblicherweise an die Zahlung des Nutzungsentgeltes gekoppelt.

Im Mietrecht sind die vereinbarten **Vorauszahlungen Teile des Mietzinses** 41
iSd § 543 Abs. 2 Nr. 3 BGB (BGH WM 1975, 897; Gramlich § 543 Anm. 9), so
dass bei deren Nichtzahlung nach Erreichen der in § 543 Abs. 2 Nr. 3 BGB
vorausgesetzten Höhe eine fristlose Kündigung ausgesprochen werden kann. Dieses Kündigungsrecht ist neben der Zahlungsklage der einzige Rechtsbehelf des
Nutzungsgebers gegenüber einer Leistungsverweigerung der Vorauszahlungen; er
kann insbesondere in einem solchen Falle **nicht** von einem **Zurückbehaltungsrecht** Gebrauch machen und die Heizung abschalten (OLG Hamburg WuM
1978, 169; die Entscheidung des BGH WuM 2009, 469 kann jedenfalls nicht für
ein noch bestehendes Mietverhältnis verallgemeinert werden). Das ergibt sich aus
dem einheitlichen Mietbegriff, der nicht in Zahlungen und Vorauszahlungen für
Einzelleistungen aufgespalten werden kann.

Dagegen stellt der **Saldo der Endabrechnung** keinen Mietzins dar, weil es 42
sich bei ihm nicht um eine periodisch wiederkehrende Leistung handelt, worauf

der Wortlaut des § 543 Abs. 2 Nr. 3 BGB ausdrücklich abstellt (OLG Koblenz NJW 1984, 2369; aA OLG Frankfurt a. M. NJW-RR 1989, 973, das aber nicht zwischen rückständigen Vorauszahlungen und Nichtzahlung des Abrechnungssaldos unterscheidet); auf seine Nichtzahlung kann keine fristlose Kündigung nach § 543 Abs. 2 Nr. 3 BGB gestützt werden; allenfalls ergibt sich deswegen ein Kündigungsrecht nach § 543 Abs. 1 BGB wegen schuldhafter Pflichtverletzung, die die Fortsetzung des Mietverhältnisses unzumutbar macht.

III. Inhalt (s. Muster Anhang 3)

43   Über die Vorauszahlungen ist gemäß § 259 BGB abzurechnen. Die Abrechnung muss aus einer **geordneten Zusammenstellung** der Einnahmen und Ausgaben bestehen, die für die Heiz- und Warmwasserkosten gewählten Umlagenschlüssel enthalten und den Gesamtverbrauch mittels dieser Schlüssel auf den einzelnen Nutzer verteilen. Inhaltlich muss die Abrechnung für einen „juristisch und betriebswirtschaftlich nicht geschulten" Nutzer rechnerisch verständlich sein (BGH NJW 1982, 574), wobei ihm einfache Rechenoperationen zugemutet werden dürfen (BGH NJW 1986, 3195 (3197)). Deshalb ist davon auszugehen, dass die computererstellten Abrechnungen der modernen Abrechnungsfirmen diesen Grundsätzen entsprechen, auch wenn zu ihrem Verständnis eine gewisse Rechenarbeit erforderlich ist (LG Freiburg WuM 1983, 265; LG Detmold ZMR 1986, 171; LG Dortmund WuM 2005, 454). Die Kostenaufstellung wird zweckmäßigerweise getrennt in Brennstoffkosten und sonstige Heizungsbetriebskosten.

44   In die Rubrik **Brennstoffkosten** gehen die im Abrechnungszeitraum angefallenen Kosten für die Anlieferung von Brennstoff ein, sei es Öl oder Gas (Kohle, Koks kann als Brennstoff für Zentralheizungsanlagen wegen der arbeitsintensiven Versorgung der Öfen vernachlässigt werden). Zu den Kosten der Anlieferung gehört nicht nur der Kaufpreis, sondern auch ein sich im üblichen Rahmen haltendes **Trinkgeld** für das Lieferpersonal (Glaser, 69; str. Langenberg/Zehelein BetrKostR K Rn. 34; bei angesetzten Minimalbeträgen könnte aber auf den Beleg verzichtet werden). Da nur der **Verbrauch** des Abrechnungszeitraumes in die Kostenverteilung eingehen darf, müssen die Anfangs- und Endbestände an Öl festgestellt werden (LG Hamburg WuM 1983, 274; aA LG Hamburg ZMR 1986, 15); der Anfangsbestand wird zu den Anlieferungen hinzugezählt, der Endbestand abgerechnet.

45   Grundsätzlich ist der Gebäudeeigentümer verpflichtet, den Brennstoff kostengünstig einzukaufen, da er insoweit auch als Treuhänder seiner Nutzer handelt (Grundsatz der Wirtschaftlichkeit, § 556 Abs. 3 S. 1 BGB). Er wird also bei Öl den Rabatt für Großbezieher ausnutzen und sich am Markt orientieren müssen, welcher Händler preisgünstig anbietet (von Seldeneck Betriebskosten Rn. 2606–2609). Hinsichtlich des Einkaufspreises ist ihm allerdings ein Ermessen entsprechend § 315 BGB gegeben; er muss sich nicht um das billigste Angebot bemühen (LG Itzehoe WuM 1985, 398), sondern er hat ordnungsgemäß gehandelt, wenn sich der vereinbarte Preis im mittleren Rahmen der Preisspanne bewegt (LG Itzehoe WuM 1985, 398). In Ausnahmefällen ist dem Eigentümer ein **Großeinkauf** mit der darin trotz Vorauszahlungen liegenden Vorfinanzierung des Kaufpreises nicht zumutbar, wenn die Nutzer sehr schleppend ihren Zahlungsverpflichtungen nachkommen, festgestellte Nachzahlungen unberechtigterweise verweigern. In derartigen Sonderfällen mag ein Brennstoffeinkauf gerechtfertigt sein, der gerade kleine Verbrauchsperioden deckt.

C. Erstellung der Abrechnung **§ 6 HeizkV**

Bei der **preislichen Bewertung des Endbestandes** können Schwierigkeiten 46
auftreten, wenn er sich mengenmäßig aus mehreren vorangegangenen Lieferungen
mit unterschiedlichen Preisen zusammensetzt. Hier gilt der **Grundsatz „first in
first out"** (OLG Koblenz MDR 1986, 59; LG Hamburg ZMR 209, 530; AG
Halle ZMR 2013, 202). Danach wird der Wert des Restbestandes preislich rückwärts vom letzten Einkauf her berechnet (Kreuzberg/Wien Heizkostenabrechnung-HdB/Franke/Pawellek S. 724). Dieser Wert wird als Anfangswert in die
Abrechnung des folgenden Abrechnungszeitraumes übertragen.

Bei der Lieferung von Gas/Fernwärme als Heizmaterial ist es durchaus möglich, 47
dass die Ablesetermine der Lieferunternehmen und die darauf basierenden
Abrechnungen mit dem Gebäude-Abrechnungszeitraum nicht identisch sind, so
dass es zu **Überhanganrechnungen** kommen kann. Die Einstellung des ablesetechnisch nicht zu vermeidenden Verbrauchs der folgenden Abrechnungsperiode
in die laufende Periode ist bei fortbestehendem Nutzungsverhältnis unschädlich,
da der Nutzer für die berechneten Kosten auch eine Gegenleistung in Gestalt der
Versorgung mit Wärme/Warmwasser empfangen hat (LG Frankfurt a. M. Privates
Eigentum 1989, 4; LG Düsseldorf DWW 1990, 51; auch Langenberg/Zehelein
BetrKostR G Rn. 116, 117). § 556 Abs. 3 S. 1 BGB mit der jährlichen Abrechnungsfrist steht dem jedenfalls dann nicht entgegen, wenn durch die Überhangrechnung Abrechnungszeitraum und Lieferrechnungszeitraum zusammengeführt
werden sollen (BGH WuM 2011, 511). Außerdem ist der Gebäudeeigentümer
nicht gehindert, für die Heizkosten einen von den übrigen Betriebskosten abweichenden Abrechnungszeitraum zugrunde zu legen. Die konkrete Feststellung der
gelieferten Energie durch Ablesung der Gas- bzw. Wärmezähler zum Zeitpunkt
der **Verbrauchsfeststellung** für die Heizkostenabrechnung wird wegen des verwaltungstechnischen Aufwandes für unzumutbar gehalten (Langenberg/Zehelein
BetrKostR G Rn. 110 zum neuerdings aufgetretenen Problem Leistungsabrechnung versus Abflussprinzip; dazu auch LG Hamburg ZMR 2009, 530 mAnm
Lammel jurisPR-MietR 21/2009 Anm. 1; BGH WuM 2008, 223); ist aber nunmehr bei Vorhandensein fernablesbarer Erfassungsgeräte durchaus möglich. Die
sog. Simulationsrechnung, mit der eine Rückrechnung des Energieverbrauchs
auf den Abrechnungszeitraum bei disparaten Liefer- und Rechnungsterminen
herbeigeführt werden soll, widerspricht der Grundbedingung der HeizkV –
Abrechnung nach Verbrauch – und ist daher nicht zulässig (BGH WuM 2012,
143; anders BGH WuM 2014, 420, der diese Frage aber nicht berücksichtigt
hat). Bei zwischenzeitlich erfolgtem Nutzerwechsel ist hingegen nach § 9b zu
verfahren.

Neben den mit Lieferdatum bzw. bei Gas Ablesedatum und Lieferumfang genau 48
aufzuführenden Brennstoffkosten (LG Berlin GE 2004, 1395) sind die weiteren
Kosten des Betriebs der zentralen Heizungsanlage datums- und betragsmäßig aufzuführen. Zu diesen Kosten gehören die in § 7 Abs. 2 enthaltenen Kosten
(→ HeizkV § 7 Rn. 69–117), sofern ihre Überwälzung auf die Nutzer vertraglich
vereinbart worden ist (→ HeizkV § 2 Rn. 33–39).

IV. Einzelverteilung

Die auf diese Weise jeweils ermittelten **Gesamtkosten** für Heizung und 49
Warmwasser sind nach den vom Gebäudeeigentümer im Rahmen der §§ 7 und
8 gewählten (dazu → HeizkV § 7 Rn. 5–68, → HeizkV § 8 Rn. 9–13) oder
vorgeschriebenen (dazu → HeizkV § 7 Rn. 18–30) **Schlüssel** auf die einzelne

137

HeizkV § 6 Pflicht zur verbrauchsabhängigen Kostenverteilung

Rechnungseinheit zu berechnen, dh entsprechend der prozentualen Aufteilung in Grund- und Verbrauchskosten durch die Gesamtflächenzahl des Anwesens und die gesamten erfassten Verbrauchseinheiten zu dividieren. Dieser **Einzelwert** wird danach mit den für den einzelnen Nutzer geltenden Werten (Flächenmaß bei Grundkosten/abgelesene Einheiten bei Verbrauchskosten) multipliziert, woraus sich die gesamten Heiz- und Warmwasserkosten des einzelnen Nutzers ergeben (Muster Anhang 3). Dieses Rechenwerk ist für jede einzelne Nutzungseinheit zu erstellen und dem Nutzer schriftlich auszuhändigen (HKA 1986, 6). Nach den Richtlinien der Abrechnungsunternehmen soll die Abrechnung auch Angaben über die **Durchschnittskosten** der konkreten Heizungsanlage enthalten sowie über den Durchschnittsverbrauch und den DIN-Orientierungswert (Kreuzberg/Wien Heizkostenabrechnung-HdB/Franke/Pawellek S. 700); der Verordnungsgeber hat jetzt in § 7 Abs. 2 die Möglichkeit geschaffen, eine Verbrauchsanalyse zu erstellen und deren Kosten als Heizungskosten in die Abrechnung einzustellen (→ HeizkV § 7 Rn. 115–117). Für fernablesbare Erfassungsgeräte gelten jetzt die Informationspflichten nach § 6a.

50   In dem Sonderfall der sog. **verbundenen Anlagen,** die sowohl Wärme wie auch Warmwasser liefern, ist eine Trennung der gesamten Kosten in solche der Einzelbereiche nach den in § 9 Abs. 2 enthaltenen Formeln vorzunehmen (→ HeizkV § 9 Rn. 5–32). Einer mit diesen Formeln erstellten Abrechnung kann nicht entgegengehalten werden, sie sei für einen durchschnittlich gebildeten Nutzer nicht mehr nachvollziehbar. Denn die Forderung nach Verständlichkeit einer Abrechnung gemäß § 259 BGB geht nur soweit, wie sie der Abrechnende beeinflussen kann. Muss er eine gesetzlich vorgeschriebene Abrechnungsweise anwenden, sind ihm sich daraus ergebende Verständnisprobleme nicht zuzurechnen (BGH WuM 2005, 579; AG Bad Dürkheim ZMR 1986, 207, wobei die legislatorischen Legitimationsprobleme allerdings unberücksichtigt geblieben sind).

V. Zeiträume

51   **1. Abrechnungsperiode.** Die der Kostenverteilung zugrunde zulegende Abrechnungsperiode richtet sich nach der vertraglichen Vereinbarung. Für Wohnraummietverträge schreiben die §§ 556 Abs. 3 S. 1 BGB, 20 Abs. 3 S. 2 NMV lediglich vor, dass die Periode nicht über ein Jahr hinausgehen darf; kürzere Zeiträume dürfen dagegen im preisfreien Wohnraummietverhältnis vereinbart werden (aA wohl AG Dortmund NZM 2004, 96; anders jetzt auch Langenberg/Zehelein BetrKostR G Rn. 103;). Für die Heiz- und Warmwasserkosten wird üblicherweise nicht das Kalenderjahr als Abrechnungszeitraum gewählt, sondern ein 12-Monatsturnus mit Beginn oder Ende der Heizperiode (Anfang Oktober oder Anfang Mai). Abrechnungszeitraum und Heizperiode sind aber keine identischen Zeiträume; der Abrechnungszeitraum wird im Regelfall umfassender sein und sowohl die Heizperiode wie auch die heizfreie Zeit beinhalten (AG Schöneberg GE 1987, 883). Es ist ferner nicht erforderlich, dass die **Abrechnungsperioden** für alle vertragsmäßig vom Nutzer zu tragenden Nebenkosten gleich laufen.

52   **Überschreitet** der Gebäudeeigentümer den vertraglich vereinbarten oder gesetzlich festgelegten **Abrechnungszeitraum**, stellt die 13 oder mehr Monate umfassende Heizkostenverteilung grundsätzlich keine ordnungsgemäße Abrechnung dar, so dass die Saldoforderung nicht verlangt werden kann. Eine Ausnahme von diesem Grundsatz gilt für den Fall, dass die Abrechnung des Drittlieferanten aus ablesetechnischen Gründen den Zeitraum überschreitet (wie zB bei Gasable-

sung → Rn. 47) und dem Nutzer aus der Überschreitung kein Nachteil entsteht (Sternel MietR III 367).

2. Abrechnungsfrist. a) Dauer. Von der Abrechnungsperiode ist die 53 Abrechnungsfrist zu unterscheiden, also der Zeitraum, innerhalb dessen der Gebäudeeigentümer die **Abrechnung zu erstellen** hat. Für Wohnraummietverhältnisse gilt nach den §§ 556 Abs. 3 S. 3 BGB, 20 Abs. 3 S. 4 NMV eine Ausschlussfrist von 12 Monaten nach Beendigung der Abrechnungsperiode. Bis zu diesem Zeitpunkt muss dem jeweiligen Nutzer eine **formell** ordnungsgemäße Abrechnung zugegangen sein (dazu BGH NJW 2009, 283: „der durchschnittliche Mieter muss in der Lage sein, die Art des Verteilerschlüssels der einzelnen Kostenpositionen zu erkennen und den auf ihn entfallenden Anteil an den Gesamtkosten rechnerisch nachzuprüfen. Ob die abgerechneten Positionen dem Ansatz und der Höhe nach zu Recht bestehen oder sonstige Mängel der Abrechnung vorliegen, etwa ein falscher Anteil an den Gesamtkosten zugrunde gelegt wird, betrifft die inhaltliche Richtigkeit der Betriebskostenabrechnung"; dazu auch Lammel WuM 2014, 387). Für nicht dem Wohnraummietrecht unterliegende Nutzungsverhältnisse kann – sofern keine vertragliche Sonderregelung getroffen worden ist – dieselbe Abrechnungsfrist zugrunde gelegt werden, allerdings ohne deren Ausschlusscharakter.

b) Folgen der Fristversäumung. Die Festlegung einer konkreten Abrech- 54 nungsfrist ist für die **nicht** dem **Wohnraummietrecht** unterliegenden Nutzungsverhältnisse in mehrfacher Hinsicht von Bedeutung. Zunächst wird die Abrechnungspflicht mit Fristablauf **fällig**. Danach kann der Nutzer bei Überschreitung der Frist ein **Zurückbehaltungsrecht** an seinen weiteren Vorauszahlungen auf die Heizkosten ausüben (BGH NJW 1984, 1684 (1685)). Daneben kann er auf Erteilung der Abrechnung klagen (zur Beschwer BGH WuM 2022, 53 Rn. 21 ff.), im Wege der Stufenklage verbunden mit der Klage auf Auszahlung eines sich aus der Abrechnung ergebenden Guthabens; sein möglicher Rückzahlungsanspruch aus § 812 BGB unterliegt allerdings der dreijährigen Regelverjährung des § 195. Nach Fälligkeit kann der Nutzer den Abrechnungspflichtigen weiter in Verzug setzen, § 286 BGB, mit der Folge, dass er zumindest Verzugszinsen, § 288 BGB, aber auch weiteren Schadensersatz, etwa höhere eigene Kreditzinsen, verlangen kann, § 280 Abs. 2 BGB. Schließlich beginnt der Zeitfaktor für die Verwirkung eines möglichen Nachzahlungsanspruchs zu laufen. Denn der Lauf der dreijährigen Verjährungsfrist beginnt erst mit Ende des Jahres, in dem eine ordnungsgemäße Abrechnung erteilt worden ist (Sternel MietR III 375). Das hat zur Folge, dass ein hinsichtlich seiner **Abrechnungspflicht** nachlässiger Gebäudeeigentümer nicht Gefahr läuft, seine Nachzahlungsansprüche durch Verjährung zu verlieren.

Auf **Verwirkung einer Nachzahlungsforderung** aus verspäteter Heizkosten- 55 abrechnung (bei **Nicht-Wohnraum**-Nutzungsverhältnissen) kann sich der Nutzer aber nur berufen, wenn sowohl das Zeitmoment als auch ein Umstandsmoment vorliegen. Das Zeitmoment setzt voraus, dass der Anspruchsinhaber seinen Anspruch längere Zeit nicht geltend gemacht hat. Welcher Zeitraum hierfür erforderlich ist, hängt vom jeweiligen Einzelfall ab. Setzt man die Frist für die Heizkostenabrechnung auf 12 Monate nach Ende der Abrechnungsperiode an, wäre das Zeitmoment gegeben, wenn die Forderung nicht bis zum Ablauf der Abrechnungsfrist der nachfolgenden Abrechnungsperiode geltend gemacht worden ist. Das Umstandsmoment erfordert, dass der Nutzer darauf vertraut hat, dass der

Anspruchsinhaber seine Forderung nicht mehr geltend machen würde; auf dieses Vertrauen kann aus entsprechenden Dispositionen des Nutzers geschlossen werden. Der **Zeitablauf** allein rechtfertigt kein Vertrauen (KG WuM 1981, 270; BGH NJW 1984, 1684; WuM 2007, 700). Ein solcher Vertrauenstatbestand kann beim Nutzer dadurch entstehen, dass die Höhe der Vorauszahlungen auf die Heizkosten an den vorjährigen Aufwand gekoppelt ist; wenn ein Recht zur Erhöhung der Vorauszahlungen vertraglich zwar vereinbart, aber auf Grund des aktuellen Verbrauchs nicht geltend gemacht worden ist; die unveränderten Vorauszahlungen bis zum Ablauf der Abrechnungsfrist für die nächste Abrechnungsperiode vorbehaltlos angenommen worden sind, und der Hinweis auf die noch ausstehende Abrechnung unterlassen worden ist.

56 Schließlich ist es dem Abrechnungspflichtigen nach Ablauf der Abrechnungsfrist versagt, Zahlung nicht geleisteter Vorauszahlungen für die vergangene Abrechnungsperiode zu verlangen; er muss vielmehr die Abrechnung erstellen und kann danach lediglich den Saldo geltend machen (OLG Hamburg MDR 1989, 162). Dagegen verliert der Gebäudeeigentümer allein auf Grund des Verstreichens einer vertraglich vereinbarten Abrechnungsfrist nicht seinen **Anspruch auf Nachzahlung.** Diese Frist stellt keine Ausschlussfrist dar, sondern lediglich eine Regelung der Fälligkeit iSd § 271 BGB (LG Essen WuM 1988, 221; BGH WuM 2010, 36: auch kein Verwirkungstatbestand).

57 Bei **Wohnraummietverhältnissen** stellt die gesetzliche Abrechnungsfrist eine **Ausschlussfrist** dar. Nach deren Ablauf ist eine sich aus der – verspäteten – Abrechnung ergebende Nachforderung des Gebäudeeigentümers ausgeschlossen, § 566 Abs. 3 S. 3 BGB. Dieser Rechtsnachteil tritt nur dann nicht ein, wenn er die Verspätung nicht zu vertreten hat. Zu vertreten hat er aber zögerlichs Abrechnungsverhalten des von ihm mit der Abrechnung beauftragten Wärmemessdienstes, § 278 BGB (Langenberg/Zehelein BetrKV G Rn. 52); dem Gebäudeeigentümer steht gegen das Unternehmen ein Schadensersatzanspruch in Höhe des ausgefallenen Nachforderungsbetrages zu.

D. Zahlungspflicht

I. Prüfung der Abrechnung

58 Mit der Übersendung einer ordnungsmäßigen Heizkostenabrechnung wird ein sich daraus ergebendes **Guthaben** für den Nutzer sofort zur Auszahlung **fällig,** § 271 BGB. Ergibt die Überprüfung der Abrechnung, dass das Guthaben tatsächlich höher ist, hindert die Annahme der (Teil-)Zahlung den Nutzer nicht, das restliche Guthaben nachzufordern. Der Geldempfang stellt keinen Anspruchsverzicht dar; entsprechende Verzichtsklauseln in Vertrags- oder Abrechnungsformularen verstoßen gegen § 307 BGB.

59 Umgekehrt wird ein **Saldo zu Lasten** des Nutzers **nicht sofort fällig.** Denn dem Nutzer ist Gelegenheit zu geben, die Abrechnung zu überprüfen, da in sie nicht nur Daten der selbstgenutzten Räume eingegangen sind, sondern die Daten aus dem gesamten Gebäude. Der **abweichenden Auffassung** des **BGH** (WuM 2005, 337; jetzt auch Langenberg/Zehelein BetrKostR I Rn. 7, 11) ist ebenso wenig zu folgen wie der eines Zurückbehaltungsrechts (so Langenberg/Zehelein BetrKostR I Rn. 15). Dem Nutzer kann nicht zugemutet werden, erst zu zahlen (mit der Gefahr des Rechtsverlustes wegen eines vermeintlichen Anerkenntnisses;

D. Zahlungspflicht **§ 6 HeizkV**

bei Zahlung unter Vorbehalt droht eine mögliche Klage des Gläubigers), um dann beweisbelastet eine Rückforderung geltend zu machen. Die Annahme eines Zurückbehaltungsrechts ist dogmatisch nicht haltbar; das Zurückbehaltungsrecht setzt das Prüfungsrecht voraus, kann es daher nicht begründen (Zirkelschluss). Als **Prüfungsfrist** kann analog der Fälligkeitsregelung bei Fernwärme, § 27 Abs. 1 AVBFernwärmeV, von zwei Wochen ausgegangen werden (Kreuzberg/Wien Heizkostenabrechnung-HdB/von Brunn S. 146; anders jetzt S. 251). Der Gebäudeeigentümer bedarf hingegen dieser Prüfungsfrist nicht, da die Abrechnung entweder von ihm selbst oder seinen Erfüllungsgehilfen auf Grund seiner Angaben und deren Feststellung erstellt worden ist (aA Pfeifer HeizkV § 6 Anm. 9a). Die formularmäßige Klausel in Nutzungsverträgen, dass der Nutzer die Abrechnung nur innerhalb einer bestimmten Frist beanstanden könne, unterliegt der Bewertung nach § 308 Nr. 5 BGB (Sternel MietR I 360); die Gewährung einer Prüfungsfrist von nur einer Woche ist zu kurz (AG Geesthacht WuM 1985, 371).

Die Überprüfung sollte auch zu einer **Plausibilitätskontrolle** der angesetzten 60 Werte genutzt werden. Hierfür können Grenzwerte für die einzelnen Kostenarten zugrunde gelegt werden, bei deren Überschreiten eine nähere Kontrolle des Erfassungsergebnisses erforderlich wird. Als Grenzwerte, die zu einer solchen Überprüfung Anlass geben, aber die Abrechnung nicht allein wegen ihrer Überschreitung fehlerhaft machen (Pfeifer Taschenbuch 1986, 43; AG Münster WuM 1989, 261), können gelten: für Heizung und Warmwasser 300 kWh/m^2/a (= Kilowattsunden pro Quadratmeter pro Jahr [anno]), nur für Heizung 280 kWh/m^2/a; der Anteil des Energieverbrauchs am Gesamtenergieverbrauch kann 8 % bis 25 % betragen; der Anteil der Heiznebenkosten je nach Abrechnungsfläche zwischen 30 % (bei einer Fläche über 500 m^2) und 20 % (bei einer Fläche unter 500 m^2); der Anteil der Stromkosten der Heizungsanlage bis zu 8 % der Brennstoffkosten (Kreuzberg/Wien Heizkostenabrechnung-HdB/Franke/Pawellek S. 708). Ein Anhaltspunkt für diese nähere Kontrolle können auch die für die jeweilige Stadt veröffentlichten Heizspiegel darstellen. Eine nochmalige Überprüfung der erfassten Werte ist auch angebracht, wenn der abgelesene Wert um 25 % vom Vorjahreswert nach oben oder unten abweicht (AG München WuM 1989, 261; AG Köln WuM 1987, 360).

Zur Verwirklichung seines Prüfungsrechts steht dem Nutzer ein **Einsichts-** 61 **recht** in die Unterlagen zu, die die Grundlage für die Abrechnung bilden, § 810 BGB. Hierzu gehören nicht nur die Rechnungen für die einzelnen Kosten (das beinhaltet nicht unbedingt die Einsichtnahme in die Verträge mit den Lieferanten, BGH WuM 2021, 730; weitergehend LG Berlin NZM 2021, 223 m. Anm. Lammel, jurisPR-MietR 24/2020, Anm. 2), sondern auch die für die einzelnen Nutzer erfassten Daten (AG Garmisch-Partenkirchen WuM 1996, 155; AG Berlin-Charlottenburg GE 2005, 805; AG Coesfeld WuM 2009, 586). Das ist erforderlich, weil bei der **Kostenverteilung** sämtliche abgelesenen Daten in die Rechnung eingehen und deshalb diese Daten wiederum für die Einzelüberprüfung notwendig sind.

Der Gebäudeeigentümer darf die Einsichtnahme in die Daten anderer Nutzer 62 nicht unter Hinweis auf Gesichtspunkte des **Datenschutzes** verweigern (AG Berlin-Charlottenburg GE 2005, 805). Zwar handelt es sich bei den abgelesenen Verbrauchswerten um personenbezogene Daten im Sinn des Art. 4 Nr. 1 DSGVO, da sie Auskunft über den Wärmeverbrauch des einzelnen Nutzers geben. Die Speicherung dieser Daten ist gem. Art. 6 Abs. 1 lit. b), c) DSGVO zulässig, da der Gebäudeeigentümer auf andere Weise seinen Pflichten aus der HeizkV nicht nachkommen kann. Die Weitergabe der Daten durch Einsichtnahme in die Einzelwerte ist ebenfalls nach Art. 6 Abs. 1 lit. c) DSGVO gestattet, wenn der Gebäudeeigentümer selbst die Daten weitergibt; denn er hat ein Interesse daran, dass seine Rechnungslegung als korrekt anerkannt wird. Der Betroffene, dh der Nutzer der Räume, dessen **Verbrauchswerte** weitergegeben werden, kann eine Beeinträchtigung schutzwürdiger Belange nicht dartun, da er durch seinen Wärmeverbrauch zum abzurechnenden Gesamtverbrauch des Gebäudes beigetragen hat. Erfolgt die Gewährung von Einsicht in die Einzeldaten durch das Wärmedienstunternehmen, kann es sich für die Zulässigkeit ebenfalls auf Art. 6 Abs. 1 lit. c) DSGVO stützen. Denn der einzelne Nutzer, der Einsicht begehrt, kann ein berechtigtes Interesse an der Einsicht deshalb geltend machen, weil auf Grund der Verhältnisrechnung die auf ihn entfallenden Kosten auch von den Werten der anderen Nutzer abhängen (LG Berlin GE 2013, 1143; BGH NZM 2018, 458). Die Neuregelung in § 6b ändert dieses Einsichtsrecht insoweit, als es nur noch für die Verbrauchserfassung durch Verdunster gilt. Wird der Verbrauch durch fernablesbare Geräte erfasst, ist die Datenverarbeitung (wozu auch das Einsichtsrecht gehört) streng zweiseitig auf das Verhältnis Gebäudeeigentümer – Nutzer beschränkt (→ HeizkV § 6b Rn. 5).

63 Der **Einsicht** begehrende Nutzer hat Anspruch auf Vorlage der **Originalbelege,** er braucht sich nicht mit Kopien zu begnügen (BGH NJW 2022, 772; Gather FWW 1985, 157; differenzierend nach der Art der vorhandenen Belege Schmidt-Futterer/Lehmann-Richter BGB § 556 Rn. 511). Andererseits ist der Gebäudeeigentümer nicht verpflichtet, bereits mit der Verbrauchsabrechnung Belege zu übersenden. Belege, allerdings lediglich in der Form von Kopien, brauchen nur noch dann übersandt zu werden, wenn dem Mieter die Einsichtnahme nicht zumutbar ist (zB Entfernung, Alter, Krankheit) (BGH NZM 2006, 340 und 926; zur sich daraus ergebenden Problematik s. Langenberg/Zehelein BetrKostR H Rn. 310 ff.).

64 Zwar gehen die §§ 269 Abs. 1, 810 BGB grundsätzlich davon aus, dass die Pflicht zur Einsichtgewährung in die Unterlagen am **Sitz des Schuldners,** der mit dem Aufbewahrungsort der Urkunden identisch sein wird, zu erfüllen ist. Das mag bei kleineren Nutzungseinheiten keine Schwierigkeiten hervorrufen, wenn der Gebäudeeigentümer ebenfalls im Gebäude oder in der Nähe wohnt. Bei größeren Einheiten, bei denen zwischen Gebäudeeigentümer und Nutzern eine Verwaltungsgesellschaft eingeschaltet ist, die mehrere Objekte betreut, kann es für den einzelnen Nutzer sehr zeit- und kostenaufwendig werden, wenn er von seinem Einsichtsrecht Gebrauch machen will. Die Regelungen der dinglichen Gerichtsstandes in §§ 24–26 ZPO, des ausschließlichen Gerichtsstandes in Mietsachen in § 29a ZPO sowie die Bewertung der Rechnungslegung als Nebenpflicht des Nutzungsvertrages, der die Überlassung der Räume beinhaltet, rechtfertigen die Annahme des Ortes des **Nutzungsobjekts als Erfüllungsort** für das Einsichtsrecht (OLG Karlsruhe NJW 1969, 1968 für den Verwalter von Wohnungseigentum; anders wohl die hM, Langenberg/Zehelein BetrKostR H Rn. 294–298; auf die jeweiligen Umstände abstellend Schmidt/Futterer/Lehmann-Richter BGB § 556 Rn. 500, 501).

65 **Verweigert** der Gebäudeeigentümer die **Einsichtnahme** in die Belege, verhindert er die dem Nutzer zustehende Überprüfung der Abrechnung und damit auch den Eintritt der Fälligkeit einer Nachforderung. Denn die Fälligkeit hängt vom Verstreichen einer Prüfungsfrist ab. Kann der Nutzer aus Gründen, die in der Sphäre des Gebäudeeigentümers liegen, diese Prüfung nicht vornehmen, so

D. Zahlungspflicht § 6 HeizkV

kann sich der Abrechnungspflichtige für den Eintritt der Fälligkeit nicht auf den Fristablauf berufen, analog § 162 BGB als Ausdruck des Verbots des widersprüchlichen Verhaltens (Sternel MietR III 373; aA Pfeifer HeizkV § 6 Anm. 6). Darüber hinaus darf der Nutzer ein Zurückbehaltungsrecht an den auf die Heizkosten vereinbarten Vorauszahlungen geltend machen. Schließlich steht ihm auch insoweit der Klageweg offen; im Falle eines Guthabens die Stufenklage auf Einsichtsrecht, verbunden mit der Klage auf das sich danach (evtl.) ergebende höhere Guthaben.

II. Einwendungen

1. Bauliche Umstände. Die Zulässigkeit von Einwendungen gegen die Heizkostenabrechnung auf Grund baulicher Umstände bedarf einer differenzierten Betrachtung. Im Vordergrund steht hierbei der sog. **Lagenachteil** (GGW, Materialien 3, 5; Schlich in GGW, Materialien 16, 22), der dazu führen kann, dass zwischen gleich großen Nutzungseinheiten Wärmeverbrauchsspreizungen im Verhältnis von bis zu 7,5 : 1 auftreten können (Kreuzberg/Wien Heizkostenabrechnung-HdB/Franke/Pawellek S. 737–743). Dieser Lagenachteil kann durch die Verbrauchserfassung nicht aufgefangen werden (Kreuzberg/Wien Heizkostenabrechnung-HdB/von Brunn/Alter S. 239/240). 66

Bis zum 1.7.1981 war es nach der HeizkV noch zulässig, den **Lagenachteil** durch eine entsprechende **Skalenreduktion** an den Erfassungsgeräten aufzufangen; der auf Grund der Wohnungslage zu erwartende Mehrverbrauch wurde dadurch korrigiert, dass die Mess-Skala entsprechend angepasst wurde. Die Skala entspricht in diesem Fall nicht der konkreten Heizkörperleistung, sondern der eines kleineren Heizkörpers, der rechnerisch an dem mittleren Wärmebedarf des gesamten Gebäudes ausgerichtet war (Philipp GWW 1981, 240). Solche zum Stichtag vorhandenen Altgeräte genossen gem. § 12 Abs. 2 Nr. 2 nur noch bis zum 31.12.2013 Bestandsschutz (dazu → HeizkV § 12 Rn. 44). Nach dem Stichtag angebrachte Geräte sowie mit diesem Bestandsschutztermin dürfen solche mit Skalenreduktion nicht mehr verwendet werden. 67

In einem Entwurf zur HeizkV 1989 (Stand 20.4.1988) sollte dem **Lagenachteil** durch eine **Ergänzung in § 7** folgendermaßen Rechnung getragen werden: „… besondere bauliche oder heiztechnische Verhältnisse, die nach fachkundigen Ermittlungen einen wesentlich unterschiedlichen Wärmeverbrauch der einzelnen Nutzereinheiten zur Folge haben, können beim erfassten Wärmeverbrauch durch angemessene Zu- und Abschläge berücksichtigt werden." Dieser Vorschlag (für den bereits ein Vorschlag zur Ergänzung der DIN 4713 Teil 5 mit einem an dem spezifischen Wärmebedarf der unterschiedlichen Wohnungen ausgerichteten Reduktionsfaktor vorlag) stieß bei den Verbänden (Mieterbund (zustimmend in der Zielsetzung, nicht aber zum konkreten Vorschlag), Zentralverband der Haus-, Wohnungs-, Grundeigentümer, Gesamtverband gemeinnütziger Wohnungsunternehmen; Arbeitsgemeinschaft Heizkostenverteilung) sowie bei den Bundesländern wegen der in ihm enthaltenen unklaren und unbestimmten Formulierungen weitgehend auf Ablehnung und wurde nicht in die Endfassung der HeizkV übernommen. Rechnerisch lassen sich **Reduktionsmöglichkeiten** zwar bestimmen (Kreuzberg/Wien Heizkostenabrechnung-HdB/Franke/Pawellek S. 741). Der Lagenachteil steht jedoch in keinem systembedingten Zusammenhang mit den Zielen der HeizkV, Verringerung des Verbrauchs durch sparsames Verbrauchsverhalten; denn er ist objektiv durch die Gestaltung der genutzten Räume vorgegeben (s. auch Kreuzberg, Lageaus- 68 gleich würde das Ziel der Heizkostenverordnung in Frage stellen, HLH 5/1988); außerdem würde die Berücksichtigung zu einer Bevorzugung der Vielverbraucher und damit auch zu einer Kostenverzerrung führen.

69 Systematisch korrekt ist der **Lagenachteil** bei der Festlegung des **Nutzungsentgelts** zu berücksichtigen (Sternel ZfgWBay 1986, 513; aA LG Hamburg WuM 1985, 398); der Nutzer kann durch einen Wärmepass (dazu → Rn. 7) auf die energieverbrauchstechnischen Besonderheiten der in Aussicht genommenen Räume hingewiesen werden (Kreuzberg/Wien Heizkostenabrechnung-HdB/von Brunn/Alter S. 264). Eine entsprechende Energiediagnose ist jetzt nach § 82 GEG vorgeschrieben (→ Rn. 7).

70 Ebenfalls nicht im Rahmen der Heizkostenabrechnung zu berücksichtigen ist eine **mangelhafte Isolierung** der Räume (nach §§ 15 f. GEG). Auch dies ist ein Umstand, der objektiv vorgegeben ist und von der Zwecksetzung der HeizkV durch den Nutzer nicht beeinflusst werden kann. Das schließt nicht aus, dass eine mangelhafte Wärmeisolierung einen **Mangel der Mietsache** darstellt und zur Minderung der Miete berechtigt (Lammel AnwK WohnraummietR BGB § 536 Rn. 46; LG Frankfurt a. M. WuM 1987, 119 einerseits; LG Berlin GE 1989, 411 andererseits; zu „Mietrecht und Energieeffizienz" Blank WuM 2008, 311).

71 In diesen Bereich, der nicht bei der Heizkostenabrechnung zu berücksichtigen ist, gehört auch das Problem des sog. **Trockenheizens,** also des aus bauphysikalischen Gründen erhöhten Energiebedarfs beim Erstbezug eines Neubaues. Zwar ist der Nutzer mangels abweichender vertraglicher Regelungen mit diesen Kosten nicht zu belasten (Schmidt-Futterer/Eisenschmid BGB § 536 Rn. 238; aA Pfeifer HeizkV § 7 Anm. 3b [S. 89]); denn Neubaufeuchte mag ein normales Phänomen sein (so Kreuzberg/Wien Heizkostenabrechnung-HdB/von Brunn/Alter S. 234), beeinträchtigt dennoch die Gebrauchsfähigkeit der Räume. Die Mehrkosten sind jedoch nicht bei der Heizkostenabrechnung zu berücksichtigen (aA AG Köln WuM 1985, 371; LG Lübeck WuM 1983, 239), sondern können als **Mängelanspruch** im Wege der Minderung von der Miete abgesetzt oder im Falle eines Rückzahlungsanspruchs bereits gezahlter Miete der Abrechnungsforderung erforderlichenfalls entgegengehalten werden (Sternel PiG 23 (1986), 85). Zur Höhe → HeizkV § 7 Rn. 122.

72 Anders ist hingegen die **fehlerhafte Ausgestaltung der Heizungsanlage** selbst zu bewerten, zB eine Überdimensionierung, ein Zuvielverbrauch an Energie im Verhältnis zur Leistungsabgabe, eine schlechte Isolierung der Leitungen. Diese Elemente stehen im unmittelbaren Zusammenhang mit der Berechnung der Heizkosten; für sie finden sich Regelungen in der § 71 GEG, die derartige Fehler vermeiden sollen. Die Regelung ist im unmittelbaren Zusammenhang mit der HeizkV zu sehen: während diese den jeweiligen Nutzer zur Einsparung von Energie über die Steuerung des Verbrauchs bewegen soll, dient das GEG dazu, auf Seiten des Gebäudeeigentümers die technischen Bedingungen aufzuführen, deren Erfüllung ebenfalls der Einsparung von Energie dienen soll

73 Kommt der Gebäudeeigentümer diesen **Pflichten nicht nach,** wird das Ziel der Energieeinsparung von seiner Seite verhindert. Weist die Heizkostenabrechnung wegen dieser Unterlassung höhere Beträge aus als bei Erfüllung der Pflichten aus dem GEG, kann der Gebäudeeigentümer diesen Mehrbetrag, der im Einzelfall vom Sachverständigen prozentual berechnet werden kann, nicht vom Nutzer ersetzt verlangen (Kuhn HKA 1986, 23). Denn der Gebäudeeigentümer hat diese Mehrkosten durch eigenes pflichtwidriges Handeln verursacht; analog § 670 BGB kann er aber nur diejenigen Aufwendungen ersetzt verlangen, die er für erforderlich halten durfte, wozu nur Aufwendungen aus pflichtgemäßen Handlungen

D. Zahlungspflicht **§ 6 HeizkV**

gehören (AG Hamburg DWW 1989, 113; LG Essen WuM 1989, 262; AG Bad Homburg Privates Eigentum 1989, 55; LG Frankfurt a. M. WuM 1987, 119; AG Düren WuM 1982, 184; aA AG Brühl/LG Köln WuM 1989, 310). Dieses Ergebnis lässt sich jetzt auch aus dem Grundsatz der Wirtschaftlichkeit, § 556 Abs. 3 S. 1 BGB, herleiten (Blank WuM 2008, 311 (312)).

Die Ordnungsmäßigkeit der Abrechnung wird schließlich beeinträchtigt, wenn 74 nicht nach der **kleinstmöglichen Nutzungseinheit** abgerechnet wird. Je mehr Nutzer von einer Anlage mit Wärme und Warmwasser versorgt werden, desto mehr nivelliert sich der Einsparungseffekt der verbrauchsabhängigen Kostenverteilung. Denn das Nutzerverhalten ist zu unterschiedlich, als dass gleichgerichtete Interessen und Wirkungen vorausgesetzt werden dürften. Deshalb muss der technisch möglich geringste Abrechnungskreis zugrunde gelegt werden, um den Anreiz der Kostenersparnis durch Verbrauchssteuerung zu erhalten (AG Wipperfürth WuM 1984, 230; LG Mainz DWW 1987, 16; AG Hamburg WuM 1987, 89; AG Cham NJW-RR 1988, 1484). Allerdings lässt der BGH die Abrechnung nach Wirtschaftseinheiten zu (BGH WuM 2005, 579 (581); BGH ZMR 2011, 458); er konnte im konkreten Fall die konkludente Vereinbarung einer hausbezogenen Abrechnung durch genaue Bezeichnung des Mietobjekts deshalb dahingestellt sein lassen, weil eine individuelle Abrechnung wegen Vorliegens einer Gemeinschaftsheizung nicht möglich war; dazu auch → HeizkV § 1 Rn. 26).

2. Abrechnungsmängel. Weist die verbrauchsabhängige Verteilung der Heiz- 75 kosten Mängel auf, ist die sich aus ihr ergebende Nachforderung von Kosten nicht begründet, der Nutzer braucht nicht zu zahlen und kommt entsprechend nicht in Verzug. Dieser Grundsatz ist für die HeizkV danach zu modifizieren, ob der Abrechnungsmangel behebbar ist oder nicht. Ist der **Mangel behebbar,** besteht er zB in einem Rechenfehler, Schreibfehler, einer Übernahme nicht belegbarer oder nicht in die Abrechnungsperiode gehörender Kosten, ist die Kostenforderung insgesamt nicht ordnungsgemäß. In der neuen Terminologie des BGH zu den Betriebskostenabrechnungen liegt ein materieller Mangel vor, der die Ausschlussfrist des § 556 Abs. 3 S. 3 BGB nicht in Gang setzt.

Die Möglichkeit einer **Teilfälligkeit** derjenigen Positionen, die vom Mangel 76 nicht betroffen werden, ist zu verneinen (differenzierend Langenberg/Zehelein BetrKV I Rn. 8 zur Vermeidung der Folgen der Ausschlussfrist des § 556 Abs. 3 S. 3 BGB; OLG Düsseldorf ZMR 2003, 569). Nach den vertraglichen Vereinbarungen über die Festlegung der Abrechnungsperiode und den nach der HeizkV in die Abrechnung einstellbaren sonstigen Kosten handelt es sich um eine **Gesamtabrechnung** über die Kosten der Versorgung mit Wärme und Warmwasser und nicht um eine solche über die Einzelpositionen (aA Sternel MietR III 374; Pfeifer HeizkV § 6 Anm. 3a). Die Abrechnung ist daher nicht teilbar; der Nutzer ist nicht verpflichtet, den mangelhaft berechneten Teilbetrag aus der Gesamtabrechnung herauszurechnen und den Restbetrag als fällige Forderung zu bezahlen (aA AG Tiergarten GE 1982, 657). Bei Rüge mangelnder Fälligkeit ist die Abrechnung stets abänderbar (AG Gelsenkirchen WuM 1987, 361; AG Hamburg WuM 1985, 373).

Allerdings stellt die vorbehaltlose Zahlung auf Grund einer fehlerhaften Abrech- 77 nung angesichts der für das Wohnraummietrecht normierten Ausschlussfrist kein deklaratorisches Anerkenntnis dar (BGH NJW 2011, 843). Für das Gewerberaummietrecht wird dieses Ergebnis aus dem mangelnden Rechtsbindungswillen der Parteien für ein Anerkenntnis hergeleitet (BGH NJW 2013, 2885; NZM 2014, 641).

Ist der **Mangel** der Abrechnung **nicht behebbar,** zB fehlerhafte oder fehlende 78 Ausstattung mit Erfassungsgeräten, fehlerhaftes Ablesen und Vernichtung der Messampullen, so entspricht die darauf basierende Abrechnung nicht den Vorschriften der HeizkV und dem § 259 BGB. In diesem Fall greift das Kürzungsrecht des § 12 Abs. 1 ein; denn der Nutzer kann nicht besser stehen, wenn lediglich fehlerhaft (mit der Folge mangelnder Fälligkeit der Nachforderung), als wenn entgegen der HeizkV überhaupt nicht verbrauchsabhängig abgerechnet worden ist (LG Frankfurt a. M. Privates Eigentum 1989, 6; AG Freiburg WuM 1987, 231; LG Hamburg WuM 1988, 64; LG Köln WuM 1987, 128; aA OLG Düsseldorf ZMR 2003, 569).

E. Vorerfassung

79   Die Verteilung der nach § 5 Abs. 7 für unterschiedliche Nutzergruppen erfassten Kosten (dazu → HeizkV § 5 Rn. 100–106) kann nach § 6 Abs. 2 auf zwei verschiedenen Wegen erfolgen. Zunächst besteht die Möglichkeit, den im Wege der **Vorerfassung** durch Wärmezähler gemessenen **Verbrauch** zu 100 % der jeweiligen Nutzergruppe zuzuordnen, bei der diese Erfassung erfolgt ist. Der Gesamtverbrauch für ein Gebäude wird bei dieser Methode entsprechend den prozentualen Anteilen der Vorerfassung am Gesamtverbrauch der jeweiligen Nutzergruppe zugeordnet. Betragen die Gesamtkosten aus drei Nutzergruppen zB 100 und sind für die Nutzergruppen jeweils Werte von 20, 30 und 50 vorerfasst worden, so tragen die Nutzergruppen jeweils 20 %, 30 % und 50 % der Gesamtkosten. Innerhalb der Nutzergruppen ist dann eine anteilige Verteilung nach den Maßstäben der §§ 7–9 vorzunehmen. Diese rein verbrauchsabhängige Vorverteilung kann zu Härten führen, wenn Räume mit unterschiedlicher Nutzungsdauer oder unterschiedlichem Wärmebedarf mit einbezogen werden, dann würden in diesen Fällen die Kosten für die Bereitstellung der Wärme nicht gleichmäßig auf die Nutzergruppen verteilt werden (Lefèvre, S. 94; Lefèvre HKA 1996, 33; Kohlenbach § 6 Anm. 4). Zur Verdeutlichung mögen folgende Schaubilder dienen (Kreuzberg/Wien Heizkostenabrechnung-HdB/Franke/Pawellek S. 721):

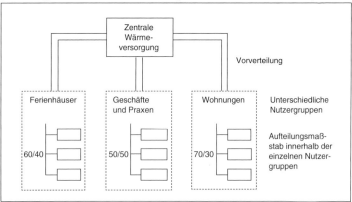

80   Um solche Härten zu vermeiden, kann bereits bei der Vorverteilung eine **anteilsmäßige Berücksichtigung** von Verbrauch und festem Maßstab vorgenommen werden (BR-Drs. 483/83, 36). Der Verbrauch der Nutzergruppen ist aber stets zu mindestens 50 % beim Verhältnis der Gruppenanteile an den Gesamtkosten zu

E. Vorerfassung **§ 6 HeizkV**

berücksichtigen. Sieht man von der dem Verständnis nicht förderlichen doppelten Verhältnisrechnung ab, so ist mit dieser Regelung gemeint, dass die Gesamtkosten zunächst nach einem den §§ 7–9 entsprechenden Verteilungsschlüssel in verbrauchsabhängige und verbrauchsunabhängige Kosten aufgeteilt werden. Die verbrauchsabhängigen Kosten werden danach auf die einzelnen Nutzergruppen entsprechend ihrem Verbrauchsanteil am Gesamtverbrauch aufgeteilt (HKA 1987, 27; Peruzzo Heizkostenabrechnung Rn. 156). Zur Erläuterung ein weiteres Schaubild (Kreuzberg/Wien Heizkostenabrechnung-HdB/Franke/Pawellek S. 722):

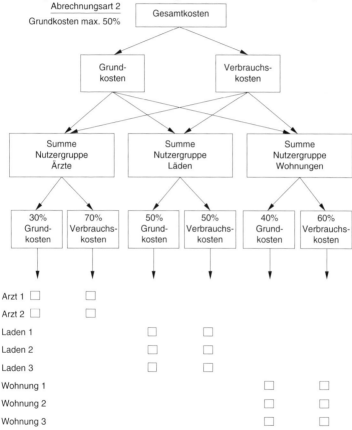

Erläutert am obigen **Zahlenbeispiel** bedeutet dies: die Gesamtkosten von 100 sollen nach einem 50:50-Schlüssel verbrauchsabhängig: verbrauchsunabhängig verteilt werden. Auf die 50 verbrauchsabhängigen Kosten fallen für die Nutzergruppe 1 mit einem Verbrauch von 20 20 % = 10 Teile, auf die Nutzergruppe 2 mit erfassten Verbrauchsteilen von 30 entfallen 30 % = 15 Teile, und auf die Nutzergruppe 3 mit erfassten 50 Teilen entfallen 50 % = 25 Teile vom Gesamtverbrauch. Die verbrauchs-

81

unabhängigen Anteile der Versorgung mit Wärme (im Beispielsfall die restlichen 50) können nach Wahl des Gebäudeeigentümers auf die einzelnen Nutzergruppen verteilt werden gemäß einem der in § 6 Abs. 2 Nr. 1 genannten Schlüssel (Wohn- oder Nutzfläche, umbauter Raum; oder Wohn- oder Nutzfläche, umbauter Raum der beheizten Räume, zur Wahl des Schlüssels → HeizkV § 7 Rn. 58–62).

82 Sollte eine **Vorerfassung** bei **Warmwasser** erforderlich sein, sind die hierfür angefallenen Kosten zunächst entsprechend vorzuverteilen. Die verbrauchsunabhängige Verteilung der Warmwasserkosten kann allerdings nach § 6 Abs. 2 Nr. 2 nur nach der Wohn- oder Nutzfläche auf die einzelnen Nutzergruppen erfolgen. Ist diese Vorverteilung auf die einzelnen Nutzergruppen vorgenommen worden, werden die auf diese Weise errechneten Gesamtkosten der jeweiligen Gruppe nach einem gruppenspezifischen Schlüssel weiterverteilt, den der Gebäudeeigentümer festlegen kann.

83 Die Vorverteilung nach § 6 Abs. 2 Alternative 2 (= nicht ausschließlich verbrauchsabhängige Vorverteilung) entwickelt sich also in drei Stufen: zunächst die Verteilung der Gesamtkosten, danach die Verteilung auf die Nutzergruppen, und schließlich die Verteilung innerhalb der Nutzergruppen. Für jede der drei Stufen kann ein **anderer Schlüssel** gewählt werden je nach den nutzungsbedingten oder technischen Unterschieden der Gruppen insgesamt und innerhalb der Gruppen. Durch den unterschiedlichen Schlüssel kann der Grund für die Einführung der Vorverteilung noch verstärkt werden; berücksichtigt werden können unterschiedliche Art und Dauer der Nutzung, Leitungsverluste, Wärmedämmung der genutzten Räume. In allen Fällen ist es aber erforderlich, dass die Art und Weise der Vorverteilung in der Heizkostenabrechnung erläutert wird (LG Berlin MM 2009, 75; KG GE 2009, 1251).

F. Gemeinschaftsräume

84 Die Verteilung der Kosten für die nutzungsbedingt viel Wärme verbrauchenden Gemeinschaftsräume nach § 4 Abs. 3 S. 2 (dazu → § 4 Rn. 56) erfolgt ähnlich der Vorerfassung. Die **Gesamtkosten** für die Wärmeversorgung werden aufgeteilt nach dem Verhältnis der für die Gemeinschaftsräume erfassten Anteile zu den Gesamtanteilen. Betragen also die erfassten Anteile insgesamt 100, die für die Gemeinschaftsräume 20, so sind von den Gesamtkosten 20 % auf die Gemeinschaftsräume, 80 % auf die übrigen Räume zu verteilen. Die **Aufteilung** muss also hier zwingend nach Verbrauch erfolgen (Pfeifer HeizkV § 6 Anm. 12). Das ist deshalb sachgerecht, weil die Erfassung der Gemeinschaftsräume nach § 4 Abs. 3 S. 2 nur dann erfolgen soll, weil sie wegen ihrer besonderen Nutzungsstruktur einen besonders hohen Verbrauch an Wärme und/oder Warmwasser haben. Die Verteilung der Kosten für die übrigen Räume muss nach einem sich innerhalb der HeizkV bewegenden Schlüssel vorgenommen werden.

85 Hingegen gewährt § 6 Abs. 3 S. 2 ausdrücklich die Möglichkeit, die auf die gesondert mit Erfassungsgeräten auszustattenden Gemeinschaftsräume entfallenden Kosten nach **rechtsgeschäftlichen Bestimmungen** zu verteilen. Diese Sondervereinbarungen müssen sich also nach den Maßstäben der §§ 7–9 orientieren. Andererseits schließt § 6 Abs. 3 S. 2 aber auch die anderweitig dem Gebäudeeigentümer gewährte Befugnis aus, den Verteilungsmaßstab einseitig festzulegen. Die Vorschrift geht ausdrücklich von einer rechtsgeschäftlichen Bestimmung aus, also einer zwischen Gebäudeeigentümer und jeweiligem Nutzer zu treffenden Vereinbarung (BR-Drs. 494/88, 26). Auch ein im Nutzungsvertrag

möglicherweise dem Gebäudeeigentümer eingeräumtes bzw. von diesem sich vorbehaltenes einseitiges Bestimmungsrecht ist gemäß § 2 unwirksam (Kinne § 6 Rn. 94; aA MieWo/Schmid § 6 Rn. 10c; Schmid Mietnebenkosten-HdB Rn. 6166). Der Gebäudeeigentümer wird daher über die Kostenverteilung für diese wärmeverbrauchenden Gemeinschaftsräume (Sauna, Schwimmbad) besondere Vereinbarungen mit den Nutzern treffen müssen.

Sinnvoll, aber schwierig zu überwachen ist hier ein **personenbezogener Schlüssel**, da die Nutzungsintensität ebenfalls personenabhängig ist. Im übrigen bietet sich noch ein Verteilungsmaßstab an, der sich an der jeweiligen Nutzungsdauer orientiert, was aber zusätzliche Kontrollgeräte erforderlich macht. Schließlich bliebe noch ein flächenbezogener Maßstab, der sich an den genutzten Räumen orientiert. Allerdings sollte darauf geachtet werden, dass eine derartige Sondervereinbarung und daraus folgend eine Sonderumlage nur diejenigen Gebäudenutzer trifft, die auch die Gemeinschaftsräume nutzen. Eine Kostenverteilung auf sämtliche Gebäudenutzer widerspricht dem der HeizkV auch zugrundeliegenden Verursacherprinzip. 86

Nicht unter die **Verteilungsregelung** des § 6 Abs. 3 fallen dagegen die sog. **gemeinschaftlich genutzten Räume** wie zB Treppenhäuser, Außen-Flure, Waschküchen, Trockenräume, Kellerräume, Gemeinschaftsgaragen (HKA 1989, 14). Sie brauchen nach § 4 Abs. 3 S. 1 nicht mit Erfassungsgeräten ausgestattet zu werden, da der Wärmeverbrauch, gemessen am Gesamtverbrauch, relativ geringfügig und eine Verbrauchsbeeinflussung durch einzelne Nutzer nicht möglich ist; außerdem ist der Verbrauch den einzelnen Nutzern in der Regel nicht zuzuordnen (Kreuzberg/Wien Heizkostenabrechnung-HdB/von Brunn/Alter S. 216). Erfolgt dennoch eine Verbrauchserfassung, sind die Kosten nach der HeizkV zu verteilen (→ HeizkV § 4 Rn. 55). 87

G. Wahl des Verteilungsmaßstabes

I. Ermessensentscheidung

§ 6 Abs. 4 S. 1 enthält die dem § 315 BGB entsprechende Regel, wonach der Gebäudeeigentümer die Wahl des Abrechnungsmaßstabes hat. Im Rahmen der Vorerfassung darf er also bis zu 100 % verbrauchsabhängig abrechnen, wofür sonst nach § 10 eine **rechtsgeschäftliche Vereinbarung** getroffen werden muss. Die Festlegung des Abrechnungsmaßstabes im Rahmen der §§ 7–9 steht dagegen in seinem Ermessen; er kann also einen Schlüssel bestimmen, dessen verbrauchsabhängiger Anteil zwischen 50 % und 70 % liegt (zur Ausnahme nach § 7 Abs. 1 S. 2 → HeizkV § 7 Rn. 18–30). Allerdings ist dieses Ermessen nicht völlig ungebunden. 88

Zum einen wird ein einseitiges Bestimmungsrecht nicht mehr anzunehmen sein, wenn in den **vertraglichen Regelungen** der Parteien bereits ein Verteilungsschlüssel vereinbart worden ist, der sich im Rahmen der §§ 7–9 hält. Der Vorrang der HeizkV nach § 2 geht nur soweit, wie ihr widersprechende rechtsgeschäftliche Vereinbarungen vorliegen. § 6 Abs. 4 S. 1 sieht zudem dem Gebäudeeigentümer ein Bestimmungsrecht nur im Rahmen der Zielsetzung der HeizkV, nicht aber, um von vertraglichen Vereinbarungen, die dieser Zielsetzung bereits entsprechen, abzuweichen. Allerdings hat der Verordnungsgeber jetzt dem Gebäudeeigentümer weitgehende Möglichkeiten zur Abänderung eines vorhandenen Verteilungsmaßstabes eingeräumt. Diese Befugnis erstreckt sich auch auf vertraglich vereinbarte Schlüssel, 89 selbst wenn diese bislang der HeizkV entsprochen haben, sofern die Tatbestandsvoraussetzungen für eine einseitige Änderung vorliegen (→ Rn. 92 ff.).

90 Zum anderen unterliegt die **Ermessensausübung der Überprüfung** nach § 315 BGB. Der Gebäudeeigentümer muss die Interessen seiner Nutzer bei der Festlegung des Schlüssels berücksichtigen, insbesondere wenn bislang nach einem nicht der HeizkV entsprechenden Schlüssel abgerechnet worden ist. In diesem Fall ist der Gebäudeeigentümer verpflichtet, seine Wahl eines Abrechnungsmaßstabes am Ergebnis des bisherigen Maßstabes zu orientieren und einen Verteilungsmaßstab festzusetzen, der im von der HeizkV vorgegebenen Rahmen dem bisherigen Schlüssel am nächsten kommt (LG Frankfurt a. M. Privates Eigentum 1986 Nr. 2, S. 4; AG Hannover WuM 1985, 348; AG Lübeck WuM 1988, 64).

91 Denkbar ist zwar, für die einzelnen Nutzereinheiten **unterschiedliche Verteilungsmaßstäbe** zu wählen, um lagebedingten Mehrbedarf an Heizenergie auszugleichen, etwa bei außenliegenden Wohnungen einen 50:50-Maßstab, um den höheren Bedarf nicht noch über die Verteilung zum Nachteil des Nutzers zu berechnen (aA AG Dülmen WuM 1983, 335; KG WuM 1986, 29 (31)). Bei einer innenliegenden Wohnung könnte ein 70:30-Schlüssel mit den höheren Verbrauchsanteil den Spareffekt des Lagevorteils wieder auszugleichen versuchen. Eine solche Spaltung ist aber nur im Wege der Vorerfassung zulässig; aus mathematischen Gründen **verbietet** sich die Anwendung **unterschiedlicher Schlüssel** innerhalb einer Abrechnungseinheit. Im Regelfall wird für die Nutzereinheiten eines Gebäudes derselbe Schlüssel gewählt werden, um Meinungsverschiedenheiten zu vermeiden (Heix § 6 Anm. 11.3). Zu den Kriterien einer sachgemäßen Auswahl weiter → HeizkV § 7 Rn. 10–17.

II. Abänderungen

92 Hat der Gebäudeeigentümer seine Wahl hinsichtlich des Verteilungsmaßstabes getroffen, ist dieser Maßstab **Bestandteil des Nutzungsvertrages** geworden und kann grundsätzlich nur durch Vereinbarung mit den Nutzern wieder abgeändert werden. Falls sich die einseitige Wahl des Gebäudeeigentümers nachträglich als ungeeignet erweist, und die Nutzer mit einer Abänderung nicht einverstanden sind (Peruzzo Heizkostenabrechnung Rn. 163), gibt § 6 Abs. 4 S. 2 dem Gebäudeeigentümer **drei Möglichkeiten,** die einmal getroffene Wahl **einseitig abzuändern.** Er darf eine Abänderung vornehmen entweder nach Eintritt bestimmter sachlicher Umstände, wie Einführung der Vorerfassung nach § 5 Abs. 7 (§ 6 Abs. 4 Nr. 1) oder nach Durchführung energiesparender Baumaßnahmen (§ 6 Abs. 4 Nr. 2) oder aus anderen sachgerechten Gründen (§ 6 Abs. 4 Nr. 3). Die Befugnis zur Abänderung des Verteilungsmaßstabes darf aber nicht dazu benutzt werden, neue bislang nicht als umlegungsfähig vereinbarte Nebenkostenarten den Nutzern aufzubürden; ebenfalls nicht zulässig ist das (erstmalige) Verlangen nach Vorauszahlungen in Verbindung mit der Maßstabänderung (AG Hamburg-Blankenese ZMR 2013, 814).

93 Die bislang dem Gebäudeeigentümer ohne weitere sachliche Merkmale eingeräumte Möglichkeit, den Verteilungsschlüssel bis zum Ablauf von drei Abrechnungszeiträumen nach dessen erstmaliger Bestimmung (§ 6 Abs. 4 Nr. 1 aF) abzuändern, ist in dieser Form entfallen; inhaltlich wird sie als Generalklausel in Nr. 3 weitergeführt. Der Verordnungsgeber wollte zunächst die Frist auf 5 **Abrechnungszeiträume** verlängern. Nach Kritik aus der Immobilienwirtschaft, die überhaupt keine zeitliche Begrenzung der Abänderungsbefugnis befürwortete, sind die zeitlichen Schranken insgesamt gefallen. Das gilt nicht nur für die Begren-

G. Wahl des Verteilungsmaßstabes § 6 HeizkV

zung der Abrechnungszeiträume, sondern auch für die Begrenzung auf eine „einmalige" Änderung. Der Verordnungsgeber war der Auffassung, dass diese bisherigen Einschränkungen die aus sachgerechten Gründen gebotene Abänderung des einmal gewählten Verteilungsmaßstabes behindern würden (BR-Drs. 570/08, 12).

1. Nach Einführung der Vorerfassung. Von technischen Änderungen, die auf den Wärmeverbrauch einwirken können, hängt die Befugnis zur Änderung des Verteilungsmaßstabes in den Fällen der Nr. 1 und 2 ab. Diese Fälle stellen jetzt Beispiele für sachgerechte Gründe in der Generalklausel der Nr. 3 dar, wegen der eine Abänderung des gewählten Verteilungsmaßstabes zulässig ist. Nach § 6 Abs. 4 Nr. 1 erhält der Gebäudeeigentümer in Abänderung der vorher in § 12 Abs. 3 aF enthaltenen befristeten Regelung unbegrenzt die Möglichkeit, bei Einführung einer Vorerfassung nach § 5 Abs. 7 den bereits bestimmten **Verteilerschlüssel** abzuändern. Das erscheint deshalb sinnvoll, weil nunmehr den Besonderheiten einzelner Nutzergruppen durch die Vorerfassung und Vorverteilung Rechnung getragen werden kann, so dass der alte Verteilungsmaßstab, der das unterschiedliche Nutzungsverhalten berücksichtigen sollte, aufgegeben werden kann. Wie sich aus der Begründung zu § 12 Abs. 3 aF ergibt (BR-Drs. 483/83, 39), ist diese **Abänderungsbefugnis** gerade deshalb eingeführt worden, um dem Gebäudeeigentümer, der sein damaliges „einmaliges" Abänderungsrecht durch eine Änderung nach § 6 Abs. 4 Nr. 1 aF ausgeübt hat, trotz dieses Rechtsverbrauchs die Möglichkeit zu eröffnen, nach Einführung der Vorerfassung nochmals eine Umstellung des Verteilungsmaßstabes vorzunehmen. Die Übernahme dieser Befugnis von § 12 Abs. 3 aF in § 6 Abs. 4 Nr. 1 nF hatte nur redaktionelle Gründe (BR-Drs. 494/88, 26). Das Abänderungsrecht nach der Generalklausel der Nr. 3 besteht daneben, sofern andere „sachliche Gründe" vorliegen. 94

2. Wegen baulicher Maßnahmen. Ferner hat der Gebäudeeigentümer nach § 6 Abs. 4 Nr. 2 das einseitige Abänderungsrecht nach Durchführung von baulichen Maßnahmen, die eine nachhaltige Einsparung von Heizenergie bewirken. Der Verordnungsgeber wollte darunter die Fälle erfassen, in denen die in § 4 Abs. 3 ModEnG aufgezählten Baumaßnahmen durchgeführt worden sind (BR-Drs. 632/80, 28). Zwar ist diese Vorschrift inzwischen aufgehoben worden, sie kann dennoch zur Auslegung des in Nr. 2 enthaltenen Tatbestandsmerkmals herangezogen werden (Peruzzo Heizkostenabrechnung Rn. 168). Bei baulichen Veränderungen sind inzwischen auch die Wärmeschutzvorschriften nach §§ 46–51 GEG zu beachten. Unter **energieeinsparende Baumaßnahmen** gehören daher vor allem solche, die die Wärmedämmung von Bauteilen verbessern, den Energieverlust bei Heizungsanlagen vermindern sowie Energieeinsparung durch teilweise Nutzung sog. alternativer Energieformen herbeiführen. Nach der Durchführung derartiger Maßnahmen **verändert sich** der **Wärmebedarf** der genutzten Räume, und es ist sinnvoll, den Verteilungsmaßstab entsprechend anzupassen. Insbesondere sollte verhindert werden, dass durch den geringeren Wärmeverbrauch der Anteil der festen Betriebskosten im Verhältnis zu den verbrauchsabhängigen Kosten steigt; der Maßstab für die verbrauchsabhängigen Kosten müsste also erhöht werden, um weiter zur Energieeinsparung anzuhalten (Brintzinger § 6 Anm. 6 S. 12, von Heix nicht übernommen; Blümmel/Becker 132). 95

Auch diese **Abänderungsbefugnis** ist **kumulativ** neben der sich aus den Ziffern 1 und 3 ergebenden Befugnis ausübbar; die jeweiligen Tatbestandsmerkmale stehen insoweit unabhängig nebeneinander. Der Wegfall der zeitlichen Begrenzung für die Änderungsbefugnis wirkt sich in diesen Fällen besonders posi- 96 tiv aus. Denn die im ModEnG erwähnten energieeinsparenden Maßnahmen müssen nicht alle sofort durchgeführt werden, sondern der Gebäudeeigentümer kann sich entschließen, derartige Maßnahmen nach und nach durchzuführen. Da aber jede einzelne Maßnahme zu einer Veränderung des Wärmebedarfs der an Nutzer übertragenen Räume führen kann, ist es gerechtfertigt, auch entsprechend sukzessive eine Abänderung des Verteilungsmaßstabes vorzunehmen, bis etwa der nach der HeizkV mögliche Mindestanteil an verbrauchsabhängig zu verteilenden Kosten von 50 % erreicht ist (Brintzinger § 6 Anm. 6 S. 13).

97 **3. Aus anderen sachgerechten Gründen.** Mit dieser Generalklausel wird inhaltlich die frühere Nr. 1 (ohne die zeitlichen Begrenzungen) beibehalten (BR-Drs. 570/08, 12). Der Wortlaut ist allerdings missverständlich: die Formulierung „nach deren erstmaliger Bestimmung" ist entweder überflüssig – denn ohne vorherige Bestimmung des Verteilungsmaßstabes bedarf es der Befugnis zur Abänderung nicht –; oder unklar – das „erstmalig" könnte darauf hindeuten, dass keine mehrfache, sondern allenfalls eine „zweifache" Abänderung zulässig ist, was der Streichung der zeitlichen Begrenzungen widersprechen würde –; der Wortlaut dieser Nummer ist dem Wegfall der zeitlichen Schranken für die Abänderung nicht angepasst worden. Die Auslegung des unbestimmten Rechtsbegriffs „andere **sachliche Gründe**" wird sich an den Spezialtatbeständen zu orientieren haben (anders BGH NZM 2021, 481 weites Ermessen nur durch Willkürverbot begrenzt, krit. dazu Lammel jurisPR-MietR 3/2021, Anm. 3). Dem Vermieter soll zB Gelegenheit gegeben werden, unbillige Auswirkungen der erstmals getroffenen Wahl (Schmid ZMR-Sonderheft HeizkV § 6 Rn. 41), wie etwa zu hoher verbrauchsabhängiger Anteil bei schlechter Isolierung oder Feuchtigkeitserscheinungen durch übermäßige Einschränkung der Heizung, nachträglich zu korrigieren, ohne auf die Mitwirkung der Nutzer angewiesen zu sein. Die einseitig getroffene Abänderung unterliegt ebenso wie die erstmalige Festlegung des Verteilungsmaßstabes den Grenzen des § 315 BGB.

98 **4. Durchführung.** Die Abänderungsbefugnis des § 6 Abs. 4 S. 2 gilt für alle der HeizkV unterfallenden Nutzungsverhältnisse, somit auch für preisgebundenen Wohnraum, da dieser durch die Neufassung des § 22 NMV 1970 voll in den Geltungsbereich der HeizkV einbezogen worden ist. Die Abänderung ist durch **ausdrückliche Erklärung** gegenüber allen Nutzern geltend zu machen; eine konkludente Änderung durch Übersendung einer Abrechnung, die auf dem neuen Verteilungsmaßstab beruht, genügt nicht (BGH WuM 2004, 150 (151) re. Sp.).

99 Nach dem Wortlaut und der Systematik der HeizkV steht dieses Abänderungsrecht **allein** dem **Gebäudeeigentümer** zu. Der Nutzer hat keinen Anspruch auf Anpassung des Verteilungsmaßstabes an die Veränderungen nach § 6 Abs. 4 Nr. 1, 2. Denn es kann nicht davon ausgegangen werden, dass ein Schlüssel, der sich innerhalb der von der HeizkV vorgesehenen Bandbreite zwischen 50 % und 70 % bewegt, durch die erfolgte bauliche Änderung grob unbillig geworden ist. Nur unter dieser Voraussetzung wird für das allgemeine Nebenkostenrecht allenfalls ein Abänderungsanspruch der Nutzer diskutiert (Sternel MietR III 361; Schmid Mietnebenkosten-HdB Rn. 4119, 4120; Schmidt-Futterer/Lehmann-Richter BGB § 556a Rn. 31). Die Regelung für die besonders problematischen Leerstandsfälle mit einem Anspruch der Nutzermehrheit auf Abänderung des Schlüssels (Wall WuM 2009, 5 Fn. 16) ist nicht in den Verordnungstext aufgenommen worden; die Wohnungswirtschaft hielt die Durchführung für unpraktikabel. Der Nutzer hat auf die den Schlüssel abändernde Wahl des Gebäudeeigentümers nur

G. Wahl des Verteilungsmaßstabes **§ 6 HeizkV**

mittelbar einen Einfluss, als sich diese Wahl im Rahmen des § 315 BGB halten muss; es würde nicht mehr billigem Ermessen entsprechen, wenn der Gebäudeeigentümer zB bei Leerstand den Schlüssel (zB 50:50) so verändern würde (zB auf 70:30), dass dieses Risiko überwiegend von den verbliebenen Mietern getragen würde (BGH WuM 2004, 150 (151) re. Sp.). Denn damit tragen die restlichen Nutzer überproportional mehr der Fixkosten, außerdem müssen sie zusätzlich mehr heizen, da infolge des Leerstandes keine Umgebungswärme vorhanden ist. Auch dieser Mehraufwand wird durch den 70:30-Schlüssel allein den Nutzern aufgebürdet. Es kann nicht davon ausgegangen werden, dass dieser Mehraufwand zum allgemeinen „**Mieterrisiko**" gehört (aA AG Halle-Saalkreis ZMR 2005, 201; OLG Hamm ZMR 2006, 148: Zuordnung zum sog. Lagenachteil). Eine Erläuterung des Grundes der Abänderung zur Vermeidung von Streitigkeiten ist sinnvoll, auch wenn der Gebäudeeigentümer hierzu nicht gesetzlich verpflichtet ist. Das gilt auch für den gesetzlich nunmehr in § 7 Abs. 1 S. 2 vorgeschriebenen Verteilungsmaßstab (→ HeizkV § 7 Rn. 18–30).

Sowohl die erstmalige Festlegung als auch die nachfolgende Abänderung des Verteilungsschlüssels darf **nur zu Beginn eines Abrechnungszeitraumes** erfolgen. Gemeint ist damit der zukünftig beginnende Zeitraum, nicht der bereits laufende (AG Hamburg WuM 1987, 162; LG Hamburg ZMR 2014, 740). Denn der Nutzer soll während einer Abrechnungsperiode nicht mit einer Änderung des Verteilungsschlüssels überrascht werden (Gramlich HeizkV § 6 Anm. 4). Das gilt selbst dann, wenn während einer laufenden Abrechnungsperiode erstmals Erfassungsgeräte angebracht werden (LG Hamburg WuM 1988, 171; aA AG Berlin-Lichtenberg GE 2008, 205). Zwar mag nunmehr eine der HeizkV entsprechende Festlegung des Verteilungsmaßstabes deren Intentionen zur Energieeinsparung entsprechen (Kohlenbach § 6 Anm. 7, der eine entsprechende Vereinbarung mit den Nutzern für zulässig hält; auch Peruzzo Heizkostenabrechnung Rn. 171). Jedoch ist der weitere Zweck der HeizkV, durch Erfassung des Verbrauchs diesen zu beeinflussen, für die Vergangenheit nicht mehr zu verwirklichen, so dass die Nutzer mit einer Verteilungsform konfrontiert werden, auf die sie ihr Verhalten nicht haben einrichten können. Dieser Schutzgedanke des § 6 Abs. 4 S. 3 verbietet also in jedem Fall eine einseitige Festlegung des Verteilungsschlüssels während einer laufenden Abrechnungsperiode (Brintzinger § 6 Anm. 7, 16). 100

Ob die Nutzer durch eine entsprechende Vereinbarung auf diese **Schutzvorschrift** verzichten können, erscheint zweifelhaft. Denn eine abweichende Vereinbarung verstößt gegen § 2, wonach die HeizkV rechtsgeschäftlichen Vereinbarungen vorgeht. Das muss auch für die in ihr enthaltenen Fristenregelungen gelten, ab wann eine von der HeizkV zugelassene Maßnahme zulässig und wirksam ist (aA Brintzinger § 6 Anm. 7 S. 17). Herangezogen werden kann auch der Rechtsgedanke des § 556a Abs. 3, wonach den Mieter benachteiligende Abweichungen von einem verbrauchsabhängigen Verteilungsmaßstab nach § 556a Abs. 2 unwirksam sind. 101

Das gleiche Argument steht auch der Zulassung weiterer Abänderungsmöglichkeiten als den in § 6 Abs. 4 S. 2 Nr. 1–3 enthaltenen entgegen. Eine solche Möglichkeit müsste, da sie zu einer Änderung des Nutzungsvertrages führen würde, in diesem Vertrag vorbehalten sein. Einem solchen Vorbehalt gehen aber nach § 2 die Regelungen der HeizkV vor, mithin auch die in ihr enthaltene Befugnis zur **Abänderung des Verteilungsmaßstabes** (aA AG Kassel WuM 1985, 373). Das gleiche gilt für eine nachträglich unter den Parteien vereinbarte Änderung des Verteilungsmaßstabes. 102

153

Anhang 1 zu § 6. Muster zu den Energiebedarfs und Energieverbrauchsausweisen

Das Bundesministerium für Wirtschaft und Energie und das Bundesministerium des Innern, für Bau und Heimat machen gemeinsam nach § 85 Absatz 8 des Gebäudeenergiegesetzes (GEG) die Muster zu den Energiebedarfs- und den Energieverbrauchsausweisen, nach denen Energieausweise auszustellen sind, sowie die Muster für den Aushang von Energieausweisen nach § 80 Absatz 6 und 7 GEG bekannt, BAnz AT 3.12.2020 B1. (Vom Abdruck wird abgesehen, die Muster sind unter der angegebenen Fundstelle im Internet ansteuerbar).

Anhang 2 zu § 6. Abrechnungshilfe

(mit freundlicher Genehmigung von Allmess GmbH)

Fach-Information Abrechnungshilfe

Da Wärmemengenzähler (WMZ) Energie in kWh (Kilowattstunden) oder in MWh (Megawattstunden) anzeigen (je nach Gerätetyp), bitte folgenden Umrechnungsfaktor beachten: 1 MWh = 1000 kWh, 1 kWh = 0,001 MWh. Die Nachkommastellen der MWh-Anzeige entsprechen den Kilowattstunden.

a) Die Erläuterung der einzelnen Formulare

1. Formular: **Kontrollkarte**

    Dieses Formular (Karte) wird entweder am Messgerät (Wärmezähler, Wasserzähler) oder in der Nähe der Messgeräte angebracht (aufbewahrt).
    Es dient dazu, bei der jährlichen Ablesung den Verbrauch festzuhalten,

    1.1. damit dieser als Basis für das nächste Jahr sofort zu ersehen ist, und

    1.2. dokumentiert und **quittiert** wird durch die Unterschriften des Ablesenden und des Nutzers (z. B. der Mieter).

    Dieses Formular stellt sicher, dass es im Rahmen der Heiz- und Wasserkostenabrechnung nicht zu Streitigkeiten kommt in Bezug auf das Verbrauchsergebnis.

2. Formular: **Heizkostenaufstellung – Aufstellung der Gesamtkosten**

    Mit diesem Formular werden jährlich einmal die gesamten Kosten erfasst, die durch den Betrieb der Heizungsanlage während der Heizperiode entstanden sind und gemäß der gesetzlichen Vorschriften abgerechnet werden dürfen.
    Diese Kosten werden aufgeteilt gem. der Vorgabe durch das Formular in „Brennstoffkosten" und „Heiznebenkosten".
    Die Summe der so ermittelten Heizkosten (Summe Heizkosten) wird zwecks der gesetzlich vorgeschriebenen Aufteilung in das Formular „Abrechnungsdaten-Aufteilung der Gesamtkosten", Blatt 1, übertragen. Das Formular „Heizkostenaufstellung – Aufstellung der Gesamtkosten" ist so genannte Arbeitsunterlage und verbleibt immer beim Abrechner.

3. Formular: **Aufteilung der Gesamtkosten**

    In diesem Formular werden alle festen und veränderlichen Daten zusammengefasst, die dann Eingang finden in die eigentliche Heiz- und Wasserkostenabrechnung. Anschließend wird, den gesetzlichen Bestimmungen entsprechend und den darauf aufbauenden Vereinbarungen, mit dem Verwalter/Betreiber der Anlage die Aufteilung der Gesamtkosten durchgeführt in die so genannten:

    a) Grundkostenanteile (Basis in der Regel m²-Wohnfläche) und

    b) Verbrauchskostenanteile (Basis m³-, MWh/kWh-Verbrauchsanzeigen der Messgeräte). Dabei geht die Aufteilung der Gesamtkosten Heizung und Gesamtkosten Warmwasser folgendermaßen vor sich:

    3.1. Von Blatt 2 „Heizkostenaufstellung" wird der €-Betrag aus Spalte E „Summe Heizkosten" nach Blatt 1 in die Spalte G „Summe Heizkosten" (von Bl. 2) übertragen. Daraufhin beginnt die Ermittlung der anteiligen Warmwasser-Aufbereitungskosten, sofern das Warmwasser in Form einer „verbundenen Anlage" über einen Wärmetauscher im Rahmen der Zentralheizungsanlage erwärmt wird.

    Diese Kostenermittlung basiert auf einer gesetzlich anerkannten Methode gem. DIN 4713 und wird in Spalte H **Ermittlung Warmwasser nach DIN 4713, Teil 5** durchgeführt und im folgenden beschrieben:

HeizkV § 6 — Anhang 2. Abrechnungshilfe

3.1.1. Hierbei wird zuerst ermittelt, mit welcher Temperatur das Warmwasser aufbereitet und ins System eingespeist wird.

Eintragung: Warmwassertemperatur _____ °C.

3.1.2. Dann wird der Warmwasser-Gesamtverbrauch der Liegenschaft aus Spalte F in m³ übernommen und eingetragen in „Gesamtverbrauch der Liegenschaft _____ m³".

3.1.3. Aus der Tabelle auf der Rückseite des Formulars wird gemäß Spalte „Heizöl nach DIN 51603 Teil 2" (weil die Beispiel-Anlage mit Heizöl betrieben wird) aus dem Bereich „Brennstoffbedarf Bt bei Solltemperatur Warmwasser in °C", Spalte „55" der Wert 11,6 Ltr. (1) hinter das x _____ (1, m³, kg) auf der Vorderseite eingetragen.

Aus der Multiplikation ergibt sich nunmehr der Brennstoffverbrauch in Litern für die Warmwassererzeugung.

Der Brennstoffverbrauch „Warmwasser" wird nun in Relation gesetzt zum Verbrauch in der Abrechnungsperiode aus der Spalte C, Blatt 2 (Heizkostenaufstellung).

Daraus ergibt sich der Anteil in % des Gesamtverbrauchs in Spalte H, Blatt 1.

Dieser %-Satz ist gleichzeitig der %-Satz von den Gesamtkosten und wird in das Feld „_____ % von den Gesamtkosten" eingetragen. Nunmehr wird dieser %-Satz auf die Gesamtkosten aus Spalte G „Summe Heizkosten" angewendet und daraus der Gesamtbetrag in € für die Warmwasserbereitung ermittelt.

3.2. Nach diesen Rechengängen zur Kostenermittlung „Warmwasser" kann jetzt auch der Betrag „Gesamtkosten Heizung" in Spalte G dadurch ermittelt werden, dass von dem Betrag „Summe Heizkosten" der Betrag „Gesamtkosten Warmwasser" abgezogen wird. Anschließend erfolgt die Aufteilung der Gesamtkosten Heizung und Gesamtkosten Warmwasser nach den vereinbarten Schlüsseln „_____ % Grundkosten" und „_____ % Verbrauchskosten" aus Spalte E bzw. Spalte F.

4. Formular: **Heizkosten-Einzel-Abrechnung**

Dieses Formular enthält nun die eigentliche Heiz- und/oder Warmwasserkostenabrechnung und wird dem Nutzer (Mieter) übermittelt. Daraus ergeben sich für diesen Nachzahlungen oder Guthaben, die ihm zu erstatten sind.

Wichtig hierbei ist, dass aufgrund der gesetzlichen Anforderungen sowohl sämtliche Kosten noch einmal aufzuführen sind als auch der Ermittlungsgang zur Errechnung des Warmwasserkostenanteils wiederholt wird.

Die Summe der Gesamtkosten wird in das Feld „Aufteilung der Gesamtkosten: _____" übertragen.

Dann wird weitergerechnet gemäß dem „Rechengang für Ihre Heizkostenabrechnung _____".

Alle die hierfür benötigten Daten der Grund- und Verbrauchskosten, m²-Wohnflächen der Liegenschaft und der Nutzer, Verbrauchseinheiten der Messgeräte wiederum für die Liegenschaft und die einzelnen Nutzer, Vorauszahlungen der Nutzer usw. findet der Abrechner in dem Blatt 1 „Abrechnungsdaten-Aufteilung der Gesamtkosten".

Sonderfälle wie z. B. Abrechnungen bei Nutzerwechsel sind auf der Rückseite des Abrechnungsformulars erläutert.

Anhang 2. Abrechnungshilfe § 6 HeizkV

b) Erläuterungen und Basisdaten zum Abrechnungsbeispiel

1. **Liegenschaftsdaten:**
1.1 Mehrfamilienhaus mit 6 Wohnungen = Nutzeinheiten
1.2. Gesamt-Wohnfläche 580 m²
1.3. Zentral-Heizungsanlage kombiniert mit Brauch-Warmwassererzeugung
 Brennstoff: Leichtes Heizöl (EL)

1.4. Durchschnittliche Brauchwassertemperatur: + 55 °C
1.5. Gesamtwärmeverbrauch: 353.791 kWh
1.6. Gesamtwarmwasserverbrauch: 322 m³
1.8. Brennstoffkosten: 8.315,00 €
1.8. Heiznebenkosten: 421,10 €

2. **Nutzerdaten:**
2.1. Nutzeinheit (Wohnung): 110 m²
2.2. Technische Ausrüstung zur Verbrauchserfassung
2.2.1. Heizungswärme: Wärmemengenzähler 1 x / NE
2.2.2. Warmwasser: Warmwasserzähler 2 x / NE
2.2.3. Verbrauch: Warmwasser 39 m³
 Wärme 51.807 kWh
2.2.4. Vorauszahlung: 1.400,00 €

NE = Nutzereinheit

HeizkV § 6 Anhang 2. Kontrollkarte

c) Formular: Kontrollkarte

Kontrollkarte
für Allmess Wärmezähler / Kalt- oder Warmwasserzähler

Geräte-Typ: _Wärmezähler INTEGRAL - MK Multisensor_

Geräte-Nr.: _00-470001_

Jahr der Erstbeglaubigung: **2000**   Jahr der Nachbeglaubigung: **2005**

Jahr	Anzeige		Datum der Ablesung	Unterschrift Ableser	Unterschrift Nutzer
20 **01**	5 2 4 1 3	m³ MWh/kWh	06.06.01	lehmann	Dabelstein
20 **02**	1 0 4 2 2 0	m³ MWh/kWh	06.06.02	lehmann	Dabelstein
20 ___		m³ MWh/kWh			
20 ___		m³ MWh/kWh			
20 ___		m³ MWh/kWh			
20 ___		m³ MWh/kWh			
20 ___		m³ MWh/kWh			

Erläuterungen: Nichtzutreffendes bitte streichen: Bei Verbrauchsanzeigen Wärmezähler = MWh/kWh, bei Wasserzählern = m³. Eintragung von rechts nach links!

Anhang 2. Aufstellung der Gesamtkosten § 6 HeizkV

d) Formular: Heizkostenaufstellung – Aufstellung der Gesamtkosten

Heizkostenaufstellung – Aufstellung der Gesamtkosten Blatt 2

A

Verwalter/Betreiber: Name, PLZ, Ort, Straße, Nr.	HAUS+HEIM 90012 Zufriedenhausen Säckelweg 4
Liegenschaftsdaten: PLZ, Ort, Straße, Nr.	90012 Zufriedenhausen Fortschrittstraße 10

B **Aufstellung der Gesamtkosten**

C

Brennstoffkosten	✗ Öl l	Erdgas m³	Erdgas kWh	Stadtgas m³	Stadtgas kWh	Koks kg	Fernwärme MWh/kWh	Strom kWh	Bitte unbedingt ankreuzen!
		Rechnung vom		Menge			Betrag in €		Gesamt in €
Brennstoffrest vom Vorjahr				2.400,–			1.251,64		
+ Brennstoffkauf in der Abrechnungsperiode		24.08.99	+	9.820,–			3.514,62		
		30.01.00		8.500,–			3.302,95		
		06.05.01		8.100,–			3.002,56		
Summe				28.820,–			11.071,77		
– Brennstoffrest am Ende der Abrechnungsperiode			–	6.900,–			2.758,77		
= Verbrauch in der Abrechnungsperiode			=	21.920,–			8.313,–	▶	8.313,–

D **Heiznebenkosten**

	Rechnung vom	Betrag in €	
Betriebsstrom (Pumpe, Brenner, Licht), falls kein getrennter Zähler, Pauschalanteil vom Gemeinschaftsstrom	30.05.00	116,45	
	29.01.01	14,75	
Immissionsmessung	03.06.00	38,–	
Kesselreinigung			
Brennerwartung	30.12.01	148,40	
Bedienungskosten (nur, wenn Rechnung vorliegt) Kosten der Verwendung einer Ausstattung zur Verbrauchserfassung + Kosten der Abrechnung	03.06.01	103,50	
sonstige umlagefähige Heiznebenkosten lt. Mietvertrag		=	
Summe Heiznebenkosten		= 421,10	▶ + 421,10

E **Summe Heizkosten** ⋊(zur Verteilung nach Bl. 1, Spalte G) = 8.734,10

| sonstige Betriebskosten (Kaminfeger) | | ▶ + |
| Gesamtkosten Mehrwertsteuerausdruck: ☐ ja ☐ nein | | = |

Erläuterungen:
B ⋊lt. Heizkostenverordnung bzw. Neubaumietenverordnung und DIN 4713
E ⋊wird übertragen nach Blatt 1 „Abrechnungsdaten – Aufstellung der Gesamtkosten, Spalte G" Summe Heizkosten

Für die Richtigkeit und Belegbarkeit:

Ort: 90012 Zufriedenhausen Datum: 21.07.2002 Unterschrift: Bleichmidt **HAUS + HEIM**

HeizkV § 6 Anhang 2. Aufstellung der Gesamtkosten

Fortsetzung:

Die Preise gelten für eine Wartungsdienst-, bzw. Abrechnungssaison, max. für 12 Monate. Mit Erscheinen einer neuen Preisliste werden die bisherigen Preise ungültig.

Die Terminbenachrichtigungen erfolgen per Hausaushang, Ausnahme: A 1.

Es gelten die Allgemeinen Geschäftsbedingungen des Auftragnehmers.

Änderungen vorbehalten.

Abrechnungsgrundlagen

Abrechnungszeitraum vom _01.06. – 30.05. eines Jahres_ bis

Erste Ablesung im Monat _Juni_ / Jahr

- [ ] Eigentumswohnungen
- [ ] mit öffentlichen Mitteln geförderter Wohnungsbau
- [x] Mietwohnungen
- [ ] frei finanzierter Wohnungsbau
- [ ] Gewerbliche Nutzung

	Heizung-Umlage	Warmwasser-Umlage
Grundkosten	% 30 Schlüssel _m²_	% 40 m² Wohn-/Nutzfläche
	% 70 Schlüssel _MWh/kWh_	% 60 Schlüssel _m³_

Die Umlage der Wartungsdienstgebühren auf die Abnehmer/Nutzer erfolgt automatisch innerhalb der Heizkostenabrechnung.

Anhang 2. Aufteilung der Gesamtkosten   § 6 HeizkV

e) Formular: Aufteilung der Gesamtkosten

Abrechnungsdaten – Aufteilung der Gesamtkosten   Blatt 1

A Verwalter/Betreiber: Name, PLZ, Ort, Straße, Nr.: HAUS+HEIM 90012 Zufriedenhausen, Säckelweg 4

B Liegenschaftsdaten: PLZ, Ort, Straße, Nr.: 90012 Zufriedenhausen, Fortschrittstraße 10
- Gesamt-Wohnfläche in m² für Heizung: 580
- Gesamt-Wohnfläche in m² für Warmwasser: 580

C Nutzer-/Abnehmerdaten: Name, PLZ, Ort, Straße, Nr.: 90012 Zufriedenhausen, Fortschrittstraße 10
- Wohnfläche in m² für Heizung: 110   ><   Einzugsdatum: ><
- Wohnfläche in m² für Warmwasser: 110   ><   Auszugsdatum:
- Geleistete Vorauszahlung: € 1.400,–   ><   Gradzahltage: ><

D
Abrechnungs-Nr.	Abrechnungszeitraum	Abrechnung erstellt am
22/4711	vom 01.06.2001 bis 31.05.2002	21.07.2002

E **Heizung**
Verbrauch laut Wärmemengenzähler:
- Nr. 22/4711   Einbaujahr: 2000
- neuer Stand: 1 0 4 2 2 0 MWh/kWh
- – alter Stand: 5 2 4 1 3 MWh/kWh
- = Verbrauch: 5 1 8 0 7 MWh/kWh
- Gesamtverbrauch der Liegenschaft: 353 791 MWh/kWh

Aufteilung der >< Gesamtkosten:
- 30 % als Grundkosten
- 70 % als Verbrauchskosten

F **Warmwasser** Verbrauch laut Wärmemengenzähler: ><
- neuer Stand: [ ] + [ ] + 4 5 + 4 9 = 9 4 m³
  - Nr.: ___   Nr.: ___   Nr.: 2000-000001   Nr.: 2000-000002
  - Einbaujahr: ___   Einbaujahr: ___   Einbaujahr: 2000   Einbaujahr: 2000
- minus alter Stand: [ ] + [ ] + 2 9 + 2 6 = 5 5 m³
- = Warmwasserverbrauch in m³ = 3 9 m³

Aufteilung der >< Gesamtkosten:
- 40 % als Grundkosten
- 60 % als Verbrauchskosten
- Gesamtverbrauch der Liegenschaft: 322 m³

G **Aufteilung der Gesamtkosten**

Kostenart	Betrag €	Betrag €	Betrag €
Summe Heizkosten (von Bl. 2)			8.734,10
Gesamtkosten Heizung ><		7.249,30	
davon 30 % Grundkosten	2.174,79		
davon 70 % Verbrauchskosten	5.074,51		
Gesamtkosten Warmwasser ><		1.484,80	
davon 40 % Grundkosten	593,92		
davon 60 % Verbrauchskosten	890,88		

H **Ermittlung Warmwasser nach DIN 4713, Teil 5**   Warmwassertemperatur: 55 °C

Gesamtverbrauch der Liegenschaft >< 322 m³ x 11,6 (l, m³, kg) = 3.735,2 (l, m³, kg)

= 17 % des Gesamtverbrauchs; 17 % von Gesamtkosten € 8.734,10 = € 1.484,80

Für die Richtigkeit und Belegbarkeit:
Ort: 99999 Rechnungsort   Datum: 21.07.2002   Unterschrift: Röhrich

INSTALLATION + SERVICE

HeizkV § 6

Anhang 2. Aufteilung der Gesamtkosten

Auszug aus DIN 4713 Teil 5

Tabelle 1: Brennstoffbedarf B_t für die Erwärmung von 1 m³ Wasser von 10 °C auf Solltemperatur Warmwasser in Brennstoff-Einheiten (bei mittlerer Wirkungsgrad-Ziffer $\eta \approx 45$)

Brennstoff		Heizwert[1]) H_u in kWh je Brennstoff-Einheit	Brennstoff-Einheit	Brennstoffbedarf B_t bei Solltemperatur Warmwasser in °C			
				45	50	55	60
Heizöl nach DIN 51603 Teil 2	EL	≈ 10	1 Ltr	9,1	10,4	11,6	12,9
Erdgas nach VDI 2067 Blatt 1 Tafel 14	L	7,9	1 m³ *)	11,6	13,1	14,7	16,4
	L	bis 10,1		8,9	10,2	11,6	12,9
	H	9,42		9,6	11,1	12,4	13,8
	H	bis 11,86		7,8	8,7	9,8	10,9
Stadtgas nach VDI 2067 Blatt 1 Tafel 14	A	4,2	1 m³ *)	21,6	24,7	27,6	30,7
	A	bis 4,9		18,4	21,1	23,8	26,2
	B	4,42		20,4	23,3	26,2	29,3
	B	bis 5,23		17,3	19,8	22,2	24,7
Brechkoks nach VDI 2067[2]) Blatt 1 Tafel 13	1	8,02	1 kg	11,3	12,9	14,4	16
	2	7,8		11,6	13,3	14,9	16,4
	3	7,44		12	13,8	15,6	17,3

[1]) Zwischenwerte können durch Interpolation ermittelt werden.
*) Betriebs-Kubikmeter

Erläuterungen:

- [C] ⤫ Hier ist die beheizte Wohnfläche gemeint.
- [C] ⤫ Nur Vorauszahlung für Heizung und/oder Warmwasser.
- [C] ⤫ Des betreffenden ausgezogenen oder des eingezogenen Nutzers = Mieter.
- [E] ⤫ Für Grundkosten zwischen 30 % und 70 %. Für Verbrauchskosten zwischen 70 % und 30 %.
- [F] ⤫ Verbräuche der jeweiligen installierten Wasserzähler eintragen.
- [F] ⤫ Für Grundkosten zwischen 30 % und 50 %. Für Verbrauchskosten zwischen 70 % und 50 %.
- [F] ⤫ Weitere Methoden gemäß „Verordnung über die verbrauchsabhängige Abrechnung der Heiz- und Warmwasserkosten" (kann beim Bundesministerium für Wirtschaft, Referat Presse und Information, Villemombler Straße 76, 53123 Bonn, angefordert werden).

Anhang 2. Heizkosten-Einzel-Abrechnung § 6 HeizkV

f) Formular: Heizkosten-Einzel-Abrechnung

Heizkosten-Einzel-Abrechnung

Abrechnung erstellt am	11.07.01	Abrechnungs-Nr. (Bei Rückfragen stets angeben)	21/4914	Abgerechnet durch:	Fa. INSTALLATION + SERVICE Zieleisung 1 99999 Rechnungsort

Abrechnungszeitraum 01.06.01 – 30.05.02

Versorgungszeitraum Heizung/Warmwasser 01.06.01 – 30.05.02

Liegenschaft/Nutzer — Diese Abrechnung wurde erstellt aufgrund der Angaben der Hausverwaltung und der ermittelten Ableseergebnisse.

Herr/Frau/Firma (Name, PLZ, Ort, Straße, Nr.)

H. Fröhlich
Fröhlichstraße 6

90041 Zufriedenhausen

Zahlungen u. Rückfragen nur bei der Verwaltung/Betreiber

Aufstellung der Gesamtkosten

Brennstoffkosten Datum	Menge		Betrag		Heizkostenkosten	Datum	Betrag
	ltr.	m³	kg				
Anfangsbestand + Lieferungen		2.400,—		1.154,64	Übertrag Verbrauch		8.343,—
14.02.1999		9.810,—	+	3.549,64	Betriebsstrom	30.05.2004	116,43
30.04.2000		9.810,—	+	3.302,95	Immissionsmessung	27.04.2004	14,35
06.05.2004		8.400,—	+	3.002,95	Kesselreinigung	03.06.2004	38,—
			+		Brennerwartung	30.12.2004	148,40
		28.820,—	=	11.074,77	Bedienungskosten Kosten der Verwendg. von Messgeräten		
– Restbestand		6.900,—	–	2.358,77	+ Abrechnungskosten Sonstige umlagefähige Kosten	03.06.2004	103,50
= Verbrauch		21.920,—		8.343,—	Summe Heizkosten		= 8.734,48
Summe Brennstoffkosten		21.920,—		8.343,—	Summe Gesamtkosten		8.734,48

Abnehmer-Abrechnung

	Betrag	: Gesamteinheiten		Betr. pro Einheit x Ihre Einheiten = Ihr Kostenanteil			Mieterwechselberechng
Gesamtkosten Heizung 7.249,30							
davon 30 % verteilt als Grund-Kosten	2.174,79	580	m² Wohnfl.	3,750	110	412,50	m
davon 70 % verteilt als Verbrauchs-Kosten	5.074,51	353.791	Einheiten wärmezahler	0,0143	51.807	740,84	kW Einheite
Gesamtkosten Warmwasser 1.484,80							
davon 40 % verteilt als Grund-Kosten	593,60	580	m² Wohnfl.	1,024	110	112,64	m
davon 60 % verteilt als Verbrauchs-Kosten	890,40	3.11	Einheiten wärmezahler	1,367	39,00	103,91	m Einheite
Sonderkosten Einzelabnehmer							
Sonstige Betriebskosten							
Ermittlung Warmwasserkosten nach DIN 4713, Teil 5, Tabelle 1, Wassertemperatur:				Ihre Gesamtbetriebskosten		1.373,89	Enthaltene MwSt. €
3.11 m³ x 11,6 (L, m³, kg) = 3.735,2 (L) = 17 % vom Gesamtverbrauch				+ Nutzerwechselkosten			
		= € 1.484,86		+ Zwischenablesung			
17 % von Gesamt-Brennstoffkosten € 8.734,48				= Ihre Gesamtkosten		1.373,89	
				– Ihre Vorauszahlung		1.400,—	
Verwalter/Betreiber (Name, PLZ, Ort, Str., Nr.)	Bankverbindung:	Spar + Zahl AG		Guthaben		26,11	
	BLZ 187 654 21	Kto.-Nr. 007		Nachzahlung			

HeizkV § 6

Anhang 2. Heizkosten-Einzel-Abrechnung

Abrechnungsmodus Nutzerwechsel bei Zwischenablesung Wärmezähler und Wasserzähler

1. Heizkosten

Die Grundkostenumlage erfolgt nach m² Wohnfläche und Gradzahltagen gem. der Nutzungsdauer in Monaten und Tagen gemäß nebenstehender Tabelle.

$$\frac{\text{Anzahl Gradzahltage Nutzungsdauer}}{\text{Anzahl Gradzahltage Versorgungszeitraum}} \times \frac{\text{m}^2 \text{ Wohnfläche} = \text{Ihre}}{\text{m}^2 \text{ Wohnfläche für die Nutzer-Grundkostenberechnung}}$$

Die Verbrauchskostenberechnung erfolgt nach dem Ableseergebnis.

2. Warmwasserkosten

Die Grundkostenumlage erfolgt nach anteiliger Nutzungsdauer:

$$\frac{\text{m}^2 \text{ Nutzereinheit}}{12 \text{ Monate Versorgungszeitraum}} \times \text{Monate Ihre Nutzungsdauer} = \frac{\text{Ihre m}^2 \text{ Wohnfläche für die Nutzer-Grundkostenberechnung}}{}$$

Die Verbrauchskostenberechnung erfolgt nach dem Ableseergebnis.

Abrechnungsmodus Nutzerwechsel ohne Zwischenablesung Wärmezähler und Wasserzähler

1. Heizungskosten

Die Grundkostenumlage erfolgt nach m² Wohnfläche und Gradzahltagen gem. der Nutzungsdauer in Monaten und Tagen gemäß nebenstehender Tabelle.

$$\frac{\text{Anzahl Gradzahltage Nutzungsdauer}}{\text{Anzahl Gradzahltage Versorgungszeitraum}} \times \frac{\text{m}^2 \text{ Wohnfläche} = \text{Ihre}}{\text{m}^2 \text{ Wohnfläche für die Nutzer-Grundkostenberechnung}}$$

Die Verbrauchskosten werden gem. den Ableseeinheiten umgelegt. Ihr Nutzeranteil errechnet sich aus folgendermaßen:

$$\frac{\text{Anzahl der Gradzahltage Nutzungsdauer}}{\text{Anzahl der Gradzahltage Versorgungszeitraum}} \times \frac{\text{kWh}}{\text{m}^3} = \frac{\text{Ihre Verbrauchswerte}}{}$$

2. Warmwasser

Die Grundkosten und Verbrauchskosten errechnen sich mangels fehlender Zwischenablesung nach der anteiligen Nutzungsdauer, **nicht** nach Gradtagszahlen:

Grundkosten:

$$\frac{\text{m}^2 \text{ Nutzereinheit}}{12 \text{ Monate Versorgungszeitraum}} \times \text{Monate Ihre Nutzungszeitraum} = \frac{\text{Ihre m}^2 \text{ Wohnfläche für die Nutzer-Grundkostenberechnung}}{}$$

Tabelle der Gradtagszahlen gem. DIN 4713, Teil 5, Abs. 5

	Anteile je		Versorgungszeitraum		Nutzerzeitraum	
	Monate	Tag ∝	Monate	Tage	Monate	Tage
September	30	1,0				
Oktober	80	2,58				
November	120	4,0				
Dezember	160	5,16				
Januar	170	5,48				
Februar	150	5,35/5,17				
März	130	4,19				
April	80	2,66				
Mai	40	1,29				
Juni	14	0,47				
Juli	13	0,42				
August	13	0,42				
Summe	1000					
Summe						

∝ Die Tagesbewertung tritt dann zusätzlich ein, wenn der Nutzerwechsel nicht am Ende eines Monats stattfindet.

Verbrauchskosten:

$$\frac{\text{kWh}}{\text{m}^3} \text{ Verbrauchseinheiten Nutzer - Gesamt}$$

$$: \frac{12 \text{ Monate Versorgungszeitraum}}{\text{Monate Nutzungszeitraum}}$$

$$= \frac{\text{kWh}}{\text{m}^3} = \text{Ihre Verbrauchswerte}$$

Anhang 3 zu § 6. Einzelabrechnung

(Abdruck mit freundlicher Genehmigung von techem)

a) Muster: Einzelabrechnung Heizkosten
M U S T E R

Einzelabrechnung
Heizkosten

	Auftraggeber	Musterstr. 10 60528 Frankfurt
Herrn/Frau/Firma	Abrechnungseinheit-Nr.	**011 0011/001**
	Abrechnungseinheit	Musterstr. 10 60528 Frankfurt
Musterstr. 10	Abrechnungszeitraum	01.01.01 - 31.12.01
60528 Frankfurt	Versorgung Heizung	01.01.01 - 31.12.01
	Erstellt am	06.02.02

EGL

Ihre Heizkosten		922,88 EUR
Ihre Vorauszahlung / Heizung		960,00 EUR
Ihr Guthaben	72,60 DM	37,12 EUR

Kostenaufstellung

Brennstoffkosten

				umzulegender Betrag
Anfangsbestand	5.300,00 l Heizöl	01.01.01	1.569,77 EUR	
Anlieferung	2.772,00 l Heizöl	08.06.01	809,61 EUR	
Anlieferung	2.500,00 l Heizöl	15.10.01	880,38 EUR	
Anlieferung	4.980,00 l Heizöl	10.12.01	1.826,31 EUR	
Abzügl. Restbestand	1.200,00 l Heizöl	31.12.01	−440,08 EUR	
Brennstoffverbrauch	14.352,00 l Heizöl		**4.645,99 EUR**	4.645,99 EUR

Weitere Heizungsbetriebskosten

Wartung		25.02.01	81,80 EUR
Reinigung		06.04.01	115,94 EUR
Immissionsmessung		20.06.01	47,42 EUR
Verbrauchserfassung			270,26 EUR
Summe der weiteren Betriebskosten			**515,42 EUR**
Auf alle Nutzer zu verteilende Gesamtkosten			

515,42 EUR
5.161,41 EUR

Verteilung der Kosten

Ihre Heizkosten — **Gesamtanteile**

				Betrag je Einheit	Ihre Einheiten	Ihre Kosten
Gesamtheizkosten	5.161,41 EUR davon					
30% Grundkosten	1.548,42 EUR:	767,00 m² Nutzfläche	=	2,018800521 ×	100,00	201,88
70% Verbrauchskosten	3.612,99 EUR:	176.488,00 Einheiten	=	0,020471590 ×	35.220,00	721,00
Errechnete Gesamtkosten Heizung						922,88

Geräteausstattung: 9 Heizkostenverteiler

HeizkV § 6 Anhang 3. Einzelabrechnung

b) Muster: Einzelabrechnung Heiz-, Warmwasser- und Hausnebenkosten

M U S T E R

Einzelabrechnung

Heiz-, Warmwasser- und Hausnebenkosten

Auftraggeber

Herrn/Frau/Firma

Abrechnungseinheit-Nr.
Abrechnungseinheit

Abrechnungszeitraum 01.01.**03** - 31.12.**03**
Versorgung Heizung 01.01.**03** - 31.12.**03**
Versorgung Warmwasser 01.01.**03** - 31.12.**03**
Erstellt am 31.10.**04**

EG

Ihre Heiz- und Warmwasserkosten	1.849,87 EUR	
Ihre Hausnebenkosten	383,06 EUR	
Ihre Gesamtkosten		2.232,93 EUR
Ihre Vorauszahlung		2.400,00
Ihr Guthaben		167,07 EUR

Kostenaufstellung

Brennstoffkosten — umzulegender Betrag — EUR

Anfangsbestand	23.500,00 l Heizöl	31.12.94	11.645,42 EUR	
Anlieferung	10.000,00 l Heizöl	04.02.95	2.917,26 EUR	
Anlieferung	8.250,00 l Heizöl	24.06.95	2.367,24 EUR	
Anlieferung	2.512,00 l Heizöl	13.10.95	607,96 EUR	
Anlieferung	4.202,00 l Heizöl	13.12.95	1.221,52 EUR	
Abzügl. Restbestand	32.000,00 l Heizöl	31.12.95	-12.384,00 EUR	
Brennstoffverbrauch	16.464,00 l Heizöl		6.375,40 EUR	6.375,40 EUR

Weitere Heizungsbetriebskosten

Betriebsstrom		31.12.95	120,00 EUR
Reinigung		31.12.95	425,66 EUR
Verbrauchserfassung			309,47 EUR
Summe der weiteren Betriebskosten			855,13 EUR
Auf alle Nutzer zu verteilende Gesamtkosten			855,13 EUR
			7.230,53 EUR

Trennung der Kosten für Heizung und Warmwasser

Anteilige Heizkosten:	86,76% von	7.230,53 =	6.273,21 EUR
Anteilige Warmwasserkosten: (A)	13,24% von	7.230,53 =	957,32 EUR

Verteilung der Kosten

Ihre Heizkosten		Gesamtanteile			Betrag je Einheit	Ihre Einheiten	Ihre Kosten
Gesamtheizkosten	6.273,21 EUR davon						
30% Grundkosten	1.881,96 EUR :	582,00 m² Nutzfläche	=	3,233608247 ×		103,00	333,06
70% Verbrauchskosten	4.391,25 EUR :	96.000,00 Einheiten	=	0,045742187 ×		25.000,00	1.143,55

— Fortsetzung Rückseite —

Anhang 3. Einzelabrechnung § 6 HeizkV

Ihre Warmwasserkosten		Gesamtanteile		Betrag je Einheit		Ihre Einheiten		Ihre Kosten
Gesamtwarmwasserkosten	957,32 **EUR** davon							
Verbrauchskosten	957,32 **EUR**:	174,40 m³	=	5,489220183	×	68,00(B) =		373,26
Errechnete Gesamtkosten Heizung und Warmwasser								1.849,87

Hausnebenkosten

Kostenarten	**EUR**	Gesamtanteile		Betrag je Einheit		Ihre Einheiten		Ihre Kosten
Kaltwasser + Kanal	925,35							
Verbrauchserfassung	36,34							
Aufzuteilender Betrag	961,69 :	340,00 m³	=	2,82850	×	70,00(C) =		197,99
Kaltwasser für WW + Kanal	474,65 :	174,40 m³	=	2,72161	×	68,00(B) =		185,07
								383,06

Erläuterungen

Warmwasserkosten
(A) Angaben Ihrer
Hausverwaltung: **Berechnung laut Heizkostenverordnung**
Temperatur: 60,00 Grad C   Brennstoffverbrauch pro m³ Warmwasser: 12,50 l
Heizwert: 10,00 kWh   174,40 m³ x 12,50 l = 2180,00 l
Brennstoff: 16464,00 l Heizöl   2180,00 l von 16464,00 l = 13,24 %
Warmwasser: 174,40 m³   13,24 % von 7230,53 **EUR** = 957,32 **EUR**

Zählerart	Zähler-Nr.	Stand neu		Stand alt		Zähler-Verbr.	Umr.-Faktor	Err. Verbr.
(B) Warmwasserzähler	: 1 806	89,90 m³	-	21,90 m³	=	68,00 m³		
(C) Kaltwasserzähler	: 1 3678	80,00 m³	-	10,00 m³	=	70,00 m³		

Geräteausstattung
8 Heizkostenverteiler

Zum Abschluß noch einige Hinweise

- Sollten Sie Fragen zur Abrechnung haben, wenden Sie sich bitte an Ihre Hausverwaltung oder an Ihren Vermieter. Sie werden Ihre Fragen beantworten oder an uns weiterleiten.
- Richten Sie Zahlungen nur an die Hausverwaltung oder Ihren Vermieter. Dort können Sie nach vorheriger Absprache auch Einblick in die Kostenbelege bekommen.
- Alle Daten verarbeiten wir im Sinne des Bundesdatenschutzgesetzes. Weitere Informationen sind nicht gespeichert.

HeizkV § 6a   Abrechnungs- und Verbrauchsinformationen

§ 6a Abrechnungs- und Verbrauchsinformationen; Informationen in der Abrechnung

(1) Wenn fernablesbare Ausstattungen zur Verbrauchserfassung installiert wurden, hat der Gebäudeeigentümer den Nutzern Abrechnungs- oder Verbrauchsinformationen für Heizung und Warmwasser auf der Grundlage des tatsächlichen Verbrauchs oder der Ablesewerte von Heizkostenverteilern in folgenden Zeitabständen mitzuteilen:
1. für alle Abrechnungszeiträume, die ab dem 1. Dezember 2021 beginnen
   a) auf Verlangen des Nutzers oder wenn der Gebäudeeigentümer sich gegenüber dem Versorgungsunternehmen für die Zustellung der Abrechnung auf elektronischem Wege entschieden hat, mindestens vierteljährlich und
   b) ansonsten mindestens zweimal im Jahr,
2. ab dem 1. Januar 2022 monatlich.

(2) Verbrauchsinformationen nach Absatz 1 Nummer 2 müssen mindestens folgende Informationen enthalten:
1. Verbrauch des Nutzers im letzten Monat in Kilowattstunden,
2. einen Vergleich dieses Verbrauchs mit dem Verbrauch des Vormonats desselben Nutzers sowie mit dem entsprechenden Monat des Vorjahres desselben Nutzers, soweit diese Daten erhoben worden sind, und
3. einen Vergleich mit dem Verbrauch eines normierten oder durch Vergleichstests ermittelten Durchschnittsnutzers derselben Nutzerkategorie.

(3) ¹Wenn die Abrechnungen auf dem tatsächlichen Verbrauch oder auf den Ablesewerten von Heizkostenverteilern beruhen, muss der Gebäudeeigentümer den Nutzern für Abrechnungszeiträume, die ab dem 1. Dezember 2021 beginnen, zusammen mit den Abrechnungen folgende Informationen zugänglich machen:
1. Informationen über
   a) den Anteil der eingesetzten Energieträger und bei Nutzern, die mit Fernwärme aus Fernwärmesystemen versorgt werden, auch über die damit verbundenen jährlichen Treibhausgasemissionen und den Primärenergiefaktor des Fernwärmenetzes, bei Fernwärmesystemen mit einer thermischen Gesamtleistung unter 20 Megawatt jedoch erst ab dem 1. Januar 2022,
   b) die erhobenen Steuern, Abgaben und Zölle,
   c) die Entgelte für die Gebrauchsüberlassung und Verwendung der Ausstattungen zur Verbrauchserfassung, einschließlich der Eichung, sowie für die Ablesung und Abrechnung,
2. Kontaktinformationen, darunter Internetadressen von Verbraucherorganisationen, Energieagenturen oder ähnlichen Einrichtungen, bei denen Informationen über angebotene Maßnahmen zur Energieeffizienzverbesserung, Endnutzer-Vergleichsprofile und objektive technische Spezifikationen für energiebetriebene Geräte eingeholt werden können,
3. im Falle eines Verbrauchervertrags nach § BGB § 310 Absatz BGB § 310 Absatz 3 des Bürgerlichen Gesetzbuches die Information über die Möglichkeit der Durchführung von Streitbeilegungsverfahren nach

A. Regelungsgehalt   § 6a HeizkV

dem Verbraucherstreitbeilegungsgesetz, wobei die §§ 36 und 37 des Verbraucherstreitbeilegungsgesetzes unberührt bleiben,
4. Vergleiche mit dem Verbrauch eines normierten oder durch Vergleichstests ermittelten Durchschnittsnutzers derselben Nutzerkategorie, wobei im Fall elektronischer Abrechnungen ein solcher Vergleich online bereitgestellt und in der Abrechnung darauf verwiesen werden kann,
5. einen Vergleich des witterungsbereinigten Energieverbrauchs des jüngsten Abrechnungszeitraums des Nutzers mit seinem witterungsbereinigten Energieverbrauch im vorhergehenden Abrechnungszeitraum in grafischer Form.

²Der Energieverbrauch nach Satz 1 Nummer 5 umfasst den Wärmeverbrauch und den Warmwasserverbrauch. ³Dabei ist der Wärmeverbrauch einer Witterungsbereinigung unter Anwendung eines den anerkannten Regeln der Technik entsprechenden Verfahrens zu unterziehen. ⁴Die Einhaltung der anerkannten Regeln der Technik wird vermutet, soweit für den Vergleich der witterungsbereinigten Energieverbräuche Vereinfachungen verwendet werden, die vom Bundesministerium für Wirtschaft und Energie und vom Bundesministerium des Innern, für Bau und Heimat gemeinsam im Bundesanzeiger bekannt gemacht worden sind.

(4) **Die Pflichten gemäß § BGB § 556 Absatz BGB § 556 Absatz 3 des Bürgerlichen Gesetzbuches bleiben unberührt.**

(5) Abrechnungen, die nicht auf dem tatsächlichen Verbrauch oder auf den Ablesewerten von Heizkostenverteilern beruhen, müssen mindestens die Informationen gemäß Absatz 3 Satz 1 Nummer 2 und 3 enthalten

Übersicht

	Rn.
A. Regelungsgehalt	1
B. Zeitliche Vorgaben, § 6a Abs. 1	6
C. Inhalt der Verbrauchsinformationen, § 6a Abs. 2	8
D. Hilfsinformationen, § 6a Abs. 3	16

A. Regelungsgehalt

Die durch Art. 10a/Anhang VIIa Nr. 1 bis 3 EED geforderte neue Vorschrift 1 erweitert die bisher schon geltenden **Informationspflichten** im Zusammenhang mit der Heizkostenabrechnung (dazu → § 6 Rn. 43ff.). Waren diese auf den individuellen Verbrauch abgestellt, wird der Rahmen nunmehr auf **allgemeine Gesichtspunkte der Energieeinsparung** erweitert. Getragen wird dies vom „Prinzip Hoffnung" dergestalt, dass der einzelne Verbraucher durch den Gesamtüberblick angeregt wird, (noch mehr) Energie bei seinem Heizverhalten/Warmwasserverbrauch einzusparen (so auch Wall NZM 2022, 73; Erwägungsgrund 30 EED). Die Vorschrift lässt sich in drei Gruppen einteilen: zunächst der zeitliche Beginn der Informationspflichten (Abs. 1; → Rn. 6–7); sodann Inhalt der Verbrauchsinformationen (Abs. 2; → Rn. 8–15) und letztlich Hilfsinformationen (Abs. 3; → Rn. 16–27).

Die neuen Informationspflichten für den Gebäudeeigentümer, der sich aber 2 zur Erfüllung der Pflichten eines (kostenpflichtigen) Messdienstunternehmens

169

bedienen wird, verdrängen aber nicht die bereits bestehenden Vorgaben für eine Heizkostenabrechnung (§ 6a Abs. 4), sondern treten ergänzend neben sie. Während die Heizkostenabrechnung nach § 556 Abs. 3 BGB für den konkreten Nutzer die Verbrauchs- und Kostenaufstellung enthält, sollen die neuen Informationen monatlich auf den Nutzer energiesparend einwirken, so dass letztlich auch **die jährliche Kostenbelastung** verringert wird.

3   Entgegen der insoweit missverständlichen Formulierung in Abs. 1 hat der Gebäudeeigentümer **nicht** die Wahl zwischen **Abrechnungs- oder Verbrauchsinformationen** (so aber MüKoBGB/Zehelein HeizkV § 6a Rn. 3), wobei der Unterschied darin liegen soll, ob die Kosten zusätzlich mitgeteilt werden (dann Abrechnungsinformation) oder nicht (dann lediglich Verbrauchsinformation; Begründung BR-Drs. 643/21 (1), 18). Diese Differenzierung entspricht aber nicht der EED und hat nichts mit einer einfachen Handhabung zu tun (so aber Pfeifer GE 2022, 287 unter B II). Denn im Anhang VIIa Nr. 1 und 2 der EED werden die Abrechnungsinformation den Heizkostenverteilern, die Verbrauchsinformation den Messgeräten zugeordnet. Hintergrund dieser Trennung ist in den unterschiedlichen Ergebnissen der Erfassungsgeräte zu sehen: Die Messgeräte weisen den individuellen Verbrauch aus, so dass der Nutzer diesen Verbrauch direkt mit der Mitteilung erkennen kann. Die Zahl in dem elektronischen Heizkostenverteiler bedeutet hingegen lediglich eine Verhältniszahl zum Gesamtverbrauch, so dass der individuelle Verbrauch für den Nutzer durch Berechnung kenntlich gemacht werden muss. Das bedeutet aber nicht, dass monatlich eine vollständige Heizkostenabrechnung erstellt werden müsste (darauf stützt Pfeifer seine Auffassung, GE 2022, 287 unter B III), sondern es sind die reinen **Verbrauchskosten** mitzuteilen. Denn die HeizkV beruht auf dem Prinzip, durch Kenntlichmachung der individuellen Kosten zur Ersparnis anzuregen (das ergibt sich für die Informationspflichten auch aus § 6 Abs. 1 Nr. 3 GEG); der Verbrauchswert als solcher ist zu abstrakt, um dieses Ziel zu erreichen.

4   **Voraussetzung** für das Eingreifen der neuen Informationspflichten ist das Vorhandensein **fernablesbarer Erfassungsgeräte.** Zwar sind derartige Geräte bei den großem Ableseunternehmen bereits vorhanden (Wall NZM 2022, 77 unter VI.2.). Die Funktechnologie stellt jedoch nur die Minimalanforderung für die Informationsverpflichtung dar. Denn um die monatliche Informationspflicht sinnvoll erfüllen zu können, ist die **Einbindung** in ein **SMGW** erforderlich; die an sich zulässige Fernablesung im Wege des walk-by oder drive-by ist wirtschaftlich unzumutbar und würde gegen das grundsätzliche Wirtschaftlichkeitsgebot des § 5 GEG verstoßen: die Kosten der monatlichen Verbrauchserfassung durch das „by-Verfahren" stehen in keinem Verhältnis zur intendierten Energieersparnis (so wohl auch Empfehlung (EU) 2019/1660 der Kommission vom 25. September 2019 zur Umsetzung der neuen Bestimmungen der Energieeffizienzrichtlinie 2012/27/EU für die Verbrauchserfassung und Abrechnung, ABl EU L 275, unter 6.1, S. 129; das wird bislang übersehen, s. Langenberg/Zehelein BetrKostR K Rn. 342). Dies entlastet auch die Nutzer, die auch die Kosten für die monatliche Ablesung tragen müssten.

5   Für den heizkostenrechtlichen **Ausnahmefall,** dass keine verbrauchsbasierte Abrechnung erfolgt ist, verpflichtet § 6a Abs. 5 zur Angabe von Kontaktinformationen nach Abs. 3 S. 1 Nr. 2 und von Möglichkeiten zur Streitbeilegung nach Abs. 3 S. 1 Nr. 3. Soweit damit auf die Ausnahmefälle nach § 11 Bezug genommen wird (so MüKoBGB/Zehelein HeizkV § 6a Rn. 15), ist dies gesetzeslogisch widersprüchlich. Denn § 11 entbindet von der Anwendung der §§ 3–7 HeizkV,

so dass auch § 6a nicht anwendbar ist, mithin auch nicht die in § 6a Abs. 5 enthaltenen Informationspflichten. Liegt der Sonderfall des § 9a Abs. 2 vor, erscheint fraglich, für was dann die Information über Verbesserung der Energieeffizienz dient, die mangels Erfassungsgeräts gerade nicht Gegenstand des Abrechnungszieles sein kann. Letztlich erscheint die Rechtsgrundlage dieser Regelung, Anhang VIIa Nr. 3 letzter Absatz EED, selbst nicht der Ermächtigungsgrundlage – Förderung der Energieeffizienz – zu entsprechen, wenn sie Vorgaben für legale nicht verbrauchsabhängige Abrechnungen gibt. Ist die verbrauchsunabhängige Abrechnung rechtswidrig, bleibt das gesamte Informationselement in § 6a wirksam (auf die eigene rechtswidrige Handlung darf sich niemand gegenüber Rechtspostulaten berufen, **Verbot des venire contra factum proprium;** anders wohl MüKoBGB/Zehelein HeizkV § 6a Rn. 15).

B. Zeitliche Vorgaben, § 6a Abs. 1

Die Informationspflichten des Gebäudeeigentümers begannen mit Inkrafttreten 6
der novellierten HeizkV am 1. Dezember 2021. Diese Frist ist aber inzwischen durch Zeitablauf überrundet worden; nunmehr gilt ab 1. Januar 2022 allgemein die **monatliche** Informationspflicht. Auf diese ganzjährig für jeden einzelnen Monat zu erteilende Information kann **nicht** im Wege der Vereinbarung zwischen Gebäudeeigentümer und Nutzer **verzichtet** werden; dem steht § 2 HeizkV entgegen, wonach die Regelungen der HeizkV entgegenstehenden Vereinbarungen vorgehen.

Die **Diskrepanz** zwischen temporalen **Vorgaben** und technisch-wirtschaftli- 7
chen **Möglichkeiten** (→ Rn. 4) kann nicht durch vorfristige Anbindung an ein SMGW aufgelöst werden (so aber wohl etwa Pfeifer GE 2022, 286 unter A III 1), da hierfür die erforderlichen Geräte nicht sofort zur Verfügung stehen; deswegen hat der Gesetzgeber eine hinausgeschobene Umsetzungsfrist vorgesehen. Der Zwiespalt lässt sich nur dadurch zu beseitigen, dass jeweils mit Umrüstung auf SMGW die Informationspflichten beginnen, wobei als letzte Frist der 31. Dezember 2026 gemäß § 5 Abs. 3 gilt (so auch Ganske/Schoppe HKA 2021, 42).

C. Inhalt der Verbrauchsinformationen, § 6a Abs. 2

Durch die Bezugnahme auf Absatz 1 ergibt sich für die **Form** der Kundgabe 8
der Verbrauchsinformationen, dass diese **mitzuteilen** sind, d.h. sie so weit in die Sphäre des Nutzers zu senden, dass dieser unter üblichen Umständen davon Kenntnis nehmen kann. Der Versender der Nachricht muss also aktiv tätig werden; es genügt nicht, dass die Informationen auf einem digitalen Portal niedergelegt sind, zu dem auch der Nutzer Zugriff hat.

Zwar ist die Novelle 2021 zur HeizkV auf die Digitalisierung der Heizkostenab- 9
rechnung ausgerichtet. Das bedeutet jedoch nicht, dass auch die **Mitteilungen** nur auf **digitalem Wege** erfolgen können. Letzteres ist nur dann anzunehmen, wenn zwischen den Parteien entweder bereits auf digitalem Wege korrespondiert worden ist, oder der Nutzer durch Angabe z.B. seiner E-Mail-Adresse zu erkennen gegeben hat, dass er Nachrichten digital empfangen will. Der Nutzer ist nicht verpflichtet, sich zum Zwecke der Heizkostenabrechnung ein digitales Postfach zuzulegen. Liegt ein solches nicht vor, sind die dem Gebäudeeigentümer obliegenden Mitteilung auf dem **Postwege** an den Nutzer zu versenden; die hierfür

erforderlichen Kosten gehören zu den nach § 7 Abs. 2 HeizkV umlegbaren Kosten des Betriebs der zentralen Heizungsanlage bzw. nach § 7 Abs. 4 der Wärmelieferung.

10 Inhaltlich wird als erstes die **Angabe des Verbrauchs** für Heizung und Warmwasser im letzten Monat verlangt, § 6a Abs. 2 Nr. 1. Verbrauchszeitraum ist damit der direkte Vormonat vor der Information. Angegeben werden muss der „Verbrauch". Darunter ist die Menge der verbrauchten Energie zu verstehen. Das schließt eine Angabe der Verhältniszahlen zum gemessenen Gesamtverbrauch des Gebäudes aus, wie sie die **Ablesewerte der elektronischen Heizkosten-Verteiler** darstellen. Deshalb wird die Angabe des **Verbrauchs in kWh** gefordert; nach § 1 EinhZeitG ist die Verwendung der amtlichen Maßangaben verpflichtend, so dass die Anforderung in § 6a Abs. 2 Nr. 1dieser Verpflichtung entspricht. Diese Angabe ist weder rechtlich unmöglich (so aber Pfeifer GE 2022, 171; dagegen Lammel GE 2022, 343), noch verstößt sie gegen die unionsrechtlichen Vorgaben (so aber MüKoBGB/Zehelein HeizkV § 6a Rn. 5; vielmehr entspricht die Maßangabe europarechtlichen Pflichten) noch ist sie technisch schwierig (so Wall NZM 2022, 78 untere Nr. 5; die dort genannten technischen Bedingungen nach DIN EN 834 müssen vorliegen, damit der elektronische Verteiler überhaupt zulässigerweise verwendet werden darf). Denn die Angabe „kWh" ist nach dem Zweck der Information zu beurteilen. Sie soll lediglich dem Nutzer anzeigen, wie sich sein Verbrauch im Laufe der Monate verändert hat. Die mögliche Ungenauigkeit der Angabe ist deshalb unerheblich, weil auch die Vergleichswerte von derselben Ungenauigkeit betroffen sein können. Für diese Vergleichszwecke **desselben** Nutzers kann bei ordnungsmäßiger (Anfangs-)**Kalibrierung** des Heizkörpers eine Zahl beim elektronischen Heizkostenverteiler einer Zahl in kWh gleichgesetzt werden (die technischen Sachverständigen sehen das kritisch, da sie auf die unterschiedlichen Verbräuche abstellen). Ansonsten ist eine **Abrechnungsinformation** zu erstellen: Die Werte der einzelnen Nutzungseinheiten werden für das gesamte Gebäude addiert und ins Verhältnis zum gemessenen Input der Heizungsanlage gesetzt, der in kWh angegeben wird. Der jeweilige prozentuale Anteil an dem Gesamtverbrauch ist der mitzuteilende Einzelverbrauch für die Nutzeinheit. Die Verwendung dieser Zahl ist messrechtlich auf Grund der in § 25 Nr. 7 MessEV enthaltene Ausnahme zu § 33 MessEG zulässig. Da der Gesamtverbrauch in kWh erfasst wird, sind die prozentualen Einheiten ebenfalls kWh-Werte. Angesichts der notwendigen Digitalisierung der Heizkostenabrechnung stellt diese abrechnungsbasierte Information keine Mehrbelastung dar (anders BeckOK MietR/ Pfeifer HeizkV § 6a Rn. 7, 8).

11 **Wärmemessgeräte** weisen als Messgerät bereits den kWh-Verbrauch aus. Um den Nutzer zum Energiesparen durch diese Informationen anzuregen, sollten ebenfalls die monatlichen aus dem Verbrauch entstandenen **Kosten** mit angegeben werden, was angesichts der notwendigen Digitalisierung von Erfassung, Umrechnung von Zahl in KWh-Wert keinen relevanten Aufwand erzeugt.

12 Die Information über den Energieverbrauch für **Warmwasser** bedarf in jedem Fall einer Umrechnung, da die Warmwasserzähler lediglich den Wasserverbrauch angeben (in Litern oder cbm). Für die Umrechnung kann die Formel in § 9 Abs. 2 S. 2 HeizkV verwendet werden, so dass auch hier die Angabe in kWh möglich ist (Wall NZM 2022, 78). Dies gilt sowohl für den Einzelverbrauch nach § 8 als auch dann für verbundene Anlagen nach § 9.

13 Um überhaupt einen nahen Spareffekt zu erzielen durch die Information, ist sie unmittelbar nach **Ablauf** des **Monats,** über den informiert werden muss, zu erteilen (aA MüKoBGB/Zehelein HeizkV § 6a Rn. 9: 1 Monat für die Verbrauchsinformationen, ist aber zu lang). Auch in diesem Zusammenhang ist auf die vorausgesetzte Digitalisierung des technischen Ablaufs hinzuweisen; im Falle der verschriftlichten Information kann diese ebenfalls unmittelbar nach Ablauf des Informations-Monats ausgedruckt und zugesandt werden.

Neben der Angabe des aktuellen Verbrauchs sind noch zwei weitere verbrauchsbasierte Informationen verpflichtend, die den Verlauf des eigenen Verbrauchs darstellen sollen. Zunächst muss der jeweilige Nutzer einen Vergleich seines aktuellen Verbrauchs mit dem **Verbrauch des Vormonats** erhalten, § 6a Abs. 2 Nr. 2. Zusätzlich ist dieser Vormonats-Verbrauch mit dem Verbrauch des namensgleichen **Monats des Vorjahres** zu vergleichen. Für letzteres ist erforderlich, dass sich an der Situation des Nutzers (Zahl der Wohnungsnutzer, Aufenthaltsdauer in der Wohnung) nichts geändert hat. Des Weiteren sind die Vorjahresdaten nur witterungsbereinigt zu verwenden (→ Rn. 25). Nur auf diese Weise lassen sich die Daten sinnvoll vergleichen (Wall NZM 2022, 78 unter 5b). 14

Während § 6a Abs. 2 Nr. 1 und 2 auf den konkreten Nutzer abstellen und Vergleiche innerhalb seiner Nutzungszeit vorschreiben, verwendet **Nr. 3** einen abstrakt-generellen Maßstab. Danach soll der konkrete Verbrauch mit dem Verbrauch eines **Durchschnittsnutzers** verglichen werden. Nach der Begründung sollen „für den Vergleich anonymisierte Verbraucher aus den Gebäudeportfolios der Ablesedienstleister dienen. Auf dieser Grundlage muss ein Vergleich mit einem typischen Durchschnittsnutzer aus der zu ihm passenden Nutzerkategorie, wie zum Beispiel verschiedene Gebäudenutzungen, vorgenommen werden. Diesem Vergleich sollen als Kriterien insbesondere derselbe Zeitraum, dieselbe Klimazone, ein vergleichbarer energetischer Zustand oder das Baualter des Gebäudes, der verwendete Energieträger oder die eingesetzte Anlagentechnik sowie die Gebäudegröße zugrunde gelegt werden" (BR-Drs. 643/21 (1), 19). Zu diesen Kriterien müssten aber mindestens auch noch Zahl der Bewohner der konkreten Wohnung, ihre Altersstruktur, Größe und Lage der Wohnung (s. Wall NZM 2022, 79) hinzukommen. Der Hinweis auf das Portfolio der Abrechnungsunternehmen zeigt deutlich, dass die Vorschrift auf die marktbeherrschenden großen Unternehmen zugeschnitten ist (was eigentlich gerade angesichts der Rüge des BKartA, Sektoruntersuchung Submetering, Darstellung und Analyse der Wettbewerbsverhältnisse bei Ablesediensten für Heiz- und Wasserkosten, Mai 2017, vermieden werden sollte); denn kleinere Unternehmen werden einen derartig anonymisierten Durchschnittsnutzer aus ihren doch wesentlich überschaubareren Beständen nicht herauskristallisieren können, von datenschutzrechtlichen Bedenken ganz abgesehen (dazu Lammel ZMR 2022, 6). Die geforderte monatliche Mitteilung dieses Verbrauchswertes dürfte die Grenzen der Wirtschaftlichkeit überschreiten; ihr Energiespareffekt ist zu bezweifeln (so auch Pfeifer GE 2022, 292 unter I). 15

D. Hilfsinformationen, § 6a Abs. 3

Die in Absatz 3 vorgegebenen Informationen dienen überwiegend der Hilfestellung für den einzelnen Nutzer, der sich mittels dieser Vorgaben allgemein über Energiesparmaßnahmen unterrichten kann. Angesichts der abstrakten Zielsetzung brauchen die im Abs. 3 aufgeführten Informationen dem jeweiligen Nutzer (überwiegend) **nicht** mitgeteilt zu werden, sondern es reicht aus, wenn auf die zugänglichen Fundstellen für die Informationen hingewiesen wird. Dies ergibt sich aus 16 dem Verb „zugänglich machen" in Abs. 3 im Gegensatz zu „mitzuteilen" in Abs. 1. Das gilt aber nicht, soweit auch durch diese Informationen auf den Verbrauch der Nutzer eingewirkt werden soll; in diesem Fall müssen sie dem Nutzer zugehen (→ Rn. 27).

17 Schwierigkeiten und Streitfragen in Bezug auf die Heizung entstehen zumeist erst mit **Zugang der jährlichen Heizkostenabrechnung.** Erst in dieser Situation benötigt der Nutzer Hilfestellungen. Deshalb reicht es aus, wenn die in Abs. 3 vorgegebenen Informationen mit der jährlichen Heizkostenabrechnung zugänglich gemacht werden. Deswegen setzt die Informationspflicht auch nicht voraus, dass fernablesbare Erfassungsgeräte vorhanden sind; maßgebend ist dagegen die Abrechnung auf der Grundlage des tatsächlichen Verbrauchs bzw. der Ablesewerte von Heizkostenverteilern (damit auch einschließlich der Verdunster).

18 Die in Abs. 3 Nr. 1 aufgeführten Informationen werden in drei Gruppen eingeteilt: a) energiebezogene Mitteilungen; b) öffentliche Kosten; c) abrechnungsbezogene Kosten.

19 Mit **Nr. 1a)** soll dem Nutzer deutlich gemacht werden, welche (umweltfreundliche oder umweltschädliche) Energieträger (Kohle, Gas, Strom, erneuerbare Energien) verwendet werden, wobei bei unterschiedlichen Arten (etwa Kombination erneuerbar/fossil) anteilsmäßig für das gesamte Jahr als Durchschnittswert aufgeschlüsselt werden müssen. Zusätzlich muss bei Bezug von **Fernwärme** die jährliche Treibhausgasemission angegeben werden, was für die umlegbaren Kosten der CO_2-Bepreisung von Bedeutung werden kann. Der Jahresprimärenergiefaktor (nach § 22 GEG mit Anlage 4) soll zeigen, ob insgesamt sparsam gewirtschaftet wird.

20 Mit den öffentlichen Abgaben nach **Nr. 1b)** sind die Beträge gemeint, die das Versorgungsunternehmen dem Gebäudeeigentümer in Rechnung stellt, also im Wesentlichen die MwSt.

21 Für den einzelnen Nutzer von besonderer Bedeutung sind die in **Nr. 1c)** aufgeführten Kosten, die im Zusammenhang mit der Verbrauchserfassung und der Heizkostenabrechnung stehen. Allerdings gehören diese Kosten gem. § 7 Abs. 2 HeizkV zumindest auch in die Heizkostenabrechnung selbst und müssen dort – zumindest als zusammengefasster Wert – aufgeführt werden. Insoweit müssen diese **Kosten** auch dem Nutzer **mitgeteilt** und nicht nur zugänglich gemacht werden.

22 Die Hilfsfunktion der nach **Abs. 3** geforderten Informationen wird besonders deutlich mit den Angaben der **Nr. 2**. Hierin werden **Kontaktinformationen** über Internetadressen solcher Stellen gefordert, die über Maßnahmen zur Energieeffizienzverbesserung, Vergleiche über Verbräuche unter Endnutzern und Spezifikationen für energiebetriebene Geräte informieren. Als erste Anlaufstelle werden hierfür Verbraucherzentralen genannt (BR-Drs. 643/21 (1), 20; weitere Institutionen bei BeckOK MietR/Pfeifer HeizkV § 6a Rn. 118, so Schlichtungsstelle-Energie in Berlin [ist allerdings nur für Streitigkeiten zwischen Verbrauchern und Energieversorgungsunternehmen zuständig, betrifft also kaum den Endnutzer]; Bundesstelle für Energieeffizienz [betrifft ebenfalls nicht den Endnutzer]; Deutsche Energieagentur (DENA). Allerdings erscheint es fraglich, ob diese Angaben noch in den Bereich des Endnutzers gehören: der Endnutzer hat weder Einfluss auf die Ausgestaltung des Heizkessels noch der energetischen Ertüchtigung des gesamten Gebäudes; ob er darauf einen Anspruch unter dem Gesichtspunkt gesetzlich vorgeschriebener Erhaltungsmaßnahmen hat, ist bislang streitig (s. Gsell NZM 2022, 481, Miete und Recht auf Klimaschutz). Das Merkmal „energiebe-

D. Hilfsinformationen, § 6a Abs. 3   **§ 6a HeizkV**

triebene Geräte" ist in diesem Zusammenhang zu weit gefasst; ob der Nutzer = Mieter energieeffiziente Haushaltsgeräte nutzt, ist heizkostenrechtlich irrelevant.

Abs. 3 Nr. 3 will vermeiden, dass **Streitigkeiten** über Heizkostenabrechnungen stets vor Gericht ausgetragen werden. Deshalb soll mit der Heizkostenabrechnung auf das Verfahren nach dem Verbraucherstreitbeilegungsgesetz hingewiesen werden. Voraussetzung für die Anwendung dieser Nr. 3 ist jedoch, dass es sich bei dem Mietvertrag um einen Verbrauchervertrag handelt, also gem. § 310 Abs. 3 BGB um einen Vertrag zwischen Unternehmer und Verbraucher. Der Wohnraummieter ist nach § 13 BGB wohl stets Verbraucher im Sinne dieser Vorgaben – auf einen Gewerberaummietvertrag findet demgemäß diese Nr. 3 keine Anwendung. Ob der Vermieter Unternehmer nach § 14 BGB ist, wird unstreitig für große Vermietungsgesellschaften zu bejahen sein. Für Privatvermieter, die „lediglich" eigene Vermögensgüter vermieten, wird darauf abgestellt, ob ein planmäßiger Geschäftsbetrieb vorliegt, was nicht unbedingt von der Anzahl der vermieteten Wohnungen abhängt (so aber BeckOK MietR/Pfeifer HeizkV § 6a Rn. 125; dazu im Einzelnen Schmidt-Futterer/Fervers BGB Vor § 535 Rn. 133–139). Ist die Unternehmereigenschaft des Vermieters zu bejahen, hat dieser auf das VSBG und die dafür eingerichteten Schlichtungsstellen hinzuweisen; es genügt der Hinweis, dass das Bundesamt für Justiz eine „Liste der Verbraucherschlichtungsstellen in Deutschland" veröffentlicht hat (so BR-Drs. 643/21 (1), 21). 23

Abs. 3 Nr. 4 wiederholt die Verpflichtung zum Verbrauchsvergleich mit einem sog. normierten Durchschnittsnutzer (→ Rn. 14). Zwei Unterschiede zur Verpflichtung in § 6a Abs. 2 Nr. 3 sind hervorzuheben: Dort handelt es sich um einen monatlich mitzuteilenden Vergleich mit dem Durchschnittsnutzer; hier ist mit der Heizkostenabrechnung der Jahresvergleich gefordert. Zum anderen reicht bei einer elektronischen Heizkostenabrechnung die Bereitstellung dieses Drittvergleichs auf einem online-Portal, auf das in der Heizkostenabrechnung verwiesen wird. Im Umkehrschluss ergibt sich daraus, dass bei einer analogen Heizkostenabrechnung dieser Drittvergleich nicht nur zugänglich gemacht werden darf, sondern mitgeteilt werden, also dem Nutzer zugehen muss. 24

In Erweiterung des Monatsvergleichs nach Abs. 2 Nr. 2 verlangt **Abs. 3 Nr. 5** einen Jahresvergleich des Energieverbrauchs, und zwar den Gesamtverbrauch, bestehend aus dem Verbrauch für Wärme und Warmwasser. Die Vergleichsräume müssen personell und sachlich vergleichbar sein. Es darf also kein Nutzerwechsel stattgefunden haben, sondern Zahl und Identität der Nutzer der beiden Zeiträume müssen identisch sein. Außerdem muss eine **Witterungsbereinigung** der Daten durchgeführt werden. Hierfür verweist die Begründung auf VDI 3807, Bestimmung der Verbrauchskennwerte für Gebäude (BR-Drs. 643/21 (1), 21). Zulässig ist aber auch ein vereinfachtes Verfahren, das in der Bekanntmachung der Regeln für Energieverbrauchswerte im Wohngebäudebestand, das im Bundesanzeiger (BAnz AT 16.4.2021 B1) veröffentlicht ist. In der dortigen Ziffer 3.2 ist eine Formel zur Berechnung der Witterungsbereinigung aufgeführt: $EVh_{b,Zeitraum} = EVh_{,Zeitraum} \cdot fKlima$; das bedeutet: der **bereinigte** Zeitraum errechnet sich aus dem Produkt des Heizungsenergieverbrauchs und dem arithmetischen Mittel der Klimafaktoren für den maßgeblichen Zeitraum; Klimafaktoren, die auf die Witterungsbereinigung nach dieser Bekanntmachung zugeschnitten sind, werden für die verschiedenen Postleitzahlbezirke und Zeiträume kostenfrei im Internet zur Verfügung gestellt (www.dwd.de/klimafaktoren). Zu beachten ist allerdings, dass die Witterungsbereinigung an sich für die Erstellung eines verbrauchsbasierten Energieausweises nach § 82 GEG konzipiert ist und auf einer Verbrauchsbasis von 25

175

HeizkV § 6b Zulässigkeit und Umfang der Verarbeitung von Daten

36 Monaten beruht. Mit dem kürzeren Zeitraum nach § 6a Abs. 3 Nr. 5 ist daher eine gewisse Ungenauigkeit verbunden, die aber den Informationsgehalt nicht stark berührt.

26 Gestaltet werden soll dieser Verbrauchsvergleich als **Grafik,** wobei eine Balkengrafik vorzuziehen ist. Zu beachten ist dabei, dass auch der Energieverbrauch für die Sommermonate (resultierend aus der Bereitstellung von Warmwasser) mit einbezogen werden muss.

27 In Interpretation der unterschiedlichen Verben (→ Rn. 15) soll es sich bei den in Abs. 3 aufgeführten Informationen um eine „**Holschuld**" handeln, der der nur der „Abholort" anzugeben ist; der Nutzer müsste sich dann selbst um deren Erhalt bemühen. Das trifft allerdings – trotz des entgegenstehenden Wortlauts – **nicht** auf die Nr. 1 lit. c), Nr. 4 und Nr. 5 zu. Denn bei diesen Informationen handelt es sich um verbrauchsbezogene Mitteilungen, die den Nutzer direkt zum energiesparenden Handeln anhalten sollen; sie stehen auf einer inhaltlichen Ebene wie die „mitzuteilenden" Informationen nach Abs. 2. Damit kann deren Kenntnisnahme nicht in das Belieben der Nutzer gestellt werden.

§ 6b Zulässigkeit und Umfang der Verarbeitung von Daten

Die Erhebung, Speicherung und Verwendung von Daten aus einer fernablesbaren Ausstattung zur Verbrauchserfassung darf nur durch den Gebäudeeigentümer oder einen von ihm beauftragten Dritten erfolgen und soweit dies erforderlich ist:
1. zur Erfüllung der verbrauchsabhängigen Kostenverteilung und zur Abrechnung mit dem Nutzer nach § 6 oder
2. zur Erfüllung der Informationspflichten nach § 6a.

A. Regelungsgehalt

1 Bei den für die Heizkostenabrechnung zusammengestellten Daten handelt es sich um **personenbezogene** Daten i.S. des Art. 4 Nr. 1 DSGVO. Ihre Verarbeitung („wie das Erheben, das Erfassen, die Organisation, das Ordnen, die Speicherung, die Anpassung oder Veränderung, das Auslesen, das Abfragen, die Verwendung, die Offenlegung durch Übermittlung, Verbreitung oder eine andere Form der Bereitstellung, den Abgleich oder die Verknüpfung, die Einschränkung, das Löschen oder die Vernichtung", Art. 4 Nr. 2 DSGVO) unterliegt damit dem Datenschutz gem. Art. 1 DSGVO.

2 Die Erhebung der Daten über die Heizkostenverteiler oder die Messgeräte ist nach Art. 6 Abs. 1 lit. b) DSGVO zulässig; die Einstellung in die Abrechnung rechtfertigt Art. 6 Abs. 1 lit. c) DSGVO; **die Informationsweitergabe** ist nach Art. 6 lit. e) DSGVO gerechtfertigt.

3 Mit § 6b werden diese allgemeinen Datenschutz-Regelungen auf die Bedürfnisse der Heizkostenabrechnung konkretisiert, obwohl die DSGVO ausgereicht hätte (Wall NZM 2022, 77).

B. Die Konkretisierungen

4 § 6b findet **nur** Anwendung, wenn Daten aus einer fernablesbaren Verbrauchserfassung verarbeitet werden; für die Datenverarbeitung bei Vorliegen von Verdunstern gilt weiterhin die DSGVO.

B. Die Konkretisierungen § 6b HeizkV

Die zulässige Datenverarbeitung wird **begrenzt** auf die Tätigkeiten „Erhe- 5
bung", also Auslesen der Verbrauchsdaten; auf deren Speicherung, also Zusammenführung der Einzeldaten in einem Datensammler oder einem SMGW; und auf „Verwendung", also Erstellung der Heizkostenabrechnung mit diesen Daten. Nach der Begründung (BR-Drs. 643/21 (1), 22) ist diese Regelung **abschließend,** so dass die weiteren unter den Begriff der „Verarbeitung" fallenden Tätigkeiten (→ Rn. 1) nicht durch § 6b gedeckt sind. Gerechtfertigt werden kann diese Einschränkung durch Art. 6 Abs. 3 lit. b) DSGVO, der es den Einzelstaaten überlässt, die öffentlichen Interessen oder die rechtliche Verpflichtung zu konkretisieren, die die Datenverarbeitung rechtfertigen. Das bedeutet, dass z.B. Art. 6 Abs. 1 lit. b) DSGVO nicht mehr zur Rechtfertigung herangezogen werden kann, so dass die Einsichtnahme in die Daten Dritter (der anderen Mit-Nutzer des abzurechnenden Gebäudes) datenschutzrechtlich unzulässig erscheint (die auf dem vorherigen Rechtszustand nach der DSGVO beruhenden Meinungen, → § 6 Rn. 61, 62, dürfte mit der Neuregelung nicht vereinbar sein; aA mit Hilfe einer teleologischen Reduktion MüKoBGB/Zehelein HeizkV § 6b Rn. 6; der dortige Hinweis auf eine richtlinienkonforme Auslegung geht fehl, weil die DSGVO selbst in diesem Bereich auf nationales Recht verweist; die Wirkung der EED wird durch den „überschießenden Datenschutz nicht beeinträchtigt). § 6b folgt mit dieser Beschränkung dem sich aus Art. 5 DSGVO ergebenden Gebot der Datenminimierung; es dürfen nur die Daten erhoben werden, die für die konkreten Zwecke (= Heizkostenabrechnung des individuellen Nutzers) erforderlich sind.

Personal zulässig ist die Datenverarbeitung nur durch den Gebäudeeigentü- 6
mer oder durch einem von diesem Beauftragten, worunter vor allem Messdienstunternehmen zu verstehen sind, aber auch Verwalter (bei der WEG).

Beschränkt ist die zulässige Datenverarbeitung auf zwei **enumerativ** aufge- 7
führte Zwecke: Zum einen soll mit ihr die verbrauchsabhängige Kostenverteilung durchgeführt werden, also Sammlung der Verbrauchswerte, deren Zusammenführung, die Gegenüberstellung von Gesamtkosten und Gesamtverbrauchswerten, die Kostenzuordnung entsprechend dem erfassten Verbrauch auf den einzelnen Nutzer. Dazu gehört auch die Abrechnung mit dem Nutzer, also die Gegenüberstellung von Einnahmen aus den zumeist vereinbarten Vorauszahlungen und den nach § 7 Abs. 2 umlegbaren Kosten; dazu gehört notwendigerweise auch die Rechtsdurchsetzung. Des Weiteren dürfen die Daten verwendet werden, um die umfassenden Informationspflichten nach § 6a zu erfüllen, also insbesondere zum Zweck des Vergleichs der Verbräuche in unterschiedlichen Zeitspannen.

Wenn die erhobenen Daten für die genannten Zwecke nicht mehr benötigt 8
werden, müssen sie **gelöscht** werden. Der entsprechende Zeitpunkt kann aber nicht an die Fristen des § 556 Abs. 3 BGB gekoppelt werden (so aber die Begründung BR-Drs. 643/21 (1), 22); denn die Daten können weiter für einen evtl. Rechtsstreit benötigt werden, so dass eine Löschungspflicht erst mit rechtlicher Bestandskraft der Heizkostenabrechnung (durch Vergleich oder Urteil) eintritt.

Die **DSGVO** greift **subsidiär** für die Sachverhalte ein, die nicht durch die auf 9
die HeizkV zugeschnittene Spezialregelung erfasst werden, so insbesondere das Auskunftsrecht nach Art. 15, das Recht auf Löschung nach Art. 17, das Widerspruchsrecht nach Art. 21 und generell die allgemeinen Bestimmungen in Kapitel 1.

§ 7 Verteilung der Kosten der Versorgung mit Wärme

(1) ¹Von den Kosten des Betriebs der zentralen Heizungsanlage sind mindestens 50 vom Hundert, höchstens 70 vom Hundert nach dem erfassten Wärmeverbrauch der Nutzer zu verteilen. ²In Gebäuden, die das Anforderungsniveau der Wärmeschutzverordnung vom 16. August 1994 (BGBl. I S. 2121) nicht erfüllen, die mit einer Öl- oder Gasheizung versorgt werden und in denen die freiliegenden Leitungen der Wärmeverteilung überwiegend gedämmt sind, sind von den Kosten des Betriebs der zentralen Heizungsanlage 70 vom Hundert nach dem erfassten Wärmeverbrauch der Nutzer zu verteilen. ³ In Gebäuden, in denen die freiliegenden Leitungen der Wärmeverteilung überwiegend ungedämmt sind und deswegen ein wesentlicher Anteil des Wärmeverbrauchs nicht erfasst wird, kann der Wärmeverbrauch der Nutzer nach anerkannten Regeln der Technik bestimmt werden. ⁴ Der so bestimmte Verbrauch der einzelnen Nutzer wird als erfasster Wärmeverbrauch nach Satz 1 berücksichtigt.⁵ Die übrigen Kosten sind nach der Wohn- oder Nutzfläche oder nach dem umbauten Raum zu verteilen; es kann auch die Wohn- oder Nutzfläche oder der umbaute Raum der beheizten Räume zugrunde gelegt werden.

(2) ¹Zu den Kosten des Betriebs der zentralen Heizungsanlage einschließlich der Abgasanlage gehören die Kosten der verbrauchten Brennstoffe und ihrer Lieferung, die Kosten des Betriebsstromes, die Kosten der Bedienung, Überwachung und Pflege der Anlage, der regelmäßigen Prüfung ihrer Betriebsbereitschaft und Betriebssicherheit einschließlich der Einstellung durch eine Fachkraft, der Reinigung der Anlage und des Betriebsraumes, die Kosten der Messungen nach dem Bundes-Immissionsschutzgesetz, die Kosten der Anmietung oder anderer Arten der Gebrauchsüberlassung einer Ausstattung zur Verbrauchserfassung sowie die Kosten der Verwendung einer Ausstattung zur Verbrauchserfassung einschließlich der Kosten der Eichung sowie der Kosten der Berechnung, Aufteilung und Abrechnungs- und Verbrauchsinformationen gemäß § 6a.

(3) Für die Verteilung der Kosten der Wärmelieferung gilt Absatz 1 Satz 1und 3 bis 5 entsprechend.

(4) Zu den Kosten der Wärmelieferung gehören das Entgelt für die Wärmelieferung und die Kosten des Betriebs der zugehörigen Hausanlagen entsprechend Absatz 2.

Literatur: Pfeifer, Heizkostenabrechnung – Unerfasste Rohrwärme und Korrektur nach VDI 2077, MietRB 2015, 23; Lammel, Rechtliche Anforderungen an die Überarbeitung des VDI-Beiblatts „Rohrwärme", NZM 2015, 325; Hardt/Haupt/Tritschler/Wall/Wollstein, Erwiderung auf Lammel, NZM 2015, 924; Gnann, Zwangserwärmung durch Einrohr-Heizsysteme, GE 2016, 695; Pfeifer, Ungedämmte Heizungsrohre im Estrich, DWW 2017, 244; Peters, Abrechnungsfristen und Termine, HKA 2017, 26; Lammel, Ende der Rohrwärmekorrektur durch VDI 2077, Blatt 3.5? WuM 2018, 625; Wall, Rohrwärmekorrektur – Alles zurück auf Anfang? WuM 2019, 109; Lammel, Heizkostenabrechnung bei Verwendung regenerativer Energien, ZMR 2020, 93; Horst, Praxisfragen der Betriebskostenabrechnung. Kaltwasser-, Heizungs- und Warmwasserverbrauch, DWW 2021, 204.

A. Regelungsgehalt **§ 7 HeizkV**

Übersicht

	Rn.
A. Regelungsgehalt	1
B. Verteilungsmaßstäbe	5
I. Vorteile	5
II. Nachteile	7
III. Auswahlkriterien	10
1. Bautenzustand	10
2. Lage	14
3. Vorgeschriebener Verteilungsmaßstab, Abs. 1 S. 2	18
4. Erfassung der Rohrwärme, Abs. 1 S. 3, 4	31
a) Grundlagen	31
b) Berechnungen	34
c) Rechtliche Bedenken	46
d) Praxistipp	55
5. Berechnung	56
IV. Grundkosten	57
1. Festlegung der Maße	58
2. Wahl des Maßstabes	63
3. Berechnung	68
C. Kosten des Betriebs	69
I. Reichweite der Aufzählung	69
II. Abschluss von Lieferverträgen	75
III. Die einzelnen Kostenarten	78
1. Brennstoffe	78
a) Berechnung	78
b) Umfang	84
2. Betriebsstrom	90
3. Bedienung, Überwachung, Pflege	92
4. Wartung	96
5. Reinigung	103
6. Messungen	107
7. Anmietung von Erfassungsgeräten	108
8. Berechnung und Aufteilung	109
IV. Aperiodische Kosten	118
V. Sonstige Kosten	120
D. Wärmelieferung	123
I. Kostenverteilung	123
II. Kostenumfang	126

A. Regelungsgehalt

Nach den rechtlichen und technischen Voraussetzungen für die Durchführung 1 einer verbrauchsabhängigen Kostenverteilung befasst sich § 7 Abs. 1 mit der **Art und Weise dieser Verteilung** im Einzelfall. Er gibt dem Gebäudeeigentümer bzw. den ihm gleichgestellten Personen (→ HeizkV § 1 Rn. 27–44) zum einen teilweise einen Rahmen, seit 2009 teilweise eine feste Quote für einen **Verteilungsmaßstab** vor, zum anderen verpflichtet er ihn **zur Trennung zwischen Grundkosten und Verbrauchskosten** in der Abrechnung. Dieser Trennung liegt der Gedanke zugrunde, dass auch bei Nichtbenutzung der Heizungsanlage

HeizkV § 7

feste Kosten anfallen, die unabhängig vom jeweiligen Verbrauch entstehen (Peters NZM 2002, 1009). Hierunter fallen insbesondere die Kosten der Betriebsbereitschaft, dh des Zustandes der Heizungsanlage, der ihre jederzeitige Inanspruchnahme (während der Heizperiode) ermöglicht.

2   Weitgehend unbeeinflusst vom Verbrauch entstehen die Kosten aus den **Wärmeverlusten** in den Leitungen (dazu jetzt → Rn. 31–55) und den Verlusten bei der Umwandlung des Brennstoffs in Wärme; denn der mittlere Wirkungsgrad zB bei öl- und gasbefeuerten Anlagen liegt nur bei 75 % (Peruzzo Heizkostenabrechnung Rn. 176; allerdings je nach Alter der Anlage mit fallender Tendenz). Verbrauchsunabhängig sind überwiegend die Kosten der Überwachung und Pflege der Anlage, der regelmäßigen fachmännischen Überprüfungen sowie die Immissionsmessungen; schließlich die Kosten für die Verwendung von Ausstattungen zur Verbrauchserfassung. Das sind alles noch erforderliche Aufwendungen, um die potenzielle Inanspruchnahme der Heizungsanlage sicherzustellen. Als Erfahrungssatz kann gelten, dass diese **verbrauchsunabhängigen Aufwendungen** zwischen 30 % und 40 % der Gesamtkosten einer Heizungsanlage betragen (Freywald Rn. 123; Peters NZM 2002, 1010).

3   Würden die Gesamtkosten nur nach dem beim einzelnen Nutzer gemessenen Verbrauch verteilt werden, würden jene Raumnutzer, die keine oder wenig Wärme in Anspruch nehmen (zB ein Reisender, der berufsbedingt die Woche über außer Haus ist, Rentner, die im Süden überwintern) bevorzugt, obwohl auch sie von der jederzeitigen **Betriebsbereitschaft** der Heizungsanlage einen Nutzen haben. Umgekehrt würde derjenige Nutzer, der zB lagebedingt viel Wärme verbraucht, überproportional bei einer rein verbrauchsabhängigen Verteilung mit diesen verbrauchsunabhängig entstehenden Kosten belastet werden (Freywald Rn. 123; Peters NZM 2002, 1012).

4   Um einen **Ausgleich** zwischen den **fixen** und den **variablen Kosten** der Heizungsanlage zu schaffen, schreibt § 7 Abs. 1 S. 1–3 die Verteilung nach einem **gemischten Maßstab** vor. Bei der Verteilung von verbrauchsabhängigen und verbrauchsunabhängigen Kosten handelt es sich aber um eine **rechnerische Maßnahme;** die verbrauchsabhängig und verbrauchsunabhängig anfallenden Kosten werden nicht getrennt ermittelt und verteilt. Es findet keine Aufspaltung der Kosten nach ihrem Entstehungsgrund statt, sondern sämtliche Kosten für die Heizungsanlage werden zusammengerechnet und diese Gesamtkosten entsprechend dem gewählten Schlüssel verteilt.

B. Verteilungsmaßstäbe

I. Vorteile

5   § 7 Abs. 1 S. 1 schreibt vor, dass die Kosten der Heizungsanlage mit einem Maßstab zwischen 50 % und 70 % verbrauchsabhängig verteilt werden müssen. Als untere Grenze der verbrauchsabhängigen Verteilung sind 50 % zwingend. Von ihr kann nicht dergestalt abgewichen werden, dass zB nur 40 % verbrauchsabhängig verteilt werden. Deshalb musste der früher bei preisgebundenem Wohnraum enthaltene **Spielraum** zwischen 40 % und 60 % angepasst werden. § 10 lässt es aber zu, die Obergrenze von 70 % durch Vereinbarungen zwischen Gebäudeeigentümer und Nutzer zu überschreiten, so dass im Wege einer solchen Vereinbarung alle verbrauchsabhängigen Maßstäbe zwischen 71 % und 100 % zulässig sind

B. Verteilungsmaßstäbe　　　　　　　　　　　　　　　　**§ 7 HeizkV**

(dazu → HeizkV § 10 Rn. 4; ohne eine derartig Vereinbarung ist die zu 100 % verbrauchsabhängige Abrechnung unzulässig, LG Saarbrücken WuM 1999, 85). Die erstmalige Auswahl des Maßstabes für den Einzelfall steht in der durch § 7 Abs. 1 S. 1 vorgegebenen Bandbreite im Ermessen des Gebäudeeigentümers. Dessen Wahl darf jedoch nicht willkürlich erfolgen. Sie steht einmal unter dem Maßstab des § 315 BGB, zum anderen gibt es **sachgerechte Kriterien,** nach denen die Wahl zu treffen ist.

Der Verordnungsgeber selbst ging davon aus, dass durch die Einräumung eines 6 Spielraumes für den Verteilungsmaßstab den konkreten Bedürfnissen des einzelnen Gebäudes am besten Rechnung getragen werden könnte. Insbesondere sollten **lagebedingte Wärmebedarfsunterschiede** des Gebäudes berücksichtigt werden (BR-Drs. 632/80, 29; genannt wurden in dem Arbeitsausschuss Heizkostenabrechnung DIN 4713 auch Rohrleitungsverluste/Zwangswärmekonsum, Transmissionswärmeverluste und schließlich der Außenwandausgleich). Sind in einem Gebäude in relevanter Zahl im Verhältnis zur Gesamtzahl der zu berücksichtigenden Räume Außenräume vorhanden, die wegen ihrer Lage einen höheren Wärmebedarf haben als innenliegende, könnte es sich empfehlen, einen diesen Unterschied nivellierenden Maßstab zu wählen, etwa 50:50. Dieser Maßstab gleicht darüber hinaus die **systembedingten Ungenauigkeiten** der Heizkostenverteiler nach dem Verdunstungsprinzip weitgehend aus (Pfeifer Taschenbuch 1986, 38; Sternel PiG 23 (1986), 73; Peters, 265). Wirkt sich die Lage der Räume nicht wesentlich auf den Wärmebedarf aus, etwa weil das gesamte Gebäude gut wärmegedämmt gebaut ist, könnte der Maßstab zur Anwendung kommen, der den Absichten der HeizkV am ehesten entspricht, nämlich durch Verbrauchsbekanntgabe zur Verbrauchsdrosselung beizutragen; die Verteilung wäre daher 70:30 vorzunehmen.

II. Nachteile

Beide Verteilungsmaßstäbe weisen aber auch erhebliche Nachteile auf. Bei dem 7 Maßstab 50:50 werden zwar, wie beabsichtigt, die **Heizkostenunterschiede** der einzelnen Nutzer angeglichen. Das führt aber nicht nur dazu, dass lagebedingte Unterschiede im Wärmebedarf ausgeglichen werden können, sondern auch dazu, dass der Sparanreiz, den die HeizkV sich zum Ziel gesetzt hat, nachlässt. Denn der nivellierende 50:50-Maßstab nützt nicht nur dem lagebedingt benachteiligten, sondern auch dem energieverschwendenden Nutzer. Dieser wird durch die 50:50-Verteilungsquote nur zu 50 % mit seinem Mehrverbrauch gegenüber dem **Durchschnittsverbrauch** des Gebäudes belastet, während der energiesparende Nutzer ebenfalls nur zu 50 % seines Minderverbrauchs gegenüber dem Durchschnitt entlastet wird. Im Ergebnis zahlt also der Sparer die durch den Verschwender verursachten Kosten mit (Kreuzberg/Wien Heizkostenabrechnung-HdB/Pfeifer, S. 60; Lefèvre, S. 55; Mertens HKA 2014, 9).

Eine solche den Absichten der HeizkV zuwiderlaufende Kostenverteilung ver- 8 meidet zwar der Schlüssel 70:30. Hier wird der Nutzer unmittelbar durch den höheren Verbrauchsanteil zur Verbrauchsdrosselung angeregt. Das kann aber zu einem **gebäudeinadäquaten Nutzerverhalten** führen. Die Drosselung der Heizung bei zeitweiser Nichtnutzung der Räume, die „Beheizung" kühler Räume (zB Schlafzimmer) über offenstehende Türen, die Reduzierung von Lüftungsvorgängen können dazu führen, dass Raumklima und Bausubstanz nicht mehr miteinander harmonieren mit der Folge der Bildung von Feuchtigkeitserscheinungen an den Wänden (Pfeifer HeizkV § 6 Anm. 15a; Geiger/Rouvel ZfgWBay 1988, 649). Derartige Erscheinungen treten insbesondere bei nachträglich modernisierten Altbauten auf, bei denen isolierverglaste Fenster den bei einfachverglasten Fenstern möglichen Wärmeaustausch verhindern sowie den Luftaustausch vermeiden; verstärkt wird die Verdichtung der Hüllfläche durch nachträgliche Wärmedämmung der Außenwände. Wird jetzt noch zusätzlich die Heizung vermeintlich energiesparend gedrosselt, kann es zur **Schimmelpilzbildung** in den Räumen kommen; damit soll aber nicht gesagt werden, dass diese Feuchtigkeit stets nutzungsbedingt und nicht baubedingt ist (dazu Motzke ZMR 1989, 284; Blank ZfgWBay 1989, 310; Lammel ZMR 1990, 41; Kunze MietRB 2004, 54; Oster GE 2008, 1409).

9   Schließlich ist bei der Wahl des Verteilungsmaßstabes noch § 315 BGB zu beachten (dazu → HeizkV § 6 Rn. 90). Dem **billigen Ermessen** entspricht die Wahl nicht bereits dann, wenn sie sich in der Bandbreite des § 7 hält (so aber Pfeifer Taschenbuch 1986, 36) oder wenn der 50:50-Maßstab gewählt worden ist (so jetzt Pfeifer HeizkV § 6 Anm. 15; Kreuzberg/Wien Heizkostenabrechnung-HdB/von Brunn/Alter S. 235). Vielmehr sind sowohl die vertragsrechtlichen wie auch die baulichen Umstände des Einzelfalles zu berücksichtigen, um zu einem angemessenen Verteilungsschlüssel zu kommen (Schulz S. 12/13).

III. Auswahlkriterien

10 **1. Bautenzustand.** Als Kriterium für eine sachgemäße Auswahl des Verteilungsmaßstabes kann zuerst der bauliche Zustand des beheizten Gebäudes herangezogen werden (AG Saarburg WuM 2001, 85). Handelt es sich um einen **Neubau,** bei dessen Errichtung die einschlägigen Vorschriften des GEG beachtet werden mussten, bei dem also weder durch Leitungsverluste noch durch Lagenachteile (dazu → Rn. 17) wesentliche Energieeinbußen zu verzeichnen sein dürften, kann ein hoher Anteil der Heizkosten verbrauchsabhängig verteilt werden; also im Regelfall 70 %, bei entsprechender Vereinbarung nach § 10 noch darüberhinausgehend.

11 Als Gegenstück ist der nicht modernisierte, aber mit einer zentralen Heizungsanlage versehene **Altbau** zu sehen. Hier kommen mehrere, sich auf den Verbrauch negativ auswirkende Faktoren zusammen: die nicht vorhandene Wärmedämmung der Außenwände, die einfachverglasten Fenster, die nicht isolierten Heizungsrohre und möglicherweise eine veraltete Heizungsanlage (nach § 10 Abs. 1 EnEV 2014 war die generelle Nutzungsdauer von herkömmlichen Heizungsanlagen auf 30 Jahre beschränkt; jetzt § 72 GEG). Der einzelne Nutzer findet diese Faktoren vor, die den **Energieverbrauch** beeinflussen, auf die er aber nicht durch sein Heizverhalten einwirken kann. Deshalb erscheint es sachgerecht, in einem solchen Fall den geringstmöglichen Verbrauchsanteil zu wählen, also nur 50 %.

12 Bei den Gebäuden, die mit ihrer jeweiligen Ausstattung zwischen diesen Extremen liegen, ist ein Maßstab zu wählen, der das Vorhandensein vom Nutzer **beeinflussbarer** bzw. **nicht beeinflussbarer Verbrauchskriterien** berücksichtigt. Der Verbrauch im wärmegedämmten Altbau mit alter Heizungsanlage dürfte daher angemessen mit einer Verteilung 60:40 abgerechnet werden. Ist hingegen der Altbau vollständig „nachgerüstet" worden unter Berücksichtigung der Energiesparvorschriften, wie sie für Neubauten gelten (entsprechend § 9 EnEV 2014; jetzt §§ 46 ff. GEG), sollte durchaus der Versuch mit einem 70:30-Schlüssel gewagt werden. Insgesamt sollte der Verteilungsmaßstab danach gestaltet werden, ob der

B. Verteilungsmaßstäbe   **§ 7 HeizkV**

individuelle Nutzer den Energieverbrauch **überwiegend** durch sein Verhalten **steuern** kann oder ob dieser Verbrauch weitgehend von den baulichen Gegebenheiten bestimmt wird.

Die Einbeziehung **mehrerer selbständiger Gebäude** in eine Abrechnung, auch wenn sie von einer zentralen Heizungsanlage versorgt werden, bedarf bei der Auswahl des Schlüssels einer besonderen Sorgfalt. Denn die Gebäude können auf Grund ihres baulichen Zustandes einen unterschiedlichen Wärmebedarf haben, so dass die Nutzer des einen Hauses den Verbrauch der Nutzer des anderen durchaus mitzahlen könnten (AG Plön WuM 1988, 132; LG Hildesheim WuM 1986, 118); das gleiche gilt bei gemischt genutzten Gebäuden (LG München WuM 1985, 348). In solchen Fällen bietet sich eine Vorerfassung nach § 5 Abs. 7 an. Sind in einem Gebäude mehrere Heizanlagen vorhanden, dürfen die Nutzer nur mit den Kosten der Anlage belastet werden, an die ihre Räume angeschlossen sind (AG Hamburg WuM 1987, 89). 13

2. Lage. Die Begründung zu § 7 legt an sich nahe, bei der Festlegung des Verteilungsschlüssels auch den sog. **Lagenachteil** (dazu → HeizkV § 6 Rn. 66–69) zu berücksichtigen. Denn dort heißt es ausdrücklich: „Die Bandbreite bietet zugleich die Möglichkeit, lagebedingte Wärmebedarfsunterschiede zu berücksichtigen" (BR-Drs. 632/80, 29). Das gibt allerdings zu Missverständnissen Anlass. Denn die Berücksichtigung dieser Lagenachteile bei der Festlegung des Verteilungsmaßstabes einheitlich für das gesamte Gebäude führt dazu, dass die Einwirkung der verbrauchsabhängigen Abrechnung auf das Nutzerverhalten stark abnimmt. 14

Wäre aus der Begründung abzuleiten, dass für den lagebedingt viel Wärme verbrauchenden Nutzer individuell ein angepasster Maßstab gewählt werden könnte, steht dem die einhellige Meinung in Rechtsprechung und Literatur entgegen. Denn sie geht davon aus, dass der **Verteilungsmaßstab** nur **einheitlich** für das **gesamte Gebäude** festgelegt werden dürfe (Lefèvre S. 56; Brintzinger § 7 Anm. 2, 4; Kohlenbach § 7 Anm. 1; AG Hamburg WuM 1996, 778). Hergeleitet wird diese Ansicht aus der Formulierung „von den Kosten des Betriebs der zentralen Heizungsanlage…" in § 7 Abs. 1 (Metschies, 3170), aus der geschlossen werden kann, dass die Kostenverteilung auf die eine zentrale Heizungsanlage bezogen wird. Daneben wird noch ein aus § 7 Abs. 1 herzuleitendes Prinzip der einheitlichen Kostenabrechnung als Begründung angeführt (KG WuM 1986, 29 (31)). Letzteres Prinzip liegt der HeizkV jedenfalls nicht zugrunde, da sie in § 5 Abs. 7 im Wege der Vorerfassung eine uneinheitliche Kostenverteilung bei unterschiedlichen Nutzergruppen zulässt. Es erscheint auch zweifelhaft, ob der Wortlaut der HeizkV eine derartige Trennung der Verteilungsmaßstäbe in einem Gebäude ausschließt, zumal diese Trennung dem Prinzip der individuellen Verbrauchssteuerung gerade gerecht werden würde. 15

Einer Anwendung derartig unterschiedlicher Maßstäbe steht jedoch entgegen, dass bei der Kostenverteilung der Gebäudeeigentümer nicht weniger, aber auch nicht mehr Kosten von den Nutzern erlangen darf, als er selbst für die Wärmeerzeugung ausgegeben hat. Bei der Verwendung unterschiedlicher Maßstäbe gegenüber jedem Nutzer ergibt sich aber auf Grund mathematischer Prinzipien als **Summe der Einzelbeträge** nicht die Gesamtsumme, so dass aus diesem Grund die Berücksichtigung lagebedingter Nachteile über einen Einzelmaßstab ausgeschlossen ist. Auch die Verwendung von Heizkostenverteilern mit einer sog. Skalenreduktion war nur noch über den Bestandsschutz nach § 12 Abs. 2 Nr. 2 zulässig; die **Neuanbringung** solcher Geräte ist ausgeschlossen. Außerdem bestehen 16

HeizkV § 7 Verteilung der Kosten der Versorgung mit Wärme

auch für die Altgeräte Zweifel, ob die Reduktion rechnerisch korrekt vorgenommen wird, da für dieses Verfahren keine technischen Normen vorhanden sind (Peruzzo Heizkostenabrechnung Rn. 187).

17 Es bleibt somit das grundsätzliche Problem, ob der sog. **Lagenachteil** bei der Verteilung der Heiz- und Warmwasserkosten überhaupt berücksichtigt werden sollte. **Dafür** spricht, dass dieser Faktor vom Verbrauchsverhalten des jeweiligen Nutzers nicht beeinflusst werden kann; **dagegen,** dass durch eine solche Berücksichtigung die anderen Nutzer rechnerisch mit belastet würden. Da es sich bei den lagebedingt exponierten Räumen vom Wohnwert her gesehen zumeist um bevorzugte (abgesehen vom Wärmebedarf) Lagen handelt (Penthouse, große Fensterfronten; wobei sicher noch zu differenzieren ist zwischen Süd-/West-Lage und Nord-Lage) (OLG Hamburg NJWRR 1989, 1174), würden über eine Lageberücksichtigung die Nachteile „sozialisiert", während die Vorteile individualisiert blieben. Deshalb sind diese baulich bedingten Unterschiede im Wärmebedarf entsprechend der Regelung bei preisgebundenem Wohnraum in § 3 Abs. 3 NMV 1970 durch Zu- und Abschläge auf die Kaltmiete zu berücksichtigen (Brintzinger § 7 Anm. 4, 7; Kreuzberg/Wien Heizkostenabrechnung-HdB/von Brunn S. 206/207; aA Pfeifer Taschenbuch 1986, 50; Pfeifer. HeizkV § 6 Anm. 15/15a; auch → HeizkV § 6 Rn. 69; so auch BR-Drs. 570/08, 14); gegebenenfalls könnte die Miete wegen mangelhafter Isolierung der Außenflächen gemindert werden (aA LG Berlin GE 1987, 881; ein Ausschluss nach § 536b BGB dürfte fraglich sein, da bei verputzten Außenwänden deren energierelevanter Zustand jedenfalls für Laien nicht erkennbar ist).

18 **3. Vorgeschriebener Verteilungsmaßstab, Abs. 1 S. 2.** In Übernahme der Vorschläge aus einer Untersuchung der Technischen Universität Dresden („Überarbeitung der technischen Regeln zur Novelle der Heizkostenverordnung" S. 97) hat der Verordnungsgeber bei Vorliegen bestimmter Kriterien unter ausdrücklicher Beibehaltung des grundsätzlich dem Vermieter eingeräumten Ermessens zur **Festlegung des Verteilungsschlüssels** einen zwingenden Schlüssel von 70:30 (verbrauchsabhängig zu verbrauchsunabhängig) eingeführt. Mit dieser Maßnahme sollten unter Wahrung der Verteilungsgerechtigkeit weitere **Energiesparpotentiale** ausgeschöpft werden (BR-Drs. 570/08, 12). Die Untersuchung hatte ergeben, dass die schlecht gedämmten Häuser den vergleichsweise höchsten Energieverbrauch haben und daraus geschlossen, dass hier noch Möglichkeiten zum Sparen gegeben sind (zur Kritik → Rn. 30). Demgegenüber heißt es zutreffend im Prognos-Gutachten: „Je geringer der Dämmstandard, desto mehr ist eine flächenbezogene Umlage gerechtfertigt, …Je besser der Dämmzustand … erscheint eine stärkere verbrauchsbezogene Umlage gerechtfertigt" (so auch Wall/Wall Rn. 5855 ff.).

19 Der neue Verteilungsmaßstab ist (**verpflichtend** BGH NZM 2019, 169) **nur** anzuwenden, wenn **alle** drei der folgenden Bedingungen nebeneinander erfüllt sind: Wärmeschutzstandard des Gebäudes unter dem der Wärmeschutzverordnung von 1994; Versorgung mit Wärme aus einer Öl- oder Gaszentralheizung und überwiegend gedämmte freiliegende Leitungen zur Wärmeversorgung.

20 Die **Wärmeschutzverordnung** von 1994 wurde deshalb als Grenze für den Zwang zur Einführung des vorgegebenen Verteilungsmaßstabes gewählt, weil mit ihr ein doppelter Paradigmenwechsel in der Zielsetzung und bei den Durchführungsmaßnahmen eingetreten ist. Während die Verordnung über einen energiesparenden Wärmeschutz von 1977 ebenso wie die Wärmeschutzverordnung von

B. Verteilungsmaßstäbe **§ 7 HeizkV**

1982 Vorschriften enthielten, die die Transmissionswärmeverluste der Gebäude durch deren Dämmung reduzieren wollten – Zweck war die Energieeinsparung angesichts der ersten Ölkrise –; wurde mit der Wärmeschutzverordnung 1994 ein anderes Kriterium als Maßstab eingeführt, nämlich der Jahresheizwärmebedarf, darunter ist die Wärme zu verstehen, die den beheizten Räumen zugeführt werden muss, um die innere Solltemperatur der beheizten Räume einzuhalten. Zwar waren bereits in den früheren Verordnungen in den Anlagen **Höchstwerte der Wärmedurchgangskoeffizienten** sowie zum spezifischen Transmissionswärmeverlust enthalten, jedoch kam 1994 noch der Höchstwert zum spezifischen Jahres-Primärenergiebedarf hinzu. Außerdem trat zumindest neben den Zweck der Energieeinsparung jetzt auch das Ziel der Senkung der CO_2-Emissionen.

Maßgebend ist der energetische Zustand des Gebäudes, der der Verordnung 1994 nicht entspricht. Unmaßgeblich ist das Jahr des Bauantrags oder der Bezugsfertigstellung. Gebäude, die vor oder nach dem Stichtag errichtet worden sind, aber die Kriterien der Wärmeschutzverordnung 1994 **nicht** erfüllen, fallen unter den Regelungsbereich des § 7 Abs. 1 S. 2 (so auch WoBauR/Pfeifer HeizkostenV § 7 Anm. 2.2.3). 21

Die „ungedämmten" Gebäude müssen mit einer **Öl- oder Gasheizung** versorgt werden. Die Beschränkung auf diese beiden Energieträger beim Verteilungsmaßstab ist ausschließlich dem Dresdner Gutachten (→ Rn. 18) geschuldet (BR-Drs. 570/08, 13). Andere Energieträger wurden in diesem Abschnitt ausgeschieden; ausdrücklich zB Fernwärme und Pelletheizungen, weil diese einen besonders niedrigen **verbrauchsabhängigen Kostenanteil** aufweisen (LG Hamburg GE 2014, 883). Damit ist auch gleichzeitig gesagt, dass die Heizungen im jeweils zu beheizenden Gebäude vorhanden sein müssen. Die Reduzierung auf die beiden **Heizungsarten** ist mE dem Missverständnis der Gutachter hinsichtlich des Verteilungsverfahrens nach § 7 Abs. 1 S. 1 und S. 5 zuzuschreiben; sie nehmen eine Trennung in der Verteilung von verbrauchsabhängigen und verbrauchsunabhängigen Kosten vor. Dieses Missverständnis hat der Verordnungsgeber ausweislich einer entsprechenden Veröffentlichung übernommen („Bisher flossen in die Heizkostenabrechnung verbrauchsabhängige und verbrauchsunabhängige Kosten <…> zu gleichen Teilen ein. Künftig erhalten die verbrauchsabhängigen Kosten mit 70 Prozent ein stärkeres Gewicht und geben Mieterinnen und Mietern einen größeren Anreiz zum sparsamen Heizen. Maßvolles Heizen rechnet sich damit mehr als in der Vergangenheit.", in: Magazin für Infrastruktur und die neuen Länder 12/2008, 8). 22

Schließlich müssen die **freiliegenden Leitungen der Wärmeverteilung** überwiegend gedämmt sein. Leitungen der Wärmeverteilung sind die umgangssprachlich so genannten Heizungsrohre. Freiliegend sind sie, wenn sie sichtbar sind; sie können vertikal und/oder horizontal verlaufen (WoBauR/Pfeifer HeizkostenV § 7 Anm. 2.2.2). Über die Länge der freiliegenden Rohre ist zwar nichts gesagt, sie müsste aber schon erheblich sein: dem Zweck der Regelung entsprechend sollte eine bedeutende Wärmeabgabe durch die Rohre möglich sein, so dass die mehr oder minder kurzen Verbindungsstücke zwischen den in den Wänden verlegten Rohren und den jeweiligen Heizkörpern nicht ausreichen (Pfeifer GE 2009, 160). 23

Überwiegend gedämmt sind die Rohre, wenn mehr als die Hälfte der Rohrlänge gedämmt ist. Allerdings ist unter dem Gesichtspunkt der Nachrüstpflicht des § 71 Abs. 1 GEG (die den Nachrüstpflichten der vorangegangenen Energiespar-Verordnungen entspricht) auch darauf zu achten, ob sich die gedämmten Leitun- 24 gen in beheizten oder nicht beheizten Räumen befinden, da § 7 Abs. 1 S. 2 insoweit keine Unterschiede macht. Ist die Nachrüstpflicht für die ungeheizten Räume bislang nicht erfüllt worden und befindet sich in diesen ein erheblicher Teil der ungedämmten Leitungen, wirkt sich dies zu Lasten des Ermessens bei der Wahl eines Verteilungsschlüssels aus.

25 Für die **Dämmung** sind die Werte nach § 71 Abs. 1 iVm Anlage 8 GEG zugrunde zu legen; denn damit hat der Verordnungsgeber zu erkennen gegeben, was unter „gedämmt" bzw. „ungedämmt" zu verstehen ist. Die Dicke der Rohrdämmung richtet sich nach dem Rohrdurchmesser, sie reicht von 20 mm (bei Ø bis 22 mm) über 30 mm (Ø 22 mm – 35 mm), von 35 mm bis 100 mm (entsprechend dem jeweiligen Rohrdurchmesser), um schließlich als Höchstmaß 100 mm (Ø über 100 mm) festzulegen. Diese Regelung ist insgesamt kaum praktisch relevant, weil die Dämmung der Rohre nicht mit der Außendämmung zusammenhängt; entweder ist beides gedämmt oder keines von beiden (Kreuzberg/Wien Heizkostenabrechnung-HdB/Wien S. 626).

26 Der **Zeitpunkt,** zu dem die Tatbestandsmerkmale des § 7 Abs. 1 S. 2 vorliegen müssen, wird zunächst durch § 14, dem Inkrafttreten der Neufassung bestimmt. Danach ist die erste nach dem 1.1.2009 beginnende Abrechnungsperiode maßgebend. Werden während des Laufes einer **Abrechnungsperiode** die Erfordernisse der Wärmeschutzverordnung 1994 (bzw. die der dann jeweils geltenden Vorgaben des GEG) erfüllt, entfällt für die sich daran anschließende Abrechnungsperiode der Zwang, den Abrechnungsschlüssel nach § 7 Abs. 1 S. 2 zu verwenden. Eine Aufspaltung der laufenden Periode dahingehend, dass bis zum Abschluss der baulichen Energiesparmaßnahmen der Zwangsschlüssel verwendet wird und anschließend an anderer, entspricht nicht dem billigen Auswahlermessen. Denn der Zwangsschlüssel 70:30 ist bei einem **guten** energetischen Zustand des Gebäudes angemessen (so auch Wall WuM 2009, 8).

27 Nach § 6 Abs. 4 S. 2 darf der Gebäudeeigentümer den Abrechnungsmaßstab unter bestimmten Voraussetzungen ändern. Erforderlich ist hierfür aber stets seine entsprechende **Erklärung** gegenüber den Nutzern vor Beginn der Abrechnungsperiode (→ HeizkV § 6 Rn. 99, 100). Aus der Nichterwähnung des § 7 Abs. 1 S. 2 in § 6 Abs. 4 S. 1 wird nunmehr geschlossen, dass die Einführung des Zwangsmaßstabes ohne eine solche Erklärung möglich sein soll (Schmid Mietnebenkosten-HdB Rn. 6169a; Info DWW 2009, 39; AG Berlin-Charlottenburg MM 9/2011, 29). Dabei wird übersehen, dass sich § 6 Abs. 4 S. 1 nur auf das Wahlrecht des Gebäudeeigentümers bezieht. Davon – rechtlich und sachlich – unabhängig ist die Möglichkeit, den einmal – wenn auch von der Norm zwingend vorgegeben – eingeführten Verteilungsmaßstab zu ändern (davon geht wohl auch die Begründung aus, die nur von einer redaktionellen Änderung unter Beibehaltung des geltenden Rechts spricht, BR-Drs. 570/08, 11), insbesondere nach energetischer Aufrüstung des Gebäudes (§ 6 Abs. 4 S. 2 Nr. 2). Die Notwendigkeit einer abändernden Erklärung ergibt sich ferner aus dem systematischen Zusammenhang mit § 556a Abs. 2 BGB und unter praktischen Gesichtspunkten: schließlich soll der neue **Zwangsschlüssel** zur Energieeinsparung anregen, was jedenfalls für die erste Abrechnungsperiode bei uninformierten Nutzern fehlginge.

28 Der Zwangsmaßstab greift auch dann ein, wenn die Parteien nach **§ 10** einen höheren Maßstab als 70 für die verbrauchsabhängigen Kosten vereinbart haben. Zwar nimmt § 10 uneingeschränkt die Anwendung ua des § 7 Abs. 1 für diesen Fall aus. Jedoch scheint insoweit die Koordination der Vorschriften bei der Neufassung der HeizkV nicht stringent durchgeführt worden zu sein. Denn § 7 Abs. 1

B. Verteilungsmaßstäbe **§ 7 HeizkV**

S. 2 beruht nicht nur auf dem Gedanken der **Verbrauchsreduzierung,** sondern nach dem Dresdner Gutachten auch auf einer ausgewogenen Relation von verbrauchsabhängig und verbrauchsunabhängig zu verteilenden Kosten. Deshalb ist der Maßstab 70:30 gewählt worden und nicht sofort der 100:0 (Wall WuM 2009, 6). Das wurde wohl bei der Redaktion der Neufassung nicht beachtet (aA Schmid Mietnebenkosten-HdB Rn. 6169a; WoBauR/Pfeifer HeizkostenV § 7 Anm. 2.3).

Die **Darlegungs- und Beweislast** für das Vorliegen der Tatbestandsmerkmale 29 des § 7 Abs. 1 S. 2 trägt diejenige Partei, die sich darauf beruft: will der Gebäudeeigentümer den bisherigen Verteilungsmaßstab ändern, muss er im Streitfall die drei hierfür notwendigen Bedingungen darlegen und beweisen. Verlangt der Nutzer die Abänderung entsprechend der HeizkV, so obliegt es ihm, die entsprechenden Voraussetzungen darzutun und zu beweisen.

Das Dresdner Gutachten (→ Rn. 18) **rechtfertigt** die zwingende Festlegung 30 des Verteilungsschlüssels **nicht.** Es geht von vielfach fehlerhaften Voraussetzungen aus: die tatsächlichen Bewertungsgrundlagen sind nicht vergleichbar – verglichen werden eine innenliegende Wohnung mit einem sparsamen Nutzer mit einer außenliegenden Obergeschoss-Wohnung mit einem Vielverbraucher –; der Vergleichsmaßstab beruht auf der irrigen Vorstellung, dass verbrauchsabhängige und verbrauchsunabhängige Kosten getrennt verteilt werden, nur so kann das Gutachten zu einem hohen prozentualen Anteil der verbrauchsabhängigen Kosten an den Gesamtheizkosten kommen; schließlich wird dieser Prozentanteil aus dem Jahresenergiebedarf des Hauses hergeleitet – wenn dieses Haus aber einen bestimmten Energiebedarf hat, steckt darin kein Einsparpotential, da die Energie aufgewendet werden muss, um den durch die Bauweise bedingten Bedarf zu decken –. Auch berücksichtigt das Gutachten nur die gesetzlichen **Wärmeschutzmaßnahmen** von 1977 und dann ab 2007, die Verordnungen von 1982 und 1994/1995 werden in die Untersuchung nicht einbezogen. Die in den Vorschlägen gemachte Grenze, die vom Verordnungsgeber aufgenommen wurde – 1994/1995 – wird daher durch die Untersuchung nicht gedeckt. Letztlich widerspricht sich das Gutachten selbst, indem es häufiger darauf verweist, dass eine Änderung des Verteilungsmaßstabes keinen wesentlichen Einfluss auf die Heizkosten hat, womit die Grundannahme der HeizkV – Energieeinsparung durch entsprechendes Nutzerverhalten – konterkariert wird (kritisch zu dieser Neuregelung auch Wall WuM 2009, 3 (5–6); Eisenschmid jurisPR-MietR 1/2009 Nr. 4 S. 10; Simons MM 2009, 291).

4. Erfassung der Rohrwärme, Abs. 1 S. 3, 4. a) Grundlagen. Mit dieser 31 Neuregelung soll die **Wärmeabgabe** durch **freiliegende ungedämmte Rohre** erfasst werden (für Einbeziehung auch der Wärmeabgabe von den im Estrich liegenden Rohren Faulhaber/Konzelmann/Schmidt HKA 2013, 13; Wien Heizungs-Journal Oktober 2013; ebenso AG Emmendingen WuM 2014, 727; AG Bayreuth WuM 2014, 728 mzustAnm Pfeifer S. 729. Dies widerspricht nicht nur dem eindeutigen Wortlaut der Norm, sondern auch deren Sinn: Bei freiliegenden Rohren kann der aufgedrängte Wärmebezug durch Erfassungsgeräte „gemessen", aber auch durch Dämmung beseitigt werden; daher eine analoge Anwendung auf im Estrich verlegte Rohre BGH WuM 2017, 320 mablAnm Wall, Pfeifer MietRB 2017, 209; zust. zB Wedel ZMR 2017, 720, ZMR 2020, 482. Damit sind vorangegangene entgegenstehende Entscheidung wie LG Ellwangen WuM 2016, 497, LG Dresden MietRB 2016, 220, überholt). Besonders in den Plattenbauten der ehemaligen DDR wurden die einzelnen Wohneinheiten planungsgerecht sowohl von Heizkörpern als auch den durchlaufenden entsprechend dimensionierten **vertikalen Wärmeleitungen** beheizt. Während die Heizkörper wohl durchaus abstellbar waren, hatte der einzelne Nutzer bei den Leitungsrohren diese Möglichkeit nicht (LG Berlin GE 2008, 269). Nach der sog. Wende fand zwar die HeizkV generell auch in den neuen Bundesländern Anwendung; die Heizkörper mussten mit Erfassungsgeräten ausgestattet sein. Diese **Erfassungsgeräte** (elektronische Verteiler oder Wärmemessgeräte, nicht aber die Verdunster) – erfassten aber nur die vom regulären Heizkörper abgegebene Wärme, mit dem Ergebnis, dass nur zwischen 7 % und 30 % (so im Fall des LG Gera WuM 2007, 511) der in die Wohnung fließenden Wärme einer verbrauchsabhängigen Heizkostenabrechnung zugrunde gelegt werden konnte. Deshalb schlossen die veröffentlichten Gerichtsentscheidungen einerseits die Zulässigkeit einer verbrauchsabhängigen Heizkostenabrechnung aus (so außer LG Gera WuM 2007, 511; LG Meiningen WuM 2003, 453; LG Mühlhausen WuM 2009, 234; AG München ZWE 2009, 94; LG Dresden WuM 2009, 292; LG Bonn ZMR 2013, 140; LG Berlin WuM 2013 mAnm Lammel WuM 2013, 600; aA Halle-Saalkreis ZMR 2006, 536), verteilten die Heizkosten andererseits nach dem Wohnflächenmaßstab (AG Brühl ZMR 2010, 883; AG Neuss ZMR 2013, 235) oder nach § 9a (so AG Bonn ZMR 2013, 384) und ließen zusätzlich das Kürzungsrecht nach § 12 Abs. 1 eingreifen (LG Neubrandenburg WuM 2011, 107).

32 Dieses Problem taucht auch bei den **horizontalen Leitungssträngen** für Heizungen auf, die nach dem Rietschel-Henneberg-System konstruiert sind. Zur Versorgung der einzelnen Heizkörper in den Nutzereinheiten werden rechteckige Profilrohre wie Fußleisten an den Innenseiten der Außenwände montiert. Diese Fußleistenheizungen geben also nicht nur über die Heizkörper, sondern zweckbedingt auch über die Leitungsrohre Wärme ab, wobei diese Rohre nicht abgestellt werden können (Peters S. 241). Das gleiche gilt für horizontale Einrohrheizungen. Generell führt die Wärmeabgabe durch die Wärmeleitungen dazu, dass erhebliche Verbrauchsspreizungen mit entsprechenden Kostenfolgen feststellbar sind: der Nutzer, der sich mit der Rohrwärme begnügt, zahlt mangels Erfassung praktisch keine Verbrauchskosten, der Nutzer, der seinen Heizkörper – wenn auch nur wenig – aufdreht, zahlt sehr hohe Verbrauchskosten, weil die in das Gebäude fließende Gesamtwärme nur auf die durch Heizkostenverteiler/Wärmesser erfasste Wärmeabgabe verteilt werden kann. Das zeigt sich besonders bei **Leerstand** von Wohnungen, in denen die Heizkörperventile zugedreht worden sind, weil die Rohrwärmeabgabe mindestens einen Frostschutz gewährleistet. Deshalb wurde der Wunsch geäußert, durch Regeln der Technik auch die Rohrwärmeabgabe zu erfassen (Wall WuM 2007, 420).

33 **Voraussetzungen** für die Erfassung der Rohrwärme sind **ungedämmte** Leitungen der Wärmeverteilung (→ Rn. 25) und eine wesentliche Abgabe von Rohrwärme. Nach Auffassung des Verordnungsgebers ist die Wesentlichkeitsgrenze dann erreicht, wenn zumindest 20 % des Wärmeverbrauchs nicht durch Ablesung verursachungsgerecht erfasst werden können, (Empfehlungen der Ausschüsse, BR-Drs. 570/1/08, 4, 5). Bevor mit den technischen Regelwerken gearbeitet wird, lässt sich dieser Wert ganz grob dadurch feststellen, dass die gemessenen Verbrauchseinheiten ins Verhältnis zum gesamten Wärmeverbrauch des Gebäudes gesetzt werden (Mügge/Schmid/Tritschler HLH 2008, (H. 11), 65; Wall WuM 2009, 7). Sinnvoller wäre es gewesen darauf abzustellen, dass die Wärmeleitungen konstruktionsbedingt mit dafür vorgesehen waren, für die Wärmeversorgung der Nutzungseinheit zu sorgen (→ Rn. 31, 32); deswegen werden

B. Verteilungsmaßstäbe § 7 HeizkV

wohl auch nur freiliegende Leitungen von der Vorschrift erfasst. Liegen die Voraussetzungen vor, **kann** der Wärmeverbrauch nach anerkannten Regeln der Technik bestimmt werden.

b) Berechnungen. Mit den **anerkannten Regeln der Technik** ist die Richtlinie VDI 2077, Blatt 3.5, „Verfahren zur Berücksichtigung des Rohrwärmeanteils" (jetzt von 2018) gemeint (BR-Drs. 570/08, 14). Diese enthält drei Verfahren zur Ermittlung des Rohrwärmeanteils: eine **messtechnische Ermittlung,** ein **Bilanzverfahren** und eine **rechnerische Ermittlung.** Bevor es aber zur Anwendung eines dieser Verfahren kommt, sollte genauer als durch das pauschale Verfahren (→ Rn. 33) festgestellt werden, ob die Rohrwärmeabgabe wesentlich ist. 34

Die Erfassungsrate (→ Rn. 33) stellt zwar eine wichtige Kennziffer für die Feststellung, ob die **Rohrwärmeabgabe wesentlich** ist, dar. Jedoch ist für eine niedrige Erfassungsrate die Rohrwärmeabgabe allein nicht verantwortlich, sondern diese Rate kann als weitere Ursachen einen hohen Aufwand bei der Wärmebereitstellung, einen zu niedrig angesetzten Anteil für die Warmwassererzeugung oder die nicht erfasste Wärmeabgabe in gemeinschaftlich genutzten Räumen (Treppenhäusern, Trockenräumen) haben (wobei diese nach § 4 Abs. 3 von der Pflicht zur Verbrauchserfassung ausgenommen sind). 35

Die Richtlinie enthält drei **Kriterien** zur Feststellung der **wesentlichen Rohrwärmeabgabe,** wobei sie sich unpräzise dahingehend äußert, dass bei Erreichen aller drei Kenngrößen die Anwendung eines der Verfahren „besonders empfohlen" wird. Daraus wird geschlossen, dass nicht alle drei Merkmale erfüllt sein müssen (so LG Dresden WuM 2013, 671). Das ist für die rechtliche Anwendung nicht haltbar: hierfür müssen exakte Tatbestandsmerkmale vorgegeben sein und nicht solche, die im Auswahlermessen des jeweiligen Anwenders liegen. Im Interesse der Rechtsklarheit sollten die Merkmale kumulativ vorliegen (so wohl auch Wall/Wall Rn. 5877a): Zunächst soll (das „sollen" in der Richtlinie stellt die Anwendungen dieser Kriterien nicht frei, sondern verpflichtet dazu, ansonsten sind die anderen Formeln nicht anwendbar) die **relative Erfassungsrate** für die Raumheizwärme ermittelt werden. Diese ergibt sich aus dem Verhältnis von der Erfassungsrate zur Basisempfindlichkeit des Erfassungsgerätes, wobei letztere das Verhältnis von Verbrauchseinheiten und Wärmemenge darstellt; die Erfassungsrate selbst wird berechnet aus der Summe der gemessenen Verbrauchseinheiten, bezogen auf den gesamten Heizwärmeverbrauch. Formelmäßig sieht das folgendermaßen aus: 36

$$r_W = \frac{\sum_{j=1}^{n} z_j}{Q_{HW} E_B}$$

wobei r_w der Verbrauchswärmeanteil ist, z_j der Verbrauchswert für die Nutzereinheit, Q_{Hw} der Wärmeverbrauch für die Raumheizung und E_B die Basisempfindlichkeit. Da letztere Empfindlichkeit als 1,0 angenommen werden kann (mangels eines genaueren Wertes), stellt sich der Verbrauchswärmeanteil schlicht als das Verhältnis von der Summe der erfassten Anteile zum Gesamtwärmeverbrauch (der in das Gebäude unter Abzug des Warmwasseranteils eingeflossen ist) dar. Als **Anwendungsgrenze** für die vorgeschlagenen Ermittlungsverfahren soll ein Verbrauchswärmeanteil von 0,34 oder größer vorliegen, wobei zwischen 0,34 und

189

HeizkV § 7 Verteilung der Kosten der Versorgung mit Wärme

0,43 und größer zwar Rohrwärme vorhanden, aber für die Abrechnung noch nicht kritisch ist. Das basiert einerseits auf den bereits erwähnten angenommenen 20 % (→ Rn. 33), andererseits auf Rechenoperationen, die bei der Berechnung des tatsächlichen Verbrauchswärmeanteils die relative Unsicherheiten (Verbrauchswerte, Nutzungsgrad, Anteil Heizenergie und Energieverbrauch) berücksichtigen; mit den entsprechenden Formeln erhält man die 0,34 (Mügge ua HLH 2008 (H. 11), 69). Denn „relative Verbrauchswärmeanteile von 0,43 sind aufgrund unerfasster Wärmeabgabe außerhalb der Nutzeinheiten und unter Berücksichtigung anlagespezifischer Einflussgrößen plausibel" (so RL S. 10), dh es liegt keine Rohrwärme vor. Zu berücksichtigende Rohrwärme muss nach diesen Berechnungen also 0,34 oder kleiner sein (was aus der Tabelle 2 der RL nicht unbedingt unmissverständlich hervorgeht).

37 Empirische Untersuchungen von Verbrauchswärmeanteilen, Verbrauchswerten und Erfassungsraten sowie Verbrauchsspreizungen haben ergeben, dass bei rohrwärmeabgabeverdächtigen Nutzungseinheiten einerseits eine große Aufspreizung des Verbrauchs, andererseits ein geringer oder nahezu verschwindender Verbrauch vorliegt (Mügge ua HLH 2008 (H.12) 41, 42). Das führte zu der Annahme **zweier** weiterer **Anwendungsgrenzen** für die vorgeschlagenen Verfahren: der Standardabweichung der normierten flächenbezogenen Verbrauchswerte und dem Anteil der Niedrigverbraucher, wobei diese Werte wohl miteinander korrelieren. Mit der Änderung 2018 wurde das Merkmal „Niedrigverbraucher" gestrichen.

38 Der **normierte flächenbezogene Verbrauchswert** setzt sich zusammen aus dem flächenbezogenen Verbrauchswert (= Verbrauchswerte einer Nutzeinheit, bezogen auf die Fläche als Umlagegröße), oder als Formel:

$$v_j = \frac{z_j}{A_j}$$

wobei v_j der flächenbezogene Verbrauchswert ist, z_j der Verbrauchswert der Nutzereinheit und A_j der Flächenmaßstab der Nutzungseinheit. Der normierte Verbrauchswert ($\hat{v}_j$) einer Nutzereinheit ist der Quotient des flächenbezogenen Verbrauchswertes v_j und dem Mittelwert der flächenbezogenen Verbrauchswerte der Abrechnungseinheit ($\bar{v}$) oder als Formel:

$$\hat{v}_j = \frac{v_j}{\bar{v}}$$

$$\bar{v} = \frac{1}{n} \sum_{j=1}^{n} v_j$$

Die aus diesen Formeln gewonnenen Werte werden dann in die Formel:

$$S_v = \sqrt{\frac{1}{n-1} \sum_{j=1}^{n} (\hat{v}_j - 1)^2}$$

eingesetzt, um damit die Standardabweichung festzulegen; diese wird hier mit ≥ 0,85 festgelegt.

B. Verteilungsmaßstäbe **§ 7 HeizkV**

Anstelle der Anwendung von zahlreichen Formeln könnte auf die analoge **39** Anwendung des § 9a Abs. 2 zurückgegriffen werden. Dieser Regelung liegt der allgemeine Satz zugrunde, dass ab einem bestimmten Anteil nicht erfassbarer Werte keine **verbrauchsabhängige Abrechnung** mehr sinnvoll ist. Liegt damit der erfasste Wärmeverbrauch unter 25%, ist insgesamt verbrauchsunabhängig abzurechnen (AG Schwäbisch-Gemünd MietRB 2020, 36 mit insoweit zust. Anm. Wall, WuM 2020, 481; für Schätzung nach § 9a Abs. 1: LG Karlsruhe WuM 2019, 149; für reinen Flächenmaßstab AG Flensburg WuM 2019, 827; AG Hersbruck WuM 2018, 30). Das hiergegen geltend gemachte Postulat einer verbrauchsabhängigen Abrechnung (so Wall Rn. 5863, der aber übersieht, dass das Verfahren nach VDI 2077, 3.5 auch zu einer verbrauchsunabhängigen Verteilung führt) wird von der HeizkV selbst bei einer derartig geringen Erfassungsrate nicht als durchgreifend erachtet. Der BGH hat eine derartige Analogie allerdings auf Grund einer reinen Wortlaut-Interpretation abgelehnt (BGH WuM 2020, 235).

Die Feststellung der **Anwendungsgrenzen** ist zu **dokumentieren,** um nach- **40** zuweisen, dass die angewendeten Verfahren auf den richtigen Voraussetzungen beruhen (AG Dresden WuM 2014, 338, verlangt technische Angaben in der Heizkostenabrechnung). Danach können die **drei** unterschiedlichen **Verfahren** zur Anwendung kommen, um die Rohrwärme zu erfassen: die messtechnische Ermittlung, das Bilanzverfahren und die rechnerische Ermittlung, wobei nur das erste Verfahren der bisher gewohnten Erfassungsform durch Heizkostenverteiler entspricht, während es sich bei den zwei anderen um eine ausschließlich rechnerische Ermittlung handelt.

Bei der **messtechnischen Ermittlung** werden Heizkostenverteiler an die wär- **41** meabgebenden Rohre in jeder Nutzeinheit angebracht (LG München I MietRB 2014, 211; LG Karlsruhe BeckRS 2014, 19774). Bei Einrohrheizungen mit vertikalen Strängen wird nur ein Verteiler an einem repräsentativen Rohr befestigt. Auch bei horizontalen Leitungen können Heizkostenverteiler verwendet werden; jeweils in einer Nutzungseinheit wird dieser bei 50 % der Rohrlänge angebracht. Die ermittelten Werte fließen dann unmittelbar in die Heizkostenabrechnung ein. Werden horizontale Einrohrheizungen mit Wärmezählern ausgestattet, gilt der von ihnen festgehaltene Wert unmittelbar für die betreffende Nutzungseinheit.

Beim **Bilanzverfahren** werden der gesamte Heizwärmeverbrauch und der **42** erfasste Verbrauch gegenübergestellt. Es dient nicht dazu, den Anteil der jeweiligen Nutzereinheit zu „erfassen", sondern den – in Bezug auf die Gesamtverbrauchswärme falschen – erfassten Wert zu korrigieren; für das Verfahren eignen sich keine Heizkostenverteiler nach dem **Verdunstungsprinzip,** und es braucht (naturgemäß) nicht angewendet zu werden, wenn Wärmezähler sowohl für die Heizkörper als auch die wärmeabgebenden Rohre eingesetzt sind. Zunächst ergibt sich daraus notwendigerweise, dass der tatsächliche (gemessene) Verbrauchswärmeanteil kleiner ist als der Korrekturwärmeanteil. Der Verbrauchswärmeanteil errechnet sich nach der Formel (→ Rn. 36); der Korrekturwärmeanteil stellt sich als Summe der korrigierten Verbrauchswerte dar dividiert durch den Gesamtwärmeverbrauch; als Formel:

$$r_{\mathrm{W}} = \frac{\sum_{j=1}^{n} z_j}{Q_{\mathrm{HW}} E_{\mathrm{B}}} \leq r_{\mathrm{W.korr}} = \frac{\sum_{j=1}^{n} z_{j.\mathrm{korr}}}{Q_{\mathrm{HW}} E_{\mathrm{B}}}$$

HeizkV § 7   Verteilung der Kosten der Versorgung mit Wärme

Die Grundverbrauchswärme, dh der nicht erfasste (Rohr-)Wärmeanteil, wird dann durch Abzug der erfassten Verbrauchsanteile von der Summe der korrigierten Verbrauchswerte ermittelt oder weiter durch Multiplikation der Grundverbrauchswärme mit dem Resultat aus dem Abzug (Korrektur-Verbrauchswärmeanteil minus Verbrauchswärmeanteil) und Empfindlichkeit des Messgeräts; als Formeldarstellung:

$$\sum_{j=1}^{n} z_{\text{GW},j} = \sum_{j=1}^{n} z_{j.\text{korr}} - \sum_{j=1}^{n} z_j = (r_{\text{W.korr}} - r_{\text{W}}) \cdot Q_{\text{HW}} \cdot E_{\text{B}}$$

Sind die Anwendungsgrenzen (→ Rn. 36–39) erfüllt, ist die Summe der Verbrauchswerte für die Grundverbrauchswärme (=Rohrwärme) einer Nutzereinheit dadurch zu ermitteln, dass nach der Subtraktion des Verbrauchswärmeanteils (→ Rn. 36) von dem Korrektur-Verbrauchswärmeanteil das Ergebnis mit dem Wärmeverbrauch für die Raumheizung und der Basisempfindlichkeit multipliziert wird, als Formel:

$$\sum_{j=1}^{n} z_{\text{GW},j} = E_{\text{B}} \cdot (r_{\text{W.korr}} - r_{\text{W}}) \cdot Q_{\text{HW}}$$

43 Bei der Abrechnung (= Einzelverteilung auf die jeweilige Nutzereinheit) wird dieses Ergebnis (aus → Rn. 42) schlicht flächenmäßig dadurch verteilt, dass das Ergebnis mit dem Verhältnismaßstab von Einzelfläche zu Gesamt(Gebäude-)Fläche multipliziert wird; wiederum als Formel:

$$z_{\text{GW},j} = \sum_{j=1}^{n} z_{\text{GW},j} \cdot \frac{A_j}{\sum_{j=1}^{n} A_j}$$

Noch komplizierter werden die Formeln, wenn die unterschiedlichen Rohrleistungen bzw. Rohrlängen berücksichtigt werden müssen. Diese errechneten Werte werden mit den an den Heizkörpern erfassten Werten zusammen in die jeweilige Heizkostenabrechnung eingestellt. **Kritisch** ist bei den Berechnungen zunächst anzumerken, dass der Korrekturfaktor ($r_{\text{w, korr}}$) 0,43 in der Richtlinie nicht näher erläutert ist (auch in dem Aufsatz HLH 2008, H.11, 69 nicht besonders deutlich). Darüber hinaus täuschen die Formeln eine Genauigkeit vor, die sie weder inhaltlich noch von den Verfassern beabsichtigt haben können bzw. sollen. (Im **Anhang** das Muster einer nach dem Bilanzverfahren erstellten Heizkostenabrechnung).

44 Das sog. **„rechnerische Verfahren"** bezieht die Rohrlängen, den Wärmedurchgangskoeffizienten und bei den ungedämmten freiliegenden Leitungen die längenbezogene Normwärmeleistung und die Normübertemperatur in die Berechnungen ein. In der Richtlinie (S. 15) heißt es dazu aber bescheiden: „Die jährliche Wärmeabgabe …kann mit guter Näherung…rechnerisch ermittelt werden". Angesichts der zahlreichen erforderlichen Messungen ist dieses Verfahren auch unter dem Gesichtspunkt der Wirtschaftlichkeit für die Anwendung in der mietrechtlichen Praxis nicht geeignet.

B. Verteilungsmaßstäbe **§ 7 HeizkV**

Der Verordnungsgeber hat die **Anwendung** der „anerkannten Regeln der 45
Technik", also dieder VDI 2077, Blatt 3.5, nicht zur Pflicht gemacht, sondern in
das **Ermessen** des Gebäudeeigentümers gestellt; er „kann" die Regeln anwenden;
das bedeutet aber auch, dass die Vorrangregelung § 2 hier nicht greift, auf diesem
Gebiet also vertragliche Vereinbarungen möglich sind. Ermessen rechtfertigt zwar
nicht willkürliches Verhalten, sondern verlangt eine pflichtgemäße Prüfung der
Anwendung. Eine Ermessensreduzierung auf Null, abhängig von der jeweiligen
(geringen) Erfassungsrate (so LG Leipzig WuM 2014, 30 mzustAnm Wall WuM
2014, 195; LG Landau ZWE 2014, 97; AG Bayreuth WuM 2014, 727; ähnlich
AG Düsseldorf ZMR 2013, 311;), übersieht, dass die niedrige Erfassungsrate erst
Tatbestandsvoraussetzung für das Ermessen ist (so Langenberg/Zehelein BetrKV
K Rn. 176); deshalb kann sie nicht das Ermessen reduzieren, sondern eröffnet es
erst (aA Wall/Wall Rn. 5866, 5869). Gerechtigkeitserwägungen mit Hinweis auf
die unterschiedlichen Kostenbelastungen (so Wall Rn. 5860, 5861) widersprechen
dem Ziel der HeizkV – Energieeinsparung – unabhängig von der jeweiligen
Kostenbelastung; außerdem wird entgegen den Intentionen der HeizkV der Vielverbraucher dadurch entlastet, der Wenigverbraucher hingegen belastet. Angesichts der Kompliziertheit des Verfahrens, der zu prognostizierenden Verständnisschwierigkeiten bei den – jedenfalls Wohnraum- – Nutzern und der daraus sich
ergebenden Gefahr von Prozessen, deren Kosten angesichts der Beiziehung von
Sachverständigen in keinem Verhältnis zum Streitwert stehen können, verstößt
die Nichtanwendung (abgesehen von den rechtlichen Bedenken, → Rn. 46 ff.)
des technischen Regelwerks nicht gegen billiges Ermessen (Schmid ZMR-Sonderheft HeizkV § 7 Ziff. 13; aA Wall WuM 2009, 9), insbesondere wenn bereits
die Voraussetzungen für eine formell ordnungsgemäße Rohrwärmeabrechnung
die einzelnen Tatbestandselemente der Berechnung aufweisen müsste (so AG
Dresden WuM 2014, 338; großzügiger hingegen AG Dresden 25.3.2014 – 140
C 4514/13, juris). Zwar hat der BGH unter teilweiser Abkehr von seiner Entscheidung aus dem Jahre 1981 (BGH NJW 1982, 573 (574) li. Sp.) im Jahre 2005
Verständnisprobleme, die auf Formeln der HeizkV beruhen, für unbeachtlich
erklärt (BGH WuM 2005, 579; noch weitergehend mit Bezug auf die gesamte
HeizkV BGH ZMR 2012, 345), dabei aber die verfassungsrechtliche Relevanz
des Problems verkannt: Der Rechtsunterworfene muss die Norm verstehen, um
sie befolgen zu können. Symptomatisch für die Verständnisprobleme mit dem
technischen Regelwerk ist die Äußerung von Wall: „Die Einzelheiten sind kompliziert, die Richtlinie ist durchsetzt von mathematischen Formeln. Die Zusammenhänge erschließen sich einem Außenstehenden nicht ohne weiteres" (WuM
2009, 7 li. Sp. unten); andere Bearbeiter der Novelle ersparen sich eine Auseinandersetzung mit dem Regelwerk (Peruzzo Heizkostenabrechnung Rn. 194;
Schmid ZMR-Sonderheft HeizkV § 7 Ziff. 12; Schubart/Kohlenbach/Wienicke
MietR/Bohndick HeizkV § 7 Anm. 4; Pfeifer GE 2009, 161, 3. Sp.; Haus&
Grund-Info DWW 2009, 38, IV Nr. 2; Paschke WuM 2010, 14 (15) re. Sp.).

c) Rechtliche Bedenken. Als **Verordnung** bedarf die HeizkV nach Art. 80 **46**
Abs. 1 GG eines Gesetzes als **Rechtsgrundlage** und muss sich formal und materiell an diese gesetzlichen Grenzen halten. Die Novelle von 2009 berücksichtigt
hingegen mit der Rohrwärmeregelung diese Vorgaben nicht; sie ist deshalb verfassungswidrig (aA LG Berlin WuM 2013, 227 unter Verkennung des Ziels der
Ermächtigungsgrundlage, Energie einzusparen; dieser Zweck wird nicht durch
die Verbrauchserfassung, sondern nur durch eine Verbrauchssteuerung erreicht.

HeizkV § 7 Verteilung der Kosten der Versorgung mit Wärme

Außerdem ist die Auslegung der Verweisungsnorm § 5 Abs. 3 EnEG formalistisch; da dort nicht auf **anerkannte Regeln der Technik** verwiesen wird, dürften diese bei der Rechtsanwendung überhaupt nicht eingesetzt werden; für Verfassungsmäßigkeit auch Wasser HKA 2010, 25; LG Karlsruhe BeckRS 2014, 19774). In formeller Hinsicht ist die Rechtsgrundlage für den Verweis auf das technische Regelwerk in **§ 5 Abs. 3 EnEG** zu sehen: „In den Rechtsverordnungen kann wegen technischer Anforderungen auf Bekanntmachungen sachverständiger Stellen unter **Angabe der Fundstelle** verwiesen werden". Materielle Rechtsgrundlage für die gesamte HeizkV ist **§ 3a EnEG (jetzt § 6 Abs. 1 GEG):** „Die Bundesregierung wird ermächtigt, durch Rechtsverordnung mit Zustimmung des Bundesrates vorzuschreiben, dass 1. der Energieverbrauch der Benutzer von heizungs- oder raumlufttechnischen oder der Versorgung mit Warmwasser dienenden gemeinschaftlichen Anlagen oder Einrichtungen **erfasst** wird, 2. die Betriebskosten dieser Anlagen oder Einrichtungen so auf die Benutzer zu verteilen sind, dass dem **Energieverbrauch der Benutzer Rechnung getragen wird**".

47 In der **formellen Rechtsgrundlage** § 5 Abs. 3 EnEG (jetzt § 7 Abs. 1 GEG) wird zweierlei verlangt: einmal die Bekanntgabe sachverständiger Stellen, zum anderen die Angabe der Fundstelle. Bereits diese Ermächtigungsgrundlage im EnEG ist unsauber gearbeitet; denn der ausdrücklich als Vorbild genannte § 7 Abs. 5 BImschG (BT-Drs. 8/3924, 7, unter IV Ziff. 2) verlangt „jedermann zugängliche Bekanntmachungen", weiter ist das „Datum der Bekanntmachung anzugeben und die Bezugsquelle genau zu bezeichnen", und „die Bekanntmachung <ist> bei dem Deutschen Patentamt archivmäßig gesichert niederzulegen und in der Rechtsverordnung darauf hinzuweisen". Hierbei handelt es sich nicht um zu vernachlässigende Formalien, sondern um das Erfordernis eines **Grundprinzips** der **demokratischen Rechtsetzung,** nämlich der **Offenkundigkeit** des erlassenen Rechtsaktes.

48 Bereits die minimale Forderung in § 3 Abs. 3 EnEG (§ 7 Abs. 1 GEG) wird nicht erfüllt; die Fundstelle der VDI 2077 wird nicht angegeben, abgesehen davon, dass diese Richtlinie angesichts der **Erwerbskosten** nicht jedermann zugänglich ist. Darüber hinaus ist es aus verfassungsrechtlichen Gründen erforderlich, dass die technische Norm, auf die verwiesen wird, namentlich in der Verordnung bezeichnet wird; denn nur auf diesem Wege kann davon ausgegangen werden, dass der Verordnungsgeber die technische Norm in seinen Willen aufgenommen hat (Giesberts/Reinhardt/Enders BImschG § 7 Rn. 23). Auch dieses Element fehlt in § 7.

49 Schließlich ist die sog. **dynamische Verweisung** dergestalt, dass auf die jeweils geltende Fassung einer irgendwie einschlägigen technischen Norm Bezug genommen wird, unzulässig (BVerfG NJW 1984, 1225; weitere Nachweise Giesberts/Reinhardt/Enders BImschG § 7 Rn. 23). Daran ändert die „Kann"-Regelung nichts (aA LG Karlsruhe JMRRS 2014, 1166), weil es auf die Verweisung und nicht auf die Anwendung im konkreten Fall ankommt. Die Legislative darf die ihr obliegenden Aufgaben nicht auf demokratisch nicht legitimierte Institutionen übertragen. Das bedeutet für § 7, dass nur die Fassung in die Rechtsverordnung hätte inkorporiert werden können, die zum Zeitpunkt des Erlasses der Verordnung schon existent gewesen ist (Giesberts/Reinhardt/Enders BImschG § 7 Rn. 23). Dieses Erfordernis konnte § 7 schon deshalb nicht erfüllen, weil die novellierte HeizkV am 1.1.2009 in Kraft getreten ist, während das Beiblatt zu VDI 2077 erst im März 2009 in seiner endgültigen Fassung veröffentlicht worden ist. Hinzu kommt, dass ab Juli 2014 eine Überprüfung und Neufestlegung der Anwendungs-

B. Verteilungsmaßstäbe **§ 7 HeizkV**

bedingungen stattfindet, wodurch die Rechtssetzung völlig auf den VDI-Ausschuss (einem privatrechtlich organisierten Verein) verlagert würde.

Letztlich erscheint es **zweifelhaft,** ob die Ermächtigung in § 5 Abs. 3 EnEG 50 (§ 7 Abs. 1 GEG) dahingehend verstanden werden darf, dass die **Rechtsanwendung** selbst nach **Berechnungsformeln** erfolgt. Denn in dem Ausschussbericht zu dieser Vorschrift wird beispielhaft auf die Ausarbeitung der DIN 4713 verwiesen (BT-Drs. 8/3924, 7). Diese enthält aber nur in Abschnitt 5 Vorgaben für eine verbrauchsabhängige Heizkostenabrechnung, während sich die anderen insgesamt 5 Abschnitte mit den einsetzbaren Erfassungsgeräten beschäftigen, so dass die Vermutung berechtigt erscheint, die in Bezug genommenen technischen Anforderungen haben sich – dem Wortlaut entsprechend – auf die „technische" Ausgestaltung der Geräte erstreckt und nicht auf das Rechenwerk selbst für die Heizkostenabrechnung.

Materiell ermächtigt § 3a Nr. 1 EnEG (§ 6 Abs. 1 Nr. 1 GEG) zur **Erfassung** 51 des Energieverbrauchs, nicht aber zu dessen **Berechnung.** Zwar bestimmt § 7 Abs. 1 S. 4, dass die nach S. 3 berechneten Werte als „erfasster Verbrauch" zu berücksichtigen sind. Für diese Festlegung fehlt es einerseits an einer gesetzlichen Ermächtigung; andererseits ist der Ermächtigte nicht berechtigt, die Erfüllung der Voraussetzungen einer Ermächtigungsnorm selbst festzulegen.

Nach der Ermächtigungsnorm § 3a Nr. 2 EnEG (§ 6 Abs. 1 Nr. 2 GEG) sind 52 die Kosten so zu **verteilen,** dass dem Energieverbrauch Rechnung getragen wird. Damit ist nach den Materialien vom Nutzer **willentlich** zu **steuernder,** und nicht ihm aufgedrängter Verbrauch gemeint (auf dieses Problem der unerwünschten Zwangs-Erwärmung wurde bereits bei der Novelle 1989 hingewiesen). Diese Zielsetzung wird durch § 11 Abs. 1 Nr. 1c bestätigt, wonach diese VO auf solche Räume nicht angewendet werden muss, in denen die Nutzer den Wärmeverbrauch nicht beeinflussen können. Bei der Rohrwärme ist diese **Steuerungsmöglichkeit** entsprechend der Anwendungsdefinition in der VDI 2077 und auf Grund der technischen Gegebenheiten **ausgeschlossen;** ein evtl. mögliches komplettes An- und Abschalten der Rohrwärmezufuhr stellt keine „Regulierung" in diesem Sinne dar. Die Regulierung an den Heizkörpern ändert daran nichts, da diese nur für einen geringen Anteil am Wärmeverbrauch verantwortlich sind. Denn die VDI 2077 will gerade Fälle erfassen, in denen der Rohrwärmezufluss zwischen 60 und 70 % beträgt, also gerade keinen Ausnahmefall mehr darstellen.

Schließlich darf im materiellen Bereich nicht übersehen werden, dass § 3a 53 EnEG (§ 6 Abs. 1 GEG) eine **Zwangsregelung** enthält; denn nach der Vorschrift **ist** der Verbrauch zu erfassen und zu verteilen. Damit nicht zu vereinbaren ist die **„Kann"**-Regelung in § 7 Abs. 1 S. 3, die es in das Ermessen der Gebäudeeigentümer stellt, ob die Erfassung nach dieser Regelung verteilt wird oder nicht. Der **BGH** (NZM 2015, 589) hat diese Argumentationen allerdings für **nicht durchgreifend** angesehen und hegte keine verfassungsrechtlichen Bedenken. Dessen Bezugnahme auf den Kalkar-Beschluss des BVerfG (NJW 1978, 1475) übersieht, dass es dort um die Festlegung eines technischen Tatbestandes ging, hier jedoch zu einer drittbezüglichen Handlung ermächtigt wird.

Letztlich ist die Formel im Hinblick auf § 6 Abs. 4 S. 3 **rechtlich unbrauch-** 54 **bar.** Denn die Änderung bzw. Festlegung eines Abrechnungsmaßstabes ist nur für künftige Abrechnungszeiträume zulässig. Das ist mit der Formel jedenfalls des Bilanzverfahrens nicht zu erreichen. Denn die Feststellung der drei Voraussetzungen für deren Anwendung (→ Rn. 36–39) ist nur nachträglich nach Ablauf einer Abrechnungsperiode möglich. Dann hat aber die neue Abrechnungsperiode

HeizkV § 7 Verteilung der Kosten der Versorgung mit Wärme

bereits begonnen, so dass die Abrechnung nach der Formel frühestens für die übernächste Abrechnungsperiode stattfinden könnte. Das hängt aber davon ab, dass sich die den Voraussetzungen zugrundeliegenden Tatbestände inzwischen nicht geändert haben. Und dies kann wiederum erst nach Ablauf der Periode festgestellt werden. Haben sie sich geändert, werden die Voraussetzungen also nicht erfüllt, kann die Formel – obwohl möglicherweise vor Jahresfrist angekündigt – wiederum nicht angewendet werden. Nur wenn keine Änderung eingetreten ist, kann nach der Formel abgerechnet werden.

55 **d) Praxistipp.** Aus der Fülle der Bedenken gegen die Neuregelung ergibt sich, dass die Frage der Erfassung der Rohrwärme nicht durch die HeizkV beantwortet werden kann bzw. darf. Vielmehr sollte die Verbrauchsverteilung im Vereinbarungswege (§ 556a Abs. 1 S. 1 BGB) geregelt werden. Vorzuschlagen ist ein **Verzicht auf die Rechenoperationen** und die Durchführung einer gespaltenen Verteilung: sofern Erfassungsgeräte angebracht sind (was dann auch für das messtechnische Verfahren, → Rn. 41, gilt), ist nach diesen Geräten entsprechend der HeizkV abzurechnen. Sind keine Erfassungsgeräte angebracht, was in der Praxis wohl überwiegend für die Rohrwärme gilt, könnte diese nach dem Flächenmaßstab verteilt werden. Hierbei wäre die zu verteilende Rohrwärme dergestalt zu ermitteln, dass von dem Gesamtwärmeverbrauch, also der Wärme, die in die Wärmeleitungen eingespeist wird, die erfassten Anteile der Heizkörper abgezogen werden. Den sich ergebenden Rest bildet die nicht erfasste Rohrwärme und wird nach dem Flächenmaßstab verteilt. Lässt sich das Abzugsverfahren nicht durchführen, bleibt insgesamt nur die Verteilung nach dem Flächenmaßstab übrig in der Erkenntnis, dass die HeizkV nicht zur Lösung sämtlicher heiztechnischer Verbrauchsprobleme geeignet ist. Unkompliziert ist die Rohrwärmeabgabe zu erfassen und zu verteilen durch Wärmezähler, die jeweils am Eingang und Ausgang einer Nutzungseinheit angebracht werden. Technisch ist zu bedenken, dass die Heizkostenverteiler nach dem Verdunstungsprinzip durchaus auch die Problematik der Rohrwärmeabgabe erfassen und zu einer sachgerechten Verteilung führen.

56 **5. Berechnung.** Die **Gesamtkosten der Heizungsanlage** werden zunächst nach dem gewählten Maßstab in einen verbrauchsabhängigen und einen nicht verbrauchsabhängigen Teil **getrennt**. Der verbrauchsabhängige Teil wird danach durch die Gesamtsumme der erfassten Verbrauchsanteile des Gebäudes dividiert und das Ergebnis für den einzelnen Nutzer mit dessen individuell erfassten Verbrauchswerten multipliziert. Das so ermittelte Ergebnis stellt die verbrauchsabhängig berechneten Kosten des Raumnutzers dar.

IV. Grundkosten

57 Der von der Gesamtsumme der Heizkosten für das abzurechnende Gebäude übrig gebliebene Betrag wird nach einem festen Schlüssel verteilt. Wenn die HeizkV hinsichtlich dieser Kosten von „übrigen Kosten" spricht, ist das insoweit missverständlich, als die zu verteilenden Kosten nicht nach ihrem Entstehungsgrund aufgeteilt, sondern lediglich **rechnerisch verteilt** werden. Die Höhe der sog. Grundkosten oder verbrauchsunabhängigen Kosten bestimmt sich daher allein danach, wie hoch der Verbrauchskostenanteil an den Gesamtkosten ist. Die Grundkosten können daher variieren zwischen 30 % und 50 % der Gesamtkosten; liegt eine Vereinbarung nach § 10 vor, so kann ihr Anteil an den Gesamtkosten zwischen 29 % und 0 % betragen.

B. Verteilungsmaßstäbe **§ 7 HeizkV**

1. Festlegung der Maße. Für diesen **Festkostenanteil** stellt die HeizkV 58
raummaßbezogene Schlüssel zur Verfügung. Sie können verteilt werden nach
der Größe von Wohn- oder Nutzfläche oder des umbauten Raumes; sie können
aber auch verteilt werden nach den jeweiligen Maßen der beheizten Räume. In
der HeizkV findet sich kein Anhaltspunkt dafür, welche Berechnungsweise der
Feststellung der Raummaße zugrunde gelegt werden soll (Schmid CuR 2013, 10
(12)). In Betracht kommen hierfür die Festlegung der Raumgröße im jeweiligen
Nutzungsvertrag, die Berechnung nach den §§ 2–4 WoFlV oder nach der inzwischen überholten DIN 283 Blatt 2. Auf jeden Fall muss für die gesamte Abrechnungseinheit, die von einer Heizungsanlage versorgt wird, eine **einheitliche
Berechnungsart** für die Feststellung der Raummaße gewählt werden, da bei
Anwendung unterschiedlicher Berechnungsweisen unterschiedliche Raumgrößen
entstehen können.

Die Angaben im Nutzungsvertrag können daher nur in den Fällen als Maßstab 59
Verwendung finden, wenn sie in allen Verträgen enthalten sind und es sich bei
ihnen nicht lediglich um ungefähre (ca.-)Werte handelt, wie es oft bei Wohnraummietverträgen der Fall ist. Der **BGH** sieht dies für das Mängelrecht zwar anders
(BGH NZM 2004, 456); mit der Beifügung des „ca." zur Flächenangabe haben
die Parteien aber nach dem allgemeinen Sprachverständnis (ca. = ungefähr, etwa)
gerade zum Ausdruck gebracht, dass keine genauen Maße vorliegen. Enthält hingegen jeder Nutzungsvertrag eine genaue Größenangabe über die genutzten
Räume, kann diese der Abrechnung zugrunde gelegt werden, selbst wenn sie mit
der tatsächlichen Größe nicht übereinstimmen sollte (aA AG Hamburg WuM
1996, 778; AG Berlin-Spandau GE 2010, 277). Denn die vertragliche Vereinbarung der Parteien geht insoweit vor. Eine Abänderung nur für eine Nutzungseinheit entsprechend den tatsächlichen Raummaßen kommt nicht in Betracht, da
hiervon infolge der Veränderung des Verhältnisanteils an der Gesamtfläche auch
die übrigen Nutzer betroffen werden. Diese Abhängigkeit übersieht der **BGH,**
der den vereinbarten qm-Umlegungsmaßstab nur gelten lassen will, wenn er nicht
mehr als 10 % von den tatsächlichen Maßen abweicht (BGH WuM 2007, 700 =
ZMR 2008, 38 mAnmSchmid; AG Berlin-Spandau GE 2009, 723; zu den daraus
folgenden Problemen auch Lützenkirchen ZMR 2009, 895, dem aber in der
Annahme wohnungsspezifischer Umlagemaßstäbe nicht zu folgen ist, weil es sich
stets um eine Verhältnisrechnung [und nicht um absolute Zahlen] handelt und
diese Verhältnisse nicht unterschiedlich gebildet werden können). Wird von einem
Nutzer eine Veränderung des vertraglich festgelegten Flächenmaßes verlangt, müssen sämtliche Nutzer der Abrechnungseinheit ebenfalls für die von ihnen genutzten Räume eine Abänderung bzw. **Neuvermessung** durchführen lassen, um zu
einem einheitlichen Maßstab zu gelangen. Angesichts dieser Abhängigkeit vom
individuellen Verhalten der Nutzer ist der vertraglich vereinbarte Flächenmaßstab
nur in sehr kleinen Abrechnungseinheiten annehmbar.

In großen Einheiten ist dagegen die **messtechnische Festlegung** der Raum- 60
größen vorzuziehen (dh der tatsächlichen Größe, so auch Börstinghaus Flächenabweichungen Rn. 907). Die in der HeizkV enthaltenen Maßstäbe orientieren sich
ersichtlich an den vergleichbaren Regelungen für preisgebundenen Wohnraum in
der NMV 1970 (§ 20 Abs. 2). Deshalb ist es angebracht, für die Berechnung der
Wohnfläche oder des umbauten Raumes auf die dortigen detaillierten Vorschriften
zurückzugreifen. Wegen der Auswirkungen auf die Gesamtheit der Nutzer kann
der Einzelvereinbarung eines Berechnungsmaßstabes nicht der Vorrang eingeräumt werden (anders wiederum BGH WuM 2009, 514, zunächst für das **Minde-**

HeizkV § 7 Verteilung der Kosten der Versorgung mit Wärme

rungsrecht). Dagegen ist es unter dem Gesichtspunkt der Rechtssicherheit nicht angezeigt, für die Berechnung der Wohnfläche jeweils auf die Umstände des Einzelfalles abzustellen (so für das **Mieterhöhungsverfahren** nach dem früheren MHG BayObLG WuM 1983, 254); die Bewertung des Einzelfalles kann jedoch bei der Wahl des Flächenmaßstabes nach Wohnfläche oder beheizbarer Fläche eine Rolle spielen. Die Wohnfläche ist nach den §§ 2–4 WoFlV zu berechnen; angesichts dieser Berechnungsvorschriften erscheint eine (Auf-)Rundung der Maße unzulässig (aA AG Köln HKA 2001, 35). Allerdings sollten die in § 2 Abs. 1 Nr. 2 WoFlV aufgezählten Flächen (Balkone, Loggien, Dachgärten, Terrassen) nicht einbezogen werden (nach § 4 Nr. 4 WoFlV zwischen ¼ oder ½), da sie weder unmittelbar noch mittelbar beheizt zu werden pflegen. Der umbaute Raum kann nach Anlage 2 zur II.BV bestimmt werden. Handelt es sich bei den genutzten Räumen um Gewerberäume, so ist nicht die Wohn-, sondern die Nutzfläche unter entsprechender Anwendung der II. BV zu ermitteln.

61   Schließlich können die Grundkosten noch verteilt werden nach dem Verhältnis der Wohn-/Nutzfläche bzw. des umbauten Raumes der beheizten Räume zum Gesamtobjekt. Maßgebend sind hier entgegen dem Wortlaut der HeizkV nicht nur die beheizten Räume, dh diejenigen, die mit Heizkörpern ausgestattet sind, sondern insgesamt die **beheizbaren Räume.** Darunter sind alle Räume zu verstehen, die von den vorhandenen Heizquellen unmittelbar oder mittelbar erfasst werden, § 3 Nr. 4 GEG. Das spielt insbesondere bei innenliegenden Fluren, Dielen oder Abstellräumen eine Rolle, in denen selbst kein Heizkörper vorhanden ist, die aber von den umliegenden Räumen mit Wärme versorgt werden (Kreuzberg/Wien Heizkostenabrechnung-HdB/von Brunn/Alter S. 239); das gleiche gilt für den völlig nach außen abgeschlossenen Wintergarten, der zwar überwiegend durch die Sonne erwärmt werden soll, der aber auch im Bedarfsfall durch Offenstehenlassen der Zugangstür mittelbar Wärme aus der Heizungsanlage beziehen kann.

62   Bei der Festlegung der beheizbaren Räume kommt es **nicht** auf die **individuelle Handhabung** des Nutzers an (LG München WuM 1988, 310; AG Köln WuM 1987, 361), sondern auf die bauliche Ausgestaltung. Können also innenliegende Räume von den sie umgebenden Räumen mit beheizt werden, gehören sie zu den beheizbaren Räumen im Sinne der HeizkV unabhängig davon, ob der jeweilige Nutzer einen Wärmeübergang vornimmt oder nicht. Auszuscheiden aus den beheizbaren Räumen sind daher vor allem jene Räume, die bestimmungsgemäß nicht erwärmt zu werden pflegen, wie Balkone, Loggien, Speisekammern, Geräteräume (für Versorgungsleitungen). Sind die beheizten Räume des jeweiligen Nutzers festgelegt worden, errechnet sich ihre Fläche bzw. ihr umbauter Raum ebenfalls nach den Vorschriften der WoFlV bzw. der II.BV.

63   **2. Wahl des Maßstabes.** Die Wahl des Maßstabes für die verbrauchsunabhängige Verteilung hat ebenfalls gemäß § 315 BGB nach **billigem Ermessen** zu erfolgen. Sie erstreckt sich allerdings nur auf die in § 7 Abs. 1 enthaltenen Kriterien (Fläche – umbauter Raum bzw. beheizte Fläche – beheizter umbauter Raum), nicht auf die Berechnung der Flächen/Räume. Ob die Fläche oder der umbaute Raum als Maßstab gewählt wird, richtet sich danach, ob die genutzten und abzurechnenden Räume weitgehend dieselbe Höhe haben. Bei unterschiedlichen Raumhöhen in zahlreichen Räumen (insbesondere in Altbauten mit eingezogenen Zwischendecken) wird es sich empfehlen (wegen des höhebedingt unterschiedlichen Wärmebedarfs), diesen Unterschieden durch die Wahl des umbauten Raumes als Verteilungsmaßstab Rechnung zu tragen. Ist dagegen die Raumhöhe

B. Verteilungsmaßstäbe § 7 HeizkV

weitgehend gleich, mit Ausnahme weniger Räume, etwa im Dachgeschoss oder im Kellergeschoss, braucht sich die Auswahl des Verteilungsmaßstabes nicht an diesen wenigen Ausnahmen zu orientieren (LG Hamburg WuM 1987, 89), sondern kann die Grundfläche als Maßstab nehmen. Das Tatbestandsmerkmal des billigen Ermessens darf sich also nach der **Mehrheit der Nutzer** richten und braucht nicht jeden Einzelfall zu berücksichtigen.

Die Auswahl unter den Maßstäben Fläche/umbauter Raum oder beheizte Fläche/beheizter umbauter Raum hängt davon ab, ob **nicht beheizte Räume** in relevanter Zahl vorhanden sind (AG Hamburg WuM 1987, 230). Sind die Heizkosten eines Gebäudes zu verteilen, das keine außenliegenden Nutzflächen aufweist, wie es insbesondere bei gewerblich genutzten Räumen der Fall sein kann, kann die Gesamtfläche als Verteilungsmaßstab zugrunde gelegt werden. Sind dagegen Kosten für Nutzereinheiten zu verteilen, die jeweils zB mit Balkonen versehen sind, ist die beheizte Fläche bzw. der beheizte umbaute Raum als Maßstab zu wählen. Die Wahl der Gesamtfläche, zu der gemäß § 4 Nr. 4 WoFlV auch ein Viertel bis zur Hälfte der Fläche von **Balkonen,** Dachgärten, Loggien oder Terrassen eingerechnet werden kann, entspricht nicht mehr billigem Ermessen (AG Münster WuM 1983, 207; AG Berlin-Pankow/Weißensee MM 2008, 299; LG Berlin GE 2011, 1683). Denn es wird ein Kriterium gewählt, das keinerlei Beziehung zur abzurechnenden Heizleistung hat. Die genannten Räume haben keinen Einfluss auf den Verbrauch von Wärme, ihre Grundfläche gibt keinen Anhaltspunkt dafür, ob viel oder wenig Heizenergie benötigt wird (deshalb ist die Entscheidung OLG Hamm NJW 1984, 984 nicht einschlägig, die die Anwendung des Flächenmaßstabes bei verbrauchsabhängigen Nebenkosten grundsätzlich gebilligt hat). 64

Eine Ausnahme von dem grundsätzlichen Ausschluss solcher Flächen in die **Flächenberechnung** wird nur dort gelten, wo sich ihre Einbeziehung nicht auswirkt. Das ist der Fall, wenn alle Freiflächen eines Gebäudes gleich groß sind; denn hier führt die Mitberücksichtigung der Freiflächen zu einer entsprechend prozentual höheren Belastung pro Quadratmeter (LG Köln WuM 1987, 359). Bei ungleicher Ausstattung des Gebäudes mit freiliegenden Nutzflächen sind diese bei der Wahl des Maßstabes nicht zu berücksichtigen (AG Hamburg WuM 1987, 230). 65

In die danach anzusetzende Fläche der beheizten Räume sind aber nicht nur die nach der WoFlV einzubeziehenden Räume einzurechnen, sondern auch die Flächen jener **Nebenräume,** die mit einem Heizkörper versehen sind und daher beheizt werden können (zB der einzelnen Nutzereinheit zugeordnete Trockenräume, Hobbyräume, Einzelgaragen), soweit es sich hierbei nicht um Gemeinschaftsräume handelt (Sternel PiG 23 (1986), 74). 66

In die Gesamtfläche der beheizten Räume sind ferner diejenigen Räume einzubeziehen, die **leer stehen.** Würden die Maße dieser Räume von der Gesamtfläche abgezogen, würde sich der Anteil der übrigen Nutzer prozentual erhöhen, und sie müssten den evtl. Ausfall von Nutzungsentgelt für den Gebäudeeigentümer zumindest teilweise durch einen erhöhten Heizkostenanteil mit tragen (LG Cottbus WuM 2007, 323; Peruzzo Heizkostenabrechnung Rn. 202). Diese Risikoverlagerung der Nichtnutzung von Räumen auf die übrigen Nutzer ist unzulässig (Sternel MietR III 408), die auf die leerstehenden Räume entfallenden Kostenanteile muss der Gebäudeeigentümer selbst tragen (Pfeifer Taschenbuch 1986, 49; Langenberg/Zehelein BetrKostR F Rn. 167; AG Köln WuM 1998, 290; OLG 67

199

Hamburg WuM 2001, 343; BGH NJW 2003, 2902; WuM 2004, 150; aA LG Halle ZMR 2006, 210).

68   **3. Berechnung.** Der durch die Wahl des Verteilungsschlüssels von den Gesamtkosten übrigbleibende Restbetrag wird danach durch die **Gesamtsumme** des gewählten festen Maßes des Gebäudes (Fläche oder umbauter Raum) dividiert, der sich hieraus ergebende Einzelwert mit dem auf den jeweiligen Nutzer entfallenden Maßanteil (seine Fläche oder sein umbauter Raum) multipliziert. Die Summe ergibt die sog. **verbrauchsunabhängigen Kosten.**

C. Kosten des Betriebs

I. Reichweite der Aufzählung

69   § 7 Abs. 2 enthält eine **Aufzählung** derjenigen **Kosten,** die in die Abrechnung über die Kosten des Betriebs der zentralen Heizungsanlage einbezogen werden dürfen. Diese Aufzählung ist **abschließend** in dem Sinne, dass keinesfalls nicht in ihr enthaltene Kosten in die Heizkostenverteilung aufgenommen werden dürfen (BGH WuM 2009, 115). Bei entsprechender vertraglicher Vereinbarung ist es dagegen zulässig, weitere Kosten, die im Zusammenhang mit dem Betrieb der Heizungsanlage stehen, aber nicht in Abs. 2 aufgeführt sind (zB Öltankversicherung), außerhalb der Heizkostenabrechnung in der gesonderten Abrechnung über die sonstigen Nebenkosten auf die Nutzer zu verteilen. Die Aufzählung in Abs. 2 schließt ferner nicht aus, dass darin enthaltene Kostenfaktoren vom Gebäudeeigentümer nicht in die Verteilung einbezogen werden. Er ist mithin nicht gezwungen, alle anfallenden Kosten zu verteilen.

70   Umstritten ist, ob der Gebäudeeigentümer zur **Verteilung sämtlicher** in Abs. 2 aufgezählter **Kosten** auch dann berechtigt ist, wenn der **Nutzungsvertrag** keine oder nur eine **eingeschränkte Umlegung** solcher Kosten vorsieht. Dazu wird hier die Auffassung vom grundsätzlichen **Vorrang** der **vertraglichen Regelungen** vertreten (im Einzelnen dazu → HeizkV § 2 Rn. 33, 34). Denn für den Zweck der HeizkV, Einschränkung des Verbrauchs von Heizenergie durch Kenntlichmachung des individuellen Verbrauchs, ist nicht unbedingt erforderlich, dass auch die in Abs. 2 enthaltenen sonstigen Kosten (außer den reinen Verbrauchskosten) auf den Nutzer umgelegt werden. Abs. 2 enthält insoweit lediglich eine Aufzählung derjenigen Kosten, die unter der Rubrik Heizkosten verteilt werden können, sagt aber nichts darüber aus, ob sie im Einzelfall auch auf die Nutzer verteilt werden dürfen. Das regelt sich nach dem Nutzungsvertrag (Lefèvre, S. 126; Leiß MM 2003, 459; Glause WuM 2003, 377; aA Glaser Sammelheizung S. 60; Lützenkirchen HeizkV § 7 Rn. 40).

71   Für die **Verteilungsfähigkeit** einzelner Kosten sind folgende Fallgestaltungen zu unterscheiden: Unproblematisch ist die Befugnis des Gebäudeeigentümers, alle in Abs. 2 aufgeführten Kosten zu verteilen, wenn ihre Umlagefähigkeit durch eine entsprechende Einzelaufzählung im Nutzungsvertrag enthalten ist. Das gleiche gilt für den Fall, dass für den Umfang der in die Abrechnung einzubeziehenden Kosten pauschal entweder auf die HeizkV oder auf die BetrKV (früher Anlage 3 zu § 27 II. BV) verwiesen wird (für die II.BV BayObLG NJW 1984, 1761), da sich § 2 Nr. 4 BetrKV und § 7 Abs. 2 insoweit entsprechen (mit Ausnahme der neu eingefügten Verbrauchsanalyse, die aber durch die Novelle 2021 durch die Informationspflichten nach § 6a ersetzt worden ist dazu → Rn. 115–117).

C. Kosten des Betriebs § 7 HeizkV

Problematisch wird die Handhabung, wenn der Vertrag zwar einen derartigen **72** **pauschalen Hinweis** enthält, daneben aber noch **einzelne,** aber nicht alle **Kosten** des Abs. 2 **aufzählt.** Ist diese Aufzählung nicht als lediglich beispielhaft und nicht abschließend gekennzeichnet (zB durch „usw.", „etc", „u.a."), kann aus ihr geschlossen werden, dass nur die aufgezählten Kosten aus der HeizkV verteilt werden dürfen (LG Frankfurt a. M. WuM 1986, 93; offengelassen in OLG Karlsruhe NJW-RR 1986, 92). Denn die Aufzählung konkretisiert insoweit den pauschalen Verweis auf die HeizkV bzw. die BetrKV (früher II. BV). Fehlt ein solcher pauschaler Verweis und sind lediglich einzelne Kosten aus dem Katalog des Abs. 2 im Nutzungsvertrag aufgeführt, dürfen auch nur diese Kosten in die Heizkostenverteilung einbezogen werden, unabhängig davon, ob der Vertrag vor oder nach Inkrafttreten der HeizkV abgeschlossen worden ist.

Die vielfach in Nutzungsverträgen enthaltene Klausel über einen **Änderungs- 73 vorbehalt** („Tritt durch Erhöhung oder Neueinführung von Betriebskosten eine Mehrbelastung des Gebäudeeigentümers ein, ist der Nutzer verpflichtet, den entsprechenden Mehrbetrag vom Zeitpunkt der Entstehung an zu zahlen") stößt zunächst auf grundsätzliche Bedenken nach § 307 BGB (MüKoBGB/Wurmnest § 309 Nr. 1 Rn. 17; OLG Köln NJW-RR 1995, 758), da sie einem völlig unbestimmten Leistungsänderungsvorbehalt gleichkommt (s. auch für das Wohnraummietrecht OLG Celle WuM 1990, 103 (108)). Außerdem stellt die Umlage nicht aufgezählter Heiznebenkosten weder eine Erhöhung noch eine Neueinführung von Betriebskosten dar. Denn von einer Neueinführung kann nur dort gesprochen werden, wo sie unabhängig vom **Willen des Gebäudeeigentümers** eintritt (zB Immissionsmessung nach dem BImschG); von einer Erhöhung nur dort, wo sie unabhängig vom Nutzerverhalten erfolgt (zB Kostensteigerungen durch den Lieferanten). Sind Kostenarten, deren Umlage vereinbarungsfähig war, im Vertrag nicht vereinbart worden, oder hängt ihre Höhe vom Verbrauch des Nutzers ab, darf durch eine derartige Klausel das Vertragsrisiko nicht auf den Nutzer übergewälzt werden (Sternel MietR III 319/320).

Enthält der Nutzungsvertrag hingegen nur die **pauschale Verpflichtung** des **74** Nutzers, die **„Heizkosten"** anteilig zu tragen, führt das lediglich dazu, dass die nach dem herkömmlichen Sprachgebrauch darunter zu verstehenden Kosten (im Wesentlichen die des Brennstoffs) verteilt werden dürfen (LG Mannheim WuM 1985, 303; im Einzelnen → HeizkV § 2 Rn. 37). Folgt man dieser Meinung nicht und sieht in § 7 Abs. 2 eine Legaldefinition des Begriffs der Heizkosten, darf der Gebäudeeigentümer sämtliche dort aufgeführten Kostenarten in die Verteilung einbeziehen. Allerdings gilt das nicht, wenn der Gebäudeeigentümer trotz der rechtlichen und tatsächlichen Möglichkeit einer Verteilung sämtlicher Kosten des Abs. 2 nur einen Teil davon in die Verteilung einbeziert. Der Wegfall der zeitlichen Beschränkung in § 6 Abs. 4 führt nicht dazu, dass der Gebäudeeigentümer sukzessive „vergessene" Kosten umlegen darf; die in § 6 Abs. 4 enthaltene Befugnis berechtigt nur zur Änderung des Verteilungsschlüssels. Deshalb ist in Anlehnung an § 6 Abs. 4 Nr. 1 aF eine Einbeziehung „vergessener" Kosten in die Heizkostenverteilung nach Ablauf von drei Abrechnungszeiträumen nicht mehr möglich.

II. Abschluss von Lieferverträgen

Der Gebäudeeigentümer hat bei dem Abschluss von kostenverursachenden Ver- **75** trägen mit Drittfirmen darauf zu achten, dass er gemäß § 670 BGB nur für solche Aufwendungen Ersatz verlangen kann, die er den Umständen nach für erforderlich

201

halten durfte; jetzt gilt für Betriebskosten im Rahmen des Wohnraummietrechts allgemein der **Grundsatz der Wirtschaftlichkeit,** §§ 556 Abs. 3 S. 1, 560 Abs. 5 BGB, für die Heizkosten § 5 GEG. Diese Grundsätze sind zumindest entsprechend auf die Tätigkeit des Gebäudeeigentümers im Rahmen der Beheizung und der Versorgung mit Warmwasser anzuwenden, da der Eigentümer insoweit wie ein beauftragter Geschäftsbesorger tätig wird (OLG Koblenz WuM 1986, 282 (283)), der über seine Ausgaben Rechenschaft zu legen hat und auch die finanziellen Interessen seiner „Auftraggeber" = Nutzer zu wahren hat (BGH WuM 2008, 343: unzulässige Kalkulation eines Gewinnaufschlags zugunsten des Vermieters). Es bedarf daher keines Rückgriffs auf **Billigkeitsargumente** oder Regelungen des Mietpreisrechts, wie § 20 Abs. 1 NMV 1970, § 24 Abs. 2 II.BV (Sternel MietR III, 345), da diese ein anderes wohnungspolitisches Ziel verfolgen. Insbesondere verpflichtet das Wirtschaftlichkeitsgebot den Gebäudeeigentümer nicht dazu, rückwirkend bei leitungsgebundener Energielieferung gezahlte Kosten zurückzufordern, weil sich nachträglich herausgestellt hat, dass die Kostensteigerung auf unwirksamen Preisänderungsklauseln beruhte; das **Wirtschaftlichkeitsgebot** wirkt lediglich prospektiv bei der Verursachung der Kosten, nicht aber retrospektiv (Beyer NZM 2007, 1 (2); Lammel AnwZert MietR 17/2013 Nr. 2; anders wohl Hinz ZMR 2014, 501 (503); AG Pinneberg WuM 2013, 731). Eine solche Pflicht kann allenfalls aus seiner Stellung als Geschäftsbesorger fließen, wenn dies eine interessengerechte, erfolgversprechende Maßnahme ist (AG Hamburg-Blankenese ZMR 2014, 128). Es ist daher nicht möglich, pauschal den Gebäudeeigentümer auf den Abschluss des wirtschaftlichsten, dh sparsamsten Vertrages zu verpflichten (so aber in undifferenzierter Übernahme mietpreisrechtlicher Gedanken zB Blümmel/Becker S. 18; Lefèvre, S 127; KG ZMR 1976, 204; wie hier LG Berlin GE 2014, 1203). Es kommt vielmehr stets auf die Umstände des Einzelfalls an.

76   Die **Auswahl des Lieferanten** von Heizmaterial kann zB nicht nur nach der Preisgestaltung erfolgen, sondern auch nach dessen Lieferfähigkeit und -willigkeit, der Nähe zum Lieferort, Pünktlichkeit, Zuverlässigkeit, der ordentlichen Abwicklung des Vertrages (so auch Blank/Börstinghaus/Blank BGB § 556 Rn. 141). Das gleiche gilt für die Auswahl des Wartungsdienstes. Auch hier dürfte die Sorgfalt der Ausführung der Arbeiten ein Argument gegenüber der Inanspruchnahme von Billigpreisangeboten sein (AG Berlin-Charlottenburg MM 1991, 163). Bei den auf dem örtlichen Markt vorhandenen **Messdienstfirmen** sind nicht nur die Preise und Leistungen zu vergleichen, sondern auch die jeweiligen Vertragsbedingungen, solange auf diesem Gebiet noch kein (verbotenes) abgestimmtes Verhalten vorliegt. Denn auch die Vertragsbedingungen gehören betriebswirtschaftlich zu den kostenverursachenden Faktoren. Entsprechend den Grundsätzen der **laesio enormis** kann ein Verstoß gegen das Gebot der Wirtschaftlichkeit dann vorliegen, wenn die Kosten des Wärmemessdienstes nahezu die Hälfte der Kosten der eigentlichen Heizungskosten erreichen (AG Bersenbrück WuM 1999, 467; AG Münster WuM 2001, 499; AG Berlin-Lichtenberg/LG Berlin MM 2004, 43 bei Fernablesung; LG Köln MietRB 2005, 63; 15 % der Gesamtkosten LG Heidelberg MietRB 2014, 228).

77   Erst ein **Gesamtvergleich aller Umstände** kann zu einer sachgerechten Bewertung der Aufwendungen des Gebäudeeigentümers iSd § 670 BGB bzw. §§ 556 Abs. 3 S. 1, 560 Abs. 5 BGB, § 5 GEG (wobei hier der Maßstab der eingesparten Energie zu beachten ist) führen. In diesen Gesamtvergleich ist auch das Zahlungsverhalten der Nutzer hinsichtlich der (vereinbarten) Vorauszahlungen

C. Kosten des Betriebs **§ 7 HeizkV**

einzubeziehen. Zahlt eine Mehrheit der Nutzer nicht oder ständig unpünktlich, kann es gerechtfertigt sein, wenn der Gebäudeeigentümer seine Einkäufe des Brennstoffs an diesem Nutzerverhalten ausrichtet und jeweils nur geringe Mengen einkauft.

III. Die einzelnen Kostenarten

1. Brennstoffe. a) Berechnung. Die wesentlichste Position bei der Verteilung der Heizkosten stellen die Kosten des verbrauchten Brennstoffs und seiner Lieferung dar. Hier kann unterschieden werden zwischen den Kosten des verbrauchten Brennstoffs und den angefallenen Lieferkosten. Während letztere aus der Summe der Kosten aller im Abrechnungszeitraum erfolgten Lieferungen gebildet werden, beruhen die Kosten des Verbrauchs nur auf dem tatsächlichen Verbrauch. Auf letzteren stellt die HeizkV ab (sog. **Leistungsprinzip,** BGH WuM 2012, 143; GE 2012, 823; Blümmel/Becker S. 20; Brintzinger § 7 Anm. 6.1; Peruzzo Heizkostenabrechnung Rn. 204; aA Freywald Rn. 96). Bei einer Differenz in der Angabe der Brennstoffkosten zwischen (hohen) Gesamtkosten und der (niedrigeren) Summe der auf Wärme und Warmwasser entfallenden Einzelkosten ist deshalb nur auf die tatsächlichen Verbrauchskosten abzustellen (AG Berlin-Köpenick GE 2010, 915). 78

Wird die zentrale Heizungsanlage mit Gas oder Strom betrieben, können die Verbrauchskosten anhand der Abrechnungen der Energielieferanten festgestellt werden. Stimmen deren Rechnungszeitraum und der zwischen Gebäudeeigentümer und Nutzer **vereinbarte Abrechnungszeitraum** über die Heizkosten nicht überein, kann bei zweimonatlichem Rechnungsturnus der Energielieferanten der Überhangmonat mit in die Abrechnung einbezogen werden, da bei laufendem Nutzungsverhältnis dadurch keine Benachteiligung des Nutzers eintritt (→ § 6 Rn. 47, 52; AG Darmstadt MietRB 2012, 226). Dies muss keinen Verstoß gegen das Leistungsprinzip beinhalten, da auch im Überhangmonat durch den Nutzer Wärme verbraucht worden ist. Die Rückrechnung im Wege einer sog. **Simulationsrechnung** (dazu BGH NZM 2014, 384) ergibt nicht mehr den nach der HeizkV zu verteilenden Verbrauch in der Abrechnungsperiode. 79

Dem steht für Wohnraummietverhältnisse auch § 556 Abs. 3 S. 1 BGB nicht entgegen (RE OLG Schleswig WuM 1991, 333; AG Köln ZMR 1995, 210), der zwar grundsätzlich zur **jährlichen Abrechnung** verpflichtet, Überhangmessungen der Energielieferanten jedoch nicht berücksichtigt. Der Gebäudeeigentümer hat hier keine sinnvolle Möglichkeit, den Jahresverbrauch festzustellen; insbesondere eine Zwischenablesung wird von den Lieferanten nicht durchgeführt, eine eigene Ablesung durch den Gebäudeeigentümers ist mit dem Risiko des Einwandes der Falschablesung behaftet. Das gleiche gilt für die Schätzung des Verbrauchs im Überhangmonat, der abgezogen werden müsste. Schließlich kann der Gebäudeeigentümer auch nicht verpflichtet werden, seiner Kostenverteilung nur die 11-Monatsabrechnung des Energielieferanten zugrunde zu legen und den Betrag für den 12. und 13. Monat in die nächste Verteilung einzustellen, da diese dann mit dem Überhangmonat belastet wäre. 80

Endet das Nutzungsverhältnis dagegen vor einem Überhangmonat (zB bei zweimonatlichem Ableseturnus im auf den Ablesetermin ersten folgenden Monat), ist der Verbrauch des Überhangmonats nach der **Gradtagszahlenmethode** aus dem Gesamtenergieverbrauch für das Abrechnungsobjekt herauszurechnen (wohl generell ablehnend LG Osnabrück NZM 2004, 95; allerdings wird 81

HeizkV § 7 Verteilung der Kosten der Versorgung mit Wärme

der Leitsatz nicht unbedingt von den mitgeteilten Entscheidungsgründen gedeckt; zu dieser Methode → HeizkV § 9b Rn. 22–24). Erstellt der Energielieferant nur eine Jahresabrechnung unter Zugrundelegung einer einmaligen Verbrauchsermittlung am Strom- oder Gaszähler, wird der Gebäudeeigentümer den Abrechnungszeitraum dieser Verbrauchsermittlungsperiode anpassen müssen; ebenso bei einer viertel- oder halbjährlichen Verbrauchsermittlung durch den Lieferanten. Die Möglichkeit, für die zwischen Abrechnungs- und Rechnungszeitraum liegenden Differenzmonate auf die vom Gebäudeeigentümer für Energielieferungen geleisteten Vorauszahlungen abzustellen (so Langenberg/Zehelein BetrKostR G Rn. 114), birgt erhebliches Streitpotential hinsichtlich des Einwandes des endgültigen Mehr- oder Minderverbrauchs.

82   Wird die zentrale **Heizungsanlage** mit **Öl** betrieben, ist der Verbrauch durch Gegenüberstellung des Anfangs- und des Endbestandes zu ermitteln (AG Wittlich WuM 2002, 377; AG Berlin-Schöneberg GE 2010, 489). Für die Kosten der Bestände dürfen nicht pauschal die jeweils zuletzt gezahlten Preise zugrunde gelegt werden, wenn sich der Bestand rechnerisch aus mehreren Lieferungen zusammensetzt. In diesem Fall ist nach dem Grundsatz „**first in first out**" der Preisanteil für die verschiedenen rechnerisch noch vorhandenen Lieferungen zu ermitteln (LG Hamburg ZMR 2009, 530). Daraus ergibt sich ferner die Pflicht, bei der Abrechnung sämtliche in den Abrechnungszeitraum fallenden Lieferungen mit Datum, Menge, Einzel- und Gesamtpreis aufzuführen (LG Berlin GE 2001, 63; LG Erfurt WuM 2002, 317).

83   Sofern eine Anlage noch mit **Koks** betrieben werden sollte, dürfte die Ermittlung des Brennstoffverbrauchs durch Gegenüberstellung des Anfangs- und Endbestandes auf praktische Schwierigkeiten stoßen; deshalb sind hier ausnahmsweise die Kosten der angelieferten Brennstoffe in die **Heizkostenverteilung** einzustellen (LG Berlin GE 2005, 433; aA Schmid MietnebenkostenHdB Rn. 5085). Dies ist bei fortdauerndem Nutzungsverhältnis unproblematisch; bei dessen Beendigung muss man sich mit einer Schätzung des verbrauchten Brennstoffs Koks behelfen, wobei die Schätzgrundlagen aber anzugeben sind (BGH WuM 2008, 285).

84   **b) Umfang.** Zu den Kosten des in der Heizungsanlage eingesetzten Brennstoffs gehört vor allem der **Kaufpreis** (zum CO_2-**Preis** → § 7 Anhang). Unter diesem ist der tatsächlich gezahlte Betrag zu verstehen, nicht der Listenpreis. Es darf aber nur der Kaufpreis angerechnet werden, der für Brennstofflieferungen für die konkret abzurechnende Heizungsanlage angefallen ist; bei der Befüllung mehrerer Öltanks in verschiedenen Gebäuden mit getrennten Heizungsanlagen muss der Gebäudeeigentümer den Nachweis für die jeweilige Liefermenge führen. Sonst besteht die Gefahr einer doppelten Berechnung von Brennstofflieferungen. Der als Käufer auftretende Gebäudeeigentümer hat sämtliche **Vergünstigungen,** wie Mengenrabatte, Skonti, Saisonpreise uä an die Nutzer weiterzugeben; als treuhänderisch Beauftragter darf er aus seiner Tätigkeit zur Versorgung der Nutzer mit Wärme und Warmwasser keinen privaten Nutzen ziehen (LG Hannover WuM 1996, 776). Ist der Gebäudeeigentümer gleichzeitig Brennstoffhändler, darf er die marktüblichen Preise in die Abrechnung einsetzen; diese müssen nicht identisch sein mit seinen eigenen Verkaufspreisen. Darin wirkt sich der Grundsatz aus, dass der Eigentümer seine Leistungen (zumindest) mittlerer Art und Güte zu erbringen hat, § 243 Abs. 1 BGB. Wird hingegen dem Gebäudeeigentümer ein **Sonderpreis** vom Lieferanten berechnet, der sich als **Teil des Arbeitsentgelts** darstellt (zB bei Angestellten der Energieunternehmen, Deputatkohle beim Bergbau),

C. Kosten des Betriebs **§ 7 HeizkV**

brauchen diese Vergünstigungen an die Nutzer nicht weitergegeben zu werden, da es sich bei ihnen nicht um Rabatte im wirtschaftlichen Sinn handelt, sondern um Leistungen, an denen die Nutzer mangels eigener Gegenleistung nicht teilzuhaben brauchen.

Als fremdnützig Tätiger hat der Gebäudeeigentümer die Interessen der Nutzer zu wahren und insbesondere auf einen preisgünstigen Einkauf zu achten (dazu → Rn. 75–77). Das heißt im Regelfall, die günstigeren Sommerpreise zu berücksichtigen; der preisgünstigen Bevorratung sind allerdings durch die **Aufnahmekapazität der Öltanks** natürliche Grenzen gesetzt. Deshalb kann der Gebäudeeigentümer nicht verpflichtet sein, den Tank ständig nachfüllen zu lassen, um saisonale Preisvorteile auszunützen (LG Berlin GE 1984, 83). Bei leitungsgebundenen Brennstoffen sind die günstigsten Tarife den Lieferverträgen zugrunde zu legen; die Energieunternehmen beraten insoweit ihre Kunden, so dass vom Gebäudeeigentümer nichts Schwieriges verlangt wird. Die Auswahl unter verschiedenen Anbietern braucht nicht nur auf den günstigsten Preis abzustellen, sondern darf auch die Sicherheit der Lieferungen und eigenen Zahlungen berücksichtigen. 85

Zu den Brennstoffkosten gehören auch die Kosten für **Anfeuerungsmaterial,** was allerdings nur noch bei Koks relevant werden kann. Ob chemische Zusätze zum Heizöl zur Verringerung der Rußbildung oder Reinigungsadditive zu den Brennstoffkosten gehören, muss danach entschieden werden, ob sie für die konkrete Anlage notwendig und wirksam sind und nicht nur werbewirksam sind. 86

Die Kosten für die **Lagerung des Brennstoffs** gehören nicht zu den in § 7 Abs. 2 aufgeführten Heizungskosten, sie sind daher nicht in die Heizkostenverteilung einzubeziehen. Lagerkosten sind zum einen die Kosten für Miete (Leasing) des Tanks (dazu BGH WuM 2009, 115), Austausch oder Reparatur des Tanks; zum anderen aber auch die Vorfinanzierungskosten des Gebäudeeigentümers für den Einkauf des Heizmaterials bei bis zum Zeitpunkt des Kaufvertragsschlusses noch nicht ausreichenden Vorschüssen (AG Siegburg WuM 1985, 345). Weder der hierdurch entstehende Zinsverlust noch evtl. anfallende Kredite für die Anschaffung des Heizmaterials gehören zu den verteilbaren Brennstoffkosten. 87

Umstritten ist die Einbeziehung von **Trinkgeldern** in die Kosten der Lieferung von Brennstoffen (Blümmel/Becker S. 21; Sternel PiG 23 (1986), 70; Schmid Handbuch Rn. 5089 einerseits verneinend; Pfeifer HeizkV § 7 Anm. 3b [S. 89] andererseits bejahend). Hierbei handelt es sich nicht unbedingt um eine Großzügigkeit des Gebäudeeigentümers (so aber Sternel MietR III 399), sondern um eine ortsübliche (schlechte) Gewohnheit, so dass derartige Ausgaben im Rahmen des Üblichen in die Lieferkosten einzubeziehen sind (Hannig PiG 13 (1983), 188; Häring FWW 1982, 27; Glaser S. 69). 88

Nicht zu den Lieferkosten zählt dagegen der **eigene Arbeitsaufwand** des Gebäudeeigentümers sowohl für die Beschaffung des Brennstoffs als auch für die Überwachung des Liefervorgangs (Pfeifer HeizkV § 7 Anm. 3b, 44; Schmidt-Futterer/Lehmann-Richter BGB § 556 Rn. 183). Diese Arbeitsleistung ist nicht als Aufwendung iSd § 670 BGB anzusehen, sondern stellt eine **Verwaltungsleistung** zur Erfüllung des Nutzungsvertrages dar, die mit dem Entgelt für die Nutzung abgegolten ist. Nach § 1 S. 2 BetrKV dürfen Eigenleistungen nur dann angesetzt werden, wenn sie an die Stelle kostenträchtiger Drittleistungen treten, was bei dem genannten Aufwand nicht der Fall ist. 89

2. Betriebsstrom. Betriebsstrom fällt an für elektrische Umwälzpumpen, Ölpumpen, die Regelungsanlage, Zeitschaltuhr, evtl. einen elektrisch arbeitenden 90

HeizkV § 7   Verteilung der Kosten der Versorgung mit Wärme

Wärmefühler, Kompressoren, Brenner. Bei elektrischer Beheizung stellt der hierfür aufgewendete Strom keinen Betriebsstrom im Sinne der HeizkV dar, sondern Brennstoff. **Nicht** zu dem Betriebsstrom für die Heizungsanlage gehört der Stromverbrauch für die **Beleuchtung des Heizkellers;** dieser kann bei entsprechender vertraglicher Vereinbarung über die allgemeine Nebenkostenabrechnung unter der Position Gemeinschaftsstrom abgerechnet werden.

91   Grundsätzlich darf nur der tatsächlich verbrauchte Betriebsstrom in die Kostenverteilung eingestellt werden. Ist ein **Zwischenzähler** gesetzt worden, sind die Werte zu Beginn und am Ende der Abrechnungsperiode abzulesen und der Verbrauch entsprechend den Stromkosten zu bewerten. Ist hingegen – wie es meistens der Fall sein wird – kein Zwischenzähler gesetzt, bieten sich zwei Methoden für die annäherungsweise Verbrauchsermittlung an. Zum einen kann abgestellt werden auf den Stromverbrauchswert der angeschlossenen Geräte, eine 24-stündige Laufzeit/Tag, die Zahl der Heiztage und den Strompreis. Werden alle Werte miteinander multipliziert, sollen sich daraus die Kosten des Betriebsstroms ergeben (Blümmel/Becker S. 24; Lefèvre S. 131; LG Berlin GE 1984, 83). Zum anderen kann auf Erfahrungswerte abgestellt werden, wonach sich die Kosten des Betriebsstroms auf zwischen 3 % und 6 % der Brennstoffkosten belaufen (Freywald Rn. 99; Kreuzberg/Wien Heizkostenabrechnung-HdB/Wien S. 623; BGH WuM 2008, 285; aA AG Bad Vilbel WuM 1987, 275; LG Hannover WuM 1991, 540); sie dürfen jedenfalls nicht mehr als 5 % dieser Kosten betragen (Lefèvre S. 131; Kreuzberg/Wien Heizkostenabrechnung-HdB/von Brunn/Alter S. 230). Da es sich nach beiden Berechnungsweisen (eine Pauschalierung ist hingegen unzulässig, BGH WuM 2016, 702) um geringfügige Kosten handelt, haben die Nutzer keinen Anspruch darauf, dass ein Zwischenzähler zur Ermittlung des tatsächlichen Verbrauchs an Betriebsstrom gesetzt wird (Freywald Rn. 99); die **monatliche Grundgebühr** für den Zähler liegt wahrscheinlich höher als die durch ihn ermittelten korrekten Verbrauchswerte. Deshalb müsste im Einzelfall genau geprüft werden, ob die ohne Zustimmung der Nutzer allein durch den Gebäudeeigentümer veranlasste Anbringung eines solchen Zwischenzählers noch zu den Aufwendungen zählt, die er den Umständen nach für erforderlich halten durfte.

92   **3. Bedienung, Überwachung, Pflege.** Bei der Ansatzfähigkeit von Kosten für die Bedienung, Überwachung und Pflege der Anlage ist nach den **Arten der zentralen Heizungsanlage** zu unterscheiden. Handelt es sich bei ihr um eine koks- oder kohlebefeuerte Anlage, sind die gesamten für den Heizer aufgewendeten Kosten (Lohn, Sozialabgaben) ansetzbar. Zu den Bedienungskosten gehören auch die entsprechenden Ausgaben für eine Urlaubsvertretung des Heizers. Ist für die koksbefeuerte Zentralheizung kein gesonderter Heizer eingestellt, sondern wird sie vom Hausmeister mitversorgt, muss seine Entlohnung aufgeteilt werden in die für die Bedienung der Heizung aufgewendeten zu entlohnenden Stunden und in die für die sonstige Tätigkeit. Feststellen lässt sich der Heizungsanteil entweder anhand eines Gutachtens zur Bewertung der Arbeitsteile eines Hauswartes oder unter Zugrundelegung von Schätzwerten, wobei in sieben Wintermonaten 2/3, in den Sommermonaten ¼ der **Tätigkeit des Hausmeisters** auf die Bedienung der Heizung entfallen (Blümmel/Becker S. 25). Bedient der Vermieter die Kohleheizung selbst, darf er gem. § 1 S. 2 BetrKV einen angemessenen Betrag dafür in die Kostenverteilung einsetzen.

93   Für die Heizungsanlagen, die mit Öl, Gas oder Strom betrieben werden, wird überwiegend die Meinung vertreten, dass bei ihnen keine Bedienungskosten anfal-

C. Kosten des Betriebs   § 7 HeizkV

len können, da diese **Anlagen vollautomatisch** arbeiten, dh im Wesentlichen durch Thermostate gesteuert werden (Freywald Rn. 100; Peruzzo Heizkostenabrechnung Rn. 204 (S. 81); Häring FWW 1982, 230; AG Hamburg WuM 1986, 323). Aber auch hier muss nach der Art der Anlage differenziert werden. Handelt es sich nur um eine halbautomatische Anlage, bei der also die Heizleistung von Hand an die Außentemperatur angepasst werden muss, fallen insoweit Bedienungskosten an. Sie mögen zwar geringfügig sein, wobei an den Nachweis ihrer tatsächlichen Entstehung strenge Anforderungen zu stellen sind (zB durch ein Arbeitsbuch), können jedoch in die Heizkostenverteilung eingestellt werden (Blümmel/Becker S. 27). Führt der Hausmeister diese Bedienung mit aus, ist entsprechend dem dafür getätigten Aufwand (notfalls durch ein Arbeitszeitgutachten zu klären) ein Teil seines Lohnes in die Heizkostenverteilung einzubeziehen.

Aber auch die sog. vollautomatischen Anlagen sind nicht völlig bedienungsfrei **94** (aA AG Kassel WuM 1982, 310). Nach § 59 GEG sind Heizungs- und Warmwasseranlagen sachgerecht zu bedienen. Als **Bedienung** definierte § 9 Abs. 2 S. 2 der ehemaligen HeizAnlV die Funktionskontrolle, die Vornahme von Schalt- und Stellvorgängen (insbesondere An und Abstellen, Überprüfen und Anpassen der Sollwerteinstellungen von Temperaturen, Einstellen von Zeitprogrammen) an den zentralen regelungstechnischen Einrichtungen. Zwar ist die HeizAnlV durch das GEG ersetzt worden, das keine Definition des „Bedienens" mehr enthält. Da das GEG aber ein **sachgerechtes „Bedienen"** verlangt, kann die alte Definition weiter verwendet werden, zumal aus der Begründung entnommen werden kann, dass insoweit eine Änderung der bisherigen Rechtslage nicht beabsichtigt ist (BR-Drs. 584/19, 159). Da nach § 9 Abs. 1 S. 2 HeizAnlV die Bedienung nur von fachkundigen oder eingewiesenen Personen vorgenommen werden durfte, scheidet im Regelfall der Gebäudeeigentümer als Bedienungsperson aus (AG Butzbach WuM 1986, 323).

Bei einem angestellten **Hausmeister** muss im Einzelfall überprüft werden, ob **95** er fachkundig oder zumindest in die Bedienungsvorgänge eingewiesen ist. Ist das der Fall, können ebenfalls anteilig die für ihn aufgewendeten Kosten über die Heizkostenverteilung abgerechnet werden. Bedeutsam kann das in jenen Fällen werden, in denen die Kosten für einen Hausmeister gemäß dem Nutzungsvertrag nicht als allgemeine Nebenkosten auf die Nutzer umgelegt werden können. Der Nachweis der entstandenen Kosten kann wiederum nur durch Einzelaufzeichnungen erfolgen (Brintzinger § 7 Anm. 6.3, 11). Steht dem Gebäudeeigentümer kein derartig fachkundiger Hausmeister zur Verfügung, kann er zur Erfüllung seiner Pflichten aus § 9 HeizAnlV einen entsprechenden **Wartungsvertrag** mit Fachunternehmen abschließen und die entstehenden Kosten in die Heizkostenverteilung einbeziehen. Den Tätigkeitsmerkmalen „Überwachung und Pflege" kommen bei derartigen Anlagen neben der Bedienung keine eigenständige Bedeutung zu; Bedienung ist insoweit als umfassender Oberbegriff zu verstehen.

4. Wartung. Sprachlich scheint die HeizkV die Kosten der regelmäßigen Prü- **96** fung der Anlage auf ihre Betriebsbereitschaft und Betriebssicherheit einschließlich der Einstellung durch einen Fachmann mangels Wiederholung des Begriffs „Kosten" zu den **Kosten der Bedienung** zu zählen. Sachlich sind die Bereiche aber getrennt zu behandeln. Denn unter den Kosten für Prüfung von Betriebsbereitschaft und -sicherheit sind die sog. **Wartungskosten** zu verstehen. Das ergibt sich bereits aus § 11 Abs. 3 EnEV 2014 (jetzt § 60 GEG), der ebenfalls zwischen Bedienung und Wartung trennt.

HeizkV § 7 Verteilung der Kosten der Versorgung mit Wärme

97 Zur **Wartung gehören** danach die Einstellung der Feuerungseinrichtungen, die Überprüfung der zentralen regelungstechnischen Einrichtungen und die Reinigung der Kesselheizflächen. Während die beiden erstgenannten Tätigkeiten nach § 60 GEG nur von fachkundigen Personen (= wer die zur Wartung notwendigen Fachkenntnisse und Fertigkeiten besitzt§ 60 Abs. 2 S. 2 GEG) ausgeführt werden dürfen, darf die Reinigung auch durch eingewiesene Personen (= wer von einem Fachkundigen über Bedienungsvorgänge unterrichtet worden ist) erfolgen. Dazu gehören ferner der **Austausch der Batterien** und eine Funktionsprüfung bei elektronischen Heizkostenverteilern (AG Berlin-Charlottenburg MM 1991, 163);

98 Schließlich gehört zu den **Wartungsarbeiten** auch das **Entlüften** der Heizungsanlage sowie **Nachfüllen von Wasser.** Besteht das Wärmeträgermedium der zentralen Heizungsanlage aus Wasser, stellt dieses ebenfalls Betriebsstoff der Anlage dar. Denn ohne es kann sie ihre Funktion als Wärmelieferant nicht erfüllen. Deshalb gehören die entsprechenden Wasserkosten zu den verteilungsfähigen Heizkosten (aA Brintzinger § 7 Anm. 6.9). Allerdings wird der Wasserverbrauch durch Nachfüllen wegen des betriebsbedingten Schwundes kaum messbar sein und mit der allgemeinen Abrechnung über Kaltwasser auf die Nutzer verteilt werden, es darf also keine Doppelberechnung vorgenommen werden (AG Aachen ZMR 2008, 383). Anders ist dagegen der Austausch des gesamten Wassers zu Zwecken der Reinigung der Anlage zu beurteilen. Dieser Verbrauch kann festgestellt und entsprechend in die Heizkostenabrechnung einbezogen werden.

99 Von den Wartungskosten zu unterscheiden sind die **Instandsetzungskosten** (=Reparaturkosten). Diese dienen dazu, für eine teilweise oder vollständig funktionsunfähig gewordene Anlage wieder einen ordnungsgemäßen Betriebsablauf herbeizuführen. Diese Kosten können nicht im Rahmen der HeizkV auf die Nutzer abgewälzt werden (BayObLG ZMR 1997, 256).

100 Zwischen Wartung und Reparatur steht die **Instandhaltung.** Sie geht einerseits über die Wartung hinaus, da sie auch den Austausch verschleißanfälliger Kleinteile (wie Dichtungen uä) mit umfasst, andererseits bleibt sie hinter der Reparatur zurück, da sie nicht zur Schadensbeseitigung durchgeführt wird, sondern lediglich zur Schadensverhütung. Entsprechend der Definition in § 9 Abs. 3 S. 2 der vormaligen HeizAnlV hat die Instandhaltung mindestens die Aufrechterhaltung des technisch einwandfreien Betriebszustandes, der eine weitestgehende Nutzung der eingesetzten Energie gestattet, zu umfassen (auch Sternel Mietrecht II 39). Da die Prüfung der Betriebsbereitschaft und -sicherheit auch deren Aufrechterhaltung dienen soll, können die Kosten der Instandhaltung zu den verteilungsfähigen Heizkosten gerechnet werden (Freywald Rn. 101; Lefèvre S. 132; unklar Brintzinger § 7 Anm. 6.4, der nicht zwischen Instandhaltung und Reparatur trennt). Darunter sind alle Kosten zu verstehen, die der Aufrechterhaltung des störungsfreien laufenden Betriebs dienen (zB Austausch eines Filters, einer Düse; OLG Düsseldorf NZM 2000, 762). Nicht mehr zur Instandhaltung, sondern zur Instandsetzung gehört hingegen der **Austausch defekter Werkteile,** die Wiederherstellung unbrauchbar gewordener Funktionselemente (zB Austausch der Ölpumpe, des Brenners, Schließen eines Lecks im Öltank).

101 Die Wartungsarbeiten werden (bei Beachtung des § 60 Abs. 2 GEG notwendigerweise) durch ein Fachunternehmen im Rahmen eines Wartungsvertrages durchgeführt. Handelt es sich hierbei um einen sog. **Vollwartungsvertrag,** der auch die Durchführung von Reparaturen umfasst, muss der auf diese entfallende Kostenanteil herausgerechnet werden (Sternel PiG 23 (1986), 70 (71)). Auch hierfür können entweder betriebswirtschaftliche Erfahrungssätze (für Aufzugsanla-

C. Kosten des Betriebs **§ 7 HeizkV**

gen wurde der Reparaturanteil auf zwischen 20 % und 50 % der Wartungskosten geschätzt, LG Berlin GE 1987, 827; AG München WuM 1978, 87) oder sachverständige Ermittlungen herangezogen werden. Die Kosten eines **Teilwartungsvertrages** (ohne Reparaturen) können dagegen voll verteilt werden.

Die verteilbaren Wartungskosten sollen nicht mehr als 5 % der Brennstoffkosten betragen (Lefèvre S. 133). Zwar kann dieser Wert variieren (Pfeifer HeizkV § 7 Anm. 3b Wartungskosten), er gibt jedoch dem Nutzer einen Anhaltspunkt, bei dessen Überschreiten eine Nachprüfung der Heizkostenabrechnung angezeigt ist. **102**

5. Reinigung. Die Kosten für die Reinigung der Anlage werden zumeist in den Wartungskosten mit enthalten sein. Sollten sie getrennt anfallen (was an einem wirtschaftlich sinnvollen Betrieb der Heizungsanlage zweifeln lässt), können sie in die Kostenverteilung einbezogen werden. Zur Reinigung gehört die Reinigung der **Kesselheizflächen** (so früher § 9 Abs. 3 S. 1 lit. c HeizAnlV), die Entfernung von Verbrennungsrückständen, Beseitigung von Verkrustungen durch Brennstoff oder Kalkablagerungen sowie die Reinigung des Heizkessels insgesamt, da hierdurch sein Wirkungsgrad erhöht und Funktionsstörungen vorgebeugt wird (so Blümmel/Becker S. 30). **103**

Umstritten war, ob unter den Begriff „Reinigung der Anlage" auch die **Tankreinigung** und die **Schornsteinreinigung** fallen. Nachdem in der Neufassung der HeizkV 1989 zum Betrieb der zentralen Heizungsanlage auch die Abgasanlage gezählt wird, gehören die Schornsteinfegergebühren als Reinigungskosten zu den verteilungsfähigen Kosten; denn sie fallen gerade für die Reinigung der Abgasanlage an (BR-Drs. 494/88, 26; Pfeifer HeizkV § 7 Anm. 2). Die sich auf die alte Fassung der Anlage 3 zu § 27 II.BV, in der die Schornsteinfegerkosten neben den Heizkosten gesondert aufgeführt waren, stützende Gegenmeinung ist durch die Neufassung überholt worden. **104**

Bei der **Tankreinigung** handelt es sich um eine **Instandhaltungsmaßnahme**. Sie soll verhindern, dass die Ölzufuhr zum Heizkessel durch die Ölrückstände und -verschlammungen unterbrochen werden könnte. Damit dient diese Reinigung gerade der Aufrechterhaltung des ordnungsgemäßen Betriebs der Heizungsanlage (Spiegel ZMR 1981, 265; Peruzzo, S. 60; Freywald Rn. 102; Kreuzberg/Wien Heizkostenabrechnung-HdB/von Brunn/Alter S. 231; Schmid Mietnebenkosten-HdB Rn. 5101; aA Sternel PiG 23 (1986), 71). Die anfallenden Kosten sind deshalb grundsätzlich nach der HeizkV umlegbar (BGH WuM 2010, 33; aA AG Wennigsen WuM 1991, 358; AG Hamburg WuM 2000, 332). Da sie aber nicht jedes Jahr anfallen, ergibt sich für sie ebenfalls das Problem der Verteilung sog. aperiodischer Kosten (dazu → Rn. 118, 119). Die Reinigung des Zubehörs der Anlage (Pumpen, Ventile, Absperrvorrichtungen, Steuerungsgeräte) sowie der Verbindungsleitungen fällt ebenfalls unter den Reinigungsbegriff der HeizkV. **105**

Eine **Reinigung des Betriebsraumes** wird nur noch bei der Verwendung von Koks/Kohle als Heizmaterial vorgenommen werden müssen; diese Kosten, die Arbeitsaufwand, Reinigungsmaterial und Reinigungsinstrumente umfassen, dürfen ebenfalls in die Heizkostenverteilung eingestellt werden. Bei Verwendung sonstiger Brennstoffe fallen keine betriebsbedingten Reinigungskosten an; die Kosten der generellen Reinigung der Kellerräume können bei entsprechender Vereinbarung in die allgemeine Nebenkostenabrechnung einbezogen werden. Nicht zu den verteilungsfähigen Reinigungskosten gehören ferner die Aufwendungen für die Reinigung der einzelnen Heizkörper in den genutzten Räumen; **106**

HeizkV § 7 Verteilung der Kosten der Versorgung mit Wärme

diese werden bei entsprechender Vereinbarung vom jeweiligen Nutzer getragen; fehlt eine solche Vereinbarung, muss sie der Gebäudeeigentümer selbst tragen.

107 **6. Messungen.** Nach §§ 22, 23 Abs. 1 Nr. 3 BImschG, § 15 der 1. Verordnung zur Durchführung des BImschG müssen die zentralen Heizungsanlagen mit jährlich wiederkehrenden Messungen durch den zuständigen Bezirksschornsteinfegermeister auf die Einhaltung der zulässigen Immissionsgrenzen (Kohlenmonoxyd, Ruß, Ölderivate, Abgasverluste) überprüft werden. Die hierfür nach den Kehr- und **Überprüfungsgebührenordnungen** der Bundesländer anfallenden Kosten dürfen ebenfalls bei der Berechnung der Heizkosten berücksichtigt werden. Das gilt nicht für Messungen an Gasetagenheizungen; sie unterfallen nicht der HeizkV (AG Dortmund WuM 1983, 326; AG Braunschweig WuM 1985, 345), da sie nicht mehrere Nutzungseinheiten versorgen (→ HeizkV § 1 Rn. 6).

108 **7. Anmietung von Erfassungsgeräten.** Seit der Neufassung der HeizkV 1984 fallen unter den Begriff „Heizkosten" auch die Kosten für die Anmietung oder für andere Arten der Gebrauchsüberlassung einer Ausstattung zur Verbrauchserfassung. Hierdurch sollte insbesondere die Form des Geräte-Leasings erfasst werden (BR-Drs. 483/83, 37). Voraussetzung für die Umlage der Kosten für diese Arten der Gerätenutzung ist aber stets die Einhaltung des in § 4 Abs. 2 S. 2 vorgeschriebenen Verfahrens, also insbesondere der fehlende Widerspruch einer Mehrheit von Nutzern (zu den Einzelheiten → § 4 Rn. 13–20). Bei den Miet- bzw. Leasingraten ist insbesondere darauf zu achten, dass der Gebäudeeigentümer ihm entstehende Steuervorteile durch Leasing der Geräte an seine Nutzer weitergibt. Denn er darf auch in diesem Kostenbereich nur die tatsächlich von ihm verauslagten Beträge in die Abrechnung einstellen, was sich ebenfalls aus dem entsprechend anwendbaren Verwendungsbegriff des § 670 BGB ergibt.

109 **8. Berechnung und Aufteilung.** Systemwidrig zumindest für ein Wohnraummietverhältnis ist die Verteilung der Kosten, die unter der Rubrik „Verwendung einer Ausstattung zur Verbrauchserfassung einschließlich der Berechnung und Aufteilung" anfallen; denn bei ihnen handelt es sich um reine **Verwaltungskosten,** die der Gebäudeeigentümer selbst zu tragen hat (OLG Koblenz WuM 1986, 50; LG Frankfurt a. M. WuM 1982, 78; für die Berechnung der allgemeinen Betriebskosten AG Köln ZMR 1996, 269). Da der Gebäudeeigentümer mit der Verbrauchserfassung und der Kostenverteilung nur gesetzlichen Pflichten nachkommt, kann diese Tätigkeit noch als fremdnützig charakterisiert und unter die Betriebskosten eingeordnet werden (Langenberg/Zehelein BetrKostR K Rn. 71).

110 Allerdings ist der Verordnungsgeber davon ausgegangen, dass die Verbrauchserfassung durch **Verdunstungsgeräte** erfolgt. Für diese ist systembedingt die Einschaltung eines externen Unternehmens erforderlich. Werden hingegen in der Abrechnungseinheit **elektronische Verteiler** oder **Wärmezähler** verwendet (dazu → HeizkV § 5 Rn. 49, 51), kann die Ablesung und Kostenverteilung auch durch einen Laien, mithin den Gebäudeeigentümer selbst oder eine angestellte Hilfsperson durchgeführt werden. Die modernsten Geräte berechnen sogar den anteiligen Verbrauch selbständig. In diesen Fällen ist die Einschaltung eines externen Messdienstes unter dem Gesichtspunkt der notwendigen Kosten iSd § 670 BGB nicht mehr geboten, so dass die dennoch in Rechnung gestellten Kosten nicht verteilungsfähig sind. Systemwidrig ist es daher auch, dem Gebäudeeigentümer die ersparten Kosten der Fremdfirma als Eigenaufwendung zuzubilligen (Lefèvre S. 136; aA Brintzinger § 7 Anm. 6.8, 14).

C. Kosten des Betriebs

§ 7 HeizkV

Mit dieser Einschränkung (→ Rn. 110) sind im Übrigen die gesamten Arbeitskosten der Wärmemessdienstfirmen als Heizungskosten verteilbar. Diese Kosten werden in den entsprechenden Rechnungen der Firmen nicht nach ihrer Art aufgeschlüsselt. Sie umfassen daher die gesamte mit der Ablesung und Erstellung der Abrechnung verbundene Tätigkeit des Wärmemessdienstes, wie Ablesen des Erfassungsgerätes, evtl. Austauschen der Messampullen, Erstellen der Gesamtabrechnung und Verteilung auf den einzelnen Nutzer. Die bei der Ablesung anfallende **Kontrolle der Erfassungsgeräte** auf ihre Funktionsfähigkeit gehört ebenfalls zu den Kosten der Verwendung einer Ausstattung. 111

Überprüfungen im Rahmen des Eichgesetzes und Batterieaustausch werden von den Firmen nur bei Vorliegen eines zusätzlichen Wartungsvertrages übernommen, so dass die entsprechenden Kosten verteilungsfähig sind (AG Koblenz DWW 1996, 252; AG Steinfurt WuM 1999, 721). 112

Nicht zu den Kosten der Berechnung und Aufteilung gehören die dem Gebäudeeigentümer entstehenden Kosten für die **Versendung der Abrechnungen,** Verrechnung mit den Vorschüssen und Einziehung der Gelder. Hierbei handelt es sich ebenfalls um von ihm selbst zu tragende Verwaltungskosten (Kreuzberg/Wien Heizkostenabrechnung-HdB/von Brunn/Alter S. 232). Hat die Messdienstfirma auch die Berechnung der übrigen Nebenkosten übernommen, darf der darauf entfallende Kostenanteil ihrer Tätigkeit nicht in die Heizkostenverteilung eingestellt werden. 113

Neu in die Aufzählung der verteilungsfähigen Kosten sind zunächst die **Eichkosten** bei den eichpflichtigen Geräten (AG Bremerhaven NJW-RR 1987, 659) aufgenommen worden, wodurch der Gleichklang mit § 2 Nr. 4a BetrKV hergestellt worden ist. Dies konnte bisher bereits aus dem Grundsatz **lex posterior derogat legi priori** auch für die HeizkV angenommen werden. Gemäß der Begründung (BR-Drs. 568/03, 29) unterfallen dem Begriff „Eichkosten" entweder die anfallenden Gebühren oder die Kosten für den Geräteaustausch anstelle der Nacheichung, (→ HeizkV § 5 Rn. 59; aA noch AG Nürnberg WuM 1990, 524). Hier stellt sich zusätzlich das Problem der Verteilung der sog. aperiodisch anfallenden Kosten (dazu → Rn. 118, 119). 114

An die Stelle der Verbrauchsanalyse sind jetzt die **Informationspflichten** nach § 6a getreten (zu den Einzelheiten → HeizkV § 6a Rn. 1 ff.). Deren gesamte Kosten (zweifelnd hinsichtlich der Kosten hinsichtlich § 6a Abs. 3 Hinterseer-Zbib AnwZert MietR 1/2022, Anm. 1, jedoch spricht der neue Zusatz in § 7 Abs. 2 ganz pauschal von Abrechnungs- und Verbrauchsinformationen nach § 6a) dürfen in die Heizkostenabrechnung eingestellt werden, wobei die Einhaltung des in der Verordnungsbegründung vorangestellte **Gebot der Wirtschaftlichkeit,** also die Kompensation der Aufwendungen durch die aus den Informationen entstehende Ersparnis beim Energieverbrauch durchaus zu bezweifeln ist. 115

Für die **Kostenumlage** (Erstellung durch die Messdienste, Versendungskosten) wird deren Verfassungsmäßigkeit bezweifelt, weil diese Kostenart nicht in der BetrKV enthalten ist (Schmid ZMR-Sonderheft HeizkV § 7 Ziff. 58–60 für die Verbrauchsanalyse) und die HeizkV nur die Verteilung der Kosten, nicht aber die Rechtsgrundlage für die Einführung von Kosten schafft. Dem ist nicht zu folgen; denn die Rechtsgrundlage in § 6 Abs. 1 N2. GEG spricht davon, dass die „Betriebskosten dieser Anlagen …auf die Benutzer zu verteilen sind…". Aus dem Wort „verteilen" lässt sich schließen, dass damit eine Gesamtheit (deren Einzelwerte sich auch aus der HeizkV ergeben können) auf die Nutzer übertragen wird. Die Nichterwähnung der **Verbrauchsanalyse** in der BetrKV ist unschädlich 116 entsprechend den Auslegungsgrundsätzen: lex specialis derogat legi generali (dh das Spezialgesetz (= HeizkV) geht der allgemeinen Regelung (=BetrKV) vor) und: **lex posterior derogat legi priori** (dh das jüngere Gesetz (=HeizkV) verdrängt die ältere Regelung (=BetrKV)).

117 Problematischer ist die **Einbeziehung** dieser Kosten in den bereits bestehenden **Mietvertrag**. Betriebskosten dürfen nur umgelegt werden, wenn ihre Umlage jeweils einzeln vereinbart worden ist. Die Kosten der Informationen konnten bislang nicht als umlagefähig vereinbart werden, weil sie erst neu in den Katalog der Kosten aufgenommen worden sind. Enthält der Mietvertrag eine **dynamische Verweisung** pauschal auf die HeizkV, werden Änderungen des Kostenumfangs „automatisch" Gegenstand des bestehenden Vertrages (gegen die Zulässigkeit eines derartigen Verweises AG Hanau WuM 2014, 723, das aber die gesetzestheoretische Pflicht zur Kenntnis der Normen übersieht). Enthält der Vertrag aber eine enumerative Aufzählung einzelner Kosten, muss der Vertrag entsprechend ergänzt werden. Hierzu ist eine Individualvereinbarung abzuschließen; denn die in den Verträgen teilweise enthaltenen **Abänderungsklauseln** begegnen Bedenken (→ Rn. 73). In Neuverträge können diese Kosten stets aufgenommen werden.

IV. Aperiodische Kosten

118 Die HeizkV geht bei ihrer Aufzählung von unter den **Begriff „Heizkosten"** einzuordnenden Kosten davon aus, dass diese periodisch entstehen, also jeweils erneut während einer Abrechnungsperiode. Zu den Heizkosten gehören aber auch solche Kosten, die bei sachgerechter Verwaltung oder auf Grund gesetzlicher Bestimmungen nur einmal während mehrerer Jahre entstehen; insbesondere die **Tankreinigungskosten** und die **Eichkosten**. Werden diese Kosten im Jahr ihrer Entstehung in die Heizkostenverteilung einbezogen, wird derjenige Nutzer benachteiligt, der vor Ablauf des „bezahlten" Mehrjahresturnus die Räume verlässt; er nutzt seine Zahlung nur ab, wenn der Turnus für die sog. aperiodischen Kosten und der Nutzungszeitraum identisch sind (Schopp ZMR 1986, 304). Die Bildung von Rücklagen für die künftig entstehenden Kosten (so Pfeifer HeizkV § 7 Anm. 3b Intermittierende Kosten Nr. 1) widerspricht der Systematik der HeizkV, die von tatsächlich entstandenen Kosten ausgeht, damit der Nutzer sein Verhalten danach in Zukunft einrichten kann; dieser Zweck wird bei der Einbeziehung künftig entstehender Kosten nicht erreicht (Sternel PiG 23 (1986), 71).

119 Nach der Systematik der HeizkV dürften solche Kosten ab Entstehungszeitpunkt **anteilig** auf die den Turnus abdeckenden Abrechnungsperioden **zu verteilen** sein (Wirth S. 2841; zweifelnd Hanke ZfgWBay 1986, 188). Denn mit jedem Jahr wird die Tankreinigung bzw. der Eichzeitraum abgenutzt, so dass betriebswirtschaftlich für jedes Jahr anteilig entsprechende Kosten anfallen (Kreuzberg/Wien Heizkostenabrechnung-HdB/von Brunn/Alter S. 255; Lefèvre S. 133/135; AG Neuss DWW 1988, 284; AG Bad Schwalbach WuM 1985, 257; AG Koblenz DWW 1996, 252). Der **BGH** ist allerdings der Auffassung, dass diese Kosten im Abrechnungszeitraum, in dem sie entstanden sind, vollständig eingestellt werden dürfen (WuM 2010, 33 Rn. 18, 19; die Bezugnahme auf die Entscheidung BGH NJW 2007, 1356 ist allerdings nichtssagend, dort wird das Problem nicht angesprochen). Wird vom Gebäudeeigentümer ein Wartungsvertrag abgeschlossen, der einen Eichservice bzw. Austausch der Batterien für elektronische Verteiler umfasst, können dessen jährlich anfallende Gebühren schon nach dem Wortlaut der Heiz-

C. Kosten des Betriebs

§ 7 HeizkV

kostenbeschreibung in § 7 Abs. 2 in die Verteilung eingestellt werden (LG Berlin GE 1987, 782; AG Bremerhaven WuM 1987, 33).

V. Sonstige Kosten

Die **Aufzählung** der in die Heizkostenverteilung einstellbaren Kosten in § 7 Abs. 2 ist **abschließend** (BGH WuM 2009, 115: keine Leasingkosten für Brenner, Öltank, Verbindungsleitungen). Weitere Kosten dürfen daher nicht in die Verteilung nach der HeizkV einbezogen werden, selbst wenn sie mittelbar oder unmittelbar mit dem Betrieb der zentralen Heizungsanlage in Zusammenhang stehen sollten. Deshalb sind **Kontoführungsgebühren** für die Einziehung von Vorauszahlungen auf Heizkosten oder für die Bezahlung der Brennstoffe nicht umlegungsfähig (AG Münster WuM 1982, 310). Obwohl die Anbringung eines **Feuerlöschers** bei Heizungsanlagen in landesrechtlichen Brandschutzregelungen vorgeschrieben ist, können weder die Kosten seiner Anschaffung noch die der regelmäßigen Wartung in die Heizkostenabrechnung einbezogen werden (AG Friedberg WuM 1985, 369; LG Frankfurt a. M. WuM 1981, U 6; AG Steinfurt WuM 1993, 135; AG Stuttgart WuM 1997, 231; aA LG Berlin NZM 2002, 65 allerdings als sonstige Betriebskosten eingeordnet; ähnlich LG Bonn NZM 1998, 910). Die Kosten für einen **Neuanstrich** des Öltanks gehören ebenso wenig zu den Heizkosten (AG Schöneberg GE 1981, 1191) wie die seiner **Innenbeschichtung** mit Kunststoff (LG Frankenthal ZMR 1985, 302). Versicherungsprämien für eine **Öltankversicherung** sind ebenfalls nicht nach der HeizkV umlegbar (LG Berlin GE 1984, 83; Metschies, S. 3171; BayObLG ZMR 1997, 256 aA AG Wedding GE 1985, 1034), sondern nach dem allgemeinen Betriebskostenrecht, § 2 Nr. 13 BetrKV. Das gilt auch für **Abschreibungen** auf die Heizungsanlage (Metschies, S. 3171). Nicht zu den umlagefähigen Kosten, weder nach der HeizkV noch nach der BetrKV, gehören die Ausgaben für eine Druck- und Dichtigkeitsprüfung der allgemeinen Gasleitungen im Gebäude (AG Königstein WuM 1997, 684). Im preisgebundenen Wohnraum ist die Berechnung eines Umlageausfallwagnisses gemäß § 25a NMV 1970 für die allgemeinen Betriebskosten zulässig; ein solches zusätzliches Entgelt mag im preisfreien Wohnraum vereinbart werden (AG Essen HKA 1988, 39). Das betrifft aber nur die allgemeine Betriebskostenabrechnung; in der Heizkostenverteilung darf ein solches **Ausfallwagnis** nicht berechnet werden (HKA 1988, 11; aA Pfeifer HeizkV § 7 Anm. 3b, 47; Lefèvre S. 137); denn es handelt sich hierbei nicht um Aufwand für die Heizung, sondern um eine Versicherung gegen Verluste aus Zahlungsrückständen seitens der Nutzer. Sie stehen insoweit den ebenfalls nicht umlegbaren Finanzierungskosten für Brennstoffeinkäufe nahe.

120

Nicht zu den Heizkosten gehört ferner die **Gebühr** für die **Erstabnahme** einer neuen Heizanlage durch den Bezirksschornsteinfegermeister oder die für die Abnahme eines gesondert eingebauten Brennstofftanks durch den TÜV (AG Rheine WuM 1985, 345). Hierbei handelt es sich um Kosten für die Erstellung der Anlage, die im Wohnraummietrecht allenfalls unter den Voraussetzungen des § 559 BGB auf den jeweiligen Mieter umgelegt werden dürfen. Gleichfalls außerhalb der Heizkostenverteilung müssen Kosten eines etwaigen **Probelaufs** der Heizung bleiben, entweder vor ihrer endgültigen Inbetriebnahme oder nach einer Stilllegung zu Reparaturzwecken; das sind Aufwendungen, die vor dem den Raumnutzer begünstigenden Betrieb und nicht durch den nutzerbezogenen Betrieb anfallen (Blümmel/Becker S. 39).

121

122 Kosten für das sog. **Trockenheizen** von Räumen im Erstbezug werden in der Heizkostenverteilung nicht gesondert ausgewiesen. Das ist aber keine Frage der Kostenverteilung, sondern der Notwendigkeit eines Kostenaufwandes. Ist er durch den baulichen Zustand der genutzten Räume bedingt, aber nur vorübergehender Natur, kann ein Abschlag von den Heizkosten gemacht werden. Denn es handelt sich insoweit um nicht vom Nutzer zu steuernde Kosten; andererseits kann es als Regel der Bauphysik angesehen werden, dass Neubaufeuchte erhöhten Heizenergieaufwand erfordert (Schmidt-Futter/Eisenschmid BGB § 536 Rn. 238; LG Lübeck WuM 1983, 239; aA AG Berlin-Tempelhof GE 1988, 359); ein Abschlag von ca. 20 % von den Heizkosten erscheint daher gerechtfertigt (aA Schulz, 28 (29)).

D. Wärmelieferung

I. Kostenverteilung

123 Die HeizkV gilt nicht nur für die Verteilung der Heiz- und Warmwasserkosten bei einer Versorgung der Nutzer durch den Gebäudeeigentümer bzw. ihm gleichgestellte Personen, sondern auch für die Wärmelieferungsverträge. Nach § 7 Abs. 3 müssen die Heizkosten nach der HeizkV verteilt werden gleichgültig, ob der Wärmelieferant einen Vertrag mit dem Gebäudeeigentümer oder direkt mit den Nutzern geschlossen hat. Danach sind die Kosten der Wärmelieferung entsprechend § 7 Abs. 1 zu verteilen, dh in einen **verbrauchsabhängigen und** einen **verbrauchsunabhängigen Teil** zu trennen, wobei die in Abs. 1 enthaltene Bandbreite des Verteilungsmaßstabes zu beachten ist (sofern nicht die Sonderregelung des § 10 eingreift).

124 Der **Gebäudeeigentümer,** dem die Kosten der Wärmelieferung in Rechnung gestellt werden, hat diese entsprechend Abs. 1 auf die Nutzer zu verteilen. Der **Preis der Wärmelieferung** richtet sich dabei nach den zwischen Gebäudeeigentümer und Wärmelieferanten geltenden vertraglichen Bestimmungen sowie den in den Vertrag einbezogenen Allgemeinen Geschäftsbedingungen. Die Nutzer haben diesen Preis hinzunehmen (LG Düsseldorf WuM 1987, 362; zu den Problemen bei der Umstellung auf Wärmecontracting → HeizkV § 1 Rn. 14–25; liegt diese Form der Versorgung als vertragliche Regelung vor, dann können die in § 7 Abs. 4 aufgezählten Kosten verteilt werden [LG Braunschweig ZMR 2000, 832] unabhängig davon, ob sie im Einzelfall im Mietvertrag bei den Betriebskosten erwähnt werden, aA Glause WuM 2003, 837); ihnen ist keine Kontrollmöglichkeit dahingehend eingeräumt, ob in dem Preis nur die in § 7 Abs. 2 aufgezählten Faktoren enthalten sind (BGH NJW 2003, 2900; WuM 2011, 219; Schauer ZMR 2001, 83; das gilt allerdings nicht mehr, wenn die Kostenneutralität einer Umstellung auf Wärmelieferung während eines bestehenden Mietverhältnisses überprüft werden muss, → WärmeLV § 4 Rn. 4). Die Situation ist vergleichbar mit der Lieferung von Brennstoff an den Gebäudeeigentümer; auch hier steht dem Nutzer hinsichtlich der Preiskalkulation der Brennstofflieferanten kein Kontrollrecht zu. Das ergibt sich schließlich aus der Neufassung des § 7 Abs. 4, der nur noch vom Entgelt für die Wärmelieferung und nicht mehr von Grund-, Arbeits- und Verrechnungspreis als Kosten der Wärmelieferung spricht (BR-Drs. 494/88, 26).

125 Rechnet der **Wärmelieferant direkt** mit dem einzelnen **Nutzer** ab und liegen der Abrechnung keine Verbrauchsmessungen (zB durch eichfähige Wärmemesser),

D. Wärmelieferung **§ 7 HeizkV**

sondern eine Erfassung des Verbrauchs (durch Heizkostenverteiler) zugrunde, ist der Wärmelieferant ebenfalls zur Verteilung nach der HeizkV verpflichtet. Er steht dabei an der Stelle des Gebäudeeigentümers; entsprechend ist auch die Verteilung zu gestalten. Die Abrechnung erfolgt daher in zwei Schritten: Zunächst sind die Kosten für das gesamte Gebäude bzw. die Abrechnungseinheit zu ermitteln. Diese entsprechen dem Preis, der dem abrechnenden Gebäudeeigentümer in Rechnung gestellt wird. Sodann hat der Wärmelieferant die ermittelten Gesamtkosten auf die einzelnen Nutzer entsprechend § 7 Abs. 1 zu verteilen; er muss also ebenfalls eine Trennung zwischen verbrauchsabhängigen und verbrauchsunabhängigen Anteilen vornehmen (GGW, Materialien 24, 23; Philipp ZfgWBay 1989, 76).

II. Kostenumfang

§ 7 Abs. 4 zählt in Anlehnung an Abs. 2 die Kosten auf, die im Falle der Wärmelieferung auf die Nutzer verteilt werden dürfen. Diese Aufzählung ist unabhängig davon, ob die **Verteilung** vom Gebäudeeigentümer oder direkt vom Wärmelieferanten vorgenommen wird. In beiden Fällen ist Grundlage der Verteilung zunächst das Entgelt für die Wärmelieferung. Hierbei handelt es sich um den Preis, den entweder der Gebäudeeigentümer an den Wärmelieferanten zahlt, oder um ein lediglich rechnerisch ermitteltes Entgelt für ein Gebäude, bei dem die Einzelverteilung durch den Lieferanten direkt vorgenommen wird. In keinem Fall findet eine Aufspaltung des Preises entsprechend der Aufzählung in Abs. 2 statt; denn in dem **Entgelt** für die Wärmelieferung sind sämtliche dort aufgeführten Kostenfaktoren entweder enthalten (das gilt nach § 18 Abs. 5 AVBFernwärmeV auch die Kosten der Messeinrichtungen) oder können der Leistungsart entsprechend nicht anfallen. 126

Zu den vom Gebäudeeigentümer oder dem Wärmelieferanten gegenüber den einzelnen Nutzern zu verteilenden Kosten der Wärmelieferung gehören ferner die Kosten des **Betriebs der zugehörigen Hausanlagen.** Unter Hausanlage ist die **Übergabestation** mit den Regeleinrichtungen zu verstehen, die zwischen der Leitung des Wärmelieferanten und den zu den einzelnen Nutzern führenden Hausleitungen liegt. 127

Verteilt werden die **Kosten des Betriebs,** wobei darunter nur solche Kosten zu verstehen sind, die in Abs. 2 enthalten sind. Dazu gehören die Kosten des Betriebsstroms und der Wartung; Reinigungskosten dürften bei der technischen Ausgestaltung solcher Übergabestationen nicht anfallen. Diese Kosten werden bei einer Verteilung der Wärmelieferungskosten durch den Gebäudeeigentümer zu dem Entgelt der Wärmelieferung hinzugerechnet und danach entsprechend Abs. 1 verteilt. Bei einer Direktabrechnung durch den Wärmelieferanten können diese Kosten im Lieferpreis enthalten sein oder als zusätzliche Kosten beim Lieferanten anfallen; sie werden in diesen Fällen als Teil der Gesamtkosten nach Abs. 1 verteilt. 128

Die **Betriebskosten der Hausanlage** können aber auch gesondert dem Gebäudeeigentümer entstehen, da er Eigentümer der Übergabestation und Anschlussnehmer für den Betriebsstrom sein wird. In diesem Fall wären an sich zwei Verteilungspflichtige vorhanden: der Wärmelieferant für die Wärmekosten und der Gebäudeeigentümer für die Betriebskosten der Übergabestation. Um den Gebäudeeigentümer von dem dadurch entstehenden Verwaltungsaufwand zu entlasten, der in keinem Verhältnis zu den Betriebskosten steht, nimmt § 11 Abs. 1 Nr. 4 diese Kosten von der Erfassungs- und Verteilungspflicht nach den §§ 3–7 aus (BR-Drs. 494/88, 31). Gerechtfertigt ist das deshalb, weil diese Kosten unab- 129

HeizkV § 7 Verteilung der Kosten der Versorgung mit Wärme

hängig vom individuellen Verbrauch entstehen (GGW, Materialien 24, 23). Das bedeutet aber, dass diese Kosten nur auf die Nutzer verteilt werden können, wenn eine entsprechende ausdrückliche vertragliche Vereinbarung getroffen worden ist (von Brunn BBauBl 1989, 64); der pauschale Verweis auf die nach der HeizkV umlegbaren Kosten reicht hier nicht aus. Der Verteilungsmaßstab kann im Vertrag enthalten sein oder durch den Gebäudeeigentümer gemäß § 315 BGB bestimmt werden. Er muss nicht verbrauchsabhängig sein, sondern kann sich an objektiven Kriterien orientieren (zB dem Flächenmaß).

Anhang zu § 7. Heizkostenabrechnung nach VDI 2077, Beiblatt Rohrwärme, Bilanzverfahren

HEIZKOSTENABRECHNUNG

Objekt-Nr.	Nutzer-Nr.	Lage	Nutzer	Objekt
220000.925 25.0007.02	000		Platanenstraße 10	Platanenstraße 10-20 07549 Gera
Abrechnungszeitraum 01.01.2008 - 31.12.2008				Hauswirt/Hausverwaltung WBG "Aufbau" Gera eG

NR		Raum	Gart	Faktor	Datum	Ablesewert		Verbrauch
0011	45191026	SCHL	6WHE4	0.532	31.12.2008	0,000 HA		0,000
0021	45191025	KÜCH	6WHE4	0.426	31.12.2008	0,000 HA		0,000
0031	45191021	WOHN	6WHE4	2.017	31.12.2008	975,000 HA		1966,575
7777	VDI2077			1.000	31.12.2008	1226,316 HA	0,000	1226,316
H1	**Verbrauch Heizung**						**Ihr Anteil**	**3192,891**

NR		Raum	Gart	Faktor	Datum	Ablesewert neu	alt	Verbrauch
7012	76028486	BAD	APW	1.000	31.12.2008	10,583 HA	5,506	5,077
W1	**Verbrauch Warmwasser**						**Ihr Anteil**	**5,077**

NR		Raum	Gart	Faktor	Datum	Ablesewert neu	alt	Verbrauch
7022	76028323	BAD	APK	1.000	31.12.2008	16,969 HA	10,427	6,542
K1	**Verbrauch Kaltwasser**						**Ihr Anteil**	**6,542**

Hinweis: Heizkostenabrechnung unter Berücksichtigung der Rohrwärmeabgabe
(Bilanzverfahren) gemäß Richtlinie VDI 2077 - Beiblatt, Düsseldorf 2009

Berechnung Ihres Verbrauchswertes für Grundwärme ZGW nach Grundkostenanteil:
$ZGW = zGW_{ges} * A_{nutzer} / A_{ges} * (GRADTAGE_{nutzer} / GRADTAGE_{ges})$
$1226,32 = 111865,80 * 49,58 \, m^2 / 4522,74 \, m^2 * (1000,00 / 1000,0)$

ZGW wird jeweils unter Ablesewerte in der Zeile: VDI2077 in der Spalte
-Ablesewert neu- in den Verbrauch eingeordnet.

Weitere Erläuterungen/ Berechnungen siehe Anlage: Erläuterungsteil!
Auf die Höhe der Gesamtkosten hat der Abrechnungsdienst keinen Einfluß. Er nimmt lediglich die Aufteilung der
vom Haushern bzw. der Hausverwaltung angegebenen Kosten vor. Der Nachweis über die einzelnen Rechnungen kann nur
vom Haushern bzw. der Hausverwaltung geführt werden. Die Abrechnung erfolgt unter Vorbehalt eventueller Nachforderungen von Versorgungsträgern und öffentlichen Einrichtungen.

HeizkV § 7 — VDI 2077

  Abrechnungsdienst

Erläuterungsteil zur Heizkostenabrechnung nach VDI 2077, Beiblatt

Objekt-Nr		Objekt	
220000.925		Platanenstraße 10-20	
Abrechnungszeitraum		07549 Gera	
01.01.2008-31.12.2008	Tage: 366		
Datum	Gradtage: 1000		
22.06.2009			

Aufstellung aller verwendeten Abkürzungen/ Werte: Fernwärme

Einheit	Bezeichnung nach VDI2077	Werte/Erläuterung
z	Verbrauchswert Nutzer (laut Ablesung)	
zges	Gesamtverbrauchswert der Liegenschaft	16.553,530 Einheiten HKVE
zGW	Verbrauchswert für Grundwärme Nutzer	
zGWges	Verbrauchswert für Grundwärme der Liegenschaft	
QHW	Heizwärme	
v	Nutzungsgrad der Wärmeerzeugung	0,8 für Kesselanlagen; 1,0 für Fernwärme
Q	Heizenergieverbrauch (heizwertbezogen) bei Erdgas berechnet sich Q aus der Energie lt. Versorger (Brennwertbezogen) / 1,1 (gemäß §9 Abs. 2 HeizkVO)!	475.100,000 kWh
QTW	Wärmeverbrauch für Trinkwassererwärmung	101.787,999 kWh
EB	Empfindlichkeit der EHKV (im vorliegenden Betriebsregime)	
eHKVE	Basisempfindlichkeit der EHKV	1
fSK	Skalenfaktor der EHKV (im vorliegenden Betriebsregime)	0,800000
A	Umlagegröße für den Grundkostenanteil, vorliegend Heizfläche je Nutzer	
Ages	Umlagegröße (Fläche) der Liegenschaft	4.522,740 m² H Wohnfläche
rW	Verbrauchswärmeanteil	
rWkorr	Korrektur-Verbrauchswärmeanteil	0,43 (gemäß VDI2077 Beiblatt)

Aufstellung der ermittelten Kennwerte:

Anwendungsgrenzen (gemäß VDI 2077 Tabelle 2)

Verbrauchswärmeanteil:	rW	=	0,055428	Kriterium erfüllt	rW	<=	0,34	
Standardabweichung:	Sv	=	1,75	Kriterium erfüllt	Sv	>=	0,85	
Anteil Niedrigverbraucher:	γ	=	0,36	Kriterium erfüllt	γ	>=	0,15	

Werden alle 3 Anwendungsgrenzen erreicht, wird durch die VDI 2077 eine Korrektur der betroffenen Heizkostenabrechnung empfohlen! Erläuterung: Nach erstmaliger Anwendung des Verfahrens ist dieses gemäß VDI 2077 so lange anzuwenden, wie der Verbrauchswärmeanteil unterhalb eines Korrektur-Verbrauchswärmeanteiles von rWkorr = 0,43 liegt – dies unabhängig vom Wert der anderen beiden Kenngrößen!

Verwendete Formeln/ Berechnungen (nach Bilanzverfahren VDI2077 Beiblatt):

$EB = fSK \cdot eHKVE = 0,800000 \cdot 1 = 0,800000$

$QHW = (Q - QTW) \cdot v = (475.100,000 \text{ kWh} - 101.787,999 \text{ kWh}) \cdot 1,0000 = 373.312,001 \text{ kWh}$

$rW = zges / (QHW \cdot EB) = 16.553,530 / (373.312,001 \cdot 0,800000) \approx \mathbf{0,055428}$ (gerundet)

$zGWges = \Sigma zGW(j=1...n) = (0,43 - rW) \cdot QHW \cdot EB = (0,43 - 0,055428) \cdot 373.312,001 \cdot 0,800000 = \mathbf{111.865,798}$ Einheiten EHKV

Die Verbrauchswerte für Grundverbrauchswärme in Höhe von 111.865,798 Einheiten werden nach Punkt 5 der VDI2077, Beiblatt nach der Umlagegröße für den Grundkostenanteil, vorliegend Heizfläche auf alle Nutzer verteilt.

Die Berechnung des Anteils für Ihre Wohnung finden Sie unter Erläuterung auf Ihrer Heizkostenabrechnung.

A. Regelungsgehalt § 8 HeizkV

§ 8 Verteilung der Kosten der Versorgung mit Warmwasser

(1) Von den Kosten des Betriebs der zentralen Warmwasserversorgungsanlage sind mindestens 50 vom Hundert, höchstens 70 vom Hundert nach dem erfassten Warmwasserverbrauch, die übrigen Kosten nach der Wohn- oder Nutzfläche zu verteilen.

(2) ¹Zu den Kosten des Betriebs der zentralen Warmwasserversorgungsanlage gehören die Kosten der Wasserversorgung, soweit sie nicht gesondert abgerechnet werden, und die Kosten der Wassererwärmung entsprechend § 7 Absatz 2. ²Zu den Kosten der Wasserversorgung gehören die Kosten des Wasserverbrauchs, die Grundgebühren und die Zählermiete, die Kosten der Verwendung von Zwischenzählern, die Kosten des Betriebs einer hauseigenen Wasserversorgungsanlage und einer Wasseraufbereitungsanlage einschließlich der Aufbereitungsstoffe.

(3) Für die Verteilung der Kosten der Warmwasserlieferung gilt Absatz 1 entsprechend.

(4) Zu den Kosten der Warmwasserlieferung gehören das Entgelt für die Lieferung des Warmwassers und die Kosten des Betriebs der zugehörigen Hausanlagen entsprechend § 7 Absatz 2.

Übersicht

	Rn.
A. Regelungsgehalt	1
B. Aufteilung der Kosten	4
I. Verbrauchsabhängig	5
II. Verbrauchsunabhängig	8
1. Grundlagen	8
2. Verteilungsmaßstab	9
C. Kosten des Betriebs	14
I. Reichweite der Aufzählung	14
II. Wasserversorgung	17
1. Wasserverbrauch	18
2. Sonstige Kosten	20
3. Nichtverteilungsfähige Kosten	23
III. Wassererwärmung	26
D. Warmwasserlieferung	27
I. Kostenverteilung	27
II. Kostenumfang	30
E. Kritik	32

A. Regelungsgehalt

§ 8 enthält die Bestimmungen, die die Verteilung der Kosten der Versorgung **1** mit Warmwasser regeln. Sie entsprechen inhaltlich weitgehend der Kostenverteilung für die Versorgung mit Wärme in § 7. § 8 findet aber nur Anwendung auf solche Anlagen zur Versorgung mit Warmwasser, die **getrennt von den Heizanlagen** betrieben werden. Wird ein Gebäude von einer **einzigen Anlage** mit Wärme und Warmwasser versorgt, gilt für diese sog. **verbundenen Anlagen** die Vorschrift des § 9.

2 Bis zur Neufassung im Jahre 1984 legte der Wortlaut des Abs. 1 noch eine **weitere Trennung** bei der Verteilung der Kosten innerhalb der Warmwasserversorgung nahe. Die Vorschrift lautete damals: „Von den Kosten des Betriebs der zentralen Warmwasserversorgungsanlage sind mindestens 50 vom Hundert, höchstens 70 vom Hundert der Kosten der Wassererwärmung nach dem erfassten Wasserverbrauch,…". Daraus wurde geschlossen, dass sich die Wahl des Schlüssels für die Verteilung der verbrauchsabhängigen Kosten nur auf die Kosten der Wassererwärmung beziehen, also nicht alle Kosten der **Warmwasserversorgungsanlage** umfassen durfte (Blümmel/Becker S. 133). Hierzu waren mehrere Rechenschritte erforderlich, um die einheitlich entstandenen Kosten der Warmwasseranlage aufzuspalten in solche der Wassererwärmung und in die übrigen Kosten. Mit der Änderung der HeizkV im Jahre 1984 wurde der Einschub „Kosten der Wassererwärmung" gestrichen, da es sich hierbei um ein Redaktionsversehen gehandelt habe (BR-Drs. 483/83, 37); jedenfalls war die sich aus dem Wortlaut ergebende Auslegung vom Verordnungsgeber so nicht gewollt.

3 Falls jedoch ein Nutzungsvertrag an die komplizierte Abrechnungsweise angepasst worden sein sollte, ist der Verteilungsmodus nunmehr wiederum abzuändern und der jetzigen Fassung des § 8 Abs. 1 anzupassen. Hierbei handelt es sich aber nicht um eine Änderung iSd § 6 Abs. 4; denn sie ist weder durch eine Abänderung der Art und Weise der Versorgung oder der **Bausubstanz** verursacht worden; anwendbar wäre die Generalklausel in § 6 Abs. 4 Nr. 3 (dazu insgesamt → HeizkV § 6 Rn. 97–105). Ursache für die notwendige Abänderung eines ursprünglich gewählten Verteilungsmaßstabes ist vielmehr ein technischer Fehler des Verordnungsgebers.

B. Aufteilung der Kosten

4 Wie § 7 Abs. 1 für die Versorgung mit Wärme (dazu → HeizkV § 7 Rn. 1–4) sieht § 8 Abs. 1 bei der Verteilung der Kosten der Warmwasserversorgung eine **Aufspaltung** in **verbrauchsabhängige** und **verbrauchsunabhängige Teile** vor. Hier gilt aber ebenfalls wie bei § 7, dass damit keine Aufteilung der tatsächlichen Kosten nach ihrem Entstehungsgrund (verbrauchsabhängig oder verbrauchsunabhängig) verlangt wird. Die **Aufteilung** erfolgt lediglich **verteilungs-rechnerisch**. Das bedeutet, dass die Gesamtkosten der Warmwasserversorgung rechnerisch aufgeteilt werden müssen in einen verbrauchsabhängig und einen verbrauchsunabhängig weiter zu verteilenden Anteil. Diese rein rechnerische Aufteilung schließt aus, dass auf die tatsächlichen Werte bzw. auf die Relation von Verbrauch und Grundkosten zurückgegriffen wird (aA LG Frankfurt (Oder) CuR 2013, 175 mAnm Lammel jurisPR-MietR 8/2014 Anm. 1).

I. Verbrauchsabhängig

5 Den Schlüssel der Grundaufteilung kann der Gebäudeeigentümer oder ihm gleichgestellte Personen (dazu → HeizkV § 1 Rn. 27–44) nach § 6 Abs. 4 S. 1 im Rahmen des § 8 Abs. 1 wählen. Ebenso wie bei der Wärmeversorgung steht ihm hierfür eine Bandbreite zwischen 50 % und 70 % zur Verfügung. Der verbrauchsabhängige Teil muss mindestens 50 % betragen; ein geringerer Satz darf auch nicht im Wege der vertraglichen Vereinbarung festgelegt werden. Einseitig kann der verbrauchsabhängige Satz bis zur Höhe von 70 % festgesetzt werden; soll ein höherer verbrauchsabhängiger Satz der Verteilung zugrunde gelegt werden, bedarf es einer

B. Aufteilung der Kosten **§ 8 HeizkV**

Vereinbarung zwischen Gebäudeeigentümer und allen von der abzurechnenden **Warmwasserversorgungsanlage** versorgten Nutzern gemäß § 10.

Bei der **Wahl** des **verbrauchsabhängigen Anteils** sollten die Verbrauchsge- 6
wohnheiten der Gebäudenutzer berücksichtigt werden. Sind viele Nutzer auf engem Raum vorhanden, oder ist das Nutzerverhalten personenbedingt sehr unterschiedlich, wird eine hohe verbrauchsabhängige Quote der Verteilung zugrunde zu legen sein. Hierdurch wird verhindert, dass die wenig verbrauchenden Nutzer die Vielverbraucher subventionieren (Freywald Rn. 153). Ein hoher Verbrauchsanteil wird sich ferner bei Hochhäusern empfehlen, da hier das Verbrauchsverhalten infolge der großen Anzahl der Nutzer nicht überschaubar ist. In einem kleinen Mehrfamilienhaus mit zumeist bekanntem Nutzerkreis kann hingegen die 50 %-Quote gewählt werden. Die Nutzung der nivellierenden Wirkung des 50:50-Schlüssel kann dann geboten sein, wenn Warmwasserkosten bei einem hohen **Leerstand** zu verteilen sind (BGH WuM 2015, 94 m. krit. Anm. Wall, jurisPR-MietR 5/2015, Anm. 1; zur Entscheidung der Vorinstanz Lammel, jurisPR-MietR 8/2014 Anm. 1; grundsätzlich hat jedoch der Vermieter die Kosten des Leerstandes zu tragen).

Problematisch ist stets die Verteilung der (Warm-)Wasserkosten, wenn ein 7
Gebäude **gemischt genutzt** wird, also Gewerbe- und Wohnräume vorhanden sind. Hier wird sich vor allem eine Vorerfassung nach § 5 Abs. 2 empfehlen (dazu → HeizkV § 5 Rn. 100–106). Ist der Gewerbe- oder Wohnanteil zu gering für die aufwendigere Vorerfassung, sollte der Verteilungsschlüssel an den Verbrauchsgewohnheiten der überwiegenden Zahl der Nutzer orientiert werden. Liegen **wasserverbrauchsträchtige Gewerbe** vor (Blumengeschäft, Friseur, medizinische Bäder, Metzgerei, Wäscherei, reinigungsintensives Handwerk), wird ein 70 %iger Verbrauchsanteil angemessen sein. Überwiegt dagegen beim Gewerbe Bürotätigkeit, erscheint ein 50 %iger Verbrauchsanteil ausreichend. Gemessen wird der Verbrauch durch reine Warmwasserzähler, die also nur den Durchfluss des warmen Wassers messen, nicht aber den Wärmeverbrauch (dazu → HeizkV § 5 Rn. 56).

II. Verbrauchsunabhängig

1. Grundlagen. Neben dem verbrauchsabhängig umzulegenden Teil der 8
Gesamtkosten ist **der rechnerische Rest** verbrauchsunabhängig zu verteilen. Das rechtfertigt sich ähnlich wie bei den Kosten für die Wärmeversorgung daraus, dass auch bei der Warmwasserversorgung Kosten entstehen, die unabhängig vom Verbrauch sind. Dazu gehören vor allem die sog. **Vorhaltekosten,** die allein deshalb entstehen, um dem Nutzer die jederzeitige Inanspruchnahme von Warmwasser zu ermöglichen. Hierunter sind die Nebenkosten für die reine Wasserversorgung (zB Zählermiete, Grundkosten) zu zählen, sowie diejenigen zur Erwärmung des Wassers, die den Heizungsnebenkosten in § 7 Abs. 2 entsprechen (dazu → HeizkV § 7 Rn. 2, 69–122). Dazu gehören aber auch die Kosten, die durch Wärmeverluste infolge mangelhafter oder fehlender Leitungsisolierung oder durch Wasserverluste infolge kleiner Leckagen im Warmwasserleitungsnetz eintreten (Kreuzberg/Wien Heizkostenabrechnung-HdB/Pawellek/Wien S. 722/723). Diese Verluste entstehen unabhängig vom Verbrauch infolge des Wasserdrucks und der Vorhaltung von Warmwasser. Ob sie in der Abrechnung zu Lasten der Nutzer aufgeführt werden dürfen, erscheint zweifelhaft (dazu → Rn. 24).

2. Verteilungsmaßstab. Wie bei der Verteilung der Kosten der Wärmever- 9
sorgung hängt die **verbrauchsunabhängig** zu verteilende **Kostenquote** von dem

221

gewählten verbrauchsabhängigen Anteil ab. Lediglich der sich daraus ergebende rechnerische Rest unterfällt dem verbrauchsunabhängigen Prozentsatz. Als Maßstab für die verbrauchsunabhängige Verteilung beim Warmwasser schreibt § 8 Abs. 1 allein die Wohn- oder Nutzfläche vor. Hierbei ist nicht die Fläche der Räume zugrunde zu legen, die mit Zapfstellen für warmes Wasser ausgestattet sind. Vielmehr ist die Gesamtfläche der Nutzungseinheit als Verteilungsmaßstab zu nehmen. Die Berechnung erfolgt zweckmäßigerweise nach den §§ 2–4 WoFlV (BGH WuM 2021, 63 Rn. 20), dadurch wird auch die Übereinstimmung hinsichtlich der Flächenberechnungen von preisgebundenem und preisfreiem Wohnraum herbeigeführt (auch → HeizkV § 7 Rn. 59, 60).

10 Der **zwingend** vorgeschriebene **Flächenmaßstab** lässt sich nur unter dem Gesichtspunkt der **Praktikabilität** rechtfertigen (Schmidt-Futterer/Lehmann-Richter BGB § 556a Rn. 40). Inhaltlich hat er mit der Nutzung von Warmwasser wenig zu tun. Denn es kann nicht davon ausgegangen werden, dass die Nutzung einer großen Fläche zu einem starken Verbrauch an Warmwasser führt. Diese Vorstellungen stammen aus dem Mietrecht für preisgebundenen Wohnraum. Dort hing die Zuteilung einer großen Wohnung von der Zahl der berechtigten Nutzer ab, so dass hieraus auf einen entsprechend hohen Warmwasserverbrauch geschlossen werden konnte. Sowohl für preisfreien Wohnraum wie für gewerbliche Räume trifft dieser Erfahrungssatz nicht zu (Peruzzo Heizkostenabrechnung Rn. 214–216; aA RE OLG Hamm NJW 1984, 984).

11 Deshalb (→ Rn. 10) findet sich in Nutzungsverträgen für derartige Räume häufig ein auf die **Zahl der Nutzer** abstellender **Verteilungsmaßstab.** Ein derartiger Personenschlüssel steht im unmittelbaren Zusammenhang mit der Nutzung der Warmwasserversorgung, so dass er als sachgerecht anzusehen ist. Allerdings wirft dieser Schlüssel **erhebliche Probleme** der Überwachung auf, insbesondere bei großen Gebäuden. Abhängig von der Mieterstruktur kann es in solchen Häusern zu einer starken Fluktuation kommen, die dem Gebäudeeigentümer nicht immer bekannt werden muss. Für größere **Gewerbekomplexe** kann darüber hinaus nicht von einem Zusammenhang zwischen Benutzern der Räume und Warmwasserverbrauch ausgegangen werden, insbesondere nicht bei reinen Büroräumen.

12 Für **kleinere** (Wohn- oder Gewerbe-)**Einheiten** ist hingegen die Anwendung eines Personenschlüssels sinnvoll, so dass die Aufnahme einer entsprechenden Fakultativklausel in die HeizkV zu empfehlen gewesen wäre. Die Alternative, die Verteilung nach der Zahl der Zapfstellen für Warmwasser vorzunehmen, ist jedoch nicht verbrauchserfassungsadäquat. Denn der Umfang der Nutzung einer Zapfstelle ist ihrer Zweckbestimmung entsprechend (Küche, Bad, Gästetoilette) sehr unterschiedlich, so dass aus der Zahl der Zapfstellen nicht auf den Verbrauch geschlossen werden kann (Brintzinger § 8 Anm. 2, 6).

13 Unter dem Gesichtspunkt der Verbrauchserfassung und der daraus erstrebten Verbrauchsreduzierung ist der Flächenmaßstab wohl der ungeeignetste Schlüssel. Sein Vorteil besteht allein in seinem objektiven, leicht feststellbaren und bei Einwänden gegen die Kostenverteilung überprüfbaren Gehalt. Der fehlende Zusammenhang zwischen vorgeschriebenem Verteilungsmaßstab und Verbrauchserfassung kann geringfügig dadurch korrigiert werden, dass der Wasserverbrauch insgesamt aus der Kostenverteilung für die Warmwasserversorgung herausgenommen und gesondert abgerechnet wird (dazu → Rn. 17), wobei der Gebäudeeigentümer (im Rahmen vertraglicher Festlegungen und des § 315 BGB) bei der Wahl des hierfür anwendbaren Schlüssels frei ist.

C. Kosten des Betriebs

I. Reichweite der Aufzählung

§ 8 Abs. 2 zählt die Kosten auf, die zum Betrieb der zentralen Warmwasserversorgungsanlage gehören und entsprechend in die Kostenverteilung eingestellt werden dürfen. Die Problematik des Verhältnisses von vertraglicher Regelung und verordnungsrechtlicher Kostenaufzählung (dazu → § 2 Rn. 33–37) ist auch hier zugunsten des jeweiligen Vertragsinhalts zu lösen. Das bedeutet, dass nur diejenigen Kostenbestandteile, die in § 8 Abs. 2 aufgezählt sind, in die Verteilung einbezogen werden dürfen, die auch im einzelnen Nutzungsvertrag als **umlegungsfähig vereinbart** worden sind (→ HeizkV § 7 Rn. 70, 72). 14

Die **Gegenmeinung** beachtet nicht, dass die Formulierung des § 8 Abs. 2 aus der (früheren) Anlage 3 zu § 27 II.BV entnommen worden ist, § 27 II.BV aber ausdrücklich zur Ermittlung der Betriebskosten auf Anlage 3 verweist, so dass dadurch die Umlegungsfähigkeit sämtlicher Kosten hergestellt ist. Auch die NMV 1970 verwies in § 20 Abs. 3 aF ausdrücklich auf die Aufzählung der gesondert umlegbaren Kosten in den §§ 21–25 aF. Selbst die Neufassung des § 20 NMV 1970 verweist trotz der in § 22 NMV enthaltenen Anwendbarkeit der HeizkV auf preisgebundenen Wohnraum für die umlegungsfähigen Nebenkosten weiterhin auf § 27 II.BV, so dass der Verordnungsgeber insoweit selbst davon ausging, dass die über § 22 NMV in das Mietpreisrecht inkorporierte Kostenaufstellung der HeizkV nicht automatisch die Umlegbarkeit der genannten Kosten beinhaltet. Materiell hat sich an dieser Verweisungstechnik durch die Aufhebung der Anlage 3 zu § 27 II.BV und ihren Ersatz durch die BetrKV nichts geändert. 15

Außerhalb des Mietpreisrechts muss sich die Zulässigkeit der Umlage weiterer Kosten aus dem **Nutzungsvertrag** ergeben; die HeizkV ersetzt diese grundsätzliche Überwälzung von Kosten auf den Nutzer nicht. Unter dieser Prämisse sind als verteilungsfähig bei der Warmwasserversorgung zwei Kostengruppen anzusetzen, die Kosten der Wasserversorgung (dazu → Rn. 17–25) und die Kosten der Wassererwärmung (dazu → Rn. 26). 16

II. Wasserversorgung

Die Kosten der Wasserversorgung dürfen nur in dem Fall in die Verteilung der Kosten der Warmwasserversorgung einbezogen werden, wenn sie noch nicht über den allgemeinen **(Kalt-)Wasserverbrauch** abgerechnet worden sind; Kanalgebühren gehören nicht dazu (AG Berlin-Charlottenburg GE 2006, 59; AG Aachen ZMR 2008, 383). Sieht der Nutzungsvertrag (ausnahmsweise) keine Verteilung von Wasserkosten auf die Nutzer vor, darf dieser Wasserverbrauch auch nicht auf dem Umweg über die Warmwasserbereitung den Nutzern in Rechnung gestellt werden. Umgekehrt muss vermieden werden, dass der bei der Warmwasserversorgung anfallende Wasserverbrauch sowohl in der Verteilung nach der HeizkV als auch nochmals in der allgemeinen Wasserabrechnung erscheint. Eine Trennung ist nur möglich durch Installierung eines **Zwischenzählers,** der das in die Warmwasserbereitungsanlage strömende Wasser misst. Eine Schätzung dieses Verbrauchs (so wohl Brintzinger § 8 Anm. 3, 6) erscheint angesichts des Erfassungsgebots in § 4 nicht zulässig. Erfolgt keine Zwischenerfassung des Wasserverbrauchs, so kann er nur über die allgemeine Betriebskostenabrechnung verteilt werden. 17

HeizkV § 8 Verteilung der Kosten der Versorgung mit Warmwasser

18   **1. Wasserverbrauch.** In § 8 Abs. 2 S. 2 findet sich eine Aufzählung der Kosten, die als zu den Kosten der Wasserversorgung gehörig anzusehen sind. Darunter fallen vor allem die Kosten des Wasserverbrauchs. Sie werden vom Lieferanten anhand der durch sog. **Wasseruhren** (=eichfähige Zähler) erfassten Menge und der vertraglich vereinbarten oder öffentlich rechtlich festgesetzten Tarifsätze berechnet. Die Interessen der Nutzer sind hierbei nur insoweit zu berücksichtigen, als dem Gebäudeeigentümer unter verschiedenen Tarifen eine Wahl eröffnet ist; er muss diese Wahl unter dem Gesichtspunkt der notwendigen Kosten isd § 670 BGB bzw. des Gesichtspunktes der Wirtschaftlichkeit, §§ 556 Abs. 3 S. 1, 560 Abs. 5 BGB, treffen. Der Nutzer kann jedoch gegenüber dem Gebäudeeigentümer keine Ansprüche hinsichtlich der **Qualität** des gelieferten **Wassers** stellen und etwa wegen der Wasserhärte die Abrechnung als nicht ordnungsgemäß beanstanden. Das ist ein Faktor, den der Gebäudeeigentümer ohne zusätzliche Vorkehrungen nicht beeinflussen kann. Ihm kann nicht zum Vorwurf gemacht werden, dass er das Wasser ohne weitere Aufbereitung in der chemischen Zusammensetzung an seine Nutzer so weiterleitet wie es ihm angeliefert wird (Fischer-Dieskau/Pergande/Schwender WohnungsbauR § 27 II.BV Anm. 5 Nr. 1, 69).

19   Anders ist dagegen die Rüge von möglichen Mängeln der Wasserleitung gegenüber der Kostenverteilung in den Fällen zu beurteilen, in denen die Wasserqualität durch vom Gebäudeeigentümer geschaffene Faktoren beeinflusst wird (zB in Altbauten durch Bleirohre, dazu LG Berlin DWW 1987, 130; GE 1996, 926; LG Frankfurt a. M. ZMR 1990, 17; LG Hamburg WuM 1991, 161; AG Hamburg WuM 1993, 736; Nitrat in Brunnenanlage AG Osnabrück NJW-RR 1987, 971; LG Köln MDR 1991, 445; Rost in Leitungswasser LG Köln WuM 1987, 122). Da hierdurch der Verbrauch des (Warm-)Wassers unmittelbar beeinflusst wird – der Nutzer wird das mangelhafte Wasser zunächst **ablaufen lassen,** bis sauberes aus der Leitung fließt –, wird der Mehrverbrauch durch den Gebäudeeigentümer verursacht und ist daher von der Menge des verbrauchten Wassers abzuziehen. Das kann dadurch geschehen, dass ein Sachverständiger den Abfluss der „verschmutzten" Wassermenge misst und danach den Gesamtverlust unter Berücksichtigung des üblichen Nutzerverhaltens der jeweiligen Räume schätzt.

20   **2. Sonstige Kosten.** Zu den Kosten der Wasserversorgung gehören ferner die **Grundgebühren** und die **Zählermiete**. Diese Kosten werden üblicherweise vom Wasserlieferanten nicht gesondert ausgewiesen, sondern sind im sog. **Arbeitspreis** mit enthalten. Zur Zählermiete gehören auch die **Eichgebühren,** sofern sie getrennt berechnet werden. **Reparaturkosten** für den Wasserzähler dürfen dagegen nicht in die Verteilung der Warmwasserkosten einbezogen werden; sie sind nicht mehr eine Folge der Versorgung mit Warmwasser, sondern dienen zur Schaffung der technischen Voraussetzung für die Versorgung. **Zwischenzähler** sind erforderlich, um eine getrennte Kostenverteilung von Warmwasser- und Kaltwasser-Versorgung durchführen zu können. Sie zählen daher ebenfalls zu den Kosten der Wasserversorgung im Sinne der HeizkV. Auch diese Kosten erscheinen nicht regelmäßig in den Wasserrechnungen, sondern werden mit dem Wassergeld abgegolten.

21   Betreibt der Gebäudeeigentümer eine **Wasseraufbereitungsanlage,** wozu er ohne besondere vertragliche Regelung nicht verpflichtet ist, können auch die hierdurch entstehenden Betriebskosten in die Verteilung der Warmwasserkosten einbezogen werden. Je nach System fallen als Betriebskosten Stromkosten an, die allerdings so geringfügig sind, dass sich für ihre Erfassung das Setzen eines Zwischenzählers nicht lohnt; die Kosten können nach den Stromverbrauchswerten

C. Kosten des Betriebs **§ 8 HeizkV**

und der Betriebsdauer berechnet werden. Zu den Betriebskosten gehören ferner die Kosten für die Instandhaltung der Anlage wie Reinigung, Austausch von Kleinteilen (Dichtungsringe), nicht hingegen Reparaturkosten. Schließlich können unter den Begriff Betriebskosten auch die Aufbereitungsstoffe (je nach Betriebssystem) eingeordnet werden; die HeizkV zählt diese noch einmal gesondert auf. Nicht zu den Kosten der Aufbereitungsanlage gehören hingegen die Aufwendungen für den **Korrosionsschutz** der wasserführenden Leitungen (AG Lörrach WuM 1995, 593; AG Friedberg WuM 2000, 381); ob im Wohnraummietrecht diese Kosten als umlagefähig vereinbart werden dürfen (so AG Dresden NZM 2001, 708), erscheint angesichts des **numerus clausus** der verteilungsfähigen Kosten zweifelhaft.

Angesichts der nahezu flächendeckenden öffentlichen Wasserversorgung mit Anschluss- und Benutzungszwang kommen den ebenfalls in § 8 Abs. 2 S. 2 genannten Kosten des Betriebs einer **hauseigenen Wasserversorgungsanlage** nur untergeordnete Bedeutung zu. Hierunter fallen Pumpen, Hebeanlagen oder eigene Wasserwerke für eine Wirtschaftseinheit. Nach der HeizkV dürfen allenfalls die Kosten des Betriebs in die Verteilung eingestellt werden, also insbesondere Stromkosten sowie Kosten der Pflege der Anlage. **Nicht** nach der HeizkV **umlagefähig** sind die Kosten für die Errichtung der Anlage, Abschreibungsquoten, Reparaturkosten; ebenso wenig alle Kosten, die mit der erstmaligen Inbetriebnahme zusammenhängen, wie behördliche Genehmigungen und Prüfungen (Pergande/Schwender § 27 II.BV Anm. 5 Nr. 4, 20). 22

3. Nichtverteilungsfähige Kosten. Zu den auf die Nutzer **verteilbaren** 23
Wasserkosten gehören nur diejenigen Kosten, die durch den **Verbrauch** der Nutzer **verursacht** worden sind. Auch insoweit ist die Zielsetzung der HeizkV, zur Energieeinsparung beizutragen, zu beachten (das Wassersparen beim Warmwasser kann allerdings in Gesundheitsgefahren münden [Legionellen!]). Einsparung ist aber nur bei eigenem Einfluss auf den Verbrauch möglich. Deshalb ist der Wasserverbrauch infolge eines **Rohrbruchs** innerhalb des Gebäudes von dem gemessenen Gesamtverbrauch an Wasser abzuziehen, was im Regelfall nur durch Schätzung möglich sein wird. Erfolgte zwischenzeitlich kein Nutzerwechsel, kann als Anhaltspunkt der vorjährige Wasserverbrauch dienen.

Von solchen offensichtlichen Verlusten sind die sog. **Leitungsverluste** zu 24
unterscheiden, die durch **geringfügige Leckagen** entstehen. Sie sind dadurch gekennzeichnet, dass sie lange Zeit unentdeckt bleiben können. Darin ist aber kein systematisch relevanter Unterschied zum Rohrbruch zu sehen. Auch diese Leckagen treten im alleinigen Einfluss und Verantwortungsbereich des Gebäudeeigentümers auf (LG Mannheim ZMR 1989, 336; LG Karlsruhe NJW-RR 1990, 1271). Damit verbietet sich eine Überwälzung des durch sie entstandenen Mehrverbrauchs an Wasser auf die Nutzer im Wege der Kostenverteilung. Denn diese Verteilung erfolgt allein nach dem Verursacherprinzip, so dass es auf ein Verschulden für den Mehrverbrauch nicht ankommen kann. Liegt eine Leckage vor, kann der nicht den Nutzern in Rechnung zu stellende Wasserverbrauch anhand der Größe des Lochs und des Wasserdrucks durch einen Sachverständigen geschätzt werden (Kreuzberg/Wien Heizkostenabrechnung-HdB/Pawellek/Wien S. 723); für eine genaue Berechnung fehlt es regelmäßig an der Feststellung, wie lange das Leck bereits vorhanden war.

Vermieden werden kann die Problematik der Zuordnung von Verlusten durch 25
Leckagen, wenn der Wasserverbrauch lediglich anhand der bei den einzelnen **Nut-**

zern angebrachten **Erfassungsgeräte** (was in einzelnen landesrechtlichen Bauordnungen bereits vorgeschrieben ist, MusterBauO § 43 Abs. 2) ermittelt und der Gesamtverbrauch durch Addition der Einzelwerte errechnet wird. In diesem Fall gehen die Leitungsverluste automatisch zu Lasten des Gebäudeeigentümers, da die Wasserverluste durch Leckagen überwiegend in den gemeinschaftlichen Zuleitungen und nicht in den gesonderten Leitungen für die einzelnen Nutzer auftreten.

III. Wassererwärmung

26 Zu den verteilungsfähigen Kosten der Warmwasserversorgung gehören gemäß § 8 Abs. 2 auch die Kosten der Wassererwärmung. Diese sind als einzige verteilbar, wenn der **Wasserverbrauch** bereits mit dem Kaltwasser abgerechnet wird. Für den Inhalt der Kosten der Wassererwärmung verweist § 8 Abs. 2 pauschal auf § 7 Abs. 2. Das bedeutet, dass sämtliche in § 7 Abs. 2 aufgezählten „Heizkosten" auch in die Kostenverteilung beim Warmwasser einbezogen werden dürfen, sofern sie hier anfallen und ihre Verteilungsfähigkeit im Nutzungsvertrag geregelt ist. Infolge dieses pauschalen Verweises kann für Inhalt und Umfang der Kostenarten vollinhaltlich auf die Anmerkungen 78–117 zu § 7 verwiesen werden.

D. Warmwasserlieferung

I. Kostenverteilung

27 Ebenso wie bei der Wärmelieferung (dazu → HeizkV § 7 Rn. 123–129) beansprucht die HeizkV auch Geltung bei der Warmwasserlieferung. Deren Kosten sind gemäß § 8 Abs. 3 entsprechend Abs. 1 zu verteilen. Das bedeutet, dass der Gebäudeeigentümer, der Vertragspartner eines Liefervertrages über Warmwasser ist, die ihm von dem Lieferunternehmen in Rechnung gestellten Kosten nach § 8 Abs. 1 in einen **verbrauchsabhängigen** und einen **verbrauchsunabhängigen** Teil (es sei denn, es ist eine Ausnahme nach § 10 vereinbart) aufzuspalten und entsprechend dem gewählten Umlageschlüssel bzw. den erfassten Verbrauchsanteilen auf die Nutzer zu verteilen hat; ein anderer Verteilungsmaßstab ist unzulässig (zB nach Kopfteilen AG Kassel WuM 2000, 37, AG Berlin-Schöneberg GE 1988, 779, AG Berlin Charlottenburg MM 1988, H. 5, 30; Kubikmetern LG Berlin MM 1988, H.6, 30; Personen-Werten LG München I ZMR 1987, 339). Wie das Lieferunternehmen den Umfang des gelieferten Warmwassers für die Abrechnungseinheit feststellt, muss sich aus der Vertragsgestaltung zwischen ihm und dem Gebäudeeigentümer ergeben; die Verwendung von Messgeräten ist nur im Verhältnis zwischen Gebäudeeigentümer und Nutzer vorgeschrieben.

28 Abs. 1 findet auch dann Anwendung, wenn das Lieferunternehmen mit den einzelnen Nutzern **gesonderte Lieferverträge** über den Bezug von Warmwasser geschlossen hat. Das Unternehmen ist in diesem Fall verpflichtet, eine **Erfassung** der Liefermenge für den einzelnen Nutzer (= Vertragspartner des Liefervertrages) **durch Messgeräte** und eine **Verteilung der Kosten** nach verbrauchsabhängigen und verbrauchsunabhängigen Teilen vorzunehmen (abgesehen von einer Ausnahmevereinbarung nach § 10). Das Lieferunternehmen muss zur Feststellung der verteilungsfähigen Kosten zunächst die Kosten für das Gebäude bzw. die Abrechnungseinheit ermitteln, und diese anschließend entsprechend dem bei den einzelnen Nutzern erfassten Verbrauch verteilen. Wird (bei entsprechend günstigem Verlauf der Warmwasserleitungen) der Warmwasserverbrauch für jeden Nutzer

nur durch einen einzigen Warmwasserzähler ermittelt, erübrigt sich die Feststellung des Gesamtverbrauchs für das Gebäude.

Wärmeverluste infolge längerer Zuleitungswege wirken sich bei den gängigen 29 Warmwassererfassungsgeräten nicht aus, da diese allein den Wasserdurchfluss, nicht aber die abgegebene Wärmemenge erfassen. Der hierdurch entstehende Mehrverbrauch an Wasser ist physikalisch systembedingt und kann auch durch die in iVm Anlage 8 GEG vorgeschriebene Wärmedämmung nicht vollständig verhindert werden. Werden allerdings die dort geforderten Dämm-Maßnahmen in neuen Brauchwasseranlagen nicht erfüllt, geht der dadurch bedingte Mehrverbrauch zu Lasten des Warmwasserlieferanten.

II. Kostenumfang

§ 8 Abs. 4 zählt als Parallelvorschrift zu § 7 Abs. 4 (dazu → HeizkV § 7 Rn. 126– 30 129) die Kosten auf, die zu den Kosten der Warmwasserlieferung gehören. Diese setzen sich zusammen aus dem Entgelt für die Lieferung des Warmwassers und den Betriebskosten der zugehörigen Hausanlagen. Unter **Entgelt** für die **Lieferung** ist der Preis zu verstehen, den entweder der Gebäudeeigentümer oder bei Direktverträgen die einzelnen Nutzer an das Lieferunternehmen zu zahlen haben, unabhängig von der ihm zugrundeliegenden Kalkulation. Unter **Hausanlagen** für **Warmwasserlieferung** sind komplette Übergabestationen mit Regeleinrichtungen zu verstehen (AG Leipzig NZM 2009, 858), aber auch einzelne Einrichtungen zur Druckregulierung, Pumpstationen, Verteiler. Welche Betriebskosten im Einzelnen in die Kostenverteilung einbezogen werden können, richtet sich durch den Verweis in § 8 Abs. 4 auf § 7 Abs. 2 nach der dortigen Aufzählung (dazu → HeizkV § 7 Rn. 78 ff.). Es dürfen daher nur dort genannten Betriebskosten verteilt werden, nicht dagegen Kosten der Anschaffung, Abschreibung, Reparaturen oder Ersatzbeschaffung (anders wohl AG Leipzig NZM 2009, 858: Mietkosten).

Entstehen diese **Betriebskosten** beim Gebäudeeigentümer, während die Kos- 31 ten der Warmwasserlieferung – bei Vorliegen eines direkten Vertrages mit dem jeweiligen Nutzer – zwischen Lieferanten und Nutzer berechnet werden, nimmt die HeizkV den Gebäudeeigentümer von der Verpflichtung aus, auch die ihm entstehenden Betriebskosten der Hausanlagen nach § 8 zu verteilen, § 11 Abs. 1 Nr. 4. Denn die Kosten für die verordnungsgerechte Verteilung würden in keinem wirtschaftlich vertretbaren Verhältnis zu dem Zweck der HeizkV, Energieeinsparung, stehen. Der Gebäudeeigentümer darf diese Kosten der Hausanlagen aber nur auf die Nutzer verteilen, wenn dies vertraglich vereinbart worden ist. Der Verteilungsmaßstab kann nach § 315 BGB gewählt werden; sachgerecht könnte eine Verteilung nach der Zahl der Warmwasserzapfstellen sein (analog § 556a Abs. 1 S. 2 BGB). Wird dagegen die Hausanlage vom Wärmelieferanten betrieben oder zahlt er dem Gebäudeeigentümer eine Vergütung für den Betrieb der Hausanlage, darf der Lieferant diese Kosten in die Gesamtverteilung einbeziehen.

E. Kritik

Die komplizierte Verteilung der Kosten für die zentrale Versorgung mit Warm- 32 wasser sowie die kostensteigernden Leitungs- und Wärmeverluste ergeben ein ungünstiges Kosten-Nutzen-Verhältnis für die zentrale Warmwasserversorgung. Die Energieausnutzung (Gas oder Strom) ist bei Einzelgeräten für jede **Warmwasserzapfstelle** höher, so dass es bei steigenden Kosten der zentralen Versorgung zu einer Hinwendung zur dezentralen Warmwasserversorgung kommen kann (Peruzzo Heizkostenabrechnung Rn. 217), was durchaus noch im Sinne einer Energieeinsparung liegen kann.

§ 9 Verteilung der Kosten der Versorgung mit Wärme und Warmwasser bei verbundenen Anlagen

(1) [1]Ist die zentrale Anlage zur Versorgung mit Wärme mit der zentralen Warmwasserversorgungsanlage verbunden, so sind die einheitlich entstandenen Kosten des Betriebs aufzuteilen. [2]Die Anteile an den einheitlich entstandenen Kosten sind bei Anlagen mit Heizkesseln nach den Anteilen am Brennstoffverbrauch oder am Energieverbrauch, bei eigenständiger gewerblicher Wärmelieferung nach den Anteilen am Wärmeverbrauch zu bestimmen. [3]Kosten, die nicht einheitlich entstanden sind, sind dem Anteil an den einheitlich entstandenen Kosten hinzuzurechnen. [4]Der Anteil der zentralen Anlage zur Versorgung mit Wärme ergibt sich aus dem gesamten Verbrauch nach Abzug des Verbrauchs der zentralen Warmwasserversorgungsanlage. [5]Bei Anlagen, die weder durch Heizkessel noch durch eigenständige gewerbliche Wärmelieferung mit Wärme versorgt werden, können anerkannte Regeln der Technik zur Aufteilung der Kosten verwendet werden. [6]Der Anteil der zentralen Warmwasserversorgungsanlage am Wärmeverbrauch ist nach Absatz 2, der Anteil am Brennstoffverbrauch nach Absatz 3 zu ermitteln.

(2) [1]Die auf die zentrale Warmwasserversorgungsanlage entfallende Wärmemenge (Q) ist ab dem 31. Dezember 2013 mit einem Wärmezähler zu messen. [2]Kann die Wärmemenge nur mit einem unzumutbar hohen Aufwand gemessen werden, kann sie nach folgender Zahlenwertgleichung als Ergebnis in Kilowattstunden pro Jahrbestimmt werden:
$$Q = 2{,}5 \times V \times (t_w - 10)$$
[3]Dabei sind zu Grunde zu legen:
1. der Wert 2,5 für die Erzeugeraufwandszahl des Wärmeerzeugers, die mittlere spezifische Wärmekapazität des Wassers, die Wärmeverluste für Warmwasserspeicher, Verteilung einschließlich Zirkulation, Messdatenerhebungen zum Warmwasserverbrauch;
2. das gemessene Volumen des verbrauchten Warmwassers (V) in Kubikmetern;
3. die gemessene oder geschätzte mittlere Temperatur des Warmwassers (t_w) in Grad Celsius und
4. der Wert 10 für die übliche Kaltwassereintrittstemperatur in die Warmwasserversorgungsanlage in Grad Celsius.

[4]Wenn in Ausnahmefällen weder die Wärmemenge noch das Volumen des verbrauchten Warmwassers gemessen werden können, kann die Wärmemenge, die auf die zentrale Warmwasserversorgungsanlage entfällt, nach folgender Zahlenwertgleichung als Ergebnis in Kilowattstunden pro Jahr bestimmt werden:
$$Q = 32 \times A_{wohn}$$
[5]Dabei sind zu Grunde zu legen:
1. der Wert 32 für den Nutzwärmebedarf für Warmwasser, die Erzeugeraufwandszahl des Wärmeerzeugers, Messdatenerhebungen zum Warmwasserverbrauch und

Verteilung der Kosten (verbundenen Anlagen) § 9 HeizkV

2. die durch die zentrale Anlage mit Warmwasser versorgte Wohn- oder Nutzfläche (A_{Wohn}) in Quadratmeter.

⁶Die nach den Zahlenwertgleichungen in Satz 2 oder 4 bestimmte Wärmemenge (Q) ist
1. bei brennwertbezogener Abrechnung von Erdgas mit 1,11 zu multiplizieren und
2. bei eigenständiger gewerblicher Wärmelieferung durch 1,15 zu dividieren.

(3) ¹Bei Anlagen mit Heizkesseln ist der Brennstoffverbrauch der zentralen Warmwasserversorgungsanlage (B) in Litern, Kubikmetern, Kilogramm oder Schüttraummetern nach der Gleichung

$$B = \frac{Q}{H_i}$$

zu bestimmen.
²Dabei sind zu Grunde zu legen
1. die auf die zentrale Warmwasserversorgungsanlage entfallende Wärmemenge (Q) nach Absatz 2 in kWh;
2. der Heizwert des verbrauchten Brennstoffes (H_i) in Kilowattstunden je Liter, Kubikmeter oder Kilogramm.

³Als Heizwerte nach Satz 2 Nummer 2 sind die in den Abrechnungsunterlagen des Energieversorgungsunternehmens oder Brennstofflieferanten angegebenen Heizwerte zu verwenden.
⁴Wenn diese vom Energieversorgungsunternehmen oder Brennstofflieferanten nicht angegeben werden, können hilfsweise folgende Werte verwendet werden:

	Heizwert H_i	Einheit
Leichtes Heizöl extra leichtflüssig	10	Kilowattstunden je Liter
Schweres Heizöl	10,9	Kilowattstunden je Liter
Erdgas H	10	Kilowattstunden je Kubikmeter
Erdgas L	9	Kilowattstunden je Kubikmeter
Flüssiggas	13	Kilowattstunden je Kilogramm
Koks	8	Kilowattstunden je Kilogramm
Braunkohle	5,5	Kilowattstunden je Kilogramm
Steinkohle	8	Kilowattstunden je Kilogramm
Brennholz (lufttrocken)	4,1	Kilowattstunden je Kilogramm

HeizkV § 9   Verteilung der Kosten (verbundenen Anlagen)

	Heizwert H_i	Einheit
Holzpellets	5	Kilowattstunden je Kilogramm
Holzhackschnitzel (lufttrocken)	4	Kilowattstunden je Kilogramm

[5]Soweit die Abrechnung über Kilowattstunden-Werte erfolgt, ist eine Umrechnung in Brennstoffverbrauch nicht erforderlich. [6]Enthalten die Abrechnungsunterlagen des Energieversorgungsunternehmens oder Brennstofflieferanten H_i-Werte, sind diese zu verwenden. [7]Soweit die Abrechnung über kWh-Werte erfolgt, ist eine Umrechnung in Brennstoffverbrauch nicht erforderlich.

(4) Der Anteil an den Kosten der Versorgung mit Wärme ist nach § 7 Absatz 1, der Anteil an den Kosten der Versorgung mit Warmwasser nach § 8 Absatz 1 zu verteilen, soweit diese Verordnung nichts anderes bestimmt oder zulässt.

Literatur: Haupt, Heizkostenabrechnung bei kombinierten Heiz- und Solaranlagen: Die VDI-Richtlinie 2077 – Blatt 3.3 – „Kostenaufteilung bei Solaranlagen" –, WuM 2014, 178; Kinne, Einbau von Wärmezählern bis Ende 2013: Duldungspflicht und Umlagemöglichkeit, GE 2009, 492; Kinne, Bis Ende 2012: Einbau von Wärmezählern in zentralen Warmwasserbereitungsanlagen erforderlich, GE 2012, 303; Lammel, Das Rätsel der Formeln in § 9 Abs. 2 S. 2, 4 HeizkV, NZM 2010, 116; Lammel, Zur Reichweite des Kürzungsrechts bei verbundenen Anlagen, ZMR 2010, 6; Lammel, Kostenverteilung von Warmwasser in verbundenen anlagen bei Sondertatbeständen, WuM 2017, 177; Pfeifer, Der neue § 9 HeizkV – eine selbsterklärende Vorschrift? DWW 2010, 172; Pfeifer., Wärmezähler: Förmliche Inbetriebnahme vorgeschrieben, GE 2013, 462; Pfeifer, § 9 Abs. 2 HeizkV: Pflicht zum Einbau und zur förmlichen Inbetriebnahme von Wärmezählern, MietRB 2013, 157; Wall, Abrechnung der Heizkosten bei KWK-Anlagen, WuM 2010, 211; Wall, Die Abtrennung der Warmwasserkosten für verbundene Anlagen unter Einbeziehung der anerkannten Regeln der Technik, WuM 2013, 648; Wasser/Zipp/Kommer, Der zumutbare Wärmezähler bei verbundenen Heizungsanlagen, HKA 2011, 17.

Übersicht

	Rn.
A. Zweck der Regelung	1
B. Aufteilung der Kosten	5
I. Einheitlich entstandene Kosten, Abs. 1 S. 1	5
II. Bei Wärmelieferung, Abs. 2	11
1. Rangfolge der Verfahren	11
2. Messung	13
3. Berechnungen	17
III. Bei Heizkesseln (Zentrale Anlagen), Abs. 3	29
IV. Sondervorschriften für preisgebundenen Wohnraum	33
C. Verteilung der Kosten	36

A. Zweck der Regelung

1   Während die §§ 7 und 8 davon ausgehen, dass die Versorgung mit Wärme und Warmwasser aus jeweils **getrennten Heizungsanlagen** erfolgt, befasst sich § 9

A. Zweck der Regelung **§ 9 HeizkV**

mit den Verteilungsproblemen, die dadurch entstehen, dass eine **einzige Anlage** die Nutzer sowohl mit Wärme als auch mit Warmwasser versorgt. Um die früher hier üblichen Schätzungen zu vermeiden, wurde in der NMV 1970 angeordnet, dass die Kosten für die Brauchwassererwärmung nicht gesondert umgelegt werden dürfen; vielmehr fielen diese Kosten mit in die gesamten Heizkosten; die **Umlage** erfolgte dann nach der Wohnfläche, § 23 Abs. 3 NMV. Das wurde 1979 aus energiepolitischen Gründen für unbefriedigend gehalten, so dass auch in diesem Fall eine verbrauchsabhängige Kostenverteilung durchgeführt werden sollte, was mit § 23a NMV, dem Vorläufer des § 9, erreicht werden sollte, wobei die darin enthaltene Formel von der PTB entwickelt worden ist. Eine **einheitliche Abrechnungsweise** für Wärme- und Warmwasserverbrauch bei den sog. verbundenen Anlagen verbietet sich deshalb, weil die Verbrauchsgewohnheiten der Nutzer hinsichtlich Wärme und Warmwasser zu unterschiedlich und miteinander nicht vergleichbar sind. Während der Wärmeverbrauch weitgehend von der Größe der genutzten Räume beeinflusst wird, hängt der Verbrauch von Warmwasser überwiegend von der Zahl der Nutzer in den Räumen ab. Um diesen Unterschieden gerecht zu werden, gebietet § 9 eine **Trennung der einheitlich entstandenen Kosten** in solche, die für die Versorgung mit Warmwasser entstanden sind und in diejenigen für die Versorgung mit Wärme. Für die Durchführung der Trennung ist allein § 9 maßgebend (soweit nicht auf anerkannte Regeln der Technik verwiesen wird, → Rn. 4), die VDI-Richtlinie 2077, Blatt 3.2 ist mangels Verweises im Bereich der Heizkostenabrechnung nicht anwendbar.

Die Norm war – was angesichts ihres komplizierten Inhalts nicht verwunderlich 2 ist – seit dem Erlass der HeizkV ständigen **Abänderungen** unterworfen; bereits an der Vorgängernorm § 23a NMV wurde ihre mangelnde Nachvollziehbarkeit für den kostenmäßig unmittelbar betroffenen Mieter bemängelt. Hierbei war die Tendenz erkennbar, unter Abkehr vom strengen Prinzip der Messung **Schätzungen** zuzulassen. So war zB in § 9 Abs. 2 S. 2 Nr. 2 HeizkV 1981 die Messung der mittleren Temperatur des Warmwassers im Brauchwassernetz vorgeschrieben; seit der Änderung 1984 ist neben der Messung auch eine Schätzung der mittleren Temperatur zulässig. Nach § 9 Abs. 3 war für die Aufteilung der Kosten verbundener Anlagen bei Lieferung von Fernwärme die Messung der Wärmemengen erforderlich (anderenfalls waren 18 % der Gesamtwärmemenge auf die Warmwasserbereitung anzurechnen); mit der Neufassung 1989 darf die Wärmemenge auch nach einer vorgegebenen Formel berechnet werden. Dadurch wird zwar die Anwendbarkeit der HeizkV erleichtert, ihr Zweck, Herbeiführung einer Verbrauchsersparnis, angesichts der Ungenauigkeiten der vorgeschriebenen Formeln allerdings gefährdet.

Die **Novelle 2009** ist zu einer **verbrauchsnäheren Trennung** zurückgekehrt, 3 da angesichts der fortschreitenden Dämmung der „baulichen Hülle" der Energieverbrauch für die Heizwärme gesunken, in Relation dazu aber der Verbrauch für Warmwasser gestiegen ist: Die **Relation Wärme/Warmwasser** betrug nach der WärmeschutzV 1977 durchschnittlich 103/15, nach der EnEV 2007 etwa 52/15, nach der EnEV 2009 ca. 37/15, wobei hinzukommt, dass der thermische Nutzungsgrad für Warmwasser gegenüber der Wärme geringer ist. Deshalb sind die alten Berechnungsformeln sowie der Verweis auf anerkannte Regeln der Technik weggefallen, um zu einer kostengerechten Trennung zu kommen (BR-Drs. 570/08, 15/16). Prinzipiell umgestellt wurden die Absätze zwei und drei, so dass die Wärmelieferung mit im Vordergrund stehender Messung in Absatz zwei zu finden ist, während die mit Brennstoff versorgten zentralen Hausanlagen in

HeizkV § 9 Verteilung der Kosten (verbundenen Anlagen)

Absatz drei gerückt sind. Das kommt allerdings in der Systematik des Abs. 1 S. 2 nicht zum Ausdruck: sie stellt den Heizkessel voran, und schließt die Wärmelieferung an. Demgegenüber enthält S. 2 deutliche **Hinweise** darauf, wie bei den verschiedenen Energielieferungsformen die **Trennung** vorzunehmen ist (was nicht immer beachtet wird, zB Wall WuM 2009, 11 li. Sp. unten; Pfeifer GE 2009, 163, 3.3.1). Bei gewerblicher Wärmelieferung ist der Wärmeverbrauchsanteil festzustellen, bei Heizkesseln der Brennstoff- oder Energieverbrauch (dort gibt es keinen Wärmeverbrauch!, aA Wall WuM 2009, 11). Das heißt dann aber auch, dass die **Wärmezähler** nur bei der **Feststellung der Wärmemenge**, also definitionsgemäß nur bei Wärmelieferung zum Einsatz kommen können. Dem Vorbild der verbundenen Anlagen folgend, die mit Wärme beliefert werden und bei denen die anteilige Wärmemenge der zentralen Warmwasserversorgungsanlage technisch dadurch gemessen wird, dass zwischen Heizungsanlage und Warmwasseranlage ein Unter-Wärmezähler montiert wird, wird bei den anderen Anlagen dann ebenfalls ein Wärmezähler anzubringen sein, soweit dies nach den technischen Gegebenheiten möglich ist. Da die gelieferte Gesamtwärmemenge durch Wärmezähler entweder in der Heizzentrale oder der Übergabestation im Gebäude gemessen wird, kann der Verbrauch für die Warmwasseranlage durch Ermittlung der Differenz zwischen Gesamtmenge und Untermenge festgestellt werden (Philipp Taschenbuch 1987, 209).

4   Bei Satz 5 handelt es sich um den Rest einer umfangreicher geplanten Regelung für den Einsatz von **Solarenergie** (BR-Drs. 570/08, 2/3, Vorschlag zu § 9). Der Bundesrat hat nur diesen einen Satz passieren lassen (BR-Drs. 570/08, 3/4) mit der Begründung, dass kein Handlungsbedarf bestehe. Solaranlagen werden zur Zeit „nur" unterstützend zu anderen Wärmequellen herangezogen:

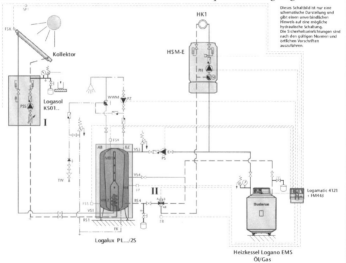

(entnommen Aus Vortrag Tritschler, Heizkostenworkshop Berlin 2016)

Die verbliebene Verweisung auf anerkannte Regeln der Technik zur Kostenaufteilung ist nach den Ausführungen in → HeizkV § 7 Rn. 46–49 als dynamische

B. Aufteilung der Kosten   § 9 HeizkV

Verweisung verfassungswidrig. Außerdem geht die Verweisung nach ihrem Wortlaut davon aus, dass die **Wärmeerzeugung** ausschließlich durch sog. **regenerative Energien** erfolgt. Damit steht sie nicht im Einklang mit der Ausnahmevorschrift in § 11 Abs. 1 Nr. 3, wonach die Ausnahme greift, wenn regenerative Energien „überwiegend" eingesetzt werden. In unseren Breiten ist aber Solarenergie ergänzend einsetzbar, verlangt dann aber eine Berücksichtigung bei der Wärme- bzw. Warmwassererzeugung, weil ohne eine derartige Berücksichtigung der Einsatz der Brennstoffmenge für die Warmwassererzeugung zu hoch berechnet würde. Deshalb sind in der VDI-Richtlinie 2077, Blatt 3.3 (2016), Formeln entwickelt worden, um Energieanteile bei verbundenen Anlagen mit Solarunterstützung zu erfassen und danach die Kosten zu verteilen. Dabei wird unterschieden zwischen der **Solarunterstützung** nur für die Trinkwassererwärmung und Solarunterstützung für Trinkwassererwärmung und Heizung. Erforderlich sind dabei Messungen durch Wärmezähler, einmal vor dem gemeinsamen Speicher und dann für Warmwasser und Heizung jeweils nach diesem Speicher vor der Einspeisung in die Nutzereinheiten. Für die Messung der eingespeisten Solarenergie wird zwischen Solaranlage und zB Warmwasserspeicher ein Wärmezähler angebracht und der Anteil der fossilen Energien durch Differenzbildung ermittelt(Inzwischen werden auf dem Markt auch geeignete Zähler für Wasser/Glykol-Gemisch angeboten). Neben den verfassungsrechtlichen Bedenken ist der Einsatz dieser Richtlinie nur unter korrigierender und einschränkender Auslegung des Satzes 5 möglich. Eine Trennung zwischen umlagefähigen und nicht umlagefähigen Kosten ist auch bei dem Einsatz von **KWK-Anlagen** erforderlich, bei denen der eingesetzte Brennstoff sowohl der Stromerzeugung als auch der Wärmeerzeugung dient. Diese Trennung des Outputs erfordert sowohl Messungen als auch formelbasierte Berechnungen; hierfür liegt die VDI-Richtlinie 2077 Blatt 3.1 vor, die ein messtechnisches und ein rechnerisches Verfahren enthält. Für die unterschiedlichen KWK-Formen sind auch unterschiedliche Verfahren anzuwenden, was die Überprüfung erschwert. Zu **beachten** bleibt allerdings, dass die HeizkV nicht einmal pauschal auf diese Richtlinie verweist, so dass sie einer Vereinbarung unter den Parteien bedarf, um für das Abrechnungsverhältnis anwendbar zu sein. § 2 steht einer solchen Vereinbarung nicht entgegen, weil die HeizkV für diesen Bereich keine Regelung enthält, die vorgehen könnte. Auch die sonstigen Betriebskosten (außer den eingesetzten Brennstoffen) müssen auf die Stromerzeugung und die Wärmeerzeugung aufgeteilt werden. Die Energiesteuererstattung ist nur auf die Kosten für die Stromerzeugung anzurechnen, da sie nur für diese anfällt (aA Wall WuM 2010, 211 (214)).

B. Aufteilung der Kosten

I. Einheitlich entstandene Kosten, Abs. 1 S. 1

Die allgemeinen Grundlagen für die Aufteilung der Kosten enthält § 9 Abs. 1, 5
während sich die Durchführung der Berechnung im einzelnen nach den Absätzen 2 und 3 zu richten hat. Da nach Absatz 1 nur die einheitlich entstandenen Kosten aufzuteilen sind (Satz 1), müssen zunächst sämtliche verteilungsfähigen Kosten daraufhin überprüft werden, ob sie einheitlich oder nicht einheitlich entstanden sind. **Einheitlich entstanden** sind solche Kosten, die sowohl für die Versorgung mit Wärme als auch für die Bereitung des Warmwassers anfallen; Musterbeispiel hierfür sind die **Brennstoffkosten.**

233

HeizkV § 9   Verteilung der Kosten (verbundenen Anlagen)

6   Die **Trennung** in einheitliche/nicht einheitliche Kosten kann anhand der **Kostenaufzählung** in den §§ 7, 8 Abs. 2 vorgenommen werden. § 8 Abs. 2 gibt selbst einen Anhaltspunkt dafür, was bei der Versorgung mit Warmwasser zu den **nicht einheitlichen** Kosten gehört, also nur zu den in Bezug auf das Warmwasser entstehenden; dies sind die Kosten der Wasserversorgung gemäß § 8 Abs. 2 S. 2. Infolge des Verweises für die Kosten der Wassererwärmung in § 8 Abs. 2 S. 1 auf die Aufzählung in § 7 Abs. 2 ist grundsätzlich davon auszugehen, dass die in § 7 Abs. 2 genannten Kosten zu den einheitlich entstandenen isd § 9 Abs. 1 S. 1 gehören. Denn bei ihnen handelt es sich um jene Kosten, die bei zentralen Versorgungsanlagen anfallen, gleichgültig ob die Anlage die Nutzer nur mit Wärme oder zusätzlich mit Warmwasser versorgt (HKA 1989, 15).

7   Die **Kostenaufzählung** in § 7 Abs. 2 gilt aber für die Warmwasserversorgung nach dem Wortlaut des Verweises in § 8 Abs. 2 S. 1 nur „entsprechend". Das heißt, dass aus der Aufzählung solche Kostenarten auszuscheiden sind, die bei der Warmwasserversorgung entweder grundsätzlich oder im Einzelfall nicht vorkommen. Für die Abgrenzung einheitliche/nicht einheitliche Kosten bedeutet das, dass diejenigen Kosten des Katalogs in § 7 Abs. 2 zu den nicht einheitlichen Kosten gehören, die im Einzelfall nur einer Versorgungsart zugeordnet werden (zB für die Heizkörper sind Erfassungsgeräte vorhanden, für die Warmwasserversorgung hingegen nicht, AG Hamburg HKA 1989, 12; aA HKA 1989, 15). Die Kosten für die Verwendung der **Geräte zur Verbrauchserfassung** sind daher nur bei der Versorgungsart zu verteilen, deren Verbrauch sie erfassen sollen. Sind dagegen für beide Versorgungsarten Erfassungsgeräte vorhanden, stellen die für sie insgesamt aufgewendeten Kosten einheitliche Kosten dar. Denn eine Trennung ist nicht aus sachspezifischen Gründen geboten.

8   Die auf diese Weise vorab ermittelten einheitlichen Kosten des Betriebs der Versorgungsanlage sind in einem zweiten Schritt aufzuteilen in solche, die für die Warmwasserversorgung und jene, die für die Wärmeversorgung entstanden sind. Die HeizkV geht bei der Anordnung der Trennung davon aus, dass die Ermittlung der Kosten für die Wassererwärmung messtechnisch einfacher durchzuführen ist als die für die Wärmeversorgung. Deshalb schreibt sie die **Ermittlung der Kosten** nur für die Warmwasserversorgung detailliert vor. Maßgebend für die Aufteilung der Kosten ist aber allein der Anteil am Energieverbrauch, § 9 Abs. 1 S. 2. In die Festsetzung der **Teilungsquoten** sind also nicht die einheitlich entstandenen Kosten einzubeziehen, sondern lediglich der rechnerisch zu ermittelnde Anteil am Brennstoff oder Wärmeverbrauch.

9   Für die Ermittlung der jeweiligen Anteile enthalten die Absätze 2 (Wärmeverbrauch, → Rn. 11–28) und 3 (Brennstoffverbrauch, → Rn. 29–32) genaue Vorschriften. Ist danach der prozentuale Anteil der Warmwasserbereitung am Energieverbrauch errechnet worden, ist in einem weiteren Rechenschritt der **Gesamtanteil** an den einheitlichen Kosten entsprechend zu ermitteln. Der Energieverbrauch für die Wärmeversorgung wird anschließend lediglich dadurch ermittelt, dass von dem **Gesamtverbrauch** an Energie der rechnerisch ermittelte Energieverbrauch für die Wassererwärmung abgezogen wird, § 9 Abs. 1 S. 4. Mit Hilfe des sich daraus ergebenden Prozentsatzes werden die (einheitlich entstandenen) Kosten für die Wärmeversorgung errechnet.

10   Nach dieser Ermittlung der einheitlichen Kosten sowohl für Wärme als auch für Warmwasser werden den **Einzelwerten** die für jede Versorgungsart gesondert entstandenen verteilungsfähigen Kosten (= die nicht einheitlich entstandenen) hinzugezählt. Auf diese Weise sind rechnerisch die Kosten getrennt worden in

B. Aufteilung der Kosten　　　　　　　　　　　　　　　**§ 9 HeizkV**

solche, die für den Betrieb der zentralen Heizungsanlage und jene, die für die Warmwasserversorgung entstanden sind. Diese ermittelten Kosten sind danach so zu verteilen, als würden getrennte Anlagen zur Wärme- und Warmwasserversorgung in dem Gebäude vorhanden sein. Es sind also die Grundsätze der §§ 7 und 8 anzuwenden (dazu → Rn. 36). Die einzelnen Rechenschritte der Aufteilung sind in der Heizkostenabrechnung zu erläutern (AG Hamburg-Harburg ZMR 2006, 784).

II. Bei Wärmelieferung, Abs. 2

1. Rangfolge der Verfahren. Absatz 2 enthält nunmehr Regeln für den Fall, 11 dass die **Wärme** in das Gebäude **geliefert** wird und dort mit einer **Anlage** zur zentralen **Warmwasserversorgung verbunden** ist. Die bis 1989 geltende Fassung des § 9 Abs. 3 drückte das insoweit deutlicher aus, als es darin hieß: „Ist die Fernwärmeversorgung mit der zentralen Warmwasserversorgungsanlage verbunden,…". Aus der seit 1989 geltenden Fassung kann das nur anhand der Voraussetzungen geschlossen werden, die der in Abs. 2 enthaltenen Formel zugrunde liegen. Gemeint ist aber weiterhin der Fall, dass das Brauchwasser durch von außerhalb des Gebäudes gelieferte Wärme erwärmt wird. Auch hier ist eine Trennung nach dem Energieaufwand erforderlich, da die einheitlich erfolgende Wärmelieferung sowohl zur Beheizung als auch zur Erwärmung des Wassers dient.

Für die Feststellung der auf die Warmwasserversorgung entfallenden Wärme- 12 menge sieht Abs. 2 insgesamt **drei verschiedene Verfahren** vor. In Übernahme der Regelung im Absatz 3 aF steht zwingend im **Vordergrund die Messung** durch einen Wärmezähler (BR-Drs. 570/08, 15). Bereits damals stand bei der Wärmelieferung die Messung im Vordergrund (Lammel HeizkV² § 9 Rn. 43, 44). Die hieran geübte **Kritik** unter dem Gesichtspunkt, dass der Verlust bei der Erzeugung von Wärme (entsprechend dem Kesselwirkungsgrad) allein dem Heizungsanteil zugeschlagen wird, – dieser Verlust betrage zwischen 20 und 30 % (Wall WuM 2009, 12) –, ist **unberechtigt.** Absatz 2 gilt nach der Systematik in Satz 2 der Ermittlung der Wärmemenge, dh der Energielieferung für die Wassererwärmung durch Fernwärme. Bei dieser ist aber kein oder kaum Wärmeverlust zwischen Übergabestation (mit Wärmezähler) und zentraler Wasserbereitungsanlage zu befürchten. Bei den Anlagen mit Heizkesseln kann die Anbringung von Wärmezählern für die Warmwasserbereitung entweder technisch nicht möglich oder insgesamt unwirtschaftlich sein, so dass bei diesen Anlagen nur die Formeln zum Tragen kommen, die aber wiederum bereits die Verluste entsprechend dem Kesselwirkungsgrad berücksichtigen. Bei der **Prüfung der Wirtschaftlichkeit** ist auch zu berücksichtigen, dass – bei vorliegender technischer Möglichkeit der Anbringung – die nicht berücksichtigten Verluste bei der Warmwassererzeugung zu einer Erhöhung des Verbrauchs bei der Heizung führen, so dass es auch aus diesem Grunde bei der Anwendung der Formeln nach Abs. 2 bleiben könnte. Bei der Fernwärme werden die Verluste durch Kesselwirkungsgrade bereits bei der **Übergabestation** mit berücksichtigt (bzw. sind im Lieferpreis mit enthalten).

2. Messung. Die Messung ist daher im Regelfall als das **einfachste** und 13 **sicherste Verfahren** durchzuführen. In dem Verhältnis der gemessenen Verbrauchsmenge für das Warmwasser zur Gesamtwärmemenge sind die einheitlich entstandenen Kosten aufzuteilen. Wird der Wasserverbrauch für die Warmwasserbereitung nicht mit dem **Gesamt(kalt)wasserverbrauch,** sondern entsprechend

HeizkV § 9   Verteilung der Kosten (verbundenen Anlagen)

§ 8 Abs. 2 S. 2 getrennt abgerechnet, sind diese Kosten als nicht einheitlich entstandene dem zuvor errechneten Anteil des Warmwassers an den einheitlichen Kosten hinzuzurechnen.

14   **Die Messung** setzt die Anbringung und die förmliche Inbetriebnahme (dazu → HeizkV § 5 Rn. 53) eines Wärmezählers, dh der Temperaturfühler am Vor- und Rücklauf, sowie des Messteils für den durchfließenden Wärmeträger an der zentralen Warmwasserbereitungsanlage voraus. Die gemessene Wärmemenge ist zur Gesamtwärmemenge des Gebäudes ins Verhältnis zu setzen; nach dem sich daraus ergebenden Prozentanteil sind die einheitlich entstandenen Kosten auf Wärme- und Warmwasser-Nutzer aufzuteilen.

15   Betragen zum Beispiel die Gesamtkosten für die Wärmelieferung 6.000,– EUR, für Immissionsmessung 100,– EUR, Ablesung 200,– EUR und sind 15.000 Wärmeeinheiten geliefert worden, wovon 2.000 für Warmwasser gemessen wurden, sind 13,34 % von den einheitlichen Kosten in Höhe von 6.300,– EUR = 840,42 EUR nach dem Schlüssel für Warmwasser zu verteilen. Werden die **Wasserkosten** etc gesondert für Warm- und Kaltwasser berechnet, sind die auf die Warmwasserbereitung fallenden Anteile des Gesamtwasserverbrauchs den 840,42 EUR hinzuzurechnen. Erst der sich aus dieser Addition ergebende Gesamtbetrag wird nach dem vom Gebäudeeigentümer gewählten Verteilungsmaßstab entsprechend § 8 verteilt.

16   Die Wärmezähler **müssen** bis 31.12.2013 **angebracht** sein. Die Frist wurde gewählt, um den Ableseunternehmen ausreichend Zeit für die Installation zu geben (BR-Drs. 570/08, Beschluss S. 4). Werden die Zähler **früher** angebracht, ist die Verteilung nach der gemessenen Wärmemenge für den nächst beginnenden Abrechnungszeitraum durchzuführen. Die Kosten für die Anbringung des Geräts, dessen Ablesung und daran anschließende Verteilung sind entweder nach § 559 Abs. 1 BGB (Geräte-Kosten, die der Vermieter nicht zu vertreten hat) oder nach § 7 (Ablesung etc) vom jeweiligen Nutzer zu tragen.

17   **3. Berechnungen.** Dem **Gebot der Wirtschaftlichkeit** in §§ 5, 6 Abs. 3 GEG folgend, kann von der Messung dann Abstand genommen werden, wenn diese nur mit einem „unzumutbar hohen Aufwand" durchgeführt werden kann. Diese Formulierung ist etwas ungenau, gemeint ist damit, dass die **Anbringung der Wärmezähler** aus baulichen oder technischen Gründen einen **zu hohen Aufwand** erfordert (BR-Drs. 570/08, 16). Entsprechend dem einzig legitimen Zweck der HeizkV, Energie einzusparen, ist der Aufwand ins Verhältnis zu setzen mit durch ihn zu erreichender Energieeinsparung. Dem kann nicht entgegengehalten werden, dass durch die Anbringung eines Zählers keine Energieeinsparung bewirkt werden könne (Wall WuM 2009, 12; Noack/Westner Heizkostenabrechnung für Vermieter und Verwalter 2009, 136). Denn damit wird die Zielsetzung der gesamten HeizkV in Frage gestellt, die darauf ausgerichtet ist, durch Verbrauchserkenntnis zur Energieeinsparung zu gelangen. Deshalb ist der **„unzumutbare Aufwand"** danach zu bemessen, ob die Ersparnis durch Messung unter Zugrundelegung der Quote von 15 % des § 12 Abs. 1, bezogen auf die Nutzungsdauer des Gebäudes (dazu → HeizkV § 11 Rn. 26–34), die Kosten für das Messgerät und dessen Einbau übersteigen. Nur auf diese Weise lässt sich der Zwang zum Einbau der Wärmezähler mit der Ermächtigungsgrundlage im GEG vereinbaren; die gerechte Verteilung der Kosten angesichts eines höheren Energiebedarfs für die Wassererwärmung und relativ sinkenden Energiebedarfs für die Heizung lässt sich mit der Ermächtigungsgrundlage nicht rechtfertigen.

B. Aufteilung der Kosten **§ 9 HeizkV**

Die Formel des Abs. 2 S. 2 ist durch die Novelle 2021 neu gefasst worden; sie ermöglicht **keine rechnerisch exakte Bestimmung** des Anteils der Wärmemenge für die Wassererwärmung an der gesamten gelieferten Wärmemenge. Sie beruht lediglich auf **Erfahrungswerten** und geht davon aus, dass für eine bestimmte Menge Wasser unter Zugrundelegung eines vorausgesetzten Wirkungsgrades der Heizanlage und der Wärmelieferung eine bestimmte Menge benötigt wird. Zwar sind alle in § 9 enthaltenen Formeln inhaltlich schwer nachzuvollziehen, der Gebäudeeigentümer ist aber nicht verpflichtet, diese Berechnungsabläufe in der Heizkostenabrechnung zu erläutern, sofern er nur die von den Formeln vorgegebenen Rechenschritte in der Abrechnung aufführt (BGH WuM 2012, 25 Rn. 13). 18

Um die Formel § 9 **Absatz 2 Satz 2, 3** anwenden zu können, ist die **Messung des verbrauchten Warmwassers** in m^3 erforderlich. Diese Messung muss durch geeichte Wasserzähler erfolgen. Die Zähler können an drei unterschiedlichen Stellen angebracht werden: einmal am Einlaufrohr des Kaltwassers in die Warmwasseranlage; zum anderen am Ausflussrohr des Warmwassers aus der Bereitungsanlage und schließlich auch an den jeweiligen Abzweigungen der Warmwasserrohre zu den einzelnen Nutzern. Im letzteren Fall sind die bei den einzelnen Nutzern gemessenen Werte zu addieren, um den Gesamtwarmwasserverbrauch zu ermitteln. Für die Ermittlung des Wärmemengenanteils ist es unerheblich, an welcher Stelle die Erfassung der Wassermenge erfolgt. Denn selbst bei unterschiedlichen Messergebnissen ändert sich am zu verteilenden Gesamtverbrauch der Wärmemenge nichts, lediglich das Verhältnis des Warmwasseranteils zum Heizanteil kann sich verschieben, ohne dass hierdurch die Belastung der Nutzer insgesamt wesentlich differiert. 19

Als weitere variable Größe erfordert die Anwendung der Formel die **mittlere Temperatur** des Warmwassers (Lefèvre HKA 1999, 23). Nach der Fassung der HeizkV von 1981 war es noch erforderlich, die mittlere Temperatur des Warmwassers im Brauchwassernetz zu **messen.** Notwendig war also der Einbau von Temperaturanzeigern an verschiedenen Stellen des Brauchwassernetzes, die mehrfach im Laufe des Versorgungszeitraums zu unterschiedlichen Tageszeiten abgelesen werden mussten, um die mittleren Temperaturwerte feststellen sowie Extremwerte ausschließen zu können. Da der hierfür erforderliche Aufwand in keinem Verhältnis zu dem Ergebnis, Energieeinsparung, stand (BR-Drs. 483/83, 38), ist seit der Abänderung der HeizkV 1984 auch eine **Schätzung** der mittleren Temperatur zulässig. 20

Bei der **Schätzung** ist aber darauf zu achten, dass nur der mittlere Temperaturwert der Berechnung zugrunde gelegt werden darf; Extremwerte sind also auch bei der Schätzung auszuklammern. Die Schätzung darf aber nicht auf Vermutungen, sondern muss auf nachprüfbaren Tatsachen beruhen. Als Anhaltspunkt für eine sachgemäße Schätzung bietet sich die Temperatureinstellung der Warmwasserbereitungsanlage an. Ist diese stufenlos regelbar, ist die Einstellung entsprechend der Betriebsanleitung zu bewerten. Jedenfalls sind die maßgeblichen Schätzgrundlagen zu ermitteln und darzustellen (BayObLG WuM 2004, 679; AG Neuruppin WuM 2004, 538); die pauschale Angabe eines Wertes von 60 °C reicht hierfür nicht aus (Schmid ZMR-Sonderheft HeizkV § 9 Ziff. 8). Zweifel an der vorgenommenen Schätzung können sich auch daraus ergeben, dass nach der Zuordnung von Energie zur Warmwasserbereitung keine hinreichende Energiemenge für die durchgeführte Heizung mehr übrig bleibt (OLG München GE 2006, 573). 21

237

HeizkV § 9 Verteilung der Kosten (verbundenen Anlagen)

22 Daneben bleibt die **Temperaturmessung** zulässig. Für sie entfiel die 1984 zusätzlich vorgeschriebene Mess-Stelle (= Brauchwassernetz), so dass nunmehr die Messungen am Warmwasserspeicher, an den Zapfstellen oder weiterhin an verschiedenen Stellen im Warmwassernetz vorgenommen werden können.

23 Das Problem der **Wärmeverluste** in den Wasserleitungen bis zu dem einzelnen Nutzer ist zwar von der Ausgestaltung der Warmwasserleitungen (zB Zirkulations- oder Stichleitungen) und von deren Isolierung abhängig; nach der inhaltlichen Definition in Abs. 2 S. 3 Nr. 1 ist der Verlust in der Aufwandszahl 2,5 mit einberechnet. Die Formel in Abs. 2 S. 2, 3 legt einen durchschnittlichen Wert von 10 °C des zu erwärmenden Wassers zugrunde.

24 Die Formel ist durch die Novelle 2021 drucktechnisch korrigiert worden, um sie verständlicher zu machen.

25 Die in der Formel enthaltene konstante Zahl **2,5** errechnet sich aus dem **Verhältnis der Wärmekapazität** für die Erwärmung von 1 m³ Wasser zu dem **Wirkungsgrad der Heizungsanlage.** Der mittlere Wirkungsgrad einer Heizungsanlage als dem Verhältnis von Nutzleistung zur aufgewandten Leistung wird bei 46 % angenommen (als Verhältniszahl 0,46). Die spezifische Wärmekapazität für die Erwärmung von 1 m³ Wasser um eine Wärmeeinheit (= 1 K) beträgt 1,16 kWh/(m³ × K). Beide Zahlen zueinander ins Verhältnis gesetzt (1,16 : 0,46) ergeben die Konstante von 2,5. Der im Faktor 0,46 ausgedrückte Wirkungsgrad der zentralen Warmwasseranlage berücksichtigt auch die Kesselverluste. Bei der Verteilung von Wärmemengen fallen aber keine Kesselverluste an, so dass der Wirkungsgrad der Anlage entsprechend höher anzusetzen wäre; bei einem durchschnittlichen Kesselverlust von 15 % ist der Anlagenwirkungsgrad von 45 % auf 60 % zu erhöhen. Der Faktor des Wirkungsgrades beträgt daher 0,6; unter Zugrundelegung des spezifischen Wärmebedarfs von 1,163 kWh, um 1 m³ Wasser um 1 C zu erwärmen, ergibt dies eine aufgerundete Konstante (1,163 : 0,6 = 1,938) von 2,0, wie es auch im alten Absatz 3 für die Wärmemenge niedergelegt war.

26 Der Einsatz der Formel des Abs. 2 S. 2, 3 soll schließlich an einem **Zahlenbeispiel** dargestellt werden: Für ein Haus werden insgesamt 200.000 kWh Wärme geliefert, der Warmwasserverbrauch betrug 300 m³, die mittlere Temperatur des Warmwassers belief sich auf 60 °C. Danach beträgt der Anteil der Warmwasserbereitung an der Gesamtwärmemenge: 2,5 × 300 × (60–10) = 37.500 oder 18,75 %. Wenn sich die aufzuteilenden Kosten in der **Abrechnungsperiode** zusammensetzen aus 19.525,59 EUR Wärmekosten, 450 EUR Abrechnungskosten und Wasserverbrauchskosten für Warmwasser von 705 EUR, so sind zunächst (19.525,59 + 450=) 19.975,59 als einheitlich entstandene Kosten zu verteilen. 18,75 % davon (= 3.745,42) entfallen auf die Warmwasserbereitung; dem Betrag von 3.745,42 EUR sind die Wasserkosten von 705 EUR hinzuzurechnen, so dass ein Gesamtbetrag von 4.450,42 EUR nach dem Verteilungsmaßstab für Warmwasser zu verteilen ist.

27 Können weder die Wärmemenge noch die Menge des verbrauchten Warmwassers gemessen werden, kommt die Formel Abs. 2 **Satz 4, 5** zur Anwendung, die letztlich zu einem Flächenmaßstab führt. Auch diese Formel ist durch die Novelle technisch, nicht inhaltlich, korrigiert worden. Der Pauschalwert 32 für die Erwärmung von Wasser pro Wohn- oder Nutzfläche (BR-Drs. 570/08, 16) wird mit der konkreten Wohn- oder Nutzfläche multipliziert, daraus ergibt sich dann die für die Wassererwärmung verbrauchte Wärmemenge. Hierbei ist aber zu berück-

B. Aufteilung der Kosten § 9 HeizkV

sichtigen, dass der Pauschalwert „32" auf das gesamte Jahr bezogen ist und bei kürzeren Abrechnungsperioden entsprechend herabgesetzt werden muss.

Die Formeln in Abs. 2 S. 2/4 beruhen für den Einsatz von Gas als Energieträger auf dessen **Heizwert.** Wenn die Gas-Lieferanten ihren Abrechnungen aber den **Brennwert** zugrunde legen, muss eine Umrechnung stattfinden. Für Gas findet sich diese Umrechnung in **Abs. 2 S. 6 Nr. 1,** die nach den beiden Formeln in S. 2/4 errechnete Wärmemenge ist mit 1,11 zu multiplizieren. **Systematisch** hätte diese Regelung aber **in Abs. 3** untergebracht werden müssen, da erst in diesem Absatz der Einsatz von Gas bewertet wird. Richtig ist hingegen die Einordnung der Nachberechnung für Fernwärme in Abs. 2, der inhaltlich auf dem Einsatz dieses Energieträgers beruht. Die Zahl „1,15", durch die die formelmäßig ermittelte Wärmemenge für die Warmwasserbereitung zu dividieren ist, stellt die Aufwandszahl bei Fernwärme für Warmwasserbereitung dar (anders wohl Wall WuM 2009, 13 li. Sp. letzter Absatz, der von einem Versehen ausgeht. Nach der DIN V 4701-10 Anhang C stellt sich diese Zahl (näherungsweise) als Aufwandszahl dar [dort 1, 14]; aber der Verordnungsgeber hat sämtliche im Gutachten/ DIN enthaltenen Aufwandszahlen erhöht). 28

III. Bei Heizkesseln (Zentrale Anlagen), Abs. 3

Handelt es sich bei der verbundenen Anlage um eine (Haus-)**Anlage mit Heizkessel,** wird durch den Verweis für „Q" auf Abs. 2 die Anbringung eines Wärmezählers vorausgesetzt. Nur subsidiär können die Berechnungsformeln des Abs. 3 iVm Abs. 2 angewendet werden (davon geht auch die Begründung aus, BR-Drs. 570/08, 17). Festzustellen ist bei diesen Anlagen der Brennstoffverbrauch, weil der Brennstoff der unmittelbare Energieträger ist. Anzuwenden ist zunächst die Formel in Abs. 3. Einzusetzen in diese Formel ist der durch die Formeln in Abs. 2 gewonnene Wert der Wärmemenge, der in Bezug gesetzt wird mit dem Heizwert der jeweils benutzten Brennstoffe. 29

Für die Ermittlung des **Heizwerts des verbrauchten Brennstoffs** können die in Abs. 3 S. 4 enthaltenen Werte verwendet werden, sofern der Brennstofflieferant in seinen Abrechnungsunterlagen keine anderen Werte angibt. Sind in diesen derartige Werte angegeben, was insbesondere bei der Lieferung von Gas als Brennstoff vorkommen wird, müssen diese Werte als die spezielleren in der Berechnungsformel des Abs. 3 verwendet werden (S. 3). Enthalten diese Angaben bereits den kWh-Wert, braucht der Brennstoffverbrauch nicht mehr berechnet zu werden (S. 5/7; so bereits zur alten Rechtslage AG Pinneberg ZMR 2004, 921; LG Itzehoe WuM 2009, 404). Ändert sich der Heizwert im Laufe der Abrechnungsperiode, ist aus sämtlichen angegebenen Heizwerten der Periode der rechnerische Mittelwert zu bilden. Die Bildung eines gewichteten Mittelwerts kann nicht verlangt werden. Dieser würde zwar dem genauen Heizwert des Brennstoffes am nächsten kommen; eine derartige Genauigkeit verlangt die HeizkV aber nicht, da sie bei der Findung der Werte für die Berechnungsformel auch Schätzungen zulässt. Gegenüber der Altfassung des § 9 ist die Liste der Heizwerte des verbrauchten Brennstoffs erweitert worden. 30

Die Formel des Abs. 3 soll schließlich anhand eines Rechenbeispiels erläutert werden. In einem **Mehrfamilienhaus** sind in einer Abrechnungsperiode 20.000 Liter Heizöl verbraucht worden. Für die Bereitung von Warmwasser sind 300 m^3 Wasser angefallen. Das Heizöl hat nach § 9 Abs. 2 Nr. 4 einen Heizwert von 10 kWh/l; die mittlere Temperatur des Warmwassers hat 60 °C betragen. Der Anteil 31

239

des Warmwassers am Brennstoffverbrauch beträgt daher (unter Einsatz des Q-Wertes → Rn. 26 von 37.500): 37.500 : 10 = 3.750 l Heizöl oder in Prozenten: 18,75. Von den einheitlich entstandenen Gesamtkosten der verbundenen Anlage sind also 18,75 % nach dem für die Warmwasserkostenverteilung geltenden Schlüssel gem. § 8 zu verteilen und 81,25 % nach dem für die Versorgung mit Wärme geltenden Schlüssel gem. § 7. Sind zB folgende Kosten entstanden: für Heizöl 6.463,75 EUR, für Immissionsmessung 49,09 EUR, für Verbrauchserfassung 212,74 EUR, insgesamt also 6.725,58 EUR, sind nach dem Warmwasserkostenschlüssel 1.261,05 EUR zu verteilen. Werden die Kosten der Wasserversorgung für die Warmwasserbereitung gesondert berechnet, sind diese Kosten als nicht einheitlich entstandene diesem Betrag von 1.261,05 EUR hinzuzuzählen. Danach ist die Gesamtsumme nach dem Verteilungsschlüssel für Warmwasser auf die einzelnen Nutzer umzulegen.

32 Bei der gestaffelten Anwendung von Zählern für Wärme oder Warmwasser sowie der Berechnungsformeln ist für das **Kürzungsrecht** nach § 12 Abs. 1 zu prüfen, wann eine „verbrauchsabhängige" und wann eine verbrauchsunabhängige Heizkostenabrechnung vorliegt. Die durchaus hM nimmt an, dass das Kürzungsrecht bereits dann eingreift, wenn der nach § 9 Abs. 2 S. 1 vorgeschriebene Zähler nicht vorhanden ist (so zuletzt BGH WuM 2022, 109). Zuzugeben ist dieser Auffassung, dass die Abrechnung ohne Wärmezähler bei verbundenen Anlagen und ohne dass die Ausnahmetatbestände des § 9 Abs. 2 S. 2 vorliegen, nicht verordnungskonform ist. Dennoch greift das Kürzungsrecht nicht ein. Denn § 12 Abs. 1 verlangt neben der verordnungswidrigen Abrechnung zusätzlich eine „nicht verbrauchsabhängige" Abrechnung. Eine solche verbrauchsabhängige Abrechnung liegt aber mit der Anwendung der Berechnung nach § 9 Abs. 2 S. 2 deshalb vor, weil der Verbrauch des Warmwassers zugrunde gelegt wird (§ 8 HeizkV lässt diese Verbrauchserfassung genügen). Im Sinne der HeizkV ist Verbrauch auch der Wasserverbrauch, der den Nutzer anzeigt, dass er zuviel Energie verbraucht hat. Damit wird der Zweck der HeizkV, zum Energiesparen durch Kenntlichmachung des Verbrauchs, ebenfalls erreicht (Lammel, jurisPR-MietR 10/2021 Anm. 6; diese Alternative hat der BGH übersehen, zumal im konkreten Fall Warmwasserzähler vorhanden waren, aber nicht danach abgerechnet worden ist).

IV. Sondervorschriften für preisgebundenen Wohnraum

33 Eine Sonderregelung gilt für preisgebundenen Wohnraum nach § 22 Abs. 3 NMV. Grundsätzlich gilt nach § 22 Abs. 1 NMV die HeizkV auch für preisgebundenen Wohnraum. Lediglich für verbundene Anlagen sieht § 22 Abs. 3 NMV eine Art **Bestandsschutz** für den bisher verwendeten **Umlagenschlüssel** vor. Dieser Bestandsschutz erklärt sich aus der Entwicklung der Einbeziehung der HeizkV in die NMV. Bis 1984 gab es für preisgebundenen Wohnraum in der NMV und für nicht preisgebundenen Wohnraum in der damaligen Fassung der HeizkV gesonderte Verteilungsregelungen. § 23a NMV aF regelte dabei die **Kostenverteilung** bei verbundenen Anlagen. § 23a Abs. 5 enthielt angesichts der komplizierten Neuregelung der Aufteilung eine Übergangsregelung dahingehend, dass die Kosten verbundener Anlagen weiterhin unaufgeteilt auf die Nutzer umgelegt werden dürfen, wenn die Wohnungen vor dem 1.1.1981 bezugsfertig geworden sind; für diesen Fall wurde der sich aus den Abs. 2, 3 und 5 des § 22 NMV aF ergebende Maßstab für anwendbar erklärt. Das bedeutete im Endergebnis, dass alle Kosten der verbundenen Anlage so verteilt werden durften, als würde es sich

C. Verteilung der Kosten   **§ 9 HeizkV**

um eine einfache zentrale Heizungsanlage (ohne mit ihr verbundene Warmwasserbereitungsanlage) handeln. Die Ausnahmeregelung des § 23a Abs. 5 NMV aF erstreckte sich aber nur auf die Pflicht zur Aufteilung, sie entband nicht von der Pflicht zur verbrauchsabhängigen Abrechnung (Blümmel/Becker S. 97). Andererseits besagte der Wortlaut des § 23a Abs. 5 NMV aF lediglich, dass die einheitlich entstandenen Kosten weiterhin unaufgeteilt umgelegt werden „dürfen". Die Vorschrift gab dem Gebäudeeigentümer damit ein Wahlrecht: er durfte unaufgeteilt die Kosten umlegen, er konnte aber auch eine Trennung nach § 23a Abs. 1–4 NMV aF vornehmen.

Mit der Vereinheitlichung der verbrauchsabhängigen Kostenverteilung nach **34** NMV und HeizkV 1984 entfielen die Sondervorschriften der NMV weitgehend. Lediglich für verbundene Anlagen wurde weiterhin eine Übergangsregelung in § 22 Abs. 3 NMV beibehalten, wonach der am 30.4.1984 verwendete **Umlegungsmaßstab** bei unaufgeteilter Umlegung der einheitlichen Kosten verbundener Anlagen auch für spätere **Abrechnungszeiträume** „gilt". Damit war aus dem ursprünglichen Wahlrecht des Gebäudeeigentümers ein absoluter Bestandsschutz für den am Stichtag verwendeten Verteilungsmaßstab geworden (Brintzinger § 9 Anm. 7, 12). Mit der jetzt vorliegenden Neufassung des § 22 Abs. 3 NMV ist man sachlich zur ursprünglichen Regelung des § 23a Abs. 5 NMV zurückgekehrt und hat dem Gebäudeeigentümer ein Wahlrecht eingeräumt. Denn die unaufgeteilte Umlage der einheitlich entstandenen Kosten der verbundenen Anlage bleibt, unter Beachtung der beiden Stichtage 1.1.1981 und 30.4.1984, „weiterhin zulässig". Damit ist dem Gebäudeeigentümer die Möglichkeit eröffnet worden, nunmehr den Schlüssel zu ändern und nach der Regelung des § 9 für **verbundene Anlagen** zu verfahren (GGW, Materialien 24, 26 Nr. 11). Insoweit ergeben sich nach dem Wechsel zur HeizkV keine Besonderheiten mehr für preisgebundenen Wohnraum, so dass sämtliche Voraussetzungen des § 9 zu erfüllen sind.

Die erstmalige Anwendung des § 9 anstelle des bisherigen Maßstabes auf der **35** Grundlage unaufgeteilter Kostenerfassung braucht sich nicht nach den Voraussetzungen des § 6 Abs. 4 S. 2 (dazu → HeizkV § 6 Rn. 77–89) zu richten (aA GGW, Materialien 24, 26 Nr. 11). Denn infolge des Bestandsschutzes nach § 22 Abs. 3 NMV lag ein den §§ 7–9 entsprechender Abrechnungsmaßstab nicht vor. Auch die unter dem Bestandsschutz vorgenommene verbrauchsabhängige Verteilung entsprach nicht § 7, da die in dieser Vorschrift vorausgesetzte (einfache) zentrale **Heizungsanlage** bei verbundenen Anlagen nicht gegeben war; außerdem wurde formal die verbrauchsabhängige Verteilung nicht nach § 7 vorgenommen, wie dies § 6 Abs. 4 voraussetzt, sondern nach § 22 NMV. Deshalb ist dem Gebäudeeigentümer möglich, nach (erstmaliger) Kostenverteilung gemäß § 9 den **Verteilungsmaßstab** insbesondere unter den Voraussetzungen des § 6 Abs. 4 S. 2 Nr. 1 nochmals zu ändern. Behält er hingegen den bisherigen Verteilungsmaßstab bei, kann dies dazu führen, dass insbesondere die ehemals nach § 22 Abs. 2 NMV aF zulässige Bandbreite von 40 % bis 60 % für den verbrauchsunabhängigen Maßstab weiter gilt, während die HeizkV gerade umgekehrt von einer Bandbreite 50 % bis 70 % für die verbrauchsabhängige Umlegung ausgeht.

C. Verteilung der Kosten

Sind die auf Heizung und Warmwasser entfallenden Anteile der (einheitlich **36** sowie nicht einheitlich entstandenen) Kosten nach den Absätzen 2 und 3 ermittelt worden, werden die Kosten für Heizung nach § 7 Abs. 1, 3 auf die Nutzer verteilt und die Kosten für Warmwasser nach § 8 Abs. 1, 3. Es sind dann die für diese Vorschriften geltenden Regeln anzuwenden (dazu die Anmerkungen zu §§ 7 und 8). Zu diesen allgemeinen Regeln gehören auch die Ausnahmen und Sondervorschriften, worauf § 9 Abs. 4 Hs. 2 nochmals ausdrücklich hinweist. Das bedeutet, dass auch bei verbundenen Anlagen eine Vorerfassung nach §§ 5 Abs. 7 und 6 Abs. 2 stattfinden kann oder muss; dass eine Verteilung für Gemeinschaftsräume nach §§ 4 Abs. 3 S. 2, 6 Abs. 3 erfolgen muss. Auch die **Sonderfälle** der §§ 9a und 9b für die Kostenverteilung bzw. -aufteilung können Anwendung finden (so BR-Drs. 494/88, 27).

§ 9a Kostenverteilung in Sonderfällen

(1) **¹Kann der anteilige Wärme- oder Warmwasserverbrauch von Nutzern für einen Abrechnungszeitraum wegen Geräteausfalls oder aus anderen zwingenden Gründen nicht ordnungsgemäß erfasst werden, ist er vom Gebäudeeigentümer auf der Grundlage des Verbrauchs der betroffenen Räume in vergleichbaren Zeiträumen oder des Verbrauchs vergleichbarer anderer Räume im jeweiligen Abrechnungszeitraum oder des Durchschnittsverbrauchs des Gebäudes oder der Nutzergruppe zu ermitteln. ²Der so ermittelte anteilige Verbrauch ist bei der Kostenverteilung anstelle des erfassten Verbrauchs zugrunde zu legen.**

(2) **Überschreitet die von der Verbrauchsermittlung nach Absatz 1 betroffene Wohn- oder Nutzfläche oder der umbaute Raum 25 vom Hundert der für die Kostenverteilung maßgeblichen gesamten Wohn- oder Nutzfläche oder des maßgeblichen gesamten umbauten Raumes, sind die Kosten ausschließlich nach den nach § 7 Absatz 1 Satz 5 und § 8 Absatz 1 für die Verteilung der übrigen Kosten zu Grunde zu legenden Maßstäben zu verteilen.**

Literatur: Heilmann, Schätzung von Betriebskosten, NZM 2018, 698; Streyl, Schätzungen in der Betriebskostenabrechnung, WuM 2017, 560; Springer, Geschätzter Brennstoffverbrauch als Grundlage einer Heizkostenabrechnung, WuM 2017, 569.

Übersicht

	Rn.
A. Zweck der Regelung	1
B. Reichweite der Regelung	4
I. Voraussetzungen	4
1. Geräteausfall	6
2. Andere zwingende Gründe	8
II. Grenzen	14
1. Wiederholungsschätzung	15
2. Dauerschätzung	22
C. Durchführung	25
I. Wahl des Ersatzverfahrens	27
II. Individuelles Ersatzverfahren	30
1. Vergleichbare Werte	30
2. Raum-Verhältnisrechnung	34
3. Nutzereinheit-Verhältnisrechnung	36

	Rn.
4. Warmwasserverbrauch	40
III. Generelles Vergleichsverfahren	41
1. Anwendungsbereich	41
2. Vergleichskriterien	43
3. Anwendungsgrenzen	45
IV. Kostenneutralität	48
D. Geltung des Kürzungsrechts nach § 12 Abs. 1	50
I. Grundsatz	50
II. Anspruchsberechtigte	53
E. Ausschluss des Ersatzverfahrens	56
I. Absoluter Grenzwert	56
II. Staffelung der Grenzwerte	59
III. Trennung zwischen Wärme/Warmwasser	61
IV. Kürzungsrecht nach § 12 Abs. 1	62

A. Zweck der Regelung

Das System der Kostenverteilung nach der HeizkV beruht darauf, dass der **Energieverbrauch** des einzelnen Nutzers **erfasst** wird. Die hierfür eingesetzten Geräte sind jedoch störanfällig (dazu → HeizkV § 5 Rn. 27, 28, 45), so dass sie während des Laufes einer Abrechnungsperiode ausfallen können und dementsprechend den angefallenen Energieverbrauch nicht oder nicht zutreffend wiedergeben. 1

Der **Geräteausfall** kann auf **technische Gründe** zurückzuführen sein, aber auch auf Einflüsse durch die **Nutzer,** die vorsätzlich oder fahrlässig die in ihren Räumen angebrachten Geräte **beschädigen, manipulieren** (so im Fall AG Hamburg-St.Georg ZMR 2021, 1013) oder einen erkennbaren Ausfall nicht melden in der (vergeblichen) Hoffnung, dadurch mit einem geringeren Verbrauch belastet zu werden. Der **Geräteausfall** kann aber auch auf **Unterlassungen** seitens des **Gebäudeeigentümers** oder der von ihm beauftragten Messdienste zurückzuführen sein, etwa auf unterlassenen Ampullenwechsel bei den Verdunstungsgeräten oder auf vergessenen Batteriewechsel bei den elektronischen Erfassungsgeräten. Um in diesen Fällen, die nie vollkommen ausgeschlossen werden können, nicht auf eine verbrauchsabhängige Kostenverteilung verzichten zu müssen, sieht der 1989 neugeschaffene § 9a die Anwendung eines **Hilfsverfahrens** vor, nach dem trotz fehlender Erfassung der individuelle Verbrauch ermittelt werden kann. 2

§ 9a gilt für die Ermittlung der Kosten des Verbrauchs sowohl von Wärme als auch von Warmwasser trotz nicht ordnungsgemäßer Erfassung. § 9a enthält aber nicht nur die Voraussetzungen und das Verfahren der Ermittlung des Verbrauchs, sondern auch seine Einsatzgrenzen. Das **Ersatzverfahren** darf also **nur** in den in § 9a **vorgesehenen Fällen** angewendet werden. Die Vorschrift darf nicht als Ersatzverfahren für andere als die in ihr vorgesehenen Fälle missbraucht werden, so etwa bei (vermeintlich) ungerechten Verteilungsergebnissen trotz ordnungsgemäßer Erfassung (so aber LG Frankfurt (Oder) bei erheblichem Gebäudeleerstand, CuR 2013, 175 mAnm Lammel jurisPR-MietR 8/2014 Anm. 1, ebenso BGH GE 2015, 11) oder bei sog. **unplausiblen Erfassungsergebnissen** (so aber BGH WuM 2013, 305 mAnm Wall WuM 2013, 411). Es kommt für die Anwendung des Ersatzverfahrens nach § 9a nicht auf das Ergebnis einer Erfassung mit zB völlig unplausiblen Werten an, sondern allein auf deren Ursache. Der unplausible Wert 3

HeizkV § 9a   Kostenverteilung in Sonderfällen

kann auf Ursachen zurückzuführen sein, die das Ersatzverfahren eingreifen lassen. Er kann aber auch auf einer eindeutigen Fehlablesung beruhen, die die Durchführung des Ersatzverfahrens nicht rechtfertigt. **Anders** hat das der **BGH** unter Verwechslung der Tatbestandsmerkmale („zwingender Grund") und Unabhängigkeit vom Verschulden entschieden (BGH WuM 2005, 776 Anm. Schmid ZMR 2006, 347).

B. Reichweite der Regelung

I. Voraussetzungen

4   Die **Anwendung** des **Ersatzverfahrens** ist zunächst davon abhängig, dass der anteilige Verbrauch nicht ordnungsgemäß erfasst werden kann, aber nach der HeizkV erfasst werden muss; es darf also kein Ausnahmetatbestand des § 11 vorliegen (Gruber NZM 2000, 842). Was zu einer **ordnungsgemäßen Erfassung** gehört, ergibt sich im einzelnen aus den Anmerkungen zu den §§ 4 und 5. Nur wenn die dort beschriebenen technischen und vertraglichen Verfahrensweisen eingehalten werden, kann von einer ordnungsgemäßen Erfassung gesprochen werden. Umgekehrt findet das Ersatzverfahren des § 9a keine Anwendung, wenn die Voraussetzungen der §§ 4 und 5 nicht eingehalten, also keine oder keine tauglichen Erfassungsgeräte angebracht oder fehlerhaft montiert worden sind (Ropertz/Wüstefeld NJW 1989, 2367; LG Berlin DWW 1997, 152; AG Köln WuM 2001, 449) oder erst im Laufe eines Abrechnungszeitraumes angebracht werden (AG Berlin-Köpenick GE 2008, 1260). In diesen Fällen kann keine ordnungsgemäße Verbrauchserfassung durchgeführt werden. Eine Verteilung der Heiz- und Warmwasserkosten mag zwar möglich sein; die errechnete Forderung ist auch fällig, soweit sie nach den vertraglichen Regeln ermittelt worden ist, aber sie ist nicht ordnungsgemäß im Sinne der HeizkV und unterliegt deshalb dem Kürzungsrecht des § 12 Abs. 1. Der in diesem Zusammenhang oftmals gebrauchte **Begriff der „Fälligkeit"** (LG Köln WuM 1985, 294) betrifft lediglich die Leistungspflicht des Schuldners hinsichtlich der Leistungszeit, § 271 BGB, nicht aber den materiellen Leistungsinhalt. Die materielle Ordnungsmäßigkeit der Abrechnung kann daher durch den Begriff der Fälligkeit nicht erfasst werden (Lefèvre S. 49).

5   Ist nach der Ausstattung eine **ordnungsgemäße Erfassung** grundsätzlich möglich, scheitert sie jedoch an Umständen des Einzelfalles, müssen alternativ zwei Voraussetzungen für die Zulässigkeit des Ersatzermittlungsverfahrens vorliegen. Der Erfassungsmangel muss entweder auf einem Geräteausfall oder auf anderen zwingenden Gründen beruhen.

6   **1. Geräteausfall.** Unter Geräteausfall ist das **technische Versagen** des Erfassungsgerätes zu verstehen unabhängig davon, worauf dies beruht (zB Zerstörung der Ampulle; unterlassener Ampullen- oder Batteriewechsel (OLG Hamburg ZMR 2004, 769); Blockierung der Anzeige durch Fremdkörper im Durchfluss). Allein auf Grund seiner technischen Eigenart darf das Gerät keinen oder nur einen unvollständigen Verbrauch erfasst haben (OLG Düsseldorf ZMR 2000, 475). Der Geräteausfall ist daher als **objektiver Tatbestand** zu verstehen. Es kommt mithin für die Anwendung des Ersatzverfahrens nicht darauf an, ob eine der Vertragsparteien den Ausfall zu vertreten hat, sondern allein auf den technischen Tatbestand des Geräteausfalls (Ropertz/Wüstefeld NJW 1989, 2368; Kinne § 9a Rn. 158 [S. 173]; Lützenkirchen HeizkV § 9a Rn. 5; aA Pfeifer HeizkV § 9a Anm. 1a).

B. Reichweite der Regelung **§ 9a HeizkV**

Insbesondere auf das **Verschulden des Gebäudeeigentümers** am Geräteaus- 7
fall kann es schon deshalb nicht ankommen, weil er als der nach den §§ 4 und
5 Ausstattungspflichtige stets dafür Sorge tragen muss, dass Geräte vorhanden
sind und auch ordnungsgemäß arbeiten. Dieser Überwachungspflicht kann er
zwar durch den Abschluss eines Dauerwartungsvertrages genügen, was aber wiederum
zu neuen (verteilungsfähigen) Kosten führt (Jennißen/Deller ZMR 1988,
249). Aber auch ein derartiger Vertrag vermag das Vertretenmüssen bei Geräteausfall
nicht auszuschließen. Würde in einem solchen Fall die Anwendung des
Ersatzverfahrens verneint, so wäre der von der HeizkV selbst genannte Hauptanwendungsfall
praktisch überflüssig; (zu den Folgen verschuldeter Erfassungsmängel
→ Rn. 53–55).

2. Andere zwingende Gründe. Was der Verordnungsgeber unter anderen 8
zwingenden Gründen verstanden hat, lässt sich auch nicht aus der Begründung
erschließen (BR-Drs. 494/88, 27). Nach der Gesetzessystematik müssen darunter
solche Fälle verstanden werden, die dem **Geräteausfall gleichzusetzen** sind.
Das Charakteristische beim Geräteausfall ist darin zu sehen, dass eine Korrektur
der Erfassungsmängel rückwirkend nicht mehr möglich ist (Sternel ZfgWBay
1986, 513), da der Zeitpunkt des Ausfalls und das danach liegende Verbraucherverhalten
nicht mehr rekonstruierbar sind. Entsprechend sind unter zwingenden
Gründen für eine nicht ordnungsgemäße Erfassung solche Gründe zu verstehen,
die nach ihrem Wegfall **keine Nachholung der Erfassung** gestatten. Bei den
nunmehr anzubringenden fernablesbaren Erfassungsgeräten würde ein Ausfall vorliegen,
wenn die Funkübertragung gestört ist.

Musterbeispiel hierfür ist der bei den angekündigten Ableseterminen ortsab- 9
wesende Nutzer von mit Erfassungsgeräten ausgestatteten Räumen (AG Brandenburg
a.d.Havel NZM 2005, 257; aA Schmid ZMR-Sonderheft HeizkV § 9a
Ziff. 13). Da die Ablesung in einer Verbrauchseinheit innerhalb eines relativ engen
Zeitraumes abgeschlossen sein muss, um die erfassten Verbrauchswerte miteinander
vergleichen zu können (dazu → HeizkV § 5 Rn. 23), ist die Ablesung zwar
irgendwann einmal auch bei dem häufig abwesenden Nutzer möglich. Sie erbringt
aber keine für die konkrete Abrechnungsperiode verwertbaren Ergebnisse, da in
sie der weiterlaufende Verbrauch von Wärme und Warmwasser mit eingeflossen
ist (Lefèvre S. 51). Das gleiche gilt für den Fall, dass der **Ablesedienst** vergessen
hat, in einer Wohnung die Geräte abzulesen (AG Berlin-Tempelhof MM 2003,
47). Diese Fälle werden aber angesichts der nunmehr gebotenen Verwendung
fernablesbarer Erfassungsgeräte in der Praxis verschwinden.

Eine **Zurückrechnung** auf einen bestimmten Stichtag innerhalb des Ablese- 10
zeitraumes nach Abschluss der Abrechnungsperiode hängt von der Art der verwendeten
Erfassungsgeräte ab; bei elektronischen Heizkostenverteilern kann der
Stichtagswert automatisch gespeichert und dann abgerufen werden. Bei anderen
im Einsatz befindlichen Erfassungsgeräten (insbesondere den Verdunstungsgeräten)
ist das nicht möglich; ebenso wenig ist eine Hochrechnung auf der Basis der
abgelesenen Werte auf den Gesamtverbrauch (zB anhand der in § 9b aufgeführten
Gradtagszahlen) zulässig (AG Stendal HKA 1999, 26) Für die konkrete Abrechnungsperiode
liegen daher aus ablesetechnischen Gründen keine erfassten Werte
vor. Dem ist nicht entgegenzuhalten, dass eine Erfassung schon deshalb erfolgt
sei, weil das Gerät eine entsprechende Verbrauchsanzeige enthalte (so Ropertz/
Wüstefeld NJW 1989, 2368). Denn unter „**Erfassung**" ist nicht nur die Anzeige,
sondern auch die Ablesung zu verstehen. Für die verbrauchsabhängige Verteilung

245

der Energiekosten nützen die nur dem jeweiligen Nutzer zugänglichen angezeigten Werte nichts; sie müssen vielmehr abgelesen werden, um die Verteilungsrechnung erstellen zu können. In diesen Fällen ist eine Schätzung nach dem allgemeinen Flächenmaßstab unzulässig (AG Berlin-Mitte MM 2007, 371).

11 Ebenso wie bei dem Geräteausfall ist auch bei den anderen zwingenden Gründen **nicht** auf ein **Vertretenmüssen** an der Nichtablesung abzustellen (LG Berlin ZMR 1997, 145; AG Berlin-Hohenschönhausen ZMR 2003, 934; aA Pfeifer HeizkV § 9a Anm. 1c; Müller GE 1989, 216). Da außer im seltenen Fall des Zufalls die **Nichtablesbarkeit** stets von einem der beteiligten Vertragsparteien zu vertreten sein wird – entweder hat der Gebäudeeigentümer bzw. die von ihm Beauftragten, für die er gemäß § 278 BGB einzustehen hat, die Verfahrensvoraussetzungen für eine ordnungsgemäße Ablesung nicht eingehalten oder der Nutzer hat die im Rahmen seiner **Mitwirkungspflicht** bestehende Pflicht zur Gewährung des Zugangs zum Zwecke der Ablesung verletzt – würde das Kriterium des Verschuldens das Tatbestandsmerkmal „zwingender Grund" überflüssig werden lassen. Deshalb kann auch nicht darauf abgestellt werden, dass der Gebäudeeigentümer den Zugang zu den mit Erfassungsgeräten ausgestatteten Räumen im Streitfall unter Inanspruchnahme gerichtlicher Hilfe erzwingen könnte (so aber Ropertz/Wüstefeld NJW 1989, 2368). Denn bis eine (zumindest vorläufig) vollstreckbare Entscheidung durchgesetzt werden könnte, wäre der Zeitraum, innerhalb dessen noch im Hinblick auf das Verhältnis zur Gesamtablesung von einer ordnungsgemäßen Abrechnung gesprochen werden könnte, längst vorbei (auch → HeizkV § 5 Rn. 23).

12 Als andere zwingende Gründe können ferner solche angesehen werden, bei denen auf Grund technischer/wohnlicher Umstände eine ordnungsgemäße Erfassung nicht möglich ist, so zB bei **ungleichmäßiger Durchströmung** der Heizkörper (OLG Düsseldorf ZMR 2007, 379) oder Anbringung einer Heizkörperverkleidung (LG Magdeburg ZMR 2006, 289; AG Aschersleben/Staßfurt ZMR 2005, 714 mAnmSchmid; differenzierend Schmid ZMR-Sonderheft HeizkV § 9a Ziff. 15), infolge deren es zu einem Wärmestau und damit übermäßigem Verbrauch von Heizenergie kommt (→ HeizkV § 5 Rn. 27)

13 **Nicht** zu den anderen **zwingenden Gründen** gehören hingegen Fälle, in denen eine Ablesemöglichkeit fehlt, zB wenn einzelne Räume nicht mit Erfassungsgeräten versehen sind, weil dies entweder technisch nicht durchführbar oder wirtschaftlich nicht vertretbar ist (ebenso Lützenkirchen HeizkV § 9a Rn. 7; aA HKA 1989, 6; LG Berlin GE 2011, 612 mablAnm Lammel WuM 2011, 502), die übrige Nutzereinheit dagegen mit ordnungsgemäß installierten und arbeitenden Erfassungsgeräten ausgestattet ist. Denn in diesen Fällen (Musterbeispiel: Badewannenkonvektoren) findet gemäß § 11 Abs. 1 Nr. 1 mangels Bestehens einer Ausstattungspflicht keine verbrauchsabhängige Kostenverteilung statt, so dass auch das Ersatzverfahren nach § 9a, das gerade der Durchführung einer verbrauchsabhängigen Verteilung in Sonderfällen dient, nicht eingreift.

II. Grenzen

14 Die Unmöglichkeit einer ordnungsgemäßen Ablesung aus zwingenden Gründen erlaubt aber **nur für einen Abrechnungszeitraum,** den Verbrauch durch das Ersatzverfahren zu ermitteln (LG Itzehoe ZMR 2013, 924). Das folgt bereits aus dem Wortlaut des § 9a, der in Abs. 1 ausdrücklich von der Unmöglichkeit der Erfassung für „einen Abrechnungszeitraum" spricht. Mit dieser Formulierung

B. Reichweite der Regelung   **§ 9a HeizkV**

werden sowohl Wiederholungs- als auch Dauerschätzungen ausgeschlossen (Ropertz/Wüstefeld NJW 1989, 2367; Pfeifer HeizkV § 9a Anm. 2; Gruber NZM 2000, 844; aA Lefèvre HKA 1997, 13).

1. Wiederholungsschätzung. Zu einer Wiederholungsschätzung könnte es 15 in den Fällen kommen, in denen der zwingende Grund für die Erstschätzung auch für die nachfolgende Abrechnungsperiode noch besteht; wenn also das **defekte Erfassungsgerät** nicht ausgetauscht worden ist, kein Wechsel von Ampullen oder Batterien erfolgt oder ein gerichtliches Verfahren zur Erzwingung des Zutritts noch nicht durchgeführt worden ist. In allen diesen Fällen liegt für mehrere Abrechnungszeiträume **ein und derselbe** (an sich zwingende) **Grund** für die Unmöglichkeit der ordnungsgemäßen Erfassung vor. Dieser fortdauernde Grund wird aber durch die erstmalige Durchführung des Ersatzermittlungsverfahrens verbraucht (AG Berlin-Schöneberg MM 2004, 47; OLG Hamburg ZMR 2004, 769); anderenfalls bestünde die Gefahr, dass auf die individuelle Erfassung aus Bequemlichkeit verzichtet und auf Ersatzverfahren ausgewichen wird (Sternel ZfgWBay 1986, 513; aA jetzt BGH WuM 2022, 34, Rn. 20 mit insoweit zirkelschlussartiger Argumentation).

Der **Verbrauch der folgenden Zeiträume** kann für die konkrete Nutzerein- 16 heit nicht ermittelt werden, so dass eine verbrauchsabhängige Abrechnung über die Kosten des Bezugs von Heizenergie und Warmwasser nicht erstellt werden kann. Das bezieht sich auf die **gesamte Abrechnungseinheit** und nicht nur auf die konkrete, mit dem Erfassungsmangel behaftete Nutzereinheit. Denn die Ausklammerung einer nicht erfassten, aber Energie verbrauchenden Nutzereinheit aus der Gesamtkostenverteilung würde zu einer entsprechenden Mehrbelastung der übrigen Nutzer führen.

Die Nichtermittlung auf Grund eines fortbestehenden Fehlers geht damit zu 17 **Lasten des Gebäudeeigentümers,** der den Fortbestand des Fehlers infolge seiner ihn nach § 4 treffenden Ausstattungs- und Erhaltungspflicht in jedem Fall zu vertreten hat. Er kann keine Nachzahlung wegen des über die geleisteten Vorauszahlungen hinausgehenden Mehrverbrauchs von den Nutzern verlangen. Ein Rückgriff auf andere verbrauchsunabhängige Verteilungsmaßstäbe ist angesichts des zwingenden Charakters der HeizkV nicht möglich. Beruht der Mangel allerdings auf Tatsachen, die aus der Sphäre des Mieters herrühren (verweigerte Ablesung, mit Möbeln verstellte Erfassungsgeräte, daran vorgenommene Manipulationen), kann sich der Mieter nicht darauf berufen, dass eine Schätzung des Verbrauchs an sich nicht zulässig ist **(Verbot des venire contra factum proprium;** ähnlich AG Berlin-Hohenschönhausen ZMR 2003, 934; Peters, S. 360/361).

Der Belastung des Gebäudeeigentümers stehen auch keine **Billigkeitserwä-** 18 **gungen** entgegen, die auf dem Gedanken beruhen, der Nutzer habe schließlich Heizenergie in Anspruch genommen und müsse dafür etwas zahlen (LG Hamburg NJW-RR 1988, 908; AG Schöneberg GE 1986, 1177). Zum einen hat der Nutzer im Regelfall durch seine Vorauszahlungen eine Vorleistung erbracht, über die der Gebäudeeigentümer jetzt nicht gemäß § 666 BGB Rechenschaft ablegen kann. Zum anderen entspricht es einem durchgängigen Prinzip des BGB, dass bestrittene Forderungen bewiesen werden müssen. Für das hier entsprechend anwendbare Auftragsrecht, § 670 BGB, gilt nichts anderes: der Gebäudeeigentümer verlangt mit den Nachforderungen aus einer Heizkostenabrechnung Ersatz seiner Aufwendungen. Kann er diese Aufwendungen in der von der HeizkV vorgeschriebenen

Form nicht nachweisen, besteht für den Auftraggeber (= Nutzer) keine Erstattungspflicht.

19 Dagegen sind die **anderen Nutzer** berechtigt, einen sich aus der ordnungsgemäßen Erfassung ergebenden Minderverbrauch im Wege der Rückforderung eines Anteils der Vorauszahlungen gegenüber dem Gebäudeeigentümer geltend zu machen. Für die Zukunft kann bei Wohnraummietverhältnissen gemäß § 560 Abs. 4 BGB ein Anspruch auf **Herabsetzung der Vorauszahlungen** geltend gemacht werden. Außerdem kann der Nutzer ein Zurückbehaltungsrecht an den vereinbarten Vorauszahlungen ausüben. Das gilt auch für den Nutzer, in dessen Räumen eine Erfassung wegen eines fortbestehenden Gerätedefekts nicht möglich war. Er kann sich seinerseits für eine schätzungsweise Ermittlung seines Verbrauchs des in § 9a enthaltenen Ersatzverfahrens bedienen (ähnlich AG Berlin-Tempelhof MM 2003, 47), um zumindest im Wege des Anscheinsbeweises einen gegenüber den Vorauszahlungen sich ergebenden Minderverbrauch zu beweisen.

20 Eine Wiederholungsschätzung im obigen Sinne liegt nicht vor, wenn der **ursprünglich bestehende** zwingende **Grund** für das Ersatzverfahren zwar **beseitigt** worden ist, aber im darauffolgenden Abrechnungszeitraum wiederum auftaucht. In diesem Fall ist die Anwendung des § 9a bei Vorliegen der sonstigen Voraussetzungen möglich. Erforderlich ist aber, dass die Fehlerbeseitigung im engen zeitlichen Zusammenhang mit der Fehlerfeststellung erfolgt. Wird der Fehler erst während des Laufes der neuen Abrechnungsperiode beseitigt, ist auch die Erfassung für diesen Zeitraum nicht mehr ordnungsgemäß, und die Grundsätze für die Wiederholungsschätzung finden Anwendung. Davon wird nur in jenen Fällen abzusehen sein, in denen während der **Bestandszeit des Fehlers** kein Energieverbrauch anfallen konnte (zB Sommermonate für Heizung, nicht aber für Warmwasser); hier wirkt sich der Geräteausfall aus tatsächlichen Gründen auf die Kostenverteilung nicht aus.

21 Das gleiche (Anwendung der **Grundsätze über die Wiederholungsschätzung**) hat in den Fällen der **unberechtigten Verhinderung des Zutritts** zum Zwecke der Ablesung zu gelten. Auch hier wird die gerichtliche Durchsetzung des Zutrittsrechts einen Zeitraum in Anspruch nehmen, der weit in die neue Abrechnungsperiode hineinreichen kann. Dennoch ist für den zweiten Abrechnungszeitraum kein Ersatzverfahren zulässig. Vielmehr verbleibt es bei der Nichtabrechenbarkeit dieser Periode. Allerdings wird entsprechend der anders gelagerten schuldhaften Verursachung dieser Verzögerung der Gebäudeeigentümer gegen den Nutzer einen Anspruch auf Ersatz der Kosten für einen Mehrverbrauch geltend machen können. Für die Ermittlung dieses Mehrverbrauchs kommt dem Ersatzverfahren indizielle Wirkung zu (→ Rn. 17).

22 **2. Dauerschätzung.** Ausgeschlossen ist nach der HeizkV die Dauerschätzung (aA Philipp Taschenbuch 1989, 152). Wenn infolge besonderer Umstände einzelne Heizkörper nicht mit **Erfassungsgeräten** ausgestattet werden können (wie zB Badewannenkonvektoren, durch Einbauküche zugebauter Heizkörper), liegt ein Ausnahmefall des § 11 Abs. 1 Nr. 1 vor, der in diesen Fällen von der Verpflichtung einer verbrauchsabhängigen Kostenverteilung befreit.

23 Ist dagegen der Heizkörper mit einem Erfassungsgerät versehen, kann dieses aber wegen der **Möblierung** nicht **abgelesen** werden (zB Einbauküche, Wandschränke), gilt das Ersatzverfahren des § 9a für den ersten Ableseturnus nach Einbringung dieser hinderlichen Möblierung (→ Rn. 17). Für die weiteren Perioden müsste entweder ummöbliert (dem steht nicht die Zulässigkeit der Möblierung

C. Durchführung **§ 9a HeizkV**

nach dem persönlichen Geschmack des Mieters entgegen; dieser muss gegenüber dem übergeordneten Interesse an der verbrauchsabhängigen Heizkostenverteilung zurückstehen) oder der Heizkörper abmontiert werden, da er hinter den Möbeln keine Wirkung entfalten kann. Eine Freistellung des jeweiligen Nutzers von einer Verteilung der Heizkosten bezüglich des einen Raumes kommt nicht in Betracht, da die Möglichkeit der Nutzung des Heizkörpers allein für die Anwendung der HeizkV ausreicht (BayObLG NJW-RR 1988, 1166). Bei der im Einverständnis zwischen Gebäudeeigentümer und Nutzer durchzuführenden Demontage des überflüssigen Heizkörpers ist allerdings darauf zu achten, dass die Auslegung der gesamten Heizungsanlage hierdurch nicht wesentlich verändert wird.

Die Beibehaltung des alten Zustandes führt zur Unmöglichkeit der ordnungsgemäßen Durchführung einer verbrauchsabhängigen Kostenverteilung mit den in → Rn. 21 beschriebenen Ersatzansprüchen gegen den Verursacher dieses Zustandes. Die **Kostenverteilung** kann in solchen Fällen nur nach einem verbrauchsunabhängigen Maßstab erfolgen. Hiervon geht die HeizkV selbst aus, wenn sie in Abs. 2 für den Fall der Nichtanwendbarkeit des Ersatzverfahrens auf den festen Verteilungsmaßstab verweist. Das muss auch in den Fällen gelten, in denen infolge weiterbestehender fehlerhafter Erfassung eine verbrauchsabhängige Verteilung nicht möglich ist. 24

C. Durchführung

Die HeizkV bietet bei Vorliegen der besonderen Voraussetzungen des § 9a Abs. 1 **zwei Ersatzverfahren** an, um das System der verbrauchsnahen Abrechnung möglichst aufrecht zu erhalten (BR-Drs. 494/88, 28). Der Verbrauch kann dadurch ermittelt werden, dass auf den Verbrauch der jetzt nicht ordnungsgemäß erfassten Räume in anderen Zeiträumen zurückgegriffen wird, sofern diese Perioden mit der jetzigen vergleichbar sind **(individuelles Vergleichsverfahren)**. Die andere Methode beruht auf einer Heranziehung vergleichbarer Räume im selben Abrechnungszeitraum **(generelles Vergleichsverfahren)**. 25

Die **aufgezählte Regelung ist abschließend.** Andere Verfahren dürfen nach dem Wortlaut der HeizkV nicht verwendet werden Auch dies hat der **BGH** (WuM 2005, 776 m.Anm Schmid ZMR 2006, 347) **anders** gesehen und unter Missachtung des an sich klaren Gesetzeswortlauts das Gradtagsverfahren zugelassen. Etwas im Widerspruch dazu steht die Entscheidung, in der bei objektiver Unmöglichkeit der verbrauchsabhängigen Abrechnung die Kostenverteilung nach einem Flächenmaßstab zugelassen worden ist, was zumindest der Regelung des § 556a Abs. 1 S. 1 BGB entspricht (BGH WuM 2007, 700); allerdings ist in § 9a die im BGB erwähnte Sonderregelung zu sehen. 26

I. Wahl des Ersatzverfahrens

Die **Auswahl** unter den vorgegebenen Verfahren obliegt dem **Gebäudeeigentümer.** § 6 Abs. 4 S. 3 (Festlegung zu Beginn eines Abrechnungszeitraumes) ist hier aus sachzwingenden Gründen nicht anwendbar, da das Entstehen eines zwingenden Grundes für die Verhinderung einer ordnungsgemäßen Erfassung zu Beginn eines Abrechnungszeitraumes nicht voraussehbar ist. Die notwendigerweise nachträglich zu treffende Wahl lässt es zu, dass das Wahlrecht auch von dem beauftragten Abrechnungsunternehmen ausgeübt wird (GGW, Materialien 24, 27

21). Denn das Unternehmen hat auf Grund der vorangegangenen Abrechnungen eher Einblick in die Kriterien, die für die Auswahl maßgebend sind.

28 In einem abzurechnenden Gebäude mit **mehreren Geräteausfällen** in verschiedenen Nutzereinheiten ist (innerhalb der Grenzen des Abs. 2) jeweils **dasselbe Ersatzverfahren** anzuwenden, um die Verbrauchsrelationen innerhalb des gesamten Gebäudes mit den gleichen Maßstäben zu bewerten. Der Gebäudeeigentümer darf also nicht für eine Nutzereinheit das individuelle Vergleichsverfahren und für eine andere Nutzereinheit das generelle Verfahren wählen. Im übrigen steht die Wahl im Ermessen des Gebäudeeigentümers bzw. des beauftragten Abrechnungsdienstes. Das Ermessen ist aber nach § 315 BGB überprüfbar und muss sich daher an der Zwecksetzung der HeizkV orientieren (HKA 1989, 6; OLG Hamburg WuM 2001, 460; ZMR 2004, 769).

29 Es kann deshalb nicht davon gesprochen werden, dass beide Verfahren gleichrangig anwendbar sind (so aber BR-Drs. 494/88, 28; Pfeifer HeizkV § 9a Anm. 2; OLG Hamburg WuM 2001, 460 ohne Begründung). Denn der Zweck der HeizkV soll durch eine individuelle Verbrauchsermittlung erreicht werden, damit der jeweilige Nutzer seinen Energieverbrauch entsprechend seinen Bedürfnissen einschränkend gestalten. Eine **verbrauchernahe Erfassung** ist aber nur durch das **individuelle Vergleichsverfahren** möglich, da hierdurch auf die konkreten Verbrauchsgewohnheiten des jeweiligen Nutzers Bezug genommen wird. Unter Berücksichtigung dieser Zwecke muss daher bei der Überprüfung der Auswahl nach § 315 BGB von einer Rangfolge der Ersatzverfahren gesprochen werden, wonach das **Individualverfahren vorrangig** vor dem **Generalverfahren** anzuwenden ist (AG Berlin-Charlottenburg ZWE 2014, 226; Ropertz/Wüstefeld NJW 1989, 2368; ähnlich HKA 1989, 6).

II. Individuelles Ersatzverfahren

30 **1. Vergleichbare Werte.** Das individuelle Ersatzverfahren geht von der Annahme aus, dass das Verbrauchsverhalten desselben Nutzers von Räumen bei gleichbleibenden Witterungsbedingungen im wesentlichen gleich ist (Peruzzo Heizkostenabrechnung Rn. 246). Die **Novelle 2009** hat hier zwei **wesentliche Änderungen** gebracht: zum einen ist das Tatbestandsmerkmal „früher" weggefallen, zum anderen wird nicht mehr auf „Abrechnungszeiträume" abgestellt. Begründet wird dies damit, dass in der Praxis Fälle vorkommen würden, bei denen keine Daten eines vollständigen Abrechnungszeitraumes zur Verfügung stünden, wohl aber ausreichend Daten über einen kürzeren Zeitraum, die aber gleichwohl aussagekräftig seien (BR-Drs. 570/08, 17). Deshalb dürfen jetzt auch Daten aus kürzeren Zeiträumen herangezogen werden. Rechtlich und technisch erscheint diese Neuerung fraglich zu sein: Nach § 556 Abs. 3 S. 1 BGB ist von einem **jährlichen Abrechnungszeitraum** auszugehen. Technisch können kürzere Erfassungszeiträume nur bei intakten elektronischen Heizkostenverteilern vorliegen; zweifelhaft bleibt dann immer noch, ob die Zeiträume vergleichbar sind.

31 Herangezogen werden darf aber nur der ordnungsgemäß erfasste und nicht durch Hilfsverfahren ermittelte Verbrauch. Ferner darf nur der Verbrauchswert gewählt werden, der sich gerade für die Räume ergeben hat, die von dem Hinderungsgrund für eine ordnungsgemäße Erfassung betroffen sind; es darf also **nicht** auf die Werte der **übrigen Räume** zurückgegriffen werden.

32 Die HeizkV spricht ferner davon, dass der Verbrauch aus Zeiträumen (statt: aus einem Zeitraum) herangezogen werden darf. Die hier gewählte Mehrzahl

C. Durchführung **§ 9a HeizkV**

der vergleichbaren Zeiträume bedeutet, dass (möglichst) Verbrauchszahlen aus **mehreren vergleichbaren Zeiträumen** dem Ersatzverfahren zugrunde gelegt werden, um auf diese Weise dem individuellen Verbrauch am nächsten zu kommen. Der Gebäudeeigentümer kann hier Daten aus zurückliegenden Erfassungen verwerten, die bis zur Einführung der verbrauchsabhängigen Kostenverteilung nach der HeizkV zurückgehen. Hierbei ist aber zu beachten, dass in der Zwischenzeit weder ein Wechsel im Erfassungssystem noch in der Wärme- bzw. Warmwasserversorgungstechnik eingetreten ist. Denn nur solche Werte sind vergleichbar, die auf den **gleichen Grundbedingungen** beruhen. Sind diese Bedingungen nicht mehr vorhanden, kann bis zum Zeitpunkt ihrer Abänderung zurückgegangen werden. Bleibt danach kein Erfassungszeitraum zum Vergleich übrig, kann das individuelle Ersatzverfahren nicht durchgeführt werden.

Das am schwierigsten zu erfüllende Kriterium ist schließlich das der **Ver-** 33 **gleichbarkeit der Zeiträume.** Damit soll erreicht werden, dass nur Werte solcher Zeiten verwendet werden, die auch in ihrem Witterungsverlauf dem jetzigen Zeitraum entsprechen (BR-Drs. 494/88, 28). Um das Individualverfahren an diesem Kriterium nicht scheitern zu lassen, wird es genügen, auf statistische Mittelwerte zurückzugreifen, die vom Wetteramt zu erfahren sind. Ein genauerer Vergleich der Witterung kann nicht verlangt werden. Zum einen ist kaum ein Winter, auf den es bei der Ermittlung vergleichbarer Werte für den Verbrauch von Heizwärme vor allem ankommen wird, mit dem Winter eines anderen Jahres vergleichbar. Zum anderen ergibt sich aus dieser Unvergleichbarkeit, dass auch die erfassten Werte nicht miteinander zu vergleichen sind, was auf der unterschiedlichen Ansprechbarkeit der Anzeigen der Erfassungsgeräte beruht (→ § 5 Rn. 18).

2. Raum-Verhältnisrechnung. Diesem strukturellen Mangel für die Ver- 34 gleichbarkeit der Werte kann zumindest teilweise dadurch abgeholfen werden, dass der Wert aus dem Vergleichszeitraum **nicht** als **absolute Zahl** der neuen Kostenverteilung zugrunde gelegt wird, sondern mit seiner Hilfe lediglich das Verhältnis eines Raumes am Gesamtverbrauch der Nutzereinheit ermittelt wird (Peters S. 440). Die Verhältniszahl dient dazu, anhand der vorliegenden Werte für die übrigen Räume der Nutzereinheit den Wert für den Raum, der nicht ordnungsgemäß erfasst werden konnte, ersatzweise zu bestimmen.

An einem **Zahlenbeispiel** erläutert (nach Philipp Taschenbuch 1989, S. 147 35 (148)): In einer Wohnung sind im Abrechnungsjahr 39 Einheiten erfasst worden; ein Raum blieb ohne Erfassung. Im Vergleichszeitraum davor wurden einschließlich des jetzt fehlenden Raumes 60 Einheiten abgelesen; auf den fraglichen Raum entfielen 6 Einheiten, mithin 10 % des Gesamtverbrauchs. Im nunmehr abzurechnenden Zeitraum liegen unter Berücksichtigung dieses Prozentsatzes 90 % des Gesamtverbrauchs durch ordnungsgemäße Erfassung vor (= 39 Einheiten), so dass die restlichen 10 % durch die Vergleichsrechnung zu ermitteln sind: (39 × 100) : 90 = 43,33 Gesamteinheiten. Würde dagegen der absolute Verbrauchswert aus dem Vergleichszeitraum des nicht erfassbaren Raumes in die Kostenverteilung eingesetzt, ergäbe sich ein Gesamtergebnis von 45, was aber den gesunkenen **Gesamtverbrauch der Nutzereinheit** (von 60 auf zunächst 39) nicht berücksichtigt. Eine Korrektur des Ergebnisses bei Verwertung der absoluten Zahlen anhand der Verbrauchstendenz der übrigen Nutzereinheiten (Böttcher/Memmert S. 81; Pfeifer HeizkV § 9a Anm. 2) erübrigt sich deshalb. Sie ist auch nicht angebracht, da hierdurch ein Methodenwiderspruch eintritt wegen der Koppelung von individuellen und generellen Werten.

36 **3. Nutzereinheit-Verhältnisrechnung.** Anders ist dagegen zu verfahren, wenn der Verbrauch einer **gesamten Nutzereinheit nicht** ordnungsgemäß **erfasst** werden kann. Da hier kein Anhaltswert für die individuelle Verbrauchstendenz vorliegt, muss auf die Verbrauchstendenz der gesamten Abrechnungseinheit zurückgegriffen werden. Das kann einmal dadurch geschehen, dass der Vergleichswert für die Nutzereinheit der vorherigen Zeiträume als absolute Zahl in den abzurechnenden Zeitraum übernommen und prozentual anhand des Mehr- oder Minderverbrauchs der Gesamteinheit erhöht oder gesenkt wird. Die andere Methode zur Einbeziehung der generellen Verbrauchstendenz besteht darin, dass das Verhältnis des ordnungsgemäß erfassten Wertes aus dem vergleichbaren Abrechnungszeitraum zum damaligen Gesamtverbrauch gebildet und dieser Prozentsatz der Ermittlung des nunmehrigen Verbrauchs zugrunde gelegt wird.

37 Als **Zahlenbeispiel:** Die obige (→ Rn. 35) Beispielseinheit wies zuletzt 60 erfasste Einheiten auf bei 600 Gesamteinheiten, mithin 10 %. Im abzurechnenden Jahr sind 527,3 Einheiten erfasst worden. Das gesamte Gebäude hat 12 Nutzungseinheiten mit insgesamt 840 m^2, die nicht erfasste Einheit hat 50 m^2. Erfasst sind somit rund 94 % der Fläche, so dass der fehlende Restwert (527,3 × 100) : 94 = 56 Einheiten beträgt. Nach dem anderen Verfahren ist die Vorjahreszahl 60 entsprechend der Verbrauchstendenz des gesamten Anwesens um 12,12 % zu kürzen, was zu einem Ersatzwert von 52,73 führt.

38 Diese Differenz zu dem anderen Ergebnis zeigt, dass die Einbeziehung von Durchschnittswerten des gesamten Objekts nicht zu einer verbrauchsnahen Erfassung führt. Denn hierbei wird unterstellt, dass der Verbraucher der nicht erfassbaren Nutzereinheit sich ebenso verhält wie die Gesamtheit der Nutzer. Demgegenüber beruht das individuelle Ersatzverfahren des § 9a auf der Annahme, dass nur das Verhalten des jeweiligen Nutzers gleichbleibend ist. Deshalb ist der Ermittlungsmethode der Vorzug zu geben, die auf das individuelle Verbrauchsverhältnis der Nutzereinheit zur Gesamteinheit abstellt.

39 Das **individuelle Vergleichsverfahren** kann auch durchgeführt werden, wenn die Erfassung eines Gebäudeteiles scheitert. Ein solcher Fall – der mit dem Ausfall von Erfassungsgeräten bei mehreren Nutzereinheiten nicht zu verwechseln ist, die den Gebäudeteil bilden, – kann bei der **Vorerfassung** eintreten (dazu → HeizkV § 5 Rn. 100–106, → HeizkV § 6 Rn. 79–83). Hier kann für den ausgefallenen Erfassungswert auf die Werte vorangegangener Zeiträume zurückgegriffen werden, sofern zwischenzeitlich keine technischen oder nutzungsbedingten Änderungen für den gesamten Gebäudeteil eingetreten sind; je mehr Einheiten in einem solchen Teil zusammengefasst sind, desto problematischer wird allerdings die Vergleichbarkeit.

40 **4. Warmwasserverbrauch.** Ist der Warmwasserzähler ausgefallen, ist der **Durchschnittswert** aus den **absoluten Werten** der vorangegangenen Zeiträume als Vergleichswert nach § 9a zu bilden. Da der Warmwasserverbrauch nicht wesentlich von der Witterung abhängt, sind als Bezugspunkte für das Kriterium „vergleichbare Zeiträume" nicht die Wetterverhältnisse zu wählen, sondern die **technische Ausgestaltung** der Erfassung und die personelle Nutzung der zu erfassenden Nutzereinheit. Die Reduzierung oder Vermehrung der Nutzerzahl in den Räumen verhindert die Heranziehung von Vorjahresergebnissen, da diese

C. Durchführung **§ 9a HeizkV**

Änderungen den Warmwasserverbrauch wesentlich beeinflussen. Für das individuelle Vergleichsverfahren nach § 9a muss daher mindestens ein vergleichbarer Zeitraum zur Verfügung stehen.

III. Generelles Vergleichsverfahren

1. Anwendungsbereich. Das generelle Vergleichsverfahren nach § 9a 41 kommt lediglich **subsidiär** zur Anwendung, wenn das individuelle Verfahren nicht durchgeführt werden kann. Das ist der Fall, wenn kein vergleichbarer Zeitraum für den konkreten Nutzer, bei dem der Erfassungsmangel aufgetreten ist, zur Verfügung steht. Der **Mangel der Vergleichbarkeit** kann zu einem zwischenzeitlichen Nutzerwechsel, einer Änderung des Erfassungssystems oder der Heizungsausstattung, Veränderungen bei der Zahl der genutzten Räume oder der nutzenden Personen beruhen. In diesen Fällen kann auf die Werte vergleichbarer anderer Räume im aktuellen Abrechnungszeitraum zurückgegriffen werden. Die **Novelle 2009** hat den Vergleichsrahmen dadurch **erweitert,** dass auch der Durchschnittsverbrauch des Gebäudes oder der Nutzergruppe herangezogen werden kann. Hierfür liegt keine Begründung vor. Die Ergänzung entfernt sich weit vom Ziel der HeizkV, den Nutzer durch individuelle Verbrauchsbelastung zur Energieeinsparung zu bewegen. Die Ersatzverfahren sollen diesem Zweck dienen. Es können daher nur solche Ermittlungen vergleichsweise zugrunde gelegt werden, die Rückschlüsse auf den konkreten Nutzer zulassen. Das ist aber bei Durchschnittswerten aus dem gesamten Gebäude nicht mehr möglich (Wall WuM 2009, 14 li. Sp.). Gerade die EDV-mäßige Abwicklung der Abrechnung spricht für diese Einzelanknüpfung, die auch bei entsprechender Programmierung der Geräte durchführbar ist. Der Rückgriff auf Durchschnittswerte des Gebäudes bzw. der Abrechnungseinheit widerspricht der Intention der HeizkV, den jeweiligen Verbrauch von Energie nutzernah zu ermitteln (so zur früheren Rechtslage (Ropertz/Wüstefeld NJW 1989, 2368; für einen solchen Rückgriff bereits Philipp ZfgWBay 1989, 74; GGW, Materialien 24, 21; Peters S. 353). Entsprechend ist beim generellen Vergleichsverfahren von folgender **Rangfolge** der Verfahren auszugehen: **vergleichbare Räume – Nutzungseinheit – Gebäude.**

Auch hier müssen dem Wortlaut der HeizkV entsprechend Werte aus **mehre-** 42 **ren Räumen als Vergleichsmaßstab** ermittelt werden; es genügt also nicht, wenn lediglich ein Wert aus dem Vergleichsraum erfasst wird. Die Werte müssen aus dem Abrechnungszeitraum stammen, in dem der Erfassungsmangel aufgetreten ist. Unzulässig ist es daher, Vergleichswerte aus Räumen anderer Nutzer während vorangegangener Abrechnungsperioden heranzuziehen. Schließlich dürfen nur Werte solcher **Räume** verwendet werden, die dem Raum, in dem die Erfassung nicht durchgeführt werden kann, **vergleichbar** sind. Als Vergleichsräume kommen aber nur Räume im selben Gebäude in Betracht (aA BGH WuM 2022, 34 Rn. 22 ff. [mzustAnm Börstinghaus, jurisPR-BGHZivilR 1/2022 Anm. 3; krit. hingegen Eisenschmid, MietPrax-AK, § 9a HeizkV Nr. 3 Anm.] unter Verwendung einer formalen Auslegungsmethode; dass Räume im selben Gebäude verglichen werden sollen, ergibt sich bei systematischer Auslegung aus den anderen **Vergleichskriterien „Gebäude" oder „Nutzergruppe";** der BGH übersieht, dass es sich bei der Verbrauchsberechnung um eine Verhältnisrechnung handelt, die auf denselben Verhältnissen beruhen muss; außerdem sind Gesetze für alle gleichmäßig anzuwenden; die Ansicht des BGH

253

HeizkV § 9a   Kostenverteilung in Sonderfällen

bevorzugt aber Großvermieter gegenüber den überwiegenden Kleinvermietern), nicht solche in anderen Gebäuden, da deren Bausubstanz, die ebenfalls den Wärmeverbrauch beeinflusst, nicht bekannt ist. Das Kriterium „vergleichbar" ist dabei eng auszulegen, um einen möglichst nutzernahen **Verbrauchswert** zu erhalten (OLG Düsseldorf ZMR 2000, 475). Ein solcher Wert würde sich nicht ergeben, wenn nur auf allgemeine Merkmale, wie Wohnen oder Arbeiten, abgestellt würde; die weite Auslegung verstößt damit gegen den Sinn der HeizkV (aA GGW, Materialien 24, 21).

43   **2. Vergleichskriterien.** Vergleichskriterien für den Wärmeverbrauch sind Fläche und Rauminhalt, Lage im Gebäude hinsichtlich Stockwerk und Himmelsrichtung, das Vorhandensein von Innen- oder Außenwänden, Zahl und Größe der Fenster, Sozialstruktur der Nutzer (berufstätige Einzelperson, Mehrpersonenhaushalt, Rentnerhaushalt, hier wiederum unterschieden nach ihrem Nutzerverhalten, wie ständige Anwesenheit in den Räumen oder sog. **Überwintern** im Süden), die Art der Nutzung (gewerblich oder privat) und schließlich die Zahl der installierten Heizkörper. Diese **Merkmale** sind **kumulativ** zu prüfen. Es reicht also nicht aus, wenn die Vergleichbarkeit lediglich hinsichtlich eines der aufgezählten Punkte vorliegt. Denn jedes dieser Merkmale kann den individuellen Wärmeverbrauch in dem Raum beeinflussen.

44   Für die Vergleichbarkeit beim **Warmwasserverbrauch** kommt es vor allem auf die **Nutzerstruktur** an: Ein- oder Mehr-Personen-Haushalt, mit oder ohne Kinder, Kinder im Säuglingsalter, Berufstätige oder Rentner; schließlich Zahl der Warmwasserzapfstellen, Nutzung des Warmwasseranschlusses auch für Spül- und Waschmaschine. Erst die **Gesamtheit dieser Kriterien** lässt einen Vergleich beim Warmwasserverbrauch zu, der noch mehr als die Wärmenutzung vom individuellen Verhalten jeder Person abhängig ist. Beim Warmwasser ist daher nicht primär auf die vergleichbaren Räume, sondern auf die vergleichbare Nutzerstruktur abzustellen. Eine Pauschalierung des Vergleichs in einer Vereinbarung dergestalt, dass stets der höchste Verbrauchswert vergleichbarer Räume zugrunde zu legen ist, widerspricht dem Grundsatz der nutzernahen Verbrauchsermittlung.

45   **3. Anwendungsgrenzen.** Das generelle Ersatzverfahren stößt aber an seine Grenzen, wenn Gebäudeteile einer Abrechnungsliegenschaft vom Erfassungsmangel betroffen werden. Die **Vorerfassung** (dazu → HeizkV § 5 Rn. 100–106, → HeizkV § 6 Rn. 79–83), bei der ein Erfassungsmangel für Gebäudeteile relevant werden kann, soll gerade für den unterschiedlichen Energieverbrauch unterschiedlicher Nutzereinheiten eine sachgerechte verbrauchsabhängige Kostenverteilung ermöglichen. Sie beruht auf der Nichtvergleichbarkeit der verschiedenen Nutzereinheiten. Fällt nun die Vorerfassung für die gesamte Gebäudeeinheit aus, ist auf Grund der **systembedingten Unvergleichbarkeit** mit den anderen Einheiten die Durchführung des generellen Ersatzverfahrens nicht möglich (aA HKA 1989, 6, Sp. 2 unten). Sind die Einzelwerte der verschiedenen Gebäudeeinheiten ordnungsgemäß erfasst worden, so ist unter Zugrundelegung dieser Werte einheitlich abzurechnen. Handelt es sich um einen Fall, in dem die Vorerfassung zwingend vorgeschrieben ist (→ HeizkV § 5 Rn. 101), sind die errechneten Kosten gemäß § 12 Abs. 1 um 15 % zu kürzen.

46   Dagegen wird jetzt die Möglichkeit geboten, auf den **Durchschnittsverbrauch** der **Nutzereinheit** zurückzugreifen, in der Erfassungsmangel für einzelne Objekte aufgetreten ist. Denn die Bildung der Nutzereinheit mit entspre-

chender Vorerfassung geht davon aus, dass die Nutzung der Räume vergleichbar ist.

Als letztes Mittel der Verbrauchsermittlung kann der **Durchschnittsver-** 47
brauch des **Gebäudes** zugrunde gelegt werden. Dieses Verfahren entfernt sich am weitesten vom Zweck der nutzernahen Heizkostenerfassung. Es sollte nur dann angewendet werden, wenn die Nutzerstruktur weitgehend homogen ist.

IV. Kostenneutralität

Für die Durchführung der Ersatzverfahren nach § 9a sind nach der HeizkV 48
keine gesonderten Kosten in die Kostenverteilung nach den §§ 7 und 8 einzusetzen; die hierfür anfallenden Kosten gehen in den allgemeinen Kosten der Verbrauchserfassung einschließlich der Berechnung und Verteilung auf (Pfeifer Taschenbuch 1986, S. 44). Ob die Wärmedienstunternehmen dem Gebäudeeigentümer für die Durchführung der Ersatzermittlung eine gesonderte Gebühr in Rechnung stellen dürfen, muss sich aus den jeweiligen vertraglichen Bestimmungen ergeben. Der Gebäudeeigentümer ist aber wegen der abschließenden Aufzählung der verteilbaren Kosten in der HeizkV gehindert, diese mögliche Gebühr als Bestandteil in die Kostenverteilung einzustellen. Zur Frage eines möglichen **Schadensersatzanspruchs** → Rn. 55.

Die im Wege des Ersatzverfahrens ermittelten Werte stehen für die Kostenver- 49
teilung den durch Geräte erfassten Werten gleich; sie sind also (zunächst) mit den ordnungsgemäß erfassten Werten in die Kostenverteilung einzusetzen. Für diese Verteilung gelten sie als erfasste Werte. Das will der sprachlich missglückte Satz 2 des Abs. 1 ausdrücken, wenn er die auf Grund der Ersatzverfahren ermittelten Werte an die Stelle der erfassten Werte setzt, was allerdings sachlich falsch ist, da es für den einzelnen Raum/die einzelne Nutzereinheit zB wegen Geräteausfalls gerade keine erfassten Werte gibt. Die Angabe der nach § 9a ermittelten Werte allein reicht aber für eine **ordnungsgemäße Heizkostenabrechnung** nicht aus. Vielmehr ist in ihr darauf hinzuweisen, dass eine Schätzung vorgenommen worden ist, welches Schätzverfahren durchgeführt worden ist und welche Schätzwerte sich daraus im einzelnen ergeben haben (AG Berlin-Charlottenburg GE 2011, 756). **Anders** jetzt ausdrücklich **BGH** (NZM 2015, 129), der ohne fundierte Begründung die Angabe der Werte für ausreichend hält. Damit setzt der BGH sein Bestreben fort, die formelle Unwirksamkeit einer Abrechnung (und den daran anknüpfenden Eintritt der Ausschlussfrist nach § 556 Abs. 3 S. 3 BGB) zurückzudrängen (dem zust. Schmid NZM 2014, 850; krit. hingegen Lammel WuM 2014, 387), wodurch letztlich die gesetzliche Regelung in § 556 Abs. 3 S. 3 BGB obsolet wird.

D. Geltung des Kürzungsrechts nach § 12 Abs. 1

I. Grundsatz

Die sachlich dem § 9a Abs. 1 S. 2 zugrundeliegende Fiktion, dass die nach S. 1 50
ermittelten Werte den erfassten Werten gleich stehen, ändert materiell nichts daran, dass eine der Systematik der HeizkV **zuwiderlaufende Abrechnung** erstellt werden muss. Denn es werden Zahlenwerte in sie eingestellt, **die nicht** nach den Kriterien der §§ 4, 5 und 6 **ermittelt** worden sind. Das Ersatzverfahren soll lediglich die verbrauchsabhängige Kostenverteilung zugunsten der Nutzer

ermöglichen, bei denen die Werte ordnungsgemäß erfasst worden sind. Diese Nutzer sollen keine Nachteile deshalb erleiden, weil in einer Nutzereinheit die Erfassung nicht möglich war (HKA 1989, 6, Sp. 2/3). Aus dem Ersatzverfahren soll sich aber kein Vorteil für denjenigen Beteiligten ergeben, auf dessen schuldhaftem Verhalten die nicht ordnungsgemäße Erfassung beruht.

51 Da das Verfahren nach der HeizkV auf einer Verhältnisberechnung beruht, werden durch die nicht ordnungsgemäße Erfassung bei einer Nutzereinheit sämtliche anderen Nutzer mit betroffen. Deshalb ist auf eine derartige Kostenverteilung das Kürzungsrecht des § 12 Abs. 1 anwendbar (AG Köln WuM 1997, 273; wohl auch LG Meiningen WuM 2003, 453; **aA** wohl **hM** Müller GE 1989, 217; Freywald Rn. 35; Peruzzo, S. 97; Gruber NZM 2000, 847; OLG Düsseldorf WuM 2003, 387; so auch **BGH** WuM 2005, 776; im Widerspruch dazu steht die Entscheidung BGH WuM 2007, 700, in der das Kürzungsrecht bei Verteilung nach einem Flächenmaßstab zugelassen worden ist). Denn es liegt zwar eine Verteilung nach den Vorschriften der HeizkV vor. Diese Verteilung ist aber **nicht verbrauchsabhängig** durchgeführt worden (ähnlich wohl BayObLG WE 2001, 72, das auf die grobe Unrichtigkeit der Schätzung abstellt), weil das zB wegen Geräteausfalls technisch nicht möglich war.

52 Der Anwendbarkeit des Kürzungsrechts nach § 12 Abs. 1 kann nicht entgegengehalten werden, dass nach Durchführung des **Ersatzverfahrens** nach § 9a eine **verbrauchsabhängige Verteilung** vorliege (so Pfeifer HeizkV § 9a Anm. 1d; BeckOK MietR/Pfeifer HeizkostenV § 9a Rn. 53; ähnlich Ropertz/Wüstefeld NJW 1989, 2370). Denn hierbei ist nicht formal auf die fingierte Gleichstellung mit einer ordnungsgemäßen Verteilung abzustellen, sondern auf die materielle Reichweite der Fiktion. Sie soll lediglich die technische Durchführung der „verbrauchsabhängigen" Verteilung zugunsten der ordnungsgemäß erfassten Nutzer ermöglichen, nicht aber die materielle Verantwortlichkeit für die mangelhafte Erfassung aufheben (Ropertz/Wüstefeld NJW 1989, 2370, die aber das Vorliegen einer verbrauchsabhängigen Heizkostenabrechnung davon abhängig machen, dass der Mangel nicht vom Gebäudeeigentümer zu vertreten ist). Jede andere Auffassung würde dazu führen, dass die schuldhafte Verursachung eines Erfassungsmangels sanktionslos bliebe, und damit der Anreiz für die Beseitigung des Mangels entfiele. Das Kürzungsrecht nach § 12 Abs. 1 wird mithin durch das Ersatzverfahren nach § 9a nicht ausgeschlossen (so bei einer **Verbrauchsschätzung** unter Geltung der HeizkV 1984 AG Köln WuM 1987, 397; AG Neuss DWW 1987, 132; AG Freiburg WuM 1987, 231; aA LG Köln WuM 1985, 294; 1987, 128; 1989, 87). Im Übrigen unterliegt die Verneinung eines Kürzungsrechts bei § 9a einer Inkonsequenz insoweit, als bei § 9 das Kürzungsrecht trotz Verbrauchserfassung des Warmwassers bejaht wird, das Kürzungsrecht bei § 9a trotz **verbrauchsunabhängiger Erfassung** abgelehnt wird.

II. Anspruchsberechtigte

53 Das **Kürzungsrecht** können zunächst **alle Nutzer** geltend machen, die von dem Erfassungsmangel nicht betroffen sind. Ferner kann auch der Nutzer, dessen Verbrauch bei Vorliegen der Voraussetzungen des § 9a nicht korrekt erfasst werden kann, das Kürzungsrecht in Anspruch nehmen, wenn er den **Erfassungsmangel** nicht zu vertreten hat. Das kann zB der Fall sein, wenn (bei Ermittlung nach § 9a wegen Abwesenheit des Nutzers an den Ableseterminen) das Verfahren für die Durchführung der Ablesung (dazu → HeizkV § 6 Rn. 9–15) nicht ordnungsge-

mäß beachtet worden ist. Das Verschulden muss dem Nutzer nachgewiesen werden. Umgekehrt wird sich der Nutzer entsprechend dem Gedanken des § 280 Abs. 1 S. 2 BGB entlasten müssen, wenn zB bei einem Verdunstungsgerät die Ampulle zerstört oder der Mangel durch sonstige Manipulationen herbeigeführt worden ist. Technische Mängel der Erfassungsgeräte fallen aber generell in den Verantwortungsbereich des Gebäudeeigentümers. Ebenso trifft ihn wieder die Beweislast für **mangelndes Verschulden,** wenn dem Nutzer der Entlastungsbeweis gelungen ist.

Ist der Gebäudeeigentümer letztlich verantwortlich für den Mangel, muss er 54 im Verhältnis zu den Nutzern den durch die Kürzung nach § 12 Abs. 1 entstehenden Kostenausfall tragen. Es bleibt ihm aber unbenommen, das von ihm beauftragte Serviceunternehmen wegen **Schlechterfüllung** des Ablesevertrages (zB unterlassener jährlicher Austausch der Ampullen oder Ersatz der Batterien) oder des zusätzlichen Wartungsvertrages auf Schadensersatz in Anspruch zu nehmen.

Hat hingegen der Nutzer den Erfassungsmangel verschuldet, trifft ihn neben 55 der Versagung eines Kürzungsrechts auch ein Schadensersatzanspruch des Gebäudeeigentümers nach den **Grundsätzen der positiven Vertragsverletzung** wegen **Verletzung einer vertraglichen Nebenpflicht** (Gruber NZM 2000, 847; die Bejahung des Schadensersatzanspruchs bei Verneinung des Kürzungsrechts nach § 12 ist hier aber in sich widersprüchlich; denn wenn eine HeizkV-gemäße Abrechnung vorliegt, kann kein Schaden entstanden sein). In diesem Fall kann der Gebäudeeigentümer die von den anderen Nutzern geltend gemachte Kürzung von dem jeweilige schuldhaft handelnden Nutzer zurückverlangen. Bei verschuldeter Verursachung des Mangels sowohl durch den Gebäudeeigentümer als auch durch den Nutzer (der Nutzer hat zB den Totalausfall eines elektronischen Erfassungsgerätes nicht gemeldet), ist der Schaden entsprechend § 254 BGB auf beide Beteiligte zu verteilen.

E. Ausschluss des Ersatzverfahrens

I. Absoluter Grenzwert

Das Ersatzverfahren nach § 9a Abs. 1 betrifft die Gesamtheit der Nutzer eines 56 Gebäudes, weil der jeweilige Kostenanteil eines Nutzers sich aus dem **Verhältnis seines Verbrauchs** zum Gesamtverbrauch ergibt. Durch zu weitgehende „Schätzungen" des Verbrauchs verschiebt sich dieses Verhältnis zu Lasten derjenigen Nutzer, bei denen die Verbrauchswerte ordnungsgemäß erfasst worden sind. Deshalb schreibt Abs. 2 eine Grenze vor, bis zu der das Ersatzverfahren aus „Praktikabilitäts- und Wirtschaftlichkeitsgründen noch als vertretbar angesehen werden kann" (so BR-Drs. 494/88, 28).

Der Verordnungsgeber hat sich für eine **starre Grenze** entschieden, die nach 57 dem vom Gebäudeeigentümer gewählten **verbrauchsunabhängigen Schlüssel** berechnet wird. Hat sich der Gebäudeeigentümer nach § 7 Abs. 1 für die Verteilung nach der Wohn- oder Nutzfläche oder dem umbauten Raum entschieden, so ist diese Wahl auch für die Grenzziehung nach Abs. 2 bindend. Das gilt auch, wenn er sich für die Maße der beheizten (= beheizbaren) Räume entschieden hat, obwohl die HeizkV auf diesen ebenfalls in § 7 Abs. 1 genannten Maßstab in § 9a Abs. 2 nicht ausdrücklich Bezug nimmt. Die unterlassene Verweisung ist aber zu vernachlässigen, da es bei dem Grenzwert nach Abs. 2 auf den Gleichklang der Maßstäbe ankommt und nicht auf ihren materiellen Inhalt.

58 Überschreitet die vom Erfassungsmangel betroffene Fläche 25 % der Gesamtfläche der Abrechnungseinheit, jeweils gemessen nach dem gewählten verbrauchsunabhängigen Maßstab, ist die **Durchführung des Ersatzverfahrens** nach Abs. 1 **unzulässig.** Die Unzulässigkeit betrifft aber nicht nur die vom Erfassungsmangel betroffenen Nutzereinheiten, sondern das gesamte Objekt; es darf bei Überschreiten der absoluten Grenze insgesamt nicht mehr verbrauchsabhängig abgerechnet werden. Vielmehr sind in diesem Fall die gesamten Kosten für die gesamte Abrechnungseinheit nach den Maßstäben zu verteilen, die der Gebäudeeigentümer als verbrauchsunabhängig gemäß den §§ 7 Abs. 1 und 8 Abs. 1 gewählt hat. Er darf also nicht bei der nunmehr erforderlichen Gesamtabrechnung nach dem verbrauchsunabhängigen Schlüssel einen anderen Maßstab wählen als er von vornherein für die ordnungsgemäße Kostenverteilung vorgegeben hat (anders wohl KG WuM 1994, 400 (402) bei Nichtberücksichtigung der nach der HeizkV zulässigen Maßstäbe).

II. Staffelung der Grenzwerte

59 Der Verordnungsgeber stützt sich für die Grenze von 25 % nur vermeintlich auf Erfahrungen der Abrechnungsunternehmen (BR-Drs. 494/88, 28, 29; Ropertz/Wüsteseld NJW 1989, 2369). Diese legten vielmehr ihren **Schätzungen** bisher einen nach der Gesamtgröße des abzurechnenden Objektes gestaffelten Grenzwert zugrunde. Bei Abrechnungseinheiten bis 500 m^2 sollte die Grenze bei 25 % liegen; bei Flächen über 500 m^2 bis 2.000 m^2 war der Grenzwert für den **Schätzanteil** 20 %; für Flächen über 2.000 m^2 bis 5.000 m^2 sank er auf 15 %, für die über 5.000 m^2 großen Flächen auf 10 % (HKA 1986, Nr. 8, Richtlinien zur Durchführung der verbrauchsabhängigen Heizkostenabrechnung, S. 6; in den Neufassungen der Richtlinien 1989 und 2002, HKA 1989, Nr. 12, 2003 Nr. 1/2; ist diese Staffelung nicht mehr enthalten; in den Vorüberlegungen zur Novelle (Arbeitsentwurf § 11b Abs. 1 S. 3) war diese Staffelung noch enthalten). Diese Staffelung erscheint auch sinnvoll, da mit steigender Größe der Gesamtfläche die starre 25 %-Grenze ebenfalls zu einer Vergrößerung der noch mit dem Ersatzverfahren bewertbaren Fläche führt, obwohl deren absolute Größe mit der zu vermutenden Vielzahl von **Erfassungsausfällen** für die sich gleichfalls steigernde Ungenauigkeit der Gesamtabrechnung spricht.

60 Vermutlich beruht die starre Grenze von 25 % auf einem Missverständnis der Richtlinien. Denn sie sahen in ihrer Fassung von 1986 eine Abrechnung nach festem Maßstab vor, wenn innerhalb einer **einzelnen Nutzereinheit** die vom Erfassungsmangel betroffenen Räume mehr als 25 % der beheizten Nutzfläche ausmachen. Diese 25 % beziehen sich aber auf die Nutzereinheit (so auch wieder die Richtlinien 2002) und nicht auf die Gesamtfläche der Abrechnungseinheit, was der Verordnungsgeber wohl verwechselt hat. Die in der Arbeitsgemeinschaft Heizkostenverteilung eV zusammengeschlossenen Abrechnungsunternehmen hatten daher verlautbaren lassen, dass sie sich weiterhin bei der Begrenzung der „**Schätzung**" durch das Ersatzverfahren an die **Staffelung der Grenzwerte** halten wollen (HKA 1989, 6 (7)). Das beinhaltete angesichts des klaren Wortlauts des Abs. 2, der wegen der ausdrücklichen Nennung der 25 % nicht auslegungsfähig ist, einen Gesetzesverstoß. Er führte dazu, dass die nach der Staffelung erstellte Heizkostenverteilung nicht ordnungsgemäß ist, da viel früher (unter Verwendung

E. Ausschluss des Ersatzverfahrens § 9a HeizkV

der Staffelwerte) bzw. später (bei Zugrundelegung eines 50 %-Maßstabes) ein verbrauchsunabhängiger Maßstab zugrunde gelegt wird als dies nach Abs. 2 zulässig wäre. Den sich aus diesem Fehler möglicherweise ergebenden Schaden, falls eine Neuberechnung nicht möglich sein sollte, haben die Wärmemessunternehmen dem Gebäudeeigentümer zu ersetzen, da sie sich bei ihrer Tätigkeit an die gesetzlichen Vorgaben zu halten haben.

III. Trennung zwischen Wärme/Warmwasser

Abs. 2 differenziert nicht danach, in welcher Versorgungssparte der Erfassungsmangel aufgetreten ist. Es kann durchaus vorkommen, dass die Erfassung der **verbrauchten Wärme** ordnungsgemäß erfolgen kann, während das Erfassungsgerät für den Warmwasserverbrauch ausgefallen ist, oder umgekehrt. Beide Kostenarten werden unabhängig voneinander ermittelt und verteilt, wovon die HeizkV angesichts der getrennten Behandlung von Wärme und Warmwasser in den §§ 7 und 8 selbst ausgeht. Die Erfassung bzw. Nichterfassung der Werte der einen Nutzungsart hat keinen Einfluss auf die Verteilung der Kosten der anderen Nutzungsart, da die Trennung der aufgewendeten Energie unabhängig von den jeweils erfassten Anteilen erfolgt. Eine Ausnahme hiervon bildet nur bei **verbundenen Anlagen** die Einzelerfassung des verbrauchten Volumens an Warmwasser, der keine Voraberfassung des Gesamtwarmwasserverbrauchs für das Gesamtgebäude vorausgeht. Abgesehen von dieser Ausnahme sind für die anderen Fälle die Grenzüberschreitungen getrennt für die Abrechnung von Wärme und Warmwasser zu berechnen (Otto ZMR 1989, 405). 61

IV. Kürzungsrecht nach § 12 Abs. 1

Schließlich gilt auch für die nach Abs. 2 erstellte Kostenverteilung das Kürzungsrecht nach § 12 Abs. 1. Denn die auf diese Weise erstellte Abrechnung kann nicht einmal mehr auf dem Wege der Fiktion als eine verbrauchsabhängige Verteilung bezeichnet werden; sie ist ausdrücklich eine **verbrauchsunabhängige.** Zwar ordnet Abs. 2 diese Abrechnungsform ausdrücklich an, so dass die danach erstellte Abrechnung nicht als der HeizkV widersprechend bezeichnet werden kann. Jedoch bezieht sich diese Anordnung lediglich auf das Verteilungsverfahren. Sie enthebt den Gebäudeeigentümer nicht der materiellen Pflicht zur verbrauchsabhängigen Abrechnung (Ropertz/Wüsteleld NJW 1989, 2370). Hat er die Unmöglichkeit der ordnungsgemäßen Erfassung verschuldet, muss er die Kürzungen seiner Nutzer hinnehmen. Haben ein oder mehrere Nutzer die über die Grenze von 25 % hinausgehenden Erfassungsmängel insgesamt verschuldet, verbleibt den übrigen Nutzern das Kürzungsrecht. Der Gebäudeeigentümer kann diesen Ausfall bei den (gegebenenfalls gesamtschuldnerisch haftenden) schuldhaft handelnden Nutzern im Wege des **Schadensersatzes** geltend machen. Der interne Ausgleich unter gesamtschuldnerisch haftenden Nutzern ist nach ihrem flächenmäßigen Anteil an der insgesamt nicht ordnungsgemäß erfassbaren Fläche zu berechnen. 62

Letztlich wäre zu bedenken, ob § 9a Abs. 2 nicht im Wege einer Gesetzesanalogie auf die Fälle erweitert wird, in denen eine verbrauchsabhängige Erfassung an technisch bedingte Grenzen stößt. Insbesondere bei den Rohrwärmefällen mit ungedämmten im Estrich liegenden Rohren wäre danach bei einer Erfassungsrate unter 25% auf einen verbrauchsunabhängigen Maßstab zurückzugreifen (ähnlich z.B. AG Schwäbisch Gmünd, Urteil vom 31. Oktober 2019 – 5 C 446/18 –, 63 juris = MietRB 2020, 36; ablehnend BGH WuM 2020, 235). Durch diese Rechtsanalogie kann auch das VDI 2077-Verfahren ersetzt werden, da beides zu einem verbrauchsunabhängigen Schlüssel führt.

§ 9b Kostenaufteilung bei Nutzerwechsel

(1) **Bei Nutzerwechsel innerhalb eines Abrechnungszeitraumes hat der Gebäudeeigentümer eine Ablesung der Ausstattung zur Verbrauchserfassung der vom Wechsel betroffenen Räume (Zwischenablesung) vorzunehmen.**

(2) **Die nach dem erfassten Verbrauch zu verteilenden Kosten sind auf der Grundlage der Zwischenablesung, die übrigen Kosten des Wärmeverbrauchs auf der Grundlage der sich aus anerkannten Regeln der Technik ergebenden Gradtagszahlen oder zeitanteilig und die übrigen Kosten des Warmwasserverbrauchs zeitanteilig auf Vor- und Nachnutzer aufzuteilen.**

(3) **Ist eine Zwischenablesung nicht möglich oder lässt sie wegen des Zeitpunktes des Nutzerwechsels aus technischen Gründen keine hinreichend genaue Ermittlung der Verbrauchsanteile zu, sind die gesamten Kosten nach den nach Absatz 2 für die übrigen Kosten geltenden Maßstäben aufzuteilen.**

(4) **Von den Absätzen 1 bis 3 abweichende rechtsgeschäftliche Bestimmungen bleiben unberührt.**

Übersicht

	Rn.
A. Zweck der Regelung	1
B. Zwischenablesung	4
I. Gegenstand	4
II. Zeitpunkt	7
III. Durchführung	9
IV. Kosten	11
C. Verteilung der Kosten	16
I. Verbrauchsabhängig	17
II. Verbrauchsunabhängig	19
1. Gradtagzahlen	20
2. Zeitanteile	25
3. Warmwasser	29
D. Ersatzverfahren	31
I. Unmögliche Zwischenablesung	31
II. Technische Gründe für ungenaue Wert-Ermittlung	34
III. Berechnung der Anteile	40
1. Abgrenzung § 9a und § 9b	40
2. Zulässige Maßstäbe	41
E. Abweichende rechtsgeschäftliche Bestimmungen	45
I. Zweck der Ausnahme	45
II. Form	47
1. Individualvereinbarungen	47
2. Allgemeine Geschäftsbedingungen	50
III. Inhalt	52
F. Folgen unterlassener Zwischenablesung	60

B. Zwischenablesung

§ 9b HeizkV

A. Zweck der Regelung

Zu den bislang umstrittensten Fragen der Heizkostenverteilung gehörte die 1
Abrechnung der Kosten bei einem Nutzerwechsel während des Laufs der
Abrechnungsperiode. Unter buchstabengetreuer Haftung am Wortlaut der
HeizkV (Verteilung auf der Grundlage der Verbrauchserfassung) wurde überwiegend die **Durchführung einer Zwischenablesung** verlangt (AG Bremerhaven
WuM 1985, 120; LG Berlin GE 1986, 281; 1989, 153; AG Brake NJW-RR
1988, 1484; LG Hamburg NJW-RR 1988, 907; LG Köln WuM 1987, 257; AG
Hagen WuM 1987, 396; AG Hamburg-Wandsbek HamburgerGE 1986, 239;
AG Köln WuM 1989, 87; LG München I WuM 1988, 132; AG St. Goar HKA
1989, 2). Es kann dahingestellt bleiben, ob diese Auffassung nach der alten
Fassung der HeizkV zwingend war und nicht auf einem Missverständnis der
Aufteilung nach der Gradtagszahl-Tabelle beruhte (so die Anmerkung zu AG
St. Goar in HKA 1989, 3; für eine Zulässigkeit der Verwendung der Gradtagszahl-Tabelle auch AG Berlin-Schöneberg GE 1988, 635; LG Mannheim WuM
1988, 406; AG Neuss DWW 1987, 298; AG Berlin-Neukölln GE 1989, 155;
AG Wuppertal DWW 1986, 20).

Denn bei der Kostenberechnung im Falle eines Nutzerwechsels ging es im 2
wesentlichen **nicht** um eine **Verbrauchserfassung** für die Nutzereinheit
(Peruzzo Heizkostenabrechnung Rn. 258). Eine solche war im Regelfall erfolgt,
allerdings im Zusammenhang mit der Erfassung der gesamten Abrechnungseinheit
am Ende des Berechnungszeitraumes (von Brunn BBauBl 1989, 64). Problematisch war zum einen die Aufteilung der erfassten Verbrauchseinheiten auf mehrere
nacheinander folgende Nutzer derselben Nutzereinheit, zum anderen die Berechnung des verbrauchsunabhängigen Anteils an der Kostenverteilung.

Die HeizkV 1989 hat derartige Zweifelsfragen mit dem neuen § 9b beseitigt 3
(grundsätzliche Kritik an der Neuregelung übt Rudolph ZMR 1992, 371; MDR
1995, 227). Dabei wurde am bisherigen **Konzept der verbrauchsabhängigen
Verteilung** nichts geändert, so dass in der Tendenz die Ergebnisse der überwiegenden Meinung in der Rechtsprechung Eingang in die HeizkV gefunden haben
(BR-Drs. 494/88, 29). Vorrang vor allen anderen Möglichkeiten hat daher die
verbrauchsabhängige Verteilung der Kosten für Heizung und Warmwasser. Zu
diesem Zweck verbleibt es bei der Notwendigkeit einer Zwischenablesung. Neu
geregelt wurden nur die Verteilungskriterien für die verbrauchsunabhängigen
Anteile sowie für die Fälle, in denen eine Erfassung nicht hat erfolgen können.

B. Zwischenablesung

I. Gegenstand

Nach Abs. 1 muss **zwingend** eine **Zwischenablesung** der Erfassungsgeräte 4
(sowohl für den Verbrauch von Wärme als auch von Warmwasser) durchgeführt
werden, es sei denn, es liegt ein Ausnahmefall des Abs. 3 (dazu → Rn. 31–44)
oder eine abweichende rechtsgeschäftliche Vereinbarung nach Abs. 4 (dazu
→ Rn. 45–59) vor. Die Zwischenablesung braucht aber nur die Räume zu erfassen, die von dem Nutzerwechsel betroffen werden (Otto ZMR 1989, 405). Es
ist daher nicht erforderlich, eine Zwischenablesung für die gesamte Abrechnungseinheit durchzuführen. Denn die HeizkV spricht ausdrücklich nur von einer

HeizkV § 9b Kostenaufteilung bei Nutzerwechsel

Zwischenablesung und nicht von einer Zwischenabrechnung (so bereits nach der HeizkV aF LG Hamburg NJW-RR 1988, 907). Es ist also **keine Zwischenabrechnung** für die gesamte Abrechnungseinheit zum Zeitpunkt des Nutzerwechsels zu erstellen (Blümmel/Becker S. 67; Horst GE 1997, 341; AG Neuss WuM 1991, 547; AG Oberhausen DWW 1994, 24). Vielmehr genügt eine auf der **Basis der Endablesungen** erstellte **Endabrechnung.**

5 Die **Zwischenablesung** hat nur den **Zweck,** den für die vom Wechsel betroffene **Nutzereinheit** erfassten **Gesamtverbrauch** verbrauchsabhängig auf Vornutzer und Nachnutzer **zu verteilen.** Das hat erhebliche Konsequenzen für die Kosten, die in die Endabrechnung einbezogen werden dürfen. Denn verteilungsfähig sind sämtliche Heiz- und Warmwasserkosten im Sinne der §§ 7 und 8, sofern sie dem konkreten Abrechnungszeitraum zugeordnet werden können.

6 Die **Zwischenablesung** hat **nicht** zur Folge, dass auf den **Vornutzer** nur die bis zu seinem Wechsel angefallenen **Kosten verteilt** werden können (Böttcher/Memmert, S. 83). Denn es ist **keine Kostenaufteilung,** sondern eine **Verbrauchsaufteilung** vorzunehmen. Und bei den einzelnen Verbrauchskosten kann nicht stets von dem Datum der ihnen zugrundeliegenden Rechnungsstellung auf den tatsächlichen Anfall zurückgeschlossen werden. Ferner dienen auch später anfallende Kostenarten der Verwirklichung des vorangegangenen Verbrauchs oder sind durch ihn verursacht worden (zB Wartungsarbeiten, Schornsteinfeger), so dass die Trennung der verteilungsfähigen Kosten nach dem Zeitpunkt des Nutzerwechsels nicht sachgerecht ist.

II. Zeitpunkt

7 Die Zwischenablesung hat **zum Zeitpunkt der tatsächlichen Beendigung** der Nutzung der Räume zu erfolgen. Denn ab diesem Termin verbraucht der weichende Nutzer keine Wärme und kein Warmwasser mehr. Der Zeitpunkt der Rückgabe der genutzten Räume ist für das Mietrecht durch die endgültige Besitzaufgabe konkretisiert worden. Dazu gehört nicht nur die Rückgabe sämtlicher Schlüssel, seien sie vom Vermieter überlassen oder vom Mieter selbst angefertigt worden, um dadurch die Zugriffsmöglichkeit auf die Mieträume zu beenden (OLG Köln ZMR 2006, 859; Schmidt-Futterer/Streyl BGB § 546 Rn. 33, 34). Erforderlich ist zusätzlich die vollständige Räumung der vom Mieter eingebrachten Sachen aus dem Mietobjekt. Solange der Mieter noch Gegenstände in den Mieträumen belässt, die nach Art und Umfang eine **Weitervermietung** verhindern, kann nicht von einer endgültigen Rückgabe der Mietsache gesprochen werden (BGH NJW 1988, 2665; Lammel AnwK WohnraummietR BGB § 546 Rn. 16–18, 23; Schmidt-Futterer/Streyl BGB § 546 Rn. 21).

8 Da aber die verbrauchsabhängige Verteilung auf der Erfassung des Verbrauchs des jeweiligen Nutzers beruht, ist auf die Beendigung des Gebrauchs der erfassten Räume abzustellen und im Regelfall **nicht** auf die **rechtliche Beendigung** des Mietverhältnisses (aA Sternel ZfgWBay 1986, 512 unter missverständlicher Bezugnahme auf LG Hamburg ZMR 1986, 15, wo es um die Brennstoffverbrauchserfassung bei Mieterwechsel und nicht um die Wärmeverbrauchserfassung ging; LG Berlin GE 1986, 281). Denn beide Zeitpunkte können gerade bei Mietverhältnissen über Wohnraum ganz erheblich auseinanderfallen. Die berechtigte Kündigung führt zwar zur rechtlichen Beendigung des Mietverhältnisses, hat aber nicht notwendigerweise stets die tatsächliche Beendigung der Nutzung zur Folge. Es würde aber den Nachnutzer, der vertraglich zur Nutzung

B. Zwischenablesung **§ 9b HeizkV**

berechtigt, aber tatsächlich mangels Räumung durch den Vornutzer dazu nicht in der Lage ist, erheblich benachteiligen, wenn sich die Verteilung der Verbrauchseinheiten nach den rechtlichen und nicht nach den tatsächlichen Gegebenheiten richten würde. Auf die **rechtliche Beendigung** des Nutzungsverhältnisses ist hingegen in dem Fall abzustellen, in dem der Nutzer vor Ablauf der Nutzungszeit vorzeitig die Räume verlässt (OLG Düsseldorf ZMR 2002, 46); denn er bleibt vertraglich Verpflichteter und nimmt als solcher weiterhin zB Wärme in Anspruch (Frostschutz), wenn er während des Laufs der Heizperiode auszieht.

III. Durchführung

Die Zwischenablesung muss **nicht** unbedingt immer durch den **Wärmemess-** 9 **dienst** erfolgen (AG Hagen WuM 1987, 396). Je nach Art der verwendeten Erfassungsgeräte kann auch eine Ablesung durch Laien in Betracht kommen, wie zB bei elektronischen Heizkostenverteilern, Wärmemengenzählern sowie Warmwasserzählern, die eine numerische Anzeige aufweisen. Bei den Heizkostenverteilern nach dem **Verdunstungsprinzip** ist das aber zweifelhaft, da die Ablesung der Striche (dazu → HeizkV § 5 Rn. 23) eine gewisse Erfahrung voraussetzt; andererseits ist die Ablesung nicht unmöglich (so aber AG Berlin-Köpenick GE 2009, 199). Außerdem bedarf der abgelesene Strichwert bei der Einheitsskala einer Anpassung an den Heizwert des jeweiligen Heizkörpers (dazu → HeizkV § 5 Rn. 21).

Die Feststellung der **verbrauchten Striche** beim **Verdunstungsgerät** wird 10 nur dann unanfechtbar erfolgen können, wenn **alle** an der Aufteilung der Verbrauchskosten in der konkreten Nutzungseinheit **betroffenen Parteien** daran **beteiligt** worden sind. Gebäudeeigentümer (bzw. ihn vertretender Hausmeister oder Hausverwalter), Vornutzer und Nachnutzer sollten daher in diesem Fall die Feststellung über die verbrauchten Striche zum Zeitpunkt des Nutzerwechsels gemeinsam treffen und darüber ein von allen zu unterschreibendes **Protokoll** anfertigen (Peters S. 324/325/372). Das führt zumindest zu einer Beweislastumkehr hinsichtlich der Richtigkeit der abgelesenen Werte (dazu → HeizkV § 6 Rn. 19). Der später dem Ergebnis widersprechende Beteiligte muss den seiner Ansicht nach vom Protokoll abweichenden Verbrauch nachweisen.

IV. Kosten

Bei Verdunstungsgeräten wird es sich daher im Regelfall empfehlen, die Zwi- 11 schenablesung durch das generell beauftragte Wärmemessdienstunternehmen durchführen zu lassen. Die hierfür entstehenden Kosten können nicht pauschal dem Gebäudeeigentümer (so AG Köln WuM 1984, 230; AG Braunschweig WuM 1982, 170; AG Berlin-Schöneberg GE 1988, 635; AG Lörrach WuM 1993, 68; AG Münster ZMR 1994, 371; WuM 1996, 231; AG Augsburg WuM 1996, 98; LG Görlitz WuM 2007, 265; AG Berlin-Charlottenburg WuM 2006, 36; AG Rheine WuM 2009, 179), dem weichenden Nutzer (so Sternel ZfgWBay 1986, 512; AG Coesfeld WuM 1994, 696), dem Vor- und Nachnutzer (so Pfeifer HeizkV § 9b Anm. 5 [S. 116]; anders jetzt BeckOK MietR/Pfeifer HeizkostenV § 7 Rn. 295: ausziehender Mieter) oder allen Nutzern durch die allgemeine Heizkostenabrechnung (AG Oberhausen DWW 1994, 24; KG NJW 2002, 2798; AG Hamburg WuM 1996, 562; LG Berlin GE 1999, 1129) auferlegt werden. Der **BGH** verneint für diese Kosten die Eigenschaft als Betriebskosten und ordnet sie den **Verwaltungskosten** unter, die der Vermieter zu tragen hat mangels anderweitiger vertraglicher Regelung (WuM 2008, 85; LG Leipzig WuM 2019, 639 hat diese formale Argumentation übernommen. Dazu Bieber WuM 2008, 393; Bub/Bernhard NZM 2008, 513; Schmitt HKA 2008, 13). Begründet wird das damit, dass es sich nicht um „laufend entstehende Kosten" iSd Betriebskostendefinition des § 1 Abs. 1 S. 1 BetrKV (bzw. der insoweit gleichlautenden Vorgängerregelungen in § 556 Abs. 1 S. 2 BGB, § 27 Abs. 1 II. BV) handeln würde, sondern sie nur einmal während eines Mietverhältnisses anfallen würden (→ Rn. 17). Dieser Entscheidung begegnen mehrere **Bedenken:** Zunächst ist der Standort der Betrachtungsweise unzutreffend; es kommt nicht auf den Mieter an, in dessen Mietverhältnis die Kosten nur einmal anfallen, sondern auf die Sichtweise des Vermieters, bei dem je nach Dauer eines Mietverhältnisses manche Kosten auch nur einmal für diesen Mieter anfallen können. Des weiteren gibt es die sog. aperiodischen Kosten (dazu → HeizkV § 7 Rn. 118, 119), die aufzählungsgemäß zu den Betriebskosten gehören (so BGH NJW 2007, 1356 zu Elektrorevisionskosten; BGH WuM 2010, 33 zu Öltankreinigungskosten). Schließlich ist der Hinweis auf die Eigenschaft als **„Verwaltungskosten"** nicht hilfreich, da in § 7 Abs. 2 durchaus Kosten als umlegungsfähig aufgezählt werden, die inhaltlich zu Verwaltungskosten gehören (dazu → HeizkV § 7 Rn. 109). Der weitere Hinweis auf eine mögliche vertragliche Vereinbarung ist in sich widersprüchlich: wenn die Zwischenablesekosten nach Auffassung des BGH Verwaltungskosten sind, verstößt eine Vereinbarung gegen § 1 Abs. 2 Nr. 1 BetrKV, wonach Verwaltungskosten keine Betriebskosten sind und gegen § 556 Abs. 4 BGB, wonach eine Vereinbarung von Kosten entgegen § 556 Abs. 1 BGB zu Lasten des Mieters unwirksam ist (Bub/Bernhard NZM 2008, 514). Demgegenüber ist die Nutzerwechselgebühr als **„Betriebskostenart"** anzuerkennen (Pfeifer, jurisPR-MietR 6/2020 Anm. 2) und für die Kostentragung auf die **Verursachung des Nutzerwechsels** abzustellen. Allerdings muss jedenfalls im Wohnraummietvertrag die Tragung der Kosten durch den jeweiligen Mieter vereinbart sein (LG Berlin GE 2005, 433; auch formularmäßig AG Berlin-Schöneberg MM10/2010, 30); das gleiche gilt für den Gewerberaummietvertrag (AG Berlin-Charlottenburg GE 2013, 1345).

12 Erfolgt die **Beendigung** des Nutzungsverhältnisses auf Grund einer **fristlosen Kündigung,** so hat derjenige Vertragspartner die finanziellen Folgen der Vertragsauflösung zu tragen, der schuldhaft den Grund für die Beendigung gesetzt hat. Denn der der außerordentlichen Kündigung zugrundeliegende schwerwiegende Vertragsverstoß verursacht adäquat die Kosten, die im Zusammenhang mit der Auflösung des Nutzungsverhältnisses stehen. Dazu gehören auch die Kosten für die Zwischenablesung (Harsch WuM 1991, 521 (522)).

13 Hingegen kann bei einer **ordentlichen Kündigung** des Dauerschuldverhältnisses eine Zuordnung der Zwischenablesekosten nicht nach der Person des Kündigenden erfolgen (Harsch WuM 1991, 521 (522)). Denn einer ordentlichen Kündigung liegt im Regelfall keine Vertragsverletzung zugrunde; vielmehr wird mit ihr nur von einem sich aus dem Vertrag oder dem Gesetz ergebenden Recht Gebrauch gemacht.

14 Für sämtliche Fälle der **nicht verschuldeten Auflösung** des Nutzungsverhältnisses spielt es nach ihr vertretenen Auffassung keine Rolle, ob die Zwischenablesekosten unter das Tatbestandsmerkmal **„Kosten der Aufteilung"** des § 7 Abs. 2 subsumiert werden könnten, solange ihre **Überwälzung** auf den Nutzer **nicht vertraglich** geregelt ist (dazu → HeizkV § 7 Rn. 69–

C. Verteilung der Kosten **§ 9b HeizkV**

71; → HeizkV § 8 Rn. 14–16; → HeizkV § 2 Rn. 33–37). Liegt eine entsprechende Vereinbarung hinsichtlich der verteilungsfähigen Kosten vor, können die Zwischenablesekosten dennoch **nicht** nach § 7 Abs. 2 verteilt werden (ähnlich AG Münster WuM 1996, 405). Denn die dort aufgezählten Kosten gehen in Verfolgung des Verursacherprinzips davon aus, dass sie für die gesamte Abrechnungseinheit angefallen sind. Dieses Prinzip liegt der HeizkV insgesamt zugrunde. Denn die Einsparung von Energie soll durch die Kosten gesteuert werden; wer viel verbraucht, zahlt entsprechend viel, und diese Belastung soll ihn zur **Verbrauchsdrosselung** veranlassen (→ HeizkV § 10 Rn. 2). Sonderkosten einer einzelnen Nutzereinheit werden davon nicht erfasst. Sie sind der **betreffenden Nutzereinheit zuzuordnen** (str. → Rn. 11); denn die Gesamtheit der Nutzer wird von der Zwischenablesung nicht betroffen, ihr entstehen daraus weder Vorteile noch aus ihrer Unterlassung Nachteile (Ropertz WuM 1992, 292; aA Schmid WuM 1992, 291).

Die Kosten sind daher entsprechend der Nutzungsdauer **zwischen Vor- und** 15 **Nachnutzer aufzuteilen** (Pfeifer HeizkV § 9b Anm. 5 [S. 116/117]; aA jetzt BeckOK MietR/Pfeifer Heizkosten V § 7 Rn. 295; Ropertz WuM 1992, 292: nur auf den Gebäudeeigentümer), sofern zwischen ihnen eine unmittelbare Gebrauchsübernahme stattfindet. Ein zwischenzeitlicher Leerstand belastet den Gebäudeeigentümer mit den anteiligen **Zwischenablesekosten.** Allerdings wird durch nunmehr vorgeschriebene Verwendung fernablesbarer Erfassungsgeräte diese Kostenfrage überwiegend obsolet, weil die Werte bei elektronischen Geräten gespeichert und somit auch datumsgenau abgelesen werden werden, wofür keine gesonderten Kosten entstehen dürften.

C. Verteilung der Kosten

§ 9b Abs. 2 ordnet an, nach welchen Kriterien die Verteilung der Kosten im 16 Falle eines Nutzerwechsels zu erfolgen hat. Grundlage der Verteilung ist stets (außer der Zwischenablesung), dass zunächst für das **Gesamtobjekt** eine der HeizkV entsprechende **Kostenverteilung** vorgenommen worden ist. Aus dieser Gesamtverteilung wird diejenige **anteilige Berechnung** herausgenommen, die für die vom Wechsel **betroffene Nutzereinheit** erstellt worden ist. Die sich daran anschließende Aufteilung betrifft also nur eine Nutzereinheit und lässt die verbrauchsabhängige Verteilung für das Gesamtobjekt unberührt. Die Kosten für die eine Nutzereinheit werden gem. Abs. 2 unter Vor- und Nach-Nutzer der Einheit während einer Abrechnungsperiode aufgeteilt. Entsprechend den Regelungen der § 7 Abs. 1 und § 8 Abs. 1 wird unterschieden zwischen den verbrauchsabhängigen und den verbrauchsunabhängig zu verteilenden Kosten.

I. Verbrauchsabhängig

Die verbrauchsabhängig zu verteilenden Kosten der Nutzereinheit werden 17 unter Vor- und Nach-Nutzer aufgeteilt nach dem **durch** die **Zwischenablesung ermittelten Verbrauch.** Von den für die betroffene Nutzereinheit erfassten **Gesamtverbrauchseinheiten** wird (bei einmaligem Nutzerwechsel) der **Wert der Zwischenablesung abgezogen.** Der Differenzwert stellt den Verbrauchswert dar, der auf den Nachnutzer zu verteilen ist. Bei **mehrfachem Nutzerwechsel** in einer und derselben Nutzereinheit ist entsprechend zu verfahren: erforderlich sind hier zunächst mehrfache Zwischenablesungen (sofern dies nach

Abs. 3 technisch möglich ist); vom Gesamtverbrauchswert wird der Wert der letzten Zwischenablesung abgezogen, von dem Ergebnis der vorangegangene Wert usw, so dass die Verbrauchswerte für die jeweiligen zeitanteiligen Nutzer ermittelt werden. Der auf diese Weise errechnete Wert wird nun nicht noch einmal entsprechend dem vom Gebäudeeigentümer gewählten Verteilungsschlüssel aufgespalten, sondern er stellt bereits den verbrauchsabhängig ermittelten Wert für Vor- und Nachnutzer dar.

18 Ein **Zahlenbeispiel:** nach den §§ 7, 8, 9 betragen die Kosten für Heizung 5.500,– EUR, für Warmwasser 1.600,– EUR. Der Gebäudeeigentümer hat als Verteilungsschlüssel 50:50 gewählt. Gemessene Einheiten für das Gesamtobjekt sind für Heizung 548 Werte, für Warmwasser 270 Werte. Die vom Nutzerwechsel betroffene Einheit hat insgesamt 57 Werte für Heizung und 30 Werte für Warmwasser verbraucht. Zum Zeitpunkt des Nutzerwechsels wurden für Heizung 30 Werte, für Warmwasser 15 Werte erfasst. Die verbrauchsabhängigen Heizkosten für den Vornutzer betragen also: 50 % von 5.500 = 2.750 : 548(Gesamteinheiten) × 30(Einzeleinheiten) = 150,55 EUR; der Nachnutzer hat an verbrauchsabhängigen Heizkosten zu zahlen: 50 % von 5.500 = 2750 : 548 × 27 = 135,49 EUR. Die entsprechenden Werte für die Warmwasseranteile betragen für den Vornutzer: 50 % von 1.600 = 800 : 270(Gesamteinheiten) × 15(Einzeleinheiten) = 44,45 EUR, ebenso für den Nachnutzer, da auf ihn ebenfalls 15 von insgesamt 30 Verbrauchswerten entfallen.

II. Verbrauchsunabhängig

19 Für die übrigen Kosten des Wärmeverbrauchs sieht Abs. 2 **zwei unterschiedliche Verteilungsmethoden** vor, die Aufteilung nach Gradtagzahlen oder nach der vom jeweiligen Nutzer in den Räumen verbrachten Zeit. Unter „übrigen Kosten" sind die Kosten zu verstehen, die von der vorrangigen verbrauchsabhängigen Verteilung nach den §§ 7 Abs. 1 und 8 Abs. 1 nicht erfasst werden, also übrig bleiben und gemäß den genannten Vorschriften nach einem festen Verteilungsmaßstab umgelegt werden (BR–Drs. 494/88, 29). Auch hier gilt wie bei den verbrauchsabhängigen Kosten als Grundlage der Verteilung zunächst die Berechnung der **Kosten der gesamten Verbrauchseinheit.** Lediglich der sich danach ergebende verbrauchsunabhängige Kostenanteil für die vom Nutzerwechsel betroffene Nutzereinheit wird nach den zwei in Abs. 2 aufgezählten Verfahren zwischen Vor- und Nachnutzer aufgeteilt. Vorbehaltlich einer rechtsgeschäftlichen Sonderregelung nach Abs. 4 (dazu → Rn. 45–59) dürfen für die Aufteilung des verbrauchsunabhängigen Kostenanteils nur die beiden ausdrücklich erwähnten Verfahren angewendet werden. Die Verwendung anderer Verfahren ist unzulässig und macht die Abrechnung fehlerhaft (Wall jurisPR-MietR 1/2014 Anm. 2).

20 **1. Gradtagzahlen.** Als erste Methode verweist Abs. 2 auf die sich aus anerkannten Regeln der Technik ergebenden Gradtagzahlen. Die Gradtagzahl findet sich als Kenngröße in den Regeln zur Berechnung der Kosten von Wärmeversorgungsanlagen nach VDI 2067 Blatt 1 Tabelle 22 (Ausgabe September 2012). Sie dient dazu, vereinfacht Temperaturverläufe verschiedener Jahre und deren Einfluss auf den Heizwärmeverbrauch annäherungsweise darzustellen (so Philipp Taschenbuch 1989, S. 153). Rechnerisch ist die Gradtagzahl die Summe der Differenzen zwischen einer angenommenen mittleren Raumtemperatur von 20 C und dem Tagesmittel der Lufttemperatur; dieses ergibt sich als Mittelwert aus den Messun-

C. Verteilung der Kosten **§ 9b HeizkV**

gen um 7^{30} Uhr, 14^{30} Uhr und 21^{30} Uhr. **Formelmäßig** stellt sich das wie folgt dar:

$$G = \sum_1^n (t_i - t_a)$$

G = Gradtagzahl für einen Monat
n = Anzahl der Tage eines Monats
t(i) = Norminnentemperatur von 20 °C
t(a) = Tagesmitteltemperatur des Tages n

Die Tagesmitteltemperatur t(a) errechnet sich aus 3 Werten von Tagestemperaturmessungen:
1. Messung: um 07:30 Uhr
2. Messung: um 14:30 Uhr
3. Messung: um 21:30 Uhr

Zur Berechnung wird der Mittelwert gebildet, wobei die Messung um 21:30 Uhr zwei mal gewertet wird, dh

$$t(a) = [T(07:30) + T(l4:30) + 2 \times T(21:30)] \, I \, 4$$

Keine Gradtagszahlen fallen bei einer mittleren Außentemperatur von +15 C 21 an; ab dieser Temperatur soll kein Bedarf an Heizwärme bestehen. In der Richtlinie VDI 2067 sind Zahlenwerte für bestimmte Orte der Bundesrepublik (Berlin, Hamburg, Köln, München) für jeden Monat und das Jahr enthalten, die sich als Mittelwerte aus einem zwanzigjährigen Beobachtungszeitraum ergeben haben; eine Anpassung bzgl. der neuen Bundesländer ist infolge dieses statistischen Mittelwerts nicht erforderlich (Peters, S. 377). Aus den gesamten Werten ist eine Tabelle entwickelt worden, anhand derer sich der anteilige Wärmebedarf für jeden Monat entnehmen lässt:

Monat	Promille je Monat	Promille je Tag
Januar	170	170/31
Februar	150	150/28 (29)
März	130	130/31
April	80	80/30
Mai	40	40/31
Juni, Juli, August zusammen	40	40/92
September	30	30/30
Oktober	80	80/31
November	120	120/30
Dezember	160	160/31

Bei der Verteilung der verbrauchsunabhängigen Kosten zwischen Vor- und Nach- 22 nutzer genügt es, wenn die **obigen Tabellenwerte** der Berechnung zugrunde gelegt werden. Es ist insbesondere **nicht erforderlich,** der Berechnung die für die Musterstädte ermittelten und in der Richtlinie enthaltenen Werte zugrunde zu legen oder diese Werte auf Grund der Mitteilungen des Wetteramtes für den konkreten Wohnort selbst zu ermitteln; denn das Verteilungsverfahren muss auch

HeizkV § 9b Kostenaufteilung bei Nutzerwechsel

noch für einen technischen Laien praktikabel sein. Ein Beispiel für die vom Deutschen Wetterdienst herausgegebenen Gradtagszahlen für verschiedene Orte:

Vorläufige Gradtagzahlen für ausgewählte Orte in Deutschland

Die Gradtagzahlen wurden berechnet nach VDI-Richtlinie 2067 (Berechnung mit Heizperiode).
Die Raumtemperatur wurde mit 20° C angenommen, die Heizgrenztemperatur mit 15° C.

Es bedeuten: ZdHT: Zahl der Heiztage im Monat
TMHZ: Mittelwert der Lufttemperatur während der Heiztage in °C
GTZ: Gradtagzahl in K·d

Messstation	Oktober 2014			Mittel über 10 Oktober-Monate (2004-2013)		
	ZdHT	TMHZ	GTZ	ZdHT	TMHZ	GTZ
Augsburg / 48.4° n.Br., 10.9° ö.L. / 461.4 m über NN	31	11,3	269,9	30,4	8,7	342,4
Berlin-Tempelhof / 52.5° n.Br., 13.4° ö.L. / 48.0 m über NN	24	11,9	194,4	29,4	10,0	294,9
Bremen / 53.0° n.Br., 8.8° ö.L. / 4.05 m über NN	27	12,4	204,4	29,7	10,0	295,1
Dresden-Klotzsche / 51.1° n.Br., 13.8° ö.L. / 227.0 m über NN	26	11,6	218,3	29,2	9,4	309,9
Düsseldorf / 51.3° n.Br., 6.8° ö.L. / 36.6 m über NN	23	12,7	168,2	26	10,8	243,3
Emden / 53.4° n.Br., 7.2° ö.L. / -0.27 m über NN	27	12,6	200,8	30,2	10,5	285,2
Fehmarn / 54.5° n.Br., 11.1° ö.L. / 3.0 m über NN	27	12,7	198,2	30,3	10,8	277,8
Frankfurt/Main / 50.0° n.Br., 8.5° ö.L. / 99.7 m über NN	21	11,6	176,3	27,9	10,3	270,8
Greifswald / 54.1° n.Br., 13.4° ö.L. / 2.0 m über NN	31	11,9	252,6	30,3	9,7	311,8
Hamburg-Fuhlsbüttel / 53.6° n.Br., 10.0° ö.L. / 11.0 m über NN	27	12,5	201,3	30,3	10,2	297,5
Hannover / 52.5° n.Br., 9.7° ö.L. / 55.0 m über NN	29	12,9	206,4	28,4	10,0	284,0
Helgoland / 54.2° n.Br., 7.9° ö.L. / 4.0 m über NN	19	13,5	123,4	27,7	12,1	223,6
Hof / 50.3° n.Br., 11.9° ö.L. / 565.1 m über NN	31	10,5	293,8	30,6	7,8	373,6
Hohenpeißenberg / 47.8° n.Br., 11.0° ö.L. / 977.0 m über NN	31	10,3	302,0	29,3	8,2	343,0
Kempten / 47.7° n.Br., 10.3° ö.L. / 705.2 m über NN	31	10,9	283,6	30,4	8,8	340,8
Leipzig/Halle / 51.4° n.Br., 12.2° ö.L. / 131.0 m über NN	25	11,8	204,1	29,5	9,8	302,0
Lindenberg / 52.2° n.Br., 14.1° ö.L. / 98.0 m über NN	27	11,4	232,4	30,2	9,6	312,9
List auf Sylt / 55.0° n.Br., 8.4° ö.L. / 26.2 m über NN	27	13,1	185,5	30,2	10,9	275,2
Magdeburg / 52.1° n.Br., 11.6° ö.L. / 76.0 m über NN	28	12,4	211,8	29,4	10,0	295,3
Meiningen / 50.6° n.Br., 10.4° ö.L. / 450.0 m über NN	31	10,6	292,8	30,5	8,2	360,7
Neuruppin / 52.9° n.Br., 12.8° ö.L. / 38.0 m über NN	30	12,1	236,4	30,3	9,6	314,3
Nürburg-Barweiler / 50.4° n.Br., 6.9° ö.L. / 485.0 m über NN	31	11,0	277,5	30,1	9,1	326,3
Nürnberg / 49.5° n.Br., 11.1° ö.L. / 314.0 m über NN	27	11,4	231,2	29,7	9,1	323,4
Schleswig / 54.5° n.Br., 9.5° ö.L. / 42.5 m über NN	27	11,9	218,5	30,6	9,8	311,7
Schwerin / 53.6° n.Br., 11.4° ö.L. / 59.0 m über NN	28	12,0	222,9	30,4	9,9	308,7
Straubing / 48.8° n.Br., 12.6° ö.L. / 350.0 m über NN	31	11,2	274,1	30,3	8,6	344,0
Stuttgart-Echterdingen / 48.7° n.Br., 9.2° ö.L. / 371.0 m über NN	26	11,6	217,3	29,6	9,7	304,0

© Deutscher Wetterdienst, 2014

23 Unter Benutzung der oben in → Rn. 18 enthaltenen **Beispielszahlen** stellt sich eine **Verteilung** wie folgt dar: die Gesamtheizkosten von 5.500,– EUR werden 50:50 verteilt, so dass 2.750,– EUR verbrauchsunabhängig umgelegt werden müssen. Als fester Maßstab wurde die Fläche der beheizten Räume mit insgesamt 636 qm gewählt. Davon entfielen 75 qm auf die Fläche der vom Wechsel betroffenen Nutzereinheit. Die verbrauchsunabhängigen Gesamtkosten für diese Einheit betragen daher: 2.750 : 636 × 75 = 324,29 EUR. Dieser Betrag ist nach der Gradtagstabelle zwischen Vor- und Nachnutzer aufzuteilen. Der Nutzerwechsel soll zum 1.2. erfolgt sein, der Abrechnungszeitraum vom 1.7. bis 30.6. des Folgejahres laufen. Der Vornutzer hat also Wärme verbraucht in den Monaten Juli bis

C. Verteilung der Kosten **§ 9b HeizkV**

einschließlich Januar des Folgejahres, der Nachnutzer von Februar bis einschließlich Juni. Die Wärmeverbrauchsanteile betragen danach für den Vornutzer 26,66 (Juli, August : 0,43 × 62 Tage) + 30 (September) + 80 (Oktober) + 120 (November) + 160 (Dezember) + 170 (Januar) = 586,66 Promille vom Gesamtwert 324,29; das ergibt einen Kostenanteil von 190,25 EUR. Für den Nachnutzer ergibt dieselbe Rechnung 150 (Februar) + 130 (März) + 80 (April) + 40 (Mai) + 12,9 (Juni: 0,43 × 30 Tage) = 412,9 Promille vom Gesamtwert 324,29, also einen Kostenanteil von 133,90 EUR.

Dieses Rechenbeispiel zeigt gleichzeitig die **Grenzen dieser Berechnungsweise** auf, da eine Differenz von 0,14 EUR zum Gesamtverbrauch bleibt. Sie resultiert aus dem Abbruch der Promillewertberechnung nach der zweiten Stelle hinter dem Komma. Um die Berechnungen auch für den Nutzer als zumeist heizkostentechnischen Laien noch verständlich zu lassen, sollte nur der Anteil des Vornutzers nach der **Gradtagszahlenmethode** ermittelt werden; der Wert für den Nachnutzer ergibt sich aus der Differenz zwischen Gesamtwert und ermitteltem Wert. 24

2. Zeitanteile. Abs. 2 lässt als weitere Methode zur Verteilung der sonstigen Kosten des Wärmeverbrauchs zwischen Vor- und Nachnutzer eine Aufteilung nach Zeitanteilen zu. Sie stellt allein auf die **Verweildauer eines Nutzers** in den Räumen ab. Erfolgt der Nutzerwechsel zum Monatsende, sind die auf die betroffene Nutzereinheit entfallenden Kosten durch 12 zu dividieren und mit der Anzahl der jeweiligen Verweilmonate zu multiplizieren. Unter Zugrundelegung der in → Rn. 23 benutzten Zahlen müsste der Vornutzer (324,29 : 12) × 7 = 189,17 EUR zahlen, der Nachnutzer (324,29 : 12) × 5 = 135,12 EUR. 25

Diese Methode hat den **Vorzug,** einfach und durchschaubar zu sein. Sie hat aber den entscheidenden **Nachteil,** auf den **Verbrauch** überhaupt **keine Rücksicht** zu nehmen. Unabhängig von der Gradtagszahlentabelle muss es nach der Alltagserfahrung einleuchten, dass in den Wintermonaten mehr Heizenergie verbraucht wird als in den übrigen Monaten des Jahres. Bei einer zeitanteiligen Kostenverteilung führt das zu einer Bevorzugung des in den Wintermonaten ausziehenden Nutzers und zu einer entsprechenden Benachteiligung des Nachnutzers. Umgekehrt ist die Situation bei einer Räumung am Ende des Sommers. Hier wird der Vornutzer mit einem Kostenanteil in gleichbleibender Höhe belastet, obwohl er so gut wie keine Heizenergie in Anspruch genommen hat. Die sog. sonstigen Kosten sind zwar verbrauchsunabhängig zu verteilen und werden daher rechnerisch vom Verbrauch nicht bestimmt. Mittelbar beeinflusst der Verbrauch die sonstigen Kosten aber dadurch, dass der in ihnen enthaltene Anteil der Vorhaltekosten (Wartung, Reinigung, Einstellung, Messung etc) umso höher wird, je mehr die Anlage genutzt wird. Die heizungsintensiven Monate verursachen daher auch einen entsprechenden Mehrverbrauch an sonstigen Kosten. 26

Nach dem Wortlaut der HeizkV hat der **Gebäudeeigentümer** zwar die **Auswahl** unter den beiden in Abs. 2 genannten Methoden (BR-Drs. 494/88, 29). Sein ihm gesetzlich eingeräumtes Ermessen ist jedoch an dem Maßstab des § 315 BGB zu orientieren und muss daher sachgemäß ausgeübt werden. Unter dem Gesichtspunkt einer **verbrauchsorientierten Kostenverteilung,** der der Kostenaufteilung nach Abs. 2 zugrunde liegt, stellt die zeitanteilige Methode keine sachgemäße Ermessensausübung dar, weil sie die Verbrauchsintensität im Laufe des Jahres ignoriert (Ropertz/Wüstefeld NJW 1989, 2369; Pfeifer HeizkV § 9b Anm. 3a/3b; Kinne § 9b Rn. 182 [S. 185–188], jeweils mit Vergleichsberechnungen). 27

269

28 Gesichtspunkte der **Wirtschaftlichkeit** und der **Praktikabilität** (so BR-Drs. 494/88, 29) vermögen die **zeitanteilige Methode** nur unter besonderen Umständen zu rechtfertigen, in denen zB bei kurzfristiger Nutzung der Räume durch mehrere nacheinander folgende Nutzer die Kostenverteilung nach den Gradtagszahlen in keinem Verhältnis zum zu verteilenden Verbrauch stehen würde. Da die Berechnungen nunmehr digital erstellt werden, ist die Gradtagszahlenmethode im Vergleich zur zeitanteiligen Methode im übrigen weder unwirtschaftlicher noch mangelt es ihr an Praktikabilität.

29 **3. Warmwasser.** Für die Verteilung der sonstigen Kosten beim Verbrauch von Warmwasser sieht Abs. 2 nur die **zeitanteilige Methode** vor. Der verbrauchsunabhängige Kostenanteil des Warmwassers für die vom Nutzerwechsel betroffenen Räume wird also ausschließlich nach der jeweiligen Verweildauer zwischen Vor- und Nachnutzer aufgeteilt. Die Verwendung eines anderen Verteilungskriteriums ist (abgesehen von einer entsprechenden rechtsgeschäftlichen Vereinbarung nach Abs. 4) unzulässig und macht die danach erstellte Abrechnung fehlerhaft. Rechtfertigen lässt sich diese Begrenzung auf nur eine Verteilungsmethode damit, dass der Verbrauch von Warmwasser nicht in dem Maße von der Witterung abhängt wie der Wärmeverbrauch (BR-Drs. 494/88, 30). Das gilt aber nur, weil dem Verordnungsgeber allein die in Abs. 2 aufgezählten beiden Methoden vor Augen gestanden haben.

30 Gerade beim Warmwasserverbrauch wäre an eine Methode zu denken gewesen, die an den jeweiligen nutzerabhängigen Verbrauch anknüpft, nämlich an die **Anzahl der nutzenden Personen.** Schließlich ist der Verbrauch an Warmwasser bei einer Mehrheit von Nutzern höher als bei einem Nutzer; diese Unterschiede berücksichtigt die zeitanteilige Methode nicht. Bei unterschiedlichen Personenzahlen innerhalb eines Abrechnungszeitraumes führt die zeitanteilige Gleichbehandlung von Vor- und Nachnutzer zu einer Benachteiligung der Nutzer, die weniger Personen die Räume beziehen. Die gegen einen Verteilungsmaßstab nach Personenzahl bei der allgemeinen Nebenkostenabrechnung sprechenden Argumente wie **mangelnde Überwachungsmöglichkeit** greifen bei dem Nutzerwechsel während einer Abrechnungsperiode nicht durch: beim ausziehenden Nutzer kann die Personenzahl festgestellt, beim einziehenden vertraglich festgelegt werden. Die Zahl der tatsächlich die Räume nutzenden Personen kann auch für den Rest der Abrechnungsperiode überwacht werden.

D. Ersatzverfahren

I. Unmögliche Zwischenablesung

31 Die bei einem Nutzerwechsel vorrangig durchzuführende Zwischenablesung setzt voraus, dass die hierfür vorgesehenen Erfassungsgeräte das zulassen. Fällt die Zwischenablesung aus bestimmten in Abs. 3 genannten Gründen aus, bietet Abs. 3 ein Ersatzermittlungsverfahren an. Zulässig ist das **Ersatzverfahren** nur bei Vorliegen zweier alternativer Tatbestandsmerkmale. Die Zwischenablesung muss entweder unmöglich sein oder aus technischen Gründen keine genaue Ermittlung der Verbrauchswerte erbringen.

32 Wann eine **Zwischenablesung nicht möglich** ist, lässt sich aus den Materialien nicht entnehmen. Aus der Systematik der HeizkV muss aber geschlossen werden, dass mit der „Unmöglichkeit" in § 9b Abs. 3 dieselben Fälle gemeint

D. Ersatzverfahren

sind, die zu der Sonderregelung des § 9a geführt haben (Kinne § 9b Rn. 185 [S. 189]; aA Pfeifer HeizkV § 9b Anm. 4b; BeckOK MietR/Pfeifer HeizkostenV § 9b Rn. 25–33). Ebenso wie bei § 9a kann das nicht auf den konkreten Verbrauch abstellende Ersatzverfahren nur in den Fällen eingreifen, in denen die Zwischenablesung dem ablesungspflichtigen Gebäudeeigentümer „unverschuldet" unmöglich ist. Hierzu gehören also vor allem Fälle des Geräteausfalles (dazu → HeizkV § 9a Rn. 6, 7) und die dem gleichstehenden sonstigen zwingenden Gründe (dazu → HeizkV § 9a Rn. 8–13).

Nicht hierher gehört die Fall einer **Unzugänglichkeit** der aufgegebenen 33 Räume (aA Philipp ZfgWBay 1989, 75). Eine solcher Fall ist schwerlich vorstellbar (insbesondere unter Berücksichtigung der nunmehr vorgeschriebenen fernablesbaren Erfassungsgeräte): der weichende Nutzer bleibt bis zur ordnungsgemäßen Übergabe der Räume Energieverbraucher im Sinne der HeizkV. Zur **ordnungsgemäßen Übergabe** gehört die Schlüsselrückgabe. Der Nachnutzer seinerseits bedarf der Schlüssel, um die Räume nutzen zu können. Zwischen vollständig geräumter Übergabe und Einzug müssen die Räume notwendigerweise einmal zugänglich gewesen sein; zu diesem Zeitpunkt hätte die Zwischenablesung erfolgen können. Ein Fall der **unverschuldeten Unmöglichkeit** liegt mithin nicht vor. Nicht hierher gehören auch die Fälle, in denen der Vermieter die Zwischenablesung schlicht unterlässt (AG Berlin-Charlottenburg WuM 2006, 36; AG Berlin-Schöneberg MM 2006, 39).

II. Technische Gründe für ungenaue Wert-Ermittlung

Technisch ist eine genaue Zwischenablesung stets möglich bei den **Erfassungs-** 34 **geräten** mit einer **numerischen Anzeige,** also den Warmwasser- und Wärmemengenzählern sowie den elektronischen Heizkostenverteilern.

Problematischer ist demgegenüber die Genauigkeit einer Zwischenerfassung 35 bei den **Verdunstungsgeräten** (BR-Drs. 494/88, 30; AG Berlin-Köpenick GE 2009, 199). Erfolgt die Zwischenablesung alsbald nach einem Austausch der Messampullen zu Beginn der neuen Abrechnungsperiode, wird die Anzeige, sofern überhaupt eine messbare vorhanden ist, durch die Kaltverdunstungsvorgabe (dazu → HeizkV § 5 Rn. 19) verfälscht. Denn infolge dieser Vorgabe wird möglicherweise ein geringerer Verbrauch angezeigt als tatsächlich erfolgt ist (zur deshalb notwendigen Erläuterung der Anrechnung einer Kaltverdunstungsvorgabe AG Starnberg NZM 2013, 789; die hierfür erforderlichen Rechenoperationen sind aber nicht verordnungskonform, Wall, jurisPR-MietR 1/2014 Anm. 2). Demzufolge würde der Nachnutzer wiederum mit einem Mehrverbrauch belastet, da ihm die Werte der **Kaltverdunstung** nicht mehr zugute kommen. Gegen Ende der Abrechnungsperiode erbringt die Zwischenablesung bei den Verdunstern ebenfalls keine genauen Ergebnisse mehr, da die Skala im Regelfall eine zu geringe Auflösung hat, die für kurze Ableseintervalle keine deutlich sichtbaren Veränderungen der Anzeige aufweist (Philipp Taschenbuch 1989, S. 155). Fällt der Termin für eine Zwischenablesung in die Sommermonate, ist, unabhängig vom Lauf der Abrechnungsperiode, ebenfalls keine sinnvoll verwertbare Anzeige zu erwarten, da nur die Kaltverdunstung erfasst wird (von Brunn BBauBl 1989, 64).

Schließlich ist bei den Verdunstern noch zu berücksichtigen, dass ihr Anzeige- 36 verhalten **nicht** in allen Temperaturbereichen **proportional zur Wärmeleistung** des Heizkörpers verläuft (dazu → HeizkV § 5 Rn. 17). Das wirkt sich auf die gesamte Abrechnungsperiode gesehen nicht nachteilig aus, da sich die unterschiedlichen Werte während der Heizperiode ausgleichen (Philipp ZfgWBay 1989, 75). Bei einer Zwischenablesung kann dieses nicht lineare Verdunstungsverhalten aber zu einer Verfälschung der Verbrauchserfassung führen. Je nachdem, in welcher Phase der Anzeigenkurve die Ablesung erfolgt, wird entweder zu viel oder zu wenig Verbrauch erfasst mit dem Ergebnis, dass die Verteilung unter Vor- und Nachnutzer nicht ihrer jeweiligen Wärmeabnahme entspricht (Peruzzo Heizkostenabrechnung Rn. 265–267).

37 Obwohl die aufgezeigten Mängel der Verdunster bei einer Zwischenablesung nicht bei allen Fabrikaten gleichmäßig auftreten müssen, sondern ua auch von der verwendeten Messflüssigkeit und der Ampullenform abhängen, kann die Entscheidung darüber, ob im Sinne des Abs. 3 noch eine hinreichend genaue Ermittlung möglich ist, **nicht** einer **Vereinbarung** zwischen **Gebäudeeigentümer** und **Abrechnungsfirma** überlassen werden (aA GGW, Materialien 24, 22). Denn insoweit handelt es sich um normative Tatbestandsmerkmale, die über die Anwendung einer verbrauchsadäquaten Kostenverteilung entscheiden. Diese Merkmale können unter Berücksichtigung der Vorrangregelung in § 2 nicht disponibel sein, da sonst auf diese Weise für den Fall des Nutzerwechsels die Verpflichtung zur Verbrauchserfassung aufgehoben würde.

38 Die Arbeitsgemeinschaft der Wärmemessdienstfirmen sieht daher in ihren Richtlinien zur Durchführung der verbrauchsabhängigen Heizkostenabrechnung (HKA 2011, Nr. 7/8/9 Beilage, S. 6 Nr. 8.3) vor, dass eine Zwischenablesung bei Verdunstungsgeräten **nur sinnvoll** ist, wenn die Summe der Promillewerte nach der Gradtagszahlentabelle für den vergangenen Verbrauchszeitraum mindestens 400 und höchstens 800 betragen würde (Peters S. 368/369; AG Rheine WuM 1995, 121). Die **Berechnung der Promillewerte** erfolgt jeweils vom Beginn des laufenden Abrechnungszeitraums bis zum konkreten Termin der Zwischenablesung. Maßgebend für die Feststellung des Grenzwertes ist der Verbrauch in der Vergangenheit; unerheblich ist, dass für den Nachnutzer die genannten Werte nicht erreicht werden können. Denn bei ihm wird nach Beendigung der Abrechnungsperiode der Gesamtverbrauch erfasst, der durch das Verdunstungsgerät ordnungsgemäß angezeigt wird. Die Richtlinienwerte sind zwar schematisch und berücksichtigen nicht Besonderheiten des Einzelfalles. Sie gehen aber davon aus, dass bei Wärmeverbrauchsanteilen unter 400 Promille der Einfluss der Kaltverdunstungsvorgabe auf den angezeigten Wert noch zu groß ist, während bei einem 800 Promille übersteigenden Wert der **Restverbrauch** keine deutliche Anzeige mehr veranlasst (Kreuzberg/Wien Heizkostenabrechnung-HdB/von Brunn/Alter S. 225/226). Die Werte haben daher den Vorteil, auch für den Nutzer die **Ordnungsmäßigkeit einer Zwischenablesung** bei Verdunstungsgeräten leichter nachprüfbar zu machen (Ropertz/Wüstefeld NJW 1989, 2369). Nach dem Beispiel in → Rn. 23 wäre also eine Zwischenablesung auch bei einem Erfassungsgerät nach dem Verdunstungsprinzip noch zulässig, da der Promillewert für den vergangenen Verbrauch zum Zeitpunkt des Nutzerwechsels 586,66 betragen hat.

39 Die **Erfassungsgeräte** für den **Warmwasserverbrauch** werden von diesem technischen Problem ungenauer Ermittlung der Verbrauchswerte nicht in demselben Umfang betroffen wie die Erfassungsgeräte für den Wärmeverbrauch. Denn während die Verdunster bei der Heizwärme noch überwiegen und auch neu angebracht werden dürfen, besteht für die Warmwasserkostenverteiler nach dem Verdunstungsprinzip nur ein Bestandsschutz für am 1.1.1987 bereits vorhandene Geräte. Es dürfen also nach dem derzeitigen Stand der Technik keine Geräte, die nach diesem Prinzip arbeiten, mehr angebracht werden (→ HeizkV § 5 Rn. 55).

D. Ersatzverfahren § 9b HeizkV

Im übrigen überwiegen die Wasserzähler, bei denen eine Zwischenablesung jederzeit möglich ist.

III. Berechnung der Anteile

1. Abgrenzung § 9a und § 9b. Ist eine der Tatbestandsalternativen des Abs. 3 40 (Unmöglichkeit der Ablesung oder ungenaue Ermittlungsmöglichkeit) erfüllt, ist zwar eine ordnungsgemäße verbrauchsnahe Kostenverteilung zwischen Vor- und Nachnutzer nicht möglich. Dennoch finden die Ersatzverfahren des § 9a keine Anwendung; denn die ordnungsgemäße Erfassung der Nutzereinheit für den gesamten Abrechnungszeitraum bleibt weiterhin möglich. Eine **Kombination der Ersatzverfahren** des § 9a und des § 9b Abs. 3 kann nur in den Fällen eintreten, in denen nach Abs. 3 eine Zwischenablesung aus technischen Gründen keine genaue Ermittlung der Verbrauchsanteile ergäbe und eine Endablesung aus den Gründen des § 9a Abs. 1 nicht erfolgen kann. Hier ist zunächst nach einem der Ersatzverfahren des § 9a der Gesamtverbrauch der Nutzereinheit zu errechnen. Danach werden mit Hilfe der Ersatzverfahren des § 9b Abs. 3 die Anteile von Vor- und Nachnutzer ermittelt.

2. Zulässige Maßstäbe. Für die übrigen Fälle, in denen nur die Merkmale 41 des Abs. 3 erfüllt sind, verweist dieser Absatz auf die Maßstäbe, die in Abs. 2 für die **Aufteilung der sonstigen Kosten** genannt sind. Das bedeutet, dass in den Fällen des Abs. 3 bei der Aufteilung der Kosten zwischen Vor- und Nachnutzer keine Trennung zwischen den verbrauchsabhängig und verbrauchsunabhängig zu ermittelnden Kosten stattfindet. Vielmehr sind die gesamten auf die Nutzereinheit entfallenden Kosten einheitlich nach dem vom Gebäudeeigentümer zu wählenden Maßstab aufzuteilen. Für die Verteilung der Kosten des Warmwassers ist also ausschließlich der zeitanteilige Maßstab zulässig, obwohl dieser bei unterschiedlichen Personenzahlen für Vor- und Nachnutzer zu erheblichen Ungerechtigkeiten führen kann.

Für die **Aufteilung der Heizkosten** stehen dagegen **zwei Methoden** zur 42 Verfügung, die Berechnung der Anteile nach der Gradtagszahlentabelle oder nach Zeitanteilen. Das dem Gebäudeeigentümer bei der Auswahl der Verteilungsmethoden grundsätzlich zustehende Ermessen wird auch hier durch § 315 BGB begrenzt. Die Wahl hat daher nach **billigem Ermessen** zu erfolgen, dh sie muss sachgerecht sein und darf nicht willkürlich ausgeübt werden. Bei der Verteilung der Kosten im Falle des Nutzerwechsels steht der Zweck der HeizkV, durch Verbrauchsmessung zur Energieeinsparung zu gelangen, nicht im Vordergrund; denn das Verhalten des weichenden Nutzers spielt sein Energieverbrauch in der Vergangenheit keine Rolle mehr; für die Zukunft hat er in der Nutzung anderer Räume sein Verhalten den neuen Bedingungen anzupassen; für den kommenden Nutzer spielen die Kosten noch keine entscheidende Rolle, da der Energieverbrauch einer Rumpfperiode keinen hinreichenden Aufschluss über das eigene kostenverursachende Energieverbrauchsverhalten gibt.

Die HeizkV stellt auf **Verbrauchssteuerung durch Kostenüberwälzung** 43 und nicht auf eine gerechte Kostenverteilung durch Verbrauchsermittlung ab. Zu beachten bleibt auch stets, dass die Erfassung für den Gesamtzeitraum weiterhin möglich ist. Deshalb kann nicht pauschal davon gesprochen werden, dass die Wahl der zeitanteiligen Methode als Ersatzverfahren bei technisch unmöglicher Zwischenablesung generell **ermessensfehlerhaft** ist (so aber Ropertz/Wüstefeld NJW 1989, 2369; anders ist diese Methode bei möglicher Zwischenablesung zu bewerten, → Rn. 28). Denn beim Nutzerwechsel ohne Zwischenablesung kann eine Verbrauchssteuerung für die konkrete Nutzungseinheit nicht erreicht werden; für das gesamte Abrechnungsobjekt hingegen ist die Verbrauchssteuerung von der Verteilungsmethode zwischen Vor- und Nachnutzer unabhängig.

44 Unter dem Gesichtspunkt der **Verteilungsgerechtigkeit** zwischen Vor- und Nachnutzer ist die Verwendung der **Gradtagszahlen** vorzuziehen. Denn diese Methode stellt zumindest statistisch annäherungsweise auf den witterungsbedingten Wärmebedarf ab und lässt eine Zuordnung der Kosten nach Verbrauchshöhe zu. Die Verwendung der **zeitanteiligen Methode** wird sich jedoch bei einem **mehrfachen Nutzerwechsel** innerhalb des Abrechnungszeitraums empfehlen, insbesondere wenn die jeweiligen Nutzungsperioden wärmebedarfsmäßig vergleichbar sind. Aber auch bei einem mehrfachen Nutzerwechsel darf innerhalb eines Abrechnungszeitraumes **nur eine** der in Abs. 3 vorgegebenen Methoden angewendet werden. Es ist nicht zulässig, zB für die Winter-Nutzer die Gradtagszahlen, für die Sommer-Nutzer dagegen die Zeitanteile der Kostenverteilung zugrunde zu legen.

E. Abweichende rechtsgeschäftliche Bestimmungen

I. Zweck der Ausnahme

45 Abs. 4 macht für die Regelung der Kostenverteilung im Falle eines Nutzerwechsels eine bedeutsame Ausnahme vom Grundsatz des § 2. Während § 2 bestimmt, dass die HeizkV grundsätzlich rechtsgeschäftlichen Bestimmungen vorgeht, kehrt Abs. 4 diese Rangfolge um. Danach gehen rechtsgeschäftliche Bestimmungen, die sich mit der Kostenverteilung beim Nutzerwechsel befassen, den Regelungen der HeizkV vor. Bei den Vorschriften der Abs. 1–3 handelt es sich also um **dispositives Recht.** Sie greifen nur ein, wenn in der der Nutzung zugrundeliegenden Vereinbarungen diesbezüglich keine Regelung getroffen worden ist.

46 **Gerechtfertigt** wird diese **Ausnahme** von § 2 damit, dass die bei einem Nutzerwechsel auftretenden besonderen Umstände nach den Erfahrungen der Praxis sehr unterschiedlich seien und ihnen durch starre Vorgaben nicht immer gerecht werden könne. Auch aus Gründen der Wirtschaftlichkeit müsse ein Freiraum für zivilrechtliche Lösungen verbleiben (BR-Drs. 494/88, 30). Mit derselben Begründung hätte allerdings auch die Geltung der gesamten HeizkV zur Disposition durch rechtsgeschäftliche Vereinbarungen gestellt werden können. Im Übrigen erscheint diese Regelung unter dem Gesichtspunkt der Rechtssicherheit bedenklich, da die vor Erlass des § 9b herrschende Unklarheit über das beim Nutzerwechsel anzuwendende Verfahren verfestigt wird.

II. Form

47 **1. Individualvereinbarungen.** Die abweichenden rechtsgeschäftlichen Bestimmungen können in einzelvertraglichen Vereinbarungen, in Vereinbarungen unter Wohnungseigentümern oder in Allgemeinen Geschäftsbedingungen enthalten sein. Einzelregelungen werden vor allem in Betracht kommen, wenn im **Nutzungsvertrag(sformular)** keine Bestimmung über die **Kostenverteilung** enthalten ist. Dann bietet es sich an, eine auf den konkreten Fall des Nutzerwechsels zugeschnittene Vereinbarung zu treffen. Nach dem Wortlaut des Abs. 4 („bleiben unberührt") behalten bereits vorliegende rechtsgeschäftliche Regelungen ihre Wirksamkeit bzw. erlangen sie erstmals, da die Rechtsprechung bislang eine Kos-

E. Abweichende rechtsgeschäftliche Bestimmungen **§ 9b HeizkV**

tenverteilung bei Nutzerwechsel, die nicht auf einer konkreten Verbrauchserfassung beruhte, für unzulässig gehalten hat. Darüber hinaus können solche abweichenden rechtsgeschäftlichen Vereinbarungen auch in Zukunft wirksam vereinbart werden (Pfeifer HeizkV § 9b Anm. 7a/7b).

Abs. 4 verlangt nicht, dass die Vereinbarung zum Zeitpunkt des Nutzerwechsels 48 bereits vorliegt. Die Vorschrift lässt es vielmehr zu, dass auch eine **ad hoc-Vereinbarung** getroffen wird, was an die Prüfung ihrer Angemessenheit erhöhte Anforderungen stellt. Gerade die Aufgabe von Räumen geschieht oftmals unter nicht einvernehmlichen Umständen und lässt unberechtigte Forderungen entstehen, denen wegen der Drucksituation nachgegeben wird. Solche Vereinbarungen können allerdings nur unter dem Gesichtspunkt des § 138 BGB überprüft werden.

Individualvereinbarungen müssen im Regelfall von **drei Beteiligten** getrof- 49 fen werden, da von ihnen nicht nur Gebäudeeigentümer und weichender Nutzer, sondern auch der Nachnutzer betroffen werden (das beachtet AG Hamburg ZMR 2006, 132, wohl nicht hinreichend). Denn bei Verzicht auf eine Zwischenablesung wird der während der Abrechnungsperiode einziehende Nutzer zum Zeitpunkt der Endablesung zunächst mit sämtlichen auf die Nutzereinheit entfallenden Kosten belastet. Jede von der HeizkV abweichende Regelung beeinträchtigt unmittelbar sein Interesse, nur mit den von seinem Verbrauch verursachten Kosten belastet zu werden. Eine nur zweiseitige Vereinbarung zwischen Gebäudeeigentümer und weichendem Nutzer stellt sich somit als unzulässiger Vertrag zu Lasten Dritter dar; es sei denn, der weichende Nutzer übernimmt vertraglich den gesamten Saldo aus der Endabrechnung. In diesem Fall stellt sich die Vereinbarung als Vertrag zugunsten Dritter dar.

2. Allgemeine Geschäftsbedingungen. Häufiger werden in Zukunft solche 50 abweichenden Bestimmungen in Allgemeinen Geschäftsbedingungen enthalten sein, zumal die Begründung auf diese Möglichkeit ausdrücklich hinweist (BR-Drs. 494/88, 30). Zu den Allgemeinen Geschäftsbedingungen iSd § 305 BGB gehören zum einen die Vertragsformulare für Mietverträge, zum anderen aber auch **notarielle Urkunden**, in denen zB die **Gemeinschaftsordnung für Eigentumswohnungen** niedergelegt oder andere dingliche Nutzungsrechte begründet werden, sofern sie als formularmäßig gestellt angesehen werden können (MüKoBGB/Formasier § 305 Rn. 9). Die formularmäßigen Regelungen haben zwar den Vorteil, dass sie unabhängig von den konkreten Umständen des Nutzerwechsels eingreifen und von vornherein die Bedingungen für eine Zwischenablesung festlegen. Sie unterfallen aber vollkommen den Bestimmungen der §§ 305 ff. BGB, denen auch andere Wertungsmaßstäbe zugrunde liegen als der HeizkV.

Im Zusammenhang mit einer Kostenverteilung bei Nutzerwechsel können insbe- 51 sondere die Klauselverbote nach § 308 Nr. 5 und 6 BGB Bedeutung erlangen, wenn etwa die vom Gebäudeeigentümer aufgestellte Abrechnung bei mangelndem ausdrücklichen Widerspruch als gebilligt und der Zugang der Abrechnung als erfolgt angesehen werden soll. Ferner können die Verbote in § 309 Nr. 3 und 12 BGB relevant werden, wenn zB die Aufrechnung gegenüber dem Abrechnungssaldo uneingeschränkt ausgeschlossen wird oder die Beweislast für die Unrichtigkeit der in die Abrechnung eingestellten Werte unbedingt dem weichenden Nutzer auferlegt wird. Wesentliche Wertungsschranke wird aber § 307 BGB sein. Hier gewinnen die an sich **dispositiven Regelungen** des § 9b als **Richtlinien** wieder Bedeutung, an deren Gerechtigkeitsgehalt die abweichenden Bestimmungen zu messen sind. Die Wertungen der HeizkV dürfen also nicht völlig außer acht gelassen werden;

Heizkv § 9b   Kostenaufteilung bei Nutzerwechsel

an die Stelle der gesetzlichen Regelung dürfen nur solche Formularklauseln gesetzt werden, die den gesetzlich vorgesehenen Interessenausgleich auf andere Weise ebenfalls erreichen. Außerdem stellt § 307 Abs. 1 BGB auf die unangemessene Benachteiligung des Vertragspartners ab, also auf einen individuellen Maßstab, so dass eine Formularklausel selbst dann unwirksam sein kann, wenn sie noch den durch die HeizkV zu wahrenden öffentlichen Interessen entspricht. Abweichende Lösungen sollen einfacher oder wirtschaftlicher sein und dürfen das Gebot der Billigkeit nicht verletzen (BR-Drs. 494/88, 30).

III. Inhalt

52   Die besonderen rechtsgeschäftlichen Bestimmungen können Abweichungen von § 9b insgesamt vorsehen, aber auch nur andere Regelungen für die einzelnen Absätze enthalten. Verzichtet werden kann zB auf eine Zwischenablesung. Unzulässig wäre jedoch eine Verteilung der Kosten auf Vor- und Nachnutzer insgesamt mit der Folge, dass je nach Auszugstermin der weichende oder der kommende Nutzer die gesamten **Kosten der Nutzungseinheit** zu tragen hat. Das widerspricht den Grundgedanken des Auftragsrechts, das bei den üblichen Vorschussleistungen auf die Kostenabrechnung anzuwenden ist. Denn die Vorschüsse dürfen nur dazu verwendet werden, um die Zwecke des Auftraggebers zu erreichen. Eine Zahlung trotz rechtlicher und tatsächlicher **Nichtinanspruchnahme** der Heizung/des Warmwassers widerspricht diesem Zweck. An die Stelle der Zwischenablesung muss also stets eine andere Form der Kostenaufteilung treten.

53   Diese **Aufteilung** kann nach der **Gradtagszahlentabelle** erfolgen, womit dem vermuteten anteiligen Verbrauch mehrerer Nutzer Rechnung getragen wird (Philipp ZfgWBay 1989, 75). Eine **zeitanteilige Aufteilung in Formularverträgen** widerspricht dagegen § 307 Abs. 1 BGB. Denn angesichts der Auslegung von AGB nach der nutzerfeindlichsten Folge belastet sie grundsätzlich einen der am Wechsel beteiligten Nutzer unangemessen, da er für eine Leistung, die einem anderen zugute gekommen ist, die Gegenleistung erbringen soll. Das widerspricht auch den Grundgedanken des allgemeinen Schuldrechts, wonach sich Leistung und Gegenleistung entsprechen sollen. In einer **Individualvereinbarung** ist dagegen die zeitanteilige Kostenverteilung zulässig, da sie den besonderen Umständen des Einzelfalles gerecht werden kann, zB bei nur kurzer Nutzungszeit mit unwesentlichen witterungsbedingten Unterschieden im Wärmebedarf (Pfeifer HeizkV § 9b Anm. 7c).

54   **Individuell** kann auch eine **Pauschalberechnung** bei Verzicht auf die Zwischenablesung vereinbart werden, wobei zB der Vorjahresverbrauch als Anhaltspunkt dienen kann (Otto ZMR 1989, 405). Gegen eine **formularmäßige** Festlegung einer pauschalen Kostenabgeltung bei Nutzerwechsel sprechen dieselben Bedenken wie gegen die zeitanteilige Aufteilung. Die Pauschale führt mangels vorab festlegbarer konkreter Bezugspunkte und bei der nutzerfeindlichsten Auslegung notwendigerweise zur Benachteiligung eines der beteiligten Nutzer; die Regelung mag einfach sein, sie ist aber nicht billig.

55   Ohne Zwischenablesung kann ferner auf der **Basis der Heiztage** abgerechnet werden. Hierzu ist allerdings eine genaue Buchführung über die Zahl der Heiztage erforderlich, auf die sämtliche Heizkosten angerechnet werden (Blümmel/Becker, S. 72). Dieses Verfahren mag zwar genau und gerecht, dürfte allerdings gegenüber dem der HeizkV nicht einfacher sein. Außerdem ist diese Berechnungsweise nur

für die Ermittlung der Heizkosten, nicht aber der Warmwasserkosten und auch nicht bei verbundenen Anlagen anwendbar.

Ebenfalls nur für die **Aufteilung von Heizkosten** gilt die Methode der Verteilung nach der in den **Räumen verbrachten Zeit** während der **Heizperiode,** also einer Verteilung nach Siebentel-Anteilen, da die Heizperiode vertraglich zumeist den Zeitraum vom 1.10. bis zum 30.4. umfasst. Die Heizkosten werden zunächst für die Nutzereinheit ermittelt und anschließend je nach Verweildauer während der Heizperiode auf Vor- und Nachnutzer aufgeteilt. 56

Schließlich lässt Abs. 4 auch Abweichungen von den Absätzen 2 und 3 zu, dh es können auch bei Durchführung einer Zwischenablesung **andere Aufteilungsmaßstäbe** gewählt werden als in diesen Absätzen vorgesehen. So ist es zulässig, sowohl die verbrauchsabhängig wie die verbrauchsunabhängig ermittelten Gesamtkosten für die Nutzereinheit insgesamt prozentual nach dem durch die Zwischenablesung ermittelten Verbrauch am Gesamtverbrauch aufzuteilen (Schopp ZMR 1986, 304). Ferner ist es zulässig (und bei der Verteilung der Warmwasserkosten sinnvoll), einen Aufteilungsmaßstab zu wählen, der die individuelle Nutzungsintensität berücksichtigt, also nach der Zahl der nutzenden Personen zwischen Vor- und Nachnutzer zu differenzieren. 57

Zu beachten bleibt aber stets, dass ein **Maßstab** gewählt wird, der für die Aufteilung der Kosten zwischen Vor- und Nachnutzer **sachlich geeignet** ist. Dieser Maßstab darf nicht verwechselt werden mit den allgemeinen für die Abrechnungseinheit geltenden Maßstäben nach §§ 7 Abs. 1, 8 Abs. 1. Letztere können über die nutzungsrelevante Aufteilung unter mehreren Nutzern einer und derselben Nutzungseinheit sachlich nichts aussagen (was in den Vertragsmustern nicht immer beachtet wird, wenn zB als Verteilungsmaßstab die Wohnfläche angegeben wird, GGW Materialien 24, 21). 58

Unabhängig von den Vorgaben des § 9b können auch Regelungen getroffen werden über die **Kostentragung der Zwischenablesung.** Für zulässig erachtet wird die formularvertragliche Auferlegung solcher Kosten auf den vorzeitig den Vertrag beendenden Mieter (AG Wetzlar WuM 2003, 456); hier ist aber zu beachten, dass **nur** die konkret angefallenen Ablesekosten dem weichenden Mieter angelastet werden und keine Pauschalregelung für den Fall der vorzeitigen Auflösung des Mietvertrages in den Formularbedingungen enthalten ist (Lammel AnwK WohnraummietR BGB § 555 Rn. 16–18; Schmidt-Futterer/Blank/Fervers BGB § 555 Rn. 5, 6). 59

F. Folgen unterlassener Zwischenablesung

Führt der Gebäudeeigentümer keine Zwischenablesung durch, obwohl dies weder durch **rechtsgeschäftliche Vereinbarung** noch durch technische Umstände ausgeschlossen ist, stellt sich zwar die Gesamtabrechnung für die Nutzereinheit als ordnungsgemäß dar. Mangels Zwischenablesung kann jedoch die Aufteilung zwischen Vor- und Nachnutzer nicht den Vorschriften der HeizkV entsprechend erfolgen. In Analogie zur Regelung des Abs. 3 kann die Aufteilung nur mit Hilfe eines der dort genannten Ersatzverfahren durchgeführt werden, wobei der **Gradtagszahlenmethode** der Vorrang einzuräumen ist. 60

Da aber die Voraussetzungen des Abs. 3 für die Anwendung der **Hilfsverfahren** nicht gegeben sind, handelt es sich bei den so ermittelten Kostenanteilen weiterhin um nicht den Vorschriften entsprechend berechnete Werte. Deshalb können die 61 für Vor- und Nachnutzer errechneten Anteile jeweils um 15 % gem. § 12 Abs. 1 **gekürzt** werden (LG Hamburg NJW-RR 1988, 907; AG Berlin-Charlottenburg WuM 2006, 36; AG Berlin-Mitte MM 2005, 39). Die Kürzung ist jedoch nicht beim für die Nutzereinheit berechneten Gesamtanteil nach Abschluss der Abrechnungsperiode vorzunehmen (so aber Ropertz/Wüstefeld NJW 1989, 2370), da dieser Anteil von der Zwischenablesung unabhängig ordnungsgemäß mit der Endablesung erfasst und berechnet worden ist.

§ 10 Überschreitung der Höchstsätze

Rechtsgeschäftliche Bestimmungen, die höhere als die in § 7 Absatz 1 und § 8 Absatz 1 genannten Höchstsätze von 70 vom Hundert vorsehen, bleiben unberührt.

A. Zweck der Regelung

1   Nach der **Systematik der HeizkV** gehen ihre Vorschriften rechtsgeschäftlichen Vereinbarungen vor. Dieser in § 2 zum Ausdruck gekommene Grundsatz will verhindern, dass Vereinbarungen getroffen werden, die den **Zielsetzungen** der HeizkV **zuwiderlaufen.** Aber auch dieser Zielsetzung gleichlaufende oder über sie hinausgehende Vereinbarungen werden durch den Vorrang der HeizkV betroffen. Davon machen lediglich § 10 (und § 9b Abs. 4) eine begrenzte Ausnahme. Diese Vorschrift lässt rechtsgeschäftliche Vereinbarungen zu, die **höhere verbrauchsabhängig** zu verteilende **Kostenquoten** vorsehen als sie in §§ 7, 8 Abs. 1 enthalten sind.

2   Hiermit soll zweierlei erreicht werden. Zum einen sollen zivilrechtliche Rechtsbeziehungen trotz der differenzierten Regelungen der HeizkV weiterhin möglichst umfassend der **Privatautonomie** unterfallen; eine Begrenzung der Vertragsfreiheit soll nicht weiter gehen als zur **Erreichung der Ziele** der HeizkV notwendig ist. Zum anderen wird das Ziel der HeizkV, den jeweiligen Nutzer von Räumen zum sparsamen Verbrauch von Energie anzuhalten, im besonderen Maße auch dadurch erreicht, dass die Kostenverteilung allein oder jedenfalls über die in der HeizkV vorgegebenen 70 % hinaus nach dem erfassten Verbrauch erfolgt (BR-Drs. 632/80, 31). Hierdurch zeigt sich besonders deutlich die Abhängigkeit der auf den einzelnen Nutzer entfallenden Kostenquote von seinem eigenen Verbrauch mit der der HeizkV zugrundeliegenden Erwartung, dass diese Kosten einen sparsamen Umgang mit Energie bewirken. § 10 will eine derartige **überschießende Erfüllungstendenz** rechtsgeschäftlicher Vereinbarungen nicht verhindern. Die Vorschrift stellt somit eine Sonderregelung zu § 2 dar und geht hinsichtlich ihres Regelungsgehaltes dem § 2 vor.

B. Inhalt

3   Während §§ 7, 8 Abs. 1 dem Gebäudeeigentümer eine verbrauchsabhängige Verteilungsquote von maximal 70 % für eine einseitige Wahl des Verteilungsmaßstabes zubilligen, lässt § 10 die Festlegung eines darüber hinausgehenden verbrauchsabhängigen Anteils zu, sofern diese Festlegung in der Form einer (**ausdrücklichen,** nicht nur konkludenten) **rechtsgeschäftlichen Vereinbarung**

getroffen wird (LG Saarbrücken WuM 1990, 85). Vereinbart werden darf nur ein **höherer** als in den §§ 7, 8 vorgesehener verbrauchsabhängiger Maßstab; § 10 gibt **nicht** die Möglichkeit, einen **geringeren** verbrauchsabhängigen Verteilungsfaktor als 50 % zu vereinbaren.

Die verbrauchsabhängig zu verteilende Quote kann zwar jeden Prozentsatz zwischen 71 % und 100 % einnehmen. Allerdings ist die Wahl eines Satzes in der Nähe von 70 % nicht besonders sinnvoll, da hierdurch keine für das Verbrauchsverhalten des Nutzers **relevanten Mehrbelastungen** zu erwarten sind. Eine den tatsächlichen Verbrauch widerspiegelnde Kostenbelastung wird erst erreicht, wenn sich der Prozentsatz auf 100 % zu bewegt. Denn nur in diesem Fall wird der Vielverbraucher auch entsprechend seiner Nutzungsintensität kostenmäßig belastet, während bei einer Quotierung zwischen 50 % und 70 % der Vielverbraucher relativ entlastet, der Wenigverbraucher hingegen relativ belastet wird (Lefèvre, S. 55). 4

Ob eine zu 100 % verbrauchsabhängig durchgeführte Kostenverteilung angesichts des **baulichen Zustandes des Abrechnungsobjektes,** seiner Wärmedämmung und seiner heizungstechnischen Anlagen sinnvoll ist, unterliegt keiner judiziellen Bewertung. Zwar mag eine ausschließlich verbrauchsabhängige Verteilung nur bei sehr guter Wärmedämmung zweckmäßig sein (so Pfeifer HeizkV § 10 Anm. 1; Kohlenbach § 10 Anm. 1; Brintzinger § 10 Anm. 1 S. 3). Eine Überprüfung dahingehend, ob dem nach § 10 vereinbarten Maßstab sachliche Kriterien zugrunde liegen, ist nur im Rahmen des § 138 BGB möglich. 5

Allerdings kann eine Vereinbarung zwischen Gebäudeeigentümer und Nutzer in solchen Fällen wieder hinfällig werden, in denen der Abschluss auf einer Täuschung oder mangelhaften **Aufklärung** über ihre tatsächlichen Folgen beruht. Gerade bei unvollkommener **Wärmedämmung** des gesamten Gebäudes oder bei Räumen in exponierten Lagen (Dachgeschoss, große Fensterfronten) ist eine Aufklärung über die Folgen solcher Vereinbarungen erforderlich. Denn hier hängt der Energieverbrauch des Nutzers nicht nur von seinem individuellen Wärmebedürfnis ab, sondern im besonderen Maße auch von dem **baulichen Zustand des Gebäudes.** Der Nutzer schlecht gedämmter Räume würde bei einer zu 100 % nach Verbrauch zu erstellenden Heizkostenabrechnung doppelt zahlen: einmal das übliche Nutzungsentgelt (trotz schlechter Dämmung), zum anderen höhere Heizkosten (die vom Gebäudezustand wesentlich beeinflusst werden). Vor Abschluss einer Vereinbarung nach § 10 ist über die Umstände, die als Kostenfaktoren unbeeinflussbar sind, aufzuklären, damit der Nutzer die Folgen einer derartigen Vereinbarung abschätzen kann (zum Energiebedarfsausweis → HeizkV § 6 Rn. 7). Fehlt es an einer entsprechenden Aufklärung, kann sich der Gebäudeeigentümer aus culpa in contrahendo schadensersatzpflichtig machen, wobei der Schaden im Abschluss der Vereinbarung nach § 10 liegt. Kann diese im Wege des Schadensersatzes nicht rückgängig gemacht werden, weil andere an ihr beteiligte Nutzer dem nicht zustimmen (→ Rn. 8), kann der geschädigte Nutzer rein rechnerisch für sich eine Abrechnung nach einem 50:50-Schlüssel verlangen, wobei der schädigende Gebäudeeigentümer den hierbei entstehenden Kostenausfall zu tragen hat. 6

C. Abschluss

§ 10 lässt sowohl rechtsgeschäftliche Bestimmungen, die in der **Vergangenheit** getroffen worden sind, bestehen als auch für die **Zukunft** den Abschluss solcher 7

HeizkV § 10 Überschreitung der Höchstsätze

Vereinbarungen zu. Liegt eine derartige Vereinbarung bereits vor, ist der Gebäudeeigentümer nicht gezwungen, sie den Bandbreiten der §§ 7, 8 Abs. 1 anzupassen (AG Waldbröl WuM 1984, 138; AG Langenfeld WuM 1986, 323). Etwas anderes gilt jetzt für den zwingend vorgeschriebenen Schlüssel 30:70 in § 7 Abs. 1 S. 2 (dazu → HeizkV § 7 Rn. 18–30); von dieser zwingenden Regelung darf auch über § 10 nicht abgewichen werden bzw. ist eine bereits vorliegende Abweichung entsprechend anzupassen (so wenig sinnvoll das im Ganzen auch sein mag). Der einzelne Nutzer kann eine entsprechende Anpassung auch nicht mittelbar dadurch erzwingen, dass er von seinem (vermeintlichen) Kürzungsrecht nach § 12 Abs. 1 Gebrauch macht. Denn ein derartiges Kürzungsrecht steht ihm angesichts der nach § 10 zulässigerweise von den Bandbreiten der §§ 7, 8 abweichenden Vereinbarung nicht zu. Ebenso steht es den Parteien eines Nutzungsvertrages frei, den bisher den Heizkostenverteilungen zugrundeliegenden Maßstab für die Zukunft dahingehend abzuändern, dass zB nur noch verbrauchsabhängig abgerechnet werden soll.

8 Vergangene wie zukünftige Vereinbarungen nach § 10 müssen aber **mit allen Nutzern** getroffen worden sein bzw. werden (Peruzzo Heizkostenabrechnung Rn. 277; aA Schmid ZMR-Sonderheft HeizkV § 10 Ziff. 6). Es ist mathematisch nicht möglich, nur für eine Nutzungseinheit einen gesonderten Abrechnungsschlüssel zu vereinbaren, da der Schlüssel lediglich als Verhältnismaßstab zum Verbrauch der Gesamteinheit dient (AG Salzgitter DWW 1986, 102). Andererseits kann auch nicht lediglich ein Nutzer die Abänderung der einmal getroffenen Vereinbarung verlangen, sondern er bedarf hierzu der Zustimmung aller Beteiligten, des Gebäudeeigentümers wie der übrigen Nutzer.

9 Zwar stellt die Vereinbarung nach § 10 grundsätzlich **keine Wahl eines Abrechnungsmaßstabes** nach § 6 Abs. 4 dar. Denn sie bedarf zu ihrer Wirksamkeit **übereinstimmender Willenserklärungen** und kann nicht, wie dies § 6 Abs. 4 voraussetzt, einseitig durch den Gebäudeeigentümer festgelegt werden. Deshalb ist eine Abänderung der Vereinbarung nicht an die in 6 Abs. 4 Nr. 1–3 enthaltenen Voraussetzungen gebunden; sind sich die Partner der Vereinbarung einig, kann sie jederzeit abgeändert werden. Wenn auch formal der zeitliche Schranke des § 6 Abs. 4 für eine Abänderung des Abrechnungsschlüssels nicht gilt, wäre es doch wenig sinnvoll, etwa mitten in der Abrechnungsperiode die Vereinbarung nach § 10 wirksam werden zu lassen (Brintzinger § 10 Anm. 1 S. 3). Denn die Nutzer sollen ihr Verbrauchsverhalten dem geänderten Abrechnungsmodus anpassen können, was für die abgelaufene Zeit der gegenwärtigen Abrechnungsperiode nicht möglich ist.

10 Aus den unterschiedlichen Voraussetzungen für die Festlegung des Abrechnungsmaßstabes in den §§ 6 und 10 ergibt sich ferner, dass der Gebäudeeigentümer die in §§ 7, 8 enthaltenen Grenzen für einen verbrauchsabhängigen Verteilungsschlüssel **nicht einseitig** überschreiten darf. Das gilt selbst dann, wenn ihm, wie zB in Mietverträgen üblich, das Recht zur Bestimmung eines Verteilungsmaßstabes eingeräumt worden ist, ohne die Grenzen dieses Bestimmungsrechts näher zu konkretisieren (MieWo/Schmid § 10 Rn. 4; aA BR-Drs. 632/80, 32; Peruzzo Heizkostenabrechnung Rn. 278). Denn dieses Bestimmungsrecht wird vom Regelungsgehalt des § 10 nicht berührt; die entsprechenden Vertragsklauseln wiederholen lediglich ein Recht, das sich bereits aus § 6 Abs. 4 ergibt.

11 Für die **Abweichung** nach § 10 ist hingegen nach dem ausdrücklichen Wortlaut der Vorschrift ein Rechtsgeschäft erforderlich, das die Abweichung von den Regelmaßstäben zum Inhalt hat. Gerade wegen der sich aus einer rein verbrauchs-

D. Wohnungseigentum **§ 10 HeizkV**

abhängig vorgenommenen Abrechnung möglicherweise ergebenden höheren Belastungen kann die Festlegung des von der Norm abweichenden Maßstabes nicht einseitig dem Gebäudeeigentümer überlassen werden. Den Nutzern muss die Mit-Entscheidungsbefugnis für den konkret zu wählenden Schlüssel belassen bleiben.

Eine **rechtsgeschäftliche Bestimmung** nach § 10 kann in einer **Individual-** 12 **vereinbarung** getroffen werden, zB anlässlich einer vollständigen Modernisierung des abzurechnenden Gebäudes. Angesichts der Notwendigkeit, dass alle Nutzer eines Gebäudes dieser Vereinbarung zustimmen müssen, dürfte sie in dieser Form nicht häufig zu erreichen sein. Deshalb wird eine derartige Regelung zumeist in **Formularverträgen** enthalten sein. Das ist aus systematischen Gründen zulässig (Pfeifer HeizkV § 10 Anm. 4; unentschieden in BeckOK MietR/Pfeifer HeizkostenV § 10 Rn. 9–13), da die HeizkV auch in § 9b Abs. 4 abweichende Regelungen in der Form Allgemeiner Geschäftsbedingungen zulässt. Allerdings unterliegt der vorab festgelegte Verteilungsmaßstab von zB 100 % verbrauchsabhängiger Umlage der Kontrolle nach dem § 307 BGB.

Während beim Individualvertrag der Sinn einer ausschließlich verbrauchsabhän- 13 gigen Kostenverteilung nicht zu überprüfen ist, wird dieselbe Bestimmung beim Formularvertrag am Maßstab des § 307 BGB gemessen. Als **unangemessen** im Sinne dieser Vorschrift kann sich der 100 % -Schlüssel herausstellen, wenn der Verbrauch nicht vom Verhalten des Nutzers, sondern vom **baulichen Zustand** der genutzten Räume bestimmt wird. Beim Formularvertrag kann es daher durchaus eine Rolle spielen, ob das abzurechnende Gebäude einen optimalen Wärmeschutz und die Heizungsanlage einen hohen Wirkungsgrad entsprechend den Bestimmungen der GEG aufweist. Liegen diese beiden Elemente nicht vor, erscheint die formularmäßige Abweichung vom Regelwert der §§ 7, 8 als unangemessene Belastung des Nutzers. Denn er wird mit Verbrauchskosten belastet, die ihre Ursache nicht in seinem Verhalten, sondern im baulichen Zustand der genutzten Räume haben. Er muss nach der Abrechnung eine Leistung erbringen, für die er keine adäquate Gegenleistung erhalten hat.

An die Stelle der **formularmäßig vereinbarten Abrechnung** nach 100 14 %igem Verbrauch tritt gemäß § 306 Abs. 2 BGB das dispositive Gesetzesrecht, von dem die Formularklausel abgewichen ist. Das bedeutet für eine im Rahmen des § 10 nach § 307 BGB unwirksame Klausel, dass der Gebäudeeigentümer nunmehr nach den §§ 7, 8 einen Verteilungsmaßstab bestimmen kann und muss. Bei Unwirksamkeit der Vereinbarung nach § 10 steht ihm das einseitige Bestimmungsrecht nach § 6 Abs. 4 wieder zu, wobei ebenfalls die dort genannten einseitigen Abänderungsmöglichkeiten eingreifen können.

D. Wohnungseigentum

Zu den **rechtsgeschäftlichen Vereinbarungen** iSd § 10 gehören im Woh- 15 nungseigentum die **Teilungserklärungen** oder sonstige **Vereinbarungen** unter Wohnungseigentümern, in denen zumeist Regelungen über die Abrechnung der Heiz- und Warmwasserkosten enthalten sind. Ist in derartigen Vereinbarungen ein höherer verbrauchsabhängiger Maßstab enthalten, als in den §§ 7, 8 vorgesehen, bleibt diese Regelung auch für die Zukunft gültig, es sei denn, sie wird durch eine andere Vereinbarung ersetzt (Schmid ZMR-Sonderheft HeizkV § 10 Ziff. 8). Enthält die vorliegende Regelung nur einen sich im Rahmen der §§ 7,

8 haltenden Verteilungsmaßstab, eröffnet § 10 auch für das Wohnungseigentum die Möglichkeit, davon abweichend eine höhere verbrauchsabhängige Verteilung zu vereinbaren.

16 Für die zur Abänderung vorgegebener – verbrauchsabhängiger Verteilungs- – Regelungen erforderlichen **Mehrheiten** sind vorrangig die für das Abstimmungsverhalten geltenden Bestimmungen der **Teilungserklärung maßgebend**. Das kann allerdings dazu führen, dass bei der Zulässigkeit von Mehrheitsentscheidungen (von denen jetzt die Neuregelung in § 16 Abs. 2 WEG als Grundsatz ausgeht) auch solche Wohnungseigentümer an einen hohen verbrauchsabhängigen Schlüssel gebunden sind, die hierdurch wegen der exponierten Lage ihrer Eigentumswohnung erheblich benachteiligt werden können (Brintzinger, § 10 Anm. 2). Das ist aber keine Folge der Regelungen der HeizkV, insbesondere des § 10, sondern ein Ausfluss des sich aus der Teilungserklärung ergebenden Stimmenverhältnisses. Über die Möglichkeit solcher Mehrheitsentscheidungen kann sich der Erwerber einer Eigentumswohnung vor Abschluss der entsprechenden Verträge informieren. § 10 lässt insoweit lediglich die **vorgegebene Rechtslage** unberührt (BR-Drs. 632/80, 31).

17 Enthält die **Teilungserklärung** hingegen **keine Sondervorschriften** über das Abstimmungsverhalten, gelten die allgemeinen Regelungen des WEG. Das bedeutet, eine Abänderung des in der Teilungserklärung enthaltenen **verbrauchsabhängigen,** der HeizkV entsprechenden Schlüssels durch Mehrheitsbeschluss zulässig ist, § 16 Abs. 2 (→ HeizkV § 3 Rn. 13).

18 Enthält die Teilungserklärung dagegen einen **verbrauchsunabhängigen** Schlüssel, oder entsprach der vorliegende Schlüssel weder dem §§ 7, 8 noch dem § 10 (zB wenn ein verbrauchsabhängiger Anteil von lediglich 40 % vorgesehen war), ist die **erstmalige Anpassung** der Teilungserklärung **an** die Regelungen der **HeizkV,** wozu auch die Möglichkeit des § 10 gehört, durch eine **Mehrheitsentscheidung** zulässig (→ HeizkV § 3 Rn. 13), was sich jetzt auch aus der Neuregelung in § 16 Abs. 3 WEG ergibt. Die Gegenmeinung, die wegen der fehlenden Verweisung in § 3 S. 2 auf § 10 stets Einstimmigkeit verlangt (OLG Düsseldorf NJW 1986, 386; Peruzzo Heizkostenabrechnung Rn. 276) übersieht, dass auch die nach § 10 zu treffende Bestimmung über den Verteilungsmaßstab eine solche im Rahmen der HeizkV ist. Außerdem stellt jede Abänderung der Teilungserklärung als Vereinbarung wiederum eine Vereinbarung dar, so dass auch die formalen Bedingungen des § 10 für eine Überschreitung der Höchstsätze erfüllt sind.

§ 11 Ausnahmen

(1) **Soweit sich die §§ 3 bis 7 auf die Versorgung mit Wärme beziehen, sind sie nicht anzuwenden**
1. **auf Räume,**
    a) **in Gebäuden, die einen Heizwärmebedarf von weniger als 15 kWh/ ($m^2 \cdot a$) aufweisen,**
    b) **bei denen das Anbringen der Ausstattung zur Verbrauchserfassung, die Erfassung des Wärmeverbrauchs oder die Verteilung der Kosten des Wärmeverbrauchs nicht oder nur mit unverhältnismäßig hohen Kosten möglich ist; unverhältnismäßig hohe Kosten liegen vor, wenn diese nicht durch die Einsparungen, die in der Regel innerhalb von zehn Jahren erzielt werden können, erwirtschaftet werden können;**

Ausnahmen § 11 HeizkV

oder
  c) die vor dem 1. Juli 1981 bezugsfertig geworden sind und in denen der Nutzer den Wärmeverbrauch nicht beeinflussen kann;
2. a) auf Alters- und Pflegeheime, Studenten- und Lehrlingsheime,
  b) auf vergleichbare Gebäude oder Gebäudeteile, deren Nutzung Personengruppen vorbehalten ist, mit denen wegen ihrer besonderen persönlichen Verhältnisse regelmäßig keine üblichen Mietverträge abgeschlossen werden;
3. auf Räume in Gebäuden, die überwiegend versorgt werden
  a) mit Wärme aus Anlagen zur Rückgewinnung von Wärme oder aus Wärmepumpen- oder Solaranlagen oder
  b) mit Wärme aus Anlagen der Kraft-Wärme-Kopplung oder aus Anlagen zur Verwertung von Abwärme, sofern der Wärmeverbrauch des Gebäudes nicht erfasst wird;
4. auf die Kosten des Betriebs der zugehörigen Hausanlagen, soweit diese Kosten in den Fällen des § 1 Absatz 3 nicht in den Kosten der Wärmelieferung enthalten sind, sondern vom Gebäudeeigentümer gesondert abgerechnet werden;
5. in sonstigen Einzelfällen, in denen die nach Landesrecht zuständige Stelle wegen besonderer Umstände von den Anforderungen dieser Verordnung befreit hat, um einen unangemessenen Aufwand oder sonstige unbillige Härten zu vermeiden.

(2) Soweit sich die §§ 3 bis 6 und § 8 auf die Versorgung mit Warmwasser beziehen, gilt Absatz 1 entsprechend.

Literatur: Pfeifer, Zur Unwirtschaftlichkeit und Unverhältnismäßigkeit bei der Abrechnung von Heizkosten, MietRB 2014, 228; Schmid, Unverhältnismäßigkeit und Unwirtschaftlichkeit der Heizkostenabrechnung nach Verbrauch – Was ist der Unterschied?, AnwZert-MietR 20/2014, Anm. 2.

Übersicht

	Rn.
A. Zweck der Regelung	1
I. Gebot der Wirtschaftlichkeit	1
II. Weitere Ausnahmeregelungen	4
B. Einzelne Ausnahmetatbestände	8
I. Reichweite der Ausnahmen	8
1. Entfallende Vorschriften	8
2. Eingreifen der Ausnahmen	10
3. Abrechnung	13
II. Energiesparhäuser	16
III. Keine Anbringung von Erfassungsgeräten	17
1. Reichweite der Regelung	17
2. Voraussetzungen	20
a) Technische Hindernisse	21
b) Wirtschaftliche Grenzen	26
c) Untervermietung	35
d) Kompensation durch Vorteile?	39
IV. Keine Verbrauchsbeeinflussung	41
V. Keine Trennung von Leistungen	47
VI. Verwendung energiesparender Techniken	522

HeizkV § 11 Ausnahmen

	Rn.
1. Wärmeerzeugung	52
2. Brennstoffausnutzung	55
3. Ausnahmegenehmigung	58
VII. Hausanlagen	59
VIII. Allgemeine Härteklausel	60
C. Warmwasser	66
D. Folgen für die Abrechnung	67
E. Preisgebundener Wohnraum	68

A. Zweck der Regelung

I. Gebot der Wirtschaftlichkeit

1   Der Zweck der HeizkV ist es, durch Drosselung des individuellen Verbrauchs zur **Energieeinsparung** beizutragen. Die Verbrauchsdrosselung wiederum soll nach **marktwirtschaftlichen Prinzipien** über die Kosten erzielt werden; hohe Kosten sollen den ökonomisch denkenden Nutzer veranlassen, seinen Energieverbrauch einzuschränken. Das setzt aber voraus, dass im wesentlichen die **Kosten** nur durch den **Energieverbrauch** beeinflusst werden. Kommen andere Kostenfaktoren hinzu, die im Verhältnis zu den Energiekosten zu hoch sind, kann die HeizkV ihr Ziel unter ökonomischen Gesichtspunkten nicht erreichen.

2   Bereits die Rechtsgrundlage der HeizkV, das Gebäudeenergiegesetz, enthält in § 5 den Vorbehalt, dass die **Anforderungen** der nach dem GEG erlassenen Rechtsverordnungen **wirtschaftlich vertretbar** sein müssen, § 5 Abs. 1 S. 1 GEG. In § 5 Abs. 1 S. 2 GEG ist ferner eine **Legaldefinition** für die **wirtschaftliche Vertretbarkeit** enthalten. Sie stellt darauf ab, dass generell die für die Durchführung der verbrauchsabhängigen Kostenverteilung nach der HeizkV erforderlichen Aufwendungen innerhalb der üblichen **Nutzungsdauer der Gebäude** durch die eintretenden Einsparungen erwirtschaftet werden können. Werden die Aufwendungen in bereits bestehenden Gebäuden gemacht, ist auf die noch erwartende Nutzungsdauer abzustellen. Unter Missachtung dieser gesetzlichen Vorgaben enthält § 11 Abs. 1 Nr. 1b eine davon abweichende Definition (dazu → Rn. 31).

3   In Erfüllung dieses **Gebotes der Wirtschaftlichkeit** enthält § 11 eine Reihe von **Ausnahmeregelungen** von der Geltung der HeizkV. Die Ausnahmetatbestände des § 11 lassen sich in zwei große Gruppen einteilen: in solche, deren **Voraussetzungen** vom Gebäudeeigentümer bzw. im Streitfall von den Gerichten eigenverantwortlich zu **prüfen** sind, und in jene, in denen neben der Erfüllung vorgegebener Tatbestandsmerkmale **zusätzlich** eine **Ausnahmegenehmigung** der zuständigen Landesbehörde erforderlich ist. Zu den letzteren Fällen gehört jetzt nach der Novellierung 2009 nur noch der Tatbestand des § 11 Abs. 1 Nr. 5. Bei ihm wirkt die **Genehmigung konstitutiv**, sie muss also vorliegen, damit sich der Gebäudeeigentümer auf den Ausnahmetatbestand berufen kann; die Genehmigung ist aber auch im Streitfall für die Gerichte bindend (OLG Hamm DWE 1987, 25). Die für Nr. 3 früher erforderliche Genehmigung ist vom Bundesrat mit dem Argument gestrichen worden, dass für den Nutzer leicht zu erkennen sei, ob das Gebäude mit den in Nr. 3 beschriebenen Anlagen versorgt werde; durch die Streichung werde ein Beitrag zur Entbürokratisierung geleistet (BR-Drs. 570/08, Beschl., S. 5). Dabei wurde aber übersehen, dass das Tatbestands-

B. Einzelne Ausnahmetatbestände   § 11 HeizkV

merkmal „überwiegende" Versorgung beibehalten worden ist, was für den Nutzer nicht leicht feststellbar ist. Im ersteren Fall liegt die Annahme einer Ausnahme im Risikobereich des Gebäudeeigentümers. Das sind die Tatbestände des § 11 Abs. 1 Nr. 1, Nr. 2 und Nr. 4. § 11 Abs. 2 erweitert die inhaltlich auf die Versorgung mit Wärme zugeschnittenen Fälle des Abs. 1 auf die Versorgung mit Warmwasser.

II. Weitere Ausnahmeregelungen

Bei Erlass der HeizkV 1981 enthielt § 11 eine abschließende Aufzählung der **4** Ausnahmen (BR-Drs. 632/80, 33). Alle **sonstigen Anwendungsfälle** für eine verbrauchsabhängige Verteilung von Heiz- und Warmwasserkosten, die nicht unter die Tatbestände des § 11 subsumiert werden konnten, mussten nach den Vorschriften der HeizkV behandelt werden. Durch die Änderungen der HeizkV in den Jahren 1984 und 1989 sind mittlerweile noch weitere Ausnahmen hinzugekommen, die nicht in § 11 enthalten sind, so dass die Bestimmungen über Ausnahmen insgesamt etwas unübersichtlich geworden sind.

Denn nach § 2 sind bei **Gebäuden** mit **nicht** mehr als **zwei Wohnungen,** **5** von denen der Vermieter eine selbst bewohnt, rechtsgeschäftliche Vereinbarungen zulässig, die von der HeizkV abweichende Verteilungskriterien vorsehen (dazu → HeizkV § 2 Rn. 42–49). Ferner lässt § 9b Abs. 4 für die Kostenaufteilung beim **Nutzerwechsel** ebenfalls abweichende rechtsgeschäftliche Bestimmungen zu. Eine eingeschränkte Ausnahme ergibt sich auch aus § 10, wonach die **verbrauchsabhängigen Höchstsätze** der §§ 7, 8 durch rechtsgeschäftliche Bestimmungen überschritten werden dürfen. Schließlich enthält die **Übergangsvorschrift** in § 12 Abs. 2 ebenfalls eine materielle Ausnahmeregelung zu den sonstigen Vorschriften der HeizkV.

Auch die **Verweisung** auf die Regelungen für **preisgebundenen Wohnraum** **6** in § 1 Abs. 4 entpuppt sich als materielle Ausnahmevorschrift, da § 22 Abs. 2 NMV 1970 für den Fall einer Ausnahme nach § 11 konkrete Verteilungsmaßstäbe vorschreibt und diese nicht den vertraglichen Vereinbarungen oder dem Bestimmungsrecht des Gebäudeeigentümers überlässt. Auch sieht § 22 Abs. 2 NMV vor, dass bereits erteilte Ausnahmegenehmigungen nach den §§ 22 Abs. 5, 23 Abs. 5 NMV aF weiterhin gültig bleiben; diese bis 1984 geltenden Vorschriften stimmen sachlich mit den Ausnahmevorschriften in § 11 Abs. 1 Nr. 3 überein. § 22 Abs. 3 NMV enthält schließlich noch eine Ausnahmeregelung für verbundene Anlagen, also von § 9: wurden in Wohnungen, die vor dem 1.1.1981 bezugsfertig geworden sind, die Kosten verbundener Anlagen am 30.4.1984 unaufgeteilt umgelegt, bleibt das auch für die Zukunft zulässig (dazu → HeizkV § 9 Rn. 33/34).

Der **Unterschied** dieser Ausnahmetatbestände (ausgenommen die Regelung **7** des § 2) zu § 11 besteht darin, dass § 11 die Räume von allen Vorschriften der HeizkV ausnimmt, während die übrigen Ausnahmebestimmungen nur die Nichtanwendung der HeizkV in einzelnen bestimmten Bereichen gestatten. § 11 ist insoweit die umfassendere Vorschrift, die die Einzelregelungen mit umfasst.

B. Einzelne Ausnahmetatbestände

I. Reichweite der Ausnahmen

1. Entfallende Vorschriften. Liegt einer der Ausnahmetatbestände des § 11 **8** vor, finden die **Vorschriften** der HeizkV insgesamt **keine Anwendung.** Zwar

HeizkV § 11 Ausnahmen

erstreckt sich die Ausnahmeregelung des § 11 ihrem Wortlaut nach nur auf die Bestimmungen der §§ 3–7 (Versorgung mit Wärme) bzw. der §§ 3–6 und des § 8 (Versorgung mit Warmwasser). Nicht anwendbar in den Sonderfällen des § 11 sind aber auch die in den §§ 9, 9a und 9b enthaltenen Bestimmungen. Denn auch sie beruhen ihrer Grundkonzeption nach auf einer Erfassung des Verbrauchs, der gerade nach den Ausnahmen des § 11 nicht zu erfolgen braucht. Es ist auch wenig sinnvoll, den Gebäudeeigentümer zu zwingen, aus den genannten Vorschriften die Teile anzuwenden, die vom Ausnahmetatbestand nicht erfasst werden. Das dient nicht der Rechtsklarheit. Es bleibt den Parteien unbenommen, die Geltung der genannten Vorschriften rechtsgeschäftlich zu vereinbaren (dazu → Rn. 13–15).

9   Der Gebäudeeigentümer bzw. die ihm gleichgestellten Personen sind weder zur Erfassung des Verbrauchs von Wärme und Warmwasser, noch zur Verteilung der Kosten nach der HeizkV verpflichtet (BGH WuM 2003, 699). Die Nutzer ihrerseits haben keinen Anspruch auf Durchführung der Verbrauchserfassung und dürfen entsprechend die ihnen in Rechnung gestellten Kosten nicht nach § 12 Abs. 1 kürzen (AG Lübben NZM 2000, 907; LG Halle ZMR 2003, 428). Andererseits sind sie auch nicht verpflichtet, die Anbringung von **Ausstattungen zur Verbrauchserfassung** zu dulden. Das bedeutet aber nicht, dass keine Kostenverteilung durchgeführt zu werden braucht. Die Nutzer bzw. Gebäudeeigentümer sind lediglich nicht zwingend der HeizkV unterworfen; die Verteilung kann nach anderen Maßstäben vorgenommen werden (zB Flächenmaßstab gem. § 556a Abs. 1 S. 1 BGB). Dem kann nicht § 2 Abs. 1 Nr. 4–6 BetrKV entgegengehalten werden (so aber Kersten (Metrona) ModMag 2009, Heft 7–8, 51); denn die BetrKV enthält keine Vorschriften über eine „verbrauchsabhängige" Kostenverteilung. Die Neuerung in Nr. 1a wurde gerade deshalb eingeführt, weil die verbrauchsunabhängigen Kosten (also im wesentlichen die mit der Ablesung und Verteilung durch Fremdfirmen verbundenen Kosten) bei derartigen Niedrigenergiehäusern gegenüber den verbrauchsabhängigen Kosten proportional zu hoch sind (BR-Drs. 570/08, 18). Diese wirtschaftlichen Erwägungen gelten dann auch für die anderen Ausnahmebestimmungen.

10 **2. Eingreifen der Ausnahmen.** Insbesondere die Ausnahmeregelung in § 11 Abs. 1 Nr. 1c wird Bedeutung gerade für solche Räume erlangen, die vor dem 1.7.1981 bezugsfertig geworden sind und die trotz des Ablaufs der in § 12 aF enthaltenen Übergangsfrist bis 30.6.1984 noch nicht mit Ausstattungen zur Erfassung des Verbrauchs versehen worden sind. Denn der **Gebäudeeigentümer** kann sich gegenüber einem entsprechenden Verlangen der Nutzer auf den Ausnahmetatbestand berufen. Er brauchte von sich aus tätig zu werden und die Nutzer auf den seiner Ansicht nach vorliegenden Ausnahmetatbestand hinzuweisen.

11 Denn die HeizkV findet trotz der Vorrangregelung in § 2 erst dann praktisch Anwendung, wenn sich bei bisher nicht verordnungsgerechter Handhabung **ein Nutzer** auf die Anwendbarkeit der **HeizkV beruft** (dazu → HeizkV § 2 Rn. 12, 13); die HeizkV enthält keine selbstexekutierenden Vorschriften, sondern nur solche, die einer Umsetzung bedürfen. Solange das nicht geschieht, wird das Problem des Vorliegens eines Ausnahmetatbestandes für die konkrete Abrechnungseinheit nicht relevant. Der einzelne Nutzer muss nicht vor Beginn einer Abrechnungsperiode auf die Einhaltung der HeizkV dringen. Er kann den Einwand, dass die Kostenverteilung nicht der HeizkV entspricht, auch erst bei Vorlage der Abrechnung erheben. Demgegenüber kann sich der Gebäudeeigentümer wie-

B. Einzelne Ausnahmetatbestände   **§ 11 HeizkV**

derum darauf berufen, dass die HeizkV wegen des Vorliegens eines Ausnahmetatbestandes insgesamt keine Anwendung findet oder dass einzelne Ausnahmeregelungen eingreifen.

Kommt es über die Nachforderung aus einer Heizkostenabrechnung zum Prozess, obliegt dem **Gebäudeeigentümer** der **Nachweis,** dass die Tatbestandsmerkmale einer **Ausnahmeregelung** erfüllt sind (Maciejewski MM 1997, 89). Um diese Zweifelsfrage gegenüber dem Nutzer für die gesamte Dauer des Nutzungsverhältnisses zu klären, wird der Gebäudeeigentümer zweckmäßigerweise eine **Zwischenfeststellungsklage** nach § 256 Abs. 2 ZPO erheben; das festzustellende Rechtsverhältnis ist in der Abrechnungspflicht nach der HeizkV zu sehen. Ohne eine derartige Zwischenfeststellungsklage im Rahmen einer Zahlungsklage aus der Nebenkostenabrechnung erwachsen die für die Leistungsklage vorgreiflichen Feststellungen über die Anwendbarkeit der HeizkV auf die konkreten Beziehungen der Parteien nicht in Rechtskraft, so dass dieselbe Frage mit der nächsten Abrechnung erneut zur Disposition des Nutzers gestellt werden und die Gefahr bestehen könnte, dass ein zur ersten Entscheidung gegensätzliches Urteil gefällt wird. 12

3. Abrechnung. Wie die **Abrechnung über die Heizkosten** bei Vorliegen eines Ausnahmetatbestandes des § 11 gestaltet wird, ist der **Dispositionsfreiheit** der Parteien überlassen; dies gilt wegen der Vergleichsberechnung der Heizkosten in der Abrechnung nicht nur für die jeweils betroffenen Räume, sondern für die gesamte Gebäude-Abrechnungseinheit (ein Vorschlag für eine Abrechnungsweise in diesen Fällen – § 11a Arbeitsentwurf 1987 – ist nicht in die VO aufgenommen worden). Sie können eine **Inklusivmiete** vereinbaren, in der sämtliche oder auch nur ein Teil der Nebenkosten enthalten ist; sie können sich auf eine **Pauschalzahlung** für Heizung und Warmwasser einigen, so dass jede Abrechnungspflicht entfällt mit der Folge, dass weder Nachzahlungen vom Gebäudeeigentümer noch Rückzahlungen vom Nutzer verlangt werden können. Bei den üblicherweise vereinbarten Vorauszahlungen auf Nebenkosten können der Abrechnung von der HeizkV abweichende Verteilungsmaßstäbe zugrunde gelegt werden, so zB ein rein **verbrauchsunabhängiger Schlüssel,** wie dies § 22 Abs. 2 NMV für preisgebundenen Wohnraum vorsieht. Möglich ist aber auch, dass sich die Parteien darauf einigen, einige Bestimmungen der HeizkV anzuwenden, so etwa die Pauschalen des § 9 bei verbundenen Anlagen, das Vergleichsverfahren nach § 9a oder die Berechnung des Wärmeverbrauchs nach den Gradtagszahlen entsprechend § 9b. Dann gelten aber auch nur die vereinbarten Regelungen; werden diese inhaltlich nicht eingehalten, kommt deswegen nicht das Kürzungsrecht in Betracht (aA wohl LG Stralsund ZMR 2022, 45), sondern ein vertragsrechtlich zu begründender Schadensersatzanspruch. Haben die Parteien **keine Vereinbarung** – auch nicht in der Form eines einseitigen Bestimmungsrechts des Gebäudeeigentümers (→ Rn. 14) – getroffen, gilt nunmehr der gesetzliche Umlagemaßstab des § 556a Abs. 1 S. 1 BGB, die Verteilung nach der **Wohnfläche.** 13

Schließlich ist es auch zulässig, dem Gebäudeeigentümer **vertraglich** ein einseitiges **Bestimmungsrecht** für die Wahl des Verteilungsmaßstabes einzuräumen (Schmidt-Futterer/Lehmann-Richter BGB § 556a Rn. 9, 10; BGH WuM 2015, 33; für § 556a BGB aber dogmatisch-methodisch zweifelhaft, Lammel juris PR-MietR 2/2015 Anm. 1; kritisch auch Schmidt-Futterer/Lehmann-Richter BGB § 556a Rn. 14–22). Die Ausübung des Bestimmungsrechts steht allerdings unter dem Vorbehalt des § 315 BGB; der Gebäudeeigentümer darf sein Recht nur 14

287

nach **billigem Ermessen** ausüben. Er muss hierbei die Interessen der Nutzer berücksichtigen und nur einen der konkreten Situation angepassten sachgerechten Schlüssel verwenden. Das gleiche gilt in den Fällen, in denen das Bestimmungsrecht oder auch ein konkreter, von den Regelungen der HeizkV abweichender Schlüssel in Formularverträgen über die Nutzung der Räume enthalten ist.

15 Insbesondere die **formularmäßige Festlegung** von Verteilungsmaßstäben unterliegt der Prüfung nach § 307 BGB dahingehend, ob sie den jeweiligen Nutzer **nicht unangemessen benachteiligen.** Als Maßstab innerhalb des § 307 BGB können die Regelungen der HeizkV herangezogen werden, soweit nicht gerade der Ausnahmetatbestand eingreift, also zB eine Verbrauchserfassung (§ 11 Abs. 1 Nr. 1b) oder eine Beeinflussung des Wärmeverbrauchs (§ 11 Abs. 1c) nicht möglich ist. Denn trotz ihrer vorrangig im öffentlichen Interesse liegenden Zielsetzung stellen die Einzelregelungen der HeizkV eine ausgewogene Verteilung der Rechte und Pflichten zwischen Gebäudeeigentümer und Nutzer dar, von der nicht ohne triftige Gründe abgewichen werden sollte. So können zB die in den §§ 9, 9b enthaltenen Pauschal- und Hilfsverfahren noch immer zu einer unter dem Gesichtspunkt der Verbrauchsnähe sachgerechteren Kostenverteilung führen als zB die Verteilung nach einem ausschließlich verbrauchsunabhängigen Maßstab.

II. Energiesparhäuser

16 Der mit der Novelle 2009 neu eingefügte Buchstabe 1a verwirklicht ein politisches Ziel des „Integrierten Klima- und Energieeinsparpakets", das sich ua die Förderung der Niedrigenergie- bzw. **Passiv-Häuser** zum Ziel gesetzt hatte. Motiv dieser Regelung war die Feststellung, dass mit steigender Energieeinsparung die verbrauchsabhängigen Kosten zwar sinken, aber die verbrauchsunabhängigen Kosten überproportional viel ausmachen, so dass der Grundsatz der Wirtschaftlichkeit beeinträchtigt werden konnte (BR-Drs. 570/08, 17/18). Deshalb werden Häuser mit einem Jahreswärmebedarf von weniger als 15 kWh pro m^2 pro Jahr (der Abdruck der Grenze ist mathematisch wieder falsch: die m^2 werden nicht mit dem Jahr multipliziert!) von der Anwendung der HeizkV ausgenommen; der Wärmebedarf von 15 kWh und mehr fällt dagegen nicht mehr unter diese Ausnahme, die im übrigen auch bereits durch die alte Nr. 1a hätte erfasst werden können (Wall WuM 2009, 14 li. Sp.). Die Ausnahme bedeutet nicht, dass überhaupt keine Abrechnung über die Wärme- und Warmwasserkosten zu erfolgen hat, und sie verbietet auch nicht eine einvernehmliche Anwendung der HeizkV.

III. Keine Anbringung von Erfassungsgeräten

17 **1. Reichweite der Regelung.** Nach § 11 Abs. 1 Nr. 1b braucht eine Erfassung des Wärme- (bzw. in Verbindung mit Abs. 2 des Warmwasser-)Verbrauchs sowie eine Verteilung der Kosten entsprechend den Vorschriften der HeizkV nicht für solche Räume durchgeführt zu werden, in denen die Anbringung der Geräte, die Erfassung des Verbrauchs oder die Verteilung der Kosten nicht oder nur mit unverhältnismäßig hohen Kosten möglich ist. In dieser Regelung kommt das in → Rn. 1, 2 erwähnte Prinzip der Wirtschaftlichkeit am deutlichsten zum Ausdruck.

18 Entgegen dem missverständlichen Wortlaut bezieht sich die **Ausnahme** nicht auf einzelne Räume, sondern wegen des Sachzusammenhangs einer Kostenverteilung auf die **gesamte Abrechnungseinheit.** Denn es ist (abgesehen vom Fall der Vorerfassung nach § 5 Abs. 2, dazu → HeizkV § 5 Rn. 82–88) technisch-

B. Einzelne Ausnahmetatbestände **§ 11 HeizkV**

mathematisch nicht möglich, aus einer Abrechnungseinheit nur einzelne Räume aus der verbrauchsabhängigen Kostenverteilung auszuklammern, da die Verteilung auf einer Verhältnisrechnung zum Gesamtverbrauch beruht, die entweder gleichermaßen für alle Räume oder gar nicht durchgeführt werden kann. Sollte daher der Ausnahmetatbestand des Abs. 1 Nr. 1b zB wegen besonderer baulicher Umstände nur für einzelne Räume eingreifen und für diese insgesamt technisch auch keine Vorerfassung möglich sein, muss für die gesamte Abrechnungseinheit die Kostenverteilung nach der HeizkV entfallen.

Abzugrenzen ist der Ausnahmefall des Abs. 1 Nr. 1b auch von der Kostenverteilung in **Sonderfällen** nach § 9a. § 9a setzt voraus, dass eine Erfassung zwar generell technisch möglich ist und entsprechende Erfassungsgeräte vorhanden sind, diese Geräte aber für einen Abrechnungszeitraum ausgefallen sind. Während § 9a also auf einen Fehler lediglich während eines Abrechnungszeitraums abstellt, ergibt das Vorliegen des Tatbestandes des § 11 Abs. 1 Nr. 1b einen **Dauermangel.** Zu beachten bleibt aber, dass der dauernde Geräteausfall nicht zu einem Dauermangel iSd § 11 Abs. 1 Nr. 1b führt (aA noch Kreuzberg/Wien Heizkostenabrechnung-HdB/Kreuzberg[1], 43). 19

2. Voraussetzungen. Für das Vorliegen des Ausnahmetatbestandes des § 11 Abs. 1 Nr. 1b brauchen die aufgeführten **Tatbestände** nur **alternativ** erfüllt zu werden. Es genügt also, dass entweder das Anbringen der Ausstattung zur Verbrauchserfassung oder die Erfassung des Wärmeverbrauchs oder die Verteilung der Kosten des Verbrauchs nicht oder nur mit hohen Kosten möglich ist. 20

a) Technische Hindernisse. Die **Anbringung einer Ausstattung** zur Verbrauchserfassung ist zB bei vertikalen Warmwasserleitungen **nicht möglich,** die durch mehrere Nutzungseinheiten führen. Zu denken ist etwa an Leitungen, die von der Warmwasserbereitungsanlage vertikal durch sämtliche Bäder oder Küchen einer Haushälfte laufen. In diesem Fall würde der vor der ersten Nutzungseinheit angebrachte Warmwasserzähler nicht nur den Verbrauch dieser Einheit erfassen, sondern auch den Verbrauch sämtlicher nachgeschalteter Einheiten. Der Einzelverbrauch könnte (bei Anbringung von Zwischenzählern) jeweils nur durch Subtraktion des jeweils nachgeordneten Verbrauchs vom vorgemessenen Verbrauch ermittelt werden. 21

Technisch möglich, aber in der praktischen Auswirkung sinnwidrig wäre auch die Anbringung von Erfassungsgeräten an Heizkörpern in der Küche, die so nahe dem Herd montiert sind, dass dessen Abstrahlungswärme jede Verbrauchserfassung verfälscht (AG Bremerhaven WuM 1989, 30). 22

Nicht zu dieser technischen Unmöglichkeit gehören hingegen jene Fälle der mängelbehafteten Installation der Heizkörper, zB ohne die nach dem GEG erforderliche Isolierung der wärmeführenden Rohre, so dass diese mehr Wärme abgeben als der Heizkörper selbst, an dem der Kostenverteiler angebracht ist (LG Meiningen WuM 2003, 453). Ebenfalls nicht in diesen Bereich gehört die aus tatsächlichen Gründen folgende Unmöglichkeit der Anbringung der Erfassungsgeräte, zB weil die Heizkörper von Einbaumöbeln oder Verkleidungen zugebaut sind (LG Hamburg WuM 1992, 259; WuM 1991, 561). 23

Eine Erfassung des Verbrauchs ist zB nicht möglich bei einer **Fußbodenheizung,** die mehrere Nutzungseinheiten in einer Ebene versorgt (Lefèvre HKA 2002, 13). Bei einer Fußbodenheizung ist zwar generell die Verbrauchserfassung durch Wärmemengenzähler möglich (dazu → HeizkV § 5 Rn. 50); das setzt jedoch voraus, dass nur eine Nutzereinheit von ihr versorgt wird, da die Messun- 24

289

HeizkV § 11

Ausnahmen

gen am Vor- und Rücklauf erfolgen. Eine Zwischenmessung zB für einzelne Räume ist nicht möglich.

25 Wann eine **Verteilung der Kosten dauernd unmöglich** sein soll, ist nicht recht einsehbar. Denn das alleinige Vorliegen dieses Tatbestandsmerkmals setzt voraus, dass sowohl die Anbringung der Erfassungsgeräte als auch die Erfassung des Verbrauchs selbst möglich ist. Bei der Verteilung handelt es sich nur um die rechnerische Aufteilung der Gesamtkosten anhand des ermittelten Gesamt- und Einzelverbrauchs.

26 **b) Wirtschaftliche Grenzen.** Im Einzelfall mag es zwar technisch möglich sein, Erfassungsgeräte anzubringen, so zB wenn in obigem Beispiel (→ Rn. 21) die Leitungsführung für das Warmwasser geändert wird. Trotz der technisch realisierbaren Anwendung der HeizkV kann sich jedoch im Einzelfall erweisen, dass die durch die Anpassung an die Erfordernisse der HeizkV entstehenden Kosten unverhältnismäßig hoch sind.

27 **aa) Gegenüberstellung von Kosten.** Welche Kosten hier zueinander ins Verhältnis gesetzt werden sollen, ist vom Verordnungsgeber der **Beurteilung des Einzelfalles** überlassen worden (BR-Drs. 632/80, 33) und dementsprechend **streitig.** So soll es für die Frage, ob die Kosten unverhältnismäßig hoch sind, nicht auf die Relation zwischen dem Aufwand für die Anbringung der Erfassungsgeräte und den zu ersparenden Energiekosten ankommen, da es dem Gebäudeeigentümer im volkswirtschaftlichen und umweltpolitischen Interesse zugemutet würde, die Anbringungskosten zu tragen. Bezugsgröße sei daher der durch die Verbrauchserfassung entstehende Normalaufwand, dh in Beziehung zu setzen seien die Kosten der geplanten Maßnahme mit denen der preisgünstigsten Maßnahme (Anbringung von Wärmemengenzählern zu Verdunstungsgeräten) (so OLG Düsseldorf WEZ 1988, 458 und DWE 1989, 29; ähnlich Gramlich HeizkV § 11 Anm. 2).

28 Diese (→ Rn. 27) **Verhältnisrechnung** ist **unzutreffend:** sie lässt eine Berechnung bei nachträglicher Anbringung von Warmwasserzählern nicht zu, da technisch derzeit kein vergleichbares Erfassungsgerät auf dem Markt ist. Eine Vergleichsrechnung ist ferner ausgeschlossen, wenn bereits die Anbringung der billigsten Geräte geplant ist. Schließlich übersieht diese Auffassung, dass in § 5 Abs. 1 GEG eine **Definition für die wirtschaftliche Vertretbarkeit** eines Aufwandes enthalten ist. Die überwiegende Meinung stellt daher auch auf das **Verhältnis der Installationskosten** zu der dadurch zu bewirkenden **Energieeinsparung** ab (Brintzinger § 11 Anm. 2 S. 5; Schulz, 10; Lefèvre, S. 34; BayObLG GE 1989, 781; BGH ZMR 1991, 170; LG Hamburg WuM 1992, 490).

29 Weiterhin streitig ist, wie die Einsparung zu berechnen ist und auf welchen Zeitraum. Die HeizkV geht selbst davon aus, dass durch die verbrauchsabhängige Kostenverteilung eine **Einsparung** in Höhe von **15 %** erzielt werden kann. Auf dieser Überlegung beruht das Kürzungsrecht des § 12 Abs. 1 (dazu → § 12 Rn. 14). Deshalb ist auch im Rahmen des § 11 Abs. 1 Nr. 1b von dieser Einsparungsquote auszugehen (Schulz, 10; Pfeifer HeizkV § 11 Anm. 2a (b)). Empirische Erfahrungen, die höhere Einsparungen um 20 % ermittelt haben (Brintzinger Einleitung Anm. 2 S. 6), haben keinen Eingang in die Festlegungen der HeizkV gefunden und sind daher nicht zu verwerten, ebenso wenig wie die zu dem Begriff der nachhaltigen Einsparung von Energie nach § 11 Abs. 6 II.BV vertretenen Auslegungen (LG Berlin GE 1986, 33; VG Berlin GE 1986, 347).

B. Einzelne Ausnahmetatbestände **§ 11 HeizkV**

Die **Einsparungsquote** ist auch **unabhängig** von der **technischen Ausge-** 30
staltung der Heizung und der wärmedämmtechnischen Bauweise anzusetzen (aA Schulz, S. 11). Denn auch bei gut wärmegedämmten Gebäuden ergibt sich eine Energieeinsparung von 15 %, allerdings berechnet auf einem niedrigeren Verbrauchsniveau (BMWI, Wirtschaftliche und technische Möglichkeiten der Energieeinsparung durch Einführung einer umfassenden verbrauchsorientierten Heizkostenabrechnung, Forschungsbericht des Lehrstuhls für Unternehmensforschung an der Rheinisch-Westfälischen Technischen Hochschule Aachen, S. 3, 94). Schließlich darf es auch keine Rolle spielen, ob die Investitionskosten ganz oder teilweise auf die Nutzer umgelegt werden können; denn die Gegenüberstellung der Kosten hat unter gesamtwirtschaftlichen Gesichtspunkten zu erfolgen und nicht danach, wer sie im Endergebnis zu tragen hat (AG Köln WuM 1988, 25).

bb) Amortisationsdauer. Die Amortisationsdauer ist jetzt in Nr. 1b auf einen 31
Zehn-Jahres-Zeitraum gesetzlich definiert worden. Damit ist der von der obergerichtlichen Rechtsprechung (OLG Düsseldorf WuM 2009, 600; OLG Köln WuM 2007, 86; BayObLG WuM 2004, 737) kreierte Zeitraum in die Verordnung aufgenommen worden. Diese Übernahme ist sowohl sachlich wie auch rechtlich falsch. Der Zehn-Jahres-Zeitraum stammt aus dem Wohnungseigentumsrecht, der Kosten-Nutzen-Analyse bei modernisierender Instandsetzung nach § 21 Abs. 2 Nr. 2 WEG. Die WEG-Senate der OLG haben diese Grenze auf die HeizkV übertragen, ohne der Unterschiede zu berücksichtigen. Rechtlich verstößt die Definition gegen die Ermächtigungsnorm im GEG. Denn die in 5 Abs. 1 S. 2 GEG enthaltene **Legaldefinition** der **wirtschaftlichen Vertretbarkeit** stellt ausdrücklich auf die **Nutzungsdauer des gesamten Gebäudes** ab (§ 5 Abs. 1 S. 3 in Verbindung mit § 6 GEG), in das die Erfassungsgeräte etc eingebaut werden sollen. Die Einsatzdauer der anzubringenden Erfassungsgeräte ist daher nicht als Maßstab heranzuziehen (aA BayObLG GE 1989, 781; so wohl auch die Vorstellungen des Gesetzgebers), sondern die Einbaukosten sind ins Verhältnis zu setzen mit der Energieeinsparung während der Restnutzungsdauer des Gebäudes (LG Frankfurt a. M. WuM 1991, 616). Für Gebäude kann zur Ermittlung der Nutzungsdauer auf die **steuerlichen Abschreibungszeiträume** zurückgegriffen werden. Nach § 7 Abs. 4 EStG wird sie bei Gebäuden, die vor dem 1.1.1925 fertiggestellt worden sind, mit 40 Jahren angenommen, für alle anderen später fertiggestellten Gebäude mit 50 Jahren. Angesichts des Zeitablaufs kommen für die Bewertung der Kosten-Nutzen-Relation nur noch die 50 Jahre in Betracht. Da sich ferner die Frage der unverhältnismäßigen Kosten nur bei nachträglichem Einbau der Erfassungsgeräte in ein bereits fertiggestelltes Gebäude stellen wird, ist gemäß § 5 Abs. 1 S. 3 GEG auf die noch zu erwartende Nutzungsdauer für das Gebäude abzustellen; für das Alter des Gebäudes ist nach § 6 EnEG aF der Zeitpunkt der Erteilung der Baugenehmigung maßgebend. Die gesetzlichen Vorgaben missachtet das LG Heidelberg (MietRB 2014, 228) bei seiner Beurteilung der Ablesekosten völlig (Lammel jurisPR-MietR 12/2014 Anm. 4).

Die für die Zukunft zu erwartenden Beträge aus der Energieeinsparung sind 32
auf der Basis der im **Zeitpunkt der geplanten Baumaßnahme** geltenden **Brennstoffpreise** zu ermitteln. Zwar unterliegen diese Preise konjunkturellen Schwankungen; das gilt aber auch für die Installationskosten. Der Vergleich ist auf den Zeitpunkt der Vornahme der Arbeiten zu beziehen, da zu diesem über die Verhältnismäßigkeit der Kosten entschieden werden muss. Die 15 %-ige Energiekosteneinsparung, berechnet nach den Kosten, die in dem dem Vergleichszeit-

punkt vorangegangenen Abrechnungszeitraum entstanden sind, ist also auf die Restnutzungsdauer des Gebäudes zu berechnen.

33 Diese Ersparnis ist dem Aufwand für die Installation der Erfassungsgeräte gegenüberzustellen; welcher Aufwand hierfür erforderlich ist, muss sich aus den speziellen örtlichen Gegebenheiten erschließen (zu pauschal AG Köln ZMR 2016, 786 mit dem Ausschluss von Fliesenarbeiten; dagegen z.b. BeckOK MietR/Pfeifer HeizkostenV § 11 Rn. 22). Überschreitet der Aufwand die mögliche Ersparnis, ist der Ausnahmetatbestand des § 11 Abs. 1 Nr. 1b in der Form der unverhältnismäßig hohen Kosten gegeben (AG Hannover ZMR 2008, 842, allerdings unter Zugrundelegung der 10-Jahres-Frist). Bleibt der Aufwand unter der Ersparnis, ist die HeizkV vollständig anzuwenden. Hierbei sind die absoluten Vergleichszahlen gegenüberzustellen. Es ist unzulässig, auf eine der Zahlen Zu- oder Abschläge zu machen, um etwa einen weiteren Rahmen für die Unverhältnismäßigkeit zu bilden. Dies führt nur wieder zu neuen Problemen der Grenzziehung und beeinträchtigt insgesamt die Rechtssicherheit, die mit der Gegenüberstellung der jeweils absoluten Zahlen gewahrt ist.

34 Werden Erfassungsgeräte in **Altbauten** installiert, die finanztechnisch bereits abgeschrieben sind, sind in analoger Anwendung des § 559 BGB einander gegenüber zu stellen der Jahresbetrag der Mieterhöhung wegen Anbringung der Erfassungsgeräte und der Jahresbetrag der Heizkostenersparnis. Praktisch werden 15 % des Gesamtbetrages aus der letztjährigen Heizkostenabrechnung 8 % der Anbringungskosten gegenübergestellt. Angesichts der inzwischen abgelaufenen Übergangsfristen (→ HeizkV § 12 Rn. 2–6) handelt es sich hierbei nur noch um eine theoretische Frage.

35 c) **Untervermietung.** Einen Sonderfall im Rahmen des § 11 Abs. 1 Nr. 1b stellt die Untervermietung von einzelnen Räumen in einer Nutzereinheit dar, nachdem durch die Änderung des § 2 das Problem des Zweifamilienhauses weitgehend entschärft worden ist. Vor der Einführung einer zulässigen Ausnahme bei Zweifamilienhäusern im Jahre 1984 galt das vom Gebäudeeigentümer mit bewohnte Zweifamilienhaus als ein Beispiel für die Fälle, in denen die Kosten für die Ausstattung zur Verbrauchserfassung sowie für das Ablesen und Verteilen in keinem Verhältnis zur dadurch möglichen Energieeinsparung stehen. Das sollte insbesondere dann gelten, wenn die **überlassenen Räume flächenmäßig kleiner** sind als die vom Gebäudeeigentümer selbst genutzten. Denn in diesem Fall hätten zur Durchführung einer ordnungsgemäßen Verbrauchserfassung sämtliche Räume, also auch die vom Gebäudeeigentümer selbst genutzten, mit Erfassungsgeräten ausgestattet werden müssen, obwohl der durch die Verteilung primär zu regulierende Energieverbrauch schon von der Anzahl der Heizkörper geringer sein musste. Die gleiche Situation stellte sich bei **Einfamilienhäusern** mit **Einliegerwohnung** dar. Auch bei ihnen ist der zu steuernde Fremdverbrauch gegenüber dem Eigenverbrauch so gering, dass die Erfassungskosten auch auf die Dauer gesehen höher sein werden als die durch die Erfassung herbeizuführende Energieersparnis (Brintzinger § 11 Anm. 2 S. 6).

36 Die genannten Ausnahmefälle sind heute noch von Bedeutung, wenn der Nutzungsvertrag nicht die nach § 2 mögliche abweichende rechtsgeschäftliche **Vereinbarung** über die Verteilung der Heiz- und Warmwasserkosten enthält. Verlangt nunmehr der Nutzer eine Kostenverteilung nach der HeizkV und einigen sich die Parteien nicht noch auf eine abweichende Vereinbarung, kann sich der Gebäudeeigentümer gegenüber diesem Begehren auf den Ausnahmetatbestand des § 11 Abs. 1 Nr. 1b berufen.

B. Einzelne Ausnahmetatbestände   § 11 HeizkV

Nicht direkt erfasst werden von der Ausnahmeregelung des § 2 solche **Unter-** 37
mietverhältnisse, die **innerhalb einer Nutzereinheit** begründet werden, zB
Teile eines Großbüros oder einzelne Zimmer einer Großwohnung werden vom
Hauptmieter an andere Nutzer untervermietet. Gegenüber dem **Hauptnutzer**
muss der Gebäudeeigentümer im Regelfall nach der HeizkV vorgehen. Eine
entsprechende Verteilung müsste auch der Hauptnutzer gegenüber seinen Unter-
mietern vornehmen, da in diesem Verhältnis nicht von einem Zweifamilienhaus
gesprochen werden kann. Jedoch greift der Sinn der Ausnahmeregelung des § 2,
die soziale Kontrolle des Energieverbrauchs infolge engen Zusammenlebens
(→ HeizkV § 2 Rn. 41), auch bei Untermietverhältnissen ein (Schmid ZMR-
Sonderheft-HeizkV § 11 Ziff. 17). Maßgebend ist daher nicht die Tatsache des
Vorliegens eines Zweifamilienhauses, sondern die Nutzung nur einer Abrechnungseinheit durch allenfalls zwei verschiedene Nutzer. Sind dagegen mehrere
Unternutzer vorhanden, kann § 2 auf dieses Verhältnis auch nicht im Wege erwei-
ternder Auslegung angewendet werden, da die soziale Kontrollmöglichkeit mit
der Zahl der Nutzer schwindet.

In solchen Fällen kann aber die Ausnahmeregelung des § 11 Abs. 1 Nr. 1b 38
eingreifen. Denn unter bestimmten Voraussetzungen ist eine Untererfassung des
Verbrauchs einzelner Räume kostenmäßig unwirtschaftlich, wenn etwa ein einzi-
ger Verbrauchszähler für die gesamte Nutzungseinheit vorhanden ist. Zwar könnten technisch Unterzähler gesetzt werden, jedoch sind diese Geräte und ihr Einbau
zu teuer im Verhältnis zur möglichen Energieeinsparung nur eines (!) Raumes.
Kostengünstiger ist die Verwendung von Verdunstern oder elektronischen Heizkostenverteilern, da diese Geräte unabhängig von einer Untervermietung an sämtlichen Heizkörpern angebracht sein müssen, um den Gesamtverbrauch der Nutzungseinheit ordnungsgemäß zu erfassen. Jedoch muss im Einzelfall berechnet
werden, ob die Erfassungskosten nicht die durch die Verbrauchserfassung zu erzielenden Energieeinsparungskosten überschreiten (Brintzinger § 11 Anm. 9 S. 16).
Hierfür müssen die Erfassungskosten und die Kosten aus einer pauschalierten
Energieersparnis von 15 % für die Restnutzungsdauer des Gebäudes errechnet und
gegenübergestellt werden; eine pauschale Annahme des Ausnahmetatbestandes
verbietet sich.

d) Kompensation durch Vorteile? Ausnahmetatbestände sind im Regelfall 39
eng zu interpretieren (von Bub/Treier MietR-HdB/Brunn/Emmerich Kap. III
Rn. 552), eine erweiternde Interpretation ist auch angesichts der Einordnung der
HeizkV als lex imperfecta hinsichtlich ihres Verbotscharakters nicht angebracht
(aA Brintzinger § 11 Anm. 1 S. 3). Deshalb verbietet es sich, für die Auslegung
des Tatbestandsmerkmals „unverhältnismäßig hohe Kosten" auf andere Maßstäbe
zurückzugreifen, als sie von der HeizkV und ihrer Ermächtigungsgrundlage selbst
vorgegeben werden. Überschreiten daher die aus der Erfassung entstehenden Kosten die zu erwartende Energieeinsparung, ist der Ausnahmetatbestand erfüllt.

Die **Kostenüberschreitung** kann **nicht** durch andere Vorteile **kompensiert** 40
werden, die etwa aus der Anbringung elektronischer Heizkostenverteiler oder
von Wärmemengenzählern wegen ihrer genaueren Verbrauchsanzeigen erwachsen
können (so aber Pfeifer HeizkV § 11 Anm. 2c). Derartige Geräte mögen zwar ein
verbrauchsorientiertes Heizverhalten begünstigen (wobei Zweifel angebracht sein
mögen, ob ein Nutzer ständig am Heizkörperventil dreht, um entsprechend der
numerischen Anzeige den geringst möglichen Verbrauch mit dem höchst möglichen Wärmekomfort zu verbinden. Die ständige Änderung von im Regelfall

HeizkV § 11 Ausnahmen

vorhandenen Thermostatventilen führt im Gegenteil zu einem Mehrverbrauch, da keine konstante Wärmelieferung erfolgt) und Streitigkeiten über die Genauigkeit der Erfassung begrenzen, jedoch sind dies **keine** in den Tatbestand des § 11 Abs. 1 Nr. 1b eingegangenen **Kriterien.** Schließlich kann für eine großzügige Auslegung der Ausnahmetatbestände nicht angeführt werden, dass die Frage der Unverhältnismäßigkeit mangels greifbarer Kriterien nicht voraussehbar von den Gerichten beantwortet werden kann (so Pfeifer HeizkV § 11 Anm. 3). Zum einen sind die vermissten greifbaren Kriterien in der HeizkV und ihrer Rechtsgrundlage, dem GEG, enthalten. Zum anderen kann die Auslegung einer Norm nicht davon abhängig gemacht werden, dass eine gerichtliche Entscheidung nicht prognostizierbar ist; das verbindet die HeizkV mit sämtlichen auslegungsfähigen Normen.

IV. Keine Verbrauchsbeeinflussung

41   Das Prinzip der verbrauchsabhängigen Kostenverteilung beruht auf der Annahme, dass der Nutzer seinen Verbrauch infolge der Kostenüberwälzung drosselt. Das setzt voraus, dass er technisch überhaupt in der Lage ist, den **Verbrauch zu steuern.** Deshalb sieht § 11 Abs. 1 Nr. 1c eine Ausnahme von den Vorschriften der HeizkV in jenen Fällen vor, in denen der Nutzer in vor dem 1.7.1981 bezugsfertig gewordenen Räumen den Wärmeverbrauch nicht steuern kann. Gemeint ist hier die mangelnde Steuerbarkeit auf Grund technischer Umstände, nicht aber wegen rechtlicher Vereinbarungen zwischen Gebäudeeigentümer und Nutzer.

42   Der **Ausnahmetatbestand** greift mithin **nicht** ein, wenn die Parteien lediglich im Nutzungsvertrag vereinbart haben, keine Geräte zur individuellen Verbrauchssteuerung zu verwenden, obwohl das technisch möglich wäre (zB bei Gewerberäumen, in denen keine Feinabstimmung auf die einzelnen Nutzer notwendig erscheint, vielmehr die Grobregelung über die Heizungsanlage ausreicht). Solche Vereinbarungen werden nach § 2 durch die Bestimmungen der HeizkV verdrängt (Brintzinger § 11 Anm. 3 S. 6). Obwohl § 11 Abs. 2 für die Versorgung mit Warmwasser pauschal auf die Tatbestände des Abs. 1 verweist, dürfte die Nr. 1c für Warmwasser nie zutreffen; denn der Warmwasserhahn wird immer absperrbar sein, so dass eine Verbrauchssteuerung vorgenommen werden kann.

43   Auch bei der Heizwärme ist die technische Möglichkeit einer **Verbrauchssteuerung** selbst in solchen Fällen noch gegeben, in denen an den Heizkörpern lediglich **Absperrventile** vorhanden sind (LG Hamburg WuM 1986, 119; LG Berlin WuM 1985, 170; GE 1989, 679). Durch derartige einfache Ventile mag die Beeinflussung des Verbrauchs nicht optimal sein, sie lässt aber eine Drosselung der Wärmeleistung der Heizkörper zu. Für neuere Anlagen sind gemäß § 15 Abs. 1 GEG iVm Anlage 1 Thermostatventile vorgeschrieben; für Altbauten gilt § 14 Abs. 2 EnEV weiter. Bei Altanlagen ist der Nutzer zwar zur Duldung der Anbringung solcher Ventile verpflichtet; der Anspruch kann aber nicht im Wege der einstweiligen Verfügung, sondern nur im normalen Klageverfahren durchgesetzt werden (AG Köln WuM 1989, 88).

44   Verweigert der Nutzer die Anbringung derartiger Thermostatventile und erfüllt die Heizungsanlage deswegen den Ausnahmetatbestand des § 11 Abs. 1 Nr. 1c, kann er sich gegenüber einer nicht der HeizkV entsprechenden Abrechnung nicht auf die Ausstattungspflicht des Gebäudeeigentümers nach der EnEV/GEG berufen. Das verstößt gegen das Verbot des widersprüchlichen Verhaltens **(venire contra factum proprium,** LG München I ZMR 2022,

B. Einzelne Ausnahmetatbestände　　　　　　　　　　　　　　§ 11 HeizkV

477 zur verweigerten Ablesung). Problematisch an der Pflicht zur Nachrüstung alter Zentralheizungsanlagen gemäß § 14 Abs. 2 EnEV ist allerdings, dass diese Vorschrift im Gegensatz zur HeizkV keine Ausnahmeregelung unter dem Gesichtspunkt der Wirtschaftlichkeit enthält (VG München DWW 1989, 119 zur Vorgängervorschrift § 7 HeizAnlV).

Keine individuelle Regelung des Verbrauchs ist bei sog. **Einrohrheizun-** 45 **gen** zulässig (wenn auch technisch möglich). Denn bei dieser Heizungsart sind die Heizkörper verschiedener Nutzungseinheiten so miteinander verbunden, dass für die Erwärmung aller Heizkörper der Durchlauf des Heizwassers durch alle Heizkörper gewährleistet sein muss. Dreht ein Nutzer seinen Heizkörper ab, hemmt er den Heizwasserdurchfluss mit der Folge, dass auch die nachgeordneten Heizkörper keine Wärme mehr abgeben (Peruzzo Heizkostenabrechnung Rn. 290). Jeder Nutzer einer solchen Anlage kann zwar seinen Verbrauch regeln, darf dies aber auf Grund der technischen Ausgestaltung nicht, weil er gleichzeitig die anderen Nutzer in ihrem Wärmebezug mit beeinträchtigt. Etwas ähnliches gilt bei **kombinierten Decken-Fußbodenheizungen,** bei denen eine Heizschlange so in die Zwischendecke zweier Nutzungseinheiten verlegt wird, dass sie sowohl nach oben wie nach unten Wärme abgibt. Da auch hier ein „Heizkörper" zwei Nutzer versorgt, ist eine individuelle Regelung des Verbrauchs für jeweils nur einen Nutzer nicht möglich (Pfeifer HeizkV § 11 Anm. 4). Zum Problem der **Erfassung der Rohrwärmeabgabe** generell → HeizkV § 7 Rn. 31–55. Es bietet sich aber an, aus dieser Vorschrift den **allgemeinen Rechtsgedanken** zu entnehmen, dass die HeizkV generell nicht anwendbar ist auf Situationen, in denen der Wärmezufluss technisch bedingt nicht gesteuert werden kann (so insbesondere bei den im Estrich verlegten wärmeführenden Rohren).

Diese Ausnahme gilt nur für Räume, die vor dem 1.7.1981 bezugsfertig gewor- 46 den sind. Räume, die nach diesem Stichtag bezugsfertig werden bzw. geworden sind, mussten gemäß § 12 EnEV mit Zentralheizungsanlagen versehen sein, die sowohl eine Außensteuerung als auch eine raumweise Temperaturregelung erlauben. Die ehemals bestehenden unterschiedlichen Stichtage für die Ausnahmevorschrift bei **preisgebundenem Wohnraum** sind mit der Neuregelung 1989 vereinheitlicht worden; die Übergangsfristen haben sich durch Zeitablauf erledigt. Für die neuen Bundesländer galt als Stichtag der 1.1.1991.

V. Keine Trennung von Leistungen

Grundsätzlich sind die Gebäudeeigentümer nach der HeizkV verpflichtet, die 47 bisherigen Verträge, in denen eine Inklusiv- oder Warmmiete vereinbart war, jedenfalls insoweit umzustellen, dass die Zahlungen für Heizung und Warmwasser getrennt ausgewiesen werden (→ HeizkV § 2 Rn. 15–25). Davon macht § 11 Abs. 1 Nr. 2a, b eine Ausnahme für bestimmte Nutzungsverhältnisse, in denen eine Trennung der dem Nutzer erbrachten Leistungen im Regelfall nicht möglich ist.

Ausdrücklich aufgeführt als solche von der Geltung der HeizkV ausgenomme- 48 nen Gebäude werden **Alten- und Pflegeheime,** Studenten- und Lehrlingsheime. Die in diesen Häusern zugrundeliegenden Nutzungsverhältnisse werden durch ein dem Nutzer zu erbringendes **Leistungsbündel** gekennzeichnet, das aus Elementen der Bereiche Miete, Dienst- und Werkleistung zusammengesetzt ist. Eine Aufspaltung dieser Leistungsgesamtheit in Einzelleistungen, nur um die Heizkos-

HeizkV § 11 Ausnahmen

ten getrennt zu erfassen, widerspricht den tatsächlich erbrachten Leistungsinhalten. Daran soll wohl auch die in § 6 Abs. 3 Nr. 2 WBVG enthaltene Verpflichtung, die einzelnen Leistungen des Heimes, getrennt nach Überlassung des Wohnraums, Pflege- oder Betreuungsleistungen und die dafür jeweils zu entrichtenden Entgelte aufzuführen, nichts ändern. Darüber hinaus sind die einzelnen Räume oftmals nicht so von den umgebenden Gemeinschaftsräumen abgetrennt, wie bei überlassenen gesamten Nutzungseinheiten, so dass ein ständiger Wärmeaustausch zwischen Einzelraum und Gemeinschaftsraum stattfinden kann (Freywald Rn. 25). Ferner wechseln die Nutzer solcher Heime häufiger als in Einzelobjekten, so dass noch die Verpflichtung hinzukäme, eine Zwischenablesung mit entsprechender Aufteilung der Kosten zwischen Vor- und Nachnutzer gemäß § 9b vorzunehmen. Alle diese besonderen Umstände lassen die Vermutung zu, dass der für eine verbrauchsabhängige Kostenverteilung notwendige Installations- wie auch Verwaltungsaufwand in keinem Verhältnis mehr zur möglichen Energieeinsparung stehen würde (Brintzinger § 11 Anm. 4 S. 8).

49 Wie sich aus Nr. 2b ergibt, ist die Aufzählung in Nr. 2a nur beispielhaft gemeint, so dass gesetzestechnisch eine Zusammenfassung beider Buchstaben in nur einer Ausnahmeregelung vorzuziehen gewesen wäre. Unter den Ausnahmetatbestand des § 11 Abs. 1 Nr. 2 fallen daher **sämtliche Sondernutzungsverhältnisse, die heimähnlichen Charakter** tragen. Dazu gehören auch Schwesternheime, Internate, Altenwohnanlagen, Stiftswohnungen, Wohnungen für Auszubildende im Gebäude ihrer Tätigkeit (insbesondere in Hotels), Ferienwohnanlagen, Notunterkünfte für Obdachlose, Aus- und Übersiedler, Häuser für Lehrgänge (Akademien, Heimvolkshochschulen), studentische Verbindungshäuser; darunter können aber auch längerfristige Verträge über Hotelzimmer fallen. Maßgebend für die Einordnung unter den Ausnahmetatbestand ist aber stets, dass entweder die Unterbringung lediglich leistungsbegleitend zu anderen Zwecken erfolgt oder von einer nutzerbedingten starken Fluktuation geprägt wird.

50 In diesen Fällen ist eine verbrauchsabhängige Abrechnung der Heiz- und Warmwasserkosten nicht erforderlich. Bestehende Gesamtleistungsverträge brauchen daher nicht gemäß den Regelungen der HeizkV umgestellt zu werden. Sollte im Einzelfall nach den vertraglichen Regelungen eine getrennte Abrechnung der Heiz- und Warmwasserkosten erfolgen, ist der Gebäudeeigentümer berechtigt, den Vertrag auf einen **Inklusivvertrag** umzustellen, sofern sich eine derartige Möglichkeit aus den vertraglichen Vereinbarungen herleiten lässt oder der Nutzer dem zustimmt.

51 Die Ausnahmeregelung ändert insoweit nicht automatisch abweichende vertragliche Vereinbarungen (AG Hamburg-Altona WuM 1994, 195). Sie gibt dem Gebäudeeigentümer auch nicht das Recht, einseitig eine Vertragsänderung herbeizuführen; er hat auch nicht die Möglichkeit, allein unter Berufung auf den Ausnahmetatbestand vom Nutzer die Anpassung des Vertrages zu verlangen. Die Vorrangregelung des § 2 betrifft nur die Bestimmungen der HeizkV, die der Durchführung einer verbrauchsabhängigen Kostenverteilung dienen, sie bezieht sich nicht auch auf die Ausnahmebestimmungen. Der Bestand oder die Vereinbarung von Warmmieten ist außerhalb des Ausnahmetatbestandes unzulässig; die im preisgebundenen Wohnraum früher häufig vorhandenen Inklusivmieten mussten inzwischen ebenfalls in Grundmiete und Nebenkosten getrennt werden.

B. Einzelne Ausnahmetatbestände § 11 HeizkV

VI. Verwendung energiesparender Techniken

Diese Ausnahmen greifen nur dann ein, wenn die energiesparenden Techniken **überwiegend** zur Versorgung der Gebäude verwendet werden (→ Rn. 54). Dieses Kriterium ist unabhängig von der Erfüllung der Pflichten nach GEG Teil 2, wonach Neubauten und – nach entsprechenden Vorgaben der Bundesländer – auch Altbauten anteilig ihren Wärmebedarf mit erneuerbaren Energien decken müssen. Lediglich bei der Verwendung von Biomasse würden sich Erfüllungspflicht nach § 5 Abs. 3 EEWärmeG und der Ausnahmetatbestand nach § 11 Abs. 1 decken; allerdings ist gerade die Verwertung von Biomasse nicht unter den Ausnahmetatbeständen aufgeführt. Vor 52

1. Wärmeerzeugung. Mit Hilfe der HeizkV soll vor allem Energie gespart werden, die durch fossile Brennstoffe erzeugt wird. Hintergrund war nicht nur das Bewusstsein der Abhängigkeit von Ölimporten (jetzt Gasimporten) und damit von der Förder- und Preispolitik des internationalen Ölkartells bzw. der Politik fremder Staaten, sondern auch die Erkenntnis, dass diese Brennstoffe (Kohle, Öl, Gas) nicht unbegrenzt zur Verfügung stehen und angesichts ihrer anderen Verwendungsmöglichkeiten (für pharmazeutische Produkte und Kunststoffe) zum Verbrennen zu schade sind. Deshalb sieht § 11 Abs. 1 Nr. 3a eine Ausnahme von der Anwendung der HeizkV in solchen Fällen vor, in denen die Räume überwiegend mit Wärme aus Anlagen zur Rückgewinnung von Wärme oder aus Wärmepumpen oder Solaranlagen versorgt werden. In diesen Fällen greift der Zweck der HeizkV nicht ein, da fossile Brennstoffe nicht verwendet werden. 52

Nr. 3a enthält aber zwei sachliche Einschränkungen. Zum einen ist die **Aufzählung** ausnahmerelevanter Technologien **abschließend** (Peruzzo Heizkostenabrechnung Rn. 298; Lefèvre, S. 35). Andere energiesparende Technologien, wie etwa Windkraftanlagen, Wärmegewinnung aus Biogas, Abwärme aus landwirtschaftlichen Betrieben, Verwendung von Stroh können eine Ausnahme von der HeizkV nicht rechtfertigen (Brintzinger § 11 Anm. 5 S. 9). Das gilt selbst dann, wenn die von ihnen erwartete Energieerzeugung aussichtsreicher erscheint als zB die Verwendung von Solaranlagen in unseren Breiten. 53

Zum anderen ist für die Erfüllung des Ausnahmetatbestandes erforderlich, dass die Wärme (bzw. das Warmwasser) **überwiegend** durch eine der aufgezählten Technologien **erzeugt** wird. Es reicht für die Erfüllung des Tatbestandes der Nr. 3a nicht aus, dass überhaupt eine derartige Anlage vorhanden ist, sondern sie muss zusätzlich mehr Wärme liefern als die bislang notwendigerweise zugeschalteten, mit fossilen Brennstoffen betriebenen Heizanlagen. Von einem Überwiegen wird man daher nur sprechen können, wenn die Anlagen mehr als 50 % der im Gebäude benötigten Wärme erzeugen (Hilberg HKA 1997, 3). Da bislang die von den Anlagen erzeugte Wärme mangels entsprechenden Speichermediums nicht in wirtschaftlich sinnvollem Rahmen gespeichert werden kann, sondern weitgehend zeitgleich mit der Produktion dem Verbrauch zugeführt werden muss Kreuzberg/Wien Heizkostenabrechnung-HdB/Kreuzberg[1] S. 68), kann auf herkömmliche Brennstoffe auch bei solchen Anlagen nicht verzichtet werden. Allerdings hat sich die Deckungsrate von Anlagen mittlerweile bei bestimmten Bedarf über die 50 %-Marke entwickelt (Hilberg HKA 1997, 3). Die Abrechnung der Kosten von Wärmepumpen (Kreuzberg/Wien Heizkostenabrechnung-HdB 10. A. 2022; Wien Kap. 10.10) muss bislang im Mietvertrag vereinbart werden; als Kosten können anfallen Strom sowie die zugeführte ergänzende Primärenergie, Wartungskosten und Abrechnungskosten; eine entsprechende VDI-Richtlinie 54

HeizkV § 11 Ausnahmen

„VDI 2077 Bl. 3.4 Wärmepumpen" soll 2023/2 veröffentlicht werden (im Gründruck); ihre Geltung muss aber ebenfalls im Mietvertrag vereinbart werden.

55   2. **Brennstoffausnutzung.** Der Grund für die Ausnahmeregelung des § 11 Abs. 1 Nr. 3b ist in der besonders **rationellen Ausnutzung** der zugeführten **fossilen Brennstoffe** zu sehen. Das liegt nach Ansicht des Verordnungsgebers bei Anlagen der Kraft-Wärme-Kopplung (zur Kostenverteilung → HeizkV § 9 Rn. 4) und Anlagen zur Verwendung von Abwärme vor. Bei den Anlagen der Kraft-Wärme-Kopplung dient die zugeführte Primärenergie nicht nur der Erzeugung von Strom durch die dampfgetriebenen Turbinen, sondern die hierbei anfallende Wärme wird zusätzlich als „Fernwärme" zur Beheizung von Räumen verwendet. Die Energieausnutzung ist in solchen Anlagen besonders hoch. Während der Ausnutzungsgrad der Primärenergie für nur der Stromerzeugung dienende Kraftwerke lediglich bei 35 % liegt, erhöht er sich bei den gekoppelten Anlagen, die Energie und Nutzwärme erzeugen, auf 60 % bis 80 % (Brintzinger § 11 Anm. 5 S. 11). Zu diesen technischen Voraussetzungen müssen noch zwei Merkmale hinzukommen. Erforderlich ist, dass die Räume **überwiegend** mit Wärme aus derartigen Anlagen versorgt werden und dass der **Wärmeverbrauch** des Gebäudes **nicht erfasst** wird, wobei letzteres gleichfalls auf technischen Umständen beruhen muss.

56   Als Muster für diese Regelung diente eine **Berliner Fernheizanlage,** die folgendermaßen konstruiert ist (Blümmel/Becker, S. 143–145): „In Berlin stehen derzeit (1982) 8 Kraftwerke zur Verfügung, von denen sieben als Heizkraftwerke betrieben werden. In diesen erfolgt die Wärmeerzeugung zu 100 % im Kraft-Wärme-Kopplungsprozess… In diesem Prozess, bei dem die Stromerzeugung den Vorrang haben muss, ist ein möglichst niedriges Niveau der Heizdampfentnahme erstrebenswert. Nur dadurch werden unumgängliche elektrische Leitungseinbußen und gleichzeitig der für die Wärmeerzeugung notwendige Brennstoffmehrverbrauch auf ein Minimum reduziert. Deshalb werden die Fernwärmeverteilungsnetze der BEWAG als Dreileitersysteme verlegt. Hierbei dient eine Vorlaufleitung ausschließlich der Raumheizung, die bei entsprechender Witterung mit gleitender, auf die jeweilige Außentemperatur abgestimmter Vorlauftemperatur betrieben wird. Dabei bleibt die Heizwassermenge konstant. Eine zweite Vorlaufleitung dient der Versorgung von Anlagen, die ganzjährig Wärme mit konstanter Wassertemperatur benötigen z. B. Brauchwassererwärmung, in einer dritten Leitung wird das gemeinsame ausgekühlte Heizwasser zum Heizkraftwerk zurückgeleitet. Der Lieferumfang der Wärme für Raumheizungen richtet sich nach dem BEWAG-System grundsätzlich nach den für ein Gebäude errechneten maximalen Wärmebedürfnissen (nach DIN 4701). Entsprechend dieser Bedürfnisse wird jedem Gebäude durch Regelgeräte eine bestimmte Heizwassermenge zugeteilt und konstant gehalten. Die Anpassung an den innerhalb einer Heizperiode entsprechend der Witterung schwankenden Wärmebedarf wird durch die im Heizkraftwerk erfolgende zentrale Regelung der **Vorlauftemperatur** erreicht, wobei die jeweiligen Außentemperaturen, Windgeschwindigkeiten und Betriebsunterbrechungen Berücksichtigung finden. Dadurch ergibt sich eine optimale Zuteilung der jeweils benötigten Wärmemenge. Durch die verbrauchsabhängige Abrechnung soll der Nutzer dazu angehalten werden, durch zeitweise Betriebseinschränkungen bzw. Abschaltung seine Heizkosten zu senken. Eine Einsparung kann der Nutzer auf diese Weise jedoch nur dann erreichen, wenn sich der aus Betriebseinschränkung bzw. Unterbrechung erwachsende Nachholbedarf durch

B. Einzelne Ausnahmetatbestände　　　　　　　　　　　　　　**§ 11 HeizkV**

zeitweiliges stärkeres Heizen ausgleichen lässt. Beim BEWAG-Dreileitersystem soll eine derartige ungleichmäßige Betriebsweise jedoch vermieden werden, weil eine zusätzliche örtliche Regelung durch den Kunden nicht möglich, ja sogar wegen ihrer negativen Auswirkungen auf die Stromerzeugung unerwünscht ist. Für die Gesamtheit der Nutzer einer Wirtschaftseinheit, die mit der **BEWAG-Fernheizung** versorgt wird, gibt es keine Möglichkeit, durch individuelles Verhalten Heizenergie und Kosten einzusparen" (s. auch die Ausnahmegenehmigung vom 4.8.1983, ABl. Berlin Teil I 1206).

Zwar stellt die Ausnahmeregelung in Nr. 3b keine lex BEWAG dar (Kreuzberg/ Wien Heizkostenabrechnung-HdB/Kreuzberg[1] S. 71), denn auch bei anderen Fernwärmeversorgungsunternehmen werden die Räume überwiegend (auf Grund der Vertragsgestaltung, die den Gebrauch anderer Wärmequellen untersagt, sogar nahezu ausschließlich) mit Wärme aus den Anlagen zur Kraft-Wärme-Kopplung versorgt, sofern das Fernheizwerk nach diesem Prinzip arbeitet. Jedoch wird im Regelfall das Merkmal: ‚Nichterfassung des Verbrauchs des Gebäudes' fehlen. Denn nach § 18 Abs. 1 AVBFernwärmeV iVm § 3 FFVAV ist das Versorgungsunternehmen verpflichtet, die gelieferte Wärmemenge zu erfassen. Die Ausnahmeregelung in § 18 Abs. 3 AVBFernwärmeV ist mit der FFVAV gestrichen worden. 57

3. Ausnahmegenehmigung. Die Erfüllung der Tatbestandsmerkmale des § 11 Abs. 1 Nr. 3a und 3b führt nach der Neuregelung durch die Novelle 2009 **automatisch** zur Freistellung von den Pflichten nach der HeizkV. Die nach der früheren Fassung der Regelung vorgesehene behördliche Genehmigung ist durch den Bundesrat im Sinne einer Entbürokratisierung gestrichen worden (BR-Drs. 570/08, Beschl., S. 5), wobei die Begründung der Erkennbarkeit solcher Anlagen durch den Nutzer nicht überzeugt, weil der Nutzer nicht offenbar erkennen kann, ob die Versorgung „überwiegt". 58

VII. Hausanlagen

Die Ausnahmeregelung in § 11 Abs. 1 Nr. 4 ist eine Folge der Einbeziehung der Direktabrechnung zwischen Wärmeversorgungsunternehmen und Endabnehmer in den Geltungsbereich der HeizkV (dazu → HeizkV § 1 Rn. 40, 41). In diesen Fällen können je nach Ausgestaltung der vertraglichen Beziehungen die Kosten des Betriebs der **Hausanlage** (Übergabestation, Druckminderer) in dem Wärmepreis enthalten sein oder dem jeweiligen Gebäudeeigentümer gesondert entstehen. Im ersten Fall hat der Wärmeabnehmer gemäß § 7 Abs. 4 einen Gesamtpreis zu zahlen (Schmid ZMR 2001, 690); im zweiten Fall wäre an sich der Gebäudeeigentümer verpflichtet, die Kosten nach § 7 Abs. 1 zu verteilen. Da es sich aber, gemessen an den **Gesamtkosten** der Wärmelieferung, um relativ geringfügige Beträge handelt, wäre der mit der Verteilung verbundene Aufwand wirtschaftlich gesehen höher als die durch die verbrauchsabhängige Verteilung zu erzielende Nutzen (BR-Drs. 494/88, 31). Deshalb findet die HeizkV hier keine Anwendung, wenn die Kosten vom Gebäudeeigentümer gesondert abgerechnet werden. Dem Gebäudeeigentümer steht im Rahmen des § 315 BGB die Auswahl eines Verteilungsmaßstabes frei (→ HeizkV § 7 Rn. 129). 59

VIII. Allgemeine Härteklausel

Schließlich enthält § 11 Abs. 1 Nr. 5 noch eine allgemeine Härteklausel. Der Verordnungsgeber war zu ihrer Aufnahme in die HeizkV durch § 5 Abs. 2 EnEG 60

HeizkV § 11   *Ausnahmen*

(jetzt § 6 Abs. 3 GEG) verpflichtet. Danach war in den auf Grund des EnEG/GEG erlassenen Rechtsverordnungen vorzusehen, dass auf Antrag von ihren Anforderungen befreit werden kann, soweit diese im Einzelfall wegen besonderer Umstände durch einen unangemessenen Aufwand oder in sonstiger Weise zu einer unbilligen Härte führen. Die sachliche Bedeutung dieser Ausnahmeregelung dürfte gering sein, da die Fälle eines unangemessenen Aufwandes weitgehend von Nr. 1b erfasst werden (BR-Drs. 632/80, 35). **Ausnahmegenehmigungen** wurden bislang im nennenswerten Umfang nur in Berlin erteilt; teilweise decken sich die erteilten Genehmigungen mit dem Tatbestand des § 11 Abs. 1 Nr. 1b (GEWOS-Gutachten „Durchführung der verbrauchsabhängigen Heizkostenabrechnung und ihre Auswirkung auf den Energieverbrauch", 1986, 39), obwohl die Regelung in Nr. 5 gegenüber den sonstigen Ausnahmetatbeständen subsidiär ist (KG GE 1989, 779).

61 Der Gebäudeeigentümer hat, wenn die Tatbestandsmerkmale der Nr. 1b erfüllt sind, **keinen Anspruch** auf Erteilung einer **Ausnahmegenehmigung.** Denn in diesem Fall tritt die Befreiungswirkung ipso iure ein; im Streitfall müssen die Zivilgerichte über ihr Vorliegen entscheiden. Der Gebäudeeigentümer kann auch keine behördliche Bescheinigung erlangen unter Hinweis darauf, dass er diese gegenüber seinen Nutzern benötige, um gerade zivilrechtliche Streitigkeiten zu vermeiden (VG Berlin GE 1989, 839). Ferner kann von einer Härte im Sinne der Nr. 5 nicht gesprochen werden, wenn sich die überwiegende Zahl der Nutzer eines Gebäudes gegen die Installation von Heizkostenverteilern wendet. Denn die HeizkV will das Verbrauchsverhalten der Nutzer beeinflussen unabhängig von deren etwa entgegenstehendem Willen; das öffentliche Interesse an Energieeinsparung hat Vorrang vor privaten Willensäußerungen (VG Berlin HKA 1989, 31).

62 Eine **unbillige Härte** im Sinne der Nr. 5 könnte zB gegeben sein, wenn das Haus in absehbarer Zeit an eine Fernwärmeversorgung angeschlossen werden soll. Der Ausnahmetatbestand ist aber nur vorübergehend bis zu diesem Anschluss erfüllt; danach ist die HeizkV mit den für Fernwärme geltenden Besonderheiten voll anwendbar.

63 Eine **Ausnahme** nach Nr. 5 könnte **ferner** angenommen werden, wenn das Gebäude in absehbarer Zeit **abgebrochen** oder **vollständig umgebaut** (zB durch Entkernung) werden soll; erforderlich in diesen Fällen ist aber das Vorliegen einer entsprechenden baubehördlichen Genehmigung; die bloße Absicht des Gebäudeeigentümers reicht nicht aus. Ein Ausnahmetatbestand nach Nr. 5 liegt schließlich bei **Neubauten** vor, die während des Laufs einer Abrechnungsperiode **sukzessive bezogen** werden. Eine Kostenverteilung für die Restperiode nach der HeizkV würde zu unverhältnismäßig hohen Kosten führen (aA LG Berlin DWW 1997, 152). Der Beginn der Anwendung der HeizkV darf zwar nicht vom vollständigen Bezug des Neubaus abhängig gemacht werden, da bei größeren Objekten häufiger eine Wohnung leer stehen bleibt. Eine Abrechnung bei einer Belegung unter 50 % erscheint aber nicht sinnvoll, da eine nutzerbezogene Verbrauchssteuerung im wesentlichen nicht erfolgt. Die Ausnahme des Neubezugs gilt aber nur **vorübergehend** und wirkt nicht als Dauerbefreiung.

64 Für den Ausnahmetatbestand der Nr. 5 ist eine Befreiung der nach Landesrecht zuständigen Stelle erforderlich. Der Gebäudeeigentümer muss sie beantragen; bei der Erteilung steht der Behörde zwar **kein Ermessen** zu (aA Brintzinger § 11 Anm. 6 S. 12), sie hat aber bei der Auslegung der Tatbestandsmerkmale einen gerichtlich nachprüfbaren **Beurteilungsspielraum** (Leisner, S. 22). Die Befreiung von der Anbringung von Thermostatventilen nach § 12 HeizAnlV aF stellt keine Befreiung nach § 11 Nr. 5 dar (LG Berlin MM 2005, 74).

Die für die **Erteilung der Ausnahmegenehmigungen** zuständigen Behörden (s. auch die Aufzählung bei Peruzzo S. 241–243; s. ebenfalls Anhang zu § 5) sind in: Baden-Württemberg das Landesgewerbeamt (§ 1 Nr. 2 der Verordnung des Ministeriums für Wirtschaft, Mittelstand und Technologie über Zuständigkeiten nach der HeizkV vom 31.7.1984, GBl. BW 556); Bayern die Kreisverwaltungsbehörden (§ 5 Abs. 2 der Verordnung zum Vollzug wirtschaftsrechtlicher Vorschriften auf dem Gebiet der Energieeinsparung vom 2.1.2000, GVBl. Bay. 2); Brandenburg das Ministerium für Wirtschaft, Mittelstand und Technologie; sofern Wohnräume betroffen sind, trifft dieses Ministerium die Entscheidung im Einvernehmen mit dem Ministerium für Stadtentwicklung, Wohnen und Verkehr (§ 2 VO über Zuständigkeiten nach der VO über Heizkostenabrechnung vom 16.3.1996, GVBl. II/1996, 246); Berlin die örtlich zuständigen Bezirksämter – Preisstelle für Mieten – bzw. für preisgebundene Wohnungen die Wohnungsbaukreditanstalt (§ 1 Abschnitt XXVI der Durchführungsverordnung zum Allgemeinen Zuständigkeitsgesetz vom 8.6.1982, GVBl. Bln. 969); für Bremen liegt keine ausdrückliche Regelung vor, generell zuständig für den Bereich ist der Senator für das Bauwesen; Hamburg die Behörde für Umwelt und Gesundheit (Abschnitt 3 Abs. 2 EnergieeinsparungsG DurchführungsAO vom 15.10.2002, Amtliche Anzeigen S. 4401); Hessen der Regierungspräsident (§ 1 Abs. 2 der Anordnung über die Zuständigkeiten nach der HeizkV vom 11.7.1985, GVBl. I 119); Mecklenburg-Vorpommern hat keine besondere Regelung, generell zuständig ist das Ministerium für Bau, Landesentwicklung und Umwelt; für Niedersachsen fehlt noch eine Zuständigkeitsregelung, generell zuständig ist der Sozialminister; Nordrhein-Westfalen für die Ausnahmen nach § 11 Abs. 1 Nr. 3a und Nr. 5 die kreisfreien Städte, die Großen und Mittleren kreisangehörigen Städte, für die übrigen kreisangehörigen Gemeinden die Kreise, für die Ausnahme nach § 11 Abs. 1 Nr. 3b der Minister für Wirtschaft, Mittelstand und Verkehr (§ 1 Abs. 2 und 3 der Verordnung zur Regelung von Zuständigkeiten nach der HeizkV vom 27.10.1981, GV.NW. 624); Rheinland-Pfalz die Eichdirektion (§ 2 EnergieZustV vom 8.8.1995, GVBl. 331); Saarland hat keine Regelung, die allgemeine Zuständigkeit liegt beim Minister für Umwelt; Sachsen die unteren Bauaufsichtsbehörden, bei Anlagen nach § 75 SächsBO die Regierungspräsidenten (§ 2 Abs. 2 ZustG Energieeinsparung vom 24.4.1996, GVBl. 161); Sachsen-Anhalt die Landkreise und kreisfreien Städte (§ 1 Nr. 21 KommunalzuständigkeitsVO vom 7.5.1994, GVBl. 568); Schleswig-Holstein die unteren Bauaufsichtsbehörden (§ 1 Nr. 2 ZustBESparV, vom 27.9.2002, GVOBl. 210); Thüringen besitzt keine besondere Regelung, allgemein zuständig ist das Ministerium für Wirtschaft und Infrastruktur. Eine Klage auf Erteilung einer Ausnahmegenehmigung, entweder in der Form der Verpflichtungsklage nach Ablehnung der Ausnahme oder der Untätigkeitsklage bei Nichtbescheidung des Antrags innerhalb angemessener Zeit, ist vor den Verwaltungsgerichten zu erheben.

C. Warmwasser

Die Ausnahmevorschriften des § 11 Abs. 1 gelten gemäß Abs. 2 auch für die Versorgung mit Warmwasser, sofern sie technisch sinnvoll auf sie anwendbar sind. Zweifel bestehen insoweit hinsichtlich der Ausnahme § 11 Abs. 1 Nr. 1c, da der

Warmwasserverbrauch stets zu beeinflussen ist. Auf **verbundene Anlagen** iSd § 9 finden die Ausnahmeregelungen ebenfalls Anwendung, auch wenn sie in Abs. 2 nicht ausdrücklich erwähnt sind. Ist bei derartigen Anlagen ein Ausnahmetatbestand nur für eine Versorgungsart erfüllt, ergreift die Ausnahmeregelung nicht auch die andere Versorgungsart (Kohlenbach § 11 Anm. 8). Denn die Aufteilung nach § 9 betrifft nur den Gesamtenergieverbrauch des Gebäudes, während die Ausnahmeregelungen des § 11 (mit Ausnahme der Nr. 2 und 4) die Voraussetzungen einer verbrauchsabhängigen Verteilung für einzelne Räume erfassen. Es ist also durchaus möglich, dass zB wegen der besonderen Führung der Warmwasserleitungen eine Erfassung des Einzelverbrauchs nicht möglich ist, die Erfassung des Wärmeverbrauchs aber durchgeführt werden kann. In solchen Fällen ist bei verbundenen Anlagen der Warmwasserverbrauch nach dem in § 9 Abs. 2 und 3 angegebenen Ersatzverfahren zu berechnen und der auf diese Weise ermittelte Anteil an dem auf die Warmwasserbereitung entfallenden Energieverbrauch außerhalb der Regeln der HcizkV zu verteilen, während für die Heizkosten weiterhin die Verteilung nach § 7 erfolgen muss. Die Ausnahmen der Nr. 2 und 4 werden dagegen bei beiden Versorgungsarten gegeben sein; das gleiche gilt wohl auf Grund der technischen Ausgestaltung der energiesparenden Anlagen der Nr. 3.

D. Folgen für die Abrechnung

67 Ist ein Ausnahmetatbestand gegeben oder eine Ausnahmegenehmigung erteilt worden, liegt es im **Ermessen der Vertragsparteien,** wie sie die Verteilung der Energiekosten auf die Nutzer vornehmen wollen. Maßgeblich ist also der jeweilige **Nutzungsvertrag** bzw. beim Wohnungseigentum die **Teilungserklärung.** Stellen sich die Regelungen des Nutzungsvertrages als Allgemeine Geschäftsbedingungen dar, bildet § 307 BGB eine Grenze für die Gestaltungsfreiheit des Gebäudeeigentümers. Da die HeizkV in den Fällen des § 11 aus sachlichen Gründen nicht anwendbar ist, kann ihr Grundgedanke einer verbrauchsabhängigen Kostenverteilung auch nicht als Maßstab für eine Überprüfung im Rahmen des § 307 BGB dienen (zu Einzelregelungen → Rn. 13–15). Grundgedanke einer Verteilungsregelung außerhalb der HeizkV sollte aber stets das Prinzip des Allgemeinen Schuldrechts sein, dass sich Leistung und Gegenleistung entsprechen; der Nutzer braucht nur in dem Umfang Kosten zu tragen, in dem er eine Leistung empfangen hat.

E. Preisgebundener Wohnraum

68 Die Ausnahmeregelungen des § 11 gelten uneingeschränkt auch für preisgebundenen Wohnraum. Eine **Sondervorschrift** gilt lediglich für den im Ausnahmefall anzuwendenden **Verteilungsmaßstab.** Hier ist der Gebäudeeigentümer in seiner Wahl nicht frei, sondern hat sich nach den in § 22 Abs. 2 NMV enthaltenen Verteilungskriterien zu richten. Danach dürfen die Kosten für die Versorgung mit Wärme nur nach der Wohnfläche, dem umbauten Raum oder nach der Wohnfläche oder umbautem Raum der beheizten Räume umgelegt werden (§ 22 Abs. 2 Nr. 1 NMV). Die Kosten der Versorgung mit Warmwasser dürfen entweder nach der Wohnfläche umgelegt werden oder nach einem Maßstab, der dem Warmwasserverbrauch in anderer Weise als durch Erfassung Rechnung trägt (§ 22 Abs. 2 Nr. 2 NMV); möglich ist daher auch ein Umlegungsmaßstab nach der Zahl der

Wohnungsnutzer oder der Warmwasserzapfstellen. Ferner bleiben nach § 22 Abs. 2 S. 3 NMV die Genehmigungen auch in Zukunft bestehen, die nach den §§ 22 Abs. 5 und 23 Abs. 5 NMV aF erteilt worden sind. Inhaltlich handelt es sich um Ausnahmegenehmigungen für Fälle, die dem § 11 Abs. 1 Nr. 3 entsprechen.

Für **preisgebundene Altbauwohnungen** in **Berlin,** die vor dem 24.6.1948 **69** bezugsfertig geworden sind, enthielt § 23 AMVOB ebenfalls Sonderregelungen. In Abweichung von der NMV durften die Kosten der Versorgung mit Wärme nach § 23 Nr. 1 AMVOB umgelegt werden nach Quadratmetern der Wohnfläche der beheizten Räume oder nach der Fläche der Heizkörper oder nach einem anderen, dem Wärmeverbrauch Rechnung tragenden Maßstab. In Abweichung von § 6 Abs. 4 durfte der gewählte Umlegungsmaßstab nur im Einvernehmen mit allen Mietern in einen anderen zulässigen Maßstab abgeändert werden; war ein Einvernehmen nicht zu erreichen, konnte die Preisbehörde die Änderung genehmigen.

Für die **Kosten des Warmwasserverbrauchs** bestand gemäß § 23 Nr. 2 **70** AMVOB ein spezieller Umlagemaßstab, nämlich der nach dem Verhältnis der Grundmieten. Ein anderer Umlegungsmaßstab war abhängig entweder vom Einvernehmen aller Mieter oder einer Genehmigung der Preisbehörde. Allerdings ist die AMVOB durch § 8 Nr. 12 GVW **außer Kraft** gesetzt worden, da mit diesem Gesetz das (vormalige) MHG auch auf preisgebundenen Altbauwohnraum in Berlin Anwendung finden sollte. Ob die aus der Aufhebung entstehenden Folgeänderungen für andere Regelungsbereiche mit bedacht worden sind, erscheint zweifelhaft, da die Umlegungsmaßstäbe nach der HeizkV in keinem unmittelbaren Zusammenhang mit dem Mieterhöhungsverfahren nach dem (vormaligen) MHG stehen. Dennoch ist davon auszugehen, dass nunmehr auch für den Altbauwohnungsbestand in Berlin die Ausnahmevorschrift des § 11 ohne Sonderregelungen für den danach anwendbaren Umlegungsmaßstab gilt.

§ 12 Kürzungsrecht, Übergangsregelungen

(1) [1]Soweit die Kosten der Versorgung mit Wärme oder Warmwasser entgegen den Vorschriften dieser Verordnung nicht verbrauchsabhängig abgerechnet werden, hat der Nutzer das Recht, bei der nicht verbrauchsabhängigen Abrechnung der Kosten den auf ihn entfallenden Anteil um 15 vom Hundert zu kürzen. [2]Wenn der Gebäudeeigentümer entgegen § 5 Absatz 2 oder Absatz 3 keine fernablesbare Ausstattung zur Verbrauchserfassung installiert hat, hat der Nutzer das Recht, bei der Abrechnung der Kosten den auf ihn entfallenden Anteil um 3 vom Hundert zu kürzen. [3]Dasselbe ist anzuwenden, wenn der Gebäudeeigentümer die Informationen nach § 6a nicht oder nicht vollständig mitteilt. [4]Die Sätze 1 bis 3 sind nicht anzuwenden beim Wohnungseigentum im Verhältnis des einzelnen Wohnungseigentümers zur Gemeinschaft der Wohnungseigentümer; insoweit verbleibt es bei den allgemeinen Vorschriften.

(2) **Wird in den Fällen des § 1 Absatz 3 der Wärmeverbrauch der einzelnen Nutzer am 30. September 1989 mit Einrichtungen zur Messung der Wassermenge ermittelt, gilt die Anforderung des § 5 Absatz 1 Satz 1 als erfüllt.**

Literatur: Kinne, Wann sind Heizkostenkürzungen berechtigt?, GE 2006, 127; Schmitt, Die Novellierung der Heizkostenverordnung – Neue Übergangsregelungen und Fristen, HKA 2009, 13; Pfeifer, Das neue und verschärfte Kürzungsrecht nach § 12, GE 2022, 674.

HeizkV § 12 Kürzungsrecht, Übergangsregelungen

Übersicht

Rn.

- A. Überholte Übergangsregelungen 1
- B. Kürzungsrecht 3
  - I. Regelungsgehalt 3
    1. Urfassung 3
    2. Neufassung 5
    3. Rechtsgrundlage 7
    4. Dogmatische Einordnung 8
  - II. Voraussetzungen 12
    1. Fehlerhafte Erfassung 12
    2. Fehlerhafte Handhabung 13
    3. Fälle des § 9a 16
    4. Ausnahmen 17
  - III. Geltendmachung 21
  - IV. Sonstige Rechte 25
    1. Konkrete Schadensberechnung 25
    2. Zurückbehaltungsrecht 28
  - V. Wohnungseigentum 30
- C. Kürzungsrechte nach § 12 Abs. 1 S. 2, 3 32
- D. Bestandsschutz 39
  - I. Reichweite 39
  - II. Umfang 45
- E. Übergangsvorschriften 48

A. Überholte Übergangsregelungen

1 Eine Anwendung der bisherigen Übergangsregelungen hat sich durch Zeitablauf erledigt, sie wurden deshalb gestrichen.

2 Lediglich der vormalige Absatz 5 ist als Absatz 2 aufrecht erhalten worden, so dass bei Wärmelieferung der Wärme-Verbrauch auch durch Messung der Wassermenge ermittelt werden kann.

B. Kürzungsrecht

I. Regelungsgehalt

3 **1. Urfassung.** Kernstück des § 12 ist das in Abs. 1 enthaltene Kürzungsrecht des Nutzers. Er ist berechtigt, bei Vorliegen einer nicht verbrauchsabhängigen Abrechnung seinen Anteil um 15 % zu kürzen. Diese Regelung fand sich schon in der Erstfassung der HeizkV und zielte damals ihrem Wortlaut nach darauf ab, für Räume, die vor dem 1.7.1981 bezugsfertig geworden und nicht mit Verbrauchserfassungsgeräten ausgestattet waren, einen **Zwang zur Anbringung** der Ausstattung auszuüben (BR-Drs. 632/80, 37;BR-Drs. 494/88, 31). Denn das Kürzungsrecht hing davon ab, dass eine Ausstattung zur Erfassung nicht angebracht worden war.

4 Allerdings führte die Novellierung der HeizkV 1984 insofern zu einer systematischen Inkonsequenz, als in § 12a Abs. 1 aF für preisgebundene Wohnungen dem Wortlaut nach das **Kürzungsrecht** in allen Fällen eingreifen konnte, in denen

nicht verbrauchsabhängig abgerechnet wurde, gleichgültig, ob dies auf dem Fehlen eines Erfassungsgerätes oder auf einer sonstigen Nichtbeachtung der HeizkV beruhte (BR-Drs. 483/83, 40; Lefèvre HKA 1998, 13). Nicht mehr abgestellt wurde im § 12a Abs. 1 aF auch auf die Bezugsfertigkeit der Räume. In der Praxis wurde die engere Fassung des § 12 Abs. 1 Nr. 4 aF erweiternd iSd § 12a Abs. 1 aF ausgelegt, so dass das Kürzungsrecht allgemein nicht nur eingreifen sollte, wenn Erfassungsgeräte fehlten, sondern auch, wenn sie fehlerhaft arbeiteten oder insgesamt ein nicht der HeizkV entsprechender Verteilungsmaßstab verwendet wurde (Kohlenbach (Lfg. November 1984) § 12 Anm. 4; Brintzinger § 12 Anm. 4 S. 8).

2. Neufassung. Bei der Neufassung der **HeizkV 1989** sollte das Kürzungs- 5 recht in dieser Form entfallen bzw. auslaufen. Es war vorgesehen, das Recht strikt auf die Fälle zu begrenzen, in denen vor dem 1.7.1981 bezugsfertig gewordene Räume noch nicht mit Erfassungsgeräten ausgestattet waren; außerdem sollte es nicht mehr für jene Abrechnungszeiträume gelten, die nach dem Inkrafttreten der Änderungsverordnung beginnen (BR-Drs. 494/88, 9). Der Verordnungsentwurf ging davon aus, dass das Kürzungsrecht angesichts sonstiger **Sanktionsmöglichkeiten** (= Nichtfälligkeit der Nachforderungen aus einer nicht verordnungsgerechten Abrechnung) gegenüber der Nichteinhaltung der HeizkV überflüssig wäre. Hingewiesen wurde insbesondere für preisgebundenen Wohnraum auf das Rückforderungsrecht nach § 8 WoBindG, für sonstige (Wohn-)Räume auf die entfallende Zahlungspflicht angesichts einer fehlerhaften Abrechnung und auf das Zurückbehaltungsrecht für künftige Vorauszahlungen auf Heiz- und Warmwasserkosten, sowie auf den Anspruch des Nutzers auf Anbringung einer Ausstattung zur Verbrauchserfassung nach § 4 (BR-Drs. 494/88, 32; Lefèvre HKA 1998, 14). Für die Neufassung nach der Novelle 2021 s. unter C.

Deutscher Mieterbund und Bundesrat lehnten den Wegfall des Kürzungsrechts 6 ab mit dem Hinweis, dass die in der Regierungsvorlage aufgezählten Ersatzrechte praktisch kaum durchsetzbar seien, da zB der Mieter nach § 8 WoBindG kaum den ihm obliegenden Beweis führen könne, welchen Anteil an den verlangten Heizungsbetriebskosten er zurückverlangen könne, wenn die Kosten verbrauchsabhängig verteilt worden wären (BR-Drs. 494/1/88). Die Neufassung der HeizkV 1989 hat den Bedenken Rechnung getragen und das Kürzungsrecht in der bislang ausdrücklich nur für den preisgebundenen Wohnraum geltenden umfassenden Form **als allgemeines Recht des Nutzers beibehalten.** Auch damit wird die Durchsetzung der Ziele der HeizkV allein in die Hände der Beteiligten gelegt, da entgegenstehende Vereinbarungen nicht ipso iure unwirksam geworden sind (→ HeizkV § 2 Rn. 12, 13) sowie öffentlich-rechtliche Sanktionen in der Verordnung fehlen.

3. Rechtsgrundlage. Die Rechtsgrundlage für diesen privaten Sanktionsme- 7 chanismus war in dem in § 7 Abs. 1 Hs. 2 EnEG zum Ausdruck gekommenen Subsidiaritätsprinzip zu sehen. Nach Halbsatz 1 hatten zwar die zuständigen Behörden die Erfüllung der Anforderungen ua der HeizkV zu überwachen. Das war nach Halbsatz 2 hingegen nicht mehr erforderlich, wenn die Überwachung nach anderen Rechtsvorschriften im erforderlichen Umfang erfolgt. Da Halbsatz 2 lediglich auf andere **Überwachungsvorschriften** verwies, nicht aber auf die Notwendigkeit, dass diese durch Behörden erfolgen müsste, konnten in den in Bezug genommenen Vorschriften auch **privatautonome Sanktionsregelungen** enthalten sein (das übersieht Leisner in seinem Gutachten, der auf § 7 EnEG überhaupt nicht eingeht, S. 16 ff.). Das entsprach auch dem Bestreben des Verordnungsgebers, der Privatautonomie im Rahmen der HeizkV möglichst Vorrang vor hoheitlichen Eingriffen einzuräumen. Mit § 8 GEG wird jetzt diese „Privatisierung" besonders deutlich. Danach ist – für den Bereich der Heizkostenverordnung – für die Einhaltung der Vorschriften der Gebäudeeigentümer verantwortlich (damit gehen die verfassungsrechtlichen und unionsrechtlichen Bedenken von MüKoBGB/Zehelein HeizkV § 12 Rn. 14, 15 ins Leere).

8 **4. Dogmatische Einordnung.** Das Kürzungsrecht nach § 12 Abs. 1 S. 1 (anders hingegen das Kürzungsrecht nach S. 2 und 3 → Rn. 33) lässt sich auch in den privatrechtlichen Katalog der Sanktionen für Schlechterfüllung einordnen, indem es entweder als **Schadensersatzanspruch** (aA MieWo/Schmid § 12 Rn. 2; Schmid. ZMR-Sonderheft-HeizkV § 12 Ziff. 2) wegen positiver Vertragsverletzung oder nach Werkvertragsrecht (nicht als mietvertragliches Minderungsrecht, so aber Leisner S. 10/11) angesehen wird. Die Abrechnungspflicht des Gebäudeeigentümers kann entweder entsprechend ihrem treuhänderischen Charakter bei den üblichen Vorauszahlungen analog dem Auftragsrecht behandelt werden; eine Schlechterfüllung, die in der Nichtbeachtung der einschlägigen Normen liegt, führt zum Schadensersatzanspruch wegen positiver Vertragsverletzung. Oder die Abrechnungstätigkeit ist als Geschäftsbesorgung mit Werkvertragscharakter analog § 675 BGB zu sehen, so dass ein Schadensersatzanspruch nach §§ 634 Nr. 4, 636, 280, 281 Abs. 2 BGB wegen schuldhaft mangelhafter Werkerstellung gegeben sein könnte. Ein Minderungsrecht nach § 638 BGB scheidet aus, weil Zahlung auf die Heizkostenabrechnung keine Vergütung für die Werkerstellung (Abrechnung) darstellt, sondern die Gegenleistung für bereits erbrachte Vorleistungen des Gebäudeeigentümers in Form von Wärme- bzw. Warmwasserlieferung. Trotz dieser dogmatischen Einordnung hat der Vermieter nicht die Möglichkeit, einen Gegenbeweis dahingehend zu führen, dass dem Mieter kein Schaden entstanden sei; denn bei dem Kürzungsrecht handelt es sich um eine abstrakte Schadensberechnung, resultierend aus der nicht ordnungsgemäßen Anwendung der HeizkV, die eine andere Berechnungsmöglichkeit nicht zulässt; es sei denn, die Korrektur führt zur verordnungsgerechten Berechnung. Für eine analoge Anwendung des § 12 Abs. 1 auf andere Kostenarten, die verbrauchsabhängig abgerechnet werden sollen (insbesondere Kaltwasser), fehlt es an den methodischen Voraussetzungen für eine Analogie. Bei dem **Kürzungsrecht** handelt es sich um eine Vorschrift im Rahmen eines Sonderrechtsgebietes, das im öffentlich-ökonomischen-ökologischen Interesse eine verbrauchsabhängige Abrechnung vorschreibt; solche **Sonderrechte** sind aber nicht analogiefähig (AG Berlin-Spandau GE 2007, 1127; LG Berlin GE 2003, 121; AG Halle ZMR 2011, 962; Lammel AnwZert-MietR 22/2014 Anm. 1; anders LG Itzehoe MietRB 2011, 307, das aber nicht auf die methodischen Voraussetzungen für eine Analogie eingeht; die Revisionsentscheidung dazu, BGH WuM 2012, 1316, hat sich mangels Beschwer des Revisionsklägers nicht mit dieser Frage befasst). Außerdem sind die Sachverhalte – HeizkV als gesetzliche Regel zur Verbrauchserfassung einerseits, vertragliche Regel zur verbrauchsabhängigen Abrechnung zB des Wasserverbrauchs andererseits – nicht vergleichbar. Schließlich beruhen die „15%" auf entsprechenden Erhebungen (→ Rn. 14), die für die vertraglich vereinbarte verbrauchsabhängige Abrechnung nicht vorliegen. Für die Ansprüche wegen Verletzung dieser vertraglichen Pflichten ist auf das allgemeine Schadensersatzrecht zurückzugreifen (→ Rn. 29); die Schadenshöhe müsste sachverständig ermittelt

B. Kürzungsrecht **§ 12 HeizkV**

oder über § 287 ZPO geschätzt werden. Ob bei dieser Schätzung die „15%" zugrunde gelegt werden dürfen, erscheint angesichts der nicht vorhandenen Tatsachenbasis fraglich. Zurückgegriffen kann auf durch die örtlichen Wasserversorger ermittelten Erfahrungswerte (Langenberg/Zehelein BetrKostR F Rn. 116).

Der angenommene Schaden des Nutzers bei nicht verordnungsgerechter Abrechnung liegt darin, dass er mehr für Heiz- und Warmwasserkosten aufbringen muss als bei Anwendung der HeizkV. Dabei wird unterstellt, dass durch die verbrauchsabhängige Kostenverteilung jeder Nutzer bemüht sein werde, die Kosten für sich zu senken, was er nur durch eine Verbrauchsdrosselung erreichen kann. Als Leitbild für dieses Nutzerverhalten diente der wirtschaftlich rational denkende und handelnde Mensch, der **homo oeconomicus.** 9

Die **Pauschalierung des Schadensersatzes** beruht auf den Ergebnissen von Gutachten zur Vorbereitung der HeizkV, in denen festgestellt worden ist, dass bei einer verbrauchsabhängigen Abrechnung mit einer Energieersparnis in Höhe von 15 % zu rechnen sei (BMWI, Wirtschaftliche und technische Möglichkeiten der Energieeinsparung durch Einführung einer umfassenden verbrauchsorientierten Heizkostenabrechnung, S. 84, 87; BR-Drs. 632/80, 13). Eine gutachterliche Überprüfung dieser Annahme während der Wirkungsdauer der HeizkV kommt zu einem Einsparpotential in Höhe von rund 13 % (BMWI, Durchführung der verbrauchsabhängigen Heizkostenabrechnung und ihre Auswirkung auf den Energieverbrauch, S. 52 (sog. GEWOS-Gutachten); HKA 1986, 25). 10

Diesem Pauschalsatz in § 12 Abs. 1 kann nicht entgegengehalten werden, dass die Zeiten einer generellen Energieverschwendung vorüber seien und deshalb nur eine **geringere Energieeinsparung** durch die verbrauchsabhängige Kostenverteilung erzielt würde (so Pfeifer HeizkV § 12 Anm. 2). Mit dieser Kritik wird die prozentuale Berechnung der Kürzung nach § 12 verwechselt mit der Kürzung um einen Festbetrag; der Prozentsatz berechnet sich nach dem berechneten Verbrauch und verringert sich im absoluten Ergebnis entsprechend dem geringeren Verbrauch (ModMag 11/2003, S. 23–26; IWU S. 51). Eine **individuelle Berechnung** des Schadens anhand der Verbrauchsgewohnheiten des jeweiligen Nutzers (so Leisner, 15) ist praktisch undurchführbar, da mangels konkreter Verbrauchserfassung die verhinderte Ersparnis nicht berechnet werden kann. Außerdem stellt die HeizkV auf die Ersparnis von Primärenergie für die Volkswirtschaft und nicht für den einzelnen Nutzer ab. Jene Ersparnis wird durch die verbrauchsabhängige Verteilung stets erreicht (Adunka, S. 157), diese infolge des Wärmeaustausches über die Zwischenwände im gleichen Maße nur bei einheitlichem Nutzerverhalten (Bendel, S. 125). 11

II. Voraussetzungen

1. Fehlerhafte Erfassung. Das **Kürzungsrecht** um 15 % hängt davon ab, dass **nicht verbrauchsabhängig abgerechnet** worden ist. Nach der Neufassung des § 12 Abs. 1 S. 1 1989 ist es unerheblich, worauf dieser Mangel beruht. Er kann deshalb vorliegen, weil es der Gebäudeeigentümer generell versäumt hat, Erfassungsgeräte anzubringen, oder weil er trotz Vorhandenseins ordnungsgemäß arbeitender Geräte dennoch verbrauchsunabhängig abgerechnet hat (in sich widersprüchlich der Ls. LG Stendal NZM 2002, 940). Schließlich liegt eine nicht der HeizkV entsprechende Kostenverteilung auch dann vor, wenn zwar Erfassungsgeräte – die normgerecht sein müssen (→ HeizkV § 5 Rn. 4) – vorhanden sind, diese aber nicht ordnungsgemäß gearbeitet haben (aA LG Berlin 12

307

GE 1989, 1227). Denn die Wirkung der **Erfassungsgeräte** beruht nicht auf dem psychologischen Effekt ihrer Anbringung (so wohl LG Berlin GE 1989, 1227), sondern auf der korrekten Verbrauchserfassung und der daraus resultierenden **Kostenverteilung.** Bei letzterem Tatbestand ist insbesondere bei der Verwendung von Heizkostenverteilern nach dem Verdunstungsprinzip zwischen systembedingten und handhabungsbedingten Fehlern zu unterscheiden. Das Vorliegen systembedingter Fehler berechtigt nicht zur Ausübung des Kürzungsrechts (LG Hamburg DWW 1988, 14). Denn hier arbeitet das Erfassungsgerät ordnungsgemäß im Rahmen seiner technischen Einsatzgrenzen; der „Erfassungsfehler" beruht darauf, dass zB das Verdunstungsgerät keinen Messwert für den Wärmeverbrauch anzeigt, sondern nur eine Hilfsgröße zur Bestimmung des anteiligen Verbrauchs liefert.

13   2. **Fehlerhafte Handhabung.** Handhabungsbedingte Fehler hingegen berechtigten zur Ausübung des Kürzungsrechts. Denn sie beruhen darauf, dass die Handhabung des Gerätes durch den Gebäudeeigentümer oder seine Hilfspersonen fehlerhaft ist. Hierzu gehören etwa **Fertigungsfehler, Skalierungsfehler** (dazu → HeizkV § 5 Rn. 21, 22), **Montagefehler** (dazu → HeizkV § 5 Rn. 8–14) und **Ablesefehler** (dazu → HeizkV § 5 Rn. 23). Hierbei handelt es sich nicht um unvermeidliche Fehler bei der Handhabung der Pflichten aus der HeizkV, sondern um dem Gebäudeeigentümer zuzurechnendes menschliches Fehlverhalten, das bei Einhaltung der entsprechenden Sorgfalt vermieden werden kann (LG Meiningen WuM 2003, 453; aA LG Hamburg DWW 1988, 15).

14   Das zunächst deshalb dem Nutzer zustehende **Kürzungsrecht** kann aber wieder **entfallen,** wenn die Folgen des Fehlverhaltens rechnerisch für die konkrete Abrechnung beseitigt werden können; etwa wenn die Skalierung der Verdunster wegen fehlerhafter Heizkörperidentifikation nicht auf den Wärmeabgabewert des Heizkörpers eingestellt war. Hier kann durch Umrechnung (gegebenenfalls durch Sachverständige) der angezeigten Verbrauchsstriche auf die Grundlage einer richtigen Skalierung der Fehler beseitigt werden, so dass nunmehr eine ordnungsgemäße verbrauchsabhängige Kostenverteilung vorliegt (LG Hamburg DWW 1988, 15).

15   Die **Kosten der Fehlerbeseitigung** stellen aber weder verteilungsfähige Kosten im Sinne der §§ 7 Abs. 2 und 8 Abs. 2 dar, noch können sie dem betroffenen Nutzer als Abrechnungskosten auferlegt werden. Sie müssen vielmehr vom Gebäudeeigentümer getragen werden, der gegebenenfalls Regress beim Wärmemessdienstunternehmen nehmen kann, das die fehlerhafte Skalierung verschuldet hat.

16   3. **Fälle des § 9a. Keine** verbrauchsabhängige Abrechnung liegt auch in den Fällen des § 9a vor. Bei den dortigen Regelungen handelt es sich nicht um weitere Ausnahmevorschriften von dem Anwendungsbereich der HeizkV, sondern um Verfahrensregeln für besondere Fälle eines Erfassungsmangels. Die **gegenteilige** Auffassung (wohl **hM** Pfeifer HeizkV § 12 Anm. 2c; HKA 1989, 10 (11); Kinne § 12 Rn. 221 [S. 206]; Lefèvre HKA 1998, 19; BGH WuM 2005, 776) übersieht die enge Verbindung des Begriffs „verbrauchsabhängige Abrechnung" mit dem Zweck der HeizkV, nämlich Energieeinsparung durch Verbrauchsdrosselung über die Kostenumlage. Dieser Zweck kann in den Sonderfällen des § 9a nicht erreicht werden, so dass es sich bei einer Abrechnung nach dem dort vorgesehenen Verfahren nicht um eine verbrauchsabhängige Kostenverteilung handeln kann (auch → HeizkV § 9a Rn. 50–55; s. auch AG Köln WuM 1997, 273). Die umfassende

B. Kürzungsrecht   § 12 HeizkV

Geltung des Kürzungsrechts nach dessen Neufassung 1989 (→ Rn. 6) spricht
ebenfalls für dessen Anwendung auf § 9a.

4. Ausnahmen. Die Möglichkeit der Kürzung besteht dagegen in den Ausnah- 17
mefällen der §§ 2, 9b Abs. 4 und 11 nicht (LG Halle ZMR 2003, 428; AG Lübben
NZM 2000, 907; Schmid GE 2013, 658). Unter den dortigen Voraussetzungen
findet die HeizkV entweder insgesamt oder für den Sonderbereich keine Anwendung, so dass die abweichende Abrechnungsweise gerechtfertigt ist. Das gleiche
gilt für den Fall des § 9b Abs. 3, zweite Alternative (dazu → HeizkV§ 9b Rn. 35,
36). Ist danach eine Zwischenablesung wegen der Art der verwendeten **Erfassungsgeräte** technisch nicht sinnvoll, was vor allem die Verdunstungsgeräte
betrifft, liegt ein Ausnahmefall des § 11 Abs. 1 Nr. 1b für die konkrete Situation
vor, so dass ebenfalls ein Kürzungsrecht entfällt. Hingegen ist für die erste Alternative in § 9b Abs. 3 darauf abzustellen, in wessen Verantwortungsbereich die
Unmöglichkeit der Zwischenablesung fällt (→ HeizkV § 9b Rn. 32, 33;
→ HeizkV § 9a Rn. 54, 55). Denn eine vom Gebäudeeigentümer verschuldete
Unmöglichkeit der Ablesung lässt einen Schadensersatzanspruch entstehen, der
von der HeizkV in § 12 pauschaliert ist. Auch hier stehen dem Gebäudeeigentümer
Regressansprüche gegen die Messdienstfirma zu (Freywald[2] Rn. 38; anders jetzt
→ Rn. 36).

Die Geltendmachung des Kürzungsrechts kann aber auch gegen Treu und 18
Glauben, § 242 BGB, in der Ausformung des venire contra factum proprium
verstoßen, wenn sich der **Nutzer** vor Beginn einer Abrechnungsperiode (zB
im Nutzungsvertrag) ausdrücklich **damit einverstanden** erklärt hat, dass die
Kostenverteilung **verbrauchsunabhängig** erfolgen solle. Das Verlangen nach
einer verbrauchsabhängigen Verteilung zum Abschluss der Abrechnungsperiode
widerspräche seinen vorangegangenen Erklärungen (zweifelnd insoweit Schmid
GE 2013, 658 (660)).

Solche Erklärungen sind aber nur in beschränktem Umfang zulässig. Zum einen 19
bedarf es einer **Individualvereinbarung;** eine entsprechende Formularregelung
wäre nach § 307 BGB unwirksam, da sie gegen Sinn und Zweck einer Rechtsnorm verstieße. Zum anderen reicht ihre **Bindungswirkung** nur für die jeweils
laufende Abrechnungsperiode; nach deren Ende kann der Nutzer trotz entgegenstehender vertraglicher Vereinbarung unter Berufung auf § 2 die Durchführung der Kostenverteilung nach der HeizkV verlangen. Schließlich wirkt bei einer
Mehrheit von Nutzungseinheiten in einem Gebäude die Vereinbarung nur für
die jeweilige Einheit, so dass, um für das gesamte Gebäude die Anwendbarkeit
der HeizkV über den Einwand aus § 242 BGB auszuschließen, Vereinbarungen
mit sämtlichen Nutzern erforderlich sind, die hinfällig werden, wenn nach Ablauf
eines Abrechnungszeitraums auch nur ein Nutzer für die Zukunft die Anwendung
der HeizkV verlangt.

Einen Ausfluss des Grundsatzes von Treu und Glauben stellt ferner die Rege- 20
lung des § 536b BGB dar, Ausschluss der Mängelrechte, wozu auch Schadensersatzansprüche zählen, bei **Kenntnis des Mangels.** Dieser Rechtsgedanke wird
ebenfalls auf das Kürzungsrecht anzuwenden sein (AG Staufen DWW 1998, 346),
aber in den Grenzen einer Individualvereinbarung nach § 2 (→ Rn. 18).

III. Geltendmachung

Die **Kürzung** in Höhe von 15 % wird von dem **Kostenanteil** berechnet, der 21
nach der verordnungswidrigen Verteilung auf den jeweiligen Nutzer entfallen soll

309

(AG Köln WuM 1998, 320; aA LG Berlin: nur verbrauchsabhängiger Anteil, mitgeteilt in: MM 1997, 149; dagegen Maciejewski MM 2000, 105). Sie bezieht sich also nicht auf die umlegbaren Gesamtenergiekosten des Gebäudes, so dass eine Aufschlüsselung der Kürzung nach verbrauchsabhängigen und verbrauchsunabhängigen Kostenanteilen nicht erfolgen kann (inzident ebenso BGH ZMR 1991, 170 (173)).

22   Die Kürzung tritt nicht automatisch ein, sondern der einzelne Nutzer muss das ihm in § 12 Abs. 1 gebotene Recht ausdrücklich **geltend machen.** Im Falle eines Rechtsstreits bedarf es daher ebenfalls eines entsprechenden Vortrags des Nutzers. Dem Gericht ist es versagt, von Amts wegen die eingeklagte Nachforderung aus einer nicht der HeizkV entsprechenden Kostenverteilung um 15 % herabzusetzen. Denn es handelt sich um ein dem Nutzer gegebenes Recht **(eine prozessuale Einrede),** nicht aber um eine gesetzlich eintretende Rechtsfolge **(ein prozessualer Einwand).**

23   **Versäumt** der Nutzer die **Geltendmachung** bei Einforderung eines Nachzahlungsbetrages durch den Gebäudeeigentümer und zahlt er den geforderten Betrag, besteht **kein nachträgliches Rückforderungsrecht** gemäß § 812 BGB. Der Nutzer hat mangels Geltendmachung seines Rechts nicht rechtsgrundlos gezahlt. Der Rechtsgrund kann auch nicht rückwirkend durch nachträgliches Berufen auf das Kürzungsrecht wieder entfallen; denn das Leistungsverhältnis ist mit der Zahlung des nachgeforderten Betrages erloschen. Da das Kürzungsrecht als ein pauschaler Schadensersatzanspruch wegen Schlechterfüllung der Abrechnungspflicht anzusehen ist und seine Geltendmachung der Aufrechnung gegen den Nachzahlungsanspruch nahe steht, entfällt das Recht, wenn sich im Zeitpunkt der Geltendmachung nicht mehr zwei Forderungen gegenüberstehen, weil die eine bereits durch vollständige Erfüllung erloschen ist (LG Hamburg WuM 2000, 311). Der Nutzer hat aber keinen selbständigen Anspruch auf Auszahlung eines Betrages in Höhe von 15 % des errechneten Anteils; denn das Kürzungsrecht ist dem Saldo aus der (nicht ordnungsgemäßen) Abrechnung zugeordnet. Insofern ist der Nutzer in seinen Rechten beschränkt.

24   Andererseits kann der **Prozentsatz nicht** deshalb **herabgesetzt** werden, weil sich zB der Abrechnungsfehler aus der nicht ordnungsgemäßen Erfassung nur eines Raumes ergibt (aA Pfeifer HeizkV § 12 Anm. 4). Das widerspricht zum einen dem ausdrücklichen Wortlaut des § 12 Abs. 1; die Zahl 15 ist nicht interpretationsfähig; zum anderen aber auch der Systematik einer Abrechnung. Diese beruht auf einer Gesamterfassung und einer Gesamtverteilung, so dass sich der Fehler in der Erfassung auch nur eines Raumes auf die gesamte Abrechnung auswirkt. Deshalb muss die Kürzung auch von dem gesamten Anteil des betroffenen Nutzers vorgenommen werden. Wegen dieses Gesamtzusammenhanges der Abrechnung sind von der fehlerhaften Erfassung auch nur einer Nutzereinheit die **Nutzer des gesamten Gebäudes** betroffen, so dass ihnen allen das Kürzungsrecht zusteht und nicht nur dem Nutzer der jeweiligen Nutzeinheit. Zwar spricht § 12 Abs. 1 insoweit vom Rechtsinhaber „Nutzer" in der Einzahl. Gekoppelt ist das Recht aber an das Vorliegen einer nicht verbrauchsabhängigen Abrechnung; und diese liegt infolge der Verhältnisrechnung bei keinem Nutzer des Gebäudes vor.

IV. Sonstige Rechte

25   **1. Konkrete Schadensberechnung.** Der Nutzer ist nicht auf die Geltendmachung des Kürzungsrechts beschränkt. Anstelle der in § 12 Abs. 1 enthaltenen

B. Kürzungsrecht **§ 12 HeizkV**

abstrakten Schadensberechnung kann er seinen Schaden auch **konkret berechnen.** Hierzu muss er nachweisen, dass sein Verbrauch geringer gewesen ist als nach dem verordnungswidrig berechneten Kostenanteil (Freywald Rn. 38; Lefèvre, S. 47). Beruht der Abrechnungsmangel zB auf einem Ausfall der Erfassungsgeräte nur in seinen Räumen, so wird dem Nutzer der Beweis des Minderverbrauchs gelingen, wenn er dartun kann, dass er die Räume während der **Heizperiode** in wesentlichen Zeiträumen etwa wegen urlaubsbedingter oder beruflicher Abwesenheit nicht genutzt hat. Für den behaupteten Minderverbrauch von Heizwärme muss aber noch der Nachweis hinzukommen, dass die Ventile der Heizkörper auf Frostschutzposition heruntergedreht waren. Der Nachweis der Abwesenheit allein genügt für den Beweis des Minderverbrauchs von Warmwasser.

Handelt es sich bei den genutzten Räumen um eine preisgebundene Wohnung, 26 kann der Nutzer anstelle des Kürzungsrechts gemäß § 8 Abs. 2 S. 2 WoBindG den Teil der Kostenmiete, wozu nach § 8a Abs. 7 WoBindG auch die Zuschläge für Nebenkosten gehören, zurückverlangen, der über den zulässigen Teil hinausgeht und deshalb rechtsgrundlos verlangt worden ist. Hier obliegt dem Mieter allerdings der praktisch kaum zu führende Nachweis der Differenz, die zwischen geforderter Miete und dem Betrag besteht, den er nur zu zahlen hätte, wenn nach der HeizkV abgerechnet worden wäre.

Der **Nutzer** kann zusätzlich zu den Schadensersatzansprüchen nach § 4 **verlan-** 27 **gen,** dass die **Erfassungsgeräte** entsprechend § 5 **angebracht** werden, sofern die verordnungswidrige Kostenverteilung auf dem Fehlen dieser Geräte beruht.

2. Zurückbehaltungsrecht. Die dem Nutzer im übrigen Nebenkostenbe- 28 reich (außerhalb der Heizkosten) zustehenden Rechte, wie Leistungsverweigerung und/oder Zurückbehaltung vereinbarter Vorauszahlungsbeträge auf die Kosten der künftigen Abrechnungsperiode wegen nicht ordnungsgemäßer Abrechnung sind bei der Heizkostenabrechnung nur im eingeschränkten Maße gegeben. Ihre zulässige Geltendmachung hängt davon ab, ob die **verordnungswidrige Kostenverteilung** nachbesserbar ist oder nicht (generell für ein Zurückbehaltungsrecht neben dem Kürzungsrecht AG Korbach DWW 1998, 346; AG Köln MietRB 2005, 170). Beruht die fehlerhafte Abrechnung auf einem **Mangel,** der durch Neuberechnung **beseitigt** werden kann, kann der Nutzer die Leistung der Nachzahlung bis zur Mangelbeseitigung verweigern. Eine entsprechende Leistungsklage wird als zur Zeit unbegründet abgewiesen und kann ungeachtet dieser rechtskräftigen Entscheidung erneut erhoben werden, sofern der Mangel beseitigt worden ist. Nach erfolgter Nachbesserung entfällt auch die Möglichkeit, den nunmehr ordnungsgemäß berechneten Betrag zu kürzen. Verweigert der Gebäudeeigentümer die Nachbesserung, etwa weil sie ihm zu aufwendig erscheint, verbleibt es für den Nutzer bei der Alternative Leistungsverweigerung oder Kürzung. Außerdem ist die Nachbesserung nur in den zeitlichen Grenzen des § 556 Abs. 3 BGB zulässig.

Beruht hingegen die verordnungswidrige Kostenverteilung auf einem **nicht** 29 **behebbaren Mangel,** etwa weil keine Erfassungsgeräte angebracht oder diese teilweise ausgefallen waren, ist der Nutzer auf die Geltendmachung des Kürzungsrechts beschränkt. Die ihm in anderen Abrechnungsfällen zustehenden Rechte auf Leistungsverweigerung bzw. Zurückbehaltung sind ihrem Zweck nach in dieser Fallkonstellation ausgeschlossen. Denn sie sollen den Vertragspartner dazu zwingen, die ihm obliegende Leistung ordnungsgemäß zu erbringen. Dieser Zwang

HeizkV § 12 Kürzungsrecht, Übergangsregelungen

muss hier aus technischen Gründen erfolglos bleiben, da die unterlassene Erfassung für die Vergangenheit nicht nachgeholt werden kann (BayObLG NZM 2003, 900). Das **Leistungsverweigerungsrecht** setzt aber einen eigenen wirksamen Leistungsanspruch voraus; dieser besteht nicht mehr, wenn die Leistung dem Gegner unmöglich geworden ist, § 275 Abs. 1 BGB. In diesen Fällen verbleibt es beim Schadensersatzanspruch des Nutzers. Nach der erfolgten Kürzung durch den Nutzer kann dieser nicht mehr einwenden, die ihn weiterhin treffende Belastung übersteige noch alle Erfahrungswerte. Hat er den abstrakten Schadensersatz gewählt, kann er nicht zusätzlich auf konkrete Berechnungen zurückgreifen; beide Berechnungsmethoden schließen einander aus.

V. Wohnungseigentum

30   Das **Kürzungsrecht** ist bei Wohnungseigentumsanlagen im Verhältnis der Wohnungseigentümer untereinander **ausgeschlossen,** § 12 Abs. 1 S. 4. Es ist also nicht möglich, dass sich ein Wohnungseigentümer gegenüber der Jahresabrechnung auf das Kürzungsrecht beruft, wenn die Heizkostenabrechnung nicht der HeizkV entspricht. Der sachliche Hintergrund dieser Ausnahme ist darin zu sehen, dass die Wohnungseigentümer zunächst gemeinschaftlich für die Versorgung der Anlage mit Heizenergie haften. Ein Kürzungsrecht würde also entsprechend der Anteilsquote den kürzenden Wohnungseigentümer wieder selbst treffen (Lefèvre, S. 32; Brintzinger § 12 Anm. 4, 9); er kann als Mit-Gebäudeeigentümer den Ausfall nicht auf die anderen Mit-Gebäudeeigentümer verlagern. Die Ausübung des Kürzungsrechts stößt hier auf systematische Grenzen und wurde deshalb von vornherein ausgeschlossen (BR-Drs. 632/80, 37). Der Hinweis in Abs. 1 S. 4 Hs. 2 auf die allgemeinen Vorschriften kann sich nur auf die Rechte eines einzelnen Wohnungseigentümers beziehen, eine Abrechnung nach den Regeln der HeizkV zu erzwingen (dazu → HeizkV § 3 Rn. 7–9). Denn ein **Leistungsverweigerungs- oder Zurückbehaltungsrecht** würde bei unbehebbaren Mängeln wieder nur den einzelnen Wohnungseigentümer über seine Mithaftung für die gesamten Aufwendungen treffen. **Schadensersatzansprüche** wegen nicht ordnungsgemäßer Verwaltung mögen zwar rechtstheoretisch denkbar sein, sind aber praktisch wegen des kaum möglichen konkreten Nachweises einer Ersparnis bei verordnungsgerechter Kostenverteilung wenig wirksam. Auf die 15 %-Quote des § 12 Abs. 1 S. 1 wird sich der einzelne Wohnungseigentümer für die Schadensberechnung nicht berufen können angesichts des ausdrücklichen gesetzlichen Ausschlusses von deren Anwendung in S. 4.

31   Das **Kürzungsrecht** ist dagegen **anwendbar** im Verhältnis vom **Mieter der Eigentumswohnung** zum Wohnungseigentümer bzw. vom sonstigen Nutzer in Teileigentum stehender Räume zum Teileigentümer. Auf dieses Verhältnis finden die Regeln der HeizkV uneingeschränkt Anwendung, so dass es durchaus vorkommen kann, dass der einzelne Nutzer den ihm in Rechnung gestellten Kostenanteil um 15 % kürzt, während der Wohnungs- oder Teileigentümer an der Weitergabe der Kürzung von der HeizkV gehindert wird. Er kann den Ausfall weitergeben, wenn die nicht verbrauchsabhängige Kostenverteilung in seinen Räumen auf schuldhaftem Fehlverhalten des Verwalters (→ HeizkV § 3 Rn. 8, 9) beruht. Ferner kann er über einen Beschluss der Eigentümergemeinschaft den Fehlbetrag als Schadensersatz von der Wärmedienstfirma verlangen,

C. Kürzungsrechte nach § 12 Abs. 1 S. 2, 3

Mit der Novelle 2021 ist die Regelung über das Kürzungsrecht um zwei Positionen erweitert worden, um die Einführung der fernablesbaren Erfassungsgeräte und die Erfüllung Informationspflichten zu erzwingen. Wird die Verpflichtung zur Verbrauchserfassung durch fernablesbare Geräte nicht erfüllt, hat der Nutzer das Recht, den auf ihn entfallenden Anteil aus der Heizkostenabrechnung um 3 % zu kürzen. Das gleiche Recht steht ihm zu, wenn den Informationspflichten nach § 6a nicht genügt wird. 32

Im Gegensatz zu dem ursprünglichen Kürzungsrecht um 15% handelt es sich bei dem neuen Kürzungsrecht **nicht** um einen pauschalierten Schadensersatz, sondern um eine Sanktion wegen Nichterfüllung einer gesetzlichen Anordnung (Br-Drs. 643/21, 24; Wall NZM 2022, 81). Zwar meint die Begründung, beide Kürzungsrechte gleich stellen zu können. Dies trifft aber angesichts der von der Begründung selbst konstatierten Unterschiede hinsichtlich eines Schadenseintritts beim Nutzer (bejaht für den Fall der nicht verbrauchsabhängigen Abrechnung, verneint für die Fälle der S. 2 und 3) nicht zu. Auch die unionsrechtliche Vorgabe in Art. 13 RL 2012/27/EU spricht von „Sanktionen", nicht von Schadensersatz. Letztlich ist ein Schaden beim Nutzer durch Nichterfüllung der Fernablesbarkeit sowie der Informationspflichten kaum vorstellbar. 33

Zur Erfüllung der Pflicht zur Fernablesbarkeit gehört neben einer Ausstattung, die die Verbrauchserfassung ermöglicht, ohne die Räume der Nutzer zu betreten, auch die sukzessiv zu erfüllende Verpflichtung, für die Anbindung an ein SMGW zu sorgen, was sich aus dem Verweis auf § 5 Abs. 2 und 3 ergibt. 34

Die Informationspflichten nach § 6a müssen **vollständig** erfüllt werden, um eine Sanktion zu vermeiden. Auch die Unterlassung der Information für nur einen Monat hat die Sanktion zur Folge (aA Pfeifer GE 2022, 674/676 unter 5a). 35

Die Sanktionen für Verstöße gegen die Pflichten aus § 5 und aus § 6a gelten nebeneinander, so dass im Einzelfall bei einem Verstoß sowohl gegen die Ausstattungspflicht wie auch gegen die Informationspflichten die Sanktionen kumuliert werden können; fehlt zusätzlich noch eine verbrauchsabhängige Abrechnung entgegen den Vorschriften der HeizkV, kann es insgesamt zu einem Kürzungsrecht von 21% (3% + 3% + 15%) kommen. Insbesondere hat der Verstoß gegen § 5 **(Ausstattung mit fernablesbaren Geräten)** notwendigerweise auch einen Verstoß gegen die Informationspflichten zur Folge, da die Erfüllung der Information nach dem Gesetzeswortlaut in § 6a vom Vorhandensein des fernablesbaren Erfassungsgerätes abhängt. Der Verstoß sowohl gegen die Verbrauchsinformationspflicht wie die Abrechnungsinformationspflicht führt nicht zu einer Kumulierung, da S. 3 beides ungetrennt erfassen will. 36

Für den Verstoß gegen die Installationspflichten nach § 5 kann das Kürzungsrecht für die Sparte (Wärme oder Warmwasser) berechnet werden, für die das fernablesbare Gerät fehlt, wenn für die andere Sparte eine Information über den getrennten Energieverbrauch möglich war und auch erstellt worden ist. 37

Wird gegen die Informationspflichten des § 6a verstoßen, erstreckt sich das Kürzungsrecht auf die gesamte Heizkostenabrechnung (Wärme und Warmwasser). 38

D. Bestandsschutz

I. Reichweite

39 Neben dem dem materiellen Recht angehörenden Kürzungsrecht enthält § 12 noch eine Bestimmung, die den Bestand vorhandener Ausstattungen zur Verbrauchserfassung sichern soll. Solche Bestandsregelungen finden sich jetzt nur noch in Abs. 2. Sie **fingiert** dass die zu bestimmten Stichtagen bereits vorhandenen Erfassungsgeräte die **technischen Voraussetzungen** erfüllen, die § 5 für solche Geräte aufstellt, auch wenn sie tatsächlich nicht erfüllt werden. Damit soll verhindert werden, dass bereits vorhandene und noch funktionierende Erfassungsgeräte allein auf Grund des Erlasses der HeizkV ausgetauscht werden müssten. Das Vorliegen eines bestandsgeschützten Erfassungsgerätes schließt auch die Möglichkeit aus, sich wegen technisch nicht ordnungsgemäßer Kostenverteilung auf das Kürzungsrecht zu berufen. Der Zweck der Regelung, Vermeidung von Kosten, die angesichts vorhandener Geräte zunächst unnötig erscheinen, begrenzt auch die Tragweite des Bestandsschutzes. Er erstreckt sich zum einen nur auf die Beibehaltung des verwendeten Systems als solchem; zum anderen nur auf das konkrete, systemgerechte Altgerät

40 **Veränderungen an der Heizungsanlage,** die die Verwendungsmöglichkeit des Systems als solchem berühren, können, müssen aber nicht den Bestandsschutz beseitigen. Erweist sich nach der Veränderung das benutzte System seiner technischen Ausgestaltung nach als nicht mehr verwendbar, so erlischt der Bestandsschutz. In diesem Falle ist es nicht zulässig, das System nachzubessern, also neu entwickelte Teile mit alten zu verbinden, um die Erfassungsfähigkeit zu erhalten. Denn dieses nachgebesserte Gerät entspricht weder dem unter dem Bestandsschutz gesicherten Gerät noch den Anforderungen des § 5. Ein solcher Fall kann etwa eintreten, wenn eine alte Heizungsanlage durch eine moderne Niedertemperaturheizung ersetzt worden ist und als Erfassungsgeräte Verdunster an den Heizkörpern angebracht waren. Denn Verdunster verlieren ihre Einsatzfähigkeit (Klasse A) bzw. müssen besondere Eigenschaften aufweisen (Klasse B), wenn eine bestimmte Vorlauftemperatur unterschritten wird (→ HeizkV § 5 Rn. 26, 35).

41 Ist dagegen das **alte Erfassungssystem** als solches **noch verwendbar,** bedarf es lediglich in unveränderter Gestalt zB einer Veränderung der Montagehöhe, genießt es weiterhin Bestandsschutz. Denn die Erfassungsfähigkeit des Gerätes bleibt unverändert, lediglich der Anbringungsort muss angepasst werden (HKA 1989, 46).

42 Auf den **Montageort** (→ Rn. 41) erstreckt sich der **Bestandsschutz nicht,** was zweierlei Konsequenzen hat: einmal kann sich der Gebäudeeigentümer gegenüber der Rüge einer unterlassenen Ummontage nicht auf den Bestandsschutz berufen, zum anderen berechtigt die fehlerhafte Anbringung eines an sich noch zulässigen Systems den Nutzer zur Ausübung seines Kürzungsrechts nach § 12 Abs. 1 S. 1 (LG Hamburg WuM 1988, 310). Es ist jeweils im Einzelfall konkret zu überprüfen, ob das alte System als solches noch verwertbar oder ob es nicht auf andere technische Bedingungen zugeschnitten ist (HKA 1986, 12).

43 Ebenfalls differenzierter ist der **Bestandsschutz** im Falle einer **Reparatur** des vorhandenen **Erfassungsgerätes** zu beurteilen. Als Reparatur ist nur die Beseitigung eines Defekts im Funktionsablauf zu werten, nicht dagegen funktionsbedingter Ersatz. Derartige Maßnahmen berühren den Bestandsschutz nicht, da sie ihre Ursache im systembedingten Betrieb haben. Es muss aber darauf geachtet werden,

D. Bestandsschutz   **§ 12 HeizkV**

dass die Ersatzteile genau dem alten System entsprechen; eine Kombination alter und neuer Teile beseitigt den Bestandsschutz (AG Hamburg WuM 1989, 29; AG Eutin WuM 1989, 30).

Dieses Kriterium (→ Rn. 43) ist auch maßgebend für die Entscheidung, ob **44** eine **Reparatur** den **Bestandsschutz** beseitigt oder belässt. Handelt es sich bei der Reparatur lediglich um die Wiederherstellung der Funktionsfähigkeit in ihrer vor dem Defekt vorhandenen Form innerhalb des damals vorhandenen technischen Systems, bleibt der Bestandsschutz trotz des Eingriffs in das Erfassungsgerät bestehen. Führt die Reparatur, etwa wegen nicht mehr vorhandener Alt-Ersatzteile oder einer inzwischen erfolgten Fortentwicklung des Ersatzteils, jedoch dazu, dass eine „**Modernisierung**" **des Altgerätes** vorgenommen werden musste, entfällt der Bestandsschutz. Denn abgesehen von der veränderten Gestalt des Erfassungsgerätes, das weder der Altform noch der geltenden technischen Norm entspricht, ist das Gerät auch deshalb nicht mehr brauchbar, da es die für eine ordnungsgemäße Verteilung notwendige Einheit der Erfassungsgeräte in einer Abrechnungsgesamtheit durchbricht (HKA 1989, 45).

II. Umfang

Wärmemengenmessung. Auf die Ermittlung des Wärmeverbrauchs in den **45** Fällen des § 1 Abs. 3 **(Versorgung mit Fernwärme)** stellt der jetzt in Abs. 2 enthaltene Bestandsschutz ab. Nach § 18 Abs. 1 S. 3 aF AVBFernwärmeV konnte die gelieferte Wärmemenge anstelle durch Wärmemessung auch durch die **Messung der Wassermenge** ermittelt werden, das sog. Ersatzverfahren. Hierbei wurde nur die Menge des Wassers als Träger der Heizwärme dauernd gemessen. Eine Temperaturdifferenz wurde dagegen lediglich nach Stichproben oder Erfahrungswerten ermittelt (Hermann/Recknagel/Schmidt-Salzer, Kommentar zu den Allgemeinen Versorgungsbedingungen, II, FernwärmeV § 18 Rn. 7). Diese Verfahrensweise hat sich in der Praxis nicht bewährt, sie hat zu erheblichen Ungenauigkeiten geführt (BR-Drs. 494/88, 37). Deshalb wurde § 18 Abs. 1 S. 3 dahingehend geändert, dass die Anwendung des Ersatzverfahrens nur noch mit solchen Einrichtungen zur Messung der Wassermenge zulässig ist, die vor dem 30.9.1989 installiert worden sind; dies wurde bei der Änderung 2021 in S. 2 beibehalten. Da gemäß § 18 Abs. 5 nF AVBFernwärmeV auf die Abrechnung der Lieferung von Fernwärme und Fernwarmwasser nunmehr die Bestimmungen der HeizkV anzuwenden sind, musste angesichts der in § 5 enthaltenen Vorschriften über die Erfassungsgeräte eine Bestandsschutzregelung für das Ersatzverfahren bei der Fernwärme eingeführt werden (BR-Drs. 494/88, 33).

In sprachlich missverständlicher Übernahme der Neuregelung des § 18 Abs. 1 **46** S. 2 AVBFernwärmeV fingiert § 12 Abs. 2, dass die Anforderungen des § 5 erfüllt sind, sofern der Wärmeverbrauch der einzelnen Nutzer bei Lieferung von Fernwärme am 30.9.1989 noch durch Einrichtungen zur Messung der Wassermenge ermittelt wird. Entgegen dem Wortlaut kommt es nicht auf den **Zeitpunkt** der Verbrauchsermittlung, also auf den Beginn des Abrechnungszeitraums, an, sondern auf die **Installation der Geräte** (GGW, Materialien 24, 24). Die Spanne zwischen Inkrafttreten der neuen HeizkV am 1.3.1989 und dem Stichtag für den Bestandsschutz solcher Wassermengenzähler wurde mit Rücksicht auf noch laufende Bauvorhaben festgesetzt, die schon so weit fortgeschritten waren, dass ihre Heizungsinstallationen auf den Einbau dieser Geräte zugeschnitten waren (BR-Drs. 494/88, 37).

47 Der **Bestandsschutz** wirkt aber nur **zugunsten des Fernwärmelieferanten**. Er kann sich gegenüber einem Veränderungswunsch der Nutzer auf § 12 Abs. 2 berufen. Andererseits kann der **Nutzer nicht** die **Beibehaltung** des alten Systems verlangen. Denn der Fernwärmelieferant ist nach § 18 Abs. 1 S. 4 AVBFernwärmeV berechtigt, das Erfassungssystem während der Laufzeit des Vertrages zu ändern. Er kann also ungeachtet des Bestandsschutzes die Erfassung auf Wärmemessung umstellen; in diesem Fall müssen aber die Erfassungsgeräte die Voraussetzungen nach § 5 erfüllen. Außerdem darf der Wechsel des Erfassungssystems nach § 6 Abs. 4 nur zum Beginn eines Abrechnungszeitraumes erfolgen. Denn mit der Änderung der Erfassung ist auch eine Änderung zumindest der Abrechnungsform verbunden, so dass § 6 Abs. 4, der nur von der Änderung des Abrechnungsmaßstabes spricht, jedenfalls analog anwendbar ist.

E. Übergangsvorschriften

48 Die Übergangsvorschriften sind wegen Zeitablaufes gestrichen worden.

§ 13 Berlin-Klausel

Diese Verordnung gilt nach § 14 des Dritten Überleitungsgesetzes in Verbindung mit § 10 des Energieeinsparungsgesetzes auch im Land Berlin.

1 § 13 enthält die übliche Berlin-Klausel. Sie ist infolge der staatsrechtlichen Veränderungen mit der Wiedervereinigung überflüssig geworden.

2 Die HeizkV gilt in Berlin für sämtliche Formen des Wohnraumes, preisfreien wie preisgebundenen nach der NMV oder der AMVOB. Mit der Aufhebung der AMVOB durch § 8 Abs. 2 Nr. 12 GVW am 1.1.1988 sind auch die darin enthaltenen Sondervorschriften für eine Heizkostenabrechnung ab diesem Datum entfallen. Auf eine eingehende Darstellung konnte daher hier verzichtet werden (vgl. im übrigen Brintzinger § 13 Anm. 2); sie wurden, soweit erforderlich, bei den einzelnen Vorschriften bereits mit erläutert.

§ 14 Inkrafttreten

Die Neufassung der HeizkV ist am 1. Dezember 2021 in Kraft getreten.

2. Verordnung über die Umstellung auf gewerbliche Wärmelieferung für Mietwohnraum (Wärmelieferverordnung – WärmeLV)

vom 7.6.2013 (BGBl. 2013 I 1509)

Die WärmeLV **konkretisiert** die in § 556c BGB enthaltenen allgemein gehaltenen Tatbestandsmerkmale für die Kostenüberwälzung bei einer Umstellung von Eigenbetrieb auf Wärmelieferung im laufenden Mietverhältnis. Entgegen ihrem Titel, der ihren Geltungsbereich auf Mietwohnraum beschränken will, gilt sie auch für Gewerberaummietverhältnisse. Denn ihre Rechtsgrundlage in § 556c Abs. 3 BGB (zu den verfassungsrechtlichen Bedenken → HeizkV § 1 Rn. 87) erstreckt sich gem. § 578 Abs. 2 BGB auch auf gewerbliche Mietverhältnisse. Die in § 578 Abs. 2 BGB angeordnete „entsprechende" Anwendung der WärmeLV bedeutet methodisch keine grundsätzliche Einschränkung ihres Anwendungsbereichs, sofern nicht die im Gewerberaummietrecht zulässigen abweichenden Vereinbarungen getroffen worden sind (anders wohl Lützenkirchen Wärmecontracting § 1 Rn. 17). 1

Abschnitt 1. Allgemeine Vorschriften

§ 1 Gegenstand der Verordnung

Gegenstand der Verordnung sind
1. Vorschriften für **Wärmelieferverträge**, die bei einer Umstellung auf Wärmelieferung nach § 556c des Bürgerlichen Gesetzbuchs geschlossen werden, und
2. mietrechtliche Vorschriften für den **Kostenvergleich** und die **Umstellungsankündigung** nach § 556c Absatz 1 und 2 des Bürgerlichen Gesetzbuchs.

Die WärmeLV ist in **zwei große Abschnitte** unterteilt: Einmal befassen sich ihre Regelungen mit der Ausgestaltung des Wärmeliefervertrages (§§ 2–7), beziehen sich also vorrangig auf das Verhältnis von Contractor zum Vermieter; zum anderen enthält sie Detailvorschriften über die eigentliche Umstellung auf Wärmelieferung (§§ 8–12), betrifft also das Verhältnis Vermieter zum Mieter. 1

Die Vorschrift enthält nicht nur eine formale Inhaltsangabe, sondern sie begrenzt auch ihren materiellen Anwendungsbereich. Ihre Regelungen für den Wärmeliefervertrag sind nur auf die Fälle anwendbar, in denen derartige Verträge zum Zwecke der Umstellung von Eigenversorgung auf Wärmelieferung geschlossen werden. Sie sind daher nicht – auch **nicht entsprechend** – auf sonstige Wärmelieferungsverträge zu erstrecken, für diese gilt die AVBFernwärmeV. Dieselbe strikte Begrenzung gilt auch für die Nr. 2. Kostenvergleich und Umstellungsankündigung finden nur bei der Umstellung auf Wärmelieferung statt. Eine Umstellung der Versorgungsart (zB von Öl auf Gas, auf regenerative Energien) 2

WärmeLV § 2 Inhalt des Wärmeliefervertrages

bedarf keines Kostenvergleichs nach der Verordnung; die Prüfung der Wirtschaftlichkeit derartiger Umstellungen richtet sich nach § 555b BGB (**Nachhaltigkeitsgebot**), die Umlegung der daraus entstehenden Betriebskosten nach § 556 Abs. 3 S. 1 BGB (**Wirtschaftlichkeitsgebot**).

3   Die **sachliche Begrenzung** der Verordnung wird nur durch die Rückverweisung auf die Ermächtigungsgrundlage in § 556c BGB hergestellt. Danach findet sie keine Anwendung, wenn der Mieter heizungsmäßig bislang Selbstversorger war; denn in diesem Fall zahlte er keine Betriebskosten iSd Definition des § 556 Abs. 1 S. 2 BGB (Blank/Börstinghaus/Blank BGB § 556c Rn. 11). Außerdem wird hier kein wesentlicher vertraglicher Pflicht des Vermieters inhaltlich abgeändert (Fischer-Dieskau/Pergande/Schwender WohnungsbauR/Heix WärmeLV § 1 Anm. 2). Das gleiche gilt für Umstellungen, die vor Abschluss (oder nach Auslaufen) des Mietvertrages vorgenommen werden sollen. Schließlich ergibt sich auch aus § 556c der Begriff der Eigenversorgung; er setzt die Versorgung des Mieters mit Wärme/Warmwasser durch den Vermieter voraus.

Abschnitt 2. Wärmeliefervertrag

§ 2 Inhalt des Wärmeliefervertrages

(1) Der Wärmeliefervertrag soll enthalten:
1. eine genaue Beschreibung der durch den Wärmelieferanten zu erbringenden Leistungen, insbesondere hinsichtlich der Art der Wärmelieferung sowie der Zeiten der Belieferung (→ Rn. 3–4);
2. die Aufschlüsselung des Wärmepreises in den Grundpreis in Euro pro Monat und in Euro pro Jahr und den Arbeitspreis in Cent pro Kilowattstunde, jeweils als Netto- und Bruttobeträge, sowie etwaige Preisänderungsklauseln (→ Rn. 5);
3. die Festlegung des Übergabepunkts (→ Rn. 6);
4. Angaben zur Dimensionierung der Heizungs- oder Warmwasseranlage unter Berücksichtigung der üblichen mietrechtlichen Versorgungspflichten (→ Rn. 7);
5. Regelungen zum Umstellungszeitpunkt sowie zur Laufzeit des Vertrages (→ Rn. 8);
6. falls der Kunde Leistungen vorhalten oder Leistungen des Wärmelieferanten vergüten soll, die vom Grund- und Arbeitspreis nicht abgegolten sind, auch eine Beschreibung dieser Leistungen oder Vergütungen (→ Rn. 9);
7. Regelungen zu den Rechten und Pflichten der Parteien bei Vertragsbeendigung, insbesondere wenn für Zwecke des Wärmeliefervertrages eine Heizungs- oder Warmwasseranlage neu errichtet wurde (→ Rn. 10).

(2) Der Wärmelieferant ist verpflichtet, in seiner Vertragserklärung
1. die voraussichtliche energetische Effizienzverbesserung nach § 556c Absatz 1 Satz 1 Nummer 1 des Bürgerlichen Gesetzbuchs oder die energetisch verbesserte Betriebsführung nach § 556c Absatz 1 Satz 2 des Bürgerlichen Gesetzbuchs anzugeben, sowie
2. den Kostenvergleich nach § 556c Absatz 1 Satz 1 Nummer 2 des Bürgerlichen Gesetzbuchs und nach den §§ 8 bis 10 durchzuführen sowie

Inhalt des Wärmeliefervertrages   § 2 WärmeLV

die ihm zugrundeliegenden Annahmen und Berechnungen mitzuteilen.
(3) Die Vereinbarung von Mindestabnahmemengen oder von Modernisierungsbeschränkungen ist unwirksam.

A. Grundlegung

Mit den inhaltlichen Vorgaben für einen abzuschließenden **Wärmelieferver-** 1
trag verfolgt der Verordnungsgeber primär wettbewerbs- und marktpolitische Ziele. Denn damit soll dem Gebäudeeigentümer als Kunde des Wärmelieferanten die Möglichkeit geboten werden, die Angebote miteinander zu vergleichen, um danach das für seine Situation beste (nicht unbedingt billigste) auswählen zu können (Begr. zu § 2 WärmeLV BAnz. 20.6.2013, 4). Mittelbar wird auch der Mieter, dessen Wärmeversorgung umgestellt werden soll, von den rechtlichen Vorgaben begünstigt. Sie erleichtern ihm die Überprüfung, ob die Voraussetzungen für eine wirtschaftliche Umstellung auf Wärmelieferung vorliegen (Lützenkirchen Wärmecontracting § 2 Rn. 7). Allerdings erscheint es unter dem Gesichtspunkt des das Zivilrecht beherrschenden Grundsatzes der Vertragsfreiheit, die sowohl den Abschluss als auch den Inhalt der Verträge umfasst, bedenklich, derart weitgehende inhaltliche Vorschriften für Wärmelieferungsverträge zu erlassen, deren Notwendigkeit zur Erreichung der beiden Zwecke (Kostenneutralität und Energieeffizienz) sich nicht unbedingt erschließt. Jedenfalls ist zu beachten, dass sowohl die Ermächtigungsgrundlage als auch die WärmeLV nur Regelungen rechtfertigt, die sich mit der Lieferung von Wärme und deren Kostenverteilung befassen, nicht aber die Herstellung der Wärme betreffen, auch wenn dies Voraussetzung für die Wärmelieferung ist.

Der **Rechtszwang** der einzelnen **Absätze der Norm** ist nach ihrem Inhalt 2
und ihrer Bedeutung für die Wärmelieferung gestaffelt. Als Sollensregelung sind die Vorgaben in **Absatz 1** ausgestaltet. Hierbei handelt es sich um Vertragsinhalte, die üblicherweise in den Wärmelieferungen enthalten sind. Fehlen sie, so ist zwischen normativen und vertragsindividuellen Folgen zu unterscheiden. Da es sich um vertragstypische Inhalte handelt, führt ihr Fehlen zu einem Einigungsmangel, §§ 154, 155 BGB. Der Soll-Vorschrift in Absatz 1 kommt dann die Bedeutung zu, dass im Regelfall über die in diesem Absatz enthaltenen Vertragsinhalte eine Einigung hat erfolgen sollen, so dass bei ihrem Fehlen kein wirksamer Vertragsschluss vorliegt. Denn ohne diese Vertragselemente kann die Vorschrift ihren Zweck, eine Vergleichsbasis unter den Anbietern herzustellen, nicht erreichen. Deshalb wird auch insoweit die Dispositionsfreiheit der Parteien eingeschränkt (aA Lützenkirchen Wärmecontracting § 2 Rn. 9; → HeizkV § 7 Rn. 4). Auch die teilweise identischen Tatbestandsmerkmale in der Umstellungsankündigung nach § 11 Abs. 2 Nr. 1–5 zwingen zur Aufnahme dieser Punkte in den Vertrag.
Absatz 2 enthält eine ausdrückliche Pflicht des Wärmelieferanten. Die vollständige Nichterfüllung dieser Pflicht führt zur Unwirksamkeit des Vertrages wegen Zweckverfehlung; denn ohne diese beiden Elemente (Effizienzverbesserung, Kostenvergleich) kann der Kunde die Kosten aus der Umstellung auf Wärmelieferung nicht auf seine Mieter umlegen. Liegt hingegen eine Schlechterfüllung dieser Pflichten vor, macht sich der Wärmelieferant schadensersatzpflichtig, wobei hinsichtlich seines Vertretenmüssens auch darauf abzustellen ist, ob der Fehler auf nicht erkennbare unzutreffende Daten seitens des Gebäudeeigentümers zurückzu-

319

WärmeLV § 2 Inhalt des Wärmeliefervertrages

führen ist. Allerdings trifft den Wärmelieferanten angesichts seiner Expertenstellung eine Nebenpflicht zur Kontrolle der übermittelten Daten auf ihre inhaltliche Schlüssigkeit. **Absatz 3** schließlich ordnet die Unwirksamkeit der in ihm enthaltenen Vereinbarungen an, weil sie die Grundlage der Norm (Energieeinsparung) konterkarieren würden.

B. Allgemeiner Vertragsinhalt, § 2 Abs. 1

3   Nach **Absatz 1 Nr. 1** soll die Leistung des Wärmelieferanten genau beschrieben werden. Vertragspartner ist stets der Gebäudeeigentümer, der die Wärmeversorgung der Mieter übernommen hat. Fallen Eigentümer und Vermieter rechtlich auseinander (etwa bei Wohnungseigentumsgemeinschaften), sind dennoch die Vorschriften der WärmeLV anzuwenden, wenn zB ein Miteigentümer des Gebäudes sein Sondereigentum vermietet hat (→ HeizkV § 1 Rn. 64). Der Leistungsbeschreibung im Vertragsangebot geht ein sehr komplexes Vorbereitungsstadium voraus, bei dem zunächst der Auftraggeber (= Gebäudeeigentümer) die für eine Ausschreibung notwendigen Daten ermitteln muss. Erst auf dieser Grundlage kann dann der Auftragnehmer (= Contractor, Wärmelieferant) ein realistisch kalkuliertes Angebot abgeben. Bei zu unterstellender Experten-Kenntnis des Wärmelieferanten hat dieser aber die Ausschreibungsunterlagen auf ihre inhaltliche **Schlüssigkeit** zu **überprüfen.** Nach dieser Vorbereitungsphase wird das Angebot erstellt, wobei die in der WärmeLV niedergelegten Anforderungen zu berücksichtigen sind; sie stellen aber nur Mindestbedingungen dar, die Vertragsinhalte werden je nach den örtlichen Gegebenheiten darüber hinausgehen müssen. Die eigentliche Leistungsbeschreibung bezieht sich dann auf den Gegenstand der Leistung und den Ort der Leistung. Leistungsobjekt ist für den Bereich der WärmeLV und den des § 556c BGB einzig die Lieferung von Wärme und/oder Warmwasser, entweder aus einer vom Contractor neu zu erstellenden Heizungsanlage oder aus der vorhandenen Anlage mit verbesserter Betriebsführung. Nicht zur Frage der Wärmelieferung gehört die Erstellung der neuen Anlage; dies wird vom Gesetzgeber vorausgesetzt, aber nicht zum Inhalt des Wärmelieferungsvertrages gemacht (→ Rn. 10). Die genaue Beschreibung des Ortes der Leistung ist wesentlich für die Abgrenzung der Pflichten Auftragnehmer/Auftraggeber. Im Regelfall wird der Contractor bis zum **Übergabepunkt** zu leisten haben, also dem Punkt, ab dem die Wärme in das Gebäude zur Einzelverteilung fließt.

4   **§ 2 Abs. 1 Nr. 1** hebt **zwei Punkte** als im Vertrag zu erwähnende Leistungen des Wärmelieferanten besonders **hervor,** die Art der Wärmelieferung und die Zeiten der Belieferung. Mit **„Art der Wärmelieferung"** ist die Festlegung gemeint, ob nur Wärme zu liefern ist oder zusätzlich auch Warmwasser (Begr. WärmeLV BAnz. 20.6.2013, 4). Die vertraglichen **Zeiten der Wärmelieferung** sind zum einen mit den entsprechenden Vereinbarungen in den Mietverträgen zu synchronisieren, also die Heizperioden sind zu übernehmen. Darüber hinaus sind in dem Vertrag auch Regelungen aufzunehmen, ab welcher Außentemperatur außerhalb der Heizperiode Wärme zu liefern ist (also auch in den Sommermonaten, s. Schmidt-Futterer/Eisenschmid BGB § 535 Rn. 392).

5   Neben dem Leistungsinhalt stellt der Preis, der für die Leistung gefordert wird, einen wesentlichen Faktor jedes gegenseitigen entgeltlichen Vertrages dar. Außerdem bildet er das zweite Element, mit dem die verschiedenen Angebote verglichen werden können. Deshalb bestimmt **§ 1 Abs. 1 Nr. 2,** dass der **Wärmelieferpreis**

Inhalt des Wärmeliefervertrages **§ 2 WärmeLV**

im Vertrag anzugeben ist. Denkbar ist zwar die Vereinbarung eines reinen Arbeitspreises. Jedoch widerspricht diese Preisstruktur dem Ziel dieser gesetzlichen Regelung, Energie einzusparen, weil der Kunde dann trotz möglichen sparsamen Verbrauchs weiterhin wegen der im Preis auch enthaltenen Investitionskosten einen hohen Preis zu zahlen hat. Deswegen ordnet die Vorschrift eine Teilung des Preises in den Grundpreis und den Arbeitspreis an. Dies entspricht auch der HeizkV. Mit dem Grundpreis werden nicht nur die Fixkosten des Lieferanten abgegolten, sondern auch seine Verpflichtung, Wärme – im Rahmen der vertraglichen Vereinbarung – stets vorzuhalten, auch wenn sie gerade nicht abgenommen wird. Der Arbeitspreis stellt dann die Kosten für den Verbrauch dar. Nicht enthalten in dieser Vorschrift ist der auch übliche Messpreis; dessen Vereinbarung ist nach § 1 Abs. 1 Nr. 6 möglich. Die jeweiligen Preise sind für den Zeitpunkt des Vertragsschlusses anzugeben. Die Wärmelieferungsverträge pflegen auf viele Jahre abgeschlossen zu werden, um dem Lieferanten eine sichere Kalkulationsgrundlage für seine Investitionen zu gewährleisten. Angesichts dieser Laufzeiten werden auch **Preisanpassungsklauseln** vereinbart, um den wirtschaftlich veränderten Umständen gerecht werden zu können. Für die Einzelheiten dieser Klauseln → HeizkV § 3 Rn. 112.

Nach **§ 1 Abs. 1 Nr. 3** soll der **Übergabepunkt** im Vertrag festgelegt werden. 6 Damit werden die Pflichtenkreise der beiden beteiligten Parteien gegeneinander abgegrenzt. Bis zum Übergabepunkt ist der Wärmelieferant auch für die technische Ausrüstung verantwortlich; danach treffen den Kunden die Erhaltungspflichten. Der Übergabepunkt stellt darüber hinaus die Stelle dar, an der der **Wärmezähler** angebracht wird. Zwischen Übergabepunkt und Hausanlage liegt noch die Übergabestation, in der mittels Wärmetauschern die gelieferte Wärme in die Hauswärme und das Hauswarmwasser umgewandelt wird (sog. indirekter Anschluss bei Wohngebäuden); in der Übergabestation kann auch der Wärmezähler enthalten sein, dann stellt die Station den Übergabepunkt dar. Angesichts der technischen Ausstattung der Übergabestation (sie enthält Absperrarmaturen, Durchflussmessgeräte, Druckminderer, Schmutzfänger, Wärmezähler, Druckabsicherungselemente, Druckmessgeräte, Durchflussbegrenzer, Temperaturbegrenzer, Temperaturmessgeräte, Differenzdruckregler, sowie die Wärmetauscher) wird sie entweder vom Wärmelieferanten selbst eingebaut und dann auch in eigener Verantwortung betrieben; oder der Anschlussnehmer baut sie nach den ihm vom Lieferanten übermittelten Vorgaben ein. Je nach „Bauherrn" richtet sich auch das Eigentum an der Station mit der daraus folgenden unterschiedlichen Kostenverteilung auf den Endnutzer (→ HeizkV § 7 Rn. 127–129) sowie den Instandhaltungspflichten. Ob die Überbürdung der Instandhaltung auf den Gebäudeeigentümer entsprechend § 12 AVBFernwärmeV allerdings sachgerecht ist, mag angesichts der technischen Komplexität – die gerade zur Heranziehung des Contractors geführt hatte –, bezweifelt werden.

Die **Dimensionierung** der Anlage **(§ 1 Abs. 1 Nr. 4)** hängt einmal vom 7 Wärmebedarf des zu beliefernden Gebäudes ab, zum anderen von den mietvertraglichen Vereinbarungen über die in den verschiedenen Räumen zugrunde zulegenden Temperaturen (im Regelfall für Wohngebäude 20 °C Schmidt-Futterer/Eisenschmid BGB § 535 Rn. 390; 394–396). Angesichts der von § 556c BGB betroffenen Umstellung während des bestehenden Mietverhältnisses wird der Energiebedarf nach § 82 GEG zu berechnen sein, also nach dem erfassten Endenergieverbrauch und dem danach berechneten Primärenergieverbrauch, § 82 Abs. 2 S. 2, § 22 GEG. Diese Daten wird der Anschlussnehmer dem Contractor

WärmeLV § 2   Inhalt des Wärmeliefervertrages

zur Verfügung stellen müssen, damit dieser danach die Auslegung der Wärmelieferung berechnen kann. Das Ergebnis der Berechnung ist dann in den Vertrag aufzunehmen.

8 **Umstellungszeitpunkt** und **Vertragslaufzeit (§ 1 Abs. 1 Nr. 5)** sind für beide Vertragsparteien von wesentlicher Bedeutung. Der Umstellungszeitpunkt muss dem Mieter seitens des Vermieters vorab mitgeteilt werden (zu den Einzelheiten → Rn. 79–83). Zum anderen stellt dies den Zeitpunkt dar, ab dem der Wärmelieferant mit der Wärmelieferung beginnt und dementsprechend seinen **Wärmepreis** verlangen darf. Auf der Grundlage der Vertragslaufzeit wird der Wärmelieferant seinen Wärmepreis (zumal die darin enthaltenen Investitionskosten etc) kalkulieren; eine zu kurze Laufzeit müsste sich in der Höhe des Wärmepreises niederschlagen, wodurch der Lieferant möglicherweise nicht mehr wettbewerbsfähig ist. Die **Höchstdauer** ist zumindest für Fernwärme gem. § 6 WärmeLV iVm § 32 Abs. 1 AVBFernwärmeV auf 10 Jahre (mit einer stillschweigenden Verlängerungsmöglichkeit für den Fall der Nichtkündigung neun Monate vor Vertragsablauf) begrenzt. Eine darüberhinausgehende Vertragsdauer ist nur auf Grund einer individualvertraglichen Vereinbarung möglich. Dafür wird eine formale Gegenüberstellung der Vertragsinhalte iSd § 1 Abs. 3 S. 1 AVBFernwärmeV nicht ausreichen (aA wohl Lützenkirchen Wärmecontracting § 2 Rn. 47, 47a), zumal dann wieder ausdrücklich die §§ 3–11 AGBG (jetzt §§ 305c–309 BGB, dh die Ausnahmeregelung für Fernwärme in § 310 Abs. 2 BGB gilt nicht) anwendbar sind, mithin auch die Laufzeitbegrenzung in § 309 Nr. 9a BGB. Eine individuelle Vereinbarung der längeren Laufzeit wird nur dann anzunehmen sein, wenn dem Kunden die sich daraus ergebenden Preisvorteile deutlich vor Augen gestellt werden und er danach die Wahlmöglichkeit unter verschiedenen Laufzeiten mit unterschiedlich hohen Wärmepreisen hat. Diese Laufzeitregelung wird auch für die Wärmelieferung aus einer vom Contractor erstellten Heizungsanlage zu gelten haben. Für das **Betriebsführungscontracting** gilt hingegen § 309 Nr. 9a BGB mit einer Begrenzung auf zwei Jahre (wobei es nach BGH NZM 2012, 323, im Ergebnis keine Rolle spielt, ob der Abnehmer Verbraucher ist – dann wird § 309 Nr. 9a direkt angewendet –, oder Unternehmer – dann findet der Rechtsgedanke des § 309 Nr. 9a über § 307 BGB Anwendung). Auch hier ist eine Abweichung durch eine individualvertragliche Regelung möglich, wobei ebenfalls die kalkulatorisch unterschiedlichen Preishöhen bei längeren Laufzeiten zur Auswahl gestellt werden sollten.

9 Da der **Einbau** einer neuen **Heizungsanlage**, aus der die Wärme geliefert werden soll, sowie die Übergabestation in Gebäuden erfolgt, die jedenfalls nicht im Eigentum des Lieferanten stehen, müssen die Nutzungsverhältnisse an den fremden Räumen geregelt werden. Darauf verweist **§ 2 Abs. 1 Nr. 6**. Schuldrechtlich wird ein **Mietvertrag** über den Heizraum geschlossen werden, was für die Anwendung des § 95 BGB (Einbau nur zum vorübergehenden Zweck zur Vermeidung des Eigentumsübergangs der Heizungsanlage an den Gebäudeeigentümer) von wesentlicher Bedeutung ist. Dinglich wird das Nutzungsrecht durch eine beschränkt persönliche **Dienstbarkeit**, die zur Errichtung, zum Betrieb und zur Instandhaltung der Heizstation unter Ausschluss des Grundstückseigentümers berechtigt, abgesichert (KG GE 2020, 539). Diese Dienstbarkeit dient der weiteren der dinglichen Sicherung bei Eigentumswechsel am belasteten Grundstück (Krafczyk CuR 2014, 19 (23); einschränkend Brändle CuR 2014, 70), verbunden mit einer obligatorischen Rechtsnachfolgeklausel, durch die sich der derzeitige Gebäudeeigentümer=Vertragspartner verpflichtet, den Wärmeliefervertrag an

Inhalt des Wärmeliefervertrages   **§ 2 WärmeLV**

einen Erwerber zu übertragen. Darüber hinaus muss der Kunde (notwendigerweise) die Anschlüsse für Wasser, Strom, Gas zur Verfügung stellen sowie letztendlich die Zuleitungen zu den einzelnen Wohnungen, die mit Wärme/Warmwasser versorgt werden sollen. Abwasser und Anlufteinrichtungen sollen ebenfalls seitens des Kunden zur Verfügung gestellt werden. Etwas unsystematisch erfasst der Verordnungsgeber unter dieser Nummer auch Leistungen des Lieferanten, die nicht mit dem Grund- und Arbeitspreis abgegolten sein sollten. Hierunter fällt vor allem der **Messpreis,** der also die Kosten der Verbrauchserfassung enthält. Die Begründung verweist hier zusätzlich auf Leistungen des Kunden wie Zuschüsse zu den Investitionskosten und/oder Darlehen, um damit die Kostenneutralität leichter erreichen zu können (BAnz. 20.6.2013, 5). Das hat einerseits mit dem Inhalt des Wärmelieferungsvertrages, wie er nach § 2 abgefasst werden sollte, wenig zu tun. Andererseits dürfte wirtschaftlich gesehen die Gewährung eines Darlehens zur Kostenneutralität kaum etwas beitragen, da dieses zurückgezahlt werden muss, wobei die Gefahr einer späteren Preiserhöhung wegen der Rückzahlung besteht. Dies könnte als **Umgehung** der Kostenneutralität gewertet werden, weil der Grund für die Preiserhöhung bereits zum Zeitpunkt des Abschlusses des ursprünglichen Wärmelieferungsvertrages gelegt worden ist. Das gleiche gilt für den Investitionskostenzuschuss (→ HeizkV § 1 Rn. 93).

Da Heizungsanlage und/oder Übergabestation nur zu einem **vorübergehen-** 10 **den Zweck** eingebaut worden sind, bleiben sie im **Eigentum des Wärmelieferanten,** § 95 BGB. Deshalb sollte der Vertrag klären, was mit der Anlage nach Vertragsablauf geschehen soll, **§ 2 Abs. 1 Nr. 7.** Von den theoretisch zwei Möglichkeiten – Ausbau oder Verbleib gegen anteilige Kostenerstattung – kommt wirtschaftlich gesehen nur die erste in Betracht. Angesichts der fortschreitenden technischen Entwicklung und der strenger werdenden Vorgaben im GEG dürfte die eingebaute Anlage nach Ablauf von zehn Jahren nicht mehr dem dann üblichen technischen Standard entsprechen. Deshalb wird ein Ausbau vorzusehen sein. Dieser gibt dem Kunden auch die Möglichkeit, eine neue Anlage mit neuen Vertragsbedingungen von einem anderen oder auch demselben Contractor einbauen zu lassen. Beim Betriebsführungscontracting wird das Eigentum an der Anlage, das dem Contractor zum Zwecke der Betriebsführung mit Wärmelieferung übertragen werden musste (→ HeizkV § 1 Rn. 72), dem Gebäudeeigentümer nach Vertragsablauf zurückzuübertragen sein. Auch hier dürfte es zweifelhaft sein, ob die Voraussetzungen für ein neues Betriebsführungscontracting dann noch gegeben sein werden.

C. Besonderer Vertragsinhalt, § 2 Abs. 2

Das Regelwerk ist nur zu dem Zweck geschaffen worden, um die Voraussetzun- 11 gen für die Umlegung der sich aus einer Wärmelieferung ergebenden Betriebskosten festzulegen, da diese Wärmelieferung umstellend in den Bestand des Mietvertrages eingreift. Wesentliche Voraussetzungen für die Zulässigkeit dieser kostenüberwälzenden Heizungsumstellung sind die beiden Elemente „**Effizienzverbesserung**" und „**Kostenneutralität**". Ohne diese Tatbestandsmerkmale ist die Abwälzung der Wärmelieferungskosten auf den Mieter unzulässig, wodurch der Wärmelieferungsvertrag zwischen Contractor und Gebäudeeigentümer für letzteren wirtschaftlich sinnlos wird. Deshalb hebt Abs. 2 die Pflicht des Wärmelieferanten hervor, diese beiden Elemente anzugeben. Bei der Kostenneutralität sind

WärmeLV § 2 Inhalt des Wärmeliefervertrages

zusätzlich die technischen Annahmen und die auf ihnen basierenden Berechnungen mitzuteilen. In beiden Fällen ist es aber nicht mit der bloßen Angabe bzw. Mitteilung getan. Vielmehr wird der Wärmelieferant als der Experte das Zahlenwerk zu erläutern haben. Sowohl für den Kunden als auch später dem Mieter, dem beide Faktoren bei der Umstellungsankündigung mitzuteilen sind (§ 11 Abs. 2 Nr. 2, 3), bleibt ansonsten das Zahlenwerk unverständlich (ähnlich wie hier Lützenkirchen Wärmecontracting § 2 Rn. 59).

12 Entgegen der Begründung (BAnz. 20.6.2013, 5; ebenso Lützenkirchen Wärmecontracting § 2 Rn. 56) reicht bei der Effizienzsteigerung die **Prognose nicht** aus. Diese Ansicht verwechselt Effizienzsteigerung mit der Energieeinsparung. Während letztere auch von dem jeweiligen Nutzerverhalten sowie den Witterungsverhältnissen abhängt, bedarf es für erstere eine detaillierte Berechnung. Dies dürfte angesichts des technischen Sachverstandes der Contractoren auch nicht schwierig sein (dazu auch → HeizkV § 1 Rn. 74).

13 Hinsichtlich der **Folgen,** wenn die beiden Merkmale im Vertrag Wärmelieferant – Gebäudeeigentümer **nicht** oder nur **fehlerhaft** enthalten sein sollten, ist zu differenzieren. Entgegen der Begründung (BAnz. 20.6.2013, 5) lassen sich die Rechtsfolgen nicht auf einen in der Durchführung komplizierten Schadensersatzanspruch begrenzen. **Fehlen** die beiden Merkmale völlig, ist der Vertrag **unwirksam.** Denn er kann seinen Zweck – rechtliche und tatsächliche Vorbereitung der Kostenüberwälzung nach Umstellung auf die Wärmelieferung – nicht erfüllen. Eine zu einem wirksamen Vertrag führende Einigung der Parteien liegt nicht vor, §§ 154, 155 BGB (ebenso Lützenkirchen Wärmecontracting § 2 Rn. 67, 68; anders wohl FA-MietR/Schmid WärmeLV § 2 Rn. 4). Sind die Angaben des Wärmelieferanten hinsichtlich der beiden Elemente „nur" **fehlerhaft,** kann ein **Schadensersatzanspruch** des Gebäudeeigentümers in Betracht kommen, wenn der Lieferant den Fehler zu vertreten hat (ähnlich Lützenkirchen Wärmecontracting § 2 Rn. 69). Angesichts seiner Expertenstellung wird das im Regelfall anzunehmen sein, es sei denn, seine Berechnungen etc beruhen auf fehlerhaften Angaben des Gebäudeeigentümers und dieser Fehler war auch für den Experten nicht erkennbar.

D. Unwirksame Vertragsbestimmungen, Abs. 3

14 Absatz 3 befasst sich mit den widerstreitenden Interessen von Wärmelieferant und öffentlichem Bestreben zu Energieeinsparung insgesamt. Der Wärmelieferant wird seine Preise auch danach kalkulieren, mit welchen Abnahmemengen er rechnen kann. Je höher die prognostizierte Abnahme, desto niedriger kann der Wärmepreis angesetzt werden. Andererseits gehen die öffentlichen Interessen dahin, weiter – ohne Berücksichtigung des Einsatzes von Contracting – Energie einzusparen. Entsprechend schreibt zB das GEG, §§ 46 ff., Energiesparmaßnahmen auch im Bestandsbau vor. Diese öffentlichen Interessen gehen den wirtschaftlichen Interessen des Wärmelieferanten vor. Deshalb verbietet § 2 Abs. 3 vertragliche Bestimmungen, die eine **Modernisierung** des Gebäudes (also vor allem Dämmung der Außenwände und des Daches) ausschließen. Eine mittelbare Folge solcher Dämm-Maßnahmen ist auch der reduzierte Wärmebedarf und daraus folgend eine Herabsetzung des Wärmebezugs. Dem darf ebenfalls nicht durch entsprechende Vertragsgestaltungen wie **Mindestabnahmemengen** begegnet werden. Denn auch damit würden bauliche Maßnahmen zur Energieeinsparung

Preisänderungsklauseln § 3 WärmeLV

konterkariert werden. Beide dem widersprechende Vertragsregelungen (Modernisierungsverbot, Mindestabnahmegebot) sind nach dem hier ausdrücklichen Wortlaut der Verordnung unwirksam.

§ 3 Preisänderungsklauseln

Preisänderungsklauseln in Wärmelieferverträgen sind nur wirksam, wenn sie den Anforderungen des § 24 Absatz 4 Satz 1 und 2 der Verordnung über Allgemeine Bedingungen für die Versorgung mit Fernwärme in der jeweils geltenden Fassung entsprechen.

Die Möglichkeit, während der bindenden Laufzeit des Wärmelieferungsvertrages den zunächst vereinbarten Wärmepreis zu ändern, ist das notwendige **Korrelat** zur langen **Laufzeit** des Vertrages. Insbesondere die Energiekosten können sich wesentlich verändern, wodurch der Preiskalkulation des Lieferanten ihre ökonomische Grundlage entzogen wird. Letzterer Gesichtspunkt gilt zwar auch für das **Betriebsführungscontracting**, da auch bei dieser Variante der Contractor den Einkauf der Energieträger übernimmt. Angesichts der nur kurzen zulässigen Vertragsbindung erscheint die Vereinbarung bzw. Anwendung einer Preisänderungsklausel nicht sachgerecht, da der Contractor die Risiken über die zwei Jahre überschauen kann. 1

Für die einen üblichen Vertragsbestandteil darstellende Preisänderungsklausel (unklar insoweit Lützenkirchen Wärmecontracting § 3 Rn. 10) verweist § 3 auf die entsprechende Norm der AVBFernwärmeV. Daraus ergibt sich zum einen, dass nicht alle dem § 556c BGB unterfallenden Wärmelieferungsverträge über die AVBFernwärmeV zu subsumieren sind. Zum anderen werden mit der Verweisung Vorgaben gemacht, die sowohl den Gebäudeeigentümer vor im Ermessen des Lieferanten liegende Preisänderungen (nach §§ 315, 316 BGB) als auch den Mieter vor Erhöhung der Betriebskosten schützen. 2

§ 24 Abs. 4 S. 1, 2 AVBFernwärmeV enthält für die Preisänderungsklauseln zwei inhaltliche und eine formale Vorgabe. **Inhaltlich** soll die Klausel so ausgestaltet sein, dass sie sowohl die Kostenentwicklung bei Erzeugung und Bereitstellung der Wärme berücksichtigt, als auch die Verhältnisse auf dem Wärmemarkt. Neben **Kostenelement** und **Marktelement** greift auch noch das Gebot der **Transparenz** der im Regelfall als Formel dargestellten Preisänderungsklausel ein. Für die dem Wärmepreis zugrunde gelegten Grundkosten und Arbeitspreis sind unterschiedliche Änderungsklauseln vorzusehen, da die in ihnen enthaltenen Kostenfaktoren sich unterschiedlich entwickeln können. 3

Der **Kostenfaktor** für den **Arbeitspreis** soll sich vor allem an den Gestehungskosten für die Wärmeerzeugung orientieren, dh an dem eingesetzten Brennstoff; bei mehreren Brennstoffen ist der überwiegend verwendete zu nehmen. Die Preisänderung beruht auf einer Indexierung der Vergleichsgröße. Als solche sollte vorrangig die Preisentwicklung für den eingesetzten Brennstoff herangezogen werden. Eine nur mittelbare Bezugsgröße (zB Heizöl, an dessen Preisentwicklung seit langem auch der Gaspreis gekoppelt war) bildet den Preisfaktor aber nicht korrekt ab (BGH NJW 2011, 2501 Rn. 39, 40). Denn bei dem zulässigen Vergleichselement ist zu berücksichtigen, dass es sich bei § 24 um eine Ausnahme vom Preisklauselverbot in § 1 PrklG handelt und deshalb währungsstabilitätsgefährdende Maßstäbe zu vermeiden sind. Der Brennstoffindex für den eingesetzten Brennstoff ist generell nicht als Vergleichsgröße verwendbar, da er nicht die kon- 4

325

WärmeLV § 3 Preisänderungsklauseln

krete Kostenentwicklung des Wärmelieferanten widerspiegelt (BGH NJW 2011, 3219 Rn. 41–43; BGH ZMR 2022, 89). Die vom BGH in dieser Entscheidung erwähnte Ausnahmemöglichkeit – wenn der Lieferant nachweist, dass seine Kostenentwicklung der Indexentwicklung entspricht – kann aus praktischen Gründen vernachlässigt werden, da in diesem Fall der Lieferant unmittelbar auf seine eigene Kostenentwicklung als Anpassungsfaktor zurückgreifen könnte (aA wohl Thomale CuR 2011, 65 (69)). Maßgeblich ist also die eigene Kostenentwicklung für das Kostenelement. Als **Basiswert** für die Preisanpassung sind daher die eigenen Gestehungskosten zugrunde zu legen, nicht der möglicherweise geringere Kalkulationsfaktor für den endgültigen Wärmepreis, um damit die erforderliche Kostenneutralität zu erreichen. **Zeitlich** ist für den Basiswert auf den Umstellungszeitpunkt abzustellen, nicht auf den Wert, der dem Kostenvergleich zugrunde gelegt worden ist; denn dieser liegt in der Vergangenheit und kann bei der Umstellung bereits wieder gestiegen sein. Die Indices gehören demgegenüber dem sog. Marktelement an, das als gesondertes Tatbestandsmerkmal für die Überprüfung der Preisanpassungsklauseln vorgegeben ist.

5 Unter **Bereitstellungskosten** sind die verbrauchsunabhängigen Grundkosten zu verstehen (BGH NJW 2011, 3222 Rn. 32), also Material- und Lohnkosten. Allerdings ist beim Wärmecontracting zu beachten, dass die **Investitionskosten** bereits angefallen sein müssen, so dass sich diese nicht mehr erhöhen können. Jedoch sind bei den Materialkosten nicht nur die reinen Anschaffungskosten zu berücksichtigen, sondern auch die hierfür aufgewendeten Kreditkosten, die sich durchaus erhöhen (aber auch verringern) können. Material ebenso wie Lohn kann darüber hinaus bei Instandhaltung und Instandsetzung der Heizungsanlage kostenträchtig anfallen. Der Betrieb selbst läuft weitgehend automatisch ab, so dass allenfalls Wartungskosten anzusetzen sein werden. Zwar hat der BGH einen Index für die Bereitstellungskosten gebilligt, der die Preisentwicklung des investitionsgüterproduzierenden Gewerbes abbildet (BGH NJW 2011, 3222 Rn. 32, 33). Jedoch sind dabei die Besonderheiten des Contracting nicht berücksichtigt worden. Die Produktionskosten stellen für den Ablauf eines Wärmeliefervertrages keine relevanten Kosten mehr dar, so dass der nach § 14 Abs. 4 AVBFernwärmeV erforderliche kostenmäßige Zusammenhang zwischen Index und anzupassendem Preis nicht gegeben ist (darauf stellt auch der BGH NJW 2011, 3222 Rn. 33, ab). Für die Lohnkosten wird daher ein Index der Löhne der gewerblichen Wirtschaft anzuwenden sein; für die „Materialkosten" der Index der Kreditkosten.

6 Das **Marktelement** dient zur Korrektur des Kostenelements. Denn es soll der Gefahr vorgebeugt werden, dass die Kosten allein die Preisänderung bestimmen, was eine einseitige Bevorzugung des Lieferanten wäre; er könnte ohne Rücksicht auf wettbewerbliche Gesichtspunkte seine Kosten erhöhen. Die Preise sind nicht aus dem regionalen Wärmemarkt zu entnehmen, da hierdurch die Gefahr einer Verzerrung durch monopolistische oder oligopolistische Strukturen auf dem Markt bestünden. Die Gefahr einer solchen Verzerrung würde auch bestehen, wenn allein der Fernwärmemarkt herangezogen werden würde. Deshalb ist der gesamte Markt für den überwiegend eingesetzten Brennstoff heranzuziehen (BGH NJW 2011, 3222 Rn. 21). Markt bedeutet hingegen nicht „Wärmemarkt" (aA BGH NJW 2011, 3222). Denn Marktgeschehen setzt eine Austauschbarkeit der Anbieter voraus, die beim Parameter „Wärmemarkt" unter technischen Gesichtspunkten nicht gegeben ist: eine Heizungsanlage, die zB mit Strom betrieben wird, kann nicht ohne größere Umbaumaßnahmen mit dem vielleicht marktgerechteren Erdgas betrieben werden; grundsätzlich dürfte gelten: regenerierbare Brennstoffe

Preisänderungsklauseln   **§ 3 WärmeLV**

sind nicht durch fossile zu ersetzen. Heranzuziehen sind also die Verhältnisse auf dem zutreffenden **Brennstoffmarkt**.

Kostenelement und **Marktelement** sind jedenfalls bei der Preisänderungs- 7 klausel für den Arbeitspreis **gleichgewichtig** zu berücksichtigen. Zwar haben die Kostenelemente für den Grundpreis nicht unmittelbar etwas mit dem Wärmemarkt zu tun. Jedoch ist auch hier ein Gleichgewicht von Kosten- und Marktelement anzunehmen, nur dass das Marktelement nicht aus dem Wärmemarkt, sondern aus den Märkten für die jeweiligen Kosten zu entnehmen ist (ähnlich wohl BGH NJW 2011, 3222 Rn. 32).

Nicht mehr an § 24 Abs. 4 AVBFernwärmeV zu messen sind vertragliche 8 Regelungen über den **Zeitpunkt** einer **Preisänderung**. Hierbei ist zu berücksichtigen, dass sowohl günstige als auch nachteilige Änderungen vorgenommen werden und zwar quartalsmäßig, wobei die Auswirkungen derartiger Änderungen erst mit der Jahresabrechnung verdeutlicht werden müssen. Dieser Änderungsrhythmus widerspricht beim Wärmecontracting nicht dem Gebot der Kostenneutralität im Zeitpunkt des Vertragsschlusses. Denn Veränderungen dürfen nur vorgenommen werden, wenn sich die äußeren preisrelevanten Parameter geändert haben, nicht aber dann, wenn der Lieferant seine interne Kostenkalkulation nach Vertragsschluss neu aufstellt.

Letztlich verlangt § 24 Abs. 4 S. 2 AVBFernwärmeV noch die Beachtung des 9 **Transparenzgebotes**. Das Transparenzgebot verlangt, dass der Kunde den Umfang der auf ihn zukommenden Preissteigerungen aus der Formulierung der Klausel erkennen und die Berechtigung einer vom Klauselverwender vorgenommenen Erhöhung an der zu Preisänderungen ermächtigenden Klausel selbst messen kann (so wörtlich BGH CuR 2011, 80 Rn. 33; BGH NJW 2020, 1205 Rn. 19). Diesen Voraussetzungen kommen die Formularverträge dadurch nach, dass sie die möglichen Preisänderungen in einer Formel darstellen und die einzelnen in die Formel eingestellten Berechnungsfaktoren genau bezeichnen: Beispiel (aus dem Mustervertrag des VfW; der Abdruck dient nur zur Erläuterung, nicht als Empfehlung!): Der **Jahresgrundpreis** berechnet sich nach folgender Formel:

PG = ___ EUR × ([x] + [y] × L/L_0)

[Anmerkung: Für x und y müssen in jeden Vertrag konkrete Zahlen eingesetzt werden;

x = nicht variabler Anteil des Grundpreises, ausgedrückt als Dezimalzahl (zB 0,6 für 60 % Fixkostenanteil); y = variabler Anteil des Grundpreises, ausgedrückt als Dezimalzahl (zB 0,4 für 40 % variable Kosten im Grundpreis) Die Summe der Faktoren x und y muss stets 1 betragen.]

In dieser Formel bedeuten:

PG = Grundpreis

L = Index der tariflichen Stundenverdienste im Produzierenden Gewerbe und im Dienstleistungsbereich, 2010 = 100, Deutschland, Wirtschaftszweig Energieversorgung, entsprechend der Veröffentlichung des Statistischen Bundesamtes, Fachserie 16, Reihe 4.3, Abschnitt 1.1, laufendes Kennzeichen D.

L_o = Index L; Stand: ___ [Datum] = ___ [konkreter Indexwert zum Basisdatum].

Der Grundpreis ändert sich jeweils zum 1.1. eines Jahres. Der maßgebliche Indexwert L ist der für den Monat Juli des dem Abrechnungszeitraum vorausgehenden Jahres veröffentlichte Wert.

Das **Arbeitsentgelt** ist das Produkt aus der verbrauchten Wärmemenge und dem jeweils geltenden Arbeitspreis. Der Arbeitspreis ergibt sich nach folgender Formel:

WärmeLV § 3 — Preisänderungsklauseln

$PA = \_\_\_ \text{ EUR/kWh} \times (0{,}5 \times B/B_o + 0{,}5 \times BI/BI_o)$

In dieser Formel bedeuten:
PA = Arbeitspreis
B = Brennstoffkosten des Lieferanten in dem Zeitraum, der für die jeweilige Preisanpassung maßgeblich ist.

B_o = Basiswert der Brennstoffkosten des Lieferanten in Höhe von ___ EUR/kWh netto ohne Mehrwertsteuer, aber einschließlich aller sonstigen Steuern und Abgaben.

BI = ___-index [genauen Brennstoffindex eintragen] des Statistischen Bundesamtes, Fachserie 17, Reihe-Index der Erzeugerpreise gewerblicher Produkte, lfd. Nr. ___. (2010 = 100); ___, bei Abgabe an ___.

BI_o = Basiswert des Brennstoffindex, Stand ___ = [hier genauen Wert und Basisdatum einsetzen].

Der Arbeitspreis ändert sich jeweils zum Beginn eines Vierteljahres (Quartals). Grundlage für die Preisänderung sind für das erste Quartal die durchschnittlichen Brennstoffkosten und der mittlere Indexwert der Monate Juli bis September des Vorjahres, für das zweite Quartal die durchschnittlichen Brennstoffkosten und der mittlere Indexwert der Monate Oktober bis Dezember des Vorjahres, für das dritte Quartal die durchschnittlichen Brennstoffkosten und der mittlere Indexwert der Monate Januar bis März des laufenden Jahres, für das vierte Quartal die durchschnittlichen Brennstoffkosten und der mittlere Indexwert der Monate April bis Juni des laufenden Jahres. [Es kommt auch eine monatliche oder jährliche Anpassung in Betracht ebenso wie die Bezugnahme auf kürzer zurückliegende Indexwerte, die Formulierung muss dann entsprechend geändert werden.]

Der **Jahresmesspreis** berechnet sich wie folgt:
$PM = \_\_\_ \text{ EUR} \times L/L_o$

In dieser Formel bedeuten:
PM = Jahresmesspreis
L = Index der tariflichen Stundenverdienste im Produzierenden Gewerbe und im Dienstleistungsbereich, 2010 = 100, Deutschland, Wirtschaftszweig Energieversorgung, entsprechend der Veröffentlichung des Statistischen Bundesamtes, Fachserie 16, Reihe 4.3, Abschnitt 1.1, laufendes Kennzeichen D.

L_o = Index L; Stand: ___ [Datum] = ___ [konkreter Indexwert zum Basisdatum].

Der Messpreis ändert sich jeweils zum 1.1. eines Jahres. Der maßgebliche Indexwert L ist der für den Monat Juli des dem Abrechnungszeitraum vorausgehenden Jahres veröffentlichte Wert.

10 Die **Preisänderung** ist (mindestens) in Textform gem. § 4 mitzuteilen. Denn sie ändert den ursprünglich dieser Form unterliegenden Vertrag, womit sie selbst ebenfalls formbedürftig wird. Die nicht erfolgte Übernahme der diesbezüglichen Formvorschrift aus § 4 Abs. 2 RefE-WärmeLV in die endgültige Fassung steht dem nicht entgegen. Zwar ist eine **Erläuterung** der Preisänderung nicht mehr erforderlich; die entsprechende Regelung in § 4 Abs. 2 RefE-WärmeLV wurde nicht in die endgültige Fassung übernommen. Maßgeblich bleibt aber, dass der Endkunde die Preisänderung anhand der Formel-Vorgaben im Vertrag rechnerisch nachvollziehen kann. Der erhöhte Preis geht dann in die **Heizkostenabrechnung** gegenüber den Nutzern ein; diesen ist die Nachprüfung der Erhöhung durch Einsichtgewährung in die entsprechenden Unterlagen des Gebäudeeigentümers zu ermöglichen (zur eingeschränkten Einsichtnahme BGH WuM 2013, 540; OVG Koblenz CuR 2015, 36).

Entspricht die **Preisänderungsklausel** nicht den rechtlichen Vorgaben, ist sie 11
gem. § 134 BGB **unwirksam;** allerdings erfasst diese Nichtigkeit nur die Klausel,
nicht den gesamten Wärmeliefervertrag (BGH CuR 2011, 80 Rn. 37). Die
dadurch entstehende Lücke im Vertrag – der Wärmelieferant darf keine Preisänderungen vornehmen – wird vom BGH durch eine ergänzende Vertragsauslegung
dahingehend geschlossen, dass der Kunde innerhalb von drei Jahren der Preiserhöhung **widersprechen** muss. Wird diese Frist nicht eingehalten, hat zum einen
der Lieferant einen Anspruch auf Zahlung des erhöhten Preises, zum anderen der
Kunde keinen bereicherungsrechtlichen Anspruch auf Rückzahlung der geleisteten erhöhten Beträge (BGH NJW 2012, 1865 mAnm Markert ZMR 2012, 521;
BGH ZMR 2012, 611; 2014, 191 mablAnm Markert ZMR 2014, 193 wegen
Verstoßes gegen EU-Recht; BGH NZM 2014, 873). Abgesehen von den dogmatischen Bedenken, dass durch diese Entscheidungen eine Reparatur auf der
Rechtsfolgenseite erfolgt, ohne die dafür notwendigen rechtlichen Voraussetzungen zu schaffen (die auch nicht geschaffen werden können, ohne gegen das Verbot
der geltungserhaltenden Reduktion oder der richterlichen Vertragsgestaltung zu
verstoßen), lassen sich die Lösungen nicht auf Wärmelieferverträge übertragen
(aA Lützenkirchen Wärmecontracting § 3 Rn. 45; OLG Naumburg CuR 2014,
84 mkritAnm Thomale). Denn stets betonte Grundlage für die BGH-Entscheidungen ist das Vorliegen von Gas-/Strom-**Sonderkundenverträgen,** bei denen
ein Kündigungsrecht des Versorgers besteht, welches „nur" zur Weiterbelieferung
in der Grundversorgung führt, aber nicht zur völligen Einstellung einer Energieversorgung. Diese bestehende Möglichkeit der Kündigung habe der mit seiner
Rüge der Unwirksamkeit einer **Preisanpassungsklausel** zuwartende Kunde vereitelt, so dass er gleichsam seine Rechte aus der Unwirksamkeit „verwirkt" habe.
Diese Situation ist beim Wärmeliefervertrag nicht gegeben; er stellt die für die
vereinbarte Vertragslaufzeit unkündbare Grundversorgung dar. Eine in den Verträgen zumeist vereinbarte **Billigkeitsklausel** („Wenn die wirtschaftlichen, technischen oder rechtlichen Voraussetzungen, unter denen die Bestimmungen dieses
Vertrages vereinbart worden sind, eine grundlegende Änderung erfahren und
infolgedessen einem der Vertragspartner oder beiden unter Berücksichtigung aller
Umstände des Einzelfalles, insbesondere der vertraglichen oder gesetzlichen Risikoverteilung, ein Festhalten am Vertrag nicht mehr zugemutet werden kann, weil
dies den gemeinsamen bei Vertragsschluss vorhandenen Vorstellungen über einen
angemessenen Ausgleich der beiderseitigen wirtschaftlichen Interessen nicht entsprechen würde, so ist dieser Vertrag unter Berücksichtigung des Grundsatzes von
Treu und Glauben an den geänderten Verhältnissen anzupassen") kann nicht zur
Reparatur einer von Anfang an unwirksamen Klausel verwendet werden; salvatorische Klauseln greifen allenfalls bei nachträglichen gesetzlichen und/oder rechtlichen Änderungen ein. Rückforderungsansprüche des Kunden verjähren in drei
Jahren ab Erhalt der ersten Abrechnung mit (unzulässigerweise) geänderten Preisen. Auf die Unwirksamkeit der Preisänderung kann sich letztlich auch der Mieter
berufen, da es sich bei § 24 Abs. 4 S. 1, 2 AVBFernwärmeV um eine auch drittschützende Norm handelt. Eine ergänzende lückenausfüllende Vertragsanpassung
(das ist keine Auslegung mehr!) verstößt gegen das AGB-Recht. Danach hat der
AGB-Aufsteller die Folgen seiner eigenen Rechtsverstöße zu tragen. Aus § 4
Abs. 2 iVm § 24 Abs. 4 AVBFernwärmeV könnte allenfalls das Recht des Versorgers hergeleitet werden, für die Zukunft eine neue – rechtsgültige – Preisanpassungsklausel festzulegen.

WärmeLV § 5 Auskunftsanspruch

§ 4 Form des Wärmeliefervertrages
Der Wärmeliefervertrag bedarf der Textform.

1   Bei der Wärmelieferung handelt es sich um ein Dauerschuldverhältnis, das über eine lange Zeit eingegangen zu werden pflegt. Deshalb bedarf es einer festliegenden **Dokumentation** seiner vertraglichen Grundlagen. Hierfür schreibt § 4 die Einhaltung der Textform vor. Die Einhaltung der Form ist für den Vertrag konstitutiv und über § 7 auch zwingend; die Nichteinhaltung der Form führt zur Nichtigkeit des Vertrages, § 125 BGB. Die gegenüber der Schriftform herabgesetzten Erfordernisse ergeben sich aus § 126b BGB und zeigen, dass die Textform nur der **Information,** nicht aber den herkömmlichen Funktionen der Form, wie Warnung vor Übereilung, Beweis des Vertragsinhalts, dient. Denn angesichts der von der hM zugelassenen elektronischen Übermittlung durch E-Mail kann von einer sicheren Übermittlung und damit Perfektion des Vertragsschlusses nicht mehr gesprochen werden. Deshalb erscheint es zulässig, dass die Parteien – trotz § 7 – eine über die geringeren Anforderungen der Textform hinausgehende Form, also die eigentliche Schriftform, als konstitutiv vereinbaren.

2   Der formunwirksame und damit **nichtige Wärmeliefervertrag** gibt dementsprechend dem Lieferanten keine Anspruchsgrundlage auf Zahlung des Wärmepreises. Nimmt der Kunde Wärme ab, ist er insofern bereichert. Dem Bereicherungsausgleich ist aber nicht der unwirksam vereinbarte Wärmepreis zugrunde zu legen, sondern der übliche Preis. Mangels wirksamen Vertrages darf der Kunde (= Vermieter) diesen Bereicherungsausgleich nicht als Betriebskosten in die Heizkostenabrechnung gegenüber seinen Mietern einstellen; denn es fehlt an dem Tatbestandsmerkmal „vertragliche Wärmelieferung" in § 556c BGB. Als Heizkosten dürfen nur die in § 7 Abs. 2 aufgezählten Kosten in die Abrechnung eingestellt werden. Deren Höhe kann der Kunde durch Geltendmachung des Auskunftsanspruchs nach § 5 WärmeLV in Erfahrung bringen.

§ 5 Auskunftsanspruch

Hat der Mieter nach einer Umstellung auf Wärmelieferung die Wärmelieferkosten nicht als Betriebskosten zu tragen, weil die Voraussetzungen des § 556c Absatz 1 des Bürgerlichen Gesetzbuchs nicht erfüllt sind, so kann der Kunde vom Wärmelieferanten verlangen, diejenigen Bestandteile des Wärmelieferpreises als jeweils gesonderte Kosten auszuweisen, die den umlegbaren Betriebskosten nach § 7 Absatz 2 und § 8 Absatz 2 der Verordnung über Heizkostenabrechnung entsprechen.

1   Die Überwälzung des Wärmepreises im laufenden Mietverhältnis wegen Umstellung auf Wärmelieferung hängt im wesentlichen von zwei Voraussetzungen ab, einer Verbesserung der Energieeffizienz und der Kostenneutralität. Angesichts der rechnerisch/technischen Schwierigkeiten, diese beiden Tatbestandsmerkmale zu erfüllen, kann es vorkommen, dass eine Umstellung auf Wärmelieferung durchgeführt wird, bei der sich nachträglich herausstellt, dass die Voraussetzungen nicht gegeben sind. Der Kunde (= Vermieter) ist einerseits an den Wärmeliefervertrag gebunden, anderseits kann er die neuen (= höheren) Kosten nicht an seine Mieter weitergeben.

2   In dieser Situation sind **zwei Regelungsbereiche** zu unterscheiden: Im Verhältnis **Lieferant** zum **Kunden** kann zumindest ein **Schadensersatzanspruch**

Verhältnis zur AVB-FernwärmeV　　　　　　　　　**§ 6 WärmeLV**

des Kunden gegen den Lieferanten bestehen, wenn dieser schuldhaft den/die Fehler bei den Tatbestandsmerkmalen verursacht hat. Da der Lieferant für diese als Experte anzusehen ist, reicht für den Schadensersatzanspruch leichte Fahrlässigkeit aus. Der Schaden besteht dann in dem Teil des Wärmepreises, den der Kunde nicht an seine Mieter weitergeben kann infolge der Nichterfüllung der Überwälzungskriterien. Der Kunde hat aber eine **Schadensminderungspflicht.** Dieser kommt er dadurch nach, dass er die Anteile der Heizkosten, die er ohne die Wärmelieferung auf seine Mieter hätte verteilen dürfen, weiterhin auf die Mieter umlegt. Allerdings kommt es in diesem Verhältnis nur auf die generelle Umlegbarkeit der Kosten gem. § 7 Abs. 2 an. Möglicherweise einschränkende mietvertragliche Regelungen gehen nicht zu Lasten des Lieferanten.

Im Verhältnis des **Kunden** (= Vermieter) zum **Mieter** darf der Vermieter bei 3 entsprechender mietvertraglicher Vereinbarung (bzw. in Erfüllung der Verpflichtung aus § 2) die Heizkosten umlegen, die nach § 7 Abs. 2 (bzw. bei Warmwasser nach § 8 Abs. 2) zulässigerweise auf die Mieter umgelegt werden dürfen.

Für beide Rechtsbeziehungen muss der Kunde die im Wärmepreis einkalkulier- 4 ten Kosten nach § 7 Abs. 2/§ 8 Abs. 2 kennen. Dazu hat er gegen den Lieferanten einen entsprechenden **Auskunftsanspruch**. Zur Erfüllung muss der Lieferant seine Preiskalkulation offen legen; er muss also genau aufschlüsseln, welche Kostenfaktoren in welcher Höhe er in den Wärmepreis eingestellt hat. Entgegen der Begründung (BAnz. 20.6.2013, 6) reicht es nicht aus, die Kalkulation an den entsprechenden Marktpreisen auszurichten. Denn der Vermieter darf in die Heizkosten nur die tatsächlich angefallenen Kosten einstellen. Wird hingegen die offengelegte Wärmepreiskalkulation am Marktpreisen gemessen, kann sich daraus ergeben, dass das eingestellte Preiselement darüber oder darunter liegt. Liegt es darunter, ist dieser geringere Preis als Kostenfaktor zu nehmen. Liegt es über dem Marktpreis, mag sich der Mieter mit dem Einwand des Verstoßes gegen das Wirtschaftlichkeitsgebot wehren. Daraus ergibt sich letztlich, dass dem Mieter gegenüber die Kalkulationen offen zulegen sind; die gegenteilige Entscheidung des BGH (WuM 2011, 219) ist überholt.

§ 6 Verhältnis zur Verordnung über Allgemeine Bedingungen für die Versorgung mit Fernwärme

Soweit diese Verordnung keine abweichenden Regelungen enthält, bleiben die Regelungen der Verordnung über Allgemeine Bedingungen für die Versorgung mit Fernwärme unberührt.

Diese Vorschrift bestimmt den **Vorrang** der WärmeLV als dem spezielleren 1 Regelwerk gegenüber der AVBFernwärmeV. Nur soweit die WärmeLV keine Bestimmungen enthält, greifen die Vorschriften der AVBFernwärmeV ein, wenn ein Fall der klassischen Fernwärme sowie eine Wärmelieferung aus einer vom Lieferanten errichteten Anlage vorliegt. Für das Betriebsführungscontracting gilt daher **nur** die WärmeLV.

Aus dem Zusammenwirken von WärmeLV und AVBFernwärmeV ergibt sich 2 folgende **Rangfolge** der **Rechtsquellen** für das Wärmecontracting: Maßgebend ist zuerst die WärmeLV. Danach sind die vertraglichen Vereinbarungen der Parteien für ihr Verhältnis grundlegend. Soweit der Vertrag keine Regelungen enthält, greifen die Vorschriften der AVBFernwärmeV ein. Darin sind dann geregelt: **Versorgungsunterbrechungen,** § 5 Abs. 2, 3; **Haftung** bei Versorgungsstörungen, § 6; **Duldungspflichten** für die Grundstücksbenutzung, soweit dies nicht nach § 2 WärmeLV bereits im Vertrag geregelt ist, § 8; ebenfalls ergänzend zum Vertrag die Leistung von **Baukostenzuschüssen,** § 9; wesentlich für die technische Durchführung des Vertrages sind ferner das **Zutrittsrecht,** § 16, die Vorgaben für technische Anschlussbedingungen, § 17 und für die **Messgeräte** einschließlich der Messung, Nachprüfung und **Berechnungsfehler,** §§ 18–21. **Zahlungspflichten** (Abschlagszahlungen, § 25, Vorauszahlungen, § 28) sind ebenso geregelt wie **Zahlungsstörungen** (Verzug, § 27, Zahlungsverweigerung, § 30, wobei letztere Vorschrift nicht auf die darin genannten Voraussetzungen beschränkt ist, sondern allgemeiner angewendet werden darf, BGH ZMR 2011, 376). Sollte der Vertrag nach § 2 WärmeLV keine entsprechenden Regelungen enthalten, ergeben sich **Kündigungsmöglichkeiten** aus § 33.

§ 7 Abweichende Vereinbarungen

Eine von den Vorschriften dieses Abschnitts abweichende Vereinbarung ist unwirksam.

1   Gleichsam als Reaktion auf die sog. Durchbruchentscheidung (so die Bezeichnung von Beyer CuR 2012, 48 (54)) des BGH (NJW 2007, 3060), mit der die Umstellung auf Wärmecontracting im laufenden Mietverhältnis faktisch freigegeben worden war, hat der Gesetzgeber seine Vorgaben für eine solche Umstellung als zwingendes Recht ausgestaltet. Damit sind abweichende Vereinbarungen sowohl in **Formular-** als auch in **Individualverträgen unzulässig,** ebenso wie konkrete abweichende Einzelabreden.

2   Das **Verbot abweichender Vereinbarungen** erstreckt sich ohne Ausnahme auf sämtliche Normen des zweiten Abschnitts, also die §§ 2–7 einschließlich. Daraus folgt aber auch, dass die „Soll-Vorschriften" in § 2 Abs. 1 über den Inhalt des Wärmeliefervertrages ebenfalls zwingenden Charakter besitzen (aA Lützenkirchen Wärmecontracting § 7 Rn. 4); denn ohne diese Inhalte wird der Zweck der Regelung, Vergleiche mit Angeboten von Wettbewerbern durchzuführen, verfehlt. Die in § 2 Abs. 1 enthalten Vorgaben stellen allerdings nur Mindestangaben für Wärmelieferverträge dar, die einzuhalten sind. Nicht unter das Verbot der Abweichung fallen darüber hinausgehende vertragliche Vereinbarungen, die insbesondere aus der AVBFernwärmeV entnommen zu werden pflegen.

3   Im Interesse der Rechtsklarheit und Rechtssicherheit erstreckt sich der in § 7 angeordnete Rechtszwang auch auf die gesamte AVBFernwärmeV (aA Lützenkirchen Wärmecontracting § 7 Rn. 99). Die Bindung erfasst nicht nur deren – subsidiäre – Geltung, sondern auch deren gesamten Inhalt. Das gilt zum einen bereits für die inhaltlich von den §§ 2–7 entweder abweichenden oder identischen Regelungen. Das gilt aber auch für die inhaltlich über die WärmeLV hinausgehenden Regelungen. § 1 Abs. 3 S. 1 AVBFernwärmeV steht dem nicht entgegen. Denn die darin zugestandene Möglichkeit, abweichende Versorgungsbedingungen dem Vertrag zugrunde zu legen, bezieht sich auf ein abweichendes Gesamtpaket, nicht aber auf abweichende Einzelregelungen. Eine derart lediglich punktuelle Abweichung ist auch intransparent und verstößt gegen § 307 Abs. 1 S. 2 BGB, dem Transparenzgebot für AGB.

4   Hingegen ergreift der Rechtszwang **nicht Gewerberaummietverhältnisse.** § 578 Abs. 2 S. 2 BGB lässt nach seinem Wortlaut ausdrücklich abweichende

Vereinbarungen auch von der nach § 556c Abs. 3 BGB zu erlassenden Rechtsverordnung zu.

Abschnitt 3. Umstellung der Wärmeversorgung für Mietwohnraum

Dieser Abschnitt enthält die rechnerisch/rechtlich/technischen Vorgaben, um das wesentliche Element der Umstellung auf Wärmeversorgung, die Kostenneutralität, ermitteln zu können. Während § 556c Abs. 1 Nr. BGB lediglich die Einhaltung dieses Tatbestandsmerkmals postuliert, zeigen die §§ 8–10 die Wege auf, auf denen dieses Merkmal festgestellt werden kann. Zusätzlich enthält dieser Abschnitt noch in § 11 inhaltliche Bestimmungen für die Umstellungsankündigung sowie die rechtlichen Folgen, sollten die Voraussetzungen nicht erfüllt worden sein.

§ 8 Kostenvergleich vor Umstellung auf Wärmelieferung

Beim Kostenvergleich nach § 556c Absatz 1 Satz 1 Nummer 2 des Bürgerlichen Gesetzbuchs sind für das Mietwohngebäude gegenüberzustellen
1. **die Kosten der Eigenversorgung durch den Vermieter mit Wärme oder Warmwasser, die der Mieter bislang als Betriebskosten zu tragen hatte, und**
2. **die Kosten, die der Mieter zu tragen gehabt hätte, wenn er die den bisherigen Betriebskosten zugrunde liegende Wärmemenge im Wege der Wärmelieferung bezogen hätte.**

Diese Vorschrift stellt die **Grundlage** des **Kostenvergleichs** dar, indem sie die zu vergleichenden Kosten beschreibt. Gegenübergestellt werden die **realen** Kosten in der Vergangenheit denen, die **fiktiv** anfallen würden, wenn bereits in der Vergangenheit eine Wärmelieferung erfolgt wäre. Daraus ergibt sich, dass zunächst unterschiedliche Erfassungselemente vorliegen: für die Eigenversorgung wird vor allem der gelieferte Brennstoff der Abrechnung zugrunde gelegt; die Kosten der Wärmelieferung werden hingegen aus dem (insoweit pauschalen) Wärmepreis ermittelt. Um „Brennstoffkosten" einerseits und „Wärmepreis" andererseits vergleichbar zu machen, muss ein gemeinsamer Nenner gefunden werden. Dieser gemeinsame Nenner ist in den Kosten pro Wärmeeinheit (€/Joule) zu sehen. Allerdings stellt der Verordnungsgeber nicht auf diesen Kostenvergleich ab, sondern vergleicht die Kosten anhand des jeweiligen Verbrauchs.

Unter „**Betriebskosten**" nach Nr. 1 sind die **Heizkosten** zu verstehen, die gem. § 7 Abs. 2 zulässigerweise auf die Nutzer umgelegt werden dürfen. Weiter ist der Umfang dieser Kosten dahingehend einzuschränken; dass nur diejenigen Kosten in die Berechnung einbezogen werden dürfen, die nach dem Mietvertrag als umlagefähig **vereinbart** worden sind; allerdings reicht für diese Vereinbarung der pauschale Verweis auf Anlage 3 zu § 27 II.BV oder auf die BetrKV oder die HeizKV. Fallen umlegbare und umlegungsfähige Kosten an, werden diese aber nicht umgelegt, sind sie dennoch in den Kostenvergleich einzubeziehen. Hierdurch wird einerseits eine wirtschaftlich realistische Vergleichsbasis geschaffen, andererseits hat der Nutzer keinen Anspruch auf Fortbestehen dieser Vergünstigung.

Warmmieten, bei denen die Heizkosten nicht getrennt aufgeführt werden, würden dem Wortlaut des § 556c Abs. 1 BGB nach nicht unter die Norm fallen, weil der Nutzer die Wärmekosten nicht als „Betriebskosten" trägt, sondern als (rechnerischen) Teil der Miete. Angesichts der grundsätzlichen Unzulässigkeit dieser Mietstruktur, weil sie gegen das Vorranggebot des § 2 verstößt (BGH NJW-RR 2006, 1305 Rn. 13), ist danach zu differenzieren, ob eine Ausnahme von der Pflicht zur Anwendung der HeizkV besteht oder nicht. Liegt im konkreten Fall eine Gestaltung vor, die in § 11 von der Anwendung der HeizkV ausgenommen wird, verbleibt es bei der Unanwendbarkeit des § 556c BGB für den Fall der Umstellung auf Wärmelieferung. Hier tragen der Gebäudeeigentümer und/oder der Contractor das Risiko der Kostenerhöhung. Liegt kein derartiger Ausnahmefall vor, hat der Gebäudeeigentümer die Heizkosten aus der Miete herauszurechnen (dazu → HeizkV § 2 Rn. 19–23), um die Vergleichsbasis nach § 8 herzustellen. Jedenfalls darf er sich auf sein verordnungswidriges Verhalten nicht berufen, so dass auch unter diesem Gesichtspunkt die Umstellung auf Wärmelieferung mit nachfolgender Überwälzung der Wärmekosten auf die Nutzer nur unter den Voraussetzungen des § 556c BGB zulässig ist.

4   Schließlich sind die **Kosten** der Eigenversorgung für das **gesamte versorgte Gebäude** darzustellen, nicht die Kosten für jede einzelne Nutzungseinheit (aA Heix WuM 2014, 511 (513–514)). Denn letzteres würde die Unwägbarkeiten des konkreten Nutzerverhaltens in den Kostenvergleich einbeziehen, die durch die Gesamtkosten nivelliert werden. Das gleiche gilt für eine **Mischnutzung** (Gewerbe/Wohnraum). Denn es kommt auf das Vorliegen einer Heizungsanlage an, deren Kosten ermittelt werden sollen, nicht aber auf die den einzelnen Nutzer bzw. die einzelne Nutzergruppe treffenden Kosten. Daraus ist ferner zu folgern, dass bei der Versorgung mehrerer Gebäude auf die Kosten für die gesamte Wirtschaftseinheit abzustellen ist, nicht aber auf die des einzelnen Gebäude.

5   Zwar enthält § 8 als Bezugsobjekt das „Mietwohngebäude". Angesichts der Verweisung in § 578 Abs. 2 S. 2 BGB auch auf die nach § 556c Abs. 3 BGB erlassene Rechtsverordnung erstrecken sich die Berechnungsregeln insgesamt auch auf **Gewerberäume,** sofern hier die Parteien keine (grundsätzlich zulässige) abweichende Vereinbarung getroffen haben.

§ 9 Ermittlung der Betriebskosten der Eigenversorgung

(1) Die bisherigen Betriebskosten nach § 8 Nummer 1 sind wie folgt zu ermitteln:
1. **Auf der Grundlage des Endenergieverbrauchs der letzten drei Abrechnungszeiträume, die vor der Umstellungsankündigung gegenüber dem Mieter abgerechnet worden sind, ist der bisherige durchschnittliche Endenergieverbrauch für einen Abrechnungszeitraum zu ermitteln; liegt der Endenergieverbrauch nicht vor, ist er aufgrund des Energiegehalts der eingesetzten Brennstoffmengen zu bestimmen.**
2. **Der nach Nummer 1 ermittelte Endenergieverbrauch ist mit den Brennstoffkosten auf Grundlage der durchschnittlich vom Vermieter entrichteten Preise des letzten Abrechnungszeitraums zu multiplizieren.**
3. **Den nach Nummer 2 ermittelten Kosten sind die sonstigen abgerechneten Betriebskosten des letzten Abrechnungszeitraums, die der Versorgung mit Wärme oder Warmwasser dienen, hinzuzurechnen.**

Ermittlung der Betriebskosten der Eigenversorgung   **§ 9 WärmeLV**

(2) Hat der Vermieter die Heizungs- oder- Warmwasseranlage vor dem Übergabepunkt während der letzten drei Abrechnungszeiträume modernisiert, so sind die Betriebskosten der bisherigen Versorgung auf Grundlage des Endenergieverbrauchs der modernisierten Anlage zu berechnen.

Mit Hilfe der in dieser Vorschrift enthaltenen Rechenschritte soll der Vergleichsfaktor „Kosten des Eigenbetriebs" ermittelt werden. Um den Vergleichswert (Kosten pro Wärmeeinheit) zu erreichen, stellt der Verordnungsgeber auf den Endenergieverbrauch ab, notwendigerweise auf den Output nach der Heizungsanlage. **Endenergie** ist die Energiemenge, die nach der Umwandlung der Primärenergie in vom Verbraucher nutzbare Energieträger an die Heizungsanlage geliefert wird (zB das Gas, mit dem die Anlage betrieben wird). Der **Verbrauch** an Endenergie ergibt sich dann aus der Summe von Nutzenergie und den Anlageverlusten. **Nutzenergie** ist hierbei die Energiemenge, die in dem Trägermedium Warmwasser zB für die Heizung und/oder die Bereitung von nutzbarem Warmwasser enthalten ist. Zwischen Endenergie und Nutzenergie liegt die Heizungsanlage, die die Endenergie in Nutzenergie umwandelt, wobei die Endenergie Umwandlungsverluste erleidet. Der **Jahresnutzungsgrad** der Anlage bestimmt diese Umwandlungsverluste. 1

Um den Verbrauch an Endenergie zu ermitteln, bedarf es mehrerer – zum Teil alternativer – Faktoren. Bekannt ist jedenfalls die Liefermenge an Endenergie; diese kann zB an der Gasuhr, den Füllstandsanzeigen des Öltanks, abgelesen werden. Von dieser Menge ist entweder die Nutzenergie abzuziehen, dann erhält man den Verbrauch an Endenergie. Oder es werden vom bekannten Endenergie-Input die Umwandlungsverluste mit Hilfe des Jahresnutzungsgrades abgezogen; das Ergebnis stellt dann den Endenergieverbrauch dar. 2

Die **Berechnungen** (→ Rn. 2) verlangen aber jeweils die Erfüllung von **Voraussetzungen,** die selten erfüllt werden: Die Nutzenergie kann anhand von Wärmemengenzählern ermittelt werden, die zwischen Ausgang der Heizungsanlage und Nutzerleitungen eingebaut sein müssten. Der Jahresnutzungsgrad stimmt bei den älteren Anlagen nicht mehr mit dem vom Hersteller der Heizungsanlage angegeben Kesselwirkungsgrad überein. 3

Angesichts dieser tatsächlichen und rechnerischen Schwierigkeiten hat der Verordnungsgeber in § 9 Abs. 1 Nr. 1 Hs. 2 eine **Hilfsregelung** vorgesehen. Dieser liegt die Erwägung zugrunde, dass die Menge der Endenergie (auch) davon abhängt, wie viel Nutzenergie zur Wärmeerzeugung/Warmwasserherstellung benötigt wird, dh je mehr Nutzenergie erforderlich ist, desto mehr Endenergie wird an der Schnittstelle „Gebäudehülle" gemessen werden. Da es aber nicht auf zB den Gasverbrauch ankommt, sondern auf die verwendete Energiemenge, muss für die Verbrauchsmenge der Energiegehalt bestimmt werden. Hierfür können entweder die Angaben der Lieferanten (zB bei Gas) oder die Tabelle in § 9 Abs. 3 S. 2 Nr. 2 herangezogen werden. Aus der gemessenen Menge des eingesetzten Brennstoffes wird mit dieser Heizwertkennzahl der Verbrauch der Endenergie errechnet. 4

Da der Verordnungsgeber nicht die Erzeugungskosten für den Vergleich zugrunde legt, sondern die Verbrauchskosten, ist der **Endenergieverbrauch** der letzten drei **Abrechnungsjahre** vor der Umstellungsankündigung festzustellen (daran fehlte es im Fall des LG Bremen WuM 2021, 426 mAnm Lammel jurisPR-MietR 2/2022 Anm. 6). Hierdurch sollen die nutzerab- und witterungsabhängigen Verbrauchsschwankungen ausgeglichen werden. Aus der Summe dieser drei 5

335

WärmeLV § 10 Ermittlung der Kosten der Wärmelieferung

Verbräuche ist der Durchschnittsverbrauch für einen (abstrakten) Abrechnungszeitraum zu ermitteln, dh die Summe ist durch 3 zu teilen.

6 Im nächsten Schritt sind die **Brennstoffkosten** für den errechneten durchschnittlichen Endenergieverbrauch festzustellen. Hierfür sind zunächst die durchschnittlichen Kosten des letzten Abrechnungszeitraums vor der Umstellungsankündigung zu berechnen, also nicht die Kosten des dem Endenergieverbrauchs zugrundeliegenden Dreijahreszeitraums. Diese Kosten werden dann mit dem durchschnittlichen Endenergieverbrauch multipliziert; das Ergebnis stellen die Energiekosten dar.

7 Als letzten Schritt sieht § 9 Abs. 1 Nr. 3 die Hinzurechnung der **sonstigen Heizkosten** vor. Hierunter sind diejenigen angefallenen Kosten zu verstehen, die nach § 7 Abs. 2 bzw. § 8 Abs. 2 zulässigerweise auf die Nutzer umgelegt werden dürfen. Der Verordnungsgeber spricht zwar von „abgerechneten" Kosten. Das ist in zweierlei Hinsicht unkorrekt: Zum einen kommt es nicht primär darauf an, ob Kosten abgerechnet worden sind. Vielmehr ist maßgebend, ob die abgerechneten Kosten als umlagefähig vereinbart worden sind und ob sie nach der HeizkV umgelegt werden dürfen. Darüber hinaus sind auch diejenigen Kosten in die Vergleichsrechnung einzubeziehen, die nach Vertrag und HeizkV hätten abgerechnet werden dürfen, die aber tatsächlich trotz Anfalls nicht in die vergangenen Heizkostenabrechnungen einbezogen worden sind. Der Vergleich mit der Wärmelieferung ist aber nur dann tragfähig, wenn auch diese Kosten einbezogen werden, weil sie im Wärmepreis enthalten sein werden. Außerdem hat der Nutzer keinen Anspruch darauf, weiterhin kostenlos Nebenleistungen zur Wärmeversorgung zu empfangen.

8 Die Umstellung auf Contracting soll die Energieeffizienz steigern durch im Regelfall eine neue Heizungsanlage. Dieser Zweck wird kaum erreicht werden, wenn der Gebäudeeigentümer bereits selbst eine neue Anlage hat einbauen lassen. Denn diese hat einen den modernen Anlagen entsprechenden Jahresnutzungsgrad, der durch eine Contracting-Anlage allenfalls unwesentlich gesteigert würde. Deshalb ordnet **§ 9 Abs. 2** an, dass in diesem Fall nur der Endenergieverbrauch für die modernisierte Anlage Grundlage für die Betriebskostenermittlung sein darf; bis auf den Dreijahres-Zeitraum nach § 9 Abs. 1 Nr. 1, der sich je nach Modernisierungsjahr bis auf ein Abrechnungsjahr verkürzen kann, sind aber die übrigen Rechenschritte durchzuführen (ungenau insoweit LG Bremen WuM 2021, 426). Nach der Begründung soll dadurch vermieden werden, dass der Nutzer zunächst die anteiligen Modernisierungskosten trägt und dann zusätzlich noch (die unterstellt höheren) Contractingkosten (BAnz. 20.6.2013, 7). Dieser Fall kann nur beim Betriebsführungscontracting eintreten; denn eine Modernisierung mittels Wärmelieferungscontracting scheidet mangels Steigerung der Energieeffizienz aus.

9 Zwar sind nach § 12 nur Vereinbarungen zum **Nachteil** des Mieters unzulässig. Angesichts des diffizilen Berechnungsverfahrens sollte aber davon abgesehen werden, von ihm dergestalt abzuweichen, dass noch weitere Kriterien in die Berechnungen eingeführt werden (aA Lützenkirchen Wärmecontracting § 9 Rn. 5). Denn die Folgen für den Mieter sind kaum überschaubar.

§ 10 Ermittlung der Kosten der Wärmelieferung

(1) Die Kosten der Wärmelieferung nach § 8 Nummer 2 sind wie folgt zu ermitteln: Aus dem durchschnittlichen Endenergieverbrauch in einem Abrechnungszeitraum nach § 9 Absatz 1 Nummer 1 ist durch Multiplikation mit dem Jahresnutzungsgrad der bisherigen Heizungs- oder Warm-

Ermittlung der Kosten der Wärmelieferung § 10 WärmeLV

wasseranlage, bestimmt am Übergabezeitpunkt, die bislang durchschnittlich erzielte Wärmemenge zu ermitteln.

(2) Sofern der Jahresnutzungsgrad nicht anhand der im letzten Abrechnungszeitraum fortlaufend gemessenen Wärmemenge bestimmbar Ist, ist er durch Kurzzeitmessungen oder, sofern eine Kurzzeitmessung nicht durchgeführt wird, mit anerkannten Pauschalwerten zu ermitteln.

(3) Für die nach Absatz 1 ermittelte bisherige durchschnittliche Wärmemenge in einem Abrechnungszeitraum sind die Wärmelieferkosten zu ermitteln, indem der aktuelle Wärmelieferpreis nach § 2 Absatz 1 Nummer 2 unter Anwendung einer nach Maßgabe von § 3 vereinbarten Preisänderungsklausel auf den letzten Abrechnungszeitraum indexiert wird.

Diese Vorschrift beruht auf der **Fiktion,** dass in der Vergangenheit bereits 1
Wärmelieferung durch die bestehende Heizungsanlage/Warmwasseranlage erfolgt ist. Um die Menge der fiktiv gelieferten Wärme als Äquivalent zu dem nach § 9 ermittelten Jahresverbrauch feststellen zu können, wird der nach § 9 Abs. 1 Nr. 1 errechnete durchschnittliche Endenergieverbrauch mit dem Jahresnutzungsgrad multipliziert. Das Ergebnis soll dann die fiktive durchschnittliche Wärmemenge darstellen, die die Altanlage geliefert hätte.

Maßgebend für die Durchführung der Berechnung ist der **Jahresnutzungsgrad** 2
der Altanlage. Dieser hängt ab von der tatsächlich verbrauchten Brennstoffmenge (gemessen mit Gas- oder Ölzähler). Von dieser Menge werden die Verwertungsverluste (Abgasverlust, Kesselverlust, Stillstandsverlust, Verlust des Warmwasserspeichers) abgezogen, woraus sich die tatsächlich nutzbare Heizenergie (= Nutzenergie) ergibt, maW die Endenergie (= zugeführte Energiemenge zum Heizkessel) vermindert um die Nutzenergiemenge ergibt die Verluste. Aus deren prozentualem Anteil an der Energiezufuhr lässt sich der Jahresnutzungsgrad der Anlage ermitteln. Die Nutzenergiemenge kann nur durch einen **Wärmezähler** ermittelt werden. Die Messung muss über ein Jahr laufen; die gemessene Menge wird dann durch die im Brennstoff enthaltene Energiemenge (s. § 9 Abs. 3 S. 2 Nr. 2) geteilt, wodurch ebenfalls der Jahresnutzungsgrad der Anlage festgestellt werden kann. Als Formel dargestellt:

$$\eta = \frac{Q_{nutz}}{V_B \times H_u}$$

Hierbei bedeuten:
η Nutzungsgrad
Q_{nutz} vom Kessel abgegebene Wärmemenge
V_B zugeführte Brennstoffmenge
H_u unterer Heizwert

Hieraus wird deutlich, dass ohne eine Erfassung der vom Kessel abgegebenen Wärmemenge der Jahresnutzungsgrad der vorhandenen (Alt-)Anlage nicht ermittelt werden kann. Der Nutzungsgrad ist vom **Kesselwirkungsgrad** zu unterscheiden. Letzterer gibt nur die Effizienz beim Betrieb mit laufendem Brenner wieder, wobei lediglich Wärmeverluste über die Kesseloberflächen und Abgasverluste auftreten. Beim Jahresnutzungsgrad sind auch die bereits erwähnten Verwertungsverluste während eines Jahres zu berücksichtigen.

Dieser tatsächlich vorhandene Jahresnutzungsgrad ist nicht identisch mit dem 3
Normnutzungsgrad nach DIN 4702 Teil 8 (Heix WoBauR WärmeLV § 10 Anm. 4.1; aA wohl Lützenkirchen Wärmecontracting § 10 Rn. 7). Hier wird der

Nutzungsgrad aus Teillastnutzungsgraden bei 5 festgelegten Kesselbelastungen und Temperaturpaarungen bestimmt, was für den Praxisbetrieb nur dann relevant wird, wenn auch hier genau die in der DIN angenommenen Belastungsprofile und Temperaturspreizungen vorliegen. Ansonsten führen die unterschiedlichen Randbedingungen zu Abweichungen von Normnutzungsgrad zum Jahresnutzungsgrad zwischen 10 bis 13 Prozentpunkten. Auch die **DIN 4701-10** zur Berechnung des Primärenergieaufwandes ist für die Feststellung des Jahresnutzungsgrades nicht heranzuziehen, da die ihr zugrundeliegende Erzeugeraufwandszahl (= Verhältnis von Aufwand und Nutzen) ua mit Hilfe der Erzeugerverluste und der Nutzwärmemenge ab Kessel berechnet wird; diese Tatbestände sind aber gerade im Regelfall (= Fehlen eines Wärmemengenzählers) nicht feststellbar. Die von der Begründung zur WärmeLV (BAnz. 20.6.2013, 8) weiterhin genannten **technischen Regelwerke** wie DIN EN 15378 (Heizungssysteme in Gebäuden – Inspektion von Kesseln und Heizungssystemen), VDI 2067 (Wirtschaftlichkeit gebäudetechnischer Anlagen), VDI 3808 (Energetische Bewertung von Gebäuden und der Gebäudetechnik) sind zu allgemein gehalten, als dass sie für die Ermittlung des Jahresnutzungsgrades herangezogen werden könnten (Heix WoBauR WärmeLV § 10 Anm. 4.2.1). Außerdem ist rechtstheoretisch die Verwendung dieser technischen Regelwerke derzeit unzulässig. Der Verordnungsgeber hat sie weder in seinen gesetzgeberischen Willen inkorporiert (durch ausdrücklichen Verweis auf die im einzelnen benannten **Regelwerke)** noch hat er zumindest generell für die Ermittlung des Jahresnutzungsgrades auf technische Regelwerke verwiesen. Im gegenwärtigen Zustand würde daher die Verwendung von technischen Regelwerken zur Rechtsunsicherheit führen; denn jeder Anbieter von Wärmelieferungsverträgen könnte ein anderes Regelwerk für den Kostenvergleich verwenden.

4   Ist eine Messung rein tatsächlich nicht möglich gewesen, stellt § 10 Abs. 2 auf zwei weitere Möglichkeiten zur Feststellung des Jahresnutzungsgrades ab. Im Vordergrund steht wiederum eine Messung, die sog. **Kurzzeitmessung**. Diese wird mittels einer zumindest vorübergehenden Installation eines Wärmemengenzählers zwischen Heizungsanlage und Übergabestation durchgeführt. Allerdings darf diese Messung entgegen ihrer Bezeichnung nicht kurz sein, sondern muss sich mindestens auf ein Jahr erstrecken (Wall WuM 2014, 68 (72)) (wie sich bereits aus der Bezeichnung „Jahresnutzungsgrad" ergibt). Angesichts der jahreszeitlichen Witterungsunterschiede ist eine unterjährige Messung auch nicht repräsentativ (Heix in WoBauR WärmeLV § 10 Anm. 4.2). Ob eine solche Jahresmessung technisch durchgeführt werden kann, müssen die örtlichen Umstände der Heizungsanlage ergeben. Im Regelfall wird diese Messmöglichkeit durchaus gegeben sein (zB durch spezielle (nicht eichfähige) Ultraschallmessgeräte, wobei ein Volumenmessteil und Temperatursensoren für Vor- und Rücklauf auf die Rohre geklemmt werden).

5   Nur wenn **keine Messung** möglich ist, darf auf **anerkannte Pauschalwerte** zurückgegriffen werden. Mit dieser Formulierung bezieht sich der Verordnungsgeber auf die entsprechende Formulierung in § 555c Abs. 3 BGB für die Begründung von Modernisierungsmaßnahmen. Weder hier noch dort wird klargestellt, was unter „Pauschalwerten" zu verstehen ist und wie die Anerkennung erfolgen soll (Börstinghaus/Eisenschmid Modernisierungs-HdB/Eisenschmid Kap. 4 Rn. 106). Die sachlich vergleichbare Formulierung „anerkannte Regeln der Technik" setzen voraus, dass sie a) wissenschaftlich theoretisch als richtig angesehen werden; b) in der Praxis technischen Experten bekannt sind; c) sich aufgrund praktischer Erfahrung bewährt haben. Die „anerkannten Werte" bedürfen einer-

Ermittlung der Kosten der Wärmelieferung § 10 WärmeLV

seits als rechtsstaatliche Grundlage ein gesetzgeberisches Tätigwerden, um ihre allgemeine Verbindlichkeit zu begründen. Andererseits setzen sie eine praktisch-theoretisch-technische Zustimmung voraus, die ihre Werthaltigkeit für die praktische Anwendung dokumentiert. Beide Elemente liegen zur Zeit nicht vor.

Der Verordnungsgeber meint in der Begründung (BAnz. 20.6.2013, 8), mit 6 der „Bekanntmachung der Regeln zur Datenaufnahme und Datenverwendung im Wohngebäudebestand" vom 30.7.2009 solche Pauschalwerte gefunden zu haben.

Prozessbereich **Wärmeerzeugung Heizung**				Kennwerte bezogen auf die Gebäudenutzfläche A_N					
				Erzeuger-Aufwandszahl			Hilfsenergiebedarf		
				[-]			[kWh/(m²·a)]		
Nr.	Bezeichnung	Heizkreis-temperatur	Baualtersklasse	Nutzfläche [m²]			Nutzfläche [m²]		
				150	500	2500	150	500	2500
zentrale Wärmeerzeugung [4]									
10.1	Konstanttemperatur-Kessel		bis 1986	1,47	1,36	1,28	1,2	0,5	0,2
10.2			1987 - 1994	1,34	1,26	1,19	0,8	0,4	0,2
10.3			ab 1995	1,33	1,23	1,16	0,7	0,4	0,2
11.1	NT-Kessel	70/55 °C	bis 1986	1,24	1,21	1,18	1,2	0,5	0,2
11.2			1987 - 1994	1,19	1,15	1,13	0,8	0,4	0,2
11.3			ab 1995	1,14	1,11	1,09	0,7	0,4	0,2
12.1	Brennwert-Kessel		bis 1986	1,11	1,09	1,07	1,2	0,5	0,2
12.2			1987 - 1994	1,09	1,06	1,04	0,8	0,4	0,2
12.3			ab 1995	1,07	1,05	1,04	0,7	0,4	0,2
13	Brennwertkessel verbessert [5]	55/45 °C	ab 1999	0,99	0,98	0,97	0,7	0,4	0,2
14	Fernwärme-Übergabestation	alle	alle	1,02	1,02	1,02	0	0	0
15.1	Elektro-Wärmepumpe, Außenluft [6, 7]		1979 bis 1994	0,41	0,41	0,41	0	0	0
15.2			ab 1995	0,39	0,39	0,39	0	0	0
16.1	Elektro-Wärmepumpe, Erdreich [7, 8]	55/45 °C	1979 bis 1994	0,33	0,33	0,33	1,2	1,0	0,9
16.2			ab 1995	0,27	0,27	0,27	1,2	1,0	0,9
17.1	Elektro-Wärmepumpe, Grundwasser [7,8]		1979 bis 1994	0,27	0,27	0,27	1,9	1,7	1,5
17.2			ab 1995	0,23	0,23	0,23	1,9	1,7	1,5
18	zentraler Elektro-Speicher (Blockspeicher)	alle	alle	1,02	1,02		0	0	

Diese Regeln dienen aber dazu, den Jahresprimärenergiebedarf bei der Vornahme von Änderungen am Bautenbestand und bei der Ausstellung von Energieausweisen festzustellen. Ihre Anwendung auf den Jahresnutzungsgrad soll mittelbar daraus hergeleitet werden, dass die Reziprokwerte der in den Regeln enthaltenen Kennwerte (dh nur die Erzeuger-Aufwandszahl) zugrunde gelegt werden. Daraus würden sich dann Jahresnutzungsgrade von 68 bis 103 ergeben, je nach Baualtersklasse und zugrunde zulegender Nutzfläche. Angesichts ihrer anderen Zweckrichtung bleibt die Anwendung dieser Tabelle aber zweifelhaft (krit. auch Heix WoBauR WärmeLV § 10 Anm. 4.2.2).

Um die als Vergleichsparameter notwendigen **Wärmekosten** zu ermitteln, ist 7 der Wärmepreis mit der errechneten durchschnittlichen Wärmemenge zu multiplizieren. Da diese Wärmemenge aber für die Vergangenheit errechnet wurde, muss auch der Wärmepreis auf die Vergangenheit zurückindexiert werden. Durch diese **Rückwärtsindexierung** wird fingiert, dass sich Wärmemenge und Wärmepreis zeitgleich gegenübergestanden haben. Die Indexierung greift auf die vertrag-

WärmeLV § 11 Umstellungsankündigung

lich vereinbarten Preiselemente (Grundpreis, Arbeitspreis, → WärmeLV § 3 Rn. 4, 5) zurück. Dieser gegenwärtige Preis soll nach der ebenfalls entsprechend § 3 vereinbarten **Preisänderungsklausel** (→ WärmeLV § 3 Rn. 9) zurückindexiert werden. Ausgangspunkt ist der Wärmepreis zum Zeitpunkt der Angebotserstellung auf Abschluss eines Wärmeliefervertrages. Die Grundkosten, insbesondere die notwendigen Investitionen, können zeitaktuell kalkuliert werden. Der Arbeitspreis richtet sich vor allem nach dem zeitaktuellen Brennstoffkosten. Diese beiden Preise müssen dann anhand der Formeln nach § 3 (→ WärmeLV § 3 Rn. 9) zurückindexiert werden, maW der Wärmepreis müsste theoretisch sinken. Allerdings lassen sich die Investitionskosten nicht in dieses Schema einfügen, da es sich bei ihnen um Einmalkosten handelt, so dass hierfür ein entsprechend anderer Index herangezogen werden muss.

8   Dem **Kostenvergleich** sind dann gegenüberzustellen die Ergebnisse aus den Berechnungen nach § 9 und denen aus § 10. Im vom Gesetzgeber gedachten Idealfall entsprechen sich die Werte, um die Kostenneutralität zu gewährleisten. Angesichts der zahlreichen Unwägbarkeiten bei der Feststellung der einzelnen Tatbestandsmerkmale sollte derzeit in der Praxis auf die Verwendung von sog. Kostenvergleichsrechnern (angeboten von redec und Dena) verzichtet werden.

§ 11 Umstellungsankündigung des Vermieters

(1) Die Umstellungsankündigung nach § 556c Absatz 2 des Bürgerlichen Gesetzbuchs muss dem Mieter spätestens drei Monate vor der Umstellung in Textform zugehen.

(2) Sie muss Angaben enthalten
1. **zur Art der künftigen Wärmelieferung,**
2. **zur voraussichtlichen energetischen Effizienzverbesserung nach § 556c Absatz 1 Satz 1 Nummer 1 des Bürgerlichen Gesetzbuchs oder zur energetisch verbesserten Betriebsführung nach § 556c Absatz 1 Satz 2 des Bürgerlichen Gesetzbuchs; § 555c Absatz 3 des Bürgerlichen Gesetzbuchs gilt entsprechend,**
3. **zum Kostenvergleich nach § 556c Absatz 1 Satz 1 Nummer 2 des Bürgerlichen Gesetzbuchs und nach den §§ 8 bis 10 einschließlich der ihm zugrunde liegenden Annahmen und Berechnungen,**
4. **zum geplanten Umstellungszeitpunkt,**
5. **zu den im Wärmeliefervertrag vorgesehenen Preisen und den gegebenenfalls vorgesehenen Preisänderungsklauseln.**

(3) Rechnet der Vermieter Wärmelieferkosten als Betriebskosten ab und hat er dem Mieter die Umstellung nicht nach den Absätzen 1 und 2 angekündigt, so beginnt die Frist für Einwendungen gegen die Abrechnung der Wärmelieferkosten (§ 556 Absatz 3 Satz 5 des Bürgerlichen Gesetzbuchs) frühestens, wenn der Mieter eine Mitteilung erhalten hat, die den Anforderungen nach den Absätzen 1 und 2 entspricht.

1   Die Vorschrift enthält zwei heterogene Regelungsbereiche. Zum einen befasst sie sich mit Form, Frist und Inhalt der Umstellungsankündigung. Zum anderen enthält sie einen Ausschnitt der Rechtsfolgen, die eintreten, wenn bei der Umstellung die Voraussetzungen nicht eingehalten worden sind.

Umstellungsankündigung des Vermieters **§ 11 WärmeLV**

A. Umstellungsankündigung, Abs. 1, 2

Mit dieser Ankündigung wird der Mieter vom Vermieter darüber informiert, dass sowohl Wärme-/Warmwasserversorgung vom Vermieter auf den Contractor übergehen soll, als auch sich die Struktur der Heizkosten dahingehend ändert, dass an die Stelle der umlegbaren und umgelegten Einzelbeträge nunmehr ein Gesamtbetrag (= Wärmepreis) treten soll. **Nicht geändert** wird die **Mietstruktur** (aA Lützenkirchen Wärmecontracting § 11 Rn. 28). Denn die bisher in der Miete enthaltenen Elemente für die Heizungsanlage (bisher aufgewendete Investitionskosten, Kosten für die Instandhaltung und sonstige, nicht in § 7 Abs. 2 enthaltene Kosten) werden nicht aus der Miete ausgegliedert; lediglich die in Zukunft anfallenden diesbezüglichen Kosten brauchen nicht mehr vom Vermieter getragen zu werden. Ebenfalls **nicht geändert** wird die mietvertragliche **Verpflichtung** des Vermieters, für die Versorgung mit Wärme und/oder Warmwasser zu sorgen; zur Erfüllung dieser Pflicht bedient er sich nach der zulässigen Umstellung des Wärmelieferanten. Bei der Ankündigung handelt es sich um eine geschäftsähnliche Handlung, da die Rechtsfolgen kraft Gesetzes eintreten, insbesondere ist keine Zustimmung des Mieters mehr erforderlich (aA Lützenkirchen Wärmecontracting § 11 Rn. 30). Auf die Ankündigung sind aber die Vorschriften für Willenserklärungen entsprechend anwendbar, also insbesondere die Irrtumsregelungen. 2

Bereits nach dem ausdrücklichen Wortlaut der Vorschrift sind **Vermieter** und **Mieter** als Erklärender und Erklärungsempfänger anzusehen. Der Vermieter darf sich eines Vertreters (zB des zukünftigen Wärmelieferanten) bedienen; es muss aus dessen Erklärung aber deutlich werden, dass er für den Vermieter handelt. Bei einer Personenmehrheit auf Vermieter- und/oder Mieterseite müssen alle Personen die Erklärung abgeben bzw. als Empfänger bezeichnet werden. Auf der Empfängerseite greift hier allerdings oftmals die mietvertraglich vereinbarte Empfangsvollmacht ein. 3

Für **Form** und **Frist** wiederholt § 11 Abs. 1 die bereits in § 556c Abs. 2 BGB enthaltenen Vorgaben (→ HeizkV § 1 Rn. 80, 82). 4

Mit den **inhaltlichen Vorgaben** an die Umstellungsankündigung soll sichergestellt werden, dass der Mieter anhand dieser Angaben überprüfen kann, ob die Voraussetzungen für eine Überwälzung der Wärmelieferkosten im Rahmen der Heizkostenabrechnung auf ihn gegeben sind. Deshalb ist es erforderlich, die Tatbestandsmerkmale soweit auszufüllen, dass der Empfänger den Gedanken- bzw. Rechengang nachvollziehen kann (großzügiger wohl Lützenkirchen Wärmecontracting § 11 Rn. 41–47). Nicht ausreichend ist es daher, nur die Ergebnisse der Rechenoperationen anzugeben. Außerdem ist die Angabe der Merkmale in Abs. 2 Ziff. 1–5 **zwingend** vorgeschrieben; das Fehlen auch nur eines der Merkmale in der Umstellungsankündigung macht diese unwirksam. 5

Zunächst muss die **Art** der künftigen Wärmelieferung angegeben werden; denn von ihr hängt die Ausgestaltung der anderen erforderlichen Angaben wesentlich ab. Hierunter sind die in § 556c Abs. 1 S. 1 BGB aufgeführten Möglichkeiten der Wärmelieferung zu verstehen, nämlich Lieferung aus einer vom Contractor errichteten neuen Anlage, Anschluss an ein Wärmenetz oder das sog. Betriebsführungscontracting (zu den Einzelheiten → HeizkV § 1 Rn. 71). 6

Ferner muss die **Effizienzverbesserung** durch die geplanten Maßnahmen dargetan werden, also die Einsparung von Endenergie. Hier reicht nicht die schlichte Angabe des Grades der Effizienzverbesserung oder Energieeinsparungsmenge. Vielmehr ist die Rechenoperation aufzuführen, aus der sich die bezeich- 7

WärmeLV § 11 Umstellungsankündigung

nete Verbesserung bzw. Einsparung ergibt (zu den Einzelheiten → HeizkV § 1 Rn. 74).

8 Als wesentliches Element muss der **Kostenvergleich**, der nach den §§ 9, 10 durchgeführt worden ist, mit seinem Ergebnis der **Kostenneutralität** in der Ankündigung enthalten sein. Für den Mieter sind diese Kosten von besonderer Bedeutung; denn daraus soll er entnehmen, dass er durch die Umstellung auf Wärmelieferung (vorerst!) kostenmäßig nicht belastet wird. Angesichts der Komplexität der hierzu erforderlichen Berechnungen wird es ausnahmsweise genügen, wenn die Betriebskosten vor Umstellung denen nach Umstellung gegenübergestellt werden. Die vom Verordnungsgeber hier noch geforderten Angaben zu den Berechnungen führen nur zu Verständnisschwierigkeiten durch Überinformation. Für die Kosten vor der Umstellung darf daher auf die Heizkostenabrechnung in dem der Umstellung vorangegangenen Abrechnungszeitraum verwiesen werden; für die Kosten danach auf den Wärmepreis unter Zugrundelegung des „Altaufwandes".

9 Der **Zeitpunkt** der geplanten Umstellung, also des Beginnes der Wärmelieferung (oder der Betriebsführung durch den Contractor), ist so zu legen, dass er mit dem Beginn einer Abrechnungsperiode über die Heizkosten zusammenfällt. Denn nur auf diese Weise kann eine saubere Trennung zwischen Alt-Kosten-Verteilung mit den Einzelbeträgen nach § 7 Abs. 2 und dem pauschalen Wärmepreis durchgeführt werden (aA Lützenkirchen Wärmecontracting § 11 Rn. 37). Das Umstellungsdatum muss identisch sein mit dem im Wärmeliefervertrag vereinbarten Lieferbeginn. Von diesem Zeitpunkt zu unterscheiden ist der Beginn der evtl. notwendigen Umrüstarbeiten an der Heizung. Je nach örtlicher Situation ist hierfür eine gesonderte Ankündigung nach § 555c BGB erforderlich.

10 Ebenfalls von besonderer Bedeutung für den Mieter ist der der Umstellung zugrunde gelegte **Wärmepreis** und die **im Wärmeliefervertrag** (sicher) vorgesehene Möglichkeit, die Preise (Grund- und Arbeitspreis sowie Messpreis) zu verändern. Deshalb sind diese beiden Elemente in die Ankündigung zu übernehmen. Für den Wärmepreis genügt insoweit die Angabe der im Liefervertrag vereinbarten Zahl. Für die Preisänderungsklausel wird die vertragliche Regelung einfach zu übernehmen sein, wobei die Erläuterung in den Anpassungsformeln enthaltenen Faktoren nicht fehlen darf (zu den Einzelheiten → WärmeLV § 3 Rn. 1 ff.).

11 **Ergänzende Angaben** sollten nur soweit gemacht werden, als sie für das Verständnis der Pflichtangaben notwendig sind. Wird auf technische Normen wie DIN oder VDI bei den einzelnen Angaben verwiesen, so sollte der insoweit einschlägige Text aufgeführt werden. Das gleiche gilt für Verweise auf die AVBFernwärmeV (Pfeifer MietRB 2013, 308 (310)).

12 **Sonstige Angaben,** die zwar für die Durchführung der Wärmelieferung sinnvoll sein mögen, die aber vor allem (wohnraum-)mietrechtlichen Charakter haben (wie etwa Heizperiode, Außentemperaturen, Raumtemperatur, Warmwassertemperatur; Pfeifer MietRB 2013, 308 (309)), sollten **nicht** in die Umstellungsankündigung aufgenommen werden. Dadurch besteht die Gefahr, dass der Mieter durch Überinformation die wesentlichen Punkte übersieht.

B. Verantwortlichkeiten für und Folgen von Fehlern, Abs. 3

13 Dieser Absatz regelt nur rudimentär die Folgen fehlerhafter Angaben in der Umstellungsankündigung. Lediglich die Begründung geht auf weitere Mängel ein

Umstellungsankündigung des Vermieters § 11 WärmeLV

(BAnz. 20.6.2013, 8), was mithin für die Rechtsfolgen nicht maßgebend ist. Deshalb ist für die Verantwortlichkeiten und Fehlerfolgen auf die jeweiligen Vertragsbeziehungen abzustellen. Zu unterscheiden sind die Rechtsbeziehungen zwischen Wärmelieferant und Gebäudeeigentümer (= Vermieter) einerseits, und zwischen Vermieter und Mieter andererseits.

Der Verordnungsgeber legt die wesentlichen **Pflichten** bei der Umstellung auf 14 Wärmelieferung dem **Lieferanten** auf. Er hat die Verbesserung der Energieeffizienz ebenso darzutun (§ 2 Abs. 2 Nr. 1) wie die Kostenneutralität (§ 2 Abs. 2 Nr. 2). Mit der schlichten Behauptung, dass diese Tatbestandsmerkmale des § 556c BGB erfüllt seien, ist es nicht getan. Der Contractor hat die dieser Behauptung zugrundeliegenden Daten und Berechnungen mitzuteilen, dh aber auch sie zu erläutern. Denn nur er als Experte ist dazu in der Lage; außerdem muss er den Gebäudeeigentümer von der Korrektheit seines Angebots überzeugen.

Allerdings ist der Contractor für seine Berechnungen auf die **Mitwirkung** 15 des **Gebäudeeigentümers** insoweit angewiesen, als dieser ihm die notwendigen Bestandsdaten zu übermitteln hat. Jedoch kommt dem Contractor auch insoweit eine sekundäre Pflicht zu. Denn er muss seinerseits den Gebäudeeigentümer darüber informieren, welche Daten er für seine Ausarbeitungen benötigt. Für diese Anfrage benutzt er sinnvollerweise einen von ihm ausgearbeiteten detaillierten Fragebogen. Den Datenrücklauf darf er allerdings nicht unbesehen in seine Berechnungen einstellen. Vielmehr ist er als Experte verpflichtet, die Daten des Gebäudeeigentümers auf ihre innere Plausibilität zu überprüfen.

Der **Contractor** ist haftungsmäßig für die Richtigkeit der Effizienzsteigerungs- 16 berechnung und der Kostenvergleichsrechnung **verantwortlich** (das gilt erst recht für das Nichtvorhandensein dieser Elemente im Vertrag). Angesichts seiner Expertenstellung wird (zumindest) eine leichte Fahrlässigkeit für die Verursachung von Fehlern zu bejahen sein. Der dem Gebäudeeigentümer daraus entstandene Schaden besteht in der Eingehung eines Dauerschuldverhältnisses, welches nicht den gesetzlichen Vorgaben entspricht; es ist daher aufzulösen. Dieser Rechtsfolge entspricht auch die Lösung bei Verstößen eines Vertrages gegen zwingendes Recht (bei den Merkmalen in § 2 Abs. 2 Nr. 1 und 2 WärmeLV handelt es um zwingendes Recht, wie sich bereits aus der Formulierung ergibt); dieses Rechtsgeschäft ist nichtig. Eine Bindung des Gebäudeeigentümers an den fehlerhaften Vertrag widerspricht seinen Interessen. Denn er wäre an einen Vertrag gebunden, dessen höhere Kosten er nicht an seine Nutzer weitergeben kann. Der Auskunftsanspruch nach § 5 (→ die Bemerkungen bei § 5) gibt ihm zwar die Möglichkeit, die bisher nach § 7 umlegbaren Kosten weiterhin an die Nutzer zu verteilen; von den restlichen Wärmekosten wäre er dann im Wege des Schadensersatzes zu befreien. Damit verbleibt ihm aber immer noch das Risiko, beide Ansprüche durchsetzen zu können. Ein **Haftungsausschluss** für Vermögensschäden bei leichter Fahrlässigkeit ist in Formularverträgen nach § 309 Nr. 7b BGB zwar grundsätzlich zulässig. Er verstößt bei den Wärmelieferverträgen aber gegen § 307 Abs. 2 Nr. 2 BGB, weil dadurch der Zweck der Heranziehung von Experten konterkariert wird.

Für die **Rechtsbeziehung Gebäudeeigentümer – Nutzer** sieht Abs. 3 als 17 Sanktion einer fehlenden oder fehlerhaften Umstellungsankündigung (wobei sich diese Mängel auf alle 5 in Abs. 2 genannten Voraussetzungen beziehen können) vor, dass der Nutzer nicht an die Einwendungsfrist des § 556 Abs. 3 S. 5 BGB gebunden ist. Dem liegt die Vorstellung zugrunde, dass der Gebäudeeigentümer den **Wärmepreis** entsprechend § 7 Abs. 3 in die Heizkostenabrechnung eingestellt hat. Nunmehr obliegt es dem Mieter, sich gegen die Abrechnung zu wenden.

343

WärmeLV § 12   Abweichende Vereinbarungen

Hierfür sieht § 556 Abs. 3 S. 5 BGB vor, dass diese Einwendungen binnen zwölf Monaten nach Zugang der (formell ordnungsgemäßen) Abrechnung geltend gemacht werden müssen; versäumt der Mieter diese Frist, ist er mit seinen Einwendungen ausgeschlossen. Diesen Fristablauf schiebt Abs. 3 so lange hinaus, bis eine ordnungsgemäße **Umstellungsankündigung** erfolgt ist. Nach Zugang dieser neuen wirksamen Ankündigung fängt für den Mieter der Lauf der Zwölfmonatsfrist an. Dagegen ist nicht von einer fünfzehnmonatigen Frist auszugehen (3 Monate nach § 11 Abs. 1 WärmeLV + 12 Monate nach § 556 Abs. 3 S. 5 BGB). Denn die Dreimonatsfrist soll den Mieter lediglich auf die Umstellung (und deren Voraussetzungen) vorbereiten; dieser Zweck wird mit einer Fristgewährung nach der Umstellung nicht mehr erreicht. Außerdem hat der Verordnungsgeber dem Fristelement keine materielle Bedeutung zugemessen, sondern lediglich eine formelle mit der Verlängerung der Einwendungsfrist.

18   **Materiell** ist die Forderung aus einer Heizkostenabrechnung mit Wärmekosten ohne eine ordnungsgemäße Umstellungsankündigung unbegründet. Der Vermieter hat nur einen Anspruch auf Zahlung der Heizkosten, die er berechtigterweise vor der Umstellung vom Mieter verlangen konnte (aA Heix NZM 2014, 511 (515)). Zahlt der Mieter in Unkenntnis seiner nicht bestehenden Zahlungspflicht auf die Heizkostenabrechnung, hat er nach § 812 BGB einen anteiligen Rückzahlungsanspruch. Angesichts seiner Unkenntnis von der Kalkulation des Wärmepreises kann er sich pauschal zunächst auf die Heizkostenabrechnung der letzten Abrechnungsperiode stützen; dem Vermieter obliegt es dann, seine berechtigte Forderung darzulegen, wofür er sich seines Auskunftsanspruchs nach § 5 gegen den Lieferanten bedienen kann.

19   Holt der Vermieter die Umstellungsankündigung fehlerfrei nach, wirkt diese erst ab dem nach ihrem Zugang beginnenden Abrechnungszeitraum; der Nachholung kommt keine rückwirkende Heilungskraft zu. Eine Aufspaltung der bis dahin angefallenen Heizkosten bei Zugang/Wirkung während der Abrechnungsperiode in entsprechender Anwendung der Regelung in § 9b (so Lützenkirchen Wärmecontracting § 11 Rn. 52) ist nicht sachgerecht. Der Mieter muss aber nach Zugang innerhalb der nunmehr laufenden **Einwendungsfrist** seine Bedenken gegen die danach erteilte Heizkostenabrechnung geltend machen. Ansonsten verliert er seine möglichen Gegenrechte.

§ 12 Abweichende Vereinbarungen

Eine zum Nachteil des Mieters von den Vorschriften dieses Abschnitts abweichende Vereinbarung ist unwirksam.

1   Die Vorschrift ist den **halbzwingenden** Normen des Wohnraummietrechts nachgebildet und will sicherstellen, dass insbesondere nicht von der sog. Kostenneutralität bei der Umstellung auf Wärmelieferung abgewichen wird. Sie gilt während des Bestehens eines Wohnraummietverhältnisses (aA Lützenkirchen Wärmecontracting § 12 Rn. 11–14); denn der gesamte Regelungskomplex über die Wärmelieferung greift nur ein, wenn diese Umstellung während des laufenden Mietvertrages erfolgen soll. Das Verbot abweichender, den Mieter benachteiligender Vereinbarungen erstreckt sich sowohl auf Formular- als auch auf Individualvereinbarungen.

2   Angesichts der Komplexität insbesondere der Regelungen zum Kostenvergleich sollte grundsätzlich vermieden werden, davon abweichende Vereinbarungen zu

treffen. Die Regelungen haben insoweit die Vermutung des Ausgleichs der Rechte der beteiligten Parteien für sich. Eine Abweichung benachteiligt den Mieter insoweit, als von dieser Balance abgewichen wird. Der **Nachteil** kann auch nicht durch mögliche Vorteile kompensiert werden (so aber Lützenkirchen Wärmecontracting § 12 Rn. 17–19). Diese Auffassung widerspricht zum einen der hM zum AGB-Recht, wonach benachteiligende Formularklauseln nicht durch Vorteile „geheilt" werden können. Zum anderen lassen sich beim Contracting nachteilskompensierende Vorteile kaum darstellen. Im Interesse der Rechtssicherheit und Rechtsklarheit ist es bei den gesetzlichen Regelungen zu belassen.

Für die **Gewerberaummiete** gilt das Verbot nicht; § 578 Abs. 2 S. 2 BGB **3** lässt ausdrücklich abweichende Vereinbarungen zu.

Abschnitt 4. Schlussvorschriften

§ 13 Inkrafttreten

Diese Verordnung tritt am 1. Juli 2013 in Kraft.

Die Verordnung ist gleichzeitig mit § 556c Abs. 1, 2 und 4 BGB in Kraft **1** getreten, womit der rechtliche Gleichlauf von BGB-Norm und der sie ausfüllenden Rechtsverordnung hergestellt ist. Die Ermächtigungsgrundlage für die Verordnung in § 556c Abs. 3 BGB war bereits am 19.3.2013 in Kraft getreten.

3. Verordnung über die Verbrauchserfassung und Abrechnung bei der Versorgung mit Fernwärme oder Fernkälte (Fernwärme- oder Fernkälte-Verbrauchserfassungs- und -Abrechnungsverordnung – FFVAV)

vom 28. September 2021 (BGBl. I S. 4591, 4831)

§ 1 Anwendungsbereich

(1) **Bei einem Vertrag über die Versorgung mit Fernwärme oder über die Versorgung mit Fernkälte hat ein Unternehmen, das einen Kunden mit Fernwärme oder Fernkälte versorgt, die nachfolgenden Bestimmungen in Bezug auf die Verbrauchserfassung und Abrechnung sowie die in diesem Zusammenhang erforderliche Bereitstellung von Informationen einzuhalten.**

(2) **Die Bestimmungen dieser Verordnung sind auch für öffentlich-rechtlich gestaltete Versorgungsverhältnisse anzuwenden.**

A. Rechtsgrundlagen

Die EED beinhaltet nicht nur eine Verpflichtung zur Neuordnung der HeizkV (→ HeizkV vor § 1 Rn. 8), sondern hält auch die Versorgung mit Fernkälte und Fernwärme deshalb für neuordnungsbedürftig, weil der dort vorliegende Energiebedarf ständig ansteige. Deshalb gehen die Erwägungsgründe der EED insbesondere für die Neuregelungen zur Verbrauchserfassung unterschiedslos sowohl auf die Wärme-/Warmwasserversorgung als auch auf die Kälteversorgung ein (insbesondere Erwägungsgründe 30–32), so dass sich die Verpflichtung zur Umsetzung der Vorgaben der Richtlinie auch auf die Kälteversorgung erstreckt. 1

In Verfolgung dieser Vorgaben sind zwei Normenkomplexe als Rechtsgrundlage für Einzelregelungen geschaffen worden, zum einen § 6 GEG, zum anderen § 6a GEG. § 6 enthält Vorgaben für die **Abrechnung** der Energielieferungen, § 6a befasst sich hingegen mit der **Ausgestaltung der Verträge** zwischen Lieferanten und Endkunden der Fernwärme- oder Fernkältelieferung. 2

Die FFVAF stützt sich zwar auf Art. 243 EGBGB und § 6a GEG, inhaltlich passt sie aber wegen der geregelten Abrechnungs- und Informationsmodalitäten besser zu § 6 GEG. 3

Zu beachten bleibt, dass sich die FFVAF nur auf die Beziehungen zwischen **Fernlieferanten und Endkunden** (= Gebäudeeigentümer) bezieht; auf die Beziehungen zum Endnutzer (= Mieter) nur dann, wenn mit diesem ein Direktliefervertrag abgeschlossen worden ist (hinsichtlich der Fernwärme gilt dann auch die HeizkV). 4

FFVAV § 1 Anwendungsbereich

B. Abrechnung gegenüber Endnutzer

5   Eine Abrechnung über Kältelieferung kann im Verhältnis Gebäudeeigentümer (= Endkunde/Vermieter) zum Endnutzer (= Mieter) nur auf der Grundlage einer **gesonderten Vereinbarung** zwischen ihnen erfolgen, da weder die HeizkV noch die FFVAV auf dieses Verhältnis (direkt) anwendbar sind. Empfehlenswert ist die Vereinbarung einer analogen Anwendung der Regelungen der HeizkV, soweit diese sich nicht speziell auf die Wärmeversorgung beziehen.

6   Eine Kostenverteilung setzt zunächst voraus, dass die **Kältelieferung** aus einer zentralen Anlage (oder durch Fernkälte) an **mehrere Nutzer** erfolgt, die ihre Nutzung auch **steuern** können. Unerheblich hierfür ist die technische Ausgestaltung der Kälteversorgung, entweder direkt durch eine entsprechende Anlage oder durch Umwandlung von Fernwärme mittels Absorption/Sorption in Kälte.

7   Weiterhin bedarf es für die Kostenverteilung der **Erfassung** bzw. Messung des individuellen **Verbrauchs.** Die Art der zu verwendenden Geräte hängt von dem Trägermedium für die Kälte ab. Für **wasserführende Geräte** (Kühldecken) werden Kältemesser verwendet, die die Kälte-Energiemenge bestimmen, die dem jeweiligen Nutzer zugeführt wird. Dabei werden der Volumenstrom des Wassers und die Temperaturdifferenz zwischen Vorlauf und Rücklauf gemessen. Die Geräte müssen von der PTB nach K 7.2 zugelassen werden; eine Eichung ist derzeit bei Verwendung eines Wasser-Glykol-Gemisches nicht möglich. Bei der Installation ist darauf zu achten, dass der Zähler (= Volumenmessteil) stets in den Rücklauf eingebaut wird sowie auf die korrekte Eintauchtiefe der Tauchhülsen (zu den technischen Einzelheiten s. Schädlich/Wien, Kompendium Kälte- und Wärmetechnik, Kap. 4.2.2.).

8   Erfolgt die Versorgung mit Kälte durch Lüftungsanlagen, kann die Verteilung auf die Nutzer mit Hilfe der VDI-Richtlinie 2077-4 „Verbrauchskostenabrechnung für die technische Gebäudeausrüstung – RLT-Anlage" aus dem Jahr 2019 durchgeführt werden, wenn deren Anwendung konkret vereinbart ist; auch die VDI-Richtlinien gelten nicht per se ohne spezielle rechtliche Grundlage. Die Richtlinie kennt zwei Konstellationen der Kälte-Versorgung: einmal mit konstanten Luftströmen, zum anderen mit variablen Strömen. Der jeweilige Verbrauch kann ebenfalls mit zwei unterschiedlichen Methoden erfasst werden: zum einen können die Verbräuche der Zuluft mit Luftzählern gemessen werden, zum anderen können Luftenergiezähler eingesetzt werden, die die Luftverbräuche und die Kältelieferung messen (Berechnungsbeispiele bei Mügge/Schmid/Amberg, HLH 69 (11/2018), 26–31.

9   Ist eine Nutzergruppentrennung erforderlich wegen dem nutzungsbedingten unterschiedlichen Kälteverbrauch, erfordert dies den Einsatz weiterer Zähler.

10   Parallel zur HeizkV sind die Kosten nach einem **verbrauchsabhängigen** und einem **verbrauchsunabhängigen** Schlüssel zu verteilen, wobei als verbrauchsabhängiger Maßstab wie bei der HeizkV entweder ein Flächenmaßstab oder bei unterschiedlich hohen Räumen ein Volumenmaßstab anzuwenden ist.

11   Für den **Umfang** der verteilungsfähigen **Kosten** kann vollinhaltlich auf § 7 HeizkV verwiesen werden (sofern die dortige Aufzählung auch für die Kälteverteilung entsprechend vereinbart worden ist!).

12   Bei einem **Nutzerwechsel** während der Abrechnungsperiode können anstelle der in § 9b Abs. 2 HeizkV genannten Gradtagszahlen Kühlgradstunden verwendet werden, die allerdings kostenpflichtig beim DWD abgefragt werden können. Des-

halb kann hilfsweise auch auf Tabelle der Gradtagszahlen zurückgegriffen werden, die umgekehrt werden müssen.

Im Falle von **Störungen** der Erfassungsgeräte kann auf die Vergleichsmethoden in § 9a HeizkV zurückgegriffen werden. 13

C. Vorgaben für die Vertragsgestaltung

Mit § 1 FFVAV wird klargestellt, dass die Verordnung für die Bereiche Verbrauchserfassung, Verbrauchsabrechnung und Informationspflichten auf dem Gebiet von Fernkälte- und Fernwärme-Versorgung allen anderen Regelungen vorgeht. Das schränkt aber gleichzeitig ihren Anwendungsbereich auch ein: sonstige Fragen der Gestaltung von Vertragsbeziehungen unterliegen nicht der Verordnung, sondern z.B. der AVBFernwärmeV, für die Kälteversorgung den jeweiligen vertraglichen Regelungen. 14

§ 2 Begriffsbestimmungen

(1) **Fernablesbar ist eine Messeinrichtung, wenn sie ohne Zugang zu den einzelnen Nutzeinheiten abgelesen werden kann.**

(2) **Fernkälte ist die gewerbliche Lieferung von Kälte aus einer nicht im Eigentum des Gebäudeeigentümers stehenden Kälteerzeugungsanlage.**

(3) **Fernwärme ist die gewerbliche Lieferung von Wärme aus einer nicht im Eigentum des Gebäudeeigentümers stehenden Wärmeerzeugungsanlage.**

(4) **Versorgungsunternehmen ist ein Unternehmen, das Kunden mit Fernwärme oder Fernkälte versorgt.**

Die Vorschrift enthält Definitionen der gegenständlich in der Verordnung geregelten Tatbestände. Während Fernkälte bzw. Fernwärme begrifflich umfassend angelegt sind, so dass darunter sowohl die leitungsgebundene Fernwärme, die Nahwärme als auch das Anlagen-Contracting fallen; maßgeblich ist in jedem Fall, dass die jeweilige Anlage nicht im Eigentum des Gebäudeeigentümers steht; dies ist sowohl dinglich als auch wirtschaftlich zu verstehen, denn nur bei einer Fremdversorgung sind energiesparende Informationen sinnvoll, bei einer „Eigenversorgung" sind sie bekannt. 1

Die Definition der „Fernablesbarkeit" ist zu ungenau geraten. Da sich die Verordnung nur auf die Beziehungen zwischen Lieferanten und Kunden erstreckt, wobei „Kunde" nach den Vorgaben der EED der Endkunde, nicht unbedingt aber der Endnutzer ist (EED Erwägungsgrund 31: Endkunde = Energiebezug durch direkten individuellen Vertrag mit Energieversorger; Endnutzer = Verbraucher mit Versorgung aus einer zentralen Quelle ohne direkten Vertrag mit Energieversorger), kommt es für die Fernablesbarkeit nicht auf die Nutzeinheit, sondern auf die Gebäudeeinheit an, an die Kälte/Wärme geliefert wird. Das Gerät ist also bereits dann fernablesbar, wenn seine Werte ohne Betreten des Gebäudes entgegengenommen werden können. 2

Dementsprechend (→ HeizkV § 1 Rn. 16) ist unter „Kunde" i.S. des § 2 Abs. 4 nur der Endkunde zu verstehen, der die Energie nicht an Dritte weiterleitet, nicht aber der Endnutzer. Allerdings kann auch der Endkunde = Endnutzer sein, wenn er nur seinen eigenen Verbrauchsbedarf deckt. 3

§ 3 Messung des Verbrauchs von Fernwärme- und Fernkälte

(1) Zur Ermittlung des verbrauchsabhängigen Entgelts hat ein Versorgungsunternehmen Messeinrichtungen zu verwenden, die den mess- und eichrechtlichen Vorschriften entsprechen. Der Fernwärme- oder Fernkälteverbrauch ist durch Messung festzustellen, welche den tatsächlichen Fernwärme- oder Fernkälteverbrauch des Kunden präzise widerzuspiegeln hat. Wird Dampf als Wärmeträger zur Verfügung gestellt, ist die Dampf- oder die rückgeführte Kondensatmenge zu messen. Soweit das Versorgungsunternehmen aus Gründen, die es nicht zu vertreten hat, den tatsächlichen Verbrauch für einen bestimmten Abrechnungszeitraum nicht ermitteln kann, darf die Verbrauchserfassung auf einer Schätzung beruhen, die unter angemessener Berücksichtigung der tatsächlichen Verhältnisse zu erfolgen hat.

(2) Die Messeinrichtungen sind in der Übergabestation oder an der Übergabestelle durch das Versorgungsunternehmen zu installieren. Der Kunde oder Anschlussnehmer hat dies zu dulden.

(3) Messeinrichtungen, die nach dem 5. Oktober 2021 installiert werden, müssen fernablesbar sein. Vor dem 5. Oktober 2021 installierte, nicht fernablesbare Messeinrichtungen sind bis einschließlich 31. Dezember 2026 mit der Funktion der Fernablesbarkeit nachzurüsten oder durch fernablesbare Messeinrichtungen zu ersetzen.

(4) Fernablesbare Messeinrichtungen nach Absatz 3 müssen mit den Messeinrichtungen gleicher Art anderer Hersteller interoperabel sein und den Datenschutz sowie die Datensicherheit gewährleisten. Die Interoperabilität ist in der Weise zu gewährleisten, dass im Fall der Übernahme der Ablesung durch eine andere Person diese die Messeinrichtung selbst fernablesen kann. Fernablesbare Messeinrichtungen müssen dem jeweiligen Stand der Technik entsprechen. Die Einhaltung des Stands der Technik wird vermutet, soweit Schutzprofile und technische Richtlinien eingehalten werden, die vom Bundesamt für Sicherheit in der Informationstechnik bekanntgemacht worden sind.

(5) Wird an der Übergabestelle eine Messeinrichtung installiert, die zum Zweck der Fernablesbarkeit an ein Smart-Meter-Gateway angeschlossen wird, muss dieses Smart-Meter-Gateway die technischen Vorgaben zur Gewährleistung von Datenschutz und Datensicherheit nach dem Messstellenbetriebsgesetz vom 29. August 2016 (BGBl. I S. 2034), das zuletzt durch Artikel 10 des Gesetzes vom 16. Juli 2021 (BGBl. I S. 3026) geändert worden ist, in der jeweils geltenden Fassung erfüllen.

(6) Ist an der Übergabestelle eine Messeinrichtung installiert, die an ein Smart-Meter-Gateway angeschlossen ist, unterliegen die Einrichtung und die Abrechnung des Messstellenbetriebs den Vorgaben des Messstellenbetriebs im Messstellenbetriebsgesetz.

(7) Ist im Bereich der Übergabestelle bereits ein Smart-Meter-Gateway für den Messstellenbetrieb der Sparte Strom vorhanden, kann der Anschlussnehmer zur Messung des Fernwärme- oder Fernkälteverbrauchs, die den tatsächlichen Fernwärme- oder Fernkälteverbrauch des Kunden präzise widerspiegelt, einen Messstellenbetreiber auswählen, um

Messung des Verbrauchs von Fernwärme- und Fernkälte **§ 3 FFVAV**

von dem Bündelangebot nach § 6 Nummer 1 des Messstellenbetriebsgesetzes Gebrauch zu machen.

(8) **Sofern das Versorgungsunternehmen eine Weitergabe der bei der Installation, Nachrüstung sowie Betrieb von fernablesbaren Messeinrichtungen nach den Absätzen 1 bis 3 anfallenden Kosten zu Lasten der Kundinnen und Kunden vorsieht, hat das Versorgungsunternehmen den Kundinnen und Kunden die betreffenden Kosten unter Berücksichtigung der möglicherweise zu erzielenden Einsparungen transparent und verständlich darzulegen.**

Die Vorschrift befasst sich mit den messtechnischen Voraussetzungen, die zu erfüllen sind, damit eine Abrechnung des Verbrauchs überhaupt stattfinden kann. Wesentlich ist, dass Messgeräte verwendet werden, also eichfähige und eichpflichtige Geräte, wobei das Erfordernis der präzisen Verbrauchsangabe angesichts der Eich- und Verkehrsfehlergrenzen der Geräte relativ zu verstehen ist. 1

Die Unmöglichkeit einer Messung nach § 3 Abs. 1 S. 2 sollte entsprechend der Regelungen in § 9a HeizV behandelt werden (→ HeizkV § 9a Rn. 1 ff.). 2

Die FFVAV befasst sich nur mit der Belieferung des Endkunden (d.h. den Gebäudeeigentümer). Deshalb brauchen die erforderlichen Messgeräte auch „nur" an der Übergabestation/Übergabestelle installiert zu werden, § 3 Abs. 2 S. 1 FFVAV. Zur Anbringung der Messgeräte ist das Versorgungsunternehmen verpflichtet, wobei der jeweilige Kunde dies zu dulden hat. 3

Neu zu installierende Messgeräte müssen fernablesbar sein; vorhandene Geräte müssen spätestens bis 31.12.2026 entsprechend nachgerüstet oder neu installiert werden (zu den Einzelheiten für die Fernablesbarkeit → HeizkV § 5 Rn. 64 f., wobei die dortige systembedingte zeitweise Ausnahme, § 5 Abs. 2 S. 4 HeizkV, hier keine Anwendung finden kann, weil die Messgeräte wegen ihrer Zuordnung zum Gebäudeeingang nicht Teil eines Gesamtsystems sein können; zum Stand der Technik → HeizkV § 5 Rn. 67, 70). 4

Zur Förderung des Wettbewerbs unter den Messdienstunternehmen müssen die Messgeräte interoperabel sein (zur insoweit parallelen Bestimmung → HeizkV § 5 Rn. 73 f.). Allerdings fehlt insoweit die in § 5 Abs. 5 S. 3 enthaltene Verpflichtung, das Schlüsselmaterial der fernablesbaren Ausstattung zur Verbrauchserfassung dem Endkunden (= Gebäudeeigentümer) kostenfrei zur Verfügung zu stellen; das lässt sich aber noch unter den Begriff der Interoperabilität subsumieren. 5

Die Fernablesbarkeit der Messgeräte macht sowohl ökonomisch wie auch ökologisch nur dann einen Sinn, wenn die erfassten Werte digital an das Messdienstunternehmen bzw. den Kälteversorger direkt weitergeleitet werden. Hierzu dienen Smart Metering in Verbindung mit dem Smart Meter Gateway. Hierzu → HeizkV § 5 Rn. 68 f. 6

§ 3 Abs. 8 FFVAV spricht das Problem der Kosten an, die mit der Installation von fernablesbaren Messgeräten und dem Smart-Meter-Bereich verbunden sind. Im Anschluss an die EED ist der Verordnungsgeber der Auffassung, dass es sich bei der Neuregelung kostenmäßig um ein sog. Null-Summen-Spiel handele: Installations- und Ablesekosten würden durch die Einkünfte aus der daraus resultierenden Energieeinsparung bei den Kunden quasi neutralisiert (BR-Drs. 310/21, 2 unter F. Weitere Kosten). Der Bundesrat glaubte dieser Prognose nicht:" Jedoch kann der vorzunehmende Austausch nicht fernablesbarer Messeinrichtungen gegen fernablesbare Messeinrichtungen beziehungsweise deren Nachrüstung grundsätzlich preisliche Folgen für die Kundinnen und Kunden haben, da die Versorgungsunter- 7 nehmen die durch den Umstellungsaufwand entstehenden Mehrkosten sowie wiederkehrende Zusatzkosten für die Funktion der Fernablesbarkeit notwendige Datenübertragungsmöglichkeit über Preisklauseln und Preisanpassungsklauseln gegebenenfalls an ihre Kundinnen und Kunden weitergeben können." (BR-Drs. 310/1/21, 8). Deshalb wurde die Regelung des Abs. 8 eingeführt. Systematisch geht die Regelung davon aus, dass das Versorgungsunternehmen die Kosten der Neuinstallation etc. trägt, wie es auch § 18 Abs. 3 AVBFernwärmeV entspricht. Jedoch erwartet sie, dass das Versorgungsunternehmen durch gesonderte vertragliche Vereinbarung die Kosten auf den Endkunden überwälzt. In dieser Situation verlangt die Vorschrift eine eingehende Information des Kunden dahingehend, ob sich die Neuinstallation im Hinblick auf die zu erwartende Energieersparnis wirtschaftlich rechnet. Im Endergebnis geht aber selbst der Bundesrat davon aus, dass keine Kostenersparnis zu erwarten ist. Die geforderte Information soll die Kostenberechnung lediglich „nachvollziehbar machen" (BR-Drs. 310/1/21, 9). Dafür hat das Versorgungsunternehmen eine Gegenüberstellung der aktuellen Kosten für die Installation des fernablesbaren Gerätes und der potentiellen Energieersparnis sowie der Kostenersparnis beim Versorger durch die Fernablesung vorzunehmen (wie in § 4 Abs. 2 FFVAV gefordert).

§ 4 Abrechnung, Abrechnungsinformationen, Verbrauchsinformationen

(1) **Ein Versorgungsunternehmen hat dem Kunden Abrechnungen und Abrechnungsinformationen einschließlich Verbrauchsinformationen unentgeltlich zu übermitteln. Auf Wunsch des Kunden hat es diese unentgeltlich auch elektronisch bereitzustellen.**

(2) **Versorgungsunternehmen, die Kunden mit Fernwärme oder Fernkälte versorgen, sind verpflichtet, die Kosten für fernablesbare Messeinrichtungen, die Einsparungen durch die entfallende Vor-Ort-Ablesung und Einsparungen durch spartenübergreifende Fernablesung dem Kunden klar und verständlich offenzulegen.**

(3) **Das Versorgungsunternehmen hat dem Kunden die Abrechnung mindestens einmal jährlich auf der Grundlage des tatsächlichen Verbrauchs zur Verfügung zu stellen. Soweit das Versorgungsunternehmen den tatsächlichen Verbrauch für einen bestimmten Abrechnungszeitraum gemäß § 3 Absatz 1 Satz 3 geschätzt hat, darf die Abrechnung auf dieser Verbrauchsschätzung beruhen.**

(4) **Wenn fernablesbare Messeinrichtungen installiert sind oder Messeinrichtungen mit der Funktion der Fernablesbarkeit ausgestattet sind, hat das Versorgungsunternehmen dem Kunden Abrechnungsinformationen einschließlich Verbrauchsinformationen auf der Grundlage des tatsächlichen Verbrauchs in folgenden Zeitabständen zur Verfügung zu stellen:**
1. **auf Verlangen des Kunden oder wenn der Kunde für seine Abrechnungen die elektronische Bereitstellung gewählt hat, mindestens vierteljährlich und**
2. **ansonsten mindestens zweimal im Jahr.**

(5) **Ab dem 1. Januar 2022 sind die Abrechnungsinformationen einschließlich Verbrauchsinformationen nach Satz 1 monatlich zur Verfügung zu stellen. Das Versorgungsunternehmen hat bei der Verarbeitung**

Abrechnung, Abrechnungs- und Verbrauchsinformationen **§ 4 FFVAV**

der Abrechnungsinformationen einschließlich Verbrauchsinformationen die Einhaltung datenschutz- und datensicherheitsrechtlicher Anforderungen zu gewährleisten.

Die Informationsregelungen stellen nach Auffassung der europarechtlichen Vorgaben den Dreh- und Angelpunkt für die Initiative zur Energieeinsparung dar. Außerdem sollen sie den Informationsempfänger bei der Auswahl unter den anbietenden Wettbewerbern zu helfen (EED Erwägungsgrund 35). 1

Entsprechend sind bei den Informationen nach § 4 FFVAV mehrere Zielrichtungen zu unterscheiden: Handelt es sich bei dem Endkunden auch um den Endnutzer, d.h. er allein verbraucht die gelieferte Energie, sollen ihn die Informationen sowohl zum Energiesparen anhalten als auch seine Position als Kunde im Wettbewerb verstärken. Handelt es sich hingegen bei dem Endkunden um einen Gebäudeeigentümer, der die gelieferte Energie an die Endnutzer (= Mieter) lediglich weiterleitet, dienen die Informationen dazu, den Gebäudeeigentümer die ihn treffenden Informationspflichten nach § 6a HeizkV zu ermöglichen. Denn die Informationen nach § 4 FFVAV stellen dann die Grundlage für die dem Nutzer zu übermittelnden Informationen dar. 2

Entsprechend diesen unterschiedlichen Informationszielen sind auch die Kosten unterschiedlich verteilt: Zwischen Versorgungsunternehmen und Endkunden (auch wenn er Endnutzer ist) dürfen für Abrechnungen, Abrechnungsinformationen und Verbrauchsinformationen keine Kosten berechnet werden, da es sich letztlich nur um Positionen handelt, mit denen die Vertragserfüllung untermauert wird. Wird hingegen die Energielieferung an mehrere Endnutzer weitergeleitet und werden die Kosten unter ihnen entsprechend ihrem Verbrauch verteilt, dann sind die für diese Lieferung und Verteilung anfallenden Kosten vom Endnutzer zu tragen, § 7 Abs. 2 HeizkV (was auch Art. 11a Abs. 2 EED entspricht). 3

§ 4 Abs. 2 FFVAV verlangt eine teilweise Offenlegung der Kostenkalkulation des Versorgungsunternehmens. Denn die Kosten für die technischen und informellen Neuerungen sollen durch die Ersparnisse durch Wegfall des örtlich-persönlichen Ablesens sowie die prognostizierte Energieeinsparung infolge der häufigeren Verbrauchsinformationen ausgeglichen werden. Deshalb sind Kosten und Ersparnisse nach § 4 Abs. 2 FFVAV zunächst speziell zu erläutern und dann zu bilanzieren. Zwar enthält Abs. 2 keine zeitlichen Vorgaben für diese „bilanziellen" Erläuterungen. Da diese Informationen aber auf der Einrichtung der Fernablesbarkeit beruhen, sind die Intervalle der Absätze 4 und 5 zugrunde zu legen; dies gilt auch für verbrauchsfreie Monate (so BR-Drs. 310/1/21, 10, womit die im Entwurf noch vorgesehene Beschränkung der Informationen auf die Heiz- bzw. Kühl-Perioden gestrichen wurden). 4

Nach § 4 Abs. 3 FFVAV ist die Verbrauchsabrechnung mindestens einmal jährlich zu erstellen. Das bedeutet, dass das Versorgungsunternehmen auch kürze Abrechnungsintervalle vereinbaren kann, wie es z.B. in § 24 Abs. 1 AVGFernwärmeV alter Fassung enthalten war. Das wird sich dann empfehlen, wenn die Einkaufskosten der Versorgungsunternehmen sehr volatil sind. 5

Schließlich verpflichtet § 4 Abs. 5 S. 2 FFVAV zur Einhaltung der datenschutzrechtlichen Vorgaben; maßgeblich sind insoweit die Art. 20, 24, 25, 32 DSGVO; hierbei handelt es sich im Wesentlichen um Vorgaben für die Datensicherheit. Die Verarbeitung der Daten ist nach Art. 6 Abs. 1 S. 1 lit. b, c DSGVO zulässig; ohne die Verarbeitung könnte das Versorgungsunternehmen weder seine Pflichten aus dem Versorgungsvertrag noch die Informationspflichten aus der FFVAV erfüllen. 6

§ 5 Inhalt und Transparenz der Abrechnungen

(1) Das Versorgungsunternehmen muss dem Kunden mit den Abrechnungen folgende Informationen unentgeltlich sowie auf klare und verständliche Weise zur Verfügung stellen:
1. die für die Versorgung des Kunden geltenden tatsächlichen Preise und dessen tatsächlichen Verbrauch,
2. Informationen über
    a) den aktuellen und prozentualen Anteil der eingesetzten Energieträger und der eingesetzten Wärme- oder Kältegewinnungstechnologien im Gesamtenergiemix im Durchschnitt des letzten Jahres,
    b) die mit dem Energiemix verbundenen jährlichen Treibhausgasemissionen; bei Kunden, die mit Fernkälte oder Fernwärme aus technisch zusammenhängenden Fernkälte- oder Fernwärmesystemen mit einer thermischen Gesamtnennleistung unter 20 Megawatt versorgt werden, ist diese Verpflichtung erst ab dem 1. Januar 2022 anzuwenden,
    c) die auf Wärme oder Kälte erhobenen Steuern, Abgaben oder Zölle,
3. einen Vergleich des gegenwärtigen, witterungsbereinigten Wärme- oder Kälteverbrauchs des Kunden mit dessen witterungsbereinigtem Wärme- oder Kälteverbrauch im gleichen Zeitraum des Vorjahres in grafischer Form,
4. Kontaktinformationen, darunter Internetadressen, von Verbraucherorganisationen, Energieagenturen oder ähnlichen Einrichtungen, bei denen Informationen über angebotene Maßnahmen zur Energieeffizienzverbesserung, Kunden-Vergleichsprofile und objektive technische Spezifikationen für energiebetriebene Geräte eingeholt werden können,
5. Informationen über Beschwerdeverfahren im Zusammenhang mit der Verbrauchsmessung und der Abrechnung, über Dienste von Bürgerbeauftragten oder über alternative Streitbeilegungsverfahren, soweit diese zur Anwendung kommen,
6. Vergleiche mit dem normierten oder durch Vergleichstests ermittelten Durchschnittskunden derselben Nutzerkategorie; im Fall der elektronischen Übermittlung der Abrechnung kann ein solcher Vergleich vom Versorgungsunternehmen alternativ online bereitgestellt und in der Abrechnung darauf verwiesen werden.

(2) Abweichend von Absatz 1 muss das Versorgungsunternehmen, soweit Abrechnungen im Fall des § 4 Absatz 3 Satz 2 nicht auf dem tatsächlichen Verbrauch beruhen, auf klare und verständliche Weise erklären, wie der in der Abrechnung ausgewiesene Betrag berechnet wurde. In der Abrechnung sind insoweit mindestens die Informationen gemäß Absatz 1 Nummer 4 und 5 anzugeben.

(3) Das Versorgungsunternehmen hat zudem in leicht zugänglicher Form, auf seiner Internetseite und in den Abrechnungen, Informationen über den Primärenergiefaktor seines technisch zusammenhängenden Fernwärme- oder Fernkältesystems zugänglich zu machen sowie darüber, wie hoch in seinem technisch zusammenhängenden Fernwärme- oder Fernkältesystem der prozentuale Anteil der eingesetzten erneuerba-

ren Energien im Sinne des § 3 Absatz 2 des Gebäudeenergiegesetzes vom 8. August 2020 (BGBl. I S. 1728) in der jeweils geltenden Fassung ist.

(4) Auf Verlangen des Kunden ist das Versorgungsunternehmen verpflichtet, Informationen über die Abrechnungen und den historischen Verbrauch des Kunden, soweit verfügbar, einem vom Kunden benannten Energiedienstleister zur Verfügung zu stellen.

Die in § 5 FFVAV enthaltenen inhaltlichen Regelungen verfolgen zwei unterschiedliche Zwecke: zum einen soll der Endkunde die ihn übersandte Rechnung inhaltlich verstehen und damit auch nachvollziehen können. Zum anderen soll dem Kunden der ökologische Fußabdruck seines Energieverbrauchs bewusst gemacht werden, um damit ihn zu veranlassen, seinen Verbrauch zu reduzieren, Neben diesem ökologischen Gesichtspunkt soll durch die Informationen auch die Möglichkeit geboten werden, unter den verschiedenen Anbietern am Markt den jeweils passenden herauszusuchen, also ein EU-konformer wettbewerblicher Aspekt. 1

§ 5 Abs. 1 Nr. 1 FFVAV enthält eigentlich eine Selbstverständlichkeit, nämlich das Erfordernis, die tatsächlichen Preise und den tatsächlichen Verbrauch des Kunden anzugeben. Unter tatsächlichen Preisen sind die Preise zu verstehen, die nicht nur aus den Energiepreisen bestehen, sondern sämtliche Nebenkosten (wie Steuern, Abgaben, so § 5 Abs. 2 lit. c FFVAV) enthalten, worauf der Kunde hinzuweisen ist. (Sinnvoller erschiene es, diese Angaben vor Vertragsschluss zu liefern). Der tatsächliche Verbrauch ist nach der Begründung derjenige, der am Messgerät angezeigt wird (BR-Drs. 310/21, 14). Das ist ungenau: der Kunde zahlt auch für die Rohrleitungsverluste, die auf dem Lieferweg entstehen. Ferner sind bei einer Verbrauchsschätzung die Schätzgrundlagen anzugeben, § 5 Abs. 2 FFVAV. 2

§ 5 Abs. 1 Nr. 2 FFVAV verlangt vor allem energetische Informationen. Damit soll dem Endkunden die Möglichkeit geboten werden, die ökonomisch sinnvolle Bereitstellung der Lieferung zu überprüfen. § 5 Abs. 1 Nr. 2 lit. c FFVAV gehört systematisch zu Abs. 1 Nr. 1, wobei derzeit praktisch gesehen nur die MwSt anfällt, da nicht die Abgaben auf den Energieträger, sondern auf das Endprodukt (Kälte bzw. Wärme) gemeint sind. 3

Nach § 5 Abs. 1 Nr. 3 FFVAV ist der gegenwärtige Abrechnungsverbrauch mit dem des Vorjahres in grafischer Form zu vergleichen. Zugrunde zu legen ist der identische Zeitrahmen. Vergleichbar sind nur die witterungsbereinigten Verbräuche. Die Witterungsbereinigung kann für die Fernwärme anhand der Gradtagszahlen, für die Fernkälte anhand der Kältezahlen durchgeführt werden; diese Zahlen werden vom Deutschen Wetterdienst zur Verfügung gestellt. Die vorgeschriebene grafische Form soll der besseren Verständlichkeit dienen; gemeint sind wohl Balkendiagramme. 4

Ebenfalls einen technisch bedingten Hinweis fordert § 5 Abs. 1 Nr. 6 FFVAV mit dem Vergleich des Verbrauchs des konkreten Kunden mit dem Verbrauch eines „normierten Durchschnittsnutzers". Während es aber möglich ist, den „normierten" Heizenergieverbrauch eines Gebäudes anhand konkreter technischer Daten zu ermitteln (zB §§ 20, 82 GEG unter Hinweis auf entsprechende DIN-Regelungen), wird auch der Durchschnittsnutzer vom individuellen Verhalten geprägt, so dass eine „Normierung" kaum möglich ist. Als Hilfsmittel wird vorgeschlagen, den konkreten Individual-Verbrauch mit dem normierten Bedarf des jeweiligen Gebäudes in Bezug zu setzen (so AGFW, Umsetzungshilfe zur Verbrauchserfassung, Oktober 2021, S. 30). 5

FFVAV § 5 Inhalt und Transparenz der Abrechnungen

6   Schließlich muss noch der Primärenergiefaktor nach § 20 GEG angegeben werden, sowie der prozentuale Anteil verwendeter erneuerbarer Energien.

7   Mit § 5 Abs. 1 Nr. 4, 5 FFVAV sollen allgemeine verbraucherschutzrelevante Hinweise auf Informations-Institutionen gegeben werden, was nur bevormundend wirkt.

8   Da für Vertragsverhandlungen mit einem anderen Energiedienstleister zum Zwecke des Anbieterwechsels für die kostenmäßige Angebotsberechnung der bisherige Verbrauch relevant ist, ist der vormalige Energielieferant verpflichtet, dem (potenziellen) neuen Lieferanten gem. § 5 Abs. 4 FFVAV diese Daten zu übermitteln.

4. Entwurf eines Gesetzes zur Aufteilung der Kohlendioxidkosten (Kohlendioxidkostenaufteilungsgesetz – CO2KostAufG)

BR-Drs. 246/22 (27.5.22)

Literatur: Börstinghaus, Umlage des Kohlendioxidpreises auch auf Vermieter ab dem 1. Januar 2023, NWB 1/2022.

Abschnitt 1. Allgemeine Vorschriften

§ 1 Zweck des Gesetzes

Zweck dieses Gesetzes ist die Aufteilung der Kohlendioxidkosten zwischen Vermieter und Mieter entsprechend ihren Verantwortungsbereichen und Einflussmöglichkeiten auf den Kohlendioxidausstoß eines Gebäudes. Das Anreizsystem des Brennstoffemissionshandelsgesetzes vom 12. Dezember 2019 (BGBl. I S. 2728), das durch Artikel 1 des Gesetzes vom 3. November 2020 (BGBl. I S. 2291) geändert worden ist, soll im Verhältnis von Vermieter und Mieter dergestalt wirken, dass die Nutzer eines Gebäu-des zu energieeffizientem Verhalten und Gebäudeeigentümer zu Investitionen in klimaschonende Heizungssysteme und zu energetischen Sanierungen angereizt werden. Das Anreizsystem des Brennstoffemissionshandelsgesetzes und dieses Gesetz dienen der Reduktion von Treibhausgasemissionen im Gebäudebereich.

Mit dem BEHG wird seit dem 1.1.2021 ein Preis auf die **Emissionszertifikate** 1 nach § 10 Abs. 2 BEHG erhoben, der sich zunächst jährlich gestaffelt erhöht. Schuldner ist zunächst der Unternehmer, der den Brennstoff in Verkehr bringt, im Regelfall also der Lieferant. Die CO_2-Abgabe wird von ihm gezahlt und in den **Lieferpreis** eingestellt, den der Gebäudeeigentümer zahlt. Nach der Systematik der HeizkV in § 7 Abs. 2 gehören die sich als Gesamtkosten darstellenden Brennstoffkosten als auf die Nutzer je nach Verbrauch/Fläche verteilbaren Kosten mit dem Ergebnis, dass letztlich der Nutzer auch den CO_2-Preis zahlen. Wie dargestellt (→ HeizkV § 7 Rn. 10–17) kann der ökologische Zustand des Gebäudes die Auswahl des Verteilungsschlüssels beeinflussen, je nach Dämm-Zustand. Außerdem wird der energetische Zustand des Gebäudes auch bei der ortsüblichen Vergleichsmiete mit berücksichtigt (Schmidt-Futterer/Börstinghaus BGB § 558 Rn. 81, 81a), d.h. ein energetisch minderer Zustand führt zu einer geringeren ortsüblichen Vergleichsmiete.

Diese **Systematik** wird durch das neue Gesetz durchbrochen. Ein Teil der 2 Heizkosten soll nunmehr zwischen Gebäudeeigentümer und Nutzer aufgeteilt werden. Hierbei wird aber übersehen, dass durch die Neuregelung die Systematik der HeizkV nicht nur durchbrochen, sondern gleichsam auf den Kopf gestellt wird: bei der HeizkV soll über die Darstellung der Heizkosten erreicht werden, dass der Nutzer durch herabsetzende Steuerung seines Heizverhaltens auch Kosten einspart; über die Kosten soll er unmittelbar einen Erfolg seines ökologisch-ökonomisch gewünschten Verhaltens erkennen. Beim CO$_2$KostAufG tritt aber ein umgekehrter Erfolg ein: Je mehr der Nutzer spart und damit weniger CO$_2$ ausstößt, desto höher wird sein Anteil am CO$_2$-Preis; je weniger der Nutzer beim Heizen spart, desto geringer wird hingegen sein Anteil am CO$_2$-Preis. Der BR schlägt deshalb vor, statt auf den konkreten Energieverbrauch auf den energetischen Zustand des Gebäudes anhand des Bedarfsausweises abzustellen (BR-Drs. 246/1/22 S. 2).

3   **Zweck** der Neuregelung soll nach dem, dem mittelalterlichen Arenga-Urkundenwesen entnommenen, § 1 die **Reduktion von Treibhausgasen** im Gebäude sein. Die Verteilung auf Gebäudeeigentümer und Nutzer folgt der möglichen Steuerungswirkung des CO$_2$-Preises, die ohne dieses Gesetz nur den Mieter über die Heizkosten treffen würde, aber nicht den Gebäudeeigentümer, der von diesem Preis nicht erfasst würde. Zugrunde liegt dem die Auffassung, dass der CO$_2$-Ausstoss sowohl vom energetischen Zustand des Gebäudes als auch vom Heizverhalten des Nutzers beeinflusst wird. Je besser der energetische Zustand, desto weniger Heizaufwand müsste betrieben werden mit der Folge, dass entsprechend auch der CO$_2$-Ausstoß sinken würde.

§ 2 Anwendungsbereich

(1) **Dieses Gesetz gilt für Gebäude, in denen Brennstoffe in getrennten oder verbundenen Anlagen zur Wärmeerzeugung für Heizung oder für Heizung und Warmwasser genutzt werden, für die in der Rechtsverordnung nach § 7 Absatz 4 des Brennstoffemissionshandelsgesetzes Standardwerte für Emissionsfaktoren festgelegt sind. Dieses Gesetz gilt auch für die eigenständig gewerbliche Lieferung von Wärme oder von Wärme und Warmwasser hinsichtlich der für die Wärmeerzeugung eingesetzten Brennstoffe.**

(2) **Dieses Gesetz regelt im Verhältnis zwischen Mieter und Vermieter die Aufteilung der Kohlendioxidkosten, die enthalten sind**
1. **in den Kosten der zur Versorgung mit Wärme oder Warmwasser verbrauchten Brennstoffe oder**
2. **in den Kosten für die Wärmelieferung oder Warmwasserlieferung, sowie notwendige Begleitfragen, die die Verteilung der Kosten der zur Versorgung mit Wärme oder Warmwasser verbrauchten Brennstoffe oder der Kosten für die Wärmelieferung oder Warmwasserlieferung betreffen.**

(3) **Dieses Gesetz ist nur auf Wärmelieferungen anzuwenden, die ausschließlich aus Wärmeerzeugungsanlagen gespeist werden, die nicht dem EU-Emissionshandel unterliegen.**

(4) **Die Bestimmungen dieses Gesetzes gehen den Regelungen über die Verteilung der Kosten der Versorgung mit Wärme oder Warmwasser auf die Nutzer eines Gebäudes nach § 6 Abs. 1 der Verordnung über die Heizkostenabrechnung sowie rechtsgeschäftlichen Bestimmungen vor.**

1   Entsprechend seiner Ausrichtung auf die CO$_2$-Reduzierung stellt das Gesetz auf die Verwendung solcher **Energieträger** ab, bei denen CO$_2$ anfällt. Hierfür nimmt es Bezug auf das BEHG und die darauf beruhende EBeV 2022. In letzterer

sind im Teil 4 die Standardwerte zur Berechnung der Brennstoffemissionen aufgeführt. Für die Beheizung sind danach relevant Heizöl EL und Heizöl S sowie Flüssiggas und Erdgas.

Anlagentechnisch gilt das Gesetz sowohl für Einzelanlage zur Erzeugung von Heizwärme (→ HeizkV § 7 Rn. 1 ff.) und zur Erzeugung von Warmwasser (→ HeizkV § 8 Rn. 1 ff.) wie auch für die verbundenen Anlagen, in denen sowohl Wärme als auch Warmwasser zeugt wird (→ HeizkV § 9 Rn. 1 ff.). Ferner ergreift es die Immissionen aus der Brennstoffverwertung bei Fernwärmelieferung sowie Fernwärme- und Fernwarmwasserlieferung. 2

Kostentechnisch erstrecken sich die Regelungen des Gesetzes **nur** auf die in den Brennstoffkosten für Wärme und Warmwasser enthaltenen CO_2-Kosten bzw. die in den Rechnungen für Wärme- und/oder Warmwasserlieferungen enthaltenen Kosten und deren Aufteilung zwischen Nutzer und Gebäudeeigentümer. Nicht erfasst werden sonstige in der Heizkostenabrechnung (→ HeizkV § 7 Abs. 2) aufgeführten Kostenpositionen. 3

Bei den weiterhin erwähnten **Begleitfragen** soll es sich um die Kostenverteilung für solche Brennstoffe handeln, die in Teil 4 EBeV aufgeführt sind; dies wird in § 10 geregelt. 4

Das Gesetz gilt nur für Feuerungsanlagen unter 20 MW Leistung; damit wird eine Überschneidung mit dem Europäischen Emissionshandelssystem vermieden, das erst ab 20 MW eingreift (TEHG Anlage 1 Teil 2 Nr. 1). Die Begründung verweist diesbezüglich auf den Verwaltungsaufwand, der bei Einbeziehung mehrerer Wärmeerzeuger entstehen würde, um die jeweils gelieferten Anteile zuordnen zu können (Begr. S. 26 zu Absatz 3). Damit soll Aufwand und Ertrag in einem **wirtschaftlich sinnvollen Verhältnis** gehalten werden. 5

Das Gesetz statuiert in Abs. 4 seinen **Vorrang** vor den Regelungen der HeizkV (und rechtsgeschäftlichen Vereinbarungen). Das gilt aber **nur** für seinen konkreten Anwendungsbereich (§ 2 Abs. 2), der Verteilung der CO_2-Kosten zwischen Gebäudeeigentümer und Nutzer. Die Anwendungs- und Verfahrensregelungen der HeizkV bleiben davon unberührt. 6

Abschnitt 2. Informationspflicht bei der Lieferung von Brennstoffen oder Wärme

§ 3 Informationspflicht bei der Lieferung von Brennstoffen oder Wärme

(1) **Brennstofflieferanten haben auf Rechnungen für die Lieferung von Brennstoffen oder von Wärme folgende Informationen in allgemeinverständlicher Form auszuweisen:**
1. **die Brennstoffemissionen der Brennstoff- oder Wärmelieferung in Kilogramm Kohlendioxid,**
2. **den sich nach Absatz 2 für den jeweiligen Zeitpunkt der Lieferung ergebenden Preisbestandteil der Kohlendioxidkosten für die gelieferte oder zur Wärmeerzeugung eingesetzte Brennstoffmenge,**
3. **den heizwertbezogenen Emissionsfaktor des gelieferten oder zur Wärmeerzeugung eingesetzten Brennstoffes, angegeben in Kilogramm Kohlendioxid pro Kilowattstunde, und**

4. den Energiegehalt der gelieferten oder zur Wärmeerzeugung eingesetzten Brennstoffmenge in Kilowattstunden.

Die Standardwerte und Berechnungsvorgaben zur rechnerischen Ermittlung der Brennstoffemissionen, die in der für das Lieferjahr geltenden Rechtsverordnung nach § 7 Absatz 4 Nummer 2 und 4 des Brennstoffemissionshandelsgesetzes festgelegt sind, sind der Angabe nach Satz 1 Nummer 3 zugrunde zu legen. Satz 1 gilt nicht für die Lieferung von Brennstoffen, bei denen ausgeschlossen ist, dass der Käufer sie in Heizungsanlagen oder Warmwasserversorgungsanlagen in Gebäuden nutzen wird.

(2) Der nach Absatz 1 Satz 1 Nummer 2 auszuweisende Preisbestandteil für die gelieferte oder zur Wärmeerzeugung eingesetzte Brennstoffmenge ergibt sich durch Multiplikation der Brennstoffemissionen nach Absatz 1 Satz 1 Nummer 1 mit dem zum Zeitpunkt der Lieferung maßgeblichen Preis der Emissionszertifikate nach § 4 Absatz 1 zuzüglich einer auf diesen Betrag anfallenden Umsatzsteuer.

(3) Die Informationspflicht nach Absatz 1 gilt für Wärmelieferanten entsprechend mit der Maßgabe, dass anstelle der Brennstoffe auf die zur Erzeugung der gelieferten Wärme eingesetzten Brennstoffe abzustellen ist.

1 Damit es zu einer Verteilung des CO_2-Preises kommen kann, müssen die beteiligten Parteien über dem im **Kaufpreis** enthaltenen CO_2-Preis informiert werden. Verpflichtet zu diesen Informationen ist der Brennstofflieferant (Abs. 1) bzw. der Wärmelieferant (Abs. 3).

2 Zunächst ist die **Brennstoffemission** des gelieferten Brennstoffs oder der gelieferten Wärmemenge anzugeben (Abs. 1 S. 1 Nr. 1). Hierfür wird der heizwertbezogene Emissionsfaktor und der Energiegehalt des gelieferten Brennstoffs multipliziert. Die Einsatzwerte können aus Teil 4 der Anlage 1 zur EbeV 2022 entnommen werden (so Abs. 1 S. 2; die Tabelle soll aber ab 2023 erweitert werden). Aus dieser Berechnung ergibt sich die Emission in Kilogramm Kohlendioxyd.

Teil 4 Standardwerte zur Berechnung von Brennstoffemissionen

Nummer		Brennstoff	Umrechnungsfaktor	Heizwert	Heizwertbezogener Emissionsfaktor
3		Gasöl			
	3b	Gasöl zu Heizzwecken (Heizöl EL)	Dichte: 0,845 t/1000 l	42,8 GJ/t	0,074 t CO_2/GJ
4		Heizöl			
	4b	Heizöl zu Heizzwecken (Heizöl S)	1 t/t	39,5 GJ/t	0,0799 t CO_2/GJ
5		Flüssiggas			
	5b	Flüssiggas zu Heizzwecken	1 t/t	45,7 GJ/t	0,0663 t CO_2/GJ
6		Erdgas	3,2508 GJ/MWh	1 GJ/GJ	0,056 t CO_2/GJ

Der Umrechnungsfaktor für Erdgas in Nummer 6 Spalte 4 beruht auf der Formel 3,6 GJ/MWh × 0,903 GJ/GJ.

Maßgeblicher Zertifikatepreis　　　　　　　　　　　　**§ 4 CO2KostAufG**

Weiter muss der in der Liefermenge enthaltene **Preisbestandteil** für die Emission angegeben werden (Abs. 1 S. 1 Nr. 2). Dieser wird dadurch ermittelt, dass die nach Abs. 1 S. 1 Nr. 1 (→ Rn. 2) errechnete Emissionsmenge mit dem Preis für die Zertifikate multipliziert wird (Abs. 2). Welcher **Zertifikatspreis** für den Zeitpunkt der Lieferung maßgebend ist, lässt sich aus § 4 Abs. 1 entnehmen; dort sind die einzusetzende Preise zunächst fix, dann zeitlich gestaffelt festgelegt, wobei auf § 10 BEHG zurückgegriffen werden muss. 3

Für den nach Abs. 1 S. 1 Nr. 3 geforderten heizwertbezogenen **Emissionsfaktor** kann wiederum auf die Tabelle (→ Rn. 2) zurückgegriffen werden und auf den anzugebenden Wert in kWh umgerechnet werden. 4

Schließlich ist der **Energiegehalt** des gelieferten oder verwendeten Brennstoffs anzugeben. Auch hier kann auf die Tabelle (→ Rn. 2) zurückgegriffen werden, sofern nicht in der Rechnung des Energielieferanten dieser Wert bereits angegeben ist. Die Angabe sowohl des Emissionsfaktors als auch des Energiegehalts soll den Gebäudeeigentümer bzw. bei **Direktlieferung** den jeweiligen Nutzer in die Lage versetzen, die Berechnungen nach Abs. 1 S. 1 Nr. 1 und 2 nachvollziehen zu können. 5

Maßgebend für die Berechnungen ist jeweils der **Zeitpunkt** der **Lieferungen.** Wird z.B. Heizöl mehrfach während eines Jahres geliefert, müssen die vorgehend dargestellten Berechnungen auch mehrmals durchgeführt werden. Und nur diese Werte dürfen dann in die Kostenverteilung eingestellt werden. Bei der Lieferung von Gas zu Heizwecken meint die Begründung, der z.B. Jahresverbrauch lasse sich bilanziell zurückrechnen (so Begr. S. 27). Es geht bei den Berechnungen aber nicht um die Erstellung einer Bilanz, sondern um die Zuordnung von Verbrauchswerten in bestimmten Zeitabschnitten. Zu berücksichtigen sind daher zwei Zeitpunkte: einmal der Zeitraum, für den vereinbarungsgemäß die Heizkostenabrechnung erstellt wird; zum anderen der Berechnungszeitraum des Gaslieferanten. Beide Zeiträume stimmen in der Praxis nicht überein: über die Heizkosten wird im **Jahresrhythmus** abgerechnet, die Gaslieferung wird zumeist – zwar zwölfmonatlich, aber – über das Jahresende hinaus berechnet. Eine Rückrechnung auf das Abrechnungsjahr ist daher nur mit Hilfe der neuen digitalen Gaszähler möglich, die für jeden beliebigen Zeitpunkt den Verbrauch angeben können. Ansonsten bleibt nur die Möglichkeit, auf den Zeitpunkt der Rechnungserstellung abzustellen; dieser liegt die abgelesene Lieferung zugrunde. Das führt zu keiner zweckwidrigen Belastung einer der Parteien; denn zu diesem Zeitpunkt steht die tatsächliche Menge der Immissionen fest und deren Kosten lassen sich verursachungsgerecht verteilen. 6

§ 4 Maßgeblicher Zertifikatepreis

(1) **Der maßgebliche Preis der Emissionszertifikate entspricht**
1. bis einschließlich zum Jahr 2025: Dem Festpreis der Emissionszertifikate nach § 10 Absatz 2 Satz 2 des Brennstoffemissionshandelsgesetzes,
2. im Jahr 2026:
    a) vom 1. Januar bis zum 30. April dem Mittelwert des Preiskorridors nach § 10 Ab-satz 2 Satz 4 des Brennstoffemissionshandelsgesetzes,
    b) vom 1. Mai bis zum 31. Dezember dem Durchschnittspreis der Versteigerungen nach § 10 Absatz 1 des Brennstoffemissionshan-

delsgesetzes im Zeitraum vom 1. Januar 2026 bis zum 31. März 2026,
3. im Jahr 2027:
   a) vom 1. Januar bis zum 30. April dem Durchschnittspreis der Versteigerungen nach § 10 Absatz 1 des Brennstoffemissionshandelsgesetzes im Zeitraum vom 1. September 2026 bis zum 30. November 2026,
   b) vom 1. Mai bis zum 31. Dezember dem Durchschnittspreis der Versteigerungen nach § 10 Absatz 1 des Brennstoffemissionshandelsgesetzes im Zeitraum vom 1. Januar 2027 bis zum 31. März 2027,
4. ab dem Jahr 2028 dem Durchschnitt der handelstäglichen Terminpreise der Emissionszertifikate für Lieferungen im Dezember des jeweiligen Kalenderjahres, die zwischen dem 1. Januar und dem 30. November des jeweils vorangegangenen Kalenderjahres an derjenigen Handelsplattform für Emissionszertifikate innerhalb der Europäischen Union festgestellt wurden, die im ersten Quartal des Jahres vor dem jeweiligen Kalenderjahr das höchste Handelsvolumen für diesen Liefertermin aufwies.

(2) Die zuständige Behörde im Sinne des § 13 Absatz 1 des Brennstoffemissionshandelsgesetzes veröffentlicht die nach Satz 1 Nummer 2 bis 4 maßgeblichen Preise der Emissionszertifikate spätestens 10 Werktage vor dem Beginn der jeweiligen Geltungsperiode auf ihrer Internetseite.

1   Die Vorschrift enthält den für die Preisinformationen nach § 3 wichtigen Anteil der Zertifikatspreise. Inhaltlich werden die zeitlich gestaffelten Preisermittlungen nach dem BEHG inkorporiert; praktisch wird auf die **vorgeschriebenen Veröffentlichungen** (Abs. 2) der zuständigen Behörde = Bundesumweltamt zurückgegriffen werden können.

Abschnitt 3. Berechnung und Aufteilung der Kohlendioxidkosten

§ 5 Aufteilung der Kohlendioxidkosten bei Wohngebäuden

(1) Der Vermieter ermittelt im Zuge der jährlichen Heizkostenabrechnung den Kohlendioxidausstoß des Gebäudes in Kilogramm Kohlendioxid pro Quadratmeter Wohnfläche und Jahr. Wird Wohnungseigentum vermietet, das gesondert mit Wärme oder mit Wärme und Warmwasser versorgt wird, so ermittelt der Vermieter den Kohlendioxidausstoß der Wohnung pro Quadratmeter und Jahr. Der Wert des nach Satz 1 oder Satz 2 ermittelten spezifischen Kohlendioxidausstoßes ist auf die erste Nachkommastelle zu runden. Ist ein Abrechnungszeitraum von unter einem Jahr vereinbart, so sind die Werte der Einstufungstabelle in Anlage 1 anteilig zu kürzen. Weichen die Abrechnungszeiträume der Brennstoff- oder Wärmelieferungen von den zwischen Mieter und Vermieter vereinbarten Abrechnungszeiträumen ab, sind die auf den Rechnungen ausgewiesenen Kohlendioxidkosten auf den vereinbarten Zeitraum umzurechnen.

Aufteilung der Kohlendioxidkosten **§ 5 CO2KostAufG-E**

(2) **Die Aufteilung der im Abrechnungszeitraum angefallenen Kohlendioxidkosten zwischen Mieter und Vermieter richtet sich nach dem in der Tabelle in Anlage 1 für den spezifischen Kohlendioxidausstoß des Gebäudes oder, in Fällen des Absatzes 1 Satz 2, für den spezifischen Kohlendioxidausstoß der Wohnung genannten Verhältnis.**

(3) **Versorgt sich der Mieter selbst mit Wärme oder mit Wärme und Warmwasser, ermittelt der Mieter im Zuge der jährlichen Betriebskostenabrechnung den Kohlendioxausstoß der gemieteten Wohnung in Kilogramm Kohlendioxid pro Quadratmeter Wohnfläche und Jahr. Zur Einstufung der gemieteten Wohnung wird der spezifische Kohlendioxidausstoß mit der Tabelle in Anlage 1 abgeglichen und die Wohnung danach der anwendbaren Stufe zugeordnet. Aus der Tabelle ergibt sich das Verhältnis der Aufteilung der im Abrechnungszeitraum des Wärmeversorgers angefallenen Kohlendioxidkosten. Absatz 1 Satz 4 und 5 gilt entsprechend.**

Anlage 1

Einstufung der Gebäude oder der Wohnungen bei Wohngebäuden Kohlendioxidausstoß des vermiete-ten Gebäudes oder der Wohnung pro Quadratmeter Wohnfläche und Jahr	Anteil Mieter	Anteil Vermieter
<12 kg $CO_2/m^2/a$	100 %	0 %
12 bis <17 kg $CO_2/m^2/a$	90 %	10 %
17 bis <22 kg $CO_2/m^2/a$	80 %	20 %
22 bis <27 kg $CO_2/m^2/a$	70 %	30 %
27 bis <32 kg $CO_2/m^2/a$	60 %	40 %
32 bis <37 kg $CO_2/m^2/a$	50 %	50 %
37 bis <42 kg $CO_2/m^2/a$	40 %	60 %
42 bis <47 kg $CO_2/m^2/a$	30 %	70 %
47 bis <52 kg $CO_2/m^2/a$	20 %	80 %
>=52 kg $CO_2/m^2/a$	10 %	90 %

Die Vorschrift enthält den **Kernpunkt** der neuen Regelung, die Aufteilung des CO_2-Preises zwischen Vermieter und Mieter. Ausgangspunkt für dessen Berechnung ist die Heizkostenabrechnung. Auf deren Grundlage wird der jährliche Kohlendioxyd-Ausstoß des Gebäudes errechnet. In der Abrechnung ist zunächst (überwiegend) das Liefervolumen für das gesamte Gebäude in m^3 aufgeführt; durch Multiplikation dieses Abrechnungsvolumens mit der in der Verbrauchsabrechnung aufgeführten Zustandszahl sowie dem Brennwert wird die verbrauchte Energiemenge in kWh ermittelt. Diese Energiemenge wird mit dem CO_2-Preis (wie er nach § 3 ermittelt worden ist) pro kWh multipliziert. Sodann werden die errechneten kWh mit CO_2-Emissionen (→ CO2KostAufG-E § 3 Rn. 2) multipliziert. Diese Gesamtemissionen wiederum werden durch die qm-Wohnfläche des Gesamtgebäudes dividiert, woraus sich die qm-Emission von CO_2 ergibt. Als Formel ausgedrückt:

Energiegehalt (kWh) × Emissionsfaktor (kg CO_2 pro kWh), dividiert durch Gesamtwohnfläche (m^2)

Anhand der Tabelle wird dieser Wert daraufhin überprüft, welchen Anteil an den Kosten die Nutzer, welchen Anteil der Gebäudeeigentümer zu tragen hat.

Für die **Tabellen-Kosten** ist die emittierte Menge an Kohlendioxid in Kilogramm Kohlendioxid zunächst in Tonnen Kohlendioxid umzurechnen, also durch den Divisor 1000 zu Teilen und sodann mit dem aktuellen (s. § 4) Kohlendioxidpreis zu multiplizieren. Als Formel ausgedrückt:

$$\frac{\text{Jährlicher Kohlendioxidausstoß}}{1000 \times \text{derzeitiger Kohlendioxidpreis}}$$

Der Anteil des einzelnen Nutzers an der Gesamtemission ergibt sich dann aus der Division der Gesamtmenge durch die einzelne Wohnfläche.

2   Bei vermieteten Eigentumswohnungen ist analog vorzugehen, wenn diese Wohnung an die Gebäudeheizung angeschlossen ist. Wenn hingegen eine Einzel-Wärmeversorgung durch den vermietenden Wohnungseigentümer vorliegt, so ist der CO_2-Ausstoß anhand der spezifischen Abrechnung über die Wärmelieferungen bzw. Heizmittellieferungen für die einzelne Wohnung zu ermitteln.

3   Um die konkrete Einordnung in die Tabelle zu ermöglichen, wird die Rundung auf die **erste Nachkommastelle** vorgeschrieben; was allerdings immer noch nicht mit den Vorgaben der Tabelle übereinstimmt, die keine Nachkommastellen vorsieht, so dass die Rundung auf die **erste Vorkommastelle** vorzunehmen ist (also: von 0,1 bis 0,5 auf die vorangehende volle Zahl abzurunden; danach auf die folgende volle Zahl aufzurunden).

4   Bei unterjährigen Abrechnungszeiträumen (Abs. 1 S. 4) (was angesichts der Regelung in § 556 Abs. 3 BGB allenfalls bei Gewerberaummietverhältnissen vorkommen könnte), sollen die Tabellenwerte entsprechend gekürzt werden.

5   Da die Tabelle von einem Jahreswert ausgeht, müssen Brennstofflieferungen, die mit diesem Zeitraum nicht identisch sind (geliefertes Heizöl ist nicht im Abrechnungszeitraum vollständig verbraucht worden; **Gasabrechnungszeitraum** korrespondiert in den seltensten Fällen mit dem **Heizkostenabrechnungszeitraum**) hinsichtlich des Kohlendioxydkosten auf den Abrechnungszeitraum heruntergerechnet werden (Abs. 1 S. 5).

6   Nach diesen Rechenoperationen wird (Abs. 2) die Aufteilung der CO_2-Kosten anhand der Werte der Tabelle zwischen Vermieter und Mieter vorgenommen. Stillschweigend unterstellt wird dabei, dass der Mieter bei seinem Wärmeverbrauch ökonomisch vorgeht und die Höhe des Verbrauchs wesentlich vom (schlechten)energetischen Zustand des Gebäudes abhängt. Dabei wird übersehen, dass die gedankliche Figur des **homo oeconomicus** bereits als Modell für die Volkswirtschaft untauglich ist, um so mehr für die Privatwirtschaft. Außerdem müssen gesetzliche Vorgaben auch für Extremfälle (hier: den **exzessiv verbrauchenden Mieter)** passen und nicht nur für Idealfälle ausgestaltet sein.

7   Ist der Mieter heiztechnischer **Selbstversorger** (Abs. 3), obliegen ihm die in Abs. 1 aufgeführten Berechnungen anhand der ihm von seinen Lieferanten gestellten Abrechnungen über die gelieferten Brennstoffe, in denen die in die Berechnung eingehenden Werte aufgeführt sein müssen, allerdings mit der Maßgabe, dass die Emissionswerte nur für die jeweilige Wohnung zu berechnen sind. Die Tabellenwerte sollen dann ebenfalls für die Aufteilung zwischen Vermieter und Mieter herangezogen werden können.

§ 6 Begrenzung der Umlagefähigkeit; Erstattungsanspruch bei Wohngebäuden

(1) **Vereinbarungen, nach denen der Mieter mehr als den nach § 5 Absatz 2 auf ihn entfallenden Anteil an den Kohlendioxidkosten zu tragen**

Umlagefähigkeit, Erstattungsanspruch **§ 6 CO2KostAufG-E**

hat, sind in Mietverträgen über Wohnraum oder über Räume, die keine Wohnräume sind, in einem Wohngebäude im Sinn von § 3 Absatz 1 Nummer 33 des Gebäudeenergiegesetzes vom 8. August 2020 (BGBl. I S. 1728) unwirksam. Ein Wohngebäude ist ein Gebäude, das nach seiner Zweckbestimmung überwiegend dem Wohnen dient.

(2) **Versorgt sich der Mieter selbst mit Wärme oder mit Wärme und Warmwasser, so hat der Vermieter dem Mieter den Anteil der Kohlendioxidkosten zu erstatten, den der Vermieter nach § 5 Absatz 3 zu tragen hat. Der Mieter muss den Erstattungsanspruch nach Satz 1 innerhalb von sechs Monaten ab dem Zeitpunkt, in dem der Lieferant der Brennstoffe oder der Wärmelieferant die Lieferung gegenüber dem Mieter abgerechnet hat, in Textform geltend machen. Haben die Parteien eine Vorauszahlung auf Betriebskosten vereinbart, so kann der Vermieter einen vom Mieter geltend gemachten Erstattungsbetrag im Rahmen der nächsten auf die Anzeige folgenden jährlichen Betriebskostenabrechnung verrechnen. Erfolgt keine Betriebskostenabrechnung oder findet keine Verrechnung statt, so hat der Vermieter dem Mieter den Betrag spätestens zwölf Monate nach Anzeige zu erstatten.**

Die Vorschrift stellt fest, dass die Berechnungsregeln (§§ 3–5) **nur** für **Wohngebäude** gelten, wobei inhaltlich auf die Definition in § 3 Abs. 1 Nr. 33 GEG zurückgegriffen wird. Hervorzuheben ist in diesem Zusammenhang, dass es auf die Art des Gebäudes, nicht aber auf die Art der Nutzung der Räume in einem Wohngebäude ankommt, so dass durchaus gewerblich genutzte Räume in einem Wohngebäude den Ab- und Berechnungsmodalitäten unterfallen. Liegt hingegen ein Gebäude mit Mischnutzung i.S. des § 106 GEG vor, so ist hinsichtlich der CO_2-Kostenverteilung eine Trennung in Wohngebäude-Anteil und Gewerbegebäude-Anteil vorzunehmen. 1

Abs. 1 statuiert darüber hinaus die **relative Unwirksamkeit** von Vereinbarungen über Verteilungsregelungen für Wohngebäude zu Lasten der Mieter. Mieter dürfen weder direkt noch indirekt mit mehr CO_2-Kosten belastet werden, als sich nach diesem Gesetz ergeben würde. Damit sind sowohl konkrete als auch pauschale Vereinbarungen über derartige Kosten unzulässig, wenn sie die Grenzen des Stufenmodells überschreiten. Zwar kann der Vermieter von den Berechnungen absehen und von vornherein vereinbaren (vereinbaren, nicht nur einfach zusagen!!), dass er die gesamten Kosten trägt. Er darf aber keine Kostenpauschale vereinbaren, bei dieser nicht anzusehen ist, ob sie sich **im Rahmen des Stufenmodells** hält. 2

Die relative Unwirksamkeit erstreckt sich aber **nur** auf die Verteilung der CO_2-Kosten. Alle anderen betriebs- oder heizkostenbezüglichen Vereinbarungen werden davon nicht berührt (sofern sie im Rahmen des § 2 HeizkV zulässig sein sollten). Das bedeutet aber auch, dass der Mieter die **Kosten** für die Berechnungen und Aufteilungen nach diesem Gesetz zu tragen hat, da es sich um die Verteilung von Betriebskosten i.S. des § 7 Abs. 2 HeizkV handelt; das wird insbesondere dann relevant werden, wenn der Gebäudeeigentümer den Messdienst mit dieser Aufgabe zusätzlich betraut. 3

Auch im Fall der **Selbstversorgung** des Mieters mit Wärme soll der Vermieter an den CO_2-Kosten beteiligt werden (Abs. 2). In diesem Fall hat der Mieter die gesamten Immissionskosten nach den §§ 3–5 zu berechnen und die Verteilung 4 nach der Tabelle vorzunehmen. Danach hat er gegen den Vermieter einen entsprechenden **Anspruch auf Zahlung** der auf diesen fallende Kosten.

5   Die **Geltendmachung** dieses Kostenanteils unterliegt eines Ausschlussfrist von 6 Monaten, beginnend mit Erhalt der Abrechnung durch den Brennstoff- oder Wärmelieferanten. Der BR schlägt insoweit eine Angleichung an die 12-Monatsfrist des § 556 Abs. 3 BGB vor (BR-Drs. 246/1/22 S. 5), wobei aber übersehen wird, dass im Fall der Selbstversorgung keine Betriebskostenabrechnung erstellt wird; die Anknüpfung der Frist an die Abrechnung der Versorger gibt dem Nutzer genügend Zeit zur Geltendmachung seiner Erstattungsansprüche. Der Mieter darf den Anspruch in Textform (§ 126b BGB) geltend machen, also auch z.B. per E-Mail. Allerdings trägt er die Verantwortung dafür, dass dieser Anspruch dem Vermieter auch zugeht.

6   Der Vermieter hat mehrere Möglichkeiten, diesen Anspruch des Mieters zu befriedigen. Sollte zwischen den Parteien eine Vorauszahlung auf die Betriebskosten vereinbaren worden sein, darf der Vermieter den mieterseitigen Anspruch mit der nächsten **Betriebskostenabrechnung** verrechnen (Abs. 2 S. 3). Das muss sinnvollerweise auch für eine mögliche Verrechnung im Rahmen der Heizkostenabrechnung gelten. Ergeben sich aus beiden Abrechnungen Nachzahlungsforderungen zulasten des Mieters, die aber jede für sich nicht den gesamten Abgeltungsbetrag über die CO_2-Aufteilung decken, kann dieser Betrag mit beiden Nachforderungen anteilig verrechnet werden.

7   Nach dem Gesetzeswortlaut steht dieses Verrechnungsrecht nur dem Vermieter zu. Da nach der **Betriebs- bzw- Heizkostenabrechnung** aber zwei gleichartige fällige Forderungen gegenüberstehen, ist eine Aufrechnung durch den Mieter zulässig (§ 387 BGB).

8   Erfolgt keine Verrechnung oder ist diese nicht möglich (die in der Begr. S. 34 diesbezüglich genannte **Pauschalmiete** ist für die Heizkosten unzulässig, § 2 HeizV), hat der Vermieter den Betrag spätestens 12 Monate nach der Forderungsanzeige zu zahlen.

§ 7 Aufteilung der Kohlendioxidkosten und Erstattungsanspruch bei Nichtwohngebäuden

(1) **Vereinbarungen, nach denen der Mieter mehr als 50 Prozent der Kohlendioxidkosten zu tragen hat, sind in Mietverträgen über Wohnraum oder über Räume, die keine Wohnräume sind, in einem Nichtwohngebäude im Sinn von § 3 Absatz 1 Nr. 23 Gebäudeenergiegesetzes unwirksam. Ein Nichtwohngebäude ist ein Gebäude, das nach seiner Zweckbestimmung nicht überwiegend dem Wohnen dient.**

(2) **Versorgt sich der Mieter selbst mit Wärme oder Warmwasser, so hat der Vermieter dem Mieter 50 Prozent der Kohlendioxidkosten zu erstatten, § 6 Absatz 2 Satz 2 bis 4 gilt entsprechend.**

1   Das Stufenmodell gilt nur für Wohngebäude (→ CO2KostAufG-E § 6 Rn. 1). Für Nichtwohngebäude i.S. des § 3 Abs. 1 Nr. 23 GEG gilt die Regel einer **paritätischen Aufteilung** der CO_2-Kosten zwischen Vermieter und Mieter, weil derzeit die Erstellung eines Stufenmodells für **Gewerbeimmobilien** nicht möglich ist (Begr. S. 35). Daraus folgt aber auch, dass der energetische Zustand der Gebäude jedenfalls nicht zugunsten des Vermieters wirkt.

Dieser Halbteilungsgrundsatz ergibt sich etwas versteckt aus der Regelung in Abs. 1, wonach dem Mieter solcher Gebäude nicht mehr als 50% der CO_2-Kosten auferlegt werden dürfen. Entsprechend bemisst sich der Erstattungsanspruch des Mieters bei **Eigenversorgung** mit Brennstoffen/Wärme ebenfalls „nur" auf 50%; für diesen Anspruch gelten nach Abs. 2 die Regelungen in § 6 Abs. 2 S. 2 bis 4 entsprechend. 2

§ 8 Abrechnung des auf den Mieter entfallenden Anteils an den Kohlendioxidkosten

(1) **Der Vermieter ermittelt die auf die Gesamtheit der Mieter im Gebäude entfallenden Kohlendioxidkosten, indem er die im Abrechnungszeitraum angefallenen Kohlendioxidkosten gemäß § 5 Absatz 1 berechnet und den gemäß § 5 Absatz 2 auf den Vermieter entfallenden Anteil abzieht. Der Vermieter berechnet sodann den auf den einzelnen Mieter entfallenden Anteil an den Kohlendioxidkosten gemäß der Vereinbarung zwischen Vermieter und Mieter über die Verteilung der Heiz- und Warmwasserkosten auf Grundlage der §§ 6 bis 10 der Verordnung über Heizkostenabrechnung.**

(2) **Bei Wohngebäuden mit nicht mehr als zwei Wohnungen, von denen eine der Vermieter selbst bewohnt, trägt der Mieter die auf ihn nach Absatz 1 entfallenden Kohlendioxidkosten entsprechend des mit dem Vermieter vereinbarten Verfahrens zur Abrechnung der Heizkosten. In Fällen von § 11 HeizkostenV findet dieses Gesetz keine Anwendung.**

(3) **Der Vermieter weist Folgendes in der Heizkostenabrechnung aus:**
1. **den Kohlendioxidausstoß des Gebäudes,**
2. **die Gesamtwohnfläche,**
3. **den sich aus den Nummern 1 und 2 ergebenden spezifischen Kohlendioxidausstoß sowie**
4. **die maßgebliche Stufe des Stufenmodells mit dem zugeordneten Aufteilungsverhältnis für die Kohlendioxidkosten zwischen Vermieter und Mieter.**

(4) **Bestimmt der Vermieter den auf den einzelnen Mieter entfallenden Anteil an den Kohlendioxidkosten nicht oder weist er die Einstufung des Gebäudes und die Berechnung der Aufteilung der Kohlendioxidkosten nicht aus, so hat der Mieter das Recht, den gemäß der Heizkostenabrechnung auf ihn entfallenden Anteil an den Heizkosten um 3 Prozent zu kürzen.**

§ 8 will die CO_2-Kostenverteilung in die Kostenverteilung nach der **HeizkV integrieren.** Voraussetzung dafür ist vorab, dass die HeizkV auf das konkrete Gebäude überhaupt Anwendung findet, also weder dies Ausnahmen nach § 2 noch die nach § 11 HeizkV (Abs. 2) greifen, weil in diesen Fällen dem möglichen Anreiz zur Einsparung auf Grund der besonderen Umstände nicht gefolgt werden kann. Unter dieser Prämisse ist zunächst erforderlich, dass der gesamte auf das Gebäude entfallende CO_2-Preis festgestellt wird **(Abs. 1)** entsprechend den Vorgaben dieses Gesetzes. Von diesem Gesamtpreis muss der Vermieter den auf ihn gemäß der Einordnung in die Tabelle entfallenden Anteil abziehen. Der übrigbleibende Restbetrag wird auf die Mieter verteilt nach den Maßgaben der §§ 6–10 1

HeizkV. Das bedeutet aber auch, dass diese restlichen CO_2-Kosten nach den für die Heizkostenverteilung **geltenden Schlüsseln** zu verteilen sind, also in einen verbrauchsabhängigen und einen verbrauchsunabhängigen Teil aufzuspalten sind. Sind für die Wärmekosten nach § 7 HeizkV und die Warmwasserkosten nach § 8 HeizkV unterschiedliche Schlüssel vereinbart, sollte der nach § 7 HeizkV vereinbarte Schlüssel Vorrang haben, weil in diesem Bereich der größte Anreiz zum Sparen erwartet werden kann.

2   Um die in der Heizkostenabrechnung nunmehr neu erscheinende Verteilung der CO_2-Kosten für den Nutzer nachvollziehbar zu machen, müssen in der Abrechnung alle Berechnungselemente nach den §§ 3–5 dieses Gesetzes aufgeführt werden (Abs. 3).

3   Sowohl die Verteilung der CO_2-Kosten als solcher als auch die Angabe der hierfür notwendigen erläuternden Daten sind sanktionsbewehrt (Abs. 4). Fehlt eines dieser Elemente, darf der Mieter seine **Heizkostenabrechnung** insgesamt um 3% kürzen, wobei sich das Gesetz mangels nachvollziehbarer Einsparungswerte an dem neuen Kürzungsrecht in § 12 Abs. 1 HeizkV orientiert hat (Begr. S. 36).

Abschnitt 4. Begleitregelungen

§ 9 Beschränkungen bei energetischen Verbesserungen

(1) **Sofern öffentlich-rechtliche Vorgaben einer wesentlichen energetischen Verbesserung des Gebäudes oder einer wesentlichen Verbesserung der Wärme- und Warmwasserversorgung des Gebäudes entgegenstehen, ist der prozentuale Anteil, den der Vermieter an den Kohlendioxidkosten nach § 6, 7 oder 8 zu tragen hätte, um die Hälfte zu kürzen. Zu den Vorgaben zählen insbesondere**
1. **denkmalschutzrechtliche Beschränkungen**
2. **rechtliche Verpflichtungen, Wärmelieferungen in Anspruch zu nehmen, insbesondere bei einem Anschluss- und Benutzungszwang, sowie**
3. **der Umstand, dass das Gebäude im Geltungsbereich einer Erhaltungssatzung gemäß § 172 Absatz 1 Nummer 2 des Baugesetzbuches in der Fassung der Bekanntmachung vom 3. November 2017 (BGBl. I S. 3634), das zuletzt durch Artikel 9 des Gesetzes vom 10. September 2021 (BGBl. I S. 4147) geändert worden ist, liegt.**

(2) **Wenn in Bezug auf ein Gebäude öffentlich-rechtliche Vorgaben sowohl einer wesentlichen energetischen Verbesserung des Gebäudes als auch einer wesentlichen Verbesserung der Wärme- und Warmwasserversorgung des Gebäudes entgegenstehen, so erfolgt keine Aufteilung der Kohlendioxidkosten.**

(3) **Der Vermieter kann sich auf Absatz 1 oder 2 nur berufen, wenn er dem Mieter die Umstände nachweist, die ihn zur Herabsetzung seines Anteils berechtigen.**

1   Das Gesetz zur Aufteilung der CO_2-Kosten zwischen Vermietern und Mietern beruht auf der **Prämisse,** dass beide Seiten durch ihr Verhalten auf den Ausstoß

von Kohlendioxyd einwirken und ihn verringern können: der Vermieter als Gebäudeeigentümer durch energetische Ertüchtigung des Gebäudes, der Mieter durch sparsamen Umgang mit Heizenergie. Diese Prämissen greifen aber dann nicht mehr, wenn Umstände außerhalb der Einwirkungsmöglichkeiten der Beteiligten ihre Verwirklichung verhindern bzw. substanziell erschweren.

Für solche Fälle auf Seiten des Gebäudeeigentümers sieht § 9 vor, dass der 2 Anteil des Eigentümers am CO_2-Preis entweder halbiert wird (Abs. 1) oder sogar ganz wegfällt (Abs. 2). In diesen Fällen trägt der Mieter die Kosten entweder überwiegend oder allein, weil er jetzt als der alleinige Einflussnehmer auf die **Energiebilanz** übrigbleibt.

Zugunsten des Eigentümers werden Vorgaben des Denkmalsschutzes oder 3 eines Anschluss- und Benutzungszwanges aufgeführt, also **öffentlich-rechtliche Vorgaben,** denen er Folge leisten muss. Musterbeispiel für einen Hinderungsfall für eine energetische Sanierung des Gebäudes ist beim Denkmalsschutz die Versagung der Anbringung von Dämmungen an der Gebäudefassade (z.B. wegen einer stark gegliederten Fassade, obwohl dies neuerdings auch bei Dämmungen berücksichtigt werden könnte). Ferner gibt es Gemeinden, die einen Anschluss- und Benutzungszwang für ein gemeindliches Heizkraftwerk festgelegt haben, dem der Gebäudeeigentümer nicht ausweichen kann (zumal dieser Zwang manchmal mit einem fragwürdigen Verbot anderer Heizungen gekoppelt ist). Schließlich wird noch die **Erhaltungssatzung** nach § 172 Abs. 1 BauGB aufgeführt, insbesondere dessen Nr. 2, von dem gerade in Berlin angesichts der schwierigen Wohnraumsituation häufiger Gebrauch gemacht wird. Diese Beispiele sind nicht abschließend; an ihnen müssen sich aber andere Hinderungsgründe orientieren.

Sind diese Merkmale gegeben, wird die energetische Sanierung des Gebäudes 4 dadurch **erschwert.** Deshalb braucht der Gebäudeeigentümer nur die Hälfte des an sich nach der Tabelle auf ihn entfallenden Anteils zu tragen.

Stehen diese öffentlich-rechtlichen Vorgaben einer **wesentlichen** Verbesserung 5 der Energiebilanz des Gebäudes entgegen, braucht der Gebäudeeigentümer überhaupt keinen Anteil am CO_2-Preis zu tragen (Abs. 2). Der Mieter trägt den Preis allein. Der BR hält dies nicht für gerechtfertigt und schlägt die Streichung der Vorschrift vor (BR-Drs. 246/1/22, S. 5), wobei allerdings übersehen wird, dass das Gesetz auf der Annahme beruht, auch der Vermieter könne durch bauliche Gestaltungen auf den CO2-Ausstoß Einfluss nehmen, was aber gerade in den in der Vorschrift genannten Fällen nicht möglich ist, woraus sich der Schluss ergibt, die Höhe dieses Ausstoßes hänge allein vom Nutzer-Verhalten ab.

Die **Beweislast** für diese Ausnahmen trägt der Vermieter (Abs. 3). Der Beweis 6 kann durch Hinweis auf die gemeindliche Satzung, auf behördliche Bescheinigungen oder auf die Ablehnung einer Genehmigung geführt werden. Der Beweis wird erst dann zu führen sein, wenn der Mieter den Vermieter auf seinen vermeintlichen Anteil am CO_2-Preis verweist; von sich aus braucht der Vermieter nicht darauf hinzuweisen (anders die Begr. S. 38; aber **"negativa non sunt probanda").**

§ 10 Einsatz von klimaneutralen Ersatzbrennstoffen

(1) **Setzt der Vermieter anstelle von Erdgas einen anderen gasförmigen Brennstoff zur Wärmeerzeugung oder Warmwasseraufbereitung ein, für den in der Rechtsverordnung nach § 7 Absatz 4 des Brennstoffemissions-**

handelsgesetzes Standardwerte für Emissionsfaktoren nicht festgelegt sind, so trägt der Mieter die Kosten des verbrauchten Brennstoffes nur bis zu der Höhe des in dem jeweiligen Netzgebiet geltenden Grundversorgungstarifs für Erdgas auf Basis des Grund- und Arbeitspreises.

(2) **Setzt der Vermieter anstelle von festen oder flüssigen fossilen Brennstoffen nach § 2 Absatz 1 biogene feste oder flüssige Brennstoffe ein, gilt Absatz 1 mit der Maßgabe, dass der jährliche Durchschnittspreis des ersetzten fossilen Brennstoffs zu Grunde zu legen ist, sofern der Preis des biogenen Brennstoffs pro Energieeinheit höher ist als der Preis des ersetzten fossilen Brennstoffs.**

1   Diese Vorschrift fällt aus dem Rahmen des Gesetzes. Dessen Ziel ist es, durch Aufteilung des Preises die beiden beteiligten Marktakteure zur energetischen Sanierung bzw. Sparsamkeit anzuhalten im Interesse des Klimaschutzes. In § 10 wird nunmehr über eine Preisregulierung der Umstieg auf klimaschonende Heizmittel gleichsam „bestraft".

2   Ziel der Norm ist, die **Verwirklichung des Wirtschaftlichkeitsgebots** (§ 556 Abs. 3 S. 1 2.HS BGB; sinnvoller wäre der Verweis auf § 5 GEG gewesen) dadurch sicherzustellen, dass bei Einsatz von erneuerbaren Energien für die Heizung der Mieter nur die vergleichbaren Kosten für den Einsatz von fossilen Energien zu tragen hat.

3   Die Regelung gilt sowohl für den Ersatz von Erdgas durch **„Biogas"** (Abs. 1) wie für den Ersatz von fossilen Brennstoffen durch „biogene" feste oder flüssige Brennstoffe (Abs. 2).

4   Zur Begründung wird angegeben, es soll vermieden werden, dass der Vermieter allein auf Kosten seiner Mieter seinen CO_2-Anteil dadurch einspart, dass er auf eine **emissionsfreie Heizungsanlage** ausweicht (Begr. S. 38). Damit könnte jede klimaschützende Maßnahme torpediert werden; diese Regelung wird von der Begründung für die Einführung des Gesetzes nicht gedeckt.

Abschnitt 5. Evaluierung

§ 11 Erfahrungsbericht

Das Bundesministerium für Wirtschaft und Klimaschutz und das Bundesministerium für Wohnen, Stadtentwicklung und Bauwesen evaluieren dieses Gesetz und legen dem Bundestag bis zum 30. September 2026 einen Erfahrungsbericht vor. Die Evaluierung umfasst eine Prüfung der Effizienz und der Anwendungssicherheit des Verfahrens der Aufteilung der Kohlendioxidkosten im Rahmen der Heizkostenabrechnung, eine statistische Erfassung der Kostenaufteilung über alle betroffenen Mietverhältnisse hinweg sowie eine Prüfung der Frage, ob die Regelung eines Stufenmodells anhand der Energieeffizienzklassen des Gebäudeenergiegesetzes zweckmäßig ist.

1   Nach rund drei Jahren soll der Nutzen des Gesetzes überprüft werden. Dieser Zeitraum erscheint angesichts des Umfangs der Überprüfung recht kurz bemessen.

Abschnitt 6. Übergangs- und Schlussvorschriften

§ 12 Übergangsregelungen

(1) Dieses Gesetz ist auf ein Mietverhältnis, das vor dem 1. Januar 2023 entstanden ist, mit der Maßgabe anzuwenden, dass Vertragsbestimmungen, die den Mieter verpflichten, die Kosten für die Versorgung der mit Wärme oder Warmwasser verbrauchten Brennstoffe oder die Kosten für Wärmelieferungen oder Warmwasserlieferungen zu tragen, nicht den Anteil an den Kohlendioxidkosten umfassen, den der Vermieter nach § 5 Absatz 2 oder nach § 7 Absatz 1 zu tragen hat.

(2) Die Vorschriften über die Aufteilung der Kohlendioxidkosten nach diesem Gesetz sind auf Abrechnungszeiträume für die Abrechnung der Wärme- und Warmwasserkosten anzuwenden, die am oder nach dem 1. Januar 2023 beginnen. Kohlendioxidkosten, die aufgrund des Verbrauches von Brennstoffmengen anfallen, die vor dem 1. Januar 2023 in Rechnung gestellt worden sind, bleiben unberücksichtigt.

Die Übergangsregelung enthält zunächst eine Auslegungsregel bezüglich des Umfangs der auf den Mieter übergewälzten Betriebskosten in den Mietverträgen (Abs. 1). Danach enthält die Überwälzung **nicht** die Verpflichtung, die gesamten CO_2-Kosten zu tragen. 1

Um **eine rückwirkende Anwendung** zu vermeiden, wird festgelegt, dass das Gesetz erst auf nach dem 1.1.2023 beginnende Abrechnungszeiträume anzuwenden ist. CO_2-Kosten, die vor dem Inkrafttreten des Gesetzes angefallen sind, bleiben für die Aufteilungen danach unberücksichtigt; sie fallen nach § 7 Abs. 2 HeizkV vollständig beim Nutzer an. 2

§ 13 Inkrafttreten

Dieses Gesetz tritt am 1. Januar 2023 in Kraft.

Sachregister

Fett gedruckte Zahlen ohne weiteren Hinweis verweisen auf die Paragraphen der HeizkV. Die weiteren Vorschriften (CO2KostAufG-E, FFVAV, WärmeLV) werden jeweils mit Kurztitel und Paragraph ausgewiesen. Mager gedruckte Zahlen verweisen auf die jeweilige Randnummer.

Abänderung
– Verteilungsschlüssel **6** 92 ff.; **9** 8 ff.
Abbruchhaus
– Härteklausel **11** 63
Abgasanlage
– Reinigungskosten **7** 104
Abgasverlust 7 107
Ablesedatum
– Gas **6** 48
Ableseergebnis
– Kontrollmöglichkeit **6** 11
– Mitteilungspflicht **6** 20, 33
– Speicherung **6** 29
Ableseergebnisse
– Kontrollmöglichkeit **6** 11, 15
Ablesefehler
– Heizkostenverteiler **5** 23
– Kürzungsrecht **12** 17
Ablesekosten
– Zwischenablesung **9b** 11–15, 59
Ablesemängel
– Vertretenmüssen **9a** 11
Ablesemöglichkeit 9a 4, 6, 8
Ablesen
– Erfassungsgeräte **6** 8
– vergessenes **9a** 9
– Vorbereitungsverfahren **6** 8, 9 ff.
Ableser
– Heizkostenverteiler **5** 23, 24
– Protokoll **5** 24; **6** 19
Ablesetermin 9a 9
– Ankündigung **6** 9–13
– Duldung Ablesung **6** 16
Ableseturnus
– Dauerschätzung **9a** 22 ff.
Ablesung
– Augenhöhe **5** 23
– Ankündigung **6** 10–12
– Duldung **6** 16
– Heizkostenverteiler **5** 23, 39
– Messampulle **5** 23
– Messpunkte **5** 23
– Protokoll **5** 24; **6** 19
– Zeitpunkt **5** 23
– zweite, Kosten **6** 13

Abnahmegebühr 7 121
Abrechnung
– Eichpflicht **5** 91
– Inhalt **6** 43 ff.
– Plausibilitätskontrolle **6** 60
– Prüfung **6** 59
– Prüfungsfrist **6** 59
– Versendung, Kosten **7** 113
Abrechnungseinheit 6 4, 59
Abrechnungsfrist 6 53–57
– gesetzliche **2** 41
– Versäumung **6** 54–57
– vertragliche **2** 41
Abrechnungsguthaben
– Anspruchsverzicht durch Geldempfang **6** 58
Abrechnungshilfe 6 Anhang 2
Abrechnungsmaßstab
– vorgeschriebener **7** 18–30
– Wahl **6** 102; **10** 9
Abrechnungsperiode 6 51, 52
Abrechnungspflicht
– Fälligkeit **6** 54
– gestaffelte **1** 32
Abrechnungsturnus 2 41
Abrechnungsvertrag 5 66 ff.
Abrechnungszeitraum
– Anpassung Überhangmonate **7** 81
Abrufbarkeit Daten 6 32
Abschreibung
– Kosten **7** 120
– Warmwasserlieferung **8** 30
Abschreibungsquote 8 22
Abschreibungszeiträume 11 31
Absperrventile
– Verbrauchssteuerung **11** 43
Abstellraum
– beheizter Raum **7** 61
Abstrahlungswärme
– Anbringung Erfassungsgeräte bei **11** 22
Abwärme 1 7
– Landwirtschaft **11** 53
– Verwendung von **11** 55
Abwesender Nutzer 9a 10
Akademie
– Ausnahmen für **11** 49

Sachregister

fette Zahlen = §§

Allgemeine Verwaltungsvorschrift Energiebedarfsausweis 6 Anhang 1
Altbau
– modernisierter **7** 8
– Verteilungsmaßstab **7** 11
– Wärmedämmung **7** 8
Altbauwohnung Berlin
– preisgebundene **11** 69, 70
– Übergangsregelungen **12** 4
Altenheim
– Ausnahme für **11** 48
Altenwohnanlage
– Ausnahme für **11** 49
Altgeräte
– Bestandsschutz **12** 6, 36–50
Amortisationsdauer 1 31
Ampullen
– -gehäuse **5** 10
– -wechsel **5** 20; **9a** 2
Anbringung Erfassungsgeräte
– Anspruch auf Wiederherstellung **4** 28
– Ausnahmeregelung **11** 17–40
– Unmöglichkeit **11** 21–25
– wirtschaftliche Grenzen **11** 26–34
Änderung Heizungsanlage
– Einfluss auf Erfassungsgeräte **4** 47
Änderungsvorbehalt
– Kostenumfang **7** 73
Anerkannte Regeln der Technik 5 75; **7** 34
Anfangsbestand 6 44; **7** 82
Anfeuerungsmaterial
– Kostenumlage **7** 86
Ankündigung Ableseterrmin 6 10,
– Aushang **6** 12
– Form **6** 11
– Inhalt **6** 11
– Zeitraum **6** 10
Ankündigungspflicht
– Verletzung **6** 15
Anlage ausgegliederte **1** 33
Anmietung Erfassungsgeräte
– vermietetes Wohnungseigentum **3** 27
– Widerspruchsrecht Mieter **3** 51; **4** 13–20
Anpassung an HeizkV
– Ermessensausübung **2** 31
– Gestaltungsrecht **2** 30
– Nebenkostenpauschale **2** 26, 27
– Vertragsregelungen **2** 31 ff.
Anschaffungskosten Erfassungsgerät
– Gegenüberstellung zu Mietkosten **4** 15
Anwendung HeizkV 11 11
Anwendungsausschluss HeizkV
– vertragliche Bindungswirkung **12** 23
– Individualvereinbarung **12** 23

Anwendungsfehler 5 27, 44
Anzeigeblockierung 9a 6
Anzeigegeschwindigkeit
– Verdunster **5** 26
Anzeigeskala 5 21, 22
Anzeigeverhältnis
– Verdunster **5** 26
Aperiodische Kosten 7 118, 119
Appartement
– Warmmiete **2** 16
Arbeitsaufwand
– Gebäudeeigentümer **7** 89
Arbeitsentgelt
– Brennstoffkosten **7** 84
Arbeitspreis 7 124; **8** 20
Aufbereitungsstoffe 8 21
Aufteilung Gesamtkosten 6 Anhang 2, Formular 3
Ausnahmegenehmigung 11 60
– Anspruch auf **11** 61
– Interesse an Energieeinsparung **11** 61
– Interesse der Nutzer **11** 61
– zuständige Behörden **11** 65
Ausnahmeregelung 2 42; **11**
– Abrechnung bei **11** 13–15
– Anbringung Erfassungsgeräte **11** 11, 17 ff.
– Arten **11** 3
– Bestimmungsrecht, vertragliches **11** 14
– Beweislast **11** 12
– Gesamtleistungsvertrag **11** 50
– gesetzlicher Verteilungsmaßstab **11** 13
– Heizkostenpauschale **11** 13
– Inklusivmiete **1** 66; **11** 12
– konkludente **11** 4–6
– Kostenverteilung, preisgebundener Wohnraum **11** 68
– Leistungsbündel **11** 48
– preisgebundener Wohnraum Berlin **11** 69, 70
– Rechtsfolgen **11** 8
– Untervermietung **11** 35–38
– verbrauchsunabhängiger Verteilungsschlüssel **11** 13
– Vertragsänderung, einseitige **11** 51
– Warmwasser **11** 66, 70
– Zwischenfeststellungsklage **11** 12
Ausnahmetatbestand
– Rechtsfolgen **2** 48
Ausscheidbare Kosten
– Pauschale **2** 37
Ausschlussfrist
– für Abrechnung **6** 53–57
– für Widerspruch gegen Gerätekauf **4** 18
Ausstattungsanspruch
– Technik **5** 1

magere Zahlen = Randnummer

Sachregister

Ausstattungspflicht
- Technik **5** 1
- Umfang **4** 7

Austausch
- Brennstofftank, Kosten **7** 87

Auswahlbefugnis Erfassungsgeräte
- Grenzen **4** 10

AVBFernwärme 11 57
- Anteile am Gesamtverbrauch **1** 41
- Direktabrechnung **1** 41
- Kostenverteilung **1** 42
- Verbrauchsmessung **1** 41

Bäder, medizinische,
- Warmwasserkostenverteilung **8** 7

Badewannenkonvektoren
- Einsatzgrenzen Verdunster **5** 11, 25

Balkon
- Einbeziehung in Flächenmaßstab **7** 60, 62, 64

Basisheizkörper
- Skalen-Anpassung an **5** 21, 22

Batterie-Austausch
- Kosten **7** 112
- als Wartung **7** 119

Batteriewechsel
- vergessener **9a** 2, 6

Bauherrenmodell 1 29

Baumaßnahmen
- Duldung **4** 25

Bautenzustand
- Verteilungsmaßstab **7** 10 ff.

Bedienung Heizung
- Definition **7** 94

Bedienungskosten
- Elektroheizung **7** 93
- Gasheizung **7** 93
- halbautomatische Anlage **7** 93
- Hausmeister **7** 95
- Kohleheizung **7** 92
- Ölheizung **7** 93, 94
- vollautomatische Anlage **7** 93

Beheizung
- elektrische **7** 90

Beiblatt „Verfahren zur Berücksichtigung des Rohrwärmeanteils" VDI 2077 7 34

Belege
- Kopien **6** 63

Belegkopien 6 63

Beleuchtung
- Heizkeller **7** 90

Berlin
- Fernheizanlage **11** 56
- Geltung HeizkV **13** 2
- Klausel **13** 1

Beschädigung
- Erfassungsgerät **9a** 2

Besichtigungsrecht 4 25

Bestandsschutz, Erfassungsgeräte
- nach baulicher Veränderung **2** 47
- Erfassungsgeräte **12** 39
- bei Geräteersatz **12** 43
- Fernwärme **12** 45–47
- Kürzungsrecht **12** 39
- nach Modernisierung Erfassungsgerät **12** 44
- Montageort **12** 41, 42
- nach Reparatur **12** 44
- Skalenreduktion **6** 67
- Wärmemengenmesser **12** 45

Bestimmungsrecht
- vertragliches für Gebäudeeigentümer **11** 14

Betreiber zentraler Versorgungsanlage 1 33

Betriebsbereitschaft
- Kosten für **7** 1, 3

Betriebsführungscontracting 1 71, 75; **WärmeLV 2** 8, 10; **WärmeLV 6** 1; **WärmeLV 9** 8

Betriebskosten 7 69–122
- teilweise Aufzählung im Mietvertrag **7** 72
- Erhöhung **7** 73
- Neueinführung **7** 73
- Pauschalverpflichtung **7** 74
- Umfang der Umlage **7** 70
- Verteilungsfähigkeit **7** 71
- Verweis auf BetrKV **7** 71, 72

Betriebskosten bei Kohlendioxidaufteilung CO2KostAufG-E 6 6

Betriebskosten bei Wärmelieferungen
- Ermittlung der B. der Eigenversorgung **WärmeLV 9** 1 ff.
- Jahresnutzungsgrad **WärmeLV 9** 1
- Kostenvergleich Umstellung auf Wärmelieferungen **WärmeLV 8** 2

Betriebsstrom
- Erfahrungswerte **7** 91
- Kostenumfang **7** 90
- Verbrauchsermittlung **7** 91

Bevorratung
- Brennstoff **7** 85

Beweisanzeichen
- Ableseprotokoll, Unterschrift **6** 19

Beweislast
- Heizkostenabrechnung **6** 15

Bezirksschornsteinfegermeister
- Abnahmegebühr **7** 120
- Messungen **7** 107

Bezugsfertigkeit
- Ausstattungspflicht **12** 2

375

Sachregister

fette Zahlen = §§

Billigpreisangebot
- Liefervertrag **7** 76

Biogasanlagen 11 53

Bleirohre
- Wassermehrverbrauch **8** 19

Blockheizwerk 1 5

Blumengeschäft
- Verteilungsschlüssel **8** 7

Brenner
- Austausch **7** 100
- Betriebsstrom **7** 90

Brennstoff 7 78 ff.
- angefallene Kosten **7** 78
- Großeinkauf **7** 45
- Heizwert **9** Abs. 3 Nr. 2
- Kaufpreis **7** 84
- Kleinbezug **6** 45
- Lagerkosten **7** 87
- Tarifwahl **7** 85
- Verbrauchskosten **7** 78
- Wirtschaftlichkeit **6** 45

Brennstoffaufwand
- Wassererwärmung **9** 12 ff., 29 ff.

Brennstoffausnutzung
- rationale **11** 55 ff.

Brennstoffbedarf 9 Abs. 3 Nr. 2

Brennstoffeinkauf
- Ermessen **6** 45

Brennstoffkosten 6 44; **7** 84 ff.

Brennstofflieferant
- Angabe Heizwert **9** Abs. 3 S. 2

Brennstoff-Tank
- Austausch **7** 87
- Leasing **7** 87
- Reparatur **7** 87

Brennstoffverbrauch
- Gas **7** 79–81
- Koks **7** 83
- Öl **7** 82

Brennstoffversorgungsanlage, zentrale 1 6

Büro
- Teileigentum **1** 39
- Verteilung Warmwasserkosten **8** 7

CO2-Preis 7 Anhang 2

Contracting s. *Wärmeliefervertrag*
- Definitionen **1** 56

C-Wert 5 22

Dachgarten
- Einbeziehung in Raummaße **7** 60, 64

Dampfbetriebene Heizkörper 5 25

Datenschutz 6b
- Anwendungsvoraussetzung **6b** 4
- Datenverarbeitung **6b** 5
- Einsichtsrecht Unterlagen **6** 62
- Löschung **6b** 8

- Speicherung **5** 49
- Zwecke **6b** 7

Dauermangel 11 19

Dauernutzungsrecht 1 28

Dauerschätzung 9a 22

Dauerwohnrecht 1 28, 30

Decken-Fußbodenheizung, kombinierte 11 45

Deckenstrahlungsheizung 5 25

Demontage Heizkörper 3 30

Deputatkohle 7 84

Dichtigkeitsprüfung
- Gasleitung **7** 120

Dichtungen
- Austausch **7** 100; **8** 21

Diele
- als beheizter Raum **7** 61

Dienstbarkeit, beschränkt persönliche 1 28

Dingliche Nutzungsrechte 1 28

Dingliches Wohnrecht 1 28, 30

Direktabrechnung
- Wärmelieferant **1** 40, 42

Dreifühlergerät 5 42

Dresdner Gutachten 7 18, 30

Drosselung
- Heizung **7** 8

Druckminderer 11 59

Druckprüfung
- Gasleitung **7** 120

Duldungsanspruch
- Durchsetzung **4** 27, 29

Duldungserklärung, strafbewehrte 6 17

Duldungsklage 6 17

Duldungspflicht 6 16
- Anbringung Erfassungsgeräte **4** 24
- Vorbereitungsmaßnahmen **4** 25

Durchschnittswert
- Abrechnungseinheit **9a** 36
- Gebäude **9a** 41

Durchsetzung HeizkV 2 12, 13

Düse
- Austausch als Wartung **7** 100

Eichfehlergrenze
- Wärmezähler **5** 54

Eichfrist 5 52, 58, 70

Eichgebühr 5 59; **7** 114; **8** 20

Eichkosten
- Verteilung **5** 61

Eichmarke 5 58

Eichpflicht 5 58, 91, 92
- Verwendung ungeeichter Geräte **5** 58

Eichplombe 5 58

Eichservice-Vertrag 5 61

Eichzeitraum 7 119

magere Zahlen = Randnummer

Sachregister

Eigenleistung
– Gebäudeeigentümer **7** 89, 110
Eigentum, Heizungsanlage WärmeLV 2 10
Eigentümerwechsel
– Kostenverteilung **3** 24
Eignungsnachweis
– Erfassungsgeräte **5** 81
Einbau
– Heizungsanlage **WärmeLV 2** 9
Einbaumöbel
– Ablesung **11** 23
Einfamilienhaus
– Nutzer **1** 45
– Vorerfassung **5** 85
Einfühlergerät 5 40
Einheitsskala 5 21
Einliegerwohnung 1 45; **11** 35
Einrohrheizung 5 25; **11** 45
Einrohrsystem
– Vorerfassung **5** 86
Einsatzgrenzen
– Kürzungsrecht **12** 16
– Verdunstungsgeräte **5** 25
Einsichtsrecht Abrechnungsunterlagen
– Datenschutz **6** 62
– Erfüllungsort **6** 64
– Originalbelege **6** 63
– Unterlagen **6** 61
– Verweigerung **6** 65
Einstandspflicht
– Gebäudeeigentümer für Messdienste **4** 3
Einstweilige Verfügung
– Zugangsgewährung **6** 18
Eintragung Grundbuch 3 47, 48
Einzelabrechnung
– Heiz-, Warmwasser-, Hausnebenkosten **6** Anhang 3 Muster 1
Einzelanlage 1 6
– verpachtete **1** 33
Einzelgarage 7 66
Einzelofen 1 6
Einzelverteilung 6 49 f.
Effizienzverbesserung 1 73, 75; **WärmeLV 2** 11 f.; **WärmeLV 11** 7
– Richtwerte **1** 75
– Schätzungen **1** 75
Endabrechnung
– Saldo **6** 42
Endbestand 6 44; **7** 82
– Bewertung **6** 46
Endenergie, Verbrauch von 1 74; **WärmeLV 2** 7; **WärmeLV 9** 1 ff.
Energiebedarfsausweis 6 7; **6** Anhang 1
Energiediagnose 6 69
Energieeinsparung
– Erfassungsgeräte **5** 65

– Marktwirtschaft **11** 1
Energieeinsparungsgesetz
– Ermächtigungsgrundlage **Vor 1** 2; **2** 4
Energiequelle 1 7
Energiesparende Techniken 11 52 ff.
Energiesparhäuser 11 16
Energiesparmaßnahmen
– Verteilungsschlüssel **6** 95
Erdgas
– Heizwert **9** Abs. 3 Nr. 2
Erfassung
– Grundsatz der verbrauchernahen **9a** 9
Erfassung, ordnungsgemäße 9a 5
Erfassungsgeräte
– Abrechnungsmangel **6** 78
– Ablesen **5** 23; **7** 73
– Anmietung **3** 27; **4** 11
– Anschaffungskosten **5** 63
– Austausch **4** 47–50
– Beschädigung **4** 44
– Flur **4** 52
– Folgekosten **5** 64
– Gemeinschaftsräume **4** 51
– Keller **4** 52
– Kontrolle, Kosten **7** 111
– Kosten Anmietung **4** 12
– Leasing, Kosten **4** 11 ff.; **7** 108
– Leasingvertrag **4** 33
– Mängel **4** 45
– Manipulation **9a** 17
– Mitbestimmung der Mieter **4** 13
– Reparatur **4** 44
– technische Systeme **5** 3 ff.
– Treppenhaus **4** 52
– Verpflichteter **4** 1
– Verschleiß **4** 46
– Warmwasser **8** 25
Erfassungsmängel
– behebbare, Zurückbehaltungsrecht **12** 29
– konkrete Schadensberechnung **12** 29
– Kostenmiete, Rückforderung **12** 30
– unbehebbare **12** 33
Erfassungspflicht
– Rechtsnatur **4** 3
– Warmwasserlieferung **8** 28
Erfüllungsanspruch Mieter
– Eigentumswohnung **4** 60
– Kürzungsrecht **4** 61
– Leistungsklage **4** 58
– Nutzermehrheit **4** 59
Erfüllungstendenz überschießende 10 2
Ermächtigungsgrundlage Vor 1 2; **2** 4
Errichtungskosten
– Wasserversorgungsanlage **8** 22
Ersatzgerät
– Kosten **5** 60

377

Sachregister

fette Zahlen = §§

- Nacheichung **5** 59
Ersatzverfahren
- Anwendungszeitraum **9a** 14
Etagenheizung 1 6
Experimentierklausel
- Eignungsnachweis **5** 81

Fälligkeit
- Abrechnungsforderung **6** 59
- Abrechnungsguthaben **6** 58
- Abrechnungspflicht **6** 54
- bei Geräteausfall **9a** 5
- bei verweigerter Belegeinsicht **6** 65
Fehler, systembedingte
- Kürzungsrecht **12** 16
Fehlerbeseitigung
- Kosten **12** 19
- Kürzungsrecht **12** 18
Fehlerquote 5 33
Fenster, einfachverglaste
- Verteilungsmaßstab **7** 11
Ferienwohnanlage 11 49
Fernablesbarkeit
- Datensammler **5** 65
- Datenschutz **5** 66
- Drive-by **5** 65
- EU-Vorgaben **5** 63
- Evaluierung **5** 83
- Fristen **5** 76
  - Ausnahmen **5** 79, 80, 82
- Inhalt **5** 64, 65
- Stand der Technik **5** 67
- Walk-by **5** 65
Fernablesung 5 39
Fernkälte
- s. Kältelieferungen
Fernwärme 1 11; **5** 51
- Bestandsschutz **12** 45
- s.a. Kältelieferungen
Fernwärmeunternehmen 1 40
Fernwärmeversorgung
- Wirtschaftseinheit **1** 14
Fertigungsfehler
- Kürzungsrecht **12** 17
Festkostenanteil
- Raummaßschlüssel **7** 58
- Verteilungsschlüssel **7** 58
Feuchtigkeitserscheinungen 7 8
Feuerlöscher 7 120
Feuerungseinrichtung
- Einstellung als Wartung **7** 97
Fiktive Werte 6 8; **9a** 25–49
Filter
- Wartungskosten **7** 100
First in – first out 6 44; **7** 82
Fitnessraum 4 56

Flächenangabe
- Mietvertrag **7** 59
Flächenmaßstab
- Auswahl **7** 63, 64
- Wassererwärmung **8** 10
Flügelradzähler 5 56
Flur
- beheizter Raum **7** 61
- Erfassungsgeräte **4** 52
Freiflächen
- Verteilungsmaßstab **7** 65
Freizeiteinrichtung
- Vorerfassung **5** 85
Friseur
- Warmwasserkostenverteilung **8** 7
Fußbodenheizung
- Ausnahme **11** 24
- Geräteausstattung **5** 83
- Verdunster **5** 25

Garage
- Ausstattungspflicht **4** 6
Gasetagenheizung 1 6; **7** 107
Gebäudeeigentümer 1 26
- gleichgestellte Personen **1** 27–44
- Verschulden Geräteausfall **9a** 7
- Verteilungspflicht **6** 1
Gebäudeeigentümer
- Brennstoffhändler **7** 84
Geldeinzug
- Kosten **7** 113
Geldempfang
- Anspruchsverzicht **6** 58
Geltungsbereich sachlicher 1 4, 5
Gemeinschaft Wohnungseigentümer 3 3
Gemeinschaftlich genutzte Räume 6 87
- Energiekosten **4** 53
- Erfassungsgeräte **4** 52
- Sondervereinbarung **4** 54, 55
Gemeinschaftliches Eigentum
- Erfassungsgeräte **3** 29, 32
Gemeinschaftsordnung
- verbrauchsunabhängiger Verteilungsmaßstab **3** 15
Gemeinschaftsraum
- Heim **11** 48
Gemeinschaftsräume 4 56
- Abrechnungsumstellung **12** 52
- Bestimmungsrecht **6** 85
- Erfassungsgeräte **5** 51
- Personenschlüssel **6** 86
- rechtsgeschäftliche Verteilung **6** 85
- Übergangsvorschrift **12** 51
- Übergangsvorschrift Abrechnungszeitraum **12** 53

magere Zahlen = Randnummer

Sachregister

– Verteilung **6** 84
Gemeinschaftsstrom 7 90
Genehmigungen
– Kosten **8** 22
Generelles Vergleichsverfahren 9a 41 ff.
– Durchschnittsverbrauch Gebäude **9a** 47
– Durchschnittsverbrauch Nutzereinheit **9a** 46
– Vergleichskriterien **9a** 43, 44
Geräteanmietung
– Mitteilung Inhalt **4** 14
Geräteausfall 9a 2, 7; **11** 19
– Entscheidungsspielraum **3** 24
– mehrere **9a** 28
– zwingende Gründe **9a** 8
– s. auch unter Vergleichsverfahren
Geräteauswahl 4 8–10
– Entscheidungsprozess **4** 9
– Mitsprache Mieter **4** 8
Gerätekauf
– Abschreibungen **4** 39
– freifinanzierter Wohnraum **4** 35, 36
– Gebot der Wirtschaftlichkeit **4** 38
– Kostenverteilung **4** 34
– Mieterhöhung **4** 37
– preisgebundener Wohnraum **4** 39
– Saarland **4** 42
– Vertragsänderung **4** 43
– wohnungsabhängige Kostenaufstellung **4** 36
Gerätekauf
– Kosten im freifinanzierten Wohnraum **4** 35, 36
Gerätemiete
– Kostenverteilung **4** 31, 32
– Nutzerwechsel **4** 20
– Zustimmung zur Kostenumlage **4** 31
Gerätemietkosten
– Gegenüberstellung zum **4** 15
– bei Widerspruch der Nutzer **4** 22
Geräteraum
– beheizbare Räume **7** 62
Geräteverschleiß 5 60
Gesamtabrechnung 6 76; **7** 111
Gesamtkosten 7 4, 56
– Verteilung **6** 49
Gesamtverbrauch
– Vorerfassung **5** 88
Gliederheizkörper 5 11
Gradtagszahlen
– Formel **9b** 20
– Nutzerwechsel **9b** 20
– Orte **9b** 22
– Tabelle **9b** 21
Gradtagszahlenmethode
– Überhangmonate **7** 81

Grundbuch
– Berichtigung **3** 47
– Eintragung **3** 47
Grundgebühr 8 20
Grundkosten 7 1, 19; **8** 8
Grundpreis 7 124

Härte 11 62, 63
Härteklausel 11 60 ff.
Hauptmieter – Untermieter 2 43
Hausanlage 11 59
– Wärmelieferung **7** 127–129
– des Gebäudeeigentümers **8** 30, 31
Hausmeister 4 2
– Kosten der Heizungsbedienung durch **7** 55, 57, 92, 93, 95
Hausverwaltung 1 29
Hebeanlage 8 22
Heimvolkshochschule 11 49
Heizer
– Lohn **7** 92
– Sozialabgaben **7** 92
Heizkörper
– technische Dokumentation **6** 3
– Demontage **3** 30; **9a** 23
– mit Gebläse **5** 3
– Installation, mängelhaftete **11** 23
– Reinigung **7** 106
Heizkörperkennlinie 5 18
Heizkörperverkleidung 5 27; **11** 23
Heizkosten
– Aufzählung im Vertrag **7** 36
– Begriff **2** 38
– Gerätemiete **4** 30
– Katalog **7** 69 ff.
– Legaldefinition **2** 38; **7** 69 ff.
– Umfang vertraglicher **2** 33
Heizkostenabrechnung
– Rechtsgrundlage **6** 35
Heizkostenanteil, Inklusivmiete
– Herausrechnen **2** 19
Heizkostenaufstellung 6 Anhang 2, Formular 2
Heizkosten-Einzel-Abrechnung 6 Anhang 2, Formular 4
Heizkostenpauschale 2 28
– Ausnahmeregelung **11** 13
– Umwandlung in Vorauszahlung **2** 28
Heizkostenverteiler, elektronische 5 39 ff.
– Ablesekosten **7** 110
– Ablesung **5** 49
– Anwendungsfehler **5** 45
– Auflösung **5** 49
– Batterie **5** 48
– Bewertungsfaktoren **5** 43
– Einsatzgrenzen **5** 44
– Fehlergrenzen **5** 46

379

Sachregister

fette Zahlen = §§

- Funktionsprüfung Kosten **7** 97
Heizkostenverteiler, Verdunstungsprinzip 5 7, 8 ff.
- Ablesung **5** 23; **9b** 9
- Anwendungsfehler **5** 27 ff.
- Auflösung **5** 18
- Bewertungsfaktoren **5** 21, 22
- Einsatzgrenzen **5** 25 f.
Heizöl
- chemische Zusätze **7** 86
- Heizwert **9** Abs. 3 Nr. 2
- Reinigungsadditive **7** 86
Heizperiode 6 51
Heizröhrchen 5 8
Heizspiegel 2 22
Heizsystem
- Änderung **9a** 41
Heizungsanlage
- Bestandsschutz **12** 40
- Entlüftung als Wartung **7** 98
- halbautomatische, Bedienungskosten **7** 93
- Leitungsisolierung, schlechte **6** 72
- Überdimensionierung **6** 72
- veraltete **7** 11
- verpachtete **1** 33
- vollautomatische, Bedienungskosten **7** 94
Heizungskonzept
- Störung des **3** 38
Heizwert
- Angaben Brennstofflieferant **9** Abs. 3 S. 3
- Brennstoffe **9** Abs. 3 Nr. 2
Hilfspersonen
- Pflichten nach HeizkV **4** 2
Hilfsverfahren
- Anwendungsgrenzen **9a** 3
Hobbyraum 4 6, 56; **7** 66
Hochhaus
- Vorerfassung **5** 85
Höchstsätze, Überschreitung 10
- Aufklärungspflicht **10** 6
- Formularvertrag **10** 12, 13
- Individualvereinbarung **10** 12
- Wohnungseigentum **10** 15–18
Höchstsätze, verbrauchsabhängige 11 5
Horizontale Leitungsstränge
- Rietschel-Henneberg-System **7** 32
Hotelzimmer 11 49

Immissionsgrenzen 7 107
Individualtermin
- kostenpflichtige Ablesung **6** 14
Informationspflichten
- Abrechnungsinformation **6a** 3
- Durchschnittsnutzer **6a** 15
- Frist **6a** 13
- Grundlagen **6a** 1
- Hilfsinformation **6a** 16
  - abgabenbezogene **6a** 20
  - abrechnungsbezogene **6a** 21
  - energiebezogene **6a** 19
  - kontaktbezogene **6a** 22
  - streitvermeidende **6a** 23
- Inhalt kWh **6a** 10, 14
- Technische Voraussetzung **6a** 4
- Verbrauchsinformation **6a** 3
- Versandwege **6a** 9
- Zeitliche Vorgaben **6a** 6, 7
- Verbrauchsvergleiche **6a** 24–27
Inklusivmiete 2 15,
- Abänderung **2** 19–25
- Anpassung **2** 17
- Ausnahmeregelung **11** 13
- Erhöhung **2** 23
- Fehlkalkulation **2** 16
- Gestaltungsrecht **2** 18
- Heizkostenanteil, Herausrechnen des **2** 19, 20
- verbrauchsabhängige Abrechnung **2** 18
- Wärmeliefervertrag **1** 66
Inkrafttreten 14; **12** 55
Insolvenzverwalter
- Verpflichteter nach HeizkV **1** 26
Instandhaltung
- Definition **7** 100
- Kosten **7** 100; **8** 21
Instandsetzungskosten 7 99
Internat 11 49
Interoperabilität 5 73 f.
Investitionskosten 1 61, 77
- Eigenbeteiligung **1** 93

Jahresheizwärmebedarf 7 20
Jahresnutzungsgrad 1 70, 74; **WärmeLV 9** 1 ff.; **WärmeLV 10** 1 f.
- Pauschalwerte **WärmeLV 5** 5 f.

Kalkablagerungen
- als Reinigung **7** 103
Kältelieferungen (FFVAV)
- Abrechnungen **FFVAV 4** 1 ff.; **FFVAV 5** 1 ff.
- Begriffsbestimmungen **FFVAV 2** 1 ff.
- Endnutzer **FFVAV 1** 5 ff.
- Messung des Verbrauchs **FFVAV 3** 1 ff.
- „normierter Durchschnittsnutzer" **FFVAV 5** 5
- Nutzerwechsel **FFVAV 1** 12
Kaltmiete
- Ermittlung der **2** 25
Kaltverdunstung 5 12, 19, 26, 30
- Hinweispflicht **5** 31
Kaltverdunstungsvorgabe 5 19, 26

magere Zahlen = Randnummer   **Sachregister**

Kaltwasserverbrauch 8 17
Kapillarsystem 5 16
Kehrgebührenordnung 7 107
Keller
– Erfassungsgeräte 4 52
Kellerraum 4 6
Kesselheizflächen
– Reinigung 7 97, 103
Kessel-Wirkungsgrad WärmeLV 9 3
Kessel-Nutzungsgrad 1 74
Klage auf Abrechnung 6 54
Klappengesteuerter Heizkörper 5 25
Kleinteile
– Austausch 7 100; 8 21
Kohlendioxidkostenaufteilungsgesetz (CO2KostAufG-E)
– Abrechnung der Kosten CO2Kost-AufG-E 8 1 ff.
– Anwendungsbereich CO2KostAufG-E 2 1 ff.
– Betriebskostenabrechnung CO2Kost-AufG-E 6 6 f.
– Brennstoffemissionen CO2KostAufG-E 3 2
– Direktlieferungen CO2KostAufG-E 3 5
– Emissionszertifikate CO2KostAufG-E 1 1
– energetische Verbesserungen CO2Kost-AufG-E 9 1 ff.
– Erstattungsansprüche CO2KostAufG-E 6 1 ff.; CO2KostAufG-E 7 1 f.
– Evaluierung CO2KostAufG-E 11 1
– Heizkostenabrechnungszeitraum CO2KostAufG-E 5 5
– Informationspflichten CO2KostAufG-E 3 1 ff.
– klimaneutrale Ersatzbrennstoffe CO2KostAufG-E 10 1 ff.
– Reduktion von Treibhausgasen CO2KostAufG-E 1 3
– Selbstversorger CO2KostAufG-E 5 7; CO2KostAufG-E 6 4
– Umlagefähigkeit CO2KostAufG-E 6 1 ff.
– Wohngebäude CO2KostAufG-E 5 1 ff.; CO2KostAufG-E 6 1 ff.
– Zertifikatepreis CO2KostAufG-E 4 1
Kohlenmonoxyd 7 107
Kollisionsregel 2 7, 13
Kompressor
– Betriebsstrom 7 90
Kontoführungsgebühr 7 120
Kontrollablesung 6 19
Kontrollkarte 6 Anhang 2, Formular 1
Konvektoren 4 5; 5 11, 13

Kopfteilsprinzip 3 22
Korrosionsschutz 8 21
Kosten des Betriebs
– vertragliche Vereinbarung 8 14, 15
Kosten
– Ersatzgerät 5 60
– unbelegte in Abrechnung 6 75
– verbrauchsunabhängige 7 2, 68
– Wärmemessdienst 5 64; 7 111
– zweite Ablesung 6 13
Kosten, einheitlich entstandene 9 5
– Trennung 9 6
Kostenabrechnung
– einheitliche 7 15
– Grundsatz der einheitlichen 3 42
Kostenaufspaltung 7 4
Kostenaufteilung
– Wassererwärmung 8 4
Kostenneutralität HeizkV 2 34
Kostenneutralität, Umstellung auf Wärmelieferung 1 58, 61, 62, 64, 77, 136–157, 171, 177
Kosten-Nutzen-Analyse 3 28
Kostenquote, verbrauchsabhängige 10 4
Kostentragung
– Gerätemiete 4 30
Kostenüberschreitung
– Kompensation 11 39, 40
Kostenvergleich 1 77; **WärmeLV** 8 1 ff.; **WärmeLV** 11 8
Kostenverlagerung 2 36
Kostenverteilung 7 123 f.
– Unmöglichkeit 11 25
Kostenverteilungspflicht
– Gebäudeeigentümer 6 1
Kraft-Wärme-Koppelung 1 7; 11 55
Kreditkosten 7 87
Kubikmeter
– Verteilungsmaßstab 8 27
Kündigungsrecht
– Vorauszahlungen 6 41
Kürzungsrecht
– Abrechnungsmangel 6 78
– analoge Anwendung 12 8
– Ausnahmefälle 12 17
– Berechnung 12 21
– Berücksichtigung von Amts wegen 12 22
– dogmatische Einordnung 12 8
– Einsparungsquote 11 29
– Energieeinsparung 12 10, 11
– Ersatzverfahren 9a 20
– fehlende Erfassungsgeräte 4 61; 5 2
– fehlerhafte Erfassung 12 12
– fiktive Werte 6 8

381

Sachregister

fette Zahlen = §§

- Geltendmachung **12** 22
- Geräteausfall **9a** 50–55
- konkrete Schadensberechnung **12** 25
- Montagefehler **5** 15
- Nutzer des Gebäudes **12** 24
- Prozentsatz **12** 24
- Rechtsgrundlage **12** 7
- Rückforderungsanspruch **12** 23
- Schadensersatzanspruch **12** 8, 9
- Urfassung **12** 3, 4
- Vereinbarung **10** 7
- Vergleichsverfahren **9a** 50 ff.
- Vergleichsverfahren Grenzwerte **9a** 59
- vermietetes Wohnungseigentum **12** 31
- Verstoß gegen Treu und Glauben **12** 18
- Voraussetzungen **12** 12
- Vorerfassung **5** 83
- Wohnungseigentum **3** 9; **12** 30
- Zwischenablesung **9b** 61; **12** 17

Kürzungsrecht Verstoß gegen §§ 5, 6a
- Berechnung **13** 37, 38
- Fernablesbar **12** 32, 34
- Informationspflichten **12** 32, 35
- Kumulation **12** 36
- Sanktionscharakter **12** 33

Kurzzeitmessung 1 153
KWK-Anlagen 9 4

Läden 1 39; **5** 85
Ladenzeile 5 85
Laesio enormis
- Lieferverträge **7** 76

Lagenachteil 6 66–69; **7** 14, 17
Lagerhalle 5 85
Lagerkosten
- Brennstoff **7** 87

Lagerräume 1 39
Landes-Eichbehörden 5 Anhang
Lasten der Mietsache 2 35
Lastentragung
- Vereinbarung über **1** 30
- Teilungserklärung **3** 15

Leasing
- Brennstoff-Tank **7** 87, 120
- Erfassungsgeräte **4** 33; **7** 108

Leckagen 8 8, 23, 24
Leerstand 6 99; **7** 32, 67; **9b** 15
Lehrlingsheim 11 48
Leistungsmodalitäten, sonstige 2 40
Leitungsverluste
- Vorerfassung **5** 86

Lieferant
- Auswahl **7** 76

Lieferdatum 6 48
Liefermenge 6 45; **7** 84
Liefervertrag 7 33
- Nutzer **8** 28

- Wirtschaftlichkeit **7** 75

Loggia
- Ausstattungspflicht **4** 6
- Einbeziehung in Flächenmaßstab **7** 60, 62, 64

Lüftung 7 8

Mangel d. Abrechnung
- behebbarer **6** 75
- unbehebbarer **6** 78

Manipulation
- Erfassungsgerät **9a** 2
- Verdunster **5** 9
- Versuch **5** 28
- Vorwurf, Beweislast **5** 29

Mansardenzimmer
- Ausstattungspflicht **4** 6

Maßstab, gemischter 7 4
Mehrbelastungsabrede 4 30
Mehrheit
- Gerätemiete **4** 19

Mehrjahresturnus 7 118, 119
Mehrverbrauch 7 81
Mengenrabatt 7 84
Messampulle 5 16 ff.
- Ablesung **5** 23
- Austausch Kontrolle **5** 20
- Austausch Kosten **7** 111
- Zerstörung **6** 78; **9a** 6

Messampulle
- Kontrolle des Austauschs **5** 20

Messdienstfirma
- Vertragsbedingungen **5** 88 ff.; **7** 76

Messflüssigkeit 5 17
- Färbung **5** 20
- Gesundheit **5** 17

Messröhrchen 5 8
Messung
- Kosten **7** 107

Messwertunterdrückung 5 47
Methylbenzoat 5 17
Metrostatische Systeme 5 6
Metzgerei
- Wasserverbrauch **8** 7

Mietpreisrecht
- Bußgeldbewehrung **1** 54
- Rückforderungsrecht **1** 54

Minderverbrauch
- Überhangmonat **7** 81

Mitbestimmung der Nutzer
- Erfassungsgeräte **4** 13
- Mitteilung **4** 13
- Wiederaufleben Mitteilungspflicht **4** 14

Mitteilungspflicht Ableseergebnis 6 20–34
- Ausnahmen **6** 28 ff.
- Abrufbarkeit **6** 32

magere Zahlen = Randnummer

Sachregister

- in Räumen des Nutzers **6** 31
- Speicherung **6** 29
- Warmwasserzähler **6** 34
- längerer Zeitraum **6** 30
- Form **6** 22
- Frist **6** 25
- Inhalt **6** 23
- Nichterfüllung, Folgen der **6** 26
- Zweck **6** 20

Mittlere Temperatur
- Warmwasser **9** 20

Montagefehler 5 15
- Kürzungsrecht **12** 17

Montagehöhe 5 12 ff.
- elektronische Verteiler **5** 45
- bei Thermostatventilen **5** 36

Nacheichung 5 59
Nachforderungen
- bei Guthabenauszahlung **6** 58

Nachrüstpflicht
- Thermostatventile **11** 44

Nachzahlung
- bei Vorauszahlungen **6** 56

Nachzahlungsanspruch
- Verjährungsfrist **6** 54
- Verwirkung **6** 55

Name des Ablesers
- Angabe **6** 11

Nebenkostenpauschale 2 26
- Abänderung **2** 26, 27
- Heizkostenanteil **2** 27

Nebenpflicht, nutzungsvertragliche 1 33

Nebenräume 4 6

Neubau
- Bezug **11** 63
- Verteilungsmaßstab **7** 10

Neubaufeuchte 7 122
Neubaumietenverordnung 1 48 ff.; **12** 47

Neue Bundesländer
- Bestandsschutz **12** 46
- Übergangsregelung **12** 5

Nichtablesung
- Hochrechnung **9a** 10

Niedertemperaturheizung 5 26
Nießbrauch 1 28, 31
Nitrat 8 19
Normen, Europäische 5 4
Normnutzungsgrad 1 70; **WärmeLV 10** 3

Notar
- Schadensersatz **3** 46

Notariatspraxis 3 44–47
Notunterkunft 11 49

Nutzeinheit
- technische Information **6** 4

Nutzenergie 1 74; **WärmeLV 9** 1 ff.; **WärmeLV 10** 2

Nutzer 1 45, 46
- energieverschwendender **7** 7
- Gebäudeeigentümer als **1** 46
- Nutzermehrheit **1** 45
- unberechtigter **1** 27, 46

Nutzereinheit
- teilweise Untervermietung **11** 37

Nutzergruppe
- technische Information **6** 4
- Vorerfassung **5** 84

Nutzermehrheit
- Gerätekauf **4** 19

Nutzerverhalten
- gebäudeinadäquates **7** 8

Nutzerwechsel
- Ersatzverfahren **9b** 31 ff.
- Formularvereinbarung **9b** 50, 51
- Gerätemiete **4** 20
- Gradtagszahlen **9b** 20, 23, 53
- häufiger **11** 5, 48
- Heizperiode **9b** 25, 56
- Heiztage **9b** 55
- Individualvereinbarung **9b** 47–49
- Kosten **9b** 11 ff.
- Kostenverteilung **9b** 16 ff.
  - verbrauchsorientierte **9b** 27
  - Zahlenbeispiel **9b** 18
- mehrfacher **9b** 17, 44
- Pauschalberechnung, vereinbarte **9b** 54
- Prozentberechnung, vereinbarte **9b** 57
- rechtsgeschäftliche Bestimmungen **9b** 45 ff.
- Regelungszweck **9b** 1–3
- verbrauchsabhängige Kosten **9b** 17
- Verbrauchsaufteilung **9b** 6
- verbrauchsunabhängige Kosten **9b** 19
- Vereinbarung **9b** 52 ff.
- Warmwasser **9b** 29, 30, 40
- Wohnungseigentum **3** 24
- Zeitanteile, vereinbarte **9b** 25, 26, 53
- zeitanteilige Verteilung
  - Praktikabilität **9b** 28
  - Wirtschaftlichkeit **9b** 28
- Zwischenablesung, Kostenvereinbarung **9b** 59

Nutzfläche 7 60
Nutzung
- Beendigung **9b** 8

Nutzungsarten 1 3, 45
Nutzungsberechtigte
- dingliche **1** 28
- schuldrechtliche **1** 29

Sachregister

fette Zahlen = §§

Nutzungsdauer
- Gebäude **11** 31

Nutzungseinheit
- Gerätemiete **4** 19

Nutzungsverhältnis 1 45

Nutzungsverhältnis
- rechtliche Beendigung **9b** 8

Ölderivate 7 107

Ölpumpe
- Austausch **7** 100
- Betriebskosten **7** 90

Öltank
- Innenbeschichtung **7** 120
- Leck **7** 100
- Neuanstrich **7** 120
- Versicherung **7** 120

Ordnungsmäßige Verwaltung
- Anspruch auf **3** 7 ff.
- Antrag **3** 8
- gerichtliche Entscheidung **3** 9

Ordnungswidrigkeit 2 13

Originalbelege
- Einsichtsrecht **6** 63

Partyraum 4 56

Passiv-Häuser 11 16

Pauschalmiete
- Änderung, Berechnungszeitpunkt **2** 22 ff.

Pauschalregelung, vertragliche 2 36

Person
- eingewiesene **7** 94, 97
- fachkundige **7** 94

Personenschlüssel
- Überwachung **8** 11

Personen-Werte
- Verteilungsmaßstab **8** 27

Personenzahl, Änderung
- Warmwasserverbrauch **9a** 40

Pflegeheim 11 48

Plattenbauten 7 31

Plattenheizkörper 5 11

Plausibilitätskontrolle
- Grenzwerte Kostenarten **6** 60

Plausibilitätskontrolle
- Abrechnung **6** 60

Praxisräume 1 39

Preisänderungsklausel WärmeLV 10 1 ff.
- Kostenelement **WärmeLV 10** 4 ff.
- Marktelement **WärmeLV 10** 6
- Transparenzgebot **WärmeLV 10** 3, 9
- Zeitpunkt Preisänderung **WärmeLV 10** 8

Preisgebundener Wohnraum 1 48 ff.
- Ausnahmeregelung **11** 68 ff.
- Gerätekauf **4** 39
- verbundene Anlagen **9** 33 ff.
- Anwendung HeizkV **9** 35

- Bestandsschutz **9** 33, 34
- Wahlrecht **9** 33

Privatautonomie 10 2

Probelauf
- Heizung **7** 121

Produktionsstätte
- Vorerfassung **5** 85

Produktskala 5 22

Promillewertberechnung
- Gradtagszahlen **9b** 23, 24

Protokoll
- Ablesung **5** 24; **6** 19
- Beweisanzeichen **6** 19
- Unterschrift **6** 19

Prüfungen
- Wasserversorgungsanlage Kosten **8** 22

Prüfungsfrist
- Abrechnung **6** 59
- formularmäßige **6** 59

Pumpe
- Wasserversorgungsanlage **8** 22

Räume
- ausstattungspflichtige **4** 5
- beheizbare **7** 61, 62
- Nutzungsgrundlage **1** 46
- ohne Heizkörper **4** 5

Raumhöhe, unterschiedliche 7 63

Rechenfehler
- Abrechnung **6** 75
- Nutzungsgrundlage **1** 46
- ohne Heizkörper **4** 5

Regeln der Technik
- Verfassungsrecht **5** 77–80; **7** 46 ff.; **9** 4

Regelungsanlage
- Betriebsstrom **7** 90

Regelungstechnische Einrichtungen
- Überprüfungskosten **7** 97

Regelungsverhältnis
- HeizkV zu Vertrag **2** 5

Reinigung
- Anlage **7** 103
- Heizkörper **7** 106
- Wasseraufbereitungsanlage **8** 21

Reinigungs-
- instrumente **7** 106
- material **7** 106

Relation Nettomiete – Heizkostenanteil 2 20, 21

Reparaturkosten
- Brennstoff-Tank **7** 87
- Erfassungsgeräte **3** 37; **4** 44
- Wasserversorgungsanlage **8** 22
- Wasserzähler **8** 20

Richtlinien
- Durchführung verbrauchsabhängiger Heiz-, Warmwasserkostenabrechnung **6** 4

Rippenheizkörper 5 83

magere Zahlen = Randnummer

Sachregister

Rohrbruch
– Wasserkosten **8** 23
Rohrdämmung 7 25
Rohrheizkörper 5 11
Rohrwärmeabgabe wesentliche 7 35 ff.
– Niedrigverbraucher, Anteil an **7** 39
– normierter flächenbezogener Verbrauchswert **7** 38
– relative Erfassungsrate **7** 36 f.
Rohrwärmeabgabe
– Bilanzverfahren **7** 42, 43
– messtechnisches Verfahren **7** 41
– Praxistipp **7** 55
– rechnerisches Verfahren **7** 44
– rechtliche Bedenken **7** 46 ff.
– Unbrauchbarkeit für Praxis **7** 54
Rohrwärmeerfassung 7 31 ff.
Rost im Wasser 8 19
Rückgabe Mietsache 9b 7
Rücklagen 7 118
Ruß
– Messung **7** 107
– Reinigung **7** 103

Sachverständige Stellen 5 71
– Landesrecht **5** 73
Saisonpreis
– Brennstoffkosten **7** 84
Sauna 4 56
Schadensersatz
– Notar **3** 46
Schadensersatzanspruch
– individuelle Berechnung **12** 15
– Kürzungsrecht **12** 12
– Pauschalierung **12** 14
Schimmelpilzbildung 7 8
Schornsteinreinigung 7 104
Schreibfehler
– Abrechnung **6** 75
Schuldbestätigung
– durch Zahlung auf Abrechnung **6** 77
Schwesternheim 11 49
Schwimmbad 4 56
Simulationsrechnung 6 47; **7** 79
Skalenreduktion 6 67; **7** 16
– Bestandsschutz **12** 44
Skalierungsfehler
– Kürzungsrecht **5** 21, 22; **12** 17
Skonto
– Brennstoffkosten **7** 84
Smart-Meter-Gateway
– als Fernablesbarkeit **5** 68
– Bündelung **5** 72
– Datenschutz **5** 71
– Schutzprofile **5** 70
– Sicherheit **5** 69

Smart-metering 7 115
Solaranlagen 1 7; **11** 52
Solarenergie 9 4
Soll-Temperatur Warmwasser 9 22
Sommerpreis
– Brennstoffeinkauf **7** 85
Sonderpreis
– Arbeitsentgelt **7** 84
Sondertermin
– Ablesung **6** 18
Sozialabgaben
– Heizer **7** 92
Speisekammer 1 50; **7** 62
Steuervorteile
– Heizkosten **7** 108
Stichleitung 9 23
Stiftswohnung 11 49
Strahlungsheizkörper
– Montagehöhe Erfassungsgeräte **5** 12
Strichzahlen
– Vergleichbarkeit **5** 18
Strohöfen 11 53
Stromverbrauchswert 7 91
Studentenheim 11 48
Stufenklage auf Abrechnung 6 56
Subsidiaritätsprinzip 12 11

Tankreinigungskosten 7 105, 118
Tarifwahl
– Brennstoff **7** 85
– Wasser **8** 18
Technische Dokumentation 6 3 ff.
Technische Regelwerke 5 4
Teileigentum 1 39; **3** 3
Teilerbbaurecht 3 3
Teilfälligkeit
– Abrechnung **6** 76
Teil-Inklusivmiete 2 24
Teilungserklärung
– qualifizierte Mehrheit **3** 22
Teilvermietung
– Großbüro **11** 37
– Großwohnung **11** 37
Teilwartungsvertrag 7 101
Temperaturauslegung 6 4
Terrasse 7 60, 64
Thermostatventile 11 43, 44
– Verdunstungsgeräte **5** 36, 37
Tischtennisraum 4 56
Trägermedium 1 7
Treppenhaus
– Erfassungsgeräte **4** 52
Trinkgeld 6 44; **7** 88
Trockenheizen 6 71; **7** 122
Trockenraum 7 66
Tür, offenstehende zur Mitbeheizung 7 8

385

Sachregister

fette Zahlen = §§

Überdimensionierung
- Heizungsanlage **3** 30; **6** 72

Übergabestation 1 26, 41; **7** 127; **11** 59; **WärmeLV 2** 3, 6
- Betriebskosten **7** 128
- Gebäudeeigentümer **7** 129
- Wärmezähler **5** 50

Übergangsregelungen 12 1

Überhang
- -anrechnungen **6** 47
- -messung **7** 80
- -monat **7** 79, 80

Übertragung Heizwerke 1 33

Überwachung Pflege 7 95

Übliche Kosten
- statistischer Durchschnittswert **2** 22

Umlageausfallwagnis 7 120

Umlagefähigkeit bei Kohlendioxidaufteilung CO2KostAufG-E 6 1 ff.

Umlagemaßstab
- technische Dokumentation **6** 4

Umlageschlüssel
- s. Verteilungsmaßstab

Umstellung Heizungsanlage
- Verdunstungsgeräte **5** 35

Umstellungen bei Wärmelieferungen
- Ankündigung **WärmeLV 11** 1 ff.
- Zeitpunkt **WärmeLV 2** 8

Umstellungsankündigung 1 79–83; **WärmeLV 11** 1–12
- Form **1** 80
- Frist **1** 82
- Inhalt **WärmeLV 5** 5–10

Umwälzpumpe
- Betriebsstrom **7** 90

Unterflurkonvektoren 5 11

Untermietverhältnis 1 29, 32; **11** 35

Unternutzer-Mehrheit 11 37, 38

VDI 2077 Beiblatt 7 34
VDI-Richtlinie 3811 9 32
Verbindungshaus, studentisches 11 49
Verbotsgesetz 2 7, 10, 12
Verbraucherverhalten 2 2
Verbrauchsanalyse 7 115
Verbrauchsanzeige
- Energieeinsparung **4** 48
- Gebrauchswerterhöhung **4** 48

Verbrauchsbeeinflussung
- Ausnahmeregelung Stichtag **11** 45, 46
- rechtsgeschäftliche Vereinbarung **11** 42
- unmögliche **11** 41 f.
- Warmwasser **11** 42

Verbrauchsberechnung 4 7

Verbrauchserfassung
- fehlerhafte: Kürzungsrecht **12** 16
- individuelle **11** 57

Verbrauchsermittlung 4 7
- Betriebsstrom **7** 91
- unmögliche **9a** 16
  - Billigkeitserwägungen **9a** 18
  - Rechtsfolgen **9a** 17, 19, 24

Verbrauchsermittlungsperiode 7 81

Verbrauchskosten
- Trennung von Grundkosten **7** 1

Verbrauchs-Kosten-Beziehung 1 1

Verbrauchskriterien
- Verteilungsmaßstab **7** 12

Verbrauchssteuerung 11 43

Verbrauchsverhalten
- fehlerhaftes **5** 32

Verbrennungsrückstände
- Reinigung **7** 103

Verbundene Anlagen 9 1
- Ausnahmeregelung **11** 66
- Berechnung **9** 8
- Berechnungsformel, Rechenbeispiel **9** 15, 26, 31
- Berechnungsverfahren, Rangfolge **9** 12, 17
- Formel Berechnung Brennstoffanteil **9** 17–28; 29–32
- Kostenberechnungsverfahren **9** 9
- Kostenermittlung **9** 11 ff.
- Kostentrennung **9** 5 f.
- Kostenverteilung **6** 50; **9** 36
- preisgebundener Wohnraum **9** 33–35
- Wärmelieferung **9** 11–28
  - Berechnungen **9** 17–28
  - Messverfahren **9** 13–16
  - Messpunkte **9** 14

Verdunstung ungleichmäßige 5 18

Verdunstungsgeräte 5 8, 9 ff.; **7** 110
- Anpassungsprobleme **5** 34
- bauliche Umweltbedingungen **5** 34
- Befestigung **5** 10
- Befestigungsort **5** 11–14
- Gehäuseunterteil **5** 10
- Klasse B **5** 26
- Thermostatventile **5** 36, 37
- Umstellung Heizungsanlage **5** 35
- Verplombung **5** 9, 20, 28
- Wärmedämmung **5** 38

Verdunstungsgeschwindigkeit 5 19

Vereinbarung über Kostenverteilung 10
- Aufklärung **10** 6
- Bauzustand **10** 6
- Bestimmungsrecht des Gebäudeeigentümer **10** 10
- Formularvertrag **10** 12, 13, 14
- Individualvertrag **10** 12
- Kürzungsrecht **10** 7
- richterliche Bewertung **10** 5

magere Zahlen = Randnummer **Sachregister**

- Teilungserklärung **10** 15
  - Abstimmungsverhalten **10** 17, 18
  - Mehrheit **10** 16
  - verbrauchsabhängige Kostenquoten **10** 1, 3
  - Vertragspartner **10** 8
  - Wärmedämmung **10** 6
- **Vergleichsverfahren bei Geräteausfall**
  - Auswahl **9a** 27
  - generelles **9a** 41–47
    - Gebäudeteil **9a** 45
    - Vergleichskriterien **9a** 41
    - Warmwasserverbrauch **9a** 44
  - Grenzwerte **9a** 56 ff.
    - Berechnung **9a** 58
    - Ersatzverfahren **9a** 59 ff.
    - Kürzungsrecht **9a** 62 ff.
    - Schadensersatz **9a** 62
    - Staffelung **9a** 59, 60
    - Wärme **9a** 61
    - Warmwasser **9a** 61
  - individuelles **9a** 30 ff.
    - Abrechnungsperioden **9a** 30, 32
    - Gebäudeteil **9a** 39
    - Nutzereinheit-Verhältnisrechnung **9a** 36–38
    - Räume **9a** 31, 34
    - Vergleichbarkeit **9a** 33
    - Verhältnisrechnung **9a** 34
    - Warmwasserverbrauch **9a** 40
    - Witterungsverlauf **9a** 33
    - Zeitraum **9a** 32
  - Kostenneutralität **9a** 48
  - Kürzungsrecht **9a** 50 ff.
    - Anspruchsberechtigte **9a** 53 ff.
  - Messdienstunternehmen **9a** 54
  - Schadensersatzanspruch **9a** 55
  - verbrauchsabhängige Verteilung **9a** 49
- **Verhältnis HeizkV zu vertraglichen Bestimmungen** **2** 1
- **Verjährungsfrist**
  - Nachzahlungsanspruch **6** 54
- **Verkehrsfehlergrenze**
  - Wärmezähler **5** 54
- **Verkrustungen**
  - Reinigungskosten **7** 103
- **Verordnung, gesetzesändernde 3** 2
- **Verpflichtungsklage**
  - Ausnahmegenehmigung **11** 65
- **Verrechnungspreis**
  - Wärmelieferung **7** 124
- **Versäumung Ableseterim**
  - Verschulden **6** 14
- **Versäumung Abrechnungsfrist 6** 42, 53, 54, 57
- **Verteilung**
  - Wärmekosten **7** 1

- **Verteilungsgerechtigkeit 1** 2; **7** 18; **9b** 44
- **Verteilungsmaßstab**
  - Altbau **7** 11
  - Anpassung **2** 29, 30
  - Auswahl **7** 5, 6
  - Auswahlkriterien **7** 10 f.
  - Bautenzustand **7** 10 f.
  - Ermessen **7** 9
  - formularmäßiger **11** 15
  - Kopfteile **8** 27
  - Kubikmeter **8** 27
  - mehrere Gebäude **7** 13
  - Neubau **7** 10
  - Personen-Werte **8** 27
  - Verbrauchskriterien **7** 12
  - Wassererwärmung verbrauchsunabhängig **8** 9
- **Verteilungsschlüssel**
  - Abänderung **2** 31; **3** 15, 21; **6** 92 ff., 98 ff.; **10** 17
    - bauliche Maßnahmen **6** 95, 96
    - Durchführung **6** 98–100
    - Vorerfassung **6** 94
  - Abänderung wg. baulicher Maßnahmen **6** 95, 96
  - Abänderung, Form **6** 98
  - Abänderung, Zeitpunkt **6** 100
  - Abänderungsanspruch, Nutzer **6** 99
  - Abänderungsrecht, Einführung Vorerfassung **6** 94
  - Beibehaltung von HeizkV abweichender **3** 14
  - Ermessen **6** 88
  - Festkostenanteil **6** 58–62
  - Notarielle Beratungspflicht **3** 45
  - unterschiedliche **6** 91
  - verbrauchsunabhängiger **11** 13
  - vertraglich **6** 89
- **Vertikale Wärmeleitungen 7** 31
- **Vertikale Warmwasserleitung 11** 21
- **Vertragsrisiko 7** 73
- **Verweisung, dynamische 5** 77; **7** 49
- **Verwirkung**
  - Nachzahlungsanspruch **6** 55
- **Vollwartungsvertrag 7** 101
- **Vorauszahlungen**
  - Erhöhung **6** 40
  - Fälligkeit **6** 37
  - Höhe **2** 29; **6** 37
  - Kündigungsrecht **6** 41
  - als Mietzins **6** 41
  - Modalitäten **6** 40
  - Nachzahlung **6** 56
  - Rechtsgrundlage **6** 36
  - Schadensersatz bei zu geringen **6** 39

Sachregister

fette Zahlen = §§

- Vertrauenstäuschung **6** 39
- zu niedrige **6** 38

Vorerfassung 5 100 ff.
- anteilsmäßige Verteilung **6** 80
- Erfassungsgeräte **5** 106
- Generalklausel **5** 104
- Mischnutzung **5** 105; **8** 7
- unterschiedliche Geräte **5** 101
- unterschiedliche Nutzungs- oder Gebäudearten **5** 103 ff.
- Verbrauchsverteilung **6** 79
- Verteilungsschlüssel **6** 83
- Wärmezähler **5** 50
- Warmwasser **6** 82
- Zahlenbeispiel **6** 81

Vorfinanzierungskosten 7 87

Vorhaltekosten 8 8

Vorlauf 5 14

Vorrang des Gesetzes
- Formularvertrag **2** 3
- Individualvertrag **2** 3
- Überlassungsvertrag **2** 3

Vorrang HeizkV
- Beschlüsse Wohnungseigentümer **3** 4, 5
- Umfang **2** 33
- Vereinbarungen Wohnungseigentümer **3** 4, 5
- Wohnungseigentum **3** 1

Vorrang
- individuelles Vergleichsverfahren **9a** 29
- Privatautonomie **2** 1, 12; **10** 2; **12** 11
- Vertrag **7** 70

Vorschüsse
- Verrechnung **7** 113

Vorteile
- innovatorische durch neue Erfassungsgeräte **4** 15

Warenverkehr, freier 5 6

Wärmeabgabe 4 5

Wärmebedarf
- Änderung Verteilungsschlüssel **6** 95
- lagebedingte Unterschiede **7** 6

Wärmecontracting 1 14 ff.
- Ausgliederung der Wärmeversorgung **1** 18
- BGH **1** 19, 20
- Gestaltungsfreiheit **1** 16
- Kosten **1** 17
- Leistungsbestimmungsrecht **1** 21
- Modernisierungsargument **1** 22
- preisgebundener Wohnraum **1** 25
- vertragliche Vereinbarung **1** 23, 24

Wärmedämmung
- Verdunstungsgeräte **5** 38

Wärmedienst 4 2
- Werkvertrag **4** 2; **5** 66 f.

Wärmeerzeugung überwiegende 11 54

Wärmefühler
- Betriebsstrom **7** 90

Wärmeisolierung
- Mangel **6** 70

Wärmekapazität
- Aufwandszahl **9** 25

Wärmekaufvertrag 1 43

Wärmekosten
- Verteilung **7** 1

Wärmekostenabrechnung DIN 4713 5 76

Wärmeleistung
- Heizkörper **5** 22

Wärmeleitung ungedämmt 7 33

Wärmelieferant 1 40–44
- Ausstattungspflicht **1** 44
- Direktabrechnung **7** 125

Wärmelieferung 1 9 ff.; **4** 1; **5** 51
- bei Abschluss Nutzungsvertrag **1** 10, 16
- eigenständige gewerbliche Lieferung **1** 11–13
- Fernheizwerk **1** 10
- Hausanlage **7** 127
- Kontrolle **7** 124
- Kostenumfang **1** 9; **7** 126 f.
- Kostenverteilung **7** 123 ff.
- Nahheizwerk **1** 10
- Preis **7** 124
- verbundene Anlagen **9** 11–28
- Wärme-Direkt-Service **1** 10
- Wettbewerb **1** 10

Wärmelieferung, Umstellung auf BGB § 556c 1 55–93
- abweichende Vereinbarungen **1** 88; **WärmeLV 7** 1; **WärmeLV 12** 1
- Auskunftsanspruch **WärmeLV 5** 1–4
- Bereitstellungskosten **WärmeLV 3** 5
- Betriebsführungscontracting **1** 71, 75; **WärmeLV 2** 8, 10; **WärmeLV 6** 1; **WärmeLV 9** 8
- Dienstbarkeit **WärmeLV 2** 9
- Effizienzverbesserung **1** 73, 75, 76; **WärmeLV 2** 11, 12; **WärmeLV 11** 7
- Eigentum, Heizungsanlage **WärmeLV 2** 9, 10
- Einwendungsfrist **WärmeLV 11** 17, 19
- Endenergie **1** 74; **WärmeLV 2** 7; **WärmeLV 9** 1, 2, 4
- Form **WärmeLV 4** 1, 2
- Haftungsausschluss **WärmeLV 11** 16
- inhaltliche Vorgaben **WärmeLV 2** 1–14
  - Arbeitspreis **WärmeLV 2** 5; **WärmeLV 3** 9
  - Grundpreis **WärmeLV 2** 5; **WärmeLV 3** 9

magere Zahlen = Randnummer

Sachregister

- Messpreis **WärmeLV** 2 5, 9; **WärmeLV** 3 9; **WärmeLV** 11 12
- Inklusivmiete **1** 66
- Investitionskosten **1** 61, 77
  - Eigenbeteiligung **1** 93
- Leistungsbeschreibung **WärmeLV** 2 3
- Mietstruktur **WärmeLV** 8 3; **WärmeLV** 11 2
- Mindestabnahmegebot **1** 11
- Mitwirkung **WärmeLV** 11 15
- Modernisierungsverbot **WärmeLV** 2 14
- Rechtsnachfolgeklausel **WärmeLV** 2 9
- salvatorische Klausel **WärmeLV** 3 11
- Schadenersatz **WärmeLV** 2 2, 13; **WärmeLV** 5 2; **WärmeLV** 11 16
- Umgehungsvereinbarung **1** 91
- Umstellungszeitpunkt **WärmeLV** 2 8; **WärmeLV** 3 4
- Verantwortlichkeiten **WärmeLV** 11 13–19
- Vertragslaufzeit **1** 56; **WärmeLV** 2 8; **WärmeLV** 3 4
- Wärmekosten **1** 65; **WärmeLV** 8 3; **WärmeLV** 10 7; **WärmeLV** 11 18
- Wärmelieferpreis **WärmeLV** 2 5
- Wärmenetz(-anschluss) **1** 56, 57, 69, 75; **WärmeLV** 10 7
- Zeiten der Wärmelieferung **WärmeLV** 2 4

Wärmelieferverordnung (WärmeLV)
- Arten **WärmeLV** 2 4
- Auskunftsanspruch **WärmeLV** 5 1 ff.
- Bereitstellungskosten **WärmeLV** 3 5
- Betriebsführungscontracting **WärmeLV** 2 8; **WärmeLV** 3 1
- Betriebskosten **WärmeLV** 8 2; **WärmeLV** 9 1 ff.
- Kosten der Arbeit **WärmeLV** 3 4, 9
- Kostenermittlung **WärmeLV** 10 1 ff.
- Kostenvergleich **WärmeLV** 8 1 ff.; **WärmeLV** 10 8; **WärmeLV** 11 8
- Kurzzeitmessung **WärmeLV** 10 4
- Nachhaltigkeitsgebot **WärmeLV** 1 2
- Preisänderungsklauseln **WärmeLV** 3 1 ff.; **WärmeLV** 10 7
- Schlüssigkeit **WärmeLV** 2 3
- Transparenzgebot **WärmeLV** 3 9
- Umstellungsankündigung **WärmeLV** 11 1 ff.
- Umstellungszeitpunkt **WärmeLV** 2 8
- Verordnungsermächtigung **1** 84–87
- Vertragsinhalt **WärmeLV** 2 11
- Vertragslaufzeit **WärmeLV** 2 8
- Wirtschaftlichkeitsgebot **WärmeLV** 1 2
- Zahlungspflichten und -störungen **WärmeLV** 6 2

Wärmemengenzähler 11 40
Wärmemessdienst 6 2, 6, 42; **7** 111, 112
- Geschäftsbedingungen **5** 67
- Kosten **5** 64; **7** 111
- Verantwortlichkeit **6** 6
- Vertrag **5** 66 ff.
- Vertragsbeendigung **5** 68

Wärmepass 6 69
Wärmepreis 1 17, 43, 61, 65, 72, 77–79, 93; **WärmeLV** 2 8, 14; **WärmeLV** 3 1–4; **WärmeLV** 4 2; **WärmeLV** 5 4; **WärmeLV** 10 7
- Rückforderungsanspruch bei unwirksamer Preisanpassungsklausel **7** 75

Wärmepumpe 1 7; **11** 52
Wärmerückgewinnungsanlagen 1 7; **11** 52
Wärmestau 5 27
Wärmeverbrauch
- Erfassung **5** 7 f.
- Nichterfassung **11** 55

Wärmeverluste 7 2
- Warmwasserlieferung **8** 29
- Wasserleitung verbundene Anlagen **9** 23

Wärmeversorgung 2 1
Wärmeverteilung, zentrale 11 57
Wärmewert
- Zwei-Fühler-Gerät **5** 41

Wärmezähler 1 70, 103, 151; **4** 4; **5** 50 ff.
- Ablesung **5** 51
- Eichfehlergrenze **5** 54
- elektrische **5** 51
- Fehlerquellen **5** 53
- Funktionsweise **5** 51
- Kostenverteilung **7** 110
- mechanische **5** 51
- Verkehrsfehlergrenze **5** 54

Warmlufterzeuger 5 25
Warmmiete 1 66, 138; **2** 15 ff.
Warmmietenneutralität s. Kostenneutralität

Warmwasser
- Ausnahmeregelung **11** 66
- getrennte Anlage **9** 1
- mittlere Temperatur **9** 20
- Temperaturmessung **9** 22

Warmwasserkostenverteiler
- Bestandsschutz **5** 55; **12** 42
- Destillationsprinzip **5** 55
- Kondensatprinzip **5** 55

Warmwasserlieferung 8 27–31
- Abschreibung **8** 30
- Anschaffungskosten **8** 30
- Druckregulierung **8** 30
- Entgelt **8** 30
- Ersatzbeschaffung **8** 30

389

Sachregister

fette Zahlen = §§

- Hausanlage **8** 30
- Kostenaufteilung **8** 27
- Kostenumfang **8** 30
- Pumpstation **8** 30
- Reparaturen **8** 30
- Übergabestation **8** 30
- Verteiler **8** 30

Warmwasserversorgung dezentrale 8 32

Warmwasserzähler
- Eichfehlergrenze **5** 56
- thermische Energie **5** 57
- Verkehrsfehlergrenze **5** 56

Wartung 7 96–102

Wartungsdienst
- Auswahl **7** 76

Wartungskosten
- Höhe **7** 102

Wartungsvertrag 5 66; **7** 95, 119

Wäscherei
- Verteilungsmaßstab **8** 7

Wäschetrockenraum 4 56

Wasser
- Ablaufen lassen **8** 19
- Nachfüllen **7** 98

Wasseraufbereitungsanlage 8 21

Wasseraustausch als Wartung 7 98

Wassererwärmung 8 2
- Abrechnungsmethode vertragliche **8** 3
- Betriebskosten **8** 14–16
- Flächenmaßstab **8** 10, 13
- Kosten **8** 26
- Kostenaufteilung **8** 4
- Mischnutzung **8** 7
- Nutzerzahl **8** 11
- verbrauchsabhängiger Anteil **8** 6
- verbrauchsunabhängiger Anteil **8** 8
- Verteilungsmaßstab **8** 9
- Verteilungsschlüssel **8** 5

Wasserhärte 8 18

Wasserqualität 8 18

Wasseruhr 8 18

Wasserversorgung 8 18

Wasserversorgungsanlage hauseigene 8 22

Wasserwerk eigenes 8 22

Wasserzähler
- verbundene Anlagen **9** 19

Wegfall HeizkV
- Rechtsfolgen **2** 8, 9

Werkteile defekte
- Wartungskosten **7** 100

Werkvertrag
- Mängelrüge **4** 2

Wertprinzip 3 22

Widerspruch gegen Gerätemiete 4 16
- Ausschlussfrist **4** 18

- Hinweis auf Widerspruchsrecht **4** 16
- Kosten **4** 22
- Rechtsfolgen **4** 21
- sachfremde Erwägungen **4** 19, 23
- Voraussetzungen **4** 19

Wiederherstellungsanspruch 4 28

Wiederholungsschätzung 9a 15, 20

Windkraftanlagen 11 53

Wintergarten
- Ausstattungspflicht **4** 6

Wirkungsgrad
- Heizungsanlage **9** 12, 25

Wirtschaftliche Grenzen
- Anbringung Erfassungsgeräte **11** 26–34
- Altbauten **11** 34
- Berechnungszeitpunkt **11** 32
- Einsparpotential **11** 28, 29
- Kostenberechnung **11** 27
- Kosten-Gegenüberstellung **11** 33
- Legaldefinition **11** 2, 31
- Verhältnisrechnung **11** 27, 28

Wirtschaftlichkeit
- Erfassungsgeräte **5** 62

Wirtschaftseinheit 1 26, 33; **6** 74

Wohnfläche
- Berechnung **7** 59, 60

Wohnraum preisgebundener 1 48–54
- Aufwendungsdarlehen **1** 48
- Ausnahmeregelung **1** 50, 52
  - Altfälle **1** 52
  - verbundene Anlagen **1** 53
  - Verteilungsmaßstab **1** 50
  - Wohnfläche **1** 50
- Entwicklungsförderungsmittel **1** 48
- Förderung mit Wohnungsfürsorgemitteln **1** 48
- Sanierungsförderungsmittel **1** 48
- Sozialwohnungen **1** 48
- steuerbegünstigter **1** 48
- Warmwasser **1** 51
  - Kontrollaufwand **1** 51
  - personenbezogener **1** 51

Wohnungsbaugenossenschaft 1 46

Wohnungseigentum 3
- Abänderung Verteilungsschlüssel **3** 41
- Abweichende Regelungen **3** 7
- Anspruch auf Abänderung Verteilungsschlüssel **3** 15, 21
- Ausnahmeregelung **3** 28
- Beschluss, gesetzesübereinstimmend **3** 13, 15
- Beschlusskompetenz **3** 7
- Einstimmigkeit **3** 18; **10** 17
- Einzelentscheidungen **3** 11, 23 ff.
- Folgeentscheidungen **3** 23–43
- Geräteeinbau, Kosten **3** 35, 37

magere Zahlen = Randnummer

Sachregister

- Grundentscheidung **3** 13
- Kostenverteilung, Einführung der **3** 13
- Kürzungsrecht **3** 9; **12** 34, 35
- Mehrheitsentscheidung **3** 13
- Mehrheitsverhältnisse **3** 13
- Mitteilungsverfahren **3** 27
- Schadensersatz bei Erfassungsmangel **12** 34, 35
- Sonderfall § 10 **3** 12, 16, 19
- Thermostatventile **3** 32
- verbrauchsabhängiger Kostenanteil **3** 12
- verbrauchsunabhängiger Verteilungsmaßstab **3** 18, 42
- vermietetes **3** 49
- Verteilungsschlüssel **3** 15, 40 f.
- Verwalterabrechnung u. Mietvertrag **3** 54
- Verwalterbefugnis **3** 6
- Verwaltungskosten **3** 36
  - Geräteeinbau **3** 35
- Wärmelieferung, Umstellung auf **1** 64
- Zurückbehaltungsrecht **12** 34

Wohnungseigentum, Erfassungsgeräte 3 29
- Anmietung von **3** 27
- Ausstattung mit **3** 25
- Ersatzkosten **3** 37
- Information über **3** 26
- Kosten Anmietung **3** 39
- Modernisierung **3** 31

Wohnungseigentum, Erfassungsmängel
- Schadensersatz **12** 34
- Zurückbehaltungsrecht **12** 34

Wohnungseigentum, Heizkörper
- Demontage **3** 30
- Kostenverteilung bei Absperrung **3** 43

Wohnungseigentum, Mehrheit
- Berechnung **3** 22
- Entscheidung **3** 13; **10** 18
- Verteilungsmaßstab **3** 15

Wohnungseigentum, Mietvertrag 3 49
- Geräteanmietung **3** 51–55
- salvatorische Änderungsklausel **3** 49
- Verteilungsregeln **3** 49, 54
- Verwalterabrechnung **3** 54

Wohnungseigentümer 1 35–39
- Gemeinschaft der **1** 35
- Nutzer **3** 3
- einer Wohnung **1** 38
- Verteilungsschlüssel **1** 37

Wohnungserbbaurecht 3 3

Zählermiete
- Kosten **8** 8, 20

Zahlung
- auf fehlerhafte Abrechnung **6** 77

Zahlungsverhalten der Nutzer 7 77

Zapfstelle 8 9, 12
Zeitschaltuhr
- Betriebsstrom **7** 90

Zentralheizungsanlage 1 5 f.
Ziel HeizkV 1 1
Zinsverlust 7 87
Zirkulationsleitung
- Wärmeverluste **5** 57; **9** 23

Zonentemperaturregelung 5 86
Zugangsgewährung zur Nutzungseinheit
- einstweilige Verfügung auf **6** 18
- Feststellungsklage **6** 17
- Verweigerung **6** 17

Zugangsgewährung
- Besorgnis künftiger Nichterfüllung **6** 17

Zuleitungswege
- Wärmeverluste **8** 29

Zurückbehaltungsrecht 6 41, 65
- Kürzungsrecht **12** 9
- Vorauszahlungen **6** 54

Zurückrechnung
- bei Nichtablesung **9a** 10

Zusammenstellung
- Einnahmen – Ausgaben **6** 43

Zustimmungsbefugnis
- Gerätemiete **4** 16

Zutrittsgewährung 6 9
Zutrittsverweigerung 9a 21
Zwangsverwalter 1 26
Zwei Eigentumswohnungen 2 45
Zwei Gewerberäume 2 44
Zwei Nutzungseinheiten 2 44
Zwei Wohnungen 2 42, 43; **11** 5
Zweifamilienhaus 2 45; **11** 35
Zweifühlergerät 5 41
Zwei-Nutzer-Beziehung 2 45
- bauliche Veränderung **2** 47
- Veränderungen **2** 46

Zweirohrsystem 5 86
Zwischenablesung 9b 4 ff.
- Beteiligt **9b** 10
- Durchführung **9b** 9
- Kosten für **9b** 11 ff.
- Kostenverteilung **9b** 16 ff.
- Zahlenbeispiel **9b** 18
- Kürzungsrecht **9b** 61
- Protokoll **9b** 10
- Unmöglichkeit **9b** 32
  - Kostenverteilung **9b** 40 ff.
  - technische Gründe **9b** 35
- unterlassene **9b** 60
- Unzugänglichkeit **9b** 33
- verbrauchsabhängige Kosten **9b** 17
- verbrauchsunabhängige Kosten **9b** 19
- Verdunstungsgeräte **9b** 35–38
- Promillewerte **9b** 38

Sachregister

fette Zahlen = §§

- Verursachung Nutzerwechsel Kostentragung **9b** 12, 13
- Wärmemessdienst **9b** 9
- Warmwasserverbrauch **9b** 39
- Zeitpunkt **9b** 7

Zwischenabrechnung 9b 4

Zwischenfeststellungsklage
- Ausnahmeregelung **11** 12

Zwischenvermieter gewerblicher 1 29

Zwischenzähler 11 21
- Betriebsstrom **7** 91
- Wasserversorgung **8** 17, 20